国家出版基金项目
NATIONAL PUBLICATION FOUNDATION

"百部好书"扶持项目
GUANGDONG PUBLISHING

"十三五"国家重点图书出版规划项目

明清实录藏族史料类编丛书

名誉主编 ◎ 顾祖成　　主编 ◎ 孔繁秀

明实录藏族史料类编

第一集

孔繁秀　主编

中山大學出版社
SUN YAT-SEN UNIVERSITY PRESS

· 广州 ·

版权所有 翻印必究

图书在版编目（CIP）数据

明实录藏族史料类编. 第一集／孔繁秀主编. —广州：中山大学出版社，2019.10

（明清实录藏族史料类编丛书／孔繁秀主编）

ISBN 978-7-306-06694-7

Ⅰ. ①明… Ⅱ. ①孔… Ⅲ. ①藏族-民族历史-史料-中国-明代 Ⅳ. ①K281.4

中国版本图书馆 CIP 数据核字（2019）第 205035 号

MINGSHILU ZANGZU SHILIAO LEIBIAN DIYIJI

出 版 人：	王天琪
策划编辑：	嵇春霞　徐诗荣
责任编辑：	徐诗荣
责任校对：	廖丽玲
封面设计：	林绵华
装帧设计：	刘　犇
责任技编：	何雅涛
出版发行：	中山大学出版社
电　　话：	编辑部 020-84110779，84111996，84113349，84111997
	发行部 020-84111998，84111981，84111160
地　　址：	广州市新港西路135号
邮　　编：	510275　　传　真：020-84036565
网　　址：	http://www.zsup.com.cn　E-mail：zdcbs@mail.sysu.edu.cn
印 刷 者：	常州市金坛古籍印刷厂有限公司
开　　本：	787mm×1092mm　1/16
总 印 张：	54.5印张
总 字 数：	865千字
版次印次：	2019年10月第1版　2019年10月第1次印刷
总 定 价：	300.00元（全二集）

如发现本书因印装质量影响阅读，请与出版社发行部联系调换

○《明实录藏族史料类编》编辑委员会

顾　　问：杜建功　扎西次仁
主　　任：欧　珠　刘　凯
委　　员：邹亚军　扎西卓玛　史本林　袁东亚　王沛华　张树庭
　　　　　顾祖成　索南才让　张宏伟　王斌礼　陈敦山　袁书会
　　　　　丹　曲　徐　明　孔繁秀

○《明实录藏族史料类编》由西藏民族大学承编

名誉主编：顾祖成
主　　编：孔繁秀
编辑人员：马新杰　冯　云　陈鹏辉　顾浙秦　赵艳萍　张若蓉

凡　例

一、本类编系在《明实录藏族史料》（西藏人民出版社1982—1985年版）基础上，依照历史事体分类或相同事件归类，对《明实录藏族史料》附录"分类索引"，汰其重复，补其未备，进行必要调整、订正而成。全书共编为两集。

二、本类编中实录条文的归类编纂，以不重复设置为原则。部分条文事关多人或涉多事，则以"……"删节进行分类设置；若删节在文首部分，则以"（前略）"标明。

三、分类标题为编者拟加，标题中族名、人名、地名及职官名称等除部分改用通译外，原则上照用《明实录》原文用字。

四、本类编对《明实录藏族史料》保留的部分繁体字一律予以简化。《明实录》殊多异体字、通假字，原则上改用正体字、通用字，个别的未予改动，以保留《明实录》行文风格。

五、《明实录》抄本影印间有笔误，本类编校勘，在错别字后加［　］予以订正；脱漏字或补注文字加（　）进行增补；版本互异以及质疑之处，用〔　〕号标明；衍文以及一些不规范的手写字体，则直接予以删除、厘定，不一一予以注明。

六、本类编为保留历史文献原貌，《明实录》中对少数民族地方人民带有贬义和蔑视之类的遣词用语，均未予改动，读者当能鉴察。

前 言

《明实录藏族史料类编》是在《明实录藏族史料》基础上编纂而成的。20世纪80年代初,《西藏研究》编辑部以西藏民族学院(西藏民族大学前身)历史系顾祖成、王观容、白自东、马驰、王安康、琼华、王志刚、林黎明等同志编辑的《明实录·藏族历史资料汇编》稿本为底本,组织由西藏民族学院顾祖成、琼华和西藏社会科学院资料情报研究所季垣垣、吕焕祥、侯跃生以及《西藏研究》编辑部彭遐熙诸同志组成的团队,按编年体重新编纂成《明实录藏族史料》,收入由西藏自治区社会科学院组织出版的《西藏研究丛刊》之八,于1982年至1985年由西藏人民出版社出版。该书是根据南京前江苏省立国学图书馆藏抄本《明实录》(简称梁本)1940年影印本和前北平图书馆藏红格抄本《明实录》(简称馆本)1968年台湾地区影印本辑录、汇编而成的,计辑有3500多条有关朵甘、乌思藏和川陕藏区的历史资料,编成两集,索引、附表另编为一集。全书按编年体编排,收录的内容有明朝谕令藏区各部僧俗首领归顺,设治封职;推行利用和扶持喇嘛教的政策,封授"法王""王"及各级僧官;订立朝贡制度,确定政治从属关系;在藏区征发马赋、差役,官府主持茶马互市,以及藏区和内地民间贸易的发展;等等。这些资料有力地证明:明朝对藏族地区行使着完全的主权,包括乌思藏在内的广大藏区是明王朝有效治理下的明代中国的组成部分。

我国自唐代开始,历代都编撰有每个帝王统治时期的编年大事记,称之为"实录"。实录所保存的史料极其丰富,除汇编了历代政治、军事、经济、文化等方面大量的史料外,还保存了相当一部分颇有价值的民族史资料。《明实录》是历代保存得比较完整的实录之一。明代计十六帝、十七朝，光宗泰昌朝甚为短促，梁本无光宗实录，馆本光宗实录内无藏族史料。《明实录》从当时的政治需要出发，将惠帝建文实录附太祖实录，代宗景泰实录附英宗实录。《明实录藏族史料》建文朝无资料，景泰朝的有关资料另章列出。

《明实录藏族史料类编》分为两集，共86万多字，是在《明实录藏族史料》的基础上按照分类编辑而成的。《明实录藏族史料类编》将《明实录》中所有有关藏族文献按照类别编排，同类文献按照时间编排，形成组织有序的文献汇编体系，既突出学科特点，又兼顾古籍文献特征，并辅之以拟加的标题来最大限度地反映史料的信息内容。为保存史料的本来面目，编辑过程中依据文献的原始特征，只做标点和必要的校订工作，对史料的内容不做删节和改动，但需要增补的内容，对照1968年台湾地区影印本《明实录》原文进行了增补和完善，力求做到文字和年、月、日以及卷次、页码的准确无误，以使历史事件真实呈现于世人面前。本书不仅是研究明朝藏族历史的重要资料，也是坚决捍卫国家主权完整、驳斥国内外反动势力妄图分裂西藏的有力佐证，有着极为重要的史料价值。

《明实录藏族史料类编》本着力求在《明实录》藏族史料整理的原有基础上，形成一个分类详备、标点准确、校勘精审、使用便利的新的升级版本的编辑目标，既着重考虑为藏学研究者提供资料，又兼顾一般阅读的需求，按照常规阅读习惯，采用了横向排版格式。

《明实录藏族史料类编》在编辑纸质文献的同时，建立了"明实录藏族史料类编全文数据库"。该数据库具有在线全文检索、阅读的功能，在西藏民族大学校园网内实现信息资源共享，便于藏学研究者利用现代技术手段来检索、利用相关资料，充分发掘其重要的史料价值，从而使之具有较广泛的应用价值。

《明实录藏族史料类编》是由西藏民族大学图书馆馆长孔繁秀研究馆员于2011年牵头立项，图书馆张若蓉、马凌云、赵艳萍、李子、崔茛、冯云、马新杰等同志参加的西藏自治区高校人文社会科学研究项目"明清实录藏族史料类编"结项成果中的《明实录》部分增补修订完成的。其增补修订工作由西藏民族大学图书馆、民族研究院、文学院有关同志组成编辑组通力协作完成。西藏民族大学图书馆馆员马新杰硕士、馆员冯云博士、馆员赵艳萍硕士、副研究馆员张若蓉硕士等承担编辑、校勘任务；文学院教授顾浙秦博士主要负责全类编的标点、文字校勘的修订完善；民族研究院副教授陈鹏辉博士主要负责全类编的分类的订正、调整。马新杰、顾浙秦、陈鹏辉、赵艳萍承担全类编的总校定稿工作，西藏民族大学研究生王晓新、王玥、张哲宇、狄若昕同学和复旦大学哲学系的顾清源同学参与部分资料的校勘工作。

这部《明实录藏族史料类编》数易寒暑，其整理工作之所以能做到踏实认真地进行、较好地完成，首先是因为得到了前任校党委书记杜建功、校长扎西次仁和现任校党委书记欧珠、校长刘凯等学校领导及科研处领导的重视和支持，从而激励着我们把这一文献整理研究课题坚持做大做好。

这部类编是编辑组全体成员多年来辛勤努力、群策群力、协作攻关的共同成果。参加我们科研团队的每一位同志都能做到齐心协力，勇于接受任务，节假日加班加点，不计报酬，努力做贡献。尤其是我的同事马新杰馆员、冯云馆员等在文献整理研究过程中承担了大量的校勘工作任务。通过这部类编的编辑出版，我们培养了一支敬业笃学、团结协作、精勤拼搏的科研团队。《明实录藏族史料类编》的整理出版无疑很好地说明：一项大的科研项目的研究能取得应有的成绩，集体攻关、大力发扬团队精神实属关键。

本类编作为西藏民族大学在20世纪70年代末启动的《明实录》藏族历史文献整理、汇编的科研延续，保持了一以贯之的连续性。如今，当年的编者中有几位竟成故人，我们完成这部类编本，是对他们最大的缅怀。《明实录藏族史料》的第一编者、我的恩师顾祖成教授今已80多岁高龄，但健康佳好，思维敏捷，至今退而未休。先生欣然接受我的邀请，担任这部类编的名誉主编。先生以其深厚的学养和对这部史料多年研究的积淀，对本类编予以学术把关，不仅悉心于全书的整体分类擘画，而且全身心地投入到具体的编纂工作中。先生的鼎力支持，使本类编得以顺利完成，也使我们形成了一支新老结合的团队，使我们对《明实录藏族史料》这部史料集在研究整理上做到了前后衔接。在此，我由衷地感谢先生的辛勤付出。

本类编得到中山大学出版社领导的高度重视和鼎力帮助。嵇春霞副总编专程前来学校与我校科研处领导、编辑组成员座谈，悉心指导，并多次沟通，精心策划，申报国家出版基金资助项目，使这部类编得以作为精品图书付梓。本类编的责任编辑以及其他编校人员为之付出了艰辛劳动，在此一并表示诚挚的感谢。

由于编者经验不足、水平有限，本类编中难免仍有欠妥之处，尚待进一步完善，敬请读者批评指正。

孔繁秀

2019年6月于西藏民族大学

总 目

明朝初建，进军陕甘，遣使持诏赴朵甘、乌思藏招谕归附 /1

明初在藏族地区设治授职 /10

太祖、太宗、宣宗时期于朵甘藏区及其邻近地区用兵，维护统一，巩固统治 /31

明朝遣使赴乌思藏、朵甘宣谕、抚慰、延聘、封赏 /68

明朝封授"法王""王"及各级僧官 /75

武宗佞佛，自命"大庆法王"，遣刘允往乌思藏赍送番供，迎请活佛 /144

藏族僧俗官员愿居京供职，获允准；番僧邀内廷宠幸，遭劾阻 /150

明朝对藏族僧俗官员犯事的惩处 /164

明朝在藏区征发马赋、差役 /172

设立驿站，驿马邮传 /175

设立茶马司、盐马司，颁发金牌勘合，官府主持茶马互市 /178

茶马交易等民间贸易和明廷禁约私茶，整顿茶法马政 /203

明朝在松潘、西宁、河州、洮、岷等边卫遣官戍守与屯种、召商纳米中盐茶，充积粮储 /237

松潘等处设置儒学、医学、阴阳学；董卜韩胡求《周易》《尚书》《毛诗》等典籍 /283

明中叶以后对四川、陕甘藏区的剿讨、抚治及对获功与失律边将、官吏之奖惩 /287

蒙古亦卜剌、俺答汗、火落赤等部族西踞青海，住牧藏区，明廷之"御虏保番" /387

俺答汗迎请锁南坚错赴青海；明朝封锁南坚错为"朵儿只唱" /433

朝贡与封赐 / 441
颁赐寺名、匾额、护敕、度牒等 / 751
整饬朝贡，限定贡期人数，禁约滥送诈冒等 / 755
明季遣喇嘛番僧入辽东侦探、讲款 / 775
明末农民起义军进入阶、文、西宁地区，番民投入义军 / 777
灾异、赈恤、免赋 / 778

附录一 《明史》摘编 / 781
附录二 公元、干支、藏历对照明纪年表 / 834

目 录

明朝初建，进军陕甘，遣使持诏赴朵甘、乌思藏招谕归附 / 1
　　徐达率军攻临洮，师入藏族地区，分遣邓愈等招谕吐蕃 /1
　　许允德等奉派持诏往谕吐蕃，元吐蕃等处宣慰使何锁南普、帕竹
　　　第悉章阳沙加、摄帝师喃加巴藏卜等弃元附明 /5

明初在藏族地区设治授职 / 10
　　设河州卫及其所属千百户所，以何锁南普诸人为指挥同知、指挥
　　　佥事等职 /10
　　设西番十八族等处千户所，以故元旧官为之 /12
　　置文州汉蕃千户所与礼店千户所 /12
　　置必里千户所，隶河州卫 /12
　　诏置乌思藏、朵甘卫指挥使司宣慰司二、元帅府一、招讨司四、
　　　万户府十三、千户所四 /13
　　置西宁卫，以朵儿只失结为指挥佥事 /14
　　置天全六番招讨司，以高英、王藏卜等为正副招讨 /15
　　置西固城等处千户所，嗣升军民千户所 /15
　　增置朵甘思宣慰司及招讨等司 /15
　　设西安行都指挥使司于河州，后罢置 /16
　　诏升朵甘、乌思藏二卫为行都指挥使司 /17
　　设置帕木竹巴万户府、必力工瓦万户府、笼答千户所、葛剌汤
　　　千户所 /18
　　诏置俄力思军民元帅府 /19

置失保赤千户所，隶河州卫 /19

设木哑些儿孙等处千户所，隶朵甘都指挥使司 /19

置岷州卫、碾北卫指挥使司，嗣升岷州卫为岷州军民指挥使司 /19

置洮州卫 /20

置松州卫指挥使司，后改为松潘等处军民指挥使司 /20

改河州右卫指挥使司为河州军民指挥使司 /21

置松潘等处安抚司与阿昔洞等十三族长官司 /21

置长河西等处军民安抚司，以剌瓦蒙为安抚使 /21

升乌思藏俺不罗卫为行都指挥使司，古鲁监藏为指挥佥事 /21

立西宁僧纲司、河州卫番僧纲司 /22

置河源守御千户所 /22

升必里千户所为必里卫；设川卜族千户所，隶河州卫 /22

设沙州卫 /23

设甘州左卫及庄浪卫僧纲司 /23

授南葛监藏、阿屑领占、锁南斡屑、玉隆监藏朵甘行都指挥使、都指挥佥事、指挥佥事等职 /23

设杂谷寨安抚司、达思蛮寨长官司，命曩申为杂谷安抚，僧其卜为达思蛮副长官 /24

设长河西鱼通宁远等处和苦白寺、沙思达寺、跛羊地面、如意宝寺、赏毡地面五僧纲司 /24

设长河西剌思刚道纪司 /24

诏置牛儿宗寨行都指挥使司，以喃葛监藏为都指挥佥事 /24

授锁巴、掌巴、八儿、仰思都巴头目为司徒 /25

授擦巴头目巴儿藏卜、挫失吉等人乌思藏都指挥使司都指挥佥事职 /25

授喃葛烈思巴乌思藏俺卜罗行都指挥使司都指挥佥事职 /25

置陇卜卫，以锁南斡些儿为指挥使 /26

设贾穆龙僧纲司 /26

升阿奴、隆布班丹领占为朵甘卫行都司都指挥使 /26
　　设藏吉地面三僧纲司 /26
　　设上邛部卫，以掌巴伯为指挥使 /26
　　设董卜韩胡宣慰使司及其道纪司 /27
　　诏置领司奔寨行都指挥使司，以喃葛加儿卜为都指挥佥事 /27
　　设天全六番招讨使司僧纲司 /27
　　造朵甘卫千户所印 /27
　　置麻儿匝安抚司、阿角寨安抚司、思曩日安抚司及潘干寨长官司 /28
　　设甘州左卫僧纲司 /29
　　置洮州卫僧纲司 /29
　　置松潘卫前千户所、茂州卫前右二千户所和小河千户所 /29
　　改西宁卫为军民指挥使司 /30
　　设毕力术江卫指挥使司 /30

太祖、太宗、宣宗时期于朵甘藏区及其邻近地区用兵，维护统一，巩固统治 /31

　　吐蕃川藏部邀阻乌思藏使者，邓愈率兵讨伐，追至昆仑山 /31
　　四川威茂诸处董贴里叛，丁玉率师讨之，并征松潘等处 /33
　　洮州三副使瘿嗉子等叛，命沐英等移兵讨伐、戍守 /35
　　朵贡则路南向等寇潘州阿昔族长官司，周助率马步兵进讨 /39
　　建昌卫月鲁帖木儿叛，合西番土军攻掠，蓝玉总兵讨之 /40
　　阶文千户张者等叛，宁正、徐凯等率兵讨伐 /42
　　松潘纳卜、薛卜、任昌等寨滋事，都指挥佥事尹林率兵讨之 /42
　　申藏族番民"梗化"，李达等领兵剿捕 /43
　　刘昭奉使乌思藏，还至灵藏莽站遇劫，与战败之 /43
　　马儿藏族头目劫掠，都指挥使李达遣人谕之 /44
　　安定曲先寇邀劫朝廷使臣与乌思藏贡使，李英、陈通等率官兵及西番

十二族土兵剿抚 /44

松潘等处牟力劫族阿儿等滋事，四川都司调官兵剿抚 /48

思曩日族番人窃劫，刘昭率兵前往招谕 /49

松潘卫官吏扰民，麦匝等族激变，陈怀、蒋贵等率兵征讨抚谕 /49

马儿、潘关等族因逼令纳粮充军激变，明廷逮治肇事官员 /60

盐井卫土官马剌非滋扰，谕令云南、四川三司禁约 /60

松潘蛤匝诸族与勒都、祈命等族聚众起事，陈怀等调兵剿捕 /61

杂谷安抚司土司强据鲁思麻寨，明廷谕令委官抚谕 /63

阿吉等族逃徙番民还居野马川，敕停调协剿，令其宁居 /63

思曩日族民人擒杀千户起事 /64

洮州火把族民人逃徙 /65

烟藏等族民人滋事，率兵往擒 /65

招抚黑水西番及阿容等族 /65

西固城番族及秦月作族交相攻夺 /65

巴沙族著儿加等劫夺过往使臣衣物，发兵擒捕 /66

松潘、叠溪诸寨起事，方政等率兵剿捕 /66

明朝遣使赴乌思藏、朵甘宣谕、抚慰、延聘、封赏 /68

太宗遣智光、侯显、丹竹领占、格敦增吉、刘昭、何铭、杨三保、乔来喜、邓诚等往朵甘、乌思藏宣谕、延聘、封赏 /68

宣宗遣侯显、刘昭、赵安、丁黻、刘祥等赍敕往乌思藏抚谕、赏赐 /70

英宗遣锁南藏卜等出使灵藏 /71

代宗景泰、英宗天顺年间葛藏、桑加巴等往封乌思藏辅教王 /72

宪宗时板尖恭尼麻、绰失吉藏卜、绰吉坚参、锁南奔等人赍敕往谕赞善王、阐教王、阐化王、牛儿宗寨行都司 /73

明朝封授"法王""王"及各级僧官 /75

噶玛巴活佛却贝桑波应召至京，太宗封其为大宝法王 /75

萨迦拉康拉章首领昆泽思巴应召至京，太宗封其为大乘法王 /77

　　宗喀巴弟子释迦也失两次至京朝见，太宗、宣宗先后封其为西天佛子
　　　大国师、大慈法王 /78

　　帕竹灌顶国师阐化王的封授、袭替 /78

　　灵藏灌顶国师赞善王的敕封、袭封 /80

　　馆觉灌顶国师护教王的敕封、袭封 /83

　　必力工瓦阐教王的敕封、袭封 /83

　　答苍辅教王的敕封、袭封 /84

　　大智、大善、大通、大悟、大应、大济、大庆、大德诸法王及其他
　　　法王的升授 /85

　　西天佛子的升授 /88

　　大国师、灌顶国师的封授、袭替 /93

　　国师的封授、袭替 /107

　　禅师、觉义、都纲等僧官封授、袭替 /124

武宗佞佛，自命"大庆法王"，遣刘允往乌思藏赍送番供，迎请活佛 /144

藏族僧俗官员愿居京供职，获允准；番僧邀内廷宠幸，遭劾阻 /150

明朝对藏族僧俗官员犯事的惩处 /164

明朝在藏区征发马赋、差役 /172

设立驿站，驿马邮传 /175

设立茶马司、盐马司，颁发金牌勘合，官府主持茶马互市 /178

茶马交易等民间贸易和明廷禁约私茶，整顿茶法马政 /203

**明朝在松潘、西宁、河州、洮、岷等边卫遣官戍守与屯种、召商纳
　米中盐茶，充积粮储 /237**

松潘、西宁、河州、洮、岷等边卫的遣官戍守 /237

　　屯种、召商纳米中盐茶等，充积边卫粮储 /272

松潘等处设置儒学、医学、阴阳学；董卜韩胡求《周易》《尚书》《毛诗》
　等典籍 /283

明中叶以后对四川、陕甘藏区的剿讨、抚治及对获功与失律边将、
　官吏之奖惩 /287

　　松潘、茂、叠等处 /287

　　西宁、洮、岷等处 /357

蒙古亦卜剌、俺答汗、火落赤等部族西踞青海，住牧藏区，明廷之
　"御虏保番" /387

俺答汗迎请锁南坚错赴青海；明朝封锁南坚错为"朵儿只唱" /433

　　俺答汗求经、僧，建仰华寺，迎请活佛锁南坚错 /433

　　三世达赖锁南坚错遗书张居正请贡，明朝封授"朵儿只唱"名号及其
　　　于漠南蒙古圆寂 /438

明朝初建，进军陕甘，遣使持诏赴朵甘、乌思藏招谕归附

徐达率军攻临洮，师入藏族地区，分遣邓愈等招谕吐蕃

○ 洪武二年（己酉）四月丙寅（1369.5.8）

大将军徐达在凤翔会诸将，议师所向。诸将咸以张思道之才不如李思齐，庆阳易于临洮，欲先由邠州取庆阳，然后从陇西攻临洮。达曰："不然，思道城险而兵悍，未易猝拔。临洮之地，西通蕃夷，北界河湟，我师取之，其人足以备战斗，其土地所产足以供军储。今以大军蹙之，思齐不西走胡，则束手就降矣。临洮既克，则旁郡自下。"诸将然之。达乃留御史大夫汤和守营垒辎重，令指挥金兴旺偕余思明等守凤翔，遂移师趋陇州。

（太祖朝馆本卷四一·页一上～下）

○ 洪武二年（己酉）四月乙亥（1369.5.17）

大将军徐达师至巩昌，元守将平章梁子中、侍郎陈子林、郎中谭某、员外郎鄢某俱出降。既而总帅汪灵真保、平章商暠、左丞周添祥、达鲁花赤张虎、都帖木儿、万户董褆、雷清、石荣等亦继至，达皆礼待之。遂以都督佥事郭子兴守其城，送灵真保等赴京。仍遣右副将军冯宗异将天策、羽林、骁骑、雄武、金吾、豹韬等卫将士征临洮，都督副使顾时、佥政戴德各将本部兵征兰州。

（太祖朝馆本卷四一·页三下）

○ 洪武二年（己酉）四月丁丑（1369.5.19）

右副将军冯宗异师至临洮，李思齐降，宗异遣人送之大将军营。初，

思齐之在凤翔也，上以书谕之……思齐见书，有降意。其养子赵琦者与其麾下绐之与西入土蕃，思齐信之，遂俱奔临洮。琦等私窃宝货、妇女避匿山谷间，思齐遂穷蹙。至是，宗异师至，遂举临洮降。琦等亦相继来归。宗异遣宣使张本中报捷京师。大将军徐达遣指挥韦正及赵琦、司马来兴、朵儿只吉等守之。琦，狄道人，一名脱脱帖木儿，时呼为赵脱儿，世为元土官云。

（太祖朝馆本卷四一·页四上～五上）

○ **洪武二年（己酉）四月己卯（1369.5.21）**

大将军徐达师入安定州，以降将陈宗聚、李〔季〕署州事，调青州右卫官军守之。

右丞薛显将虎贲、骠骑、羽林等卫将士攻马鞍山西蕃人寨，获其牛马而还。

（太祖朝馆本卷四一·页五上）

○ **洪武二年（己酉）九月乙卯（1369.10.24）**

吐蕃寇临洮，屯于洮河原［源］，指挥韦正率兵御之。时河水未冰，师不得济，正焚香祝曰："正仗国家威德镇抚一方，将以休养生民，今贼在迩而不得击，何以报国家！天意使贼平则令河冰。"未几，有冰如巨屋自上流而下，风随之，河冰遂合，正即率兵直捣虏营。虏大惊以为神，俱投戈请降。正之守临洮也，善于招徕。时土酋赵琦弟同知赵三及孙平章、祁院使等皆先后来归，正悉与衣冠厚遗而遣之。自是诸部土官相率来降。

（太祖朝馆本卷四五·页一四下～一五上）

○ **洪武三年（庚戌）四月乙丑（1370.5.2）**

册封诸皇子为王，诏天下曰："朕荷天地百神之佑，祖宗之灵，当群雄鼎沸之秋，奋起淮右，赖将帅宣力，创业江左。曩者，命大将军徐达统率诸将以定中原，不二年间，海宇清肃，虏遁沙漠，大统既正，黎庶靖安。欲先论武功以行爵赏，缘土蕃之境未入版图，今年春复命达等帅师再征，是以报功之典未及举行。……"

（太祖朝馆本卷五一·页五下）

○洪武三年（庚戌）四月戊寅（1370.5.15）

上遣使敕谕大将军徐达曰："尔将兵在外，军中事宜与诸将佐熟计行之。凡调发守备计定谋合，当即区处，毋事狐疑。盖谋事宜审，行事宜决。近闻甘肃一路守兵甚少，当量势调拨以守之。其吐蕃、兴元，就调兵收取。二处平后，大将军出汉江顺流东下亦甚利也。凡获牝马悉发临濠收养，所俘王保保部从及败而来降者，令从伐蜀。蜀平，就留以守御可也。"

（太祖朝馆本卷五一·页九下）

○洪武三年（庚戌）五月己丑（1370.5.26）

大将军徐达分遣左副将军邓愈招谕吐蕃，而自将取兴元。

宁国卫指挥佥事陈德成从征西蕃，战殁于岷州。上命有司致祭厚葬之，仍恤其家，追赠德成指挥副使，授其子千户。

（太祖朝馆本卷五二·页一上）

○洪武三年（庚戌）五月辛亥（1370.6.17）

左副将军邓愈自临洮进克河州，遣人招谕吐蕃诸酋。

（太祖朝馆本卷五二·页九上）

○洪武三年（庚戌）六月丁丑（1370.7.13）

上遣使诏谕元宗室部落臣民曰："……朕即位之初，遣使往谕交趾、占城、高丽，诸国咸来朝贡，奉表称臣，唯西北阻命遏师。朕未遣使降诏者，以庚申君尚拥众应昌故耳。乃者命将西征，直抵土〔吐〕蕃，偏师北伐，遂克应昌。……"

（太祖朝馆本卷五三·页七下～八上）

○洪武六年（癸丑）七月戊辰（1373.8.17）

武靖卫指挥同知卜纳剌卒，命有司治其丧，给殡葬之具。卜纳剌本蒙古部元世祖第七子西平王奥鲁赤五世孙，奥鲁赤生镇西武靖王帖木儿不花，（帖木儿不花）生搠思班，搠思班生梁王脱班，脱班生卜纳剌，袭封武靖王。洪武三年，王师驻河州，卜纳剌率吐蕃部众诣征虏左副将军邓愈军门款附。既而入觐，上念其元裔，甚恩遇之。洪武五年，授怀远将军武靖卫指挥同知，子孙世袭。至是卒。

（太祖朝馆本卷八三·页六上）

○洪武十年（丁巳）十一月癸未（1377.12.9）

卫国公邓愈卒。愈，初名友德，后赐今名。泗州虹县人，姿貌魁伟，有大志，勇力过人。……洪武三年，为征虏左副将军，从大将军达平陇右，大破扩廓帖木儿之兵于定西，招谕河州吐番诸番，何琐南普、朵儿只、汪家奴等皆降，而河州以西朵甘、乌思藏等部来归者甚众。是岁，定功行赏，赐号开国辅运推诚宣力武臣，阶特进荣禄大夫，勋右柱国，爵卫国公，食禄三千石，赐以铁券。……十年，吐番所部川藏邀杀乌思藏使者，诏愈为征南将军往讨之。愈与副将军沐英分兵为三，捣其巢穴，败川藏之众，追至昆仑山，斩首不可胜计，获马牛羊十余万。上嘉其功，遣使召还。至寿春，以疾卒，年四十一。讣闻，上哭之恸。诏辍朝三日，追封宁河王，谥武顺。

（太祖朝馆本卷一一六·页一下~三下）

○洪武二十九年（丙子）四月甲寅（1396.6.3）

是月，右军都督府左都督宁正卒。正，字正卿，凤阳寿州人。……洪武三年五月从邓愈克河州，留正镇守。时元镇西武靖王卜纳剌等诸酋长拥兵犹众，正遣兵追之，于宁河杀获颇多。于是沙家失里与诸酋长遣人来请降，正即策马往谕之，酋长皆感悦，献其全部军马〔马军〕及元所授金玉印章、金牌宣命，擢临洮卫世袭指挥同知。又招降元宣政院使何锁南（普）等，以正为指挥使，招徕撒里畏吾儿、安定王卜烟帖木儿等暨土番，朵甘灌顶国师、乌思藏诸部奉表朝贡。七年改置西安行都指挥使司于河州，以正为都指挥使，进阶骠骑将军，提调朵甘、乌思藏都卫。正又招降元右丞朵儿只失结等，奏置西宁等卫。八年改西安行都指挥使司为陕西行都指挥使司，正仍为都指挥使。九年十月复姓宁氏，进阶龙虎将军，会川藏戎为盗，命卫国公邓愈讨之，正从征有功。十一年西平侯沐英征西番，遣正追袭叛虏朵儿只巴，获其羊马辎重而还。……十五年除〔迁〕四川（都）指挥使，会河西土官故元左丞剌瓦蒙藏卜等来降，唯松、茂等州西羌未附，正调兵讨之，擒贼首杨知府。……二十五年沐英卒，诏授正荣禄大夫右军都督府左都督，代英镇守。久之，命为平羌将军，总陕西、四川兵讨阶文千户张者之乱，平之。二十八年正月率兵从秦王往洮州打鱼沟〔浦〕等处克平番寇。三月还京，至是以疾卒。上为辍视朝一日，遣官吊祭，擢其子鹰扬卫指挥使忠为前军都督府都督佥事。

（太祖朝馆本卷二四五·页五下～六下）

许允德等奉派持诏往谕吐蕃，元吐蕃等处宣慰使何锁南普、帕竹第悉章阳沙加、摄帝师喃加巴藏卜等弃元附明

○ 洪武二年（己酉）五月甲午（1369.6.5）

遣使持诏谕吐蕃。诏曰："昔我帝王之治中国，以至德要道民用和睦推及四夷，莫不安靖。向者胡人窃据华夏百有余年，冠履倒置，凡百有心孰不兴愤。比岁以来，胡君失政，四方云扰，群雄分争，生灵涂炭，朕乃命将率师悉平海内，臣民推戴为天下主，国号大明，建元洪武。式我前王之道，用康黎庶。惟尔吐蕃邦居西土，今中国一统，恐尚未闻，故兹诏示使者至吐蕃。"

吐蕃未即归命，寻复遣陕西行省员外郎许允德往招〔诏〕谕之。

（太祖朝馆本卷四二·页一上）

○ 洪武三年（庚戌）六月癸亥（1370.6.29）

命僧克新等三人往西域招谕吐蕃，仍命图其所过山川地形以归。

（太祖朝馆本卷五三·页二下）

○ 洪武三年（庚戌）六月乙酉（1370.7.21）

故元陕西行省吐蕃宣慰使何锁南普等，以元所授金银牌印宣敕诣左副将军邓愈军门降，及镇西武靖王卜纳剌亦以吐蕃诸部来降。先是，命陕西行省员外郎许允德招谕吐蕃十八族、大石门、铁城、洮州、岷州等处，至是何锁南普等来降。

（太祖朝馆本卷五三·页一二下～一三上）

○洪武三年（庚戌）八月庚申（1370.8.25）

遣通事舍人巩哥锁南等往西域招谕吐蕃。

（太祖朝馆本卷五五·页二下～三上）

○洪武三年（庚戌）十二月辛巳（1371.1.13）

吐蕃宣慰使何锁南普等一十三人来朝，进马及方物。

（太祖朝馆本卷五九·页九上）

○洪武三年（庚戌）十二月壬午（1371.1.14）

赐土〔吐〕蕃宣慰使何锁南普及知院汪家奴等袭衣。

（太祖朝馆本卷五九·页一〇上）

○洪武四年（辛亥）二月辛未（1371.3.4）

河州卫指挥同知何锁南普等辞归，诏赐何锁南普文绮二十匹，汪家奴一十五匹，以下官属各一十五〔一十〕匹。既而上复以何锁南普等识达天命自远来朝，加赐何锁南普文绮十匹，汪家奴八匹，官属人一匹。

（太祖朝馆本卷六一·页四上）

○洪武五年（壬子）四月丁酉（1372.5.23）

河州卫言："乌思藏怕木竹巴故元灌顶国师章阳沙加，人所信服。今朵甘赏竺监藏与管兀儿相仇杀，朝廷若以章阳沙加招抚之，则朵甘必内附矣。"

中书省以闻。诏章阳沙加仍灌顶国师之号，遣使赐玉印及彩段表里，俾居报恩寺化导其民。

（太祖朝馆本卷七三·页四下）

○洪武五年（壬子）十二月庚子（1373.1.21）

乌思藏摄帝师喃加巴藏卜等遣使来贡方物。诏赐红绮禅衣及靴帽、钱物有差。

（太祖朝馆本卷七七·页四下）

○洪武六年（癸丑）正月己巳（1373.2.19）

乌思藏怕木竹巴灌顶国师章阳沙加监藏，遣酋长锁南藏卜以佛像、佛书、舍利来贡。诏置佛寺，赐使者文绮、袭衣有差。

（太祖朝馆本卷七八·页七上）

○洪武六年（癸丑）二月癸酉（1373.2.23）

诏置乌思藏、朵甘卫指挥使司宣慰司二、元帅府一、招讨司四、万户府十三、千户所四。以故元国公南哥思丹八亦监藏等为指挥同知、佥事、宣慰使同知、副使、元帅、招讨、万户等官凡六十人。以摄帝师喃加巴藏卜为炽盛佛宝国师。先是遣员外郎许允德使吐番，令各族酋长举故官至京授职，至是喃加巴藏卜以所举故元国公南哥思丹八亦监藏等来朝贡，乞授职名。

省台臣言："来朝者宜与官职，未来者宜勿与。"上曰："我以诚心待人，彼若不诚，曲在彼矣！况此人万里来朝，若俟其再请，岂不负远人归向之心。"遂皆授职名，赐衣帽、钞锭有差。仍遣诏谕朵甘、乌思藏等处曰："我国家受天明命，统驭万方，恩抚善良，武威不服，凡在幅员之内，咸推一视之仁。近者摄帝师喃加巴藏卜以所举乌思藏、朵甘思地面故元国公、司徒、各宣慰司、招讨司、元帅府、万户、千户等官，自远来朝，陈请职名，以安各族。朕嘉其诚达天命，慕义来庭，不劳师旅之征，俱效职方之贡，宜从所请，以绥远人。以摄帝师喃加巴藏卜为炽盛佛宝国师，给赐玉印；南哥思丹八亦监藏等为朵甘、乌思藏武卫诸司等官，镇抚军民，皆给诰印。自今为官者，务遵朝廷之法，抚安一方；为僧者，务敦化导之诚，率民为善，以共乐太平。"

初，玉人造赐喃加巴藏卜印既成以进，上观其玉未美亟命工易之，其制兽纽涂金银印池。仍加赐喃加巴藏卜彩段表里二十四。未几，喃加巴藏卜等辞归，命河州卫镇抚韩加里麻等持敕同至西番，招谕未附土酋。

（太祖朝馆本卷七九·页一上～二上）

○洪武七年（甲寅）三月癸巳（1374.5.9）

陕西行省员外郎许允德自西番朵甘、乌思藏使还，赐冠带、罗衣及钱。

（太祖朝馆本卷八八·页五上）

○洪武七年（甲寅）十二月壬辰（1375.1.3）

炽盛佛宝国师喃加巴藏卜及朵甘行都指挥同知锁南兀即尔等遣使来朝，奏举土官赏竺监藏等五十六人。诏增置朵甘思宣慰司及招讨等司。招讨司六：曰朵甘思、曰朵甘笼答、曰朵甘丹、曰朵甘仓溏、曰朵甘川、曰磨儿勘。万户府四：曰沙儿可、曰乃竹、曰罗思端、曰列思麻。千户所十七：曰朵甘思、曰剌宗、曰李里加、曰长河西、曰朵甘思多八参孙等处、曰加巴、曰兆日、曰纳竹、曰伦答、曰沙里可哈思的、曰李里加思东、曰果由、曰参卜郎、曰剌错牙、曰泄里坝、曰阔侧鲁孙、曰撒里土儿干。改故元伦卜卒曰四族，达鲁花赤为都管，朵甘捕盗司为巡检司。以赏竺监藏等七人为朵甘都指挥司同知，南哥思丹八亦监藏等三人为乌思藏都指挥司同知，星吉监藏等十一人为朵甘宣慰司使，川搠藏卜等八人为朵甘思等六招讨司官，管者藏卜等五人为沙儿可等万户府万户，管卜儿监藏等十八人为朵甘思等一十七千户所千户，速令一人为伦卜卒曰四族都管，监藏令占等三人为朵甘巡检司巡检。遣员外郎许允德赍诏及诰印往赐之。来使哈石监藏等赐衣袭、帽靴遣还。

赏竺监藏等诰文曰："朕受天明命，君主华夷。凡诸施设，期〔务〕在安民。是以四夷之长，有能抚其众而悦天心者，莫不因其慕义，与之爵赏，以福斯民。曩者，西蕃效顺，为置乌思藏行都指挥使司，以官其长，使绥镇一方，安辑众庶。今复遣使修贡请官。朕如其请，特以赏竺监藏等为某官。尔其恪修厥职，毋怠。"

（太祖朝馆本卷九五·页一上~下）

○洪武七年（甲寅）十二月甲午（1375.1.5）

上以员外郎许允德使朵甘、乌思藏，命给其家常俸外，月增米三石赡之。

（太祖朝馆本卷九五·页一下）

○洪武七年（甲寅）十二月己未（1375.1.30）

使西蕃礼部员外郎许允德卒于河州。上悼惜之。允德先是〔自〕陕西行省员外郎升今官，至是卒。

（太祖朝馆本卷九五·页三下）

○洪武十一年（戊午）十二月丁巳（1379.1.7）

朵甘、乌思藏灌顶国师答力麻巴剌遣使进表，贡方物。诏赐文绮、缯帛。

（太祖朝馆本卷一二一·页四上）

○洪武十二年（己未）正月甲申（1379.2.3）

朵甘都指挥同知赏竺监藏、灌顶国师答力麻巴剌，遣使奏举西番故官十六人为宣慰、招讨等官。从之。

（太祖朝馆本卷一二二·页二下）

明初在藏族地区设治授职

设河州卫及其所属千百户所，以何锁南普诸人为指挥同知、指挥佥事等职

○洪武四年（辛亥）正月辛卯（1371.1.23）

以何琐南普为河州卫指挥同知，朵儿只、汪家奴为佥事。置所属千户所八，曰铁城、曰岷州、曰十八族、曰常阳、曰积石州、曰蒙古军、曰灭乞军、曰招藏军。军户千户所一，曰洮州。百户所七，曰上寨、曰李家五族、曰七族、曰番客、曰化州等处、曰常家族、曰爪黎族。汉番军民百户所二，曰阶文扶州、曰阳呱等处。仍令何琐南普子孙世袭其职。

（太祖朝馆本卷六〇·页四上）

○洪武四年（辛亥）二月辛未（1371.3.4）

河州卫指挥同知何锁南普等辞归，诏赐何锁南普文绮二十匹，汪家奴一十五匹，以下官属各一十五〔一十〕匹。既而上复以何锁南普等识达天命自远来朝，加赐何锁南普文绮十匹，汪家奴八匹，官属人一匹。

（太祖朝馆本卷六一·页四上）

○洪武四年（辛亥）六月戊子（1371.7.19）

以吐蕃来降院使马梅为河州卫指挥佥事，故元宗王孛罗罕、右丞朵立只答儿为正千户，元帅克失巴卜、同知卜颜歹为副千户，同知管不失结等为镇抚百户，及其部属以下各赐袭衣、文绮有差。先是三年冬马梅遣管不失结等贡马及方物，至是偕孛罗罕等来朝，复贡马及铁甲、刀、箭。上嘉其诚，故有是命，且谕礼部臣曰："时方隆暑，马梅等远来，宜早遣赴

卫。"于是复赐文绮及帛各十匹，其部属以下各二匹，而遣之。

（太祖朝馆本卷六六·页二上～下）

○洪武四年（辛亥）八月癸卯（1371.10.2）

　　故元宗王子巴都麻失里、沙加失里、院使汪家奴等来降，贡马二十匹及献铠甲器仗。上命中书赐巴都麻失里、沙加失里、汪家奴及知院琐南辇真金绣衣人一袭、文绮七匹，平章孙让等四人金绣衣一袭、文绮五匹，宣政副使海寿和尚马儿等三十人文绮人三匹及衣靴，佥事也失里等十人文绮人二匹，傔从一百三人悉给绵布及绵战袄。

（太祖朝馆本卷六七·页八上～下）

○洪武四年（辛亥）九月辛亥（1371.10.10）

　　以故元降臣汪瓦儿间为河州卫指挥佥事，赐文绮、袭衣。瓦儿间仕元为平章，至是来归，故有是命。

（太祖朝馆本卷六八·页一上）

○洪武六年（癸丑）正月庚戌（1373.1.31）

　　河州卫请设州县，专掌钱粮。诏从其请，置河州各府、州、县。寻罢之。

（太祖朝馆本卷七八·页二上）

○洪武七年（甲寅）正月壬午（1374.2.27）

　　赐河州卫指挥同知何琐南普等三人白金各二〔五〕百五十两。

（太祖朝馆本卷八七·页三下）

○洪武八年（乙卯）正月辛巳（1375.2.21）

　　河州卫请以喃加巴总管府为喃加巴千户所，酋长阿乩等六人为千、百户。从之。

（太祖朝馆本卷九六·页三下）

设西番十八族等处千户所，以故元旧官为之

○ 洪武四年（辛亥）正月癸卯（1371.2.4）

西番十八族元帅包完卜札、七汪肖遣侄打蛮及各族都管哈只藏卜、前军民元帅府达鲁花赤坚敦肖等来朝。诏以包完卜札为十八族千户所正千户，七汪肖为副千户，坚敦肖为岷州府千户所副千户，哈只藏卜等为各族都管，各赐袭衣、靴袜。

（太祖朝馆本卷六〇·页六下～七上）

置文州汉蕃千户所与礼店千户所

○ 洪武四年（辛亥）四月乙巳（1371.6.6）

置文州汉蕃千户所，以王均谅为副千户，赐文绮十匹及袭衣、靴袜。先是均谅为汉蕃千户〔守备〕受夏主命摄礼店元帅府同知，至是来朝贡马，因授以职，使还戍其地。

（太祖朝馆本卷六四·页五下）

○ 洪武四年（辛亥）十一月庚午（1371.12.28）

置礼店千户所，以孙忠谅、赵伯寿为正千户，石添寿等为副千户。忠谅本文州汉军，为西番万户府正万户，夏主授以礼店副元帅，达鲁花赤闻颖川侯傅友德征蜀，师次秦州，率所部降，与汉番千户王均谅俱从友德克阶、文二州，至是蜀平。忠谅率其军民千户世袭达鲁花赤赵阿南、赵伯寿、东寨千户唐兀不花、达鲁花赤石添寿等入朝贡马。诏赐文绮衣各一袭及文绮有差。遂置千户所并所属百户所，以忠谅（等）为千户。

（太祖朝馆本卷六九·页二上）

置必里千户所，隶河州卫

○ 洪武四年（辛亥）十一月丁丑（1372.1.4）

置必里千户所，属河州卫，以朵儿只星吉为世袭千户。必里在吐番朵

甘思界，故元设必里万户府，朵儿只星吉为万户。至是来降，河州卫指挥使韦正遣送至京，故有是命。

（太祖朝馆本卷六九·页三下）

○ 洪武六年（癸丑）八月戊寅（1373.8.27）

以故元蒙古世袭万户阿卜束等十五人为必里千户所千、百户，领其土人，镇御番溪界首。

（太祖朝馆本卷八四·页四上）

诏置乌思藏、朵甘卫指挥使司宣慰司二、元帅府一、招讨司四、万户府十三、千户所四

○ 洪武四年（辛亥）十月乙未（1371.11.23）

置朵甘卫指挥使司。

（太祖朝馆本卷六八·页六下）

○ 洪武六年（癸丑）二月癸酉（1373.2.23）

诏置乌思藏、朵甘卫指挥使司宣慰司二、元帅府一、招讨司四、万户府十三、千户所四。以故元国公南哥思丹八亦监藏等为指挥同知、佥事、宣慰使同知、副使、元帅、招讨、万户等官凡六十人。

（太祖朝馆本卷七九·页一上）

○ 洪武六年（癸丑）十月乙酉（1373.11.2）

河州卫言："朵甘思宣慰赏竺监藏举西域头目可为朵甘卫指挥同知、宣抚司［使］、万户、千户者二十二人。"

诏从其请，命铸分司印与之。

（太祖朝馆本卷八五·页七下）

○ 洪武十二年（己未）正月甲申（1379.2.3）

洮州十八族番首三副使汪舒朵儿、瘿嗉子、乌都儿及阿卜商等叛，据纳邻七踞［站］之地，命征西将军沐英移兵讨之。告祭西岳诸神曰："惟神磅礴西土，为是方之镇。古昔帝王知神有所司，故载在祀典，为民祈福。今予统中国，兼抚四夷，前者延安伯颜帖木儿密迩中国，屡抚不顺〔服〕，告神进讨，已行殄灭，自陕西迤北民无兵祸之忧。惟河州西南土番川藏及洮州三副使瘿嗉子，虽尝以子入侍，而叛服不常，复欲为生民之患，是用命将率兵进讨，惟神鉴之。"

朵甘都指挥同知赏竺监藏、灌顶国师答力麻巴剌，遣使奏举西番故官十六人为宣慰、招讨等官。从之。

（太祖朝馆本卷一二二·页二下）

置西宁卫，以朵儿只失结为指挥佥事

○ 洪武六年（癸丑）正月己未（1373.2.9）

置西宁卫，以朵儿只失结为指挥佥事。朵儿只失结，西宁人，仕元为甘肃行省右丞。初，王师下关陕，与太尉朵儿只班在青海，朵儿只班遣其来朝进马。上赐以袭衣、文绮，令还招谕其部曲。朵儿只班不奉诏，遁甘肃。朵儿只失结自率所部二千余人还西宁遣其弟赍达等赴京，言朵儿只班不奉诏之故。及宋国公冯胜总兵征甘肃，遂以所部从行。胜，乃命朵儿只失结同指挥徐景追袭朵儿只班，获其金银印及军士马匹，遣其弟答立麻送京师。至是，立西宁卫，命朵儿只失结为指挥佥事。

（太祖朝馆本卷七八·页五下～六上）

○ 洪武十九年（丙寅）正月壬午（1386.2.24）

陕西都指挥使司及都督濮英奏："西宁卫旧城卑狭，不堪戍守，今度城西百二十里许，其地平衍可以改筑。"

上可其奏。命调巩昌、临洮、平凉三卫军士筑之。未几，复停其役。

（太祖朝馆本卷一七七·页一下～二上）

置天全六番招讨司，以高英、王藏卜等为正副招讨

○ 洪武六年（癸丑）十二月丙午（1374.1.22）

置四川天全六蕃〔番〕招讨司，秩从五品。以前土官高英为正招讨，王〔杨〕藏卜为副招讨。

（太祖朝馆本卷八六·页八下）

○ 洪武二十一年（戊辰）二月庚午（1388.4.2）

诏更四川天全六番招讨司为武职。先是，天全六番招讨高敬严、副招讨杨藏卜奏请简土民为兵，以守御边境，诏许之。敬严等遂招选其民，教以战阵，得马步卒千余人。至是，藏卜来朝，因奏其事，仍命改为武职，令戍守边界，控制西番。仍命景川侯曹震阅其士马部伍之数。

（太祖朝馆本卷一八八·页九上～下）

置西固城等处千户所，嗣升军民千户所

○ 洪武七年（甲寅）三月乙未（1374.5.11）

置巩昌西固城等处千户所，以故元番汉军民世袭千户韩文质为正千户，世袭副千户严志明、严才为副千户。

（太祖朝馆本卷八八·页五上～下）

○ 洪武十五年（壬戌）四月乙巳（1382.6.8）

改岷州卫为军民指挥使司，西固城千户所为军民千户所。

（太祖朝馆本卷一四四·页五上）

增置朵甘思宣慰司及招讨等司

○ 洪武七年（甲寅）十二月壬辰（1375.1.3）

炽盛佛宝国师喃加巴藏卜及朵甘行都指挥同知锁南兀即尔等遣使来

朝，奏举土官赏竺监藏等五十六人。诏增置朵甘思宣慰司及招讨等司。招讨司六：曰朵甘思、曰朵甘笼答、曰朵甘丹、曰朵甘仓溏、曰朵甘川、曰磨儿勘。万户府四：曰沙儿可、曰乃竹、曰罗思端、曰列思麻。千户所十七：曰朵甘思、曰剌宗、曰孛里加、曰长河西、曰朵甘思多八参孙等处、曰加巴、曰兆日、曰纳竹、曰伦答、曰沙里可哈思的、曰孛里加思东、曰果由、曰参卜郎、曰剌错牙、曰泄里坝、曰阔侧鲁孙、曰撒里土儿干。改故元伦卜卒曰四族，达鲁花赤为都管，朵甘捕盗司为巡检司。以赏竺监藏等七人为朵甘都指挥司同知，南哥思丹八亦监藏等三人为乌思藏都指挥司同知，星吉监藏等十一人为朵甘宣慰司使，川挪藏卜等八人为朵甘思等六招讨司官，管者藏卜等五人为沙儿可等万户府万户，管卜儿监藏等十八人为朵甘思等一十七千户所千户，速令一人为伦卜卒曰四族都管，监藏令占等三人为朵甘巡检司巡检。遣员外郎许允德赍诏及诰印往赐之。来使哈石监藏等赐衣裘、帽靴遣还。

（太祖朝馆本卷九五·页一上～下）

○ 洪武十八年（乙丑）正月丁卯（1385.2.14）

定朵甘思宣慰使司秩正三品，朵甘万户府、朵甘招讨司、朵甘东道万户府、乌思藏必力公瓦万户府秩皆正四品，朵甘塔尔千户所、乌思藏葛剌汤千户所秩皆正五品。

（太祖朝馆本卷一七〇·页一下）

设西安行都指挥使司于河州，后罢置

○ 洪武七年（甲寅）七月己卯（1374.8.23）

诏置西安行都指挥使司于河州，升河州卫指挥司［使］韦正为都指挥使，总辖河州、朵甘、乌思藏三卫。

（太祖朝馆本卷九一·页三上）

○ 洪武九年（丙辰）四月己酉（1376.5.14）

河州卫都指挥使宁正守边有功，上赐玺书劳之曰："卿守西疆今已九年,恩威远播于戎羌,号令严明于壮士,忠心昭著于朝野,朕其嘉焉。时当初夏,特遣人往劳卿。宜慎抚边戎,晨昏毋怠。"正,初冒姓韦,至是命复本姓。

(太祖朝馆本卷一〇五·页七下)

○ 洪武九年(丙辰)十二月癸酉(1377.2.2)

罢西安行都指挥使司。

(太祖朝馆本卷一一〇·页七下)

诏升朵甘、乌思藏二卫为行都指挥使司

○ 洪武七年(甲寅)七月己卯(1374.8.23)

诏置西安行都指挥使司于河州,升河州卫指挥司[使]韦正为都指挥使,总辖河州、朵甘、乌思藏三卫。升朵甘、乌思藏二卫为行都指挥使司,以朵甘卫指挥同知琐南兀即尔、管招兀即儿为都指挥同知。诏谕之曰:"朕自布衣开创鸿业,荷天地眷佑,将士宣劳,不数年间,削平群雄,混一海宇。惟尔西番朵甘、乌思藏各族部属,闻我声教,委身纳款,已尝颁赏授职,建立武卫,俾安军民。迩使者还言,各官公勤乃职,军民乐业,朕甚嘉焉。尚虑彼方地广民稠,不立重镇治之,何以宣布恩威。兹命立西安行都指挥使司于河州。其朵甘、乌思藏亦升为行都指挥使司,颁授银印,仍赐各官衣物。呜呼!劝赏者,国家之大法;报效者,臣子所当为。宜体朕心,益遵纪律。"

朵甘、乌思藏僧答力麻八刺及故元帝师八思巴之后公哥坚藏(巴藏)卜遣使来朝,请师号。诏以答力麻八刺为灌顶国师,赐玉印海兽纽,俾居笞多桑古鲁寺,给护持十五道,公哥坚藏巴藏卜为圆智妙觉弘教大国师,玉印狮纽。赐诏曰:"佛教兴于西土,善因溥及华夷,虽无律以绳顽,惟仁心而是。则迩来西番入贡有僧公哥坚藏巴藏卜、答力麻八刺,乃昔元八思巴帝师之后,深通奥典,笃志尤坚,化顽愚以从善,起仁心以涤愆,虽曰遥闻,特加尔号,其公哥坚藏巴藏卜为圆智妙觉弘教大国师,答力麻八刺为灌顶国师,统治僧徒,名当时之善,为教中之称首。于戏!寂寞山

房，俦青灯而侣影，跏趺盘石，对皓月以忘情，随缘于锡杖、芒鞋，安分于草衣、木食，广施妙利，方契善符。"

（太祖朝馆本卷九一·页三上～下）

○洪武十八年（乙丑）正月丙寅（1385.2.13）

以西番班竹儿为乌思藏都指挥使。

（太祖朝馆本卷一七〇·页一上）

○宣德元年（丙午）十月丙寅（1426.11.5）

升乌思藏公哥儿寨官忍昝巴、札葛尔卜寨官领占巴、头目昝卜巴俱为都指挥佥事，给赐银印、诰命。

（宣宗朝馆本卷二二·页二上）

○宣德五年（庚戌）五月庚戌（1430.6.1）

朵甘卫行都司都指挥使撒力加监藏奏，年老乞致仕，以其子星吉儿监藏代。从之。

（宣宗朝馆本卷六六·页三下～四上）

设置帕木竹巴万户府、必力工瓦万户府、笼答千户所、葛剌汤千户所

○洪武八年（乙卯）正月庚午（1375.2.10）

诏置俄力思军民元帅府、怕木竹巴万户府、乌思藏笼答千户所，设官一十三人。

（太祖朝馆本卷九六·页一下）

○洪武十八年（乙丑）正月丁卯（1385.2.14）

定朵甘思宣慰使秩正三品，朵甘万户府、朵甘招讨司、朵甘东道万户府、乌思藏必力公瓦万户府秩皆正四品，朵甘塔尔千户所、乌思藏葛剌汤千户所秩皆正五品。

（太祖朝馆本卷一七〇·页一下）

诏置俄力思军民元帅府

○ 洪武八年（乙卯）正月庚午（1375.2.10）

诏置俄力思军民元帅府、怕木竹巴万户府、乌思藏笼答千户所，设官一十三人。

（太祖朝馆本卷九六·页一下）

置失保赤千户所，隶河州卫

○ 洪武八年（乙卯）正月丙戌（1375.2.26）

置失保赤千户所，以答儿木为正千户，世袭其职，隶河州卫。

（太祖朝馆本卷九六·页三下～四上）

设木咂些儿孙等处千户所，隶朵甘都指挥使司

○ 洪武九年（丙辰）九月壬申（1376.10.4）

设河州西番木咂些儿孙等处千户所，以元达鲁花赤锁南巴等充正、副千户，隶朵甘都指挥使司。

（太祖朝馆本卷一〇八·页五下）

置岷州卫、礌北卫指挥使司，嗣升岷州卫为岷州军民指挥使司

○ 洪武十一年（戊午）七月辛巳（1378.8.4）

命西平侯沐英率陕西属卫军士城岷州，置岷州卫镇之，又置礌北卫指挥使司。

（太祖朝馆本卷一一九·页二下）

○ 洪武十五年（壬戌）四月乙巳（1382.6.8）

改岷州卫为军民指挥使司，西固城千户所为军民千户所。

（太祖朝馆本卷一四四·页五上）

置洮州卫

○洪武十二年（己未）二月丙寅（1379.3.17）

征西将军沐英等兵至洮州故城，番寇三副使、阿卜商、河汪顺朵罗只等率众遁去。我军追击之，获碛石州叛逃土官阿昌、七站土官失纳等，斩之。遂于东笼山南川，度地势筑城戍守。遣使来报捷，且请城守事宜。

上曰："洮、河，西番门户。今筑城戍守，是扼其咽喉矣。"遂命置洮州卫，以指挥聂纬、陈晖、杨林、孙祯、李聚、丁能等领兵守之。

（太祖朝馆本卷一二二·页六上）

置松州卫指挥使司，后改为松潘等处军民指挥使司

○洪武十二年（己未）四月丙寅（1379.5.16）

是月，置松州卫指挥使司。初，松州平，御史大夫丁玉遣宁州卫指挥高显等城其地，请立军卫。至是降印设官，领军镇守。

（太祖朝馆本卷一二四·页三上）

○洪武十八年（乙丑）二月庚申（1385.4.8）

行人许穆言："松州土地硗瘠，不宜屯种，戍卒三千粮饷不给。虽尝以盐粮益之，而栈道险远，军［运］之甚艰。请移戍茂州，俾屯田于附近之地，则不劳馈运，而自可以制羌人。"

上览奏曰："松州卫，吾尝欲罢之，以其控制西番要地，不可动也。军士粮饷其令旁近州县运给之。"

（太祖朝馆本卷一七一·页一四下）

○洪武二十年（丁卯）正月乙丑（1387.2.2）

改四川松潘安抚司为龙州。

（太祖朝馆本卷一八〇·页二下）

改河州右卫指挥使司为河州军民指挥使司

○洪武十二年（己未）七月丁未（1379.8.25）

改河州右卫指挥使司为河州军民指挥使司，革河州府。

（太祖朝馆本卷一二五·页四下）

置松潘等处安抚司与阿昔洞等十三族长官司

○洪武十四年（辛酉）正月乙未（1381.2.3）

置松潘等处安抚司，以龙州知州薛文胜为安抚使，秩从五品。又置阿昔洞等十三簇长官司，秩正七品，曰勒都簇、阿昔洞簇、北定簇、牟力结簇、蚂〔蜡〕匝簇、祈命簇、小〔山〕洞簇、麦匝簇、者多簇、占藏先结簇、包藏先结簇、班班簇、白马路簇，以土酋傅益雪南等为各簇副长官。

（太祖朝馆本卷一三五·页一下）

置长河西等处军民安抚司，以刺瓦蒙为安抚使

○洪武十六年（癸亥）四月戊寅（1383.5.7）

置长河西等处军民安抚使司，以故元右丞刺瓦蒙为安抚使，赐文绮四十八匹、钞二百锭。以其理问高惟善为礼部主事。

甃松州及叠溪城垣。

（太祖朝馆本卷一五三·页三上～下）

升乌思藏俺不罗卫为行都指挥使司，古鲁监藏为指挥佥事

○洪武十八年（乙丑）正月壬午（1385.3.1）

以乌思藏俺不罗卫指挥使古鲁监藏为乌思藏卫俺不罗行都指挥使司都指挥佥事。

（太祖朝馆本卷一七〇·页三下）

立西宁僧纲司、河州卫番僧纲司

○洪武二十六年（癸酉）三月丙寅（1393.5.2）

立西宁僧纲司，以僧三剌为都纲。河州卫汉僧纲司，以故元国师魏失剌监藏为都纲。河州卫番僧纲司，以僧（端）月监藏为都纲。盖西番崇尚浮屠，故立之，俾主其教，以绥来远人。

复赐以符曰："自古帝王致治，无间远迩，设官以理庶务。稽诸典礼，复有僧官以掌其教者，非徒为僧荣也，欲其率修善道，阴助王化。非真诚、寡欲淡泊、自守者，奚足以任斯职。今设僧纲司，授尔等以官，给尔符契。其体朕之心，广佛功德，化人为善，钦哉。"

（太祖朝馆本卷二二六·页三上～下）

○洪武三十年（丁丑）二月壬子（1397.3.28）

立西宁僧纲司，以僧三剌为都纲。河州卫汉僧纲司，以故元国师魏失剌监藏（为）都纲。复置河州卫番僧纲司，以僧端月监藏为都纲。上以西番俗尚浮屠，故立之以来远人也。

（太祖朝馆本卷二五〇·页七下）

置河源守御千户所

○洪武二十八年（乙亥）七月丙辰（1395.8.10）

置河源守御千户所。

（太祖朝馆本卷二三九·页四下）

升必里千户所为必里卫；设川卜族千户所，隶河州卫

○永乐元年（癸未）五月辛巳（1403.5.25）

升必里千户所为必里卫，以故千户哈即尔加弟剌麻失加、千户阿卜束男结束为指挥佥事。设川卜簇千户所，隶河州卫，以头目令真奔等为千、百户。给印、诰，赐冠带、织金文绮袭衣。

（太宗朝馆本卷二〇上·页二下）

设沙州卫

○永乐三年（乙酉）十月癸酉（1405.11.2）

设沙州卫，以归附头目困即来买住一人为指挥使，给赐诰、印、冠带、袭衣。沙州与赤斤接境云。

（太宗朝馆本卷四七·页二下～三上）

设甘州左卫及庄浪卫僧纲司

○永乐五年（丁亥）三月乙丑（1407.4.18）

设陕西甘肃［州］左卫及庄浪卫僧纲司。

（太宗朝馆本卷六五·页二上）

授南葛监藏、阿屑领占、锁南幹屑、玉隆监藏朵甘行都指挥使、都指挥佥事、指挥佥事等职

○永乐五年（丁亥）三月丁卯（1407.4.20）

（前略）命馆觉头目南葛监藏、阿屑领占俱为朵甘行都指挥使司都指挥使，阿卓南葛领占及灵藏头目锁南幹［幹］屑为都指挥佥事，玉隆监藏、沙加藏卜、王［玉］隆星吉为指挥佥事，且汪加为卫镇抚。赐都指挥使撒力加监藏、都指挥同知奔薛儿加、陇答卫指挥使巴鲁亦印、诰、白金、彩币、袭衣及茶各有差。南葛监藏者，刺［剌］兀监藏之子也。刺［剌］兀监藏，洪武中率先朝贡，授朵甘卫都指挥使。及卒，以弟著思巴儿监藏暂领其职。至是，南葛监藏并诸头目亦各遣人来朝，贡马，故有是命。

（太宗朝馆本卷六五·页二上～下）

设杂谷寨安抚司、达思蛮寨长官司，命曩申为杂谷安抚，僧其卜为达思蛮副长官

〇永乐五年（丁亥）三月己巳（1407.4.22）

设杂谷寨安抚司、达思蛮寨长官司，命头目曩申为杂谷安抚，僧其卜为达思蛮副长官，俱赐印及冠带、袭衣。时曩申等来朝贡马，故有是命。

（太宗朝馆本卷六五·页三上）

设长河西鱼通宁远等处和苦白寺、沙思达寺、跛羊地面、如意宝寺、赏毡地面五僧纲司

〇永乐八年（庚寅）八月己未（1410.9.23）

设四川长河西鱼通宁远等处及苦白寺、沙思达寺、跛羊地面、如意宝寺、赏毡地面五僧纲司。

（太宗朝馆本卷一〇七·页六下）

设长河西剌思刚道纪司

〇永乐八年（庚寅）九月壬申（1410.10.6）

设四川长河西剌思刚道纪司。

（太宗朝馆本卷一〇八·页一下）

诏置牛儿宗寨行都指挥使司，以喃葛监藏为都指挥佥事

〇永乐十一年（癸巳）二月己未（1413.3.11）

中官杨三保等使乌思藏等处还。乌思藏怕木竹巴灌顶国师阐化王吉剌思巴监藏巴里藏卜，遣侄札结等与三保偕来朝贡。命礼部复遣中官赍敕赐之锦币，并赐其下头目剌麻有差。置乌思藏卫牛儿宗寨行都指挥使司，以喃葛监藏为都指挥佥事。

（太宗朝馆本卷一三七·页三上～下）

授锁巴、掌巴、八儿、仰思都巴头目为司徒

○ 永乐十一年（癸巳）二月己未（1413.3.11）

中官杨三保等使乌思藏等处还。乌思藏怕木竹巴灌顶国师阐化王吉剌思巴监藏巴里藏卜，遣侄札结等与三保偕来朝贡。命礼部复遣中官赍敕赐之锦币，并赐其下头目剌麻有差。……授锁巴头目剌咎［昝］肖、掌巴头目札巴、八儿土官锁南巴、仰思都巴头目公葛巴等俱为司徒，各赐银印、诰命、锦币。司徒者，其俗头目之旧号，因而授之。

（太宗朝馆本卷一三七·页三上～下）

授擦巴头目巴儿藏卜、挫失吉等人乌思藏都指挥使司都指挥佥事职

○ 永乐十一年（癸巳）二月己未（1413.3.11）

中官杨三保等使乌思藏等处还。乌思藏怕木竹巴灌顶国师阐化王吉剌思巴监藏巴里藏卜，遣侄札结等与三保偕来朝贡。命礼部复遣中官赍敕赐之锦币，并赐其下头目剌麻有差。……以擦巴头目巴儿藏卜继其兄葛谛藏卜，挫失吉继其父冷真监藏，并管著烈思巴簇林监藏俱为乌思藏都指挥使司都指挥佥事。……各赐诰命、彩币。

（太宗朝馆本卷一三七·页三上～下）

授喃葛烈思巴乌思藏俺卜罗行都指挥使司都指挥佥事职

○ 永乐十一年（癸巳）二月己未（1413.3.11）

中官杨三保等使乌思藏等处还。乌思藏怕木竹巴灌顶国师阐化王吉剌思巴监藏巴里藏卜，遣侄札结等与三保偕来朝贡。命礼部复遣中官赍敕赐之锦币，并赐其下头目剌麻有差。置乌思藏卫牛儿宗寨行都指挥使司，以……喃葛烈思巴继其父损竹监藏为乌思藏俺卜罗行都指挥使司都指挥佥事。各赐诰命、彩币。

（太宗朝馆本卷一三七·页三上～下）

置陇卜卫，以锁南斡些儿为指挥使

○永乐十一年（癸巳）二月己未（1413.3.11）

置陇卜卫，以头目锁南翰［斡］些儿为指挥使，赐印、诰、锦绮。

（太宗朝馆本卷一三七·页三下）

设贾穆龙僧纲司

○永乐十一年（癸巳）五月庚辰（1413.5.31）

设陕西贾穆龙僧纲司，以番僧锁南监藏为都纲。

（太宗朝馆本卷一四〇·页一上）

升阿奴、隆布班丹领占为朵甘卫行都司都指挥使

○永乐十二年（癸巳）正月己卯（1414.1.25）

升朵甘卫指挥同知阿奴、头目隆布班丹领占俱为朵甘卫行都司都指挥使，赐之诰命。

（太宗朝馆本卷一四七·页一上）

设藏吉地面三僧纲司

○永乐十二年（甲午）二月丙午（1414.2.21）

设陕西藏吉地面盼囿朗堂、当笼、加麻三僧纲司。

（太宗朝馆本卷一四八·页一上）

设上邛部卫，以掌巴伯为指挥使

○永乐十三年（乙未）五月丙辰（1415.6.26）

设上邛部卫，命头目掌巴伯为指挥使。时朵甘卫都指挥使阿屑领占

卒，命为［其］子幹［斡］些儿伦竹嗣职。复命幹［斡］些儿锁南继其叔南葛领占为本卫都指挥佥事，俱赐诰命。

（太宗朝馆本卷一六四·页二上）

设董卜韩胡宣慰使司及其道纪司

○永乐十三年（乙未）六月辛卯（1415.7.31）

设董卜韩胡宣慰使司，命头目喃葛为宣慰使，给银印，赐冠带、袭衣。喃葛特来朝贡，请授职，故从之。

又设董卜韩胡道纪司，命本土道士锁南领贞为都纪，给印章。

（太宗朝馆本卷一六五·页一下）

诏置领司奔寨行都指挥使司，以喃葛加儿卜为都指挥佥事

○永乐十四年（丙申）五月庚申（1416.6.24）

是月，设西番领思〔司〕奔寨行都指挥使司，以头目喃葛加儿卜为都指挥佥事。遣使给诰、命［印］。

（太宗朝馆本卷一七六·页三下）

设天全六番招讨使司僧纲司

○永乐十五年（丁酉）七月乙卯（1417.8.13）

设四川天全六番招讨使司医（学）及僧纲司。

（太宗朝馆本卷一九一·页一上）

造朵甘卫千户所印

○宣德二年（丁未）二月癸酉（1427.3.12）

造朵甘卫千户所印。

（宣宗朝馆本卷二五·页五上）

置麻儿匝安抚司、阿角寨安抚司、思曩日安抚司及潘干寨长官司

○ 宣德二年（丁未）三月庚寅（1427.3.29）

置麻儿匝安抚司，以剌麻著八让卜为安抚。麻儿匝簇在阿乐之地，去松潘七百余里。初，著八让卜时出侵掠边民及遮遏八郎安抚司朝贡。松潘卫指挥佥事吴玮遣人招之，著八让卜向化。至是，遣其侄完卜至京贡献，言其地广民众过于八郎，请置宣抚司以辖之。上不许，命置安抚司，以著八让卜为安抚，遣人赍敕谕之，赐之文绮表里，而遣完卜等还。

（宣宗朝馆本卷二六·页二上～下）

○ 正统五年（庚申）七月己未（1440.8.16）

设四川芒儿者寨、阿角寨安抚司、潘干寨长官司。升芒儿者寨寨首多儿者少、阿角寨寨首酸南占藏为安抚司安抚，潘干寨寨首沙卜林占甲为长官司长官。先是，松潘百户汪凯言："臣近招出各番寨生番一万三千余户，乞设衙门辖之。"上命总兵官都督同知李安、右佥都御史王翱及四川三司议其可否。至是，安等奏宜如凯请，故有是命。

（英宗朝馆本卷六九·页一一上～下）

○ 正统五年（庚申）八月庚辰（1440.9.6）

铸降芒儿者寨及阿角寨二安抚司、潘干寨长官司印，命番僧林占王匹为善化禅师，离叭剌麻为崇善禅师，给银印，赐敕并衣帽。以其能劝导三寨番民悉心向化也。并赐招抚百户汪〔王〕凯等有差。

（英宗朝馆本卷七〇·页四下）

○ 正统十一年（丙寅）七月庚午（1446.7.27）

设四川思曩日安抚司，以头目阿思观为安抚，属松潘等处军民指挥使司管辖。先是，阿思观父端葛，洪武中归顺朝廷，给与金牌，令抚番人。至阿思观又能招抚生番，累有边功，故特置安抚司而授之职。

（英宗朝馆本卷一四三·页二下）

设甘州左卫僧纲司

○宣德二年（丁未）六月戊寅（1427.7.15）

设甘州左卫僧纲司。

（宣宗朝馆本卷二八·页一三下）

置洮州卫僧纲司

○宣德二年（丁未）八月乙酉（1427.9.20）

设陕西都司洮州卫僧纲司，置都纲一员。

（宣宗朝馆本卷三〇·页九下）

○正统五年（庚申）正月丙寅（1440.2.25）

增置陕西洮州卫军民指挥使司僧纲司番僧都纲一员。

（英宗朝馆本卷六三·页八上～下）

置松潘卫前千户所、茂州卫前右二千户所和小河千户所

○宣德四年（己酉）正月癸酉（1429.3.1）

增置松潘卫前千户所，调利州卫前所官军实之。茂州卫前右二千户所，调成都中卫左所、宁州卫后所官军实之。设小河千户所，调成都前卫后所官军实之。设溪子、叶棠〔堂〕、松林、三路口四站，拨军二百人及马给递。先是，松潘卫指挥使吴玮奏："松茂地临生番，近尝窃发，而松潘卫旧有三千户所，茂州卫止二千户所，地方广远，兵力寡弱，控制为难，且山高谷深，道路修阻，猝有缓急，通报不易，请增兵设站为便。"上命四川总兵官都督陈怀复勘。至是怀奏，以为便。故从之。

（宣宗朝馆本卷五〇·页五下～六上）

改西宁卫为军民指挥使司

○宣德七年（壬子）十一月丁卯（1432.12.4）

改西宁卫为军民指挥使司，从都督刘昭奏也。

（宣宗朝馆本卷九六·页八上）

设毕力术江卫指挥使司

○宣德九年（甲寅）四月癸丑（1434.5.14）

设毕力术江卫指挥使司。毕力术江在西番，中国使者往诸番皆由其地，头目管着儿监藏等迎送有礼，又遣人朝贡，上嘉之，故立卫给印，而以管着儿监藏、阿黑巴为指挥佥事，其余为千、百户者二十一人。遣西宁卫千户吉祥等赍敕往赐管着儿监藏等彩币表里有差。

（宣宗朝馆本卷一一〇·页二上）

太祖、太宗、宣宗时期于朵甘藏区及其邻近地区用兵，维护统一，巩固统治

吐蕃川藏部邀阻乌思藏使者，邓愈率兵讨伐，追至昆仑山

○洪武五年（壬子）十二月庚子（1373.1.21）

吐蕃诸部川藏邀阻乌思藏使者，掠其辎重，命邓愈为征西将军率兵讨之。

（太祖朝馆本卷七七·页四下）

○洪武九年（丙辰）七月丁丑（1376.8.10）

是月，通事舍人巩哥锁南等招谕吐番，还至川藏朵工之地，皆遇害。

（太祖朝馆本卷一〇七·页九上）

○洪武十年（丁巳）四月己酉（1377.5.9）

命卫国公邓愈为征西将军，大都督府同知沐英为副将军，率师讨吐蕃。先是，吐蕃所部川藏邀杀使者巩哥锁南等，故命愈等讨之。

（太祖朝馆本卷一一一·页八上）

○洪武十年（丁巳）五月辛卯（1377.6.20）

遣使命邓愈发凉州等卫军士，分戍碾北、河州等处。

（太祖朝馆本卷一一二·页三上）

○洪武十年（丁巳）五月癸卯（1377.7.2）

征西将军邓愈兵至吐蕃，攻败川藏之众，追至昆仑山，斩首甚众，获

马牛羊十余万，遂遣凉州等卫将士分戍碾北等处而还。

（太祖朝馆本卷一一二·页三下）

○洪武十年（丁巳）六月壬戌（1377.7.21）

征西将军邓愈遣使来报捷，上遣使召愈班师还京。

（太祖朝馆本卷一一三·页一下）

○洪武十年（丁巳）十一月癸未（1377.12.9）

卫国公邓愈卒。愈，初名友德，后赐今名。泗州虹县人，姿貌魁伟，有大志，勇力过人。……洪武三年，为征虏左副将军，从大将军达平陇右，大破扩廓帖木儿之兵于定西，招谕河州吐番诸番何琐南普、朵儿只、汪家奴等皆降，而河州以西朵甘、乌思藏等部来归者甚众。是岁，定功行赏，赐号开国辅运推诚宣力武臣，阶特进荣禄大夫，勋右柱国，爵卫国公，食禄三千石，赐以铁券。……十年，吐番所部川藏邀杀乌思藏使者，招愈为征南将军往讨之。愈与副将军沐英分兵为三，捣其巢穴，败川藏之众，追至昆仑山，斩首不可胜计，获马牛羊十余万。上嘉其功，遣使召还。至寿春，以疾卒，年四十一。

讣闻，上哭之恸。诏辍朝三日，追封宁河王，谥武顺。

（太祖朝馆本卷一一六·页一下～三下）

○洪武十六年（癸亥）十月己亥（1383.11.24）

是月，安陆侯吴复卒于云南之普定府。复，庐州合肥人，少负勇略。……七年授镇国将军大都督府都督佥事。十一年征吐蕃，十二年师还，封开国辅运推诚宣力武臣荣禄大夫柱国安陆侯，食禄二千石。

（太祖朝馆本卷一五七·页四上～下）

○洪武二十五年（壬申）六月丁卯（1392.7.7）

西平侯沐英卒。英，字文英，凤阳定远人。……十年西番川藏部寇边，上命邓愈为征西将军，以英为副将军，率兵渡黄河击败番寇，直抵昆仑山，大俘获而还，以功封西平侯，赐铁券。十一年命英为征西将军，率京卫、河南、陕西、山西马步将士征西番朵工之地。未几，洮州十八族番酋三副使瘿嗦子等叛，据纳邻七站之地，命英移兵讨之，擒三副使瘿嗦子等，西番以平。

（太祖朝本卷二一八·页二上～下）

○ 洪武二十九年（丙子）四月甲寅（1396.6.3）

是月，右军都督府左都督宁正卒。正，字正卿，凤阳寿州人。……洪武三年五月从邓愈克河州，留正镇守。时元镇西武靖王卜纳剌等诸酋长拥兵犹众，正遣兵追之，于宁河杀获颇多。于是沙家失里与诸酋长遣人来请降，正即策马往谕之，酋长皆感悦，献其全部军马〔马军〕及元所授金玉印章、金牌宣命，擢临洮卫世袭指挥同知。又招降元宣政院使何锁南（普）等……以正为指挥使，招徕撒里畏吾儿、安定王卜烟帖木儿等暨土番，朵甘灌顶国师、乌思藏诸部奉表朝贡。七年改置西安行都指挥使司于河州，以正为都指挥使，进阶骠骑将军，提调朵甘、乌思藏都卫。正又招降元右丞朵儿只失结等，奏置西宁等卫。八年改西安行都指挥使司为陕西行都指挥使司，正仍为都指挥使。九年十月复姓宁氏，进阶龙虎将军，会川藏戎为盗，命卫国公邓愈讨之，正从征有功。十一年西平侯沐英征西番，遣正追袭叛虏朵儿只巴，获其羊马辎重而还。……十五年除〔迁〕四川（都）指挥使，会河西土官故元左丞剌瓦蒙藏卜等来降，唯松、茂等州西羌未附，正调兵讨之，擒贼首杨知府。……二十五年沐英卒，诏授正荣禄大夫右军都督府左都督，代英镇守。久之，命为平羌将军，总陕西、四川兵讨阶文千户张者之乱，平之。二十八年正月率兵从秦王往洮州打鱼沟〔浦〕等处克平番寇。三月还京，至是以疾卒。上为辍视朝一日，遣官吊祭，擢其子鹰扬卫指挥使忠为前军都督府都督佥事。

（太祖朝馆本卷二四五·页五下～六下）

四川威茂诸处董贴里叛，丁玉率师讨之，并征松潘等处

○ 洪武十年（丁巳）十一月甲辰（1377.12.30）

四川威茂等处土酋董贴里叛，劫杀人民。命御史大夫丁玉为平羌将

军，率师讨之。

（太祖朝馆本卷一一六·页五上）

○洪武十年（丁巳）十二月戊辰（1378.1.23）

平羌将军御史大夫丁玉兵至威州，土酋董贴里率众来降，诏置威州千户所守之。

（太祖朝馆本卷一一六·页六下）

○洪武十二年（己未）正月丙申（1379.2.15）

平羌将军御史大夫丁玉率师讨松州叛酋，平之。

（太祖朝馆本卷一二二·页三下）

○洪武十二年（己未）三月辛未（1379.3.22）

敕平羌将军御史大夫丁玉曰："松潘僻在万山，接西羌之境，朕岂欲穷兵远讨，而蛮酋屡入为寇，扰我边民，命尔帅师〔率兵〕征〔追〕之，不得已也。三月三日捷至，知松州已克，徐将资粮于容州，进取潘州。若尽三州之地，则叠州不须穷兵，料彼闻大军声势，理必自服。但高城深池，择士卒勇鸷者守纳都、叠溪之路，其青川驿道无阻遏者，不守可也。凡来降诸酋长，必遣入朝，朕亲抚谕之。敕至，可分一军先还四川，别有调遣。"

（太祖朝馆本卷一二三·页一下～二上）

○洪武十二年（己未）四月丙寅（1379.5.16）

是月，置松州卫指挥使司。初，松州平，御史大夫丁玉遣宁州卫指挥高显等城其地，请立军卫。至是降印设官，领军镇守。

（太祖朝馆本卷一二四·页三上）

○洪武十二年（己未）六月丁卯（1379.7.16）

敕谕平羌将军御史大夫丁玉曰："大军入松州，克戎虏于万山之中，设官置卫以威蛮夷，尔之功亦懋矣。朕闻松州山多田少，耕种恐不能赡军。若以人民供亿，则是困有用之民，守无用之地，非良策也。可相度其宜，或于保宁及择要害之处立卫。尔与部下诸将计议来奏。"既而玉言："松州为西羌诸蛮要地，军卫不可罢。"从之。遂诏玉还军四川。

（太祖朝馆本卷一二五·页一下～二上）

洮州三副使瘿嗉子等叛，命沐英等移兵讨伐、戍守

○洪武十二年（己未）正月甲申（1379.2.3）

洮州十八族番首三副使汪舒朵儿、瘿嗉子、乌都儿及阿卜商等叛，据纳邻七踏〔站〕之地，命征西将军沐英移兵讨之。告祭西岳诸神曰："惟神磅礴西土，为是方之镇。古昔帝王知神有所司，故载在祀典，为民祈福。今予统中国，兼抚四夷，前者延安伯颜帖木儿密迩中国，屡抚不顺〔服〕，告神进讨，已行殄灭，自陕西迤北民无兵祸之忧，惟河州西南土番川藏及洮州三副使瘿嗉子，虽尝以子入侍，而叛服不常，复欲为生民之患，是用命将率兵进讨，惟神鉴之。"

（太祖朝馆本卷一二二·页二下）

○洪武十二年（己未）二月戊戌（1379.2.17）

命曹国公李文忠往河州、岷州、临洮、巩昌、梅川等处整治城池，督理军务。边境事宜悉从节制。

（太祖朝馆本卷一二二·页三下）

○洪武十二年（己未）二月癸亥（1379.3.14）

遣使敕曹国公李文忠曰："二月二十五日报至，知大军已入西番。朕思之，自河州至西番多不过五六日，今诸将已至其地，胜负必决矣。符至，尔即率师从洮州铁城之地取道而出。朕尝有密谕，当遵而行之，事宜速成。山西之军即令还卫，洮州尤宜择人守之。"

（太祖朝馆本卷一二二·页五下）

○洪武十二年（己未）二月丙寅（1379.3.17）

征西将军沐英等兵至洮州故城，番寇三副使、阿卜商、河汪顺朵罗只

等率众遁去。我军追击之，获碛石州叛逃土官阿昌、七站土官失纳等，斩之。遂于东笼山南川，度地势筑城戍守。遣使来报捷，且请城守事宜。上曰："洮、河，西番门户。今筑城戍守，是扼其咽喉矣。"遂命置洮州卫，以指挥聂纬、陈晖、杨林、孙祯、李聚、丁能等领兵守之。

（太祖朝馆本卷一二二·页六上）

○洪武十二年（己未）三月庚午（1379.3.21）

敕曹国公李文忠、西平侯沐英等曰："捷音至，知番寇溃散，大军现追余党。西番已定，河州二卫之兵，止留一卫，以一卫守洮州。其岷州守御士卒未可轻动，宜留以镇静之。铁城诸地民多蓄积，军士可以自供。凡有酋长皆送京师。山西之兵，闻已遣还，甚合朕意。西凉、宁夏之兵亦即遣之。陕西、河南之兵，步卒先还，骑士留彼，悉收西戎余寇。事在乘势，毋致再三。"

（太祖朝馆本卷一二三·页一下）

○洪武十二年（己未）三月丁亥（1379.4.7）

曹国公李文忠等遣使言官军守洮州，馈运甚艰，民劳不便。上敕谕之曰："洮州西控番戎，东蔽湟陇，自汉唐以来，备边之要地也。今羌虏既斥，若弃之不守，数年之后，番人将复为边患矣。虑小费而生大患，非计也。敕至，令将士慎守，所获牛羊分给将士，亦足为二年军食。阿卜商之遁，必走黑章咱之地，只于其地索之。瘿嗉子不论遁于何地，必擒缚送京而后已。"

（太祖朝馆本卷一二三·页三下）

○洪武十二年（己未）三月丙申（1379.4.16）

敕曹国公李文忠、西平侯沐英等曰："中国所乏者马，今闻军中得马甚多，宜趁此青草之时牧养壮盛，悉送京师。犏牛则于巩昌、平凉、兰州、洮河之地牧之。所获西番土酋，遣人送至，毋容在彼为边患也。"

（太祖朝馆本卷一二三·页四下）

○洪武十二年（己未）四月乙丑（1379.5.15）

遣使敕曹国公李文忠、西平侯沐英等曰："四月庚申日交晕在秦分，主有战斗之事。己未太白见东方，至于甲子，顺行而西，西征太［大］利。尔等宜顺天时，追击番寇。"

（太祖朝馆本卷一二四·页二上）

○洪武十二年（己未）六月壬申（1379.7.21）

遣使敕曹国公李文忠曰："使至，言尔已还至陇州。如见前日敕符，宜且驻巩昌。若再往岷、洮，恐士卒劳倦，难于随从。西平侯计此时还师洮州，凡有机略必能自决。来使言，铁城一路尚有余寇剽掠，恐大军已出无能御之者，故前谕言必守新城。尔初使去其文有二，一欲其遗于道路，一以至尔所，今土官捕逃者以献，乃其机之应也，尔知之乎？"

（太祖朝馆本卷一二五·页二上～下）

○洪武十二年（己未）六月丁亥（1379.8.5）

遣使敕曹国公李文忠、西平侯沐英曰："六月二十三日晓，金星犯井东第三星，占主秦分，有兵，故特遣人谕及之。前命尔等乘大军之势起送番酋赴京，今已久矣，人必怀疑，如未遣，且宜停止。加意慎密，务在安辑以防其乱。"

（太祖朝馆本卷一二五·页四上）

○洪武十二年（己未）六月辛卯（1379.8.9）

敕陕西都指挥使司曰："报至，知西固城番人作乱，已遣八百户兵击之，恐非决胜之计。此作乱者，必瘿嗉子。此虏狡黠，未易轻也，宜预防之，勿中其计。"

（太祖朝馆本卷一二五·页四上）

○洪武十二年（己未）七月丁未（1379.8.25）

改河州右卫指挥使司为河州军民指挥使司，革河州府。

（太祖朝馆本卷一二五·页四下）

○洪武十二年（己未）八月壬辰（1379.10.9）

遣使敕庄浪、凉州、碾北三卫指挥曰："近碾北卫来报，番将朵儿只巴部下有人来降，备言朵儿只巴与阿卜商、三副使乌合之由，未审然否，然不可不为之备。吾度其人马不下数万，不久必将入寇凉州、庄浪、碾北之地。尔等宜慎防之，士马不可轻动。此时田禾已收，野无所掠，彼亦安能久居此，不过恃其众多欲扰边境耳。彼果众多，且宜按兵固守，观其有隙而后击之。"

（太祖朝馆本卷一二六·页三上～下）

○洪武十二年（己未）九月己亥（1379.10.16）

征西将军沐英等（率）兵击西番三副使之众，大败之，擒三副使瘿嗉子等，杀获数万人，获马二万、牛羊十余万，遂班师。

（太祖朝馆本卷一二六·页三下）

○洪武十二年（己未）十月己卯（1379.11.25）

征西将军沐英等至京师，槛致番寇三副使瘿嗉子等以献。命斩之。令兵部论从征将士功，定赏升职，赐文绮、钱、帛有差，死事者倍其赐。

（太祖朝馆本卷一二六·页五下）

○洪武十二年（己未）十二月癸亥（1380.1.8）

赠虎贲左卫指挥佥事李实（为）奉国将军大都督府佥事。初，实从西平侯沐英征西番，遇虏骑于土门峡，战数十合，虏少却，乘胜蹂以精骑，虏遂大败。实跃马深入，中流矢，裹创力战，创甚遂卒。至是褒赠之。敕礼部尚书朱梦炎志其墓。以全禄给其家。

（太祖朝馆本卷一二八·页一上）

○洪武十七年（甲子）三月戊戌（1384.3.22）

曹国公李文忠薨。文忠，字思本，世为泗州盱眙人。……十二年洮州十八族番酋三副使汪（舒）朵儿等叛，命征西将军沐英讨之。二月复制谕文忠往河州、岷州、临洮、巩昌、梅川等处巡视城池，各卫军马悉听节制。五月，文忠兵次洮州故城，会番酋三副使何汪〔江〕顺朵罗只弃城遁，遂督将校领兵追之，获积石州叛逃土官阿里、七站土官失纳等斩之，遂于东笼山南川筑城置洮州卫，留官军守之。六月文忠移师驻巩昌。十三年诏还，参赞军国事。

（太祖朝馆本卷一六〇·页二上～八下）

○ 洪武二十一年（戊辰）十二月壬戌（1389.1.19）

进封永昌侯蓝玉为凉国公。……十一年同西平侯沐英率兵征西番，擒其酋长瘿嗉子三副使，获马二万余匹、牛羊十余万头。十二年秋班师，封永昌侯。

（太祖朝馆本卷一九四·页五下）

○ 洪武二十五年（壬申）六月丁卯（1392.7.7）

西平侯沐英卒。英，字文英，凤阳定远人。……十年西番川藏部寇边，上命邓愈为征西将军，以英为副将军，率兵渡黄河击败番寇，直抵昆仑山，大俘获而还，以功封西平侯，赐铁券。十一年命英为征西将军，率京卫、河南、陕西、山西马步将士征西番朵工之地。未几洮州十八族番酋三副使瘿嗉子等叛，据纳邻七站之地，命英移兵讨之，擒三副使瘿嗉子等，西番以平。

（太祖朝馆本卷二一八·页二上～下）

朵贡则路南向等寇潘州阿昔族长官司，周助率马步兵进讨

○ 洪武二十一年（戊辰）三月壬寅（1388.5.4）

朵贡生番则路南向等，引草地生番千余人，寇潘州阿昔簇长官司，杀伤三十余人，掠人口、马牛而去。指挥周助率马步军千余，同松潘卫军讨之，番寇率众迎战。千户刘德击破之，斩首三十四级，获马三〔五〕十余匹。其众溃走，渡河四十余里，复收败率卒屯聚。指挥周能追击之，复斩首一百三十〔一百〕余级，获马六十一〔六十〕匹，溺水死者甚众。由是群番远遁。

（太祖朝馆本卷一八九·页一四下）

建昌卫月鲁帖木儿叛，合西番土军攻掠，蓝玉总兵讨之

○洪武二十五年（壬申）四月壬子（1392.4.23）

凉国公蓝玉率兰州诸卫将士追逃寇祁者孙，遂征西番罕东之地。

（太祖朝馆本卷二一七·页三下）

○洪武二十五年（壬申）四月癸丑（1392.4.24）

建昌卫指挥使月鲁帖木儿、绎忽乐等叛，合德昌、会川、迷易、柏兴、邛部并西番土军，杀官军男女二百余口，掠屯牛，烧营屋，劫军粮，率众万余攻城。指挥使安的以所部兵，开东北门出战，败之，斩首八十余级，获马五匹，擒其党十余人。贼乃退屯阿宜河，已而转攻苏州，指挥佥事鲁毅率精骑出西门击之。虏众大集，毅且战且却，复入城拒守。虏众围城，毅乘间遣壮士王旱突入贼营，斫贼取其首悬西门，贼惊怖，乃引去。

（太祖朝馆本卷二一七·页三下～四上）

○洪武二十五年（壬申）四月丙子（1392.5.17）

邛州龙泉群蛮作乱，杀大渡河千户并军士五十余人。四川都督指挥使瞿能、都指挥同知徐凯等统兵讨平之。

（太祖朝馆本卷二一七·页五上）

○洪武二十五年（壬申）五月庚戌（1392.6.20）

都指挥使瞿能等将兵至柏兴州，月鲁帖木儿惧，欲遁去，恐我师追及，乃遣人请降。诸将皆曰，此必诈也，宜乘势击之，能不听。乃敛兵待之，遣使驰报。贼果逸去，追之不及。

（太祖朝馆本卷二一七·页八上）

○洪武二十五年（壬申）六月癸丑（1392.6.23）

置建昌、苏州二军民指挥使司及会川军民千户所，调京卫及陕西兵万五千余人往戍之。时上以月鲁帖木儿叛，故置卫镇守。仍谕将士曰："今僰人、百夷、啰啰、摩些、西番诸部皆背弃月鲁帖木儿，散还乡里，

宜阅实户数，户以一丁编伍为军，令旧军领之，与民杂居。惟有警则赴调，无事则听其耕牧。从其为乱者悉捕送京师，匿隐者罪之。若大军至境，月鲁帖木儿必深遁山谷，尔守御将校能互相应援，设伏出奇，生擒来献者赏白金千两，以馘献者二百五十两。"

（太祖朝馆本卷二一八·页一上）

○ 洪武二十五年（壬申）十月戊午（1392.10.26）

上遣使谕总兵官凉国公蓝玉曰："月鲁帖木儿凶顽无识，生死轻重殊无顾借；其用事者，杨把事、达达千户二人而已。若大军压境，或有使来，恐是此人，宜即羁之，勿令复去。昔寇恂斩皇甫文而降高峻，用此计也。且月鲁帖木儿，其出也，或诡诈以觇我军，不可信之。若知其所在，即遣兵进攻；若来降，密为之防，所谓事起乎所忽，不可不慎。其屯守建昌土军三千人，宜收入营；诸将校亡者，捕送京师。又，苏州去西蕃甚迩，宜早定之。其柏兴州贾哈剌境内摩些等部，亦须除其凶渠，然后宥其余众，俾耕牧以供赋税。凡节制军务，惟此最当留意。"贾哈剌者，摩些洞土豪也，初，王师克建昌，授以指挥之职，至是从月鲁帖木儿叛。

（太祖朝馆本卷二二二·页一下～二上）

○ 洪武二十九年（丙子）五月庚午（1396.6.19）

四川威龙州土官知州普习叛。普习，月鲁帖木儿妻之兄也。官军捕之，普习中流矢死。

（太祖朝馆本卷二四六·页一下）

○ 洪武三十年（丁丑）三月癸亥（1397.4.8）

上谓礼部臣曰："今天下一统，四夷诸番皆以时朝贡。至如乌思藏、西天尼八剌国去中夏极远，亦三年一朝。惟打煎炉、长河西土首，外附月鲁帖木儿贾哈剌，不臣中国。发兵讨之，固不为难，然锋刃之下死者必众，宜遣人谕其酋长。若听命来朝，一以恩待；不悛则发兵三十万声罪致讨。"于是，礼部檄打煎炉长河西酋长曰："人之为人，无贵贱无夷夏凡有血气者，莫不畏死而好生，畏祸而好福。然与其畏之，孰若避之，与其好之，孰若求之。我皇上受天明命，以有九有之师东征西伐，不劳余力，四海豪杰授首归心，已三十年矣。至如远者莫若乌思藏、西天尼八剌国，亦三年一朝，不敢后时。其故何哉？正以君臣之分不可不谨，事上之心不可不诚，征伐之师不可不惧也。是以朝觐之日，锡之以金帛，劳之以宴礼，比其还，则一国之人同荣之。今尔打煎炉长河西土酋染月鲁帖木儿贾哈剌之汗，不朝久矣，岂避祸求福之道耶？夫堂堂天朝视尔土酋大海一粟耳，伐之何难，取之何难，尽戮其人何难，然而姑容而不尔较者，皇上天地好生之心也。今遣使谕尔酋长，尔其思君臣大义以时来朝，则福汝生汝、获利为无穷矣。其或不悛，命大将将三十万众入尔境问尔罪。尔其审哉。"

（太祖朝馆本卷二五一·页一下～二下）

阶文千户张者等叛，宁正、徐凯等率兵讨伐

○ 洪武二十七年（甲戌）八月丙戌（1394.9.14）

陕西阶文千户张者等叛，命右军都督府左都督宁正为平羌将军，会都督佥事徐凯，率陕西、成都卫兵讨之。初，秦州卫令者亲率本所军往两当听调，者不听命，卫遣人逮之。者遂与千户赵原吉等所部八百余人伐木遮道，据守文县及打江、牛头关等处，道梗不通。事闻，遂命正等率兵一万八千余人往讨之。

（太祖朝馆本卷二三四·页一下～二上）

○ 洪武二十八年（乙亥）正月丙午（1395.2.1）

平羌将军右军都督宁正讨平阶文叛寇张者等。复命正以兵从秦楘征洮州等处。

（太祖朝馆本卷二三六·页二上）

松潘纳卜、薛卜、任昌等寨滋事，都指挥佥事尹林率兵讨之

○ 洪武二十九年（丙子）五月乙亥（1396.6.24）

四川松潘卫纳卜、薛卜、任昌等寨番寇不时窃发，杀害官军。蜀王奏

遣都指挥佥事尹林等率步骑五千讨平之。

（太祖朝馆本卷二四六·页一下）

申藏族番民"梗化"，李达等领兵剿捕

○永乐六年（戊子）十二月甲午（1409.1.6）

甘肃总兵官左都督何福奏，西宁申藏簇番民梗化，宜声罪致讨。上命都指挥李达领兵剿捕，仍命福选将校有智略者二人副之。

（太宗朝馆本卷八六·页六上）

○永乐七年（己丑）五月壬辰（1409.7.3）

行在兵科左给事中倪峻等劾奏："陕西都指挥同知刘昭奉命讨申藏簇叛寇，乃虐杀隆奔等簇无罪之人，诬以为功，又失陷官军三十余名，不以实闻。其都指挥李达知昭败欺罔，朋比不言，俱合逮问。"

上命行在兵部遣官同监察御史往验其实，然后治之。

（太宗朝馆本卷九二·页一三上）

刘昭奉使乌思藏，还至灵藏莽站遇劫，与战败之

○永乐十三年（乙未）二月丁亥（1415.3.29）

升陕西都指挥同知刘昭等官。先是，昭等七十七人奉使乌思藏还，至灵藏莽站遇番贼。昭等与战，败之，贼死伤甚众，遂奔北。至是，上嘉其功，以昭为陕西都指挥使河州卫指挥同知，朱芾为本卫指挥使，洮州卫指挥佥事丁敔为本卫指挥同知，羽林前卫正千户吕敬、洮州卫正千户房旺各为本卫指挥佥事，其千户张健、百户旗军李雄等七十余人升授有差。

（太宗朝馆本卷一六一·页二上～下）

马儿藏族头目劫掠，都指挥使李达遣人谕之

○永乐十九年（辛丑）九月壬申（1421.10.8）

西番马儿藏等簇头目阿束〔东〕等劫掠沙剌〔剌〕簇，事闻。命都指挥（使）李达遣人谕之，令悉还所掠，各守疆界。如执悉〔迷〕不悛，发兵征之。

（太宗朝馆本卷二四一·页一下）

安定曲先寇邀劫朝廷使臣与乌思藏贡使，李英、陈通等率官兵及西番十二族土兵剿抚

○洪熙元年（乙巳）八月戊辰（1425.9.13）

陕西行都司土官都指挥李英讨安定、曲先寇，败之，以捷闻。永乐末，朝廷遣中官乔来喜、邓成〔诚〕等使西域，道经安定曲先之地，番寇五千余人邀劫之，掠所赍赐币，来喜、成〔诚〕皆被害。仁宗皇帝临御，命英与必里卫土官指挥康寿等讨之。英等率西宁诸卫及隆奔国师贾失儿监藏、散丹星吉等十二番簇之兵至罕东。问故罕东卫指挥绰里加，言实安定卫指挥哈三孙散哥及曲先卫指挥散即思卜答忽等所为。英等遂进兵讨贼，贼惊走。英追击，逾昆仑山西行数百里，至雅令阔之地，与安定寇党锁南等战，败之。斩首四百八十〔四百〕余级，生擒七百余之〔人〕，获驼马牛羊十四万有奇。曲先之贼闻风远遁，遂还。至是以闻，且俟后命。

（宣宗朝馆本卷七·页一下～二下）

○洪熙元年（乙巳）八月壬申（1425.9.17）

镇守西宁都督李〔史〕昭奏：“昨陕西土官都指挥李英征西番还。安定王桑儿加失夹来朝。为臣言，劫杀使臣首恶及曲先卫指挥散即思、安定卫指挥哈昝土灭秃（等），皆未就擒。”

又奏：“罕东卫土官指挥却里加等诸簇从英征讨还者，今皆移近西宁以居。臣意其畏散即思等攻剽，故远徙以避，宜令复居罕东。”

上曰：“居近西宁则易于制驭，远人当因其所欲而怀之。”遂敕召〔昭〕，

德〔听〕居西宁，但加意抚绥。未擒余寇，待英至，问故而后处置。及英至，言余寇畏威远循〔遁〕矣。上曰："既遁，则不必穷追。"

（宣宗朝馆本卷七·页六上）

○ 洪熙元年（乙巳）十月己巳（1425.11.13）

陕西行都司土官都指挥同知李英至京，进所获安定番童一十五人及马驼。上谓兵部臣曰："番人作过，不得已征之，得其首恶足矣，童子何罪，即遣（还）本土。无父母可依者，付各卫，令善养之。马驼付御马监。"

（宣宗朝馆本卷一〇·页三下）

○ 洪熙元年（乙巳）十月辛未（1425.11.15）

以征安定、曲先功，升陕西行都司都指挥同知土官李英为右军都督府左都督，食禄不视事，给世袭诰命，并赐织金（纻丝）袭衣、钞、银、彩币表里。其从征有功将士，在陕西者，遣官以钞、银、币等物往赐之。升罕东卫土官指挥使却里加、必里卫土官指挥同知康寿、庄浪卫土官指挥同知鲁失加俱为陕西行都司都指挥佥事，不理司事，给世袭诰命。其余有功官军，悉次第升秩。

（宣宗朝馆本卷一〇·页四上～下）

○ 宣德元年（丙午）二月戊寅（1426.3.22）

论征曲先、安定功，加国师宛卜格剌思巴监藏号为净慈普应大国师、仑奔宛卜查失儿监藏为弘慈广智大国师，吒思巴领占为普觉净修大国师，失迦思端宛卜为慧〔慈〕善真修大国师，达巴儿监参为妙慈通慧大国师，皆秩四品，给诰命、银印。剌麻着星为普善禅师，雁儿吉为普济禅师，江东巴为善悟禅师，楚儿加为玄悟禅师，锁南札为善智禅师，朵只里监藏为清净禅师，皆秩六品，给敕命、银印。

（宣宗朝馆本卷一四·页四下～五上）

○ 宣德元年（丙午）三月丙申（1426.4.9）

以讨安定番贼功，升罕东卫指挥佥事绰儿加为都指挥同知，副千户阿卜多儿为指挥佥事，头目阿儿吉着里吉管侧为副千户。

（宣宗朝馆本卷一五·页一下）

○宣德元年（丙午）十月戊辰（1426.11.7）

安定卫指挥阿延拜子剌等、罕东卫密罗簇和尚端岳监藏遣头目绰失加等来朝，贡马。先是，朝廷遣使往乌思藏经安定卫，安定之人劫杀使臣，夺其赐物，官军往讨之。安定部内与罕东密罗簇皆惊溃。遂遣西宁卫指挥使陈通、指挥同知祈贤等往抚安之。罕东卫密罗簇和尚端岳监藏等二千四百余帐、男女一万七千三百余人悉还旧约洛之地，而安定诸番亦皆还卫。至是各来朝贡。

（宣宗朝馆本卷二二·页二下～三上）

○宣德元年（丙午）十二月甲子（1427.1.2）

升西宁卫指挥使陈通为都指挥同知、指挥同知祈贤为指挥使。先是，朝廷遣通等往罕东、安定招抚番民，皆复业，而安定卫指挥使阿延拜子剌等及罕东密罗簇和尚端岳监藏遣头目绰失加等来朝。遂命阿延拜子剌为都指挥佥事，绰失加为所镇抚，赐冠带、衣物，遣还。凡密罗簇大头目之复业未来朝者，皆升赏有差，而通等以招抚劳，亦皆得升云。

（宣宗朝馆本卷二三·页二下）

○宣德二年（丁未）三月癸巳（1427.4.1）

遣都指挥同知陈通等往赐安定等卫归顺指挥使哈三等，及招抚回还官军指挥同知阿卜多儿等，七百一十六人钞及彩币表里有差。

（宣宗朝馆本卷二六·页三上）

○宣德二年（丁未）三月甲寅（1427.4.22）

赐西番阿吉簇弘济大国师吒思巴儿监藏四品银印及诰命，嘉其有征剿安定之功也。

陕西岷州卫百户陈瑛〔英〕有罪诛。瑛〔英〕初劫夺番民马，闻番民欲告，执而杀之。法司逮问具实，论斩罪。

（宣宗朝馆本卷二六·页一三下）

○ 宣德二年（丁未）十一月辛丑（1427.12.5）

西宁卫都指挥同知陈通等招抚曲先卫指挥散即思等四万二千余帐，皆复业。以其指挥佥事失剌罕等入朝贡驼、马谢恩。初，散即思等与乌思巴相仇杀，适遇朝廷遣使入乌思藏，散即思等乘乱肆劫夺，既而惧罪皆逃徙，逐［遂］遣通等往抚安之。至是还。

上谓行在兵部尚书张本等曰："人谁无过，过而能改，则复于无过，何况远夷，宜待之如初。"

（宣宗朝馆本卷三三·页七上～下）

○ 宣德二年（丁未）十二月戊辰（1428.1.1）

升曲先卫指挥使散即思为都指挥同知，其下指挥、千、百户、镇抚、头目升职有差。年老及已故者，命其子弟袭代，皆给诰命。

以招抚曲先功，升安定卫指挥同知阿剌乞巴为都指挥佥事，其下千、百户、镇抚、头目升职有差，皆给诰命。

（宣宗朝馆本卷三四·页四下～五上）

○ 宣德三年（戊申）二月丁丑（1428.3.10）

遣都指挥陈通等赍敕往西番赐弘妙广济大国师吒思巴儿监藏、安定王亦攀丹等金织袈裟、禅衣、白金、文绮表里及纻丝袭衣有差。

（宣宗朝馆本卷三七·页六上）

○ 宣德五年（庚戌）六月甲申（1430.7.5）

朝使自西域还，及西域贡使至，具言曲先卫都指挥散即思数率所部邀劫往来使臣，梗塞道路。上命都督佥事史昭充副总兵，都督佥事赵安充左参将，都督佥事王彧充右参将，同太监王安、王瑾率兵征之。敕昭等曰："曲先之人朝廷待之素厚，今悖恩作过，劫杀往来使臣，特命尔等率兵问罪。若能改过顺服，宜抚绥之；如复不悛，即进兵讨之。"

（宣宗朝馆本卷六七·页五下～六上）

○宣德七年（壬子）正月戊寅（1432.2.19）

陕西行都司土官都指挥佥事李文奏："昨西番阿吉簇大国师吒思巴领占、指挥同知星吉儿加等言，洪熙元年领本簇剌麻阮丹汪束、锁南藏卜等军，随会宁伯李英至安定卫雅令阔之地讨叛寇，多所斩获。其有功者今皆升赏。阮丹汪束、锁南藏卜之功当为首，而吒思巴领占不为陈奏。二人不得与恩，恚恨，率所部亡入肃州盐池境，欲相仇杀。今渐悔过，复回居摆通川。乞宥吒思巴领占不奏功状之罪，加恩二人，俾仍管番民办纳差发。"

上曰："有功必赏，朕所不吝，彼独遗其功，安得不生仇怨。命所司升赏如例。"

（宣宗朝馆本卷八六·页三上~下）

○宣德七年（壬子）二月甲寅（1432.3.26）

赐圆净禅师阮丹汪束银钞、彩币表里等物。初，会宁伯李英往讨安定、曲先，阮丹汪束从行尝有功。英言于上，遂升禅师。命陕西行都司土官都指挥佥事李文赍赐之。

（宣宗朝馆本卷八七·页八上）

松潘等处牟力劫族阿儿等滋事，四川都司调官兵剿抚

○洪熙元年（乙巳）八月甲午（1425.10.9）

四川都司布政司奏："松潘等处牟力劫簇番人阿兀等聚众出没，劫掠军民。"敕都司调附近卫所官军捕之。

（宣宗朝馆本卷八·页九下）

○宣德元年（丙午）六月己卯（1426.7.21）

四川都司以所获松潘等处牟力劫簇蕃寇阿兀等解京师。初，阿兀等劫掠各簇，杀伤蛮民，转攻松州城，聚至千余人。四川都司调官兵捕之，其众散走黑水生番之地，止获阿兀等二十余人。至是械至京师，兵部奏请斩之。

上曰："叛寇固当诛，况阿兀首恶，法不可贷，但番人语言诡异，恐

有诈伪，又二十余人或有胁从者，未可一概加刑。"令三法司审实，惟阿兀等十人应斩，余皆胁从。上命应斩者如律，胁从者皆释之。

（宣宗朝馆本卷一八·页六上～下）

思曩日族番人窃劫，刘昭率兵前往招谕

○宣德元年（丙午）六月丁亥（1426.7.29）

行在兵部奏："比者陕西洮州思曩日簇番人屡窃思曩日、沙剌簇牛羊等物，已有旨命陕西三司及守洮州都指挥李达体审是实，就谕以祸福，令还所窃。今三司言，都督刘昭尝入番买马，番人信服。乞敕昭率兵与三司遣官偕往招谕。"从之。

（宣宗朝馆本卷一八·页九上）

松潘卫官吏扰民，麦匝等族激变，陈怀、蒋贵等率兵征讨抚谕

○宣德二年（丁未）四月甲申（1427.5.22）

巡按四川监察御史严孟衡及四川都司、布政司、按察司奏："比者，松潘卫傍近阿用等寨蛮寇掠去军丁十余人及马、骡等畜，已遣千户尚清等往各寨追取，蛮人不服，又遣千户钱宏、百户张应隆率旗军三百人往索之。贼首容儿结等纠集黑水诸寨生番万余抗拒，宏遣人还报，臣等委成都后卫指挥陈杰，率官军一千五百人往援。至麦匝簇蛮寇发伏邀杀官军，杰等遇害，军士多被杀伤。今复调官军一千五百人，委指挥使李兴等往讨之。"

上谕侍臣曰："边夷无故辄纠集万余人拒抗，或者边将有以激之乎。"

（宣宗朝馆本卷二七·页一二上）

○宣德二年（丁未）四月丙戌（1427.5.24）

命都指挥佥事韩整、高隆于四川都司抚捕松潘等处番蛮，（上）敕（谕）四川都司、布政司、按察司及巡按监察御史曰："尔[迩]者，阿用诸寨蛮人为非，尔等不善招抚，辄令千户钱宏、指挥陈杰率兵临之，遂致

猖獗，杀伤官军，岂非尔等激之乎？今姑不问。特令都指挥佥事韩整、高隆至四川都司，同尔等计议松潘之事，或抚谕，或剿捕，务尽众人之长，毋偏执误事。已敕蜀王调护卫官军二千人，可更于附近卫、所量调官军，俱听整等统率剿捕。勿亟勿怠，务适事宜，如再失机，或又致激变，罪有所归。"

（宣宗朝馆本卷二七·页一三上）

○宣德二年（丁未）五月丙申（1427.6.3）

四川都司奏："青川千户所军赵文书奴等从征阿用等寨逸〔逃〕回，言兵至黄土坡驻札，登高四望，并无番寇。实由松潘卫千户钱宏等激变。推究其故，始因朝廷发松潘官军往征交趾，众皆惮行，宏等设策，但谲〔诡〕言番蛮虏掠当追捕之，以此上闻，必免交趾之行。于是宏与尚清等前后领军突入麦匦等簇，逼取牛马，番人〔蛮〕忿怨，以此遂乱。"

事闻，上顾〔谓〕侍臣曰："朕固疑有激之者，然布政司、按察司皆不察实〔实察〕，都司亦惟听下人所言，是皆未尝究心边事。"遂降敕切责之曰："尔等前奏阿用等寨番蛮为〔作〕乱，杀伤指挥陈杰等。近乃知松潘卫官军惧征交趾，设诈生事。千户钱宏、尚清等死有余辜，尔等职居方面，受朝廷重寄，辄听欺侮擅调官军，朦胧具奏，罪亦何逃，今姑宽容。俟都指挥韩整、高隆至，与同体实，以松潘卫虚捏军情官吏并钱宏、尚清等及畏惧征进之人，械系赴京。如指挥陈杰等为贼所害，事有明验，势不容已，即遵前敕量调官军，令韩整统率讨之。"

（宣宗朝馆本卷二八·页二上～下）

○宣德二年（丁未）五月戊戌（1427.6.5）

巡按四川监察御史及四川都司、布政司、按察司奏："四月内番蛮五万余人攻围松潘卫城，焚上下四关及诸屯堡，恣肆杀掠，威、茂、叠溪诸卫所相继被围，贼势益甚。叙南卫指挥吴玉等讨贼败绩，请治其罪。"

上敕御史、三司，吴玉讨贼失机，本难容恕，姑宥其罪，降充为事官，俾杀贼立功；再犯，以军法从事。

（宣宗朝馆本卷二八·页三上）

○宣德二年（丁未）五月丙午（1427.6.13）

升行在鸿胪寺丞何敏为行在锦衣卫指挥佥事。敏习番语，始由通事进，至是命与都指挥佥事蒋贵往同松潘卫指挥吴玮招抚番寇。敕四川都司、布政司、按察司及巡按监察御史，令审度行事，不可恃贵等招抚，辄弛兵备，以堕贼计。如军马不足，再调附近卫所精锐官军土军，通前数足一万或二万。仍调成都护卫及贵州都司官军各二千人，听都指挥韩整等统率，于番寇出没之处操备以俟。果以寇顺从招抚，且休兵息民，毋阻其向化之心；若不顺，即令贵同整等进兵剿捕。

陕西都司奏："松潘等处番寇〔蛮〕作乱，事急，已于临巩等卫选调官军五千人，委都指挥赵安率领赴之"。

敕谕陕西都司曰："尔所区画甚善，但已遣都指挥蒋贵等抚谕，赵安所领官军且令操练，以俟后命。"

（宣宗朝馆本卷二八·页五上～下）

○宣德二年（丁未）六月甲戌（1427.7.11）

复威州守御千户所镇抚余谅官。先是，谅与本所千户鲁景〔曾〕皆坐事当徒，尚留京师，适番蛮叛围松、茂、叠溪，上宥景罪，俾归自效。于是，谅亦请以弟瑄代徒役，乞与景同归，奋力杀贼。上从之，复其官，并免其弟役。

（宣宗朝馆本卷二八·页一二上～下）

○宣德二年（丁未）七月癸巳（1427.7.30）

蜀王友堉奏："昨再奉敕调军剿捕松潘叛寇，已委指挥李瑾等官领兵四千，往松潘听征。"

上复书蜀王曰："闻已发军，深见体国之意。然朕已遣人招谕，若其顺服，可免用兵，如其冥顽不悛，朕别于陕西调精兵由他道进。贤弟府中再量调人马，与前所调者会合，齐心并力，殄灭此寇，庶几永息边患。"

（宣宗朝馆本卷二九·页一下～二上）

○宣德二年（丁未）七月辛丑（1427.8.7）

又命都督同知陈怀充总兵官，都督佥事刘昭充副总兵，都指挥同知赵安充左参将，都指挥佥事蒋贵充右参将，剿捕松潘叛蛮。敕怀、昭、安统领庆府、肃府护卫官军各一千，富平王三百，陕西都司、行都司各八千，宁夏诸卫二千，自洮州取路进松潘。仍敕贵同都指挥佥事韩整，以所领四川、贵州并成都护卫调来操备官军，刻期会合怀等剿捕，肃清边境。若此寇已从招抚，尔等别宜相机处置。

（宣宗朝馆本卷二九·页四下～五上）

○宣德二年（丁未）七月己酉（1427.8.15）

行在兵部尚书张本奏："初，蛮寇攻围松潘、叠溪、茂州，指挥吴玉等领军追捕；四川都司、布政司、按察司官、右布政使殷序等同往招抚。玉等不谨隄备，为贼所败，断威州索桥，烧毁铺楼。及都指挥韩整、高隆率军至威州，遇贼与敌，官军反为贼败。整等诈言番贼临城对敌，混杀官军，以掩己过。巡按御史严孟衡等劾奏其事，奉旨宥玉等死，命充为事官，立功赎罪。韩整、高隆等皆失机，整又欺朝廷殷序等不能招抚，致贼猖獗，俱合罪之。"

上曰："姑皆宥之，使图后功；无功，不贷。"

（宣宗朝馆本卷二九·页七下～八上）

○宣德二年（丁未）八月丁丑（1427.9.12）

降四川都司都指挥佥事韩整充为事官。时巡按四川监察御史并四川都司、布政司、按察司俱奏整率官军七千余驻威州，蛮贼隔溪大肆攻劫〔掠〕，焚官署民居，掠人畜，整坐视不救，故降充为事官，戴死罪，听总兵官都督陈怀等调遣，俾杀贼立功，再畏怯无功，必杀不宥。

（宣宗朝馆本卷三〇·页七上）

○宣德二年（丁未）八月壬午（1427.9.17）

蜀王友堉奏前后调发官军校尉七千余人，助讨松潘叛寇。上嘉其能尽藩职，恭朝命，赐书奖励之。

（宣宗朝馆本卷三〇·页八下）

○宣德二年（丁未）九月乙巳（1427.10.10）

行在锦衣卫指挥何敏奏："七月内臣令番僧失剌藏卜等至诸簇寨招谕番蛮。麦匝寨番人结弟言：'我向化四十余年，未尝敢乱，近指挥陈杰、千户钱宏等率军卒至，遍索生口，不胜扰害，故杀杰等。今朝廷悉宥我罪，又赐彩币，请改过自新。'又言：'松潘所属生熟番一十簇，计户万余，已从招抚。'黑水生番二处，就令结弟往招抚。占藏卜等九簇未始从乱，今亦抚定。"时都指挥蒋贵闻敏抚谕向化，即遣人止陕西官军勿进，且具本附敏奏。

上谓行在兵部臣曰："蛮夷叛服无常，敏既轻信，贵又昧于料事，辄止陕西之兵。若彼狙伺，复生异图，必有后悔。"

（宣宗朝馆本卷三一·页八下～九上）

○宣德二年（丁未）十月己巳（1427.11.3）

巡按四川监察御史严孟衡及四川布政司参议李敩奏："为事官韩整先领兵征番蛮，受成都各卫从征官军银四百余两、马五匹并彩段，又奸污千、百户及军民妻女。都指挥高隆亦肆贪淫，与整坐视威州受围三月之上，不行赴援。指挥吴玮等同坐失机。"并奏千户钱宏等激变番蛮，觊免征进交趾。千户尚清等亦奏："番人方叛时，即遣人驰报御史、三司，而御史、三司皆以为虚妄。报至十三次，方调军。所调又皆羸弱之人，兵器不备，遂致贼势滋盛。"

上曰："清之罪已著，其言不可听。顾都御史刘观等曰千户钱宏等激变番蛮，韩整、高隆等虐害军民，失机误事，致使叛寇愈肆。凡军政不肃，由威令不行，威令不行，由己身不正，朕于此辈岂可姑息。周世宗斩败将七十余人，而军声大振，所向克捷。今须遣御史及锦衣卫指挥公正廉干者各一人，往同都督陈怀及三司官审问，具实以闻。凡有罪者，朕断不容之。"乃命行在锦衣卫指挥任启、监察御史李旺〔珏〕往究其实。

（宣宗朝馆本卷三二·页四下～五上）

○宣德二年（丁未）十月丙子（1427.11.10）

巡按四川监察御史及四川都司、布政司、按察司奏："番蛮复出，焚毁绵竹县官署、民居，大掠人畜，仍肆劫茂、威等州，官军与战，所镇抚侯琏等死之。"

上曰："果如吾料。"遂敕都督陈怀及都指挥蒋贵等进兵剿捕。

（宣宗朝馆本卷三二·页七上）

○宣德二年（丁未）十月丁丑（1427.11.11）

四川都司都指挥佥事高隆奏："蛮寇焚绵竹诸县官民庐舍，已移文本司增调官军策应，至今未至。"其奏自加"统兵官"三字于衔上。上以示行在兵部尚书张本曰："凡称统兵官者，必有朝廷制谕，隆四川都指挥，初无制谕，何得僭称，隆罪非止一端，尔即封此奏付任指挥及御史观之。擒问毕，悉具奏来。"

（宣宗朝馆本卷三二·页七上～下）

○宣德二年（丁未）十二月庚辰（1428.1.13）

释松潘卫指挥吴玮罪，令复职。敕之曰："曩遣都指挥蒋贵等同尔招抚番蛮，而四川三司及巡按御史皆言尔失机于威州，朕续闻之，非尔之咎，今复尔原职听总兵官都督陈怀等调遣。惟尔于番夷情伪、山川要害能谙之，宜贾勇输忠，赞辅主将，以遏寇盗，以安边民。如不感恩思报，而违朕命，罪不可逭矣。"

（宣宗朝馆本卷三四·页七下～八下）

○宣德三年（戊申）正月丙申（1428.1.29）

四川总兵官都督同知陈怀等奏，松潘叛蛮已招抚复业。遂敕怀等曰："兹闻蛮寇已靖，卿等协谋尽力，攻讨抚绥咸得其宜，朕甚嘉之。然此寇叛服不常，虽由边将失于抚绥，激其为乱，亦由其素蓄逆心，遂托此聚众攻陷州县，杀伤官军，肆行虏掠。今既抚捕已定，须尽索其抢去人口、军器等物，给还有司及被虏之家，庶可宥其叛逆之罪。若其不悛，仍恃顽据险，不还所掠之物，可乘此时，督遣官军与土军蛮人并力摧殄，使不复萌异心，然后边方可以宁静，军民可以久安，卿等功名亦垂于永远。须夙夜尽心善为区画。"

又敕怀等曰："卿奏欲将松潘等卫所原屯旗军取回操守,可更斟酌只取正军,其余丁仍令屯田,庶几两不妨误。调到四川都司官军,准奏于内量存各处守备,事平之日,令仍还原卫所。缺能干都指挥及千、百户、镇抚,已令兵部铨选。成都中卫指挥郭靖、茂州卫千户章恕、陕西临洮卫百户艾贵初与吴玉皆失机,今俱宥(其)无罪,令复原职。靖仍令守叠溪千户所,待事平回卫。恕仍守茂州卫左所。贵待寇平仍回临洮。凡四川、陕西从征军旗,于四川官库内每人给与绵布二匹。卿等所领官军,但出力征战有功及畏怯退缩误事者,皆具名闻,用凭赏罚。"

(宣宗朝馆本卷三五·页二下～三下)

○ 宣德三年(戊申)二月己卯(1428.3.12)

斩松潘卫千户钱宏,谪都指挥高隆为事官,韩整、邓鉴等充军广西。先是,宏激变番人容儿结等作乱,上命行在锦衣卫指挥任启、监察御史李珏究问其实。至是,启等奏:"番蛮之叛,实千户钱宏所激。初,松潘当发官军戍交趾,众惧不肯行,谋于宏,宏曰惟有言番人叛,则都司必奏,奏则必发松潘兵讨之,而交趾之行必止。遂于卫诬告蛮人容儿结等反叛,卫星驰报都司,果止交趾之役,而遣指挥陈杰等以兵抚捕。然容儿结等实不叛。宏将都司官军至,潜率其众入寨,以言胁之曰,朝廷以尔叛,出大军征讨,能遗我牛马财物或可止。容儿结敛牛马与之。然闻兵已压境,遂惊惧奔走,约黑水诸生番为乱,杀掠军民,陈杰等为贼所害。番兵大扰。韩整、高隆驻兵宿留不进,惟事贪淫,边民苦之。而贼势猖獗,杀掠愈甚。具有实迹。"

上曰:"蛮寇之叛,朕固疑有激之者。韩整贪淫玩寇,重贻边民之患,厥罪何逃!"遂敕启等斩宏于松潘,枭首徇众,籍没其家。从宏者二十人俱宥死充军。整等悉发戍广西。

(宣宗朝馆本卷三七·页七上～下)

○ 宣德三年(戊申)四月癸亥(1428.4.25)

四川参政李衡奏:"户部勘合令民运河州茶马司茶六十万斤赴陕西。比因松潘等处番寇作乱,发兵剿捕,其旁近州县民皆惊溃,而发成都等府民六十余万往运军饷，民力不足，乞暂停运。"

上谓尚书夏原吉曰："蜀地险民贫，今方用兵，供给实难，安可复以不急之务扰之。民扰则不安，不安则怨，怨则为非。宜从衡所言，止勿运。凡诸司有买办于彼者，悉令停止。"

（宣宗朝馆本卷四一·页七下～八上）

○宣德三年（戊申）四月甲戌（1428.5.6）

四川总兵官都督陈怀等奏："松潘叛蛮招抚复业者万二千二百六十九户，旧所俘军民男妇二千二百六十一人，其所掠印信、兵器、驿马、屯牛，皆追入官。"

上命行在礼部、兵部议升赏以闻。

（宣宗朝馆本卷四一·页一二下）

○宣德三年（戊申）闰四月壬午（1428.5.14）

以平松潘番蛮功，升都督同知陈怀为右军都督府右都督，赏银一百两、彩币十表里；都督佥事刘昭为右军都督府都督同知，银九十两、彩币八表里；都指挥同知赵安为左军都督府都督佥事，银八十两、彩币七表里；都指挥佥事蒋贵为都指挥同知，银八十两、彩币七表里。敕怀等曰："前命卿等剿捕叛蛮，能竭心效力，征剿、抚谕悉得其宜。今叛寇顺服，边境宁静，朕深嘉悦，特举升赏以旌功能。凡随征官军有功、慢功皆从实具奏。盖赏罚国之大柄，必至公无私乃协众情。"

又谕怀等曰："所奏叛寇已服，欲领陕西官军仍从洮州还。区画固善，但四川险远，番寇出没不常，必得练达重臣以镇之，庶几事妥民安。今发出制谕一道，命尔怀仍充总兵官，镇守四川，训练兵〔军〕马，遇寇生发相机剿捕。其四川都司所属卫所官军，悉听节制。昭仍守河州，安仍掌临洮卫事，贵回京。其立功指挥等官李瑺等七员，俱令管军操守。"

（宣宗朝馆本卷四二·页一上～下）

○宣德三年（戊申）七月乙卯（1427.9.8）

松潘卫指挥使吴玘自陈平番蛮有功。盖玘先以进贡至京，而蛮寇叛，上命玮驰还讨之，玮即率所部及龙州知州薛继贤父子、千户于谅等兵，先进至圪答〔塔〕坝寨头叶棠关诸处〔寨〕，屡战败贼，遂复松潘，抚定祁命等十簇番民。及都督陈怀至，令玮仍为前锋，攻夺永镇等桥，败贼，复叠溪，怀因令玮守叠溪，又招降渴卓等二十余寨。后玮还卫，又降阿用诸寨首。玮又陈其前后施设方略并陈继贤等功。且言巡按御史严孟衡、按察使康郁贼初起时不檄兵救护，又不奏都指挥韩整奸贪失律之罪。

上谕行在兵部臣曰："寇之平节制在怀，玮为松潘指挥，虽有攻守之劳，皆职所当为。"惟令录继贤等以闻。孟衡等皆置不问。

（宣宗朝馆本卷四五·页九下）

○宣德四年（己酉）三月丁未（1429.4.4）

行在礼部、户部奏："昨总兵官都督陈怀报四川、陕西、贵州都司并四川、陕西行都司所调官军从征松潘等处有功者，凡四万八千九百九十六人。有旨定高下给赏钞，请于所在官司给之。纻丝及绢三千四百六十一匹、布六万五千七百匹，请于南北二京官库关领运赴各都司给与。"遂命主事金勉等往给敢勇当先都指挥人钞一千贯、彩币表里三，指挥人钞八百贯、彩币表里二，千户卫镇抚、知州人钞六百贯、彩币表里一，百户所镇抚、序班人钞五百贯、绢三（匹），总旗总甲、舍人、头目人钞四百贯、绢二（匹），小旗小甲人钞三百贯、绢布各一（匹），军人、余丁、土民、土兵人钞二百贯、布二（匹）；齐力向前布政使人钞八百贯、彩币表里二，指挥人钞六百贯、彩币表里一，千户卫镇抚人钞五百贯、绢三（匹），百户夫长、所镇抚人钞四百贯、绢二（匹），总旗总甲、舍人、生员、头目人钞三百贯、绢布各一（匹），小旗小甲人钞二百贯、布二（匹），军人、余丁、土民、土兵人钞一百五十贯、布一（匹）；随阵摆队指挥人钞四百贯、绢三（匹），千户、卫镇抚人钞三百贯、绢二（匹），百户、所镇抚人钞二百贯、绢布各一（匹），总（旗）小旗甲、舍人人钞一百五十贯、布二（匹），军人、余丁、土民、土兵人钞一百贯、布一（匹）；守城守营等项都指挥人钞四百贯、绢二（匹），指挥人钞三百贯、绢一（匹），千户、百户、卫所镇抚、典仗、判官、经历等官人钞一百五十贯、布二（匹），旗军、舍人、吏典、头目、把事人钞一百贯、布一（匹）。病故者，赏如现存之例。阵亡及敢勇当先二三次者，悉如［加］本赏之半。自余功次不同，悉依例给赏。

赐行在锦衣卫指挥佥事何敏等四人钞，以招抚松潘番蛮还也。

（宣宗朝馆本卷五二·页一上～下）

○ **宣德四年（己酉）三月壬子（1429.4.9）**

命松潘卫指挥吴玮弟瓘为四川筠连县三坌［岔］巡检司巡检。先是，松潘番蛮作耗，率众攻城，瓘以舍人出家财招募丁壮，竭力守城。官军与贼战，瓘率所募兵奋勇当先杀贼。至是，松潘卫老卒袁敬、内江县耆民刘友才等奏瓘有功。行在兵部言："瓘例当赏。"

上曰："有功固当赏。以白衣立功，非有职守者可比，当于赏例外加之官，庶合至公。"遂以瓘为巡检。

（宣宗朝馆本卷五二·页三上）

○ **宣德四年（己酉）三月庚午（1429.4.27）**

松潘土僧剌麻绰舍利藏奏："番人作耗，当［尝］率众追捕有功，且乞创寺，赐名分。"

上谓行在吏部臣曰："彼既有捕盗功，俱命为禅师。创寺劳民不可从。"

（宣宗朝馆本卷五二·页九下）

○ **宣德四年（己酉）九月癸丑（1429.10.7）**

掌岷州卫都指挥佥事后能奏："臣祖后朵尔只，初为岷州宣慰司土官同知，洪武初归附，除岷州卫指挥佥事。父后安袭职，被召至京，改大宁右卫，从征讨战殁。臣又自立功，（升）授指挥使。宣德二年以土官还岷州，征松潘有功，升都指挥佥事，掌岷州卫事。土官例无俸给，臣父祖旧有田地、房屋、水磨，今悉为人占据，乞令还臣，以代俸禄。"

上谕尚书郭敦曰："古者公卿有圭田，免其租税，使耕以自给。今文武官皆有廪禄代耕，而土官无俸，固当给田土，况是其父祖旧业。其即移文有司，悉令还之。"

（宣宗朝馆本卷五八·页四上～下）

○ 宣德四年（己酉）十月辛巳（1429.11.4）

行在锦衣卫指挥佥事何敏言："四川松潘等处关堡接连生熟西番布罗、韩胡等类番蛮，洪武中置官军严备，番蛮不敢为非。近来卫所官旗多纵家属在堡居住，与番人往来交易，及募通晓汉语番人代其守堡，而己则潜往四川什邡、汉州诸处贩鬻，经年不回，致番蛮窥伺，乘虚为耗，烧毁关堡，劫虏人财。今虽降附，亦宜榜谕诸处贩鬻者各还营堡，仍依宁夏官军更替备御，庶番蛮畏服，边卫宁妥。"

上曰："番蛮之变，不徒以是，然防御之计亦不可不周。其令兵部行总兵官计议行之。"

（宣宗朝馆本卷五九·页四上～下）

○ 宣德五年（庚戌）七月辛酉（1430.8.11）

松潘卫指挥吴玮有罪伏诛。玮守松潘，大肆贪虐，激变番人，致掠官军四十余人；又索总旗豹皮不得，杖杀之；千户张祯等欲诉之官，玮执其叔及旗军之欲诉玮者，皆拷掠至死。祯等遂告之四川道御史，论玮应斩。

（宣宗朝馆本卷六八·页七上）

○ 宣德十年（乙卯）正月甲午（1435.2.19）

行在右军都督府左都督陈怀先充总兵官，镇守四川松潘，纵放番寇失机，坐罪罢闲，至是遇赦，乞复职，上命冠带闲住。

（英宗朝馆本卷一·页一五上）

○ 宣德十年（乙卯）六月己酉（1435.7.4）

松潘总兵官都督同知蒋贵奏："威州旧治凤坪里去威州千户所十五里，且阻大河，借二索桥以渡。宣德二年蛮人作耗，断其桥，使官军不能策应，大肆焚掠。臣等乃议迁新治，七八年来居民安堵。比者，总兵官方政凭凤坪里奸民言新治陕隘，请复旧治，实为不便。臣按千户所城东门内有地闲旷，请徙治为便。"从之。

（英宗朝馆本卷六·页三下～四上）

○宣德十年（乙卯）十月乙巳（1435.10.28）

松潘总兵官都督同知蒋贵奏："松潘东南二路关城木栅，自蛮人作耗悉皆倾毁。近已剿捕宁帖，欲将薄刀等十三处关城令存留守备官军修理。其龙州宣抚司城木栅令本司原操土民修理，庶蛮人无觊觎（之）心。"

事下行在工部，议行。

（英宗朝馆本卷一〇·页三下）

○宣德十年（乙卯）十二月壬子（1436.1.3）

松潘总兵官都督同知蒋贵奏："比因番人作耗，松潘、叠溪诸处仓粮支销殆尽，别无储积。"

上命行在户部于四川岁运之数量益二分以给之。

（英宗朝馆本卷一二·页四上）

马儿、潘关等族因逼令纳粮充军激变，明廷逮治肇事官员

○宣德三年（戊申）二月乙丑（1428.2.27）

巡抚陕西隆平侯张信等奏："昨文县守御千户杨瑛言，马儿、潘关等簇生番拒命，请军剿捕。钦奉玺书，令臣等招谕，已遣指挥刘瑛，往彼抚谕。随得瑛报，诸簇生番本皆安业，未尝为非，近杨瑛领兵至境，逼令纳粮充军，需索非一，以此拒命。今道路梗塞，不能前进。杨瑛生事激变番民，宜正典刑。"

上曰："治蛮夷宜简易，静以镇之，自然顺服。今生事激之使叛，不可宽贷。"命行在都察院逮瑛治之。

（宣宗朝馆本卷三六·页七下）

盐井卫土官马剌非滋扰，谕令云南、四川三司禁约

○宣德四年（己酉）十月丁亥（1429.11.10）

云南总兵官黔国公沐晟奏："曩者，永宁府蛮人矢不剌非，纠合四川盐井卫土官马剌非等，杀前知府各吉八合与今任知府卜撒，剽掠村寨，已

擒其党解京。朝廷已命卜撒弟南八袭为知府。今马剌非率众又据永宁节卜上下三村，大肆杀劫。南八脱走，马剌非又据其尖住、夜白等十村寨，攻围促卜瓦寨，屡遣官抚谕不服。请令四川行都司下盐井卫禁约马剌非，还所据村寨。"

上从之。命行在兵部移文云南、四川三司，抚谕禁约。

（宣宗朝馆本卷五九・页六上～下）

松潘蛥匼诸族与勒都、祈命等族聚众起事，陈怀等调兵剿捕

○ 宣德五年（庚戌）闰十二月丁未（1431.1.24）

四川松潘卫军民指挥使司奏："蛥匼诸簇执鸡、戈剌、别至三寨番民，纠同蛥鸡耳别生番劫掠居民，杀伤军士。"

命行在兵部移文总兵官都督陈怀及四川三司，各委官体实调兵剿捕。

（宣宗朝馆本卷七四・页三下～四上）

○ 宣德五年（庚戌）闰十二月庚申（1431.2.6）

四川都司、布政司、按察司奏："松潘盗贼尚横，屡出犍为、永州、巴县劫掠。"先是，按察司劾奏总兵官都督陈怀酣饮废事，上以为饮酒人情常事，但边方无警可恕，遂寝不问。至是，闻贼屡出，降敕责怀曰："朕命尔总镇一方，须盗息民安乃为称任。今番寇纵横，人受其害，皆尔耽酒不理军务养成其患。敕至即谋殄寇，毋纵丑类遗害边方。"

（宣宗朝馆本卷七四・页六下～七上）

○ 宣德六年（辛亥）三月己丑（1431.5.6）

总兵官都督陈怀奏："松潘北定簇长官司言蛥匼等寨生番不遵管束，往往聚众被甲持刃，横截道路，杀伤运夫，抢掠粮布，攻击关堡，略不惧法。已遣人招谕，终不向化，请发兵讨之。"

上曰："番寇或叛或服，固其常情，遂敕怀及四川三司巡按御史再抚谕之。如复不悛，必须剿捕，毋遗民患。"

（宣宗朝馆本卷七七・页一〇上）

○ 宣德六年（辛亥）六月癸丑（1431.7.29）

行在兵部奏："昨巡按四川监察御史王翱言松潘卫及所辖比定、新塘等关，屡被勒都、祁命等簇、空郎、东路诸寨番人聚众行劫，杀死官军。其守关千、百户孙礼、理卫事指挥王琰等失机，三司委官提调，关防不谨，请令总兵官都督陈怀相机剿捕。"

（宣宗朝馆本卷八〇·页七上）

○ 宣德六年（辛亥）六月乙卯（1431.7.31）

四川龙州儒学训导田琼言："松潘蛮性背服不常，难于绥抚。其所居处，山林深险，用兵实难。宜遣官军分守要害，使其春不得耕，秋不得获。彼既困乏，当自相图。然后纵兵击之，易以成功。"

上谓行在兵部曰："此言虽似可采，然天生此类，其性固殊，为人君者，但抚谕之，使不为盗。在此者不罹其毒，在彼者亦得安生，此朕之心也。其令总兵官尽心区画，务在得宜。"

（宣宗朝馆本卷八〇·页八下）

○ 宣德六年（辛亥）七月丙子（1431.8.21）

总兵官都督陈怀奏："番蛮出没劫掠，而官军数少，成都三护卫现操官军二千五百人，请调领剿捕。"

行在兵部言："成都中、右二护卫，蜀王归之朝廷，已遣都督王彧、侍郎王骥起取。今陈怀请调官军，宜于所存成都左护卫内选调。若更不敷，令怀于附近松潘等卫所量调。"从之。

（宣宗朝馆本卷八一·页五上）

○ 宣德六年（辛亥）十月甲辰（1431.11.17）

总兵官都督陈怀等讨松潘番寇，平之。先是，怀及四川都指挥邢安奏："松潘勒都、北定诸簇、东路空郎、龙溪诸寨聚众截路，杀伤军民，欲攻关堡。"上敕怀等相机剿之。怀遣安以兵二百略寇境，遣都指挥赵得以兵一千应援。寇合众迎敌，官兵稍却。寇乘胜追蹑，发悬竿转石以击官军〔兵〕，指挥安宁等三百余人退北溺水死。怀亲督兵进，深入其地，攻革儿骨寨，破之。寇弃衣（甲）器械遁入山林。又攻空郎、乞思洞诸寨，寇出迎敌，官军奋（勇）而前，斩首及追北坠崖溺水死者甚众。已而革儿骨寇复聚，西北诸寨生番四百余人至安化，设伏邀战。都指挥赵谅等觉之，剿戮殆尽。每破其寨，即毁其碉居，分其牛羊、料麦以劳诸军，（枭）贼首以徇。其所虏军民男妇，悉还其家。任昌、牛心、耳别诸寨生番闻之，皆惊怖来降。晓以祸福，俾安生业，群寇悉平。

至是，捷至，上喜曰："蜀民可免忧矣！"遣使赍敕劳怀，且谕之曰："番寇之平，尔克效心力，良用嘉之。然此寇叛服不常，尔且于松潘镇守，遇有叛者，即发兵剿捕，毋令滋蔓。来归者，善绥抚之。"

（宣宗朝馆本卷八四·页三上～下）

杂谷安抚司土司强据鲁思麻寨，明廷谕令委官抚谕

○ 宣德六年（辛亥）八月丙午（1431.9.20）

行在兵部尚书许廓奏："四川成都府杂谷安抚司土官安抚囊甲谋杀鲁思麻寨首板蓬，强据其地。"

上命总兵官都督陈怀、四川三司各委官抚谕，令还其土地。如不服，相机剿之。

（宣宗朝馆本卷八二·页五上～下）

阿吉等族逃徙番民还居野马川，敕停调协剿，令其宁居

○ 宣德七年（壬子）二月癸丑（1432.3.25）

甘肃总兵官都督刘广奏："比奉敕遣都指挥同知印铎，同西宁卫土官都指挥佥事李文等，往甘州白城山招抚西番阿吉簇逃徙番民七百余帐还居野马川。今千户他里巴言，头目朵里只领真等六十余帐逃往赤斤，俺官搬卜等三十余帐逃往肃州仙人坝，俱是土官管属番民，请仍敕李文招抚。"

上曰："彼皆外番，何须朝廷下行其事。"止令广移文谕之。

广又奏："初，西番邀劫朝使，命臣追理，臣不敢不用心。但番寇劫掠是其常事，乞勿深究。"

上谕尚书许廓等曰："邀劫朝使岂可以为常事，自古寇患常起于细微，今广欲养痈长疽矣！尔移文诘之，令具实对。"

（宣宗朝馆本卷八七·页七下～八上）

○宣德十年（乙卯）十月丙午（1435.10.29）

敕陕西总兵官太保宁阳侯陈懋等曰："近得卿等奏，欲令掌西宁卫事都指挥穆肃等于所管阿吉等十三簇番民内，选精锐能战者，自备鞍马，赴甘州协助剿贼，已从所言。惟是番民最难驯伏，卿等宜善加抚恤，庶资其用。"

又言："欲将陕西行都司所属旗军折粮余布买马二千匹给军骑操，亦已从之。但须戒饬下人，毋得缘此为奸。"

（英宗朝馆本卷一〇·页三下～四上）

○宣德十年（乙卯）十一月乙亥（1435.11.27）

敕甘肃总兵官太保宁阳侯陈懋等曰："曩从卿等奏调西宁阿吉等十三簇番民协助剿贼，近得镇守内官林春等奏，番民闻调心怀疑惧。盖此辈不闲声教，朕亦预料其然，况洮岷等八卫及陕西各卫官军足任调用，已敕春等将各簇番民抚谕，令其宁居。兹特谕卿知之。比闻卿等将兵于十月初旬前去剿贼，此时必已克捷，其即令人星驰以闻。"

（英宗朝馆本卷一一·页三上～下）

思曩日族民人擒杀千户起事

○宣德七年（壬子）二月乙卯（1432.3.27）

镇守洮州卫都指挥使李达奏："思曩日簇番民盼舌搠尔节强掠本簇人畜，杀千户搠尔结臣，今入番收马，请治其罪。"

上谓行在兵部臣曰："番民杀部长，是无上下之分，不治则纲纪隳矣。当处之有道，不废法，亦不激变，乃为得宜，尔其以朕意谕之。"

（宣宗朝馆本卷八七·页八下）

洮州火把族民人逃徙

○ 宣德七年（壬子）三月辛酉（1432.4.2）

镇守洮州都指挥李达及火把等簇国师班丹星吉等奏："番民容少等一百九十一户逃往松潘思囊儿、班班等簇土官头目泼隔处，遣人追取不还，又聚众抗敌官军。"遂敕松潘军民指挥司及泼隔，即遣容少等还，庶几保全尔父母妻子。不还，必发兵诛。

（宣宗朝馆本卷八八·页四上）

烟藏等族民人滋事，率兵往擒

○ 宣德七年（壬子）十月乙巳（1432.11.12）

行在右军都督府奏："西番烟藏等簇千户秦月作等所属番人聚众劫掠囊哥藏卜等簇，杀其族首。阶州西固城千户龙旺等失于备御，请皆治之。"上敕陕西三司及巡按御史各委廉干官率军往擒犯者解京师，追还所掠；就体复龙旺、秦月作等所犯，具实以闻。

（宣宗朝馆本卷九六·页四上）

招抚黑水西番及阿容等族

○ 宣德八年（癸丑）三月癸酉（1433.4.9）

遣使赍敕招抚黑水西番及阿容等族。盖其地近松潘，而俗喜剽窃，数引寇犯边，故拊循之，以息民患。

（宣宗朝馆本卷一〇〇·页七下）

西固城番族及秦月作族交相攻夺

○ 宣德八年（癸丑）闰八月癸丑（1433.9.16）

陕西都司、布政司、按察司奏："比者阶州西固城番簇及秦月作簇交相侵夺，命同巡按御史按其实，治不如法者。谨遣西安前卫指挥使周寿等往按其事。今各簇皆输情,继今不敢相侵夺。"

上曰:"番夷仇杀常事,谕之使平足矣;不用〔必〕深治〔究〕也。"

（宣宗朝馆本卷一○五·页二上）

巴沙族著儿加等劫夺过往使臣衣物,发兵擒捕

○宣德八年（癸丑）闰八月丙辰（1433.9.19）

甘肃总兵官都督刘广奏:"西宁卫巴沙簇番贼著儿加、阿哥等二十余人,尝于凉州柔远驿路劫夺过使衣物,伤及人马。调都指挥包胜等领军追捕,已斩番贼管著失加,生擒著儿（加）,余皆奔遁。时欲引兵进捕,虑番簇惊疑,乞敕西宁卫委官,以名目授簇头,俾捕获送官,明正其罪,以警其余。"从之。

（宣宗朝馆本卷一○五·页二下～三上）

松潘、叠溪诸寨起事,方政等率兵剿捕

○宣德九年（甲寅）十月丙辰（1434.11.13）

四川总兵官都督佥事方政等讨松潘番蛮平。先是,上敕政及副总兵都督佥事蒋贵,以番蛮所居险要,宜静以抚之,如不服,率兵剿捕。政等初榜谕祸福,威茂诸卫所番蛮皆向化安业,惟松潘、叠溪所辖西北任昌、巴诸、黑虎等寨梗化,攻围关堡,抢掠客商,肆恶不已。政等率官军土兵分道而进,政以精锐兵三千五百击其西北大寨,破之。贵督兵四千余,破任昌大寨,而都指挥赵得、官聚等各进兵以次讨平龙溪等三十七寨。前后斩首一千七百余级,坠崖赴水死者无算,余寇帖服。政招抚其溃散逋亡者,俾复业,遂班师。惟以四川官军五千分守旧设关寨。

至是,政等捷奏至,并上其将士功次。上览奏嘉之。

（宣宗朝馆本卷一一三·页四下～五上）

○宣德九年（甲寅）十月己未（1434.11.16）

四川总兵官都督佥事方政奏便宜四事：

"一、威州初为蛮寇所焚，迁堡于关外，正当生番出没冲要之处，民不能安，请移复旧处以利民。

一、黑水、阿容等寨生番招谕已出，随渠、不齐、梭城〔威〕等寨亦闻风归附，惟杂谷安抚司未服，已遣人招抚。

一、朝廷初调通州卫指挥夏春、隆庆左卫指挥吴迪于成都后中二卫，令春掌茂州卫，迪掌威州守御千户所。今春已卒，威州守御副千户鲁明等三人皆老成堪任。地虽极边，蛮寇畏服，请令迪还原卫。

一、松潘等处军民指挥使司未立医学，军民有疾，则往茂州医学请药，相去五百余里，乞开设医学，以本卫通医余丁夏宏任职。"

上皆从之。

（宣宗朝馆本卷一一三·页七上～下）

明朝遣使赴乌思藏、朵甘宣谕、抚慰、延聘、封赏

太宗遣智光、侯显、丹竹领占、格敦增吉、刘昭、何铭、杨三保、乔来喜、邓诚等往朵甘、乌思藏宣谕、延聘、封赏

○洪武三十五年①（壬午）八月戊午（1402.9.4）

遣僧智光赍诏谕馆觉、灵藏、乌思藏必力工瓦、思达藏、朵思、尼八剌等处，并以白金、彩币颁赐灌顶国师等，凡白金二千二百两，彩币百一十表里。

（太宗朝馆本卷一一·页二上）

○永乐元年（癸未）二月乙丑（1403.3.10）

遣司礼监少监侯显赍书、币往乌思藏，征尚师哈立麻。盖上在藩邸时，素闻其道行卓异，至是遣人征之。

（太宗朝馆本卷一七·页五下）

○永乐二年（甲申）八月癸巳（1404.9.28）

遣番僧丹竹领占、格敦增〔僧〕吉等赍敕谕西番八郎、马儿哑、懒藏等簇。

（太宗朝馆本卷三三·页九上）

○永乐四年（丙戌）三月壬辰（1406.3.21）

遣使赍诏封乌思藏（怕木竹巴吉剌思巴监藏）巴里藏卜为灌顶国师阐

---

① 洪武三十一年闰五月惠帝即位。洪武三十五年为建文四年，成祖复称洪武三十五年。

化王，赐螭纽王印、诰命，仍赐白金五百两、绮衣三袭、锦绮五十匹、彩绢百匹、茶二百斤〔引〕。其所隶头目并必力工瓦国师大板的达律师锁南藏卜，颁赐彩币、衣服有差。

（太宗朝馆本卷五二·页三上～下）

○永乐五年（丁亥）三月辛未（1407.4.24）

敕都指挥同知刘昭、何铭等往西番、朵甘、乌思藏等处设立站赤，抚安军民。

（太宗朝馆本卷六五·页三上～下）

○永乐十二年（甲午）正月己卯（1414.1.25）

遣中官杨三保赍敕往谕乌思藏怕木竹巴灌顶国师阐化王吉剌思巴监藏巴里藏卜、必力工瓦阐教王领真巴儿吉监藏、管觉灌顶国师护教王宗巴斡〔幹〕即南哥巴藏卜、灵藏（灌）顶国师赞善王著思巴儿监藏巴藏卜及川卜、川藏、陇答、朵甘、答笼、匦常、刺恰、广迭、上下邛部、陇卜诸处大小头目，令所辖地方驿站有未复旧者，悉如旧设置，以通使命。

升朵甘卫指挥同知阿奴、头目隆布班丹领占俱为朵甘卫行都司都指挥使，赐之诰命。

（太宗朝馆本卷一四七·页一上）

○永乐十五年（丁酉）二月戊午（1417.2.17）

遣内官乔来喜〔善〕等赍佛像、佛经、金银法器、彩币等物往乌思藏，赐正觉大乘法王昆泽思巴。

（太宗朝馆本卷一八五·页一上）

○永乐十六年（戊戌）八月戊寅（1418.8.31）

尼八剌国王沙的新葛遣人贡方物。上遣中官邓诚赍敕往赐之锦绮、纱罗，与其贡使偕行。凡所经罕东、灵藏、必力工瓦、乌思藏、野兰可般卜纳〔不〕等处，头目皆有赐赉。

（太宗朝馆本卷二〇三·页一上）

○永乐十七年（己亥）十月癸未（1419.10.30）

遣中官杨三保等赍敕往赐乌思藏正觉大乘法王昆泽思巴、怕木竹巴灌顶国师阐化王吉剌思巴监藏巴里藏卜、必力工瓦阐教王领真巴儿吉（监）藏、思（达藏）辅教王喃渴烈思巴、灵藏灌顶国师赞善王著思巴儿监藏、灌顶弘善西天佛子大国师释迦也矢［失］等佛像、法器、袈裟、禅衣及绒锦、彩币表里有差。盖答其遣使朝贡之诚也。

（太宗朝馆本卷二一七·页一下）

宣宗遣侯显、刘昭、赵安、丁戮、刘祥等赍敕往乌思藏抚谕、赏赐

○宣德二年（丁未）四月辛酉（1427.4.29）

遣太监侯显赍敕往乌思藏等处谕怕木竹巴灌顶国师阐化王吉剌思巴监藏巴里藏卜、必力工瓦阐教王领真巴吉监藏、灵藏赞善王喃葛监藏、尼八剌国王沙的新葛地湧塔、王子可肤［般］、辅教王喃葛列思巴罗葛啰监藏巴藏卜等，各赐之绒绵〔锦〕、纻丝有差。

（宣宗朝馆本卷二七·页二下）

○宣德二年（丁未）四月甲子（1427.5.2）

以遣太监侯显往乌思藏、尼八剌等处抚谕给赐，遣人赍敕驰谕都督金事刘昭，领指挥后广等原调洮州等六卫官军护送出境。仍敕川卜、川藏、陇答、罕东、灵藏、上笼卜、下笼卜、管牒、上邛部、下邛部、乌思藏怕木竹巴、必力工瓦等处及万户、寨官、大小头目、军民人等给道里费，且遣人防护。

（宣宗朝馆本卷二七·页三上）

○宣德二年（丁未）五月辛丑（1427.6.8）

命备御甘州都指挥刘永守河州。初，都督金事刘昭守河州。至是，昭奉命往乌思藏，请以永代守，故命之。

（宣宗朝馆本卷二八·页三下）

○宣德四年（己酉）四月丙戌（1429.5.13）

太监侯显等归自乌思藏，以乌思藏所遣朝贡剌麻僧人入见。命行在礼部供给如例。其留止河州者，敕都督同知刘昭如例给之。

（宣宗朝馆本卷五三·页七下）

○宣德五年（庚戌）正月辛未（1430.2.22）

太监侯显奏："先使乌思藏，至邛部之地，遇贼劫掠官军马牛，随行官军与贼对敌，有勇敢当先者，有齐力向前者，有擒贼者，有斩贼首级者，有阵亡者，通四百六十余人，悉具名闻。"

上命行在兵部："擒贼及斩首与当先者，皆升一级；齐力向前者，加赐赉；阵亡者，升用（其子），仍恤其家。"

（宣宗朝馆本卷六二·页七下）

○宣德五年（庚戌）二月丁亥（1430.3.10）

都督佥事赵安等七人、指挥同知丁敝等七十五人还自乌思藏。赐钞、彩币表里、金织纻丝、素纻丝袭衣等物有差。

（宣宗朝馆本卷六三·页五下）

○宣德八年（癸丑）十二月癸亥（1434.1.24）

命金吾等卫百户刘祥率官军五十一人往乌思藏公干，赐钞及金织纻丝衣、纻绢衣有差。

（宣宗朝馆本卷一〇七·页七上）

英宗遣锁南藏卜等出使灵藏

○正统十三年（戊辰）五月丁未（1448.6.23）

妙胜禅师锁南藏卜及剌麻札失班丹出使灵藏等处地面还，以灵藏赞善王班丹坚剉所遣南嘉寺剌麻桑儿结巴等朝见，贡马及氆氇、佛像等物。诏升锁南藏卜为国师，札失班丹为都纲，给诰命、敕谕、银印，赐宴，并钞、彩段表里、僧衣、靴袜有差。以桑儿结巴为本寺都纲，给敕谕、印信。从赞善王班丹坚剉奏请也。

（英宗朝馆本卷一六六·页六下～七上）

代宗景泰、英宗天顺年间葛藏、桑加巴等往封乌思藏辅教王

○景泰三年（壬申）十一月乙亥（1452.12.27）

升番僧禅师葛藏为广善慈济国师，赐诰命、僧帽、僧衣、银印，以奉使乌思藏有功也。

（英宗朝馆本卷二二三·页八上～下）

○天顺元年（丁丑）五月癸未（1457.6.12）

初，景泰七年遣灌顶国师葛藏、右觉义桑加巴等为正、副使，同答苍地面所遣剌麻沙加星吉等，往封辅教王。光禄寺署丞祁全伴送至四川，买办牛、马等物驮载。指此为由，以一科十，伤财害民。上闻之，命四川三司同巡按御史将原给敕书奏缴。其正副使脚力等项，照例减半。仍将官库收有之物，估计时价给与两平，易买货物，不许科敛害民。

（英宗朝馆本卷二七八·页一五下）

○天顺元年（丁丑）九月辛巳（1457.10.8）

遣正使灌顶国师葛藏、副使右觉义桑加巴等，赍敕诰并彩币、僧俗衣帽、铃杵等物，封答苍喃葛坚粲巴藏卜袭为辅教王。以其父喃葛列思巴罗竹坚粲巴藏卜奏年老不能视事故也。仍命葛藏等顺赍敕并彩币、宝石、伞幢等物，赐所经乌思藏等处阐化王昆葛列思巴中耐坚参巴藏卜等，俾其护送使臣，不许下人生事阻滞。

（英宗朝馆本卷二八二·页八下）

宪宗时板尖恭尼麻、绰失吉藏卜、绰吉坚参、锁南奔等人赍敕往谕赞善王、阐教王、阐化王、牛儿宗寨行都司

○ 成化三年（丁亥）二月己亥（1467.3.8）

先是，乌思藏等处番僧朝贡数多，敕镇守洮州指挥汪钊，选游僧三人，赍敕往谕灵藏赞善王禁约诈冒。至是还，礼部请每僧量赏彩段等物，以酬其劳。从之。

（宪宗朝馆本卷三九·页三上）

○ 成化四年（戊子）三月乙亥（1468.4.7）

礼部奏："西宁游僧板尖恭尼麻、绰失吉藏卜等，赍敕往乌思藏阐教王等处开谕回还，宜赐番僧衣、彩段、靴袜，以酬其劳。其随去徒众贡马，亦宜如例给赐。"从之。

（宪宗朝馆本卷五二·页四上）

○ 成化十五年（己亥）闰十月庚午（1479.12.1）

乌思藏辅教王、阐化王并牛儿寨行都司指挥佥事班卓儿坚参等，以朝廷遣僧录司觉义绰吉坚参往赐诰敕、礼物，各备佛像等物，遣剌麻掌结等附绰吉坚参入贡。各赐衣服、彩段、（绢）、钞有差。

（宪宗朝馆本卷一九六·页三上～下）

○ 成化二十年（甲辰）六月庚辰（1484.7.17）

西宁靖宁寺妙胜慧济灌顶大国师锁南领占遣僧徒锁南奔等，赍敕往谕灵藏赞善王。至是，复命，及贡铜佛、橐驼等物。赐衣服、彩段等物有差。

（宪宗朝馆本卷二五三·页五上～下）

○ 成化二十年（甲辰）七月乙巳（1484.8.11）

升番僧都纲锁南奔为禅师，及赏剌麻桑尔加藏卜、锁南札藏卜坚粲等彩段表里有差。时近边番簇多诡称乌思藏各番王进贡，赐予不赀，真伪莫

辨。礼部奏请给番王勘合各二十道，贡时填为左验，以革其弊。且请委西宁、河州、洮州分遣番僧赍送勘合，归日与升赏。至日［是］，锁南奔等以送赞善王勘合回，礼部谓其涉历险阻，除边人冒贡之奸，省府库无穷之费，宜申前升赏之命。从之。

（宪宗朝馆本卷二五四·页六上）

明朝封授"法王""王"及各级僧官

噶玛巴活佛却贝桑波应召至京,太宗封其为大宝法王

○永乐元年(癸未)二月乙丑(1403.3.10)

遣司礼监少监侯显赍书、币往乌思藏,征尚师哈立麻。盖上在藩邸时,素闻其道行卓异,至是遣人征之。

(太宗朝馆本卷一七·页五下)

○永乐四年(丙戌)十二月戊子(1407.1.11)

遣驸马都尉沐昕迎尚师哈立麻。先是,命中官侯显等往乌思藏征哈立麻。至是,显遣人驰奏已入境,故遣昕迎之。

(太宗朝馆本卷六二·页一下)

○永乐四年(丙戌)十二月乙酉(1407.2.1)

尚师哈立麻至京,入见上御[于]奉天殿。

(太宗朝馆本卷六二·页四下)

○永乐五年(丁亥)正月甲戌(1407.2.26)

赐尚师哈立麻仪仗牙仗二、瓜二、骨朵二、幡幢二十四对、香合儿[二]、拂子二、手炉三对、红纱灯笼二、鮀[鱿]灯二、伞一、银交椅一、银脚踏一、银水罐一、银盆一、诞马四、鞍马二、银杭[杌]一、青圆扇一、红圆扇一、帐房一、红纻丝拜褥一。

(太宗朝馆本卷六三·页三上)

○永乐五年（丁亥）二月庚寅（1407.3.14）

　　尚师哈立麻奉命率僧于灵谷寺建普度大斋，资福太祖高皇帝、孝慈高皇后。竣事，赐哈立麻金百两、银千两、钞二千锭、彩币表里百二十、马九匹。灌顶圆通善慧大国师哈〔答〕师巴啰葛罗思等各银二百两、钞二百锭、彩币十、马三匹。余徒众赐赉有差。

（太宗朝馆本卷六四·页一下）

○永乐五年（丁亥）三月丁巳（1407.4.10）

　　封尚师哈立麻为万行具足十方最胜圆觉妙智慧善普应佑国演教如来大宝法王西天大善自在佛，领天下释教；赐印、诰及金、银、钞、彩币、织金珠袈裟〔裟〕、金银器皿、鞍马。命其徒孛隆逋瓦桑儿加领真为灌顶圆修净慧大国师，高日瓦领禅伯为灌顶通悟弘济大国师，果粲罗葛罗监藏己〔巴〕里藏卜为灌顶弘智净戒大国师，皆赐印、诰、银、钞、彩币等物。宴于华盖殿。

（太宗朝馆本卷六五·页一上～下）

○永乐五年（丁亥）七月癸酉（1407.8.24）

　　命如来大宝法王哈立麻于山西五台建大斋，资荐大行皇后。赐白金一千两，锦缎、绫罗、绢、布凡二百六十。赐大国师果粲罗葛罗监藏巴里藏卜等白金、文绮、钞有差。

（太宗朝馆本卷六九·页七上）

○永乐五年（丁亥）十一月丙辰（1407.12.5）

　　赐如来大宝法王哈立麻彩币、法器、香果等物及赐大国师果粲罗葛啰监藏巴里藏卜等彩币表里有差。

（太宗朝馆本卷七三·页一下）

○永乐六年（戊子）四月庚子（1408.5.17）

　　如来太〔大〕宝法王哈立麻辞归。赐白金、彩币、佛像等物，仍遣中官护送。

（太宗朝馆本卷七八·页三上）

萨迦拉康拉章首领昆泽思巴应召至京，太宗封其为大乘法王

○ 永乐八年（庚寅）九月壬辰（1410.10.26）

遣内官关僧赉书及白金、彩币，往西土征尚师昆泽思巴。

（太宗朝馆本卷一〇八·页三下）

○ 永乐十年（壬辰）十二月丙寅（1413.1.17）

乌思藏尚师昆泽思巴来朝，先遣人进舍利、佛像。

（太宗朝馆本卷一三五·页二上）

○ 永乐十一年（癸巳）二月戊午（1413.3.10）

尚思［师］昆泽思巴入见。赐藏经、银、钞、彩币、鞍马、茶、米等物。

（太宗朝馆本卷一三七·页三上）

○ 永乐十一年（癸巳）二月辛酉（1413.3.13）

赐尚师昆泽思巴及剌麻哲尊巴等宴。

（太宗朝馆本卷一三七·页四上）

○ 永乐十一年（癸巳）五月辛巳（1413.6.1）

命尚师昆泽思巴为万竹［行］圆融妙法最胜真如慧智弘慈广济护国宣教正觉大乘法王西天上善金刚普应大光明佛，领天下释教。赐诰、印并袈裟、幡幢、鞍马、伞盖、法器等物。

（太宗朝馆本卷一四〇·页一下）

○ 永乐十二年（甲午）正月壬午（1414.1.28）

正觉大乘法王昆泽思巴陛辞。赐图书及佛像、佛经、法器、衣服、文绮、仪仗、鞍马、金银器皿等物，命中官护送。

（太宗朝馆本卷一四七·页一上～下）

宗喀巴弟子释迦也失两次至京朝见，太宗、宣宗先后封其为西天佛子大国师、大慈法王

○永乐十二年（甲午）十二月癸巳（1415.2.3）

乌思藏尚师释迦也失来朝。

（太宗朝馆本卷一五九·页三上）

○永乐十三年（乙未）四月庚午（1415.5.11）

命尚司［师］释迦也失为妙觉圆通慧慈普应辅国显教灌顶弘善西天佛子大国师，赐之诰命。

（太宗朝馆本卷一六三·页一上）

○永乐十四年（丙申）五月辛丑（1416.6.5）

妙觉圆通慧慈辅［普］应辅国显教灌顶弘善西天佛子大国师释迦地［也］失辞归。御制赞赐之，并赐佛像、佛经、法器、衣服、文绮、金银器皿。

（太宗朝馆本卷一七六·页一下）

○宣德九年（甲寅）六月庚申（1434.7.20）

遣成国公朱勇、礼部尚书胡濙持节封释迦也失为万行妙明真如上胜清净般若弘照普应辅国显教至善大慈法王西天正觉如来自在大圆通佛。

（宣宗朝馆本卷一一一·页三上）

帕竹灌顶国师阐化王的封授、袭替

○永乐四年（丙戌）三月壬辰（1406.3.21）

遣使赍诏封乌思藏（怕木竹巴吉剌思巴监藏）巴里藏卜为灌顶国师阐化王，赐螭纽王印、诰命，仍赐白金五百两、绮衣三袭、锦绮五十匹、彩绢百匹、茶二百斤〔引〕。其所隶头目并必力工瓦国师大板的达律师锁南藏卜，颁赐彩币、衣服有差。

（太宗朝馆本卷五二·页三上～下）

○正统五年（庚申）四月壬午（1440.5.11）

遣禅师葛藏、昆令为正副使，封怕木竹巴灌顶国师吉剌思已［巴］永耐监藏已［巴］藏卜嗣其世父为阐化王，赐之诰命、锦绮、梵器、僧服等物，并赐葛藏等道里费。葛藏等复私易茶、彩数万以往，乞官为运送至乌思藏。

礼部言："茶、彩出境有禁。"上以远人特许之，但令其自僦舟车。

（英宗朝馆本卷六六·页四上～下）

○正统十一年（丙寅）六月庚子（1446.6.27）

故阐化王吉剌思把永耐监藏巴藏卜父桑儿结监藏巴藏卜借袭阐化王，命礼部遣官赍敕及彩币等物同来使绰思恭巴等，往给赐之。

（英宗朝馆本卷一四二·页二下～三上）

○成化五年（己丑）正月辛巳（1469.2.7）

命灌顶国师阐化王桑儿结坚参叭儿藏卜男公葛列思巴中奈领占坚参巴儿藏卜……各袭其父王爵。

（宪宗朝馆本卷六二·页八下～九上）

○弘治十年（丁巳）十二月壬午（1498.1.7）

初，乌思藏阐化王死，其子班阿吉汪束札巴乞袭封阐化王。上命番僧剌麻参〔叁〕曼答实哩为正使，锁南窝资尔副之，同剌麻札失坚参等十八人，共赍诰敕并赏赐彩段、衣服、食茶等物往封之。行三年至其地。时新王亦已死，其子阿汪札失札巴坚参巴班藏卜即欲受封，并领所赍诰敕诸物。参〔叁〕曼答实哩等不得已授之，遂具谢恩方物并其父原领礼部勘合、印信、图书番本付参〔叁〕曼答实哩等赍回为左验。至四川，巡抚官劾其擅封之罪，逮至京坐斩。至是，屡奏乞贷死。上以为番人不足深治，特免死，发陕西平凉卫充军，副使以下宥之。

（孝宗朝馆本卷一三二·页四下）

○嘉靖四十二年（癸亥）十月癸丑（1563.10.24）

乌思藏阐化等王请封。上以故事，遣番僧远丹班麻等二十二人为正、副使，以通事序班朱廷对监之。比至中途，班麻等肆为骚扰，不受廷对约束。廷对还白其状。礼部因请自后诸藏请封，即以诰敕付来人赍还，罢番僧勿遣。无已，则下附近藩司，选近边僧人赍赐之。上以为然，令著为例。封诸藏之不遣京寺番僧，自此始也。

（世宗朝馆本卷五二六·页三下）

○万历六年（戊寅）二月甲辰（1578.3.30）

乌思藏阐化王男札释藏卜差番僧来西海，见其师（番）僧活佛在西海与顺义王子孙等说法，劝化众达子为善，因托顺义王俺答代贡方物，请敕封。礼部复议："帝王之驭夷狄，每因其有求而制其操纵之术，乘其向化而施以爵赏之恩。今札释藏卜等乃以毡裘之类，知慕天朝封号之荣，化桀骜之群，俾尊中国贡市之约。顺义王俺答能使相率归化，复代贡请，以效款诚，即有苗之格，舞干、越裳之至，重译不是过矣，合无依拟授职赏赍。"

上谓："番僧向化抚虏，恭顺可嘉。"因各授大觉禅师及都纲等职，赐僧帽、袈裟及表里、食茶、彩段有差。

（神宗朝馆本卷七二·页八下）

灵藏灌顶国师赞善王的敕封、袭封

○永乐五年（丁亥）三月丁卯（1407.4.20）

封……灵藏灌顶国师者［著］思巴儿监藏为替［赞］善王，国师号悉如故，俱赐金印、诰命。

（太宗朝馆本卷六五·页二上）

○正统六年（辛酉）四月辛卯（1441.5.15）

敕谕灵藏灌顶国师赞善王喃葛监藏及朵甘卫都指挥使司大小头目人等曰："昔我皇曾祖太宗文皇帝临御之日，念尔喃葛监藏父祖远处西徼，能忠事朝廷，特封尔叔着思巴监藏为灵藏灌顶国师赞善王。逮我皇考宣宗章皇帝嗣位之初，俾尔袭封王爵已有年矣。今尔遣永隆监藏、锁南端竹前来朝贡，并奏现今年老，欲令长子班丹监剉嗣封赞善王，次子巴思恭藏卜为都指挥。盖帝王为治无间远迩，推恩锡命，必徇舆情。今授班丹监剉为都指挥使，代父管本都司事，巴思恭藏卜为指挥佥事，协赞兄管束本处人民。如果尔喃葛监藏年老，必欲尔长子袭封王爵，则尔与众人复共奏来，朕不尔吝。"

（英宗朝馆本卷七八·页八上～下）

○ 正统十年（乙丑）六月庚申（1445.7.22）

敕谕灵藏灌顶国师赞善王喃葛监藏巴藏卜侄班丹监剉曰："尔灵藏地方邈在西域，尔叔南葛监藏巴藏卜封袭王爵，化导一方，恭修职贡，于兹有年。今尔叔奏称年老不能管事，尔班丹监剉乃其亲侄，克承梵教，恪守毗尼，多人信服，请代其职。特允其请，命正使禅师锁南藏卜、副使剌麻札什班丹等同指挥幹些儿藏卜赍捧敕谕、诰命，封尔班丹监剉为灵藏灌顶国师赞善王，代尔叔掌管印章，抚治番人。并颁赐尔锦段表里、僧帽、袈裟、法器等件。尔尚益坚乃心，益懋乃行，广布［宣］佛教，化导群迷，俾尔一方之人咸起为善之心，永享太平之福，庶克振尔宗风，亦不负朝廷宠命。尔惟钦哉。"

（英宗朝馆本卷一三〇·页四下～五上）

○ 成化三年（丁亥）七月丁亥（1467.8.23）

命灵藏僧塔儿巴坚粲袭封为赞善王。旧例番僧封王者，赐诰敕并锦绮、衣帽诸物甚备，又遣官护送至彼给授。礼部以今西事未宁，事宜从省。乞降敕一道，惟赐袈裟、禅衣、僧帽各一，顺付来朝番僧赍回灵藏给授。从之。

（宪宗朝馆本卷四四·页一一下）

○ 成化十八年（壬寅）二月甲寅（1482.3.4）

礼部奏："乌思藏番王进贡定期必以三年，定数僧不过一百五十。近赞善王连二次已差僧四百一十三人，今又以请封、请袭差一千五百五十七人，俱非倒［例］，宜尽阻回。但念化外远夷，乞量准其请封、请袭各一百五十人，仍准其三百人为成化二十年并二十三年两贡之数。毋得再至所司，亦宜以礼省谕其退回者。"从之。

（宪宗朝馆本卷二二四·页三上～下）

○成化十八年（壬寅）闰八月辛卯（1482.10.7）

赐喃葛坚粲巴藏卜袭西番赞善王。

（宪宗朝馆本卷二三一·页五下）

○弘治十六年（癸亥）九月辛卯（1503.10.17）

西番故灵藏寺赞善王（喃葛坚粲巴藏卜）之弟端竹坚耸遣番僧阿完等来贡，因请袭职。从之。回赐端竹坚耸彩段等物。赐阿完等宴，并彩段表里、衣服有差。

（孝宗朝馆本卷二〇三·页八上）

○正德二年（丁卯）闰正月癸酉（1507.3.12）

故灵藏赞善王喃葛坚粲巴藏卜之弟端竹坚耸乞袭兄爵。许之。

（世宗朝馆本卷二二·页一一下～一二上）

○正德二年（丁卯）八月乙亥（1507.9.10）

遣大慈恩寺都纲札巴也失充正使，大能仁寺都纲锁南短竹充副使，赍诰敕、赏物，往封灵藏赞善王端竹坚耸，以其徒剌麻十人与俱。而差来使臣剌麻星吉等复奏："远赉赏赐，徒从稀少，不便防护，乞更容徒二十人以行。"

礼部复奏。上以其累请，仍添与十人。

（世宗朝馆本卷二九·页一下～二上）

○正德六年（辛未）六月庚寅（1511.7.6）

大慈恩等寺都纲札巴也失等遣往灵藏封授赞善王回京，贡方物、驼、马。赐彩段、钞锭等物有差。

（世宗朝馆本卷七六·页四下）

馆觉灌顶国师护教王的敕封、袭封

○ 永乐五年（丁亥）三月丁卯（1407.4.20）

封馆觉灌顶国师宗巴斡［斡］即南哥巴藏卜为获［护］教王……国师号悉如故，俱赐金印、诰命。

（太宗朝馆本卷六五～页二上）

○ 永乐十三年（乙未）五月丙辰（1415.6.26）

以馆觉灌顶国师护教王宗巴斡［斡］即南哥（巴）藏卜卒，遣使赍敕诰，命其侄斡［斡］些儿剌思巴藏卜袭为灌顶国师护教王……

（太宗朝馆本卷一六四·页一下～二上）

必力工瓦阐教王的敕封、袭封

○ 永乐十一年（癸巳）五月丙戌（1413.6.6）

（前略）封领真巴儿吉监藏为必力工瓦阐教王……俱赐印、诰、彩币。

（太宗朝馆本卷一四〇·页二上）

○ 宣德五年（庚戌）五月庚戌（1430.6.1）

命故必力工瓦阐教王领真巴儿监藏之子绰儿加监巴领占袭爵。

（宣宗朝馆本卷六六·页三下）

○ 成化五年（己丑）正月辛巳（1469.2.7）

命……阐教王领占叭儿结坚参男领占坚参叭儿藏卜……各袭其父王爵。

（宪宗朝馆本卷六二·页八下～九上）

○成化五年（己丑）二月癸卯（1469.3.1）

赐西僧阐教王领占坚参叭儿藏卜诰命。

（宪宗朝馆本卷六三·页六上）

○正德十三年（庚申）七月丙午（1518.8.14）

遣大护国保安寺番僧觉义领占札巴等充正、副使，率其徒二十七人入乌思藏国，封其酋为阐教王。

（武宗朝馆本卷一六四·页一〇上）

答苍辅教王的敕封、袭封

○永乐十一年（癸巳）五月丙戌（1413.6.6）

命……南渴烈思巴为思达藏辅教王，俱赐印、诰、彩币。

（太宗朝馆本卷一四〇·页二上）

○景泰七年（丙子）六月癸丑（1456.7.17）

封答苍地面王子喃噶坚粲巴藏卜袭为辅教王，赐诰敕、金印、彩币、僧帽、袈裟、法器等物……

（英宗朝馆本卷二六七·页五下）

○天顺元年（丁丑）五月癸未（1457.6.12）

初，景泰七年遣灌顶国师葛藏、右觉义桑加巴等为正、副使，同答苍地面所遣剌麻沙加星吉等，往封辅教王。光禄寺署丞祁全伴送至四川，买办牛、马等物驮载。指此为由，以一科十，伤财害民。上闻之，命四川三司同巡按御史将原给敕书奏缴。其正副使脚力等项，照例减半。仍将官库收有之物，估计时价给与两平，易买货物，不许科敛害民。

（英宗朝馆本卷二七八·页一五下）

○天顺元年（丁丑）九月辛巳（1457.10.8）

遣正使灌顶国师葛藏、副使右觉义桑加巴等，赍敕诰并彩币、僧俗衣帽、铃杵等物，封答苍喃葛坚粲巴藏卜袭为辅教王。以其父喃葛列思巴罗竹坚粲巴藏卜奏年老不能视事故也，仍命葛藏等顺赍敕并彩币、宝石、伞幢等物，赐所经乌思藏等处阐化王昆葛列思巴中耐坚参巴藏卜等，俾其护送使臣，不许下人生事阻滞。

（英宗朝馆本卷二八二·页八下）

○ 成化五年（己丑）正月辛巳（1469.2.7）

命……辅教王南葛坚参巴藏卜男南葛札失坚参叭藏卜各袭其父王爵。

（宪宗朝馆本卷六二·页八下～九上）

大智、大善、大通、大悟、大应、大济、大庆、大德诸法王及其他法王的升授

○ 景泰三年（壬申）十月壬子（1452.12.4）

封西天佛子大国师班丹札释为大智法王，赐以诰命。

（英宗朝馆本卷二二二·页八上）

○ 景泰七年（丙子）七月辛巳（1456.8.14）

命……广通精修妙慧阐教西天佛子大国师沙加为广通精修妙慧阐教弘慈大喜［善］法王……俱赐诏命。

（英宗朝馆本卷二六八·页三上）

○ 天顺四年（庚辰）二月庚申（1460.3.5）

追封圆融妙慧净觉弘济辅国光范衍教灌顶广善大国师智光为大通法王，遣官赐祭。

（英宗朝馆本卷三一二·页四下）

○ 成化三年（丁亥）十二月辛丑（1468.1.4）

番僧法王札巴坚参……以升职奏乞诰敕、印章。与之。

（宪宗朝馆本卷四九·页五上）

○成化四年（戊子）四月庚戌（1468.5.12）

封西僧札巴坚参为万行庄严功德最胜智慧圆明能仁感应显国光教弘妙大悟法王西天至善金刚普济大智慧佛……俱赐诰命。西僧以秘密教得幸，服食器用僭拟王者，出入乘棕舆，卫卒执金吾杖前导，达官贵人莫敢不避路。每召入大内诵经咒，撒花米赞吉祥，赐予骈蕃，日给大官酒馔牲饩至再，锦衣玉食者几千人。中贵人见辄跪拜，坐而受之。法王封号有至累数十字者。

（宪宗朝馆本卷五三·页七上）

○成化十年（甲午）三月庚子（1474.4.1）

初，大应法王札实巴死，有旨如大慈法王例葬之，中官遂请造寺建塔。工部言："大慈法王惟建塔未尝造寺，况今岁歉民贫，寺费难给，宜惟建塔。"上是其言，命拨官军四千供役。

（宪宗朝馆本卷一二六·页五下）

○成化十七年（辛丑）十二月壬戌（1482.1.11）

赐番僧万行清修真如自在广善普慧弘度妙应掌教翊国正觉大济法王西天圆智大慈悲佛领占竹等十四人诰命。

（宪宗朝馆本卷二二二·页四上）

○正德八年十一月辛未（1513.12.3）

赐大庆法王领占班丹番行童度牒三千，听自收度。先是，有旨度番汉僧行、道士四万人。其番行童多中国人冒名者，为礼部所持，故领占班丹奏欲自便云。

（武宗朝馆本卷一〇六·页三下）

○成化二十年（甲辰）十一月丙戌（1484.11.20）

太监覃昌传奉圣旨：升大慈恩寺西天佛子札失藏卜、札失坚剉、乳奴班丹、大能仁寺西天佛子锁南坚参、结斡领占俱为法王……

（宪宗朝馆本卷二五八·页一上）

○ 成化二十二年（丙午）十月庚辰（1486.11.4）

太监覃昌传奉圣旨：升大慈恩寺西天佛子舍剌星吉、大隆善护国寺西天佛子著乩领占朵而只巴为法王。

（宪宗朝馆本卷二八三·页二下）

○ 成化二十二年（丙午）十一月丁卯①（1486.12.21）

太监韦泰传奉圣旨：追封已故西天佛子端竹领占为法王，赐祭一坛。

（宪宗朝馆本卷二八四·页六下）

○ 成化二十二年（丙午）十一月己巳（1486.12.23）

太监韦泰传奉圣旨：升西天佛子卜剌加为法王。

（宪宗朝广本卷二八四·页七下）

○ 弘治五年（壬子）十一月甲申（1492.12.6）

大慈恩寺番僧国师乳奴班丹死，其侄都纲完卜沙加坚参奏乞袭职，并建塔祭葬。上特赠乳奴班丹为法王，馀不允。

（孝宗朝馆本卷六九·页三下～四上）

○ 正德四年（己巳）八月癸亥（1509.8.18）

司礼监传旨：升大隆善护国寺国师著肖藏卜为法王……

（武宗朝馆本卷五三·页二上）

○ 正德五年（庚午）四月戊戌（1510.5.20）

升大能仁寺国师那卜坚参、禅师札巴藏播为法王……

（武宗朝馆本卷六二·页四下）

○ 正德五年（庚午）六月壬辰（1510.7.13）

升……大慈恩寺佛子乳奴领占、舍剌扎俱为法王……

（武宗朝馆本卷六四·页二上）

---

① 十一月丁卯条馆本缺页，影印本系据广方言馆本抄补。

西天佛子的升授

○ 永乐十三年（乙未）四月庚午（1415.5.11）

命尚司［师］释迦也失为妙觉圆通慧慈普应辅国显教灌顶弘善西天佛子大国师，赐之诰命。

（太宗朝馆本卷一六三·页一上）

○ 正统四年（己未）五月己巳（1439.7.3）

加封国师亚蒙葛为西天佛子大国师，赐以诰命。

（英宗朝馆本卷五五·页六下）

○ 正统十一年（丙寅）正月辛卯（1446.2.18）

大慈恩寺僧吒〔叱〕失把为其师灌顶国师锁南释剌求袭为师祖西天佛子大国师……不允。

（英宗朝馆本卷一三七·页六上～下）

○ 景泰四年（癸酉）四月庚戌（1453.5.31）

命灌顶大国师沙加为西天佛子大国师……赐之诰命。

（英宗朝馆本卷二二八·页一一下）

○ 景泰七年（丙子）七月辛巳（1456.8.14）

命西番净修弘智灌顶大国师锁南舍剌为净修弘智灌顶大国师西天佛子……俱赐诏命。

（英宗朝馆本卷二六八·页三上）

○ 天顺六年（壬午）六月戊寅（1462.7.11）

追封已故灌顶圆妙广智大国师端竹领占为西天佛子。从其徒大国师札巴坚参请也。

（英宗朝馆本卷三四一·页三下）

○ 成化三年（丁亥）十二月辛丑（1468.1.4）

番僧……西天佛子札实巴……以升职奏乞诰敕、印章。与之。

（宪宗朝馆本卷四九·页五上）

○ 成化四年（戊子）四月庚戌（1468.5.12）

封西僧……札实巴为清修正觉妙慈普济护国衍教灌顶弘善西天佛子大国师……俱赐诰命。

（宪宗朝馆本卷五三·页七上）

○ 成化十年（甲午）十二月丙午（1475.2.1）

赐大慈恩寺佛子端竹也失……诰敕及印，从所请也。

（宪宗朝馆本卷一三六·页一一下）

○ 成化十四年（戊戌）三月甲申（1478.4.24）

赐妙悟弘觉静修宗智阐范翊教灌顶善济西天佛子大国师锁南坚参等诰敕。

（宪宗朝馆本卷一七六·页九下）

○ 成化十五年（己亥）闰十月丙子（1479.12.7）

太监李荣传奉圣旨：升……大隆善护国寺灌顶大国师班卓儿藏卜为佛子……

（宪宗朝馆本卷一九六·页四下）

○ 成化十六年（庚子）正月戊申（1480.3.8）

赐弘修净戒悟法辅教阐范善应灌顶圆妙西天佛子大国师班卓儿藏卜等八人诰敕。

（宪宗朝馆本卷一九九·页四上）

○成化十八年（壬寅）十一月甲辰（1482.12.19）

太监覃昌传奉圣旨：……又，慈恩寺灌顶大国师札实坚俏、乳奴班丹俱升西天佛子，赐诰命、衣帽等物。

（宪宗朝馆本卷二三四·页一下～二上）

○成化十九年（癸卯）正月辛酉（1483.3.6）

太监覃昌传奉圣旨：升大能仁寺灌顶大国师结斡〔幹〕锁〔镇〕占为佛子。

（宪宗朝馆本卷二三六·页三下）

○成化十九年（癸卯）十二月庚辰（1484.1.19）

赐净修正觉定戒妙应辅国阐教灌顶庆善西天佛子大国师札实坚俏等七人诰敕。

（宪宗朝馆本卷二四七·页五上）

○成化二十一年（乙巳）五月壬戌（1485.6.24）

赐西僧证觉夙慧清修妙悟翊国演教灌顶普善西天佛子大国师舍剌星吉、净修广善灌顶大国师喃喝领占等八人诰敕。

（宪宗朝馆本卷二六六·页三上～下）

○成化二十一年（乙巳）十二月己亥（1486.1.27）

以番僧班丹汪等三十五人为西天佛子、国师、禅师、讲经、觉义、都纲等职。

（宪宗朝馆本卷二七三·页五上～下）

○成化二十二年（丙午）四月戊寅（1486.5.6）

太监覃昌传奉圣旨：大能仁寺灌顶大国师扎巴藏播升佛子……

（宪宗朝馆本卷二七七·页一下）

○成化二十二年（丙午）六月丙申（1486.7.23）

赐西僧广智通慧崇法普济辅国演教灌顶弘善西天佛子大国师班丹汪

出、弘觉慈慧悟法妙应翊化显教灌顶隆善西天佛子大国师卜剌加……九人诰命。

（宪宗朝馆本卷二七九·页八下～九上）

○ 成化二十二年（丙午）十月癸酉（1486.10.28）

太监韦泰传奉圣旨：升灌顶大国师释迦哑而塔［答］为西天佛子……

（宪宗朝馆本卷二八三·页一上）

○ 成化二十二年（丙午）十月庚寅（1486.11.14）

是日，太监（覃）昌又传奉圣旨：升西宁卫瞿昙寺灌顶大国师班卓儿藏卜西天佛子。

（宪宗朝馆本卷二八三·页六上）

○ 成化二十二年（丙午）十月戊戌（1486.11.22）

太监覃昌传奉圣旨：升灌顶大国师班麻扎失为佛子。

（宪宗朝馆本卷二八三·页七下）

○ 成化二十二年（丙午）十月己亥（1486.11.23）

太监韦泰传奉圣旨：升大慈恩寺灌顶大国师喃渴领占、星吉藏卜为西天佛子……

（宪宗朝馆本卷二八三·页七下）

○ 成化二十二年（丙午）十一月丁卯（1486.12.21）

给赐西天佛子大国师班卓儿藏卜镀金银印。

（宪宗朝馆本卷二八四·页七上）

○ 成化二十二年（丙午）十二月丁亥（1487.1.10）

赐崇修悟法广慧觉善光梵显教灌顶妙应西天佛子大国师扎巴藏播等诰敕八道。

（宪宗朝馆本卷二八五·页三上～下）

○成化二十三年（丁未）五月庚戌（1487.6.2）

　　赐西僧圆明通慧普慈真乘弘觉利〔和〕教灌顶崇善西天佛子大国师剌瓦札等十二人诰敕。

　　　　　　　　　　　　　　　　　　　（宪宗朝馆本卷二九〇·页二下～三上）

○弘治九年（丙辰）正月壬午（1496.1.18）

　　传旨升灌顶大国师札巴坚参及国师释迦哑而塔为西天佛子……

　　　　　　　　　　　　　　　　　　　（孝宗朝馆本卷一〇八·页一上）

○弘治十二年（己未）六月丙辰（1499.8.4）

　　升大隆善护国寺国师著肌领占为西天佛子，命所司给应用衣物。从其请也。

　　　　　　　　　　　　　　　　　　　（孝宗朝馆本卷一五一·页一一上）

○弘治十三年（庚申）三月甲子（1500.4.8）

　　命为故西天佛子著肌领占造塔。工部尚书徐贯言："著肌领占生蒙宠遇，无益国家，不必建塔，止为造坟安葬可矣。"不从。

　　　　　　　　　　　　　　　　　　　（孝宗朝馆本卷一六〇·页二下）

○弘治十四年（辛酉）十二月丁巳（1502.1.21）

　　传旨升大隆善护国寺国师梁［朵］而只也［巴］为两［西］天弗［佛］子。

　　　　　　　　　　　　　　　　　　　（孝宗朝馆本卷一八二·页四上）

○正德五年（庚午）四月戊戌（1510.5.20）

　　升大能仁寺……都纲那卜领占为佛子……，大隆善护国寺剌麻绰即罗竹为佛子，大慈恩寺国师乳奴领占为西天佛子。革职国师拾［捨］剌扎为佛子……

　　　　　　　　　　　　　　　　　　　（武宗朝馆本卷六二·页四下）

○正德五年（庚午）六月壬辰（1510.7.13）

　　升大慈恩寺……剌麻舍列星吉（为）佛子……

　　　　　　　　　　　　　　　　　　　（武宗朝馆本卷六四·页二上）

○正德五年（庚午）七月己卯（1510.8.29）

令大隆善护国寺国师星吉班丹、禅师班卓罗竹俱升佛子……

（武宗朝馆本卷六五·页八上）

大国师、灌顶国师的封授、袭替

○洪武五年（壬子）四月丁酉（1372.5.23）

河州卫言："乌思藏怕木竹巴故元灌顶国师章阳沙加，人所信服。今朵甘赏竺监藏与管兀〔元〕儿相仇杀，朝廷若以章阳沙加招抚之，则朵甘必内附矣。"

中书省以闻。诏章阳沙加仍灌顶国师之号，遣使赐玉印及彩段表里，俾居报恩寺化导其民。

（太祖朝馆本卷七三·页四下）

○洪武七年（甲寅）七月己卯（1374.8.23）

朵甘、乌思藏僧答力麻八剌及故元帝师八思巴之后公哥坚藏（巴藏）卜遣使来朝，请师号。诏以答力麻八剌为灌顶国师，赐玉印海兽纽，俾居笞多桑古鲁寺，给护持十五道，公哥坚藏巴藏卜为圆智妙觉弘教大国师，玉印狮纽。

赐诏曰："佛教兴于西土，善因溥及华夷，虽无律以绳顽，惟仁心而是。则迩来西番入贡有僧公哥坚藏巴藏卜、答力麻八剌，乃昔元八思巴帝师之后，深通奥典，笃志尤坚，化顽愚以从善，起仁心以涤愆，虽曰遥闻，特加尔号，其公哥坚藏巴藏卜为圆智妙觉弘教大国师，答力麻八剌为灌顶国师，统治僧徒，名当时之善，为教中之称首。于戏！寂寞山房，俦青灯而侣影，跏趺盘石，对皓月以忘情，随缘于锡杖、芒鞋，安分于草衣、木食，广施妙利，方契善符。"

（太祖朝馆本卷九一·页三上～下）

○永乐四年（丙戌）三月壬寅（1406.3.31）

遣使命灵藏著思巴儿监藏为灵藏灌顶国师。……各赐诰命、袭衣、锦绮。

命馆觉宗巴斡〔幹〕即南哥巴藏卜为馆觉灌顶国师……赐诰命、银、币。

（太宗朝馆本卷五二·页五下～六上）

○永乐四年（丙戌）十二月辛卯（1407.1.14）

命乌思藏僧哈思巴啰葛罗思为灌顶圆通善慧大国师，赐之诰、印。

（太宗朝馆本卷六二·页二上）

○永乐五年（丁亥）三月丁巳（1407.4.10）

（前略）命其（尚师哈立麻）徒孛隆逋瓦桑儿加领真为灌顶圆修净慧大国师，高日瓦领禅伯为灌顶通悟弘济大国师，果栾罗葛罗监藏己〔巴〕里藏卜为灌顶弘智净戒大国师，皆赐印、诰、银、钞、彩币等物。宴于华盖殿。

（太宗朝馆本卷六五·页一下）

○永乐八年（庚寅）九月庚辰（1410.10.14）

命番僧绰思吉领禅巴藏卜为灌顶弘慈妙济国师。

（太宗朝馆本卷一〇八·页二下）

○永乐十年（壬辰）正月庚戌（1412.3.7）

命国师班丹藏卜为灌顶净觉弘济大（国）师……

（太宗朝馆本卷一二四·页四下）

○永乐十年（壬辰）四月戊寅（1412.6.3）

给赐灌顶净觉弘济大国师班丹藏卜……诰、敕。

（太宗朝馆本卷一二七·页三上）

○永乐十一年（癸巳）二月己未（1413.3.11）

命哈立麻寺绰思吉监藏为灌顶圆通妙济国师，簇尔卜掌寺端竹斡薛儿巴里藏卜为灌顶净慈通慧国师。俱赐诰、印及彩币表里。

（太宗朝馆本卷一三七·页三上）

○永乐十一年（癸巳）五月丙戌（1413.6.6）

命哲尊巴为灌顶圆通慈济大国师，必力工瓦端竹监藏为灌顶慧慈净戒大国师，日托巴罗葛啰监粲为西天佛子灌顶净慈弘智广慧大国师，赐以诰、印。

（太宗朝馆本卷一四〇·页二上）

○永乐十二年（甲午）正月丙申（1414.2.11）

命妥巴阿摩葛有［为］灌顶圆通慈济火［大］国师，赐之诰命。妥巴阿摩葛者，故国师哲尊巴父也。

（太宗朝馆本卷一四七·页三上）

○永乐十三年（乙未）二月庚午（1415.3.12）

命禅师缘旦监刬为灌顶慈慧妙智大国师，领占端竹为灌顶慧应弘济国师，皆赐诰、印〔敕〕。

（太宗朝馆本卷一六一·页一上）

○永乐二十二年（甲辰）二月丁卯（1424.3.21）

灌顶净觉弘济大国师（班丹藏卜、弘济净觉国师）端岳藏卜卒。命班丹藏卜侄三丹藏卜、端岳藏卜侄锁南监藏各嗣领其事。……皆赐诰命。

（太宗朝馆本卷二六八·页二下）

○永乐二十二年（甲辰）九月丁亥（1424.10.7）

命西天剌麻扳的达为圆觉妙应慈慧（普）济辅国光范洪［弘］教灌顶大善大国师，僧录司右善世智光为圆融妙慧净觉弘济光范衍教灌顶广善大国师，谷［各］赐金印。

（仁宗朝馆本卷二下·页二上）

○洪熙元年（乙巳）六月辛酉（1425.7.8）

命右（善）世端竹领占为圆妙广智大国师，给与金印、玉轴诰命。

（宣宗朝馆本卷二·页九上）

○ 洪熙元年（乙巳）十二月戊寅（1426.1.21）

　　命僧录司右阐教班丹札失为净觉慈济大国师。

（宣宗朝馆本卷一二·页四下）

○ 宣德元年（丙午）二月戊寅（1426.3.22）

　　论征曲先、安定功，加国师宛卜格剌思巴监藏号为净慈普应大国师、仑奔宛卜查失儿监藏为弘慈广智大国师，吒思巴领占为普觉净修大国师，失迦思端宛卜为慧[慈]善真修大国师，达巴儿监参为妙慈通慧大国师，皆秩四品，给诰命、银印。

（宣宗朝馆本卷一四·页四下～五上）

○ 宣德元年（丙午）三月庚子（1426.4.13）

　　升乌思藏大宝、大乘、阐化、阐教、赞善五王及大国师释迦也失差来使臣阿木葛为灌顶净修弘智国师，锁南星吉为灌顶国师，俱赐二品镀金银印。

（宣宗朝馆本卷一五·页四上～下）

○ 宣德二年（丁未）三月甲寅（1427.4.22）

　　赐西番阿吉簇弘济大国师吒思巴儿监藏四品银印及诰命，嘉其有征剿安定之功也。

（宣宗朝馆本卷二六·页一三下）

○ 正统元年（丙辰）三月癸巳（1436.4.13）

　　封绰竹藏卜为净觉慈济大国师，赐以诰命。

（英宗朝馆本卷一五·页一三上）

○ 正统元年（丙辰）七月甲寅（1436.9.1）

　　遣中官阮至等赍敕往赐净觉慈济大国师绰竹藏卜金印、诰命……

（英宗朝馆本卷二〇·页五上）

○ 正统五年（庚申）七月癸丑（1440.8.10）

封……卓儿巴藏卜为灌顶弘慈妙济国师，俱赐诰命。

（英宗朝馆本卷六九·页九下）

○ 正统六年（辛酉）八月辛未（1441.8.23）

命灌顶广智弘善国师喃葛藏卜袭其世父为灌顶净觉弘济大国师，赐之诰命。

（英宗朝馆本卷八二·页二上～下）

○ 正统七年（壬戌）十月辛卯（1442.11.6）

封札思巴锁南为灌顶真修妙应国师，赐以诰命。

（英宗朝馆本卷九七·页二上）

○ 正统八年（癸亥）三月丙辰（1443.3.31）

封灌顶净觉弘济大国师喃葛藏卜侄领占藏卜为灌顶广智弘善国师……俱赐诰命。

（英宗朝馆本卷一〇二·页一下）

○ 正统八年（癸亥）三月辛未（1443.4.15）

封翊化禅师吾巴帖耶室里为灌顶广善大国师，簇克林巴藏为灌顶弘教翊善国师，俱赐诰命。

（英宗朝馆本卷一〇二·页六下）

○ 正统八年（癸亥）五月己未（1443.6.2）

命剌麻札巴坚粲为灌顶圆妙广智大国师……俱赐诰命。

（英宗朝馆本卷一〇四·页二下）

○ 正统八年（癸亥）五月壬午（1443.6.25）

封净修弘智国师锁南舍剌为净修弘智灌顶国师，赐以诰命。

（英宗朝馆本卷一〇四·页一二上）

○正统八年（癸亥）九月丙子（1443.10.17）

封国师绰丹剌卓儿藏卜为灌顶弘慈妙济大国师，赐诰命〔敕〕并镀金银印。

（英宗朝馆本卷一〇八·页七下）

○正统九年（甲子）正月丁巳（1444.1.26）

命剌麻班丹伦竹为灌顶国师，赐诰命。从四川加木隆宣慰司奏请也。

（英宗朝馆本卷一一二·页一下）

○正统九年（甲子）二月庚寅（1444.2.28）

命剌麻班丹伦竹为灌顶净觉弘善国师，给诰命、银印。

（英宗朝馆本卷一一三·页三上）

○正统九年（甲子）十二月庚申（1445.1.23）

命罕东卫故净慈普应大国师格剌思巴监藏侄端岳监藏袭其叔大国师之职。

（英宗朝馆本卷一二四·页五上）

○正统十年（乙丑）二月乙巳（1445.3.9）

加封国师沙加为灌顶净觉佑善大国师……俱赐诰命。

（英宗朝馆本卷一二六·页一上）

○正统十年（乙丑）五月丙戌（1445.6.18）

命清修翊善国师簇克林巴为大国师……俱赐银印、诰敕。

（英宗朝馆本卷一二九·页四上）

○正统十一年（丙寅）七月戊辰（1446.7.25）

命剌麻札思巴监粲为灌顶净慈妙智国师，赐之诰命。

（英宗朝馆本卷一四三·页一上）

○正统十三年（戊辰）五月丁酉（1448.6.13）

礼部奏："乌思藏灌顶国师赞善王遣人奏保番僧绰吉坚粲为灌顶弘慈妙觉大国师，及求大藏经并护持敕。"上从之。寻赐绰吉坚粲诰命及镀金银印、僧帽、袈裟。

（英宗朝馆本卷一六六·页三上）

○正统十四年（己巳）十二月辛亥（1449.12.19）

命灌顶广智弘善国师领占藏卜袭其叔为灌顶净觉弘济大国师。

（英宗朝馆本卷一八六·页三下）

○景泰四年（癸酉）四月庚戌（1453.5.31）

命……灌顶国师锁南释剌为灌顶大国师，赐之诰命。

（英宗朝馆本卷二二八·页一一下）

○景泰四年（癸酉）六月壬辰（1453.7.12）

加封国师班卓儿藏卜为灌顶清心戒行大国师，赐以诰命。

（英宗朝馆本卷二三〇·页四上）

○景泰五年（甲戌）三月丙子（1454.4.22）

封班竹儿藏卜为灌顶广智弘善国师，札思巴藏卜为灌顶弘教翊善国师，锁南领占为灌顶净修妙觉大国师，俱赐诰命。

（英宗朝馆本卷二三九·页一一上）

○景泰六年（乙亥）三月丙午（1455.3.18）

命西番净戒寺国师弟札思巴藏卜袭灌顶弘教翊善国师，瞿昙寺完卜班竹儿藏卜袭灌顶广智弘善国师，皆赐之诰命。

（英宗朝馆本卷二五一·页一上）

○景泰六年（乙亥）八月乙丑（1455.10.3）

赐大国司［师］锁南领占金印、僧衣、诰命。

（英宗朝馆本卷二五七·页六上）

○景泰七年（丙子）六月癸丑（1456.7.17）

（前略）命番僧葛藏为灌顶广善慈济国师……各赐印及诰命。俱从礼部尚书胡濙奏请也。

（英宗朝馆本卷二六七·页五下）

○景泰七年（丙子）七月辛巳（1456.8.14）

（前略）加弘善妙济国师舍剌巴为灌顶弘善妙智国师。俱赐诰命。

（英宗朝馆本卷二六八·页三上）

○景泰七年（丙子）十一月戊辰（1456.11.29）

命番僧领占罗竹、绰巴藏卜为灌顶国师……给图书、印、帽、袈裟。以写番经成也。

（英宗朝馆本卷二七二·页一上～下）

○天顺元年（丁丑）二月癸卯（1457.3.4）

命郧王所封弘慈大善法王沙加复为灌顶大国师。

（英宗朝馆本卷二七五·页六下）

○天顺元年（丁丑）八月戊申（1457.9.5）

命大能仁寺左觉义乃耶室哩为灌顶国师，赐诰命。

（英宗朝馆本卷二八一·页七上～下）

○天顺四年（庚辰）七月壬寅（1460.8.14）

命乌答寺住持番僧朵儿只领占为灌顶国师，赐敕诰〔诰敕〕、银印、衣帽。……从礼部奏请也。

（英宗朝馆本卷三一七·页九上）

○天顺六年（壬午）四月庚午（1462.5.4）

命番僧干丹藏卜袭灌顶真修妙应国师，赐之诰命。

（英宗朝馆本卷三三九·页一上～下）

○成化二年（丙戌）十一月癸巳（1466.1.1）

赐弘善妙慈灌顶大国师札实巴诰命。

（宪宗朝馆本卷三六·页七下）

○成化六年（庚寅）七月癸巳（1470.8.13）

命造镀金银印，给赐大慈恩寺妙胜惠济灌顶国师班著尔藏卜。

（宪宗朝馆本卷八一·页七上）

○成化七年（辛卯）七月丙申（1471.8.11）

以番僧怕思巴领占巴藏卜袭大国师，赐诰敕。

（宪宗朝馆本卷九三·页八上）

○成化八年（壬辰）四月甲午（1472.6.4）

赐清修翊善大国师帕思巴领〔颜〕巴藏卜等诰敕。

（宪宗朝馆本卷一○三·页一○上）

○成化八年（壬辰）十二月辛未（1473.1.7）

赐灌顶广善大国师乃耶室哩祭葬。

（宪宗朝馆本卷一一一·页二上）

○成化九年（癸巳）正月庚戌（1473.2.15）

赐大慈恩等寺……灌顶大国师端竹也失、班著尔藏卜……诰敕、金印等物。

（宪宗朝馆本卷一一二·页二下）

○成化十年（甲午）二月癸未（1474.3.15）

升觉义领占竹为灌顶大国师，札实藏卜为灌顶国师……

（宪宗朝馆本卷一二五·页七下）

○成化十年（甲午）四月癸未（1474.5.14）

赐弘慈广智灌顶大国师领占竹金印。

（宪宗朝馆本卷一二七·页九下）

○成化十二年（丙申）十一月癸卯（1476.11.19）

太监黄赐传奉圣旨：大隆善护国寺灌顶清心戒行国师班卓儿藏（卜）升灌顶大国师……时僧道官传奉寖盛，左道邪术之人荐至京师，吏部尚书尹旻等无旬日不赴左顺门候接传奉。每得旨则次日依例于御前补奏。后内官亦自讳其烦，密谕令勿复补奏，至废易旧制而不恤云。

（宪宗朝馆本卷一五九·页一下～二上）

○成化十三年（丁酉）四月辛亥（1477.5.26）

命番僧班卓儿端竹升灌顶国师……

（宪宗朝馆本卷一六五·页六上）

○成化十五年（己亥）闰十月丙子（1479.12.7）

太监李荣传奉圣旨：升……大慈恩寺国师乳奴班丹为灌顶大国师……

（宪宗朝馆本卷一九六·页四下）

○成化十七年（辛丑）五月庚子（1481.6.23）

升大能仁寺灌顶国师结幹［斡］领占为灌顶大国师。

（宪宗朝馆本卷二一五·页五下）

○成化十八年（壬寅）八月甲辰（1482.8.21）

命给乌思藏灌顶国师桑而〔儿〕结卜［藏］藏［卜］诰并镀金印等物。

（宪宗朝馆本卷二三〇·页三上）

○成化十八年（壬寅）八月庚戌（1482.8.27）

赐西僧悟法宗化灌顶国师桑而〔儿〕结藏卜诰命。

（宪宗朝馆本卷二三〇·页四下）

○ 成化十八年（壬寅）九月丁酉（1482.10.13）

太监覃昌传奉圣旨：升……灌顶国师著乩领占为灌顶大国师……

（宪宗朝馆本卷二三二·页一上）

○ 成化十九年（癸卯）六月戊辰（1483.7.11）

赐净觉弘济灌顶大国师班竹儿藏卜诰命。

（宪宗朝馆本卷二四一·页一下）

○ 成化二十年（甲辰）七月庚寅（1484.7.27）

赐西番僧清心戒行灌顶国师锁南坚刬诰命。

（宪宗朝馆本卷二五四·页二上）

○ 成化二十年（甲辰）十一月丙戌（1484.11.20）

太监覃昌传奉圣旨：升……大慈恩寺国师绰吉坚参灌顶大国师，国师坚刬星吉灌顶国师……

（宪宗朝馆本卷二五八·页一上～下）

○ 成化二十一年（乙巳）五月壬戌（1485.6.24）

赐西僧……净修广善灌顶大国师喃喝领占等八人诰敕。

（宪宗朝馆本卷二六六·页三上～下）

○ 成化二十一年（乙巳）五月丙子（1485.7.7）

大能仁寺大悟法王札巴坚参奏："乞升迤西石冈寺国师亦失坚参为灌顶国师。"从之。

（宪宗朝馆本卷二六六·页七上）

○ 成化二十一年（乙巳）九月甲戌（1485.11.4）

以乌思藏法王差来刺麻札失藏卜领占五人为灌顶大国师、灌顶国师、禅师、都纲，赐诰敕、印、帽、袈裟等物。

（宪宗朝馆本卷二七〇·页八下）

○成化二十一年（乙巳）十一月辛酉（1485.12.20）

以番僧札失巴藏卜等四人为灌顶大国师、大国师、禅师、觉义等职。

（宪宗朝馆本卷二七二·页三下）

○成化二十一年（乙巳）十二月乙巳（1486.2.2）

以番僧坚剉星吉等五人为灌顶大国师、国师。

（宪宗朝馆本卷二七二·页六下）

○成化二十二年（丙午）三月庚戌（1486.4.8）

太监韦泰传奉圣旨：……大隆善护国寺禅师班麻扎失升灌顶大国师……

（宪宗朝馆本卷二七六·页一下～二上）

○成化二十二年（丙午）四月戊寅（1486.5.6）

太监覃昌传奉圣旨：大能仁寺国师锁南加升灌顶国师……

（宪宗朝馆本卷二七七·页一下）

○成化二十二年（丙午）六月丙申（1486.7.23）

赐西僧……清修演教灌顶大国师坚剉星吉、广利崇善灌顶大国师乳奴扎失、妙净普济灌顶大国师乳奴领占、弘智通悟灌顶大国师班麻朵而只、戒定善悟灌顶大国师扎失班著尔……九人诰命……

（宪宗朝馆本卷二七九·页八下～九上）

○成化二十二年（丙午）十月癸酉（1486.10.28）

太监韦泰传奉圣旨：升……国师剌瓦札为大国师。

（宪宗朝馆本卷二八三·页一上）

○成化二十二年（丙午）十月壬午（1486.11.6）

（太监韦）泰又传奉圣旨：升大慈恩寺讲经领占孙卜、觉义领占绰为灌顶大国师……

（宪宗朝馆本卷二八三·页三上）

○ 成化二十二年（丙午）十月戊戌（1486.11.22）

太监覃昌传奉圣旨：升……灌顶国师答儿麻悉提、大崇教寺兼住禅师绰藏领占为灌顶大国师……

（宪宗朝馆本卷二八三·页七下）

○ 成化二十二年（丙午）十一月丙午（1486.11.30）

太监覃昌传奉圣旨：升大能仁寺灌顶国师锁南加、讲经领占竹为灌顶大国师……

（宪宗朝馆本卷二八四·页一下）

○ 成化二十二年（丙午）十一月戊申（1486.12.2）

太监覃昌传奉圣旨：升大能仁寺禅师公葛监参为灌顶大国师……

（宪宗朝馆本卷二八四·页二上）

○ 成化二十二年（丙午）十一月丁卯（1486.12.21）

太监韦泰传奉圣旨：……升乌思藏萨嘉寺完卜锁南坚剉为灌顶大国师……

（宪宗朝馆本卷二八四·页六下～七上）

○ 成化二十二年（丙午）十一月己巳（1486.12.23）

太监韦泰传奉圣旨：升……国师班丹端竹为灌顶大国师……

（宪宗朝广本卷二八四·页七下）

○ 弘治二年（己酉）十二月癸巳（1489.12.31）

令瞿县寺番僧完卜工葛领占袭其叔班卓儿藏卜灌顶国师职，仍赐之诰命，俾抚其众。

（孝宗朝馆本卷三三·页二下）

○ 弘治六年（癸丑）二月辛酉（1493.3.13）

命西番静宁寺番僧完卜锁南巴藏袭灌顶大国师。

（孝宗朝馆本卷七二·页九上）

○弘治十一年（戊午）六月乙亥（1498.6.29）

四川长河西等处灌顶弘慈妙济大国师绰丹剌卓儿巴藏卜死，其徒禄竹领占巴藏卜来贡，请袭职。从之。赐宴，并彩段（等）物如例。

（孝宗朝馆本卷一三八·页一下）

○弘治十四年（辛酉）八月乙丑（1501.10.1）

长河西剌思岗地方番僧桑呆禄来贡，请袭其故师清修翊善大国师怕思巴领占巴藏卜之职。从之。赐宴，并彩段等物如例。

（孝宗朝馆本卷一七八·页六下～七上）

○弘治十四年（辛酉）十一月辛丑（1502.1.5）

传旨升大能仁寺右觉义麻的室哩、左觉义塔而麻拶耶俱为灌顶大国司［师］。

（孝宗朝馆本卷一八一·页六上）

○弘治十五年（壬戌）三月癸未（1502.4.17）

长河西剌思岗地方番僧桑呆禄竹等五人各来贡，请袭其师大国师及禅师、都纲等职。从之。仍赐宴，并彩段、衣服等物如例。

（孝宗朝馆本卷一八五·页三下）

○弘治十五年（壬戌）四月丁卯（1502.5.31）

西番瞿昙寺番僧完卜工葛藏卜及弘觉寺番僧完卜工葛藏卜喃尔加各来贡，因请袭其师大国师等职。从之。仍赐宴，并彩段、衣服等物如例。

（孝宗朝馆本卷一八六·页八下）

○正德二年（丁卯）三月癸亥（1507.5.1）

太监李荣传旨：大慈恩寺禅师领占竹升灌顶大国师；……时上颇习番教，后乃造新寺于内，群聚诵经，日与之狎昵矣。

（武宗梁馆本卷二四·页四下～五上）

○ 正德三年（戊辰）二月戊子（1508.3.21）

给诰敕于董卜韩胡宣慰使司灌顶圆通妙济国师札失短竹等共六道。

（武宗朝馆本卷三五·页六上）

○ 正德五年（庚午）十月庚寅（1510.11.8）

升国师罗竹班卓、班丹端竹为灌顶大国师……

（武宗朝馆本卷六八·页三上）

○ 正德七年（壬申）三月庚午（1512.4.11）

命陕西岷州大崇教寺番僧札巴坚参袭灌顶净觉佑善大国师。

（武宗朝馆本卷八五·页九下）

○ 嘉靖七年（戊子）闰十月乙亥（1528.11.18）

陕西河州卫奏送应袭番僧藏卜洛竹至京。礼部言其无三司会奏明文及开具化导番僧［夷］实迹，于旧例有违。上特许洛竹袭授灌顶大国师，令移文该卫，自后起送番僧，务遵旧制行。

（世宗朝馆本卷九四·页四上～下）

○ 万历十一年（癸未）五月丁酉（1583.7.5）

陕西河州弘化寺番僧锁南坚挫袭替大国师职事，换给诰命。

（神宗朝馆本卷一三七·页四下）

国师的封授、袭替

○ 洪武六年（癸丑）二月癸酉（1373.2.23）

（前略）以摄帝师喃加巴藏卜为炽盛佛宝国师。先是遣员外郎许允德使吐蕃，令各族酋长举故官至京授职，至是喃加巴藏卜以所举故元国公南哥思丹八亦监藏等来朝贡，乞授职名。

（太祖朝馆本卷七九·页一下）

○永乐八年（庚寅）九月庚辰（1410.10.14）

　　命番僧……掌巴监藏为净慈妙智国师，掌巴哈罗思巴为普济慧应国师。皆赐诰、印、图书，仍给护敕，俾自在修行。其寺田土、山场、园林、财产、孳畜之类，禁诸人毋侵扰，违者罪之。

（太宗朝馆本卷一〇八·页二下）

○永乐八年（庚寅）十月甲午（1410.10.28）

　　命番僧班丹藏卜为净觉弘济国师，高日幹〔蜂〕为广慧普应国师，失剌查为慈善弘智国师……各给诰、印。

（太宗朝馆本卷一〇九·页一上）

○永乐十年（壬辰）正月庚戌（1412.3.7）

　　命……禅师把奔为慧慈弘应国师，湛查为净慈佑善国师，包剌麻为净觉弘慈国师。

（太宗朝馆本卷一二四·页四下）

○永乐十年（壬辰）四月戊寅（1412.6.3）

　　给赐……慧慈弘应国师把奔……等诰、敕。

（太宗朝馆本卷一二七·页三上）

○永乐十六年（戊戌）正月甲戌（1418.2.28）

　　命西宁等处来朝禅师端岳藏〔卜〕为弘智净觉国师，为〔马〕儿藏为广陵〔济〕妙净国师，思我失星吉为普济净慈国师，仑奔宛卜查失儿监藏为弘慈广智国师，皆赐诰、印。

（太宗朝馆本卷一九六·页三上～下）

○永乐二十二年（甲辰）二月丁卯（1424.3.21）

　　（前略）净觉洪〔弘〕慈国师锁竹监藏年老，（命）其侄端岳监藏代之。皆赐诰命。

（太宗朝馆本卷二六八·页二下）

○ 宣德元年（丙午）三月庚子（1426.4.13）

（乌思藏大宝、大乘、阐化、阐教、赞善五王及大国师释迦也失差来使臣）领占端竹、桑结巴高竹斡升国师，赐五品银印及诰命。领占班竹儿、端竹乩藏袭国师，赐诰命。

（宣宗朝馆本卷一五·页四上～下）

○ 宣德元年（丙午）十一月甲午（1426.12.3）

升陕西临洮府及安定卫撒剌剌秃儿等处禅师端的监藏、领占藏卜、赏觖领占俱为国师……赐银印、诰命。

（宣宗朝馆本卷二二·页一一下）

○ 宣德二年（丁未）正月癸丑（1427.2.20）

命安定卫撒剌秃兀儿地国师赏觖领占为戒净慈应国师。给诰命、银印。

（宣宗朝馆本卷二四·页八下）

○ 宣德八年（癸丑）三月辛未（1433.4.7）

命河州、西宁番僧剌麻孔思巴舍剌为国师……袭其叔及兄之职。

（宣宗朝馆本卷一〇〇·页七上）

○ 宣德十年（乙卯）八月乙卯（1435.9.8）

命剌麻簇克林巴为清修翊善国师，给与银印、诰命。

（英宗朝馆本卷八·页四上）

○ 宣德十年（乙卯）十二月壬寅（1435.12.24）

命西宁净觉寺僧完卜章藏为净慈佑善国师，给与诰命。

（英宗朝馆本卷一二·页二上）

○ 正统元年（丙辰）七月甲寅（1436.9.1）

遣中官阮至等赍敕往赐……弘慈广善国师镇［锁］南巴藏卜银印、诰命及袈裟等物。

（英宗朝馆本卷二〇·页五上）

○ 正统元年（丙辰）十二月丙寅（1437.1.11）

以加儿即簇妙慈通慧大国师打巴尔监藏年老，命其侄完卜散丹星吉代为国师，署掌大国师印，管束所部番民。

（英宗朝馆本卷二五·页二上）

○ 正统三年（戊午）正月丁酉（1438.2.6）

命董卜韩胡剌麻班丹也失为妙智通悟国师，松潘卫剌麻罗只儿坚藏为净戒弘慈国师，给诰命、银印、金织袈裟等物。

（英宗朝馆本卷三八·页三上～下）

○ 正统三年（戊午）三月壬辰（1438.4.2）

安定国师桑出邻真老疾，其徒摄剌藏卜奏乞嗣之。上以桑出邻真招徕叛亡，效劳朝廷，故授国师，以示嘉宠。今摄剌藏卜何功欲承斯职？不允。

（英宗朝馆本卷四〇·页二下）

○ 正统四年（己未）五月乙卯（1439.6.19）

行在礼部奏，番僧完卜舍剌监藏欲袭故妙智通悟国师朵儿只监藏职，非例难从。上是之。

（英宗朝馆本卷五五·页二上～下）

○ 正统五年（庚申）七月癸丑（1440.8.10）

封乩思巴监藏为净修三藏国师……俱赐诰命。

（英宗朝馆本卷六九·页九下）

○ 正统六年（辛酉）六月癸巳（1441.7.16）

封持戒禅师绰领为清修广惠国师，给诰命、银印。

（英宗朝馆本卷八〇·页一三下）

○ 正统六年（辛酉）十二月己亥（1442.1.18）

命剌麻绰丹星吉为净悟广慧国师，赐诰命。

（英宗朝馆本卷八七·页三上）

○ 正统六年（辛酉）十二月丙午（1442.1.25）

命番僧摄剌藏卜为国师。

（英宗朝馆本卷八七·页五上）

○ 正统七年（壬戌）正月庚午（1442.2.18）

命摄剌藏卜代其世父桑出八亦邻真为戒净慈应国师，给赐诰命。

（英宗朝馆本卷八八·页二下）

○ 正统七年（壬戌）八月乙卯（1442.10.1）

命剌麻班卓儿端竹为崇教弘善国师，赐之诰命。

（英宗朝馆本卷九五·页八上）

○ 正统八年（癸亥）二月戊子（1443.3.3）

命陕西凉州卫庄严寺番僧锁南巴袭妙善通慧国师，赐以诰命。

（英宗朝馆本卷一〇一·页一下）

○ 正统八年（癸亥）三月丙辰（1443.3.31）

封……通慧净觉国师绰失儿坚粲侄簇克林坚参为通慧净觉国师，俱赐诰命。

（英宗朝馆本卷一〇二·页一下）

○ 正统八年（癸亥）四月庚子（1443.5.14）

命妙善通慧国师锁南坚参侄锁南巴袭封妙善通慧国师，赐诰。剌麻绰失吉监粲于陕西广善寺修行，赐敕谕并图书，其文曰："广宣慈化。"

（英宗朝馆本卷一〇三·页六下）

○ 正统八年（癸亥）五月己未（1443.6.2）

命剌麻……舍剌巴为弘善妙智国师，俱赐诰命。

（英宗朝馆本卷一〇四·页二下）

○ 正统九年（甲子）八月辛亥（1444.9.16）

命伽木隆宣慰使司番僧耶舍朵儿只巴藏卜为净修崇善国师，赐之诰敕。

（英宗朝馆本卷一二〇·页三上）

○ 正统九年（甲子）十月壬子（1444.11.16）

命剌麻耶舍朵儿只巴藏卜为净修崇善国师，给银印、诰命，并赐衣帽。先是，伽木隆宣慰使克罗俄监粲言："哲兀窝寺在伽木隆西北境外，富庶甲于诸簇，前此未通朝贡。有耶舍朵儿只巴藏卜者为众所服，今愿以土地、人民内属，乞与一名分委任之，必能效力。"且遣人导之入朝，故有是命。

（英宗朝馆本卷一二二·页二上～下）

○ 正统九年（甲子）十二月壬戌（1445.1.25）

命锁南札为崇修善〔明〕教国师，赐以诰命。

（英宗朝馆本卷一二四·页五上）

○ 正统十年（乙丑）二月乙巳（1445.3.9）

加封……禅师班卓儿藏卜为清心戒行国师，锁南藏卜为私〔弘〕慈广善国师，俱赐诰命。

（英宗朝馆本卷一二六·页一上）

○ 正统十年（乙丑）三月癸未（1445.4.16）

封禅师相初班丹为清修戒定国师，赐以诰命。

（英宗朝馆本卷一二七·页二下）

○ 正统十年（乙丑）十一月戊子（1445.12.17）

命番僧锁南札思为普济广惠国师。

（英宗朝馆本卷一三五·页五上）

○ 正统十年（乙丑）十二月辛酉（1446.1.19）

大慈恩寺禅师也失哩监剉自陈乞升授国师。上曰："国师方外重职，必其人戒行纯洁，焚修勤苦，而又有功朝廷，斯以是宠异之。今也失哩监剉何功德可称，遽欲得是职乎？且恩典宜锡自上，岂在下所可觊觎邪！不允。"

（英宗朝馆本卷一三六·页七下）

○ 正统十一年（丙寅）七月戊辰（1446.7.25）

命剌麻札思巴监粲为灌顶净慈妙智国师，赐之诰命。

（英宗朝馆本卷一四三·页一上）

○ 正统十一年（丙寅）七月丙戌（1446.8.12）

命番僧锁南列思巴为国师，赐之诰命。

（英宗朝馆本卷一四三·页六上）

○ 正统十一年（丙寅）八月乙巳（1446.8.31）

命札思巴坚粲代其世父为净慈妙智国师，赐诰命。

（英宗朝馆本卷一四四·页三上）

○ 正统十一年（丙寅）八月乙卯（1446.9.10）

命四川长河西加渴瓦寺番僧锁南列思已［巴］为崇教翊善国师……赐诰、敕、印并衣帽等物。

（英宗朝馆本卷一四四·页四下）

○ 正统十三年（戊辰）五月丁未（1448.6.23）

妙胜禅师锁南藏卜及剌麻札失班丹出使灵藏等处地面还，以灵藏赞善王班丹坚剉所遣南嘉寺剌麻桑儿结巴等朝见，贡马及氆氇、佛像等物。诏升锁南藏卜为国师，札失班丹为都纲，给诰命、敕谕、银印，赐宴，并钞、彩段表里、僧衣、靴袜有差。

（英宗朝馆本卷一六六·页六下～七上）

○正统十三年（戊辰）十一月乙巳（1448.12.18）

　　命陕西大乘寺完卜舍剌札思吉袭广慧普应国师……

（英宗朝馆本卷一七二·页八上）

○正统十三年（戊辰）十二月甲戌（1449.1.16）

　　礼部尚书胡濙奏保西宁卫隆卜等簇禅师喃恰儿监昝代为净戒圆妙国师，番僧洛罗黑巴袭为弘智广善国师，锁南藏卜袭为妙智慈济国师……上皆从之，命银印、图书俱仍旧，诰敕改给。

（英宗朝馆本卷一七三·页八下～九上）

○正统十四年（己巳）十一月戊子（1449.11.26）

　　礼部言："弘教翊善国师簇克林巴卒，请以其弟持善禅师札思巴藏卜袭国师。"（帝）不许，仍命今后番僧效劳边境显立功效者，方许其袭。

（英宗朝馆本卷一八五·页九下）

○景泰二年（辛未）六月乙酉（1451.7.16）

　　命番僧班丹领真为广济妙净国师，赐以诰命。

（英宗朝馆本卷二〇五·页一二上）

○景泰三年（壬申）十月丙申（1452.11.18）

　　净修禅师葛藏往乌思藏公干回还，并其徒剌麻列巴禄竹等各贡方物。升葛藏为国师，赐彩币、僧衣等物有差。

（英宗朝馆本卷二二二·页二上）

○景泰三年（壬申）十一月乙亥（1452.12.27）

　　升番僧禅师葛藏为广善慈济国师，赐诰命、僧帽、僧衣、银印，以奉使乌思藏有功也。

（英宗朝馆本卷二二三·页八上～下）

○景泰七年（丙子）六月癸丑（1456.7.17）

　　（前略）命番僧……烈藏为静觉持正国师，领占巴丹为静觉佑善国师……各赐印及诰命。俱从礼部尚书胡濙奏请也。

（英宗朝馆本卷二六七·页五下）

○景泰七年（丙子）十一月戊辰（1456.11.29）

命番僧……舍剌也失、桑结远丹、坚参列罗竹、聪密罗竹、扎失远丹绰俱为国师……给图书、印、帽、袈裟。以写番经成也。

（英宗朝馆本卷二七二·页一上～下）

○景泰七年（丙子）十一月壬辰（1456.12.23）

升禅师智中为国师……以松潘镇守官罗绮等言其有化导番俗功也。

（英宗朝馆本卷二七二·页六上）

○天顺元年（丁丑）二月癸卯（1457.3.4）

命郕王所封……灌顶大国师班卓儿藏卜等皆复为国师。

（英宗朝馆本卷二七五·页六下～七上）

○天顺四年（庚辰）七月壬寅（1460.8.14）

命乌答寺……温卜叱失言簇袭为国师。从礼部奏请也。

（英宗朝馆本卷三一七·页九上）

○成化元年（乙酉）八月戊戌（1465.9.13）

命番僧且答儿黑巴为精勤善行国师。先是，且答儿黑巴兄国师结卜以罪诛。至是，番簇为请于朝，故有是命。

（宪宗朝馆本卷二〇·页六下）

○成化二年（丙戌）十月丁未（1466.11.16）

（以）西番禅师远丹藏卜为国师……时阿昔洞等簇土官王儿者等称："我西番大小二姓为恶，杀之不惧，醢之不惧，惟国师、剌麻在中劝化，则革心信服崇善。演教国师知中老且病，禅师远丹藏卜、都纲子瑺戒行精专，番蛮信服，乞令抚喻劝化。"遂有是命。

（宪宗朝馆本卷三五·页四下～五上）

○成化三年（丁亥）十二月辛丑（1468.1.4）

番僧……国师锁南坚参、端竹也失……以升职奏乞诰敕、印章。与之。

（宪宗朝馆本卷四九·页五上）

○成化四年（戊子）四月辛丑（1468.5.3）

复以番僧都纲坚粲列为佑善衍教国师，赐诰命。

（宪宗朝馆本卷五三·页四下）

○成化四年（戊子）四月庚戌（1468.5.12）

封西僧……锁南坚参为静修弘善国师，端竹也失为净慈普济国师，俱赐诰命。

（宪宗朝馆本卷五三·页七上）

○成化五年（己丑）正月庚辰（1469.2.6）

赐西僧清心戒行国师桑节远丹等七人诰敕。

（宪宗朝馆本卷六二·页八下）

○成化八年（壬辰）正月乙卯（1472.2.26）

命陕西西宁普法寺妙善通慧国师锁南巴侄完卜锁南尔坚剉、慧慈弘应国师沙加星吉侄桑尔加坚参、演教寺妙智广慧剌麻阿节儿侄完卜端约藏卜各袭其叔原职。

（宪宗朝馆本卷一〇〇·页七下）

○成化八年（壬辰）二月壬申（1472.3.14）

命岷州卫番僧锁南藏卜侄著肖藏卜、西宁卫番僧锁南巴侄锁南尔坚剉、沙加星吉侄桑尔加坚参各袭国师职。

（宪宗朝馆本卷一〇一·页二下）

○成化八年（壬辰）九月庚戌（1472.10.18）

升番僧也舍坚粲崇教广化国师。

（宪宗朝馆本卷一〇八·页六下）

○ 成化九年（癸巳）正月庚戌（1473.2.15）

赐大慈恩等寺……国师乳奴班丹、加纳失哩诰敕、金印等物。

（宪宗朝馆本卷一一二·页二下）

○ 成化十年（甲午）二月癸未（1474.3.15）

升……都纲札实坚剉为国师。

（宪宗朝馆本卷一二五·页七下）

○ 成化十年（甲午）三月庚寅（1474.3.22）

命卜簇土尔干沟正宗寺弘修妙悟国师札失巴舍剌侄番僧绰竹藏卜袭其伯父原职。

（宪宗朝馆本卷一二六·页二下）

○ 成化十年（甲午）十二月乙酉（1475.1.11）

升灵藏赞善王所遣进贡禅师桑儿结藏卜为国师，并给诰命、印信。

（宪宗朝馆本卷一三六·页一下）

○ 成化十三年（丁酉）三月丁亥（1477.5.2）

命陕西西宁普法寺妙善通慧国师锁南尔坚剉侄完卜革剌〔利〕藏卜、延寿寺广济弘修国师札思巴舍剌侄完卜斡〔幹〕即尔各袭其叔原职。

（宪宗朝馆本卷一六四·页三下）

○ 成化十三年（丁酉）四月辛亥（1477.5.26）

命番僧……完卜俄些儿坚剉袭兄领占端竹国师。

（宪宗朝馆本卷一六五·页六上）

○ 成化十五年（己亥）九月庚辰（1479.10.12）

太监李荣传奉圣旨：升禅师结斡〔幹〕领占为国师……

（宪宗朝馆本卷一九四·页七上）

○成化十五年（己亥）闰十月丙子（1479.12.7）

太监李荣传奉圣旨：升……大慈恩寺……觉义绰吉坚参为国师……

（宪宗朝馆本卷一九六·页四下）

○成化十五年（己亥）十一月辛卯（1479.12.22）

命番僧桑而结袭国师。

（宪宗朝馆本卷一九七·页二上）

○成化十五年（己亥）十二月壬申（1480.2.1）

太监李荣传奉圣旨：升大能仁寺右讲经札巳[巴]宗奈为国师。

（宪宗朝馆本卷一九八·页五下）

○成化十六年（庚子）三月庚寅（1480.4.19）

命西宁圆觉寺弘慈慧应国师锁南坚参侄舍剌坚参、隆化寺通恬妙济国师锁南领占侄孙坚敦尔坚参……各袭其叔父、叔祖原职，赐之诰命。

（宪宗朝馆本卷二〇一·页三上）

○成化十七年（辛丑）六月癸丑（1481.7.6）

赐西僧弘修妙悟国师札思巴坚剉诰命。

（宪宗朝馆本卷二一六·页四上）

○成化十七年（辛丑）十二月戊申（1481.12.28）

太监李荣传奉圣旨：升大隆善护国寺禅师札石竹为国师……

（宪宗朝馆本卷二二二·页二上）

○成化十八年（壬寅）五月甲申（1482.6.2）

赐番僧妙智通悟国师永隆坚参巴藏卜诰命。

（宪宗朝馆本卷二二七·页四上）

○成化十八年（壬寅）十二月壬辰（1483.2.5）

　　升剌麻锁南剉为国师。

（宪宗朝馆本卷二三五·页一二上）

○成化十九年（癸卯）正月辛酉（1483.3.6）

　　赐大隆善护国寺国师锁南坚剉诰命。

（宪宗朝馆本卷二三六·页三下）

○成化二十年（甲辰）九月丙戌（1484.9.21）

　　太监覃昌传奉圣旨：授……真觉寺讲经答儿马悉提国师……

（宪宗朝馆本卷二五六·页二上）

○成化二十年（甲辰）十一月丙戌（1484.11.20）

　　太监覃昌传奉圣旨：升大慈恩寺……禅师班麻朵儿只、札失班卓尔、讲经真巴舍念俱国师……

（宪宗朝馆本卷二五八·页一上～下）

○成化二十一年（乙巳）十二月己亥（1486.1.27）

　　以番僧班丹汪等三十五人为西天佛子、国师、禅师、讲经、觉义、都纲等职。

（宪宗朝馆本卷二七三·页五上～下）

○成化二十一年（乙巳）十二月乙巳（1486.2.2）

　　以番僧坚剉星吉等五人为灌顶大国师、国师。

（宪宗朝馆本卷二七三·页六下）

○成化二十二年（丙午）六月丙申（1486.7.23）

　　赐西僧……弘善妙慈国师朵儿只领占、慈修广化国师三加竹九人诰命……

（宪宗朝馆本卷二七九·页八下～九上）

○成化二十二年（丙午）十月癸酉（1486.10.28）

太监韦泰传奉圣旨：升……禅师津答室哩为国师……

（宪宗朝馆本卷二八三·页一上）

○成化二十二年（丙午）十月壬午（1486.11.6）

（太监韦）泰又传奉圣旨：升大慈恩寺……讲经啰纳发剌，戒师公葛朵而只为国师。

（宪宗朝馆本卷二八三·页三上）

○成化二十二年（丙午）十月戊戌（1486.11.22）

太监覃昌传奉圣旨：升……大崇教寺……禅师端竹札失、端竹罗卓为国师。

（宪宗朝馆本卷二八三·页七下）

○成化二十二年（丙午）十月己亥（1486.11.23）

太监韦泰传奉圣旨：升大慈恩寺……禅师叁加班丹、星吉扎失、都纲喃渴扎失、锁南藏卜、觉义舍剌扎失为国师。

（宪宗朝馆本卷二八三·页七下～八上）

○成化二十二年（丙午）十一月戊申（1486.12.2）

太监覃昌传奉圣旨：升……都纲桑加星吉、谨敦坚剉为国师……

（宪宗朝馆本卷二八四·页二上～下）

○成化二十二年（丙午）十一月己巳①（1486.12.23）

太监韦泰传奉圣旨：升……讲经舍剌扎为国师……

（宪宗朝广本卷二八四·页七下）

○弘治十二年（己未）十月丁未（1499.11.23）

乌思藏萨剌达哈等寺番僧藏卜坚参等七人、宁佗等寺番僧星吉坚剉等

---

① 十一月己巳条馆本缺页，影印本系据广方言馆本抄补。

三人，请各袭其师国师、禅师、都纲等职。从之。

（孝宗朝馆本卷一五五·页一〇上～下）

○ 弘治十四年（辛酉）六月癸未（1501.6.21）

命番僧锁南揪奈袭其师大崇教寺国师沙加之职，从其请也。

（孝宗朝馆本卷一七五·页一下～二上）

○ 弘治十四年（辛酉）八月戊辰（1501.10.4）

陕西显教寺番僧远丹坚挫、殊胜寺番僧舍剌先吉，各请袭其师国师、禅师之职。从之。

（孝宗朝馆本卷一七八·页八上～下）

○ 弘治十五年（壬戌）四月丁卯（1502.5.31）

时有旨行取四川彭县光相寺寄住番僧国师领占竹来居于大慈恩寺。礼部尚书张升等言："我陛下即位之初，领占竹自法王佛子降为国师，斥令远去。近岁奏乞回京，又得旨不允。传之天下，无不称颂圣德。不意今日忽有此举，臣等不胜疑惧。伏乞收回成命，仍令于四川居位，庶不为圣德之累。"不允。

（孝宗朝馆本卷一八六·页八下）

○ 正德二年（丁卯）三月癸亥（1507.5.1）

太监李荣传旨：……大能仁寺禅师麻的室哩塔而麻拶耶那卜坚参、大隆善护国寺禅师著肖藏卜俱升国师，给与诰命……

（武宗朝馆本卷二四·页四下）

○ 正德五年（庚午）六月壬辰（1510.7.13）

升大隆善寺禅师星吉班丹为国师……上（于）佛经、梵语无不通晓，宠臣诱以事佛，故星吉等皆得幸进。

（武宗朝馆本卷六四·页二上）

○正德五年（庚午）七月己卯（1510.8.29）

　　令大隆善护国寺……禅师罗竹班卓、班丹端竹、朵而只坚参升国师……真觉寺剌麻……的竹了〔革〕革〔了〕升国师。

（武宗朝馆本卷六五·页八上）

○正德五年（庚午）十月庚寅（1510.11.8）

　　升……禅师领占陆竹为国师……

（武宗朝馆本卷六八·页三上）

○正德十年（丁巳）二月戊戌（1515.2.23）

　　保安寺大德法王绰吉我些儿，本乌思藏使也，上留之得幸。至是，欲遣其徒领占绰节儿、绰供札失为正副使，还居乌思藏，比大乘法王例入贡，且为两人请国师诰命及入番熬设广茶。下礼部，尚书刘春议不可，且为〔谓〕沮坏茶法，骚扰道路。有旨令复议。春执奏："乌思藏远在西方，性极顽犷，虽设四王抚化，而其来贡必为之节制，务令各安其所，不为边患而已。若遣僧赍茶以往，给之诰敕，万一假上旨以诱羌胡，妄有所请求，欲因〔因欲〕以自利，不从便为失异俗意，从之则无益事兴，其害有不可胜言者。"

　　诏仍与诰命，而罢设茶敕。是时，上诵习番经，崇尚其教，常〔尝〕被服如番僧，演法内厂，绰吉我些儿辈出入豹房，与诸权贵杂处。及两人乘传归，辎重相属于道。所过烦费，行道避之，无贵贱皆称两人国师云。

（武宗朝馆本卷一二一·页三下～四上）

○正德十一年（戊午）四月丙寅（1516.5.16）

　　西番僧短竹叫等四人、桑呆叫等十人来贡方物，请袭国师、禅师职。从之。

（武宗朝馆本卷一三六·页三下）

○嘉靖三年（甲申）九月甲子（1524.9.29）

　　给番僧通慧净觉国师完卜锁南列思巴诰命。

（世宗朝馆本卷四三·页一下）

○ 嘉靖四年（乙酉）三月辛巳（1525.4.14）

命西番静〔净〕觉等寺番僧完卜班著儿札夫［失］、札思巴锁南、锁南藏卜等各袭国师职。

（世宗朝馆本卷四九·页七下）

○ 嘉靖二十八年（己酉）五月壬辰（1549.6.18）

以乌思藏等处番僧领占坚参等三十八名各袭国师、禅师、都纲、剌麻职事，驳回查勘喃哈坚参等三十一名。礼部因奏："今岁入贡番僧中，多去年已赏，今次复来。或同一师僧，而袭职异名；或同一职衔，而住坐异地。请以后新袭诰敕，俱开住坐地方及某师某名，不得混冒。又，诸番节年袭职，守候诰敕日久，辄令带原赍诰敕回番，待后入贡之年赴京补给，以故诸番得假借冒顶，夤缘行私。及今不处，则旧诰、旧敕终无销缴之期，非但夷情怠玩，抑且国体未尊。请以后番僧袭职，令将原赍诰敕纳还内府，不得如故赍回；其新给诰敕，速与关领，庶绝弊端。又，各处番僧袭职、进贡，本部立文簿一扇，将各僧赍到旧给诰敕所载师僧职名、颁给年月及今袭替僧徒名字、住坐地方，分别已未领有新诰、新敕，逐一登记，备行布政司，照式置造。如系应贡年分，即以前册查对。如系年代久远，果有老病，方得起送承袭。如已袭未领诰敕，许起送一二人。其余无得滥放。"报可。

（世宗朝馆本卷三四八·页五下～六上）

○ 隆庆元年（丁卯）正月壬午（1567.3.6）

董卜韩胡宣慰使司加渴（瓦）寺崇教翊善国师贾思八领占侄南伽儿贾思八袭职，赐诰命、敕谕。

（穆宗朝馆本卷三·页一三上）

○ 万历十九年（辛卯）八月丁酉（1591.9.21）

（前略）又据各道臣石槚等所酌议安插保护六事："……一、番僧班著尔等七名升受［授］国师。各请敕印〔命〕，或先给剖［部］札，责成管理，并加赏赉。议有功文武各官，并应叙录。"诏从之。

（神宗朝馆本卷二三九·页四下）

○万历二十四年（丙申）六月甲辰（1596.7.3）

兵部题："加剌卜尔国师名号，给与敕印，于番俗中择其威信服众者，量加一二名千百户名色，令其统束各番，坚心侦御。"从之。

（神宗朝馆本卷二九八·页三上）

○万历二十四年（丙申）八月丁酉（1596.8.25）

命礼部与做番国师印，给国师剌卜尔。

（神宗朝馆本卷三〇〇·页一下）

○万历二十九年（辛丑）五月甲子（1601.6.27）

（前略）番僧韩罗汉、哈朵济罗汉各授国师，给诰命、敕书各一道，印信、图书各一颗。

（神宗朝馆本卷三五九·页八上）

○万历三十一年（癸卯）五月丙子（1603.6.29）

命造番国师印，给番夷头目汪缠。

（神宗朝馆本卷三八四·页四下）

禅师、觉义、都纲等僧官封授、袭替

○洪武七年（甲寅）十一月甲子（1374.12.6）

诏以西竺僧班的达撒哈咱失里为善世禅师，朵儿只、怯列失思巴藏卜为都纲、副禅师，御制诰赐之。

（太祖朝馆本卷九四·页三下）

○洪武二十六年（癸酉）三月丙寅（1393.5.2）

立西宁僧纲司，以僧三剌为都纲；河州卫汉僧纲司，以故元国师魏失剌监藏为都纲；河州卫番僧纲司，以僧（端）月监藏为都纲。盖西番崇尚浮屠，故立之，俾主其教，以绥来远人。

复赐以符曰："自古帝王致治，无间远迩，设官以理庶务。稽诸典礼，复有僧官以掌其教者，非徒为僧荣也，欲其率修善道，阴助王化。非真诚、寡欲澹泊、自守者，奚足以任斯职。今设僧纲司，授尔等以官，给尔符契。其体朕之心，广佛功德，化人为善，钦哉。"

（太祖朝馆本卷二二六·页三上～下）

○洪武三十年（丁丑）二月壬子（1397.3.28）

立西宁僧纲司，以僧三剌为都纲，河州卫汉僧纲司，以故元国师魏失剌监藏（为）都纲。复置河州卫番僧纲司，以僧端月监藏为都纲。上以西番俗尚浮屠，故立之以来远人也。

（太祖朝馆本卷二五〇·页七下）

○永乐八年（庚寅）十月甲午（1410.10.28）

命番僧……把奔等六人为禅师。各给诰、印。

（太宗朝馆本卷一〇九·页一上）

○永乐十年（壬辰）四月戊寅（1412.6.3）

给赐……慈智禅师洗拿宛卜等诰、敕。

（太宗朝馆本卷一二七·页三上）

○永乐十一年（癸巳）五月庚辰（1413.5.31）

设陕西贾穆龙僧纲司，以番僧锁南监藏为都纲。

（太宗朝馆本卷一四〇·页一上）

○宣德元年（丙午）二月戊寅（1426.3.22）

论征曲先、安定功，加……剌麻着星为普善禅师，雁儿吉为普济禅师，江东巴为善悟禅师，楚儿加为玄悟禅师，锁南札为善智禅师，朵只里监藏为清净禅师，皆秩六品，给敕命、银印。

（宣宗朝馆本卷一四·页四下～五上）

○宣德元年（丙午）三月庚子（1426.4.13）

（乌思藏大宝、大乘、阐化、阐教、赞善五王及大国师释迦也失差来使臣）坚敦监藏、锁南失赖、领着领占、扎思巴、锁巴列升禅师，赐敕命，皆赐六品银印。

（宣宗朝馆本卷一五·页四上～下）

○宣德元年（丙午）十一月甲午（1426.12.3）

升陕西临洮府及安定卫撒剌剌秃儿等处……剌麻啰兀剌、思端巴俱为禅师。赐银印、诰命。

（宣宗朝馆本卷二二·页一一下）

○宣德四年（己酉）三月庚午（1429.4.27）

松潘土僧剌麻绰领舍利藏奏："番人作耗，当［尝］率众追捕有功，且乞创寺，赐名分。"

上谓行在吏部臣曰："彼既有捕盗功，俱命为禅师。创寺劳民不可从。"

（宣宗朝馆本卷五二·页九下）

○宣德七年（壬子）二月甲寅（1432.3.26）

赐圆净禅师阮丹汪束银钞、彩币表里等物。初，会宁伯李英往讨安定、曲先，阮丹汪束从行尝有功。英言于上，遂升禅师。命陕西行都司土官都指挥佥事李文赍赐之。

（宣宗朝馆本卷八七·页八上）

○宣德八年（癸丑）三月辛未（1433.4.7）

命河州、西宁番僧剌麻……远丹巴舍啰藏卜、勺吉扎思巴、锁南监察俱为禅师，袭其叔及兄之职。

（宣宗朝馆本卷一〇〇·页七上）

○宣德九年（甲寅）三月庚子（1434.5.1）

命西宁卫百户刘浩赍敕往罕东卫的里木之地，以剌麻葛剌卓儿为禅师，头目赏思巴的思阿失加等为千、百户等官，仍赐之彩币表里有差。

（宣宗朝馆本卷一〇九·页八下）

○宣德十年（乙卯）四月乙巳（1435.5.1）

敕陕西西宁卫巴哇簇舍剌竹曰："昔尔兄锁南札以捕寇功，授善智禅师。副本簇指挥佥事锁南儿监藏抚绥军民，每三年进纳金牌茶马、犏牛。尔兄物故，特命尔为头目，归代其任。尔宜同锁南儿监藏协心，其修职贡，抚安民人。如强愎肆虐，罪不尔贷。"

（英宗朝馆本卷四·页二下）

○正统元年（丙辰）正月丁丑（1436.1.28）

封札失三竹为净慧禅师，赐以诰命。

（英宗朝馆本卷一三·页二下）

○正统元年（丙辰）二月丁酉（1436.2.17）

敕谕剌麻领占斡则儿等五人，各赐以图书。

（英宗朝馆本卷一四·页一上）

○正统元年（丙辰）六月壬子（1436.7.1）

敕谕剌麻（也）失班丹，赐以"精勤善行"图书。

（英宗朝馆本卷一八·页六下）

○正统二年（丁巳）八月壬戌（1437.9.4）

命大国师端竹领占（下）完卜扎巴坚参袭为禅师，赐敕命、封号、银印、袈裟。

（英宗朝馆本卷三三·页一下）

○正统二年（丁巳）九月甲午（1437.10.6）

命剌麻札巴坚参为坚修禅师，给赐敕命。

（英宗朝馆本卷三四·页三上）

○正统二年（丁巳）十月甲戌（1437.11.15）

给赐乌思藏禅师札巴坚参银印并僧帽、袈裟。

（英宗朝馆本卷三五·页七下）

○正统五年（庚申）三月戊申（1440.4.7）

命黎牙等簇剌麻匠利仓南卦尖藏为岷州卫僧纲司都纲，番僧落竹为副都纲，头目嗟咱为文县守御千户所百户，仍各遣敕谕之。

（英宗朝馆本卷六五·页二下～三上）

○正统五年（庚申）五月庚申（1440.6.18）

陕西西宁卫申藏簇剌麻师汪束巴年老，命其侄永隆攀袭为禅师。

（英宗朝馆本卷六七·页七上）

○正统五年（庚申）七月辛丑（1440.7.29）

命番僧卓铺大戒律师高日瓦为崇修禅师，赐银印、袈裟、帽子。命剌麻结摄剌麻巴领回给之。

（英宗朝馆本卷六九·页三下）

○正统五年（庚申）七月壬寅（1440.7.30）

命番僧捏汪科儿为静范禅师，罗藏为弘静禅师，衮令为都纲，并赐银、铜印。

（英宗朝馆本卷六九·页六上）

○正统五年（庚申）七月丁未（1440.8.4）

命番僧桑儿者先结为都纲，其徒长和尚为剌麻。以先结等化导番人，密报边情，曾效劳也。

（英宗朝馆本卷六九·页七上）

○正统五年（庚申）八月庚辰（1440.9.6）

铸降芒儿者寨及阿角寨二安抚司、潘干寨长官司印。命番僧林占王匹为善化禅师，离叭剌麻为崇善禅师，给银印，赐敕并衣帽。以其能劝导三寨番民悉心向化也。并赐招抚百户汪〔王〕凯等有差。

（英宗朝馆本卷七〇·页四下）

○ 正统五年（庚申）八月壬辰（1440.9.18）

命四川杂谷安抚司进贡番僧完卜乞啰思巴藏卜为净范禅师，给银印、衣帽。以右佥都御史王翱言其能劝化番人，众皆服从，宜量加封号遣回，以系番众之心也。

（英宗朝馆本卷七〇·页八下）

○ 正统六年（辛酉）六月己丑（1441.7.12）

命札失巴嗣其季父领占巴为真修禅师，给〔赐〕敕命。

（英宗朝馆本卷八〇·页一一下）

○ 正统七年（壬戌）四月乙巳（1442.5.24）

命故洮州卫广福寺普缘禅师道严侄完卜朵只巴袭职。

（英宗朝馆本卷九一·页四下）

○ 正统七年（壬戌）五月壬申（1442.6.20）

命陕西岷州卫都纲舍剌坚参为慈化禅师。

（英宗朝馆本卷九二·页一〇下）

○ 正统七年（壬戌）八月乙未（1442.9.11）

命乌思藏剌麻远丹坚剉、老吼藏卜等为都纲，赐敕护持。

（英宗朝馆本卷九五·页二下）

○ 正统八年（癸亥）十月甲辰（1443.11.14）

给西番大隆善寺都纲罗竹札失等印。

（英宗朝馆本卷一〇九·页七上）

○ 正统十年（乙丑）三月己卯（1445.4.12）

命番僧端竹为禅师，答儿麻失里为都纲，竺儿监粲为剌麻，俱赐敕命、图书。以其在边有招抚番人向化之功也。

（英宗朝馆本卷一二七·页一上～下）

○正统十年（乙丑）三月乙未（1445.4.28）

　　命剌麻赏思隆为禅师。先是，赤斤蒙古卫都督佥事阿速等奏保（赏）思隆在边累效劳力，又深晓佛法，乞升其职，故有是命。

（英宗朝馆本卷一二七·页七上）

○正统十年（乙丑）三月辛丑（1445.5.4）

　　命剌麻答麻监藏为崇善禅师，赐之敕命。

（英宗朝馆本卷一二七·页一〇上）

○正统十年（乙丑）四月壬子（1445.5.15）

　　命番僧温卜监参于容为都纲，给印。以其尝为向导入若巴、赊归诸寨招谕生番也。

（英宗朝馆本卷一二八·页三上）

○正统十年（乙丑）四月庚申（1445.5.23）

　　命剌麻赏思隆为崇教禅师，给银印、敕命，赐彩币。以其有预征回回之功，故加旌擢，令其协助头目抚治人民也。

（英宗朝馆本卷一二八·页四上～下）

○正统十年（乙丑）五月丙戌（1445.6.18）

　　命……剌麻端竹为妙悟禅师，远丹幹〔斡〕些儿为觉善禅师，俱赐银印、诰敕。

（英宗朝馆本卷一二九·页四上）

○正统十年（乙丑）六月戊申（1445.7.10）

　　命妙戒禅师班卓儿侄桑儿结朵儿只为禅师，锡之诰命。

（英宗朝馆本卷一三〇·页二上）

○正统十一年（丙寅）正月辛卯（1446.2.18）

　　大慈恩寺……剌麻桑加巴等各求授都纲等职。不允。

（英宗朝馆本卷一三七·页六上～下）

○ 正统十一年（丙寅）七月丁亥（1446.8.13）

命番僧绰思吉星为禅师。

(英宗朝馆本卷一四三·页六下)

○ 正统十一年（丙寅）八月乙卯（1446.9.10）

命四川长河西加渴瓦寺番僧……剌观巴寺番僧绰思星吉为悟善禅师。赐诰、敕、印并衣帽等物。

(英宗朝馆本卷一四四·页四下)

○ 正统十三年五月戊戌（1448.6.14）

礼部奏保陕西宁夏卫米箔寺番僧尔立魏戒行笃实，自幼习学秘密法，节次进贡，乞赐与剌麻名分。上厌其烦琐，却之。

(英宗朝馆本卷一六六·页三下)

○ 正统十三年（戊辰）五月丁未（1448.6.23）

妙胜禅师锁南藏卜及剌麻札失班丹出使灵藏等处地面还，以灵藏赞善王班丹坚剉所遣南嘉寺剌麻桑儿结巴等朝见，贡马及氆氇、佛像等物。诏升锁南藏卜为国师，札失班丹为都纲，给诰命、敕谕、银印，赐宴，并钞、彩段表里、僧衣、靴袜有差。以桑儿结巴为本寺都纲，给敕谕、印信。从赞善王班丹坚剉奏请也。

(英宗朝馆本卷一六六·页六下~七上)

○ 正统十三年（戊辰）九月癸巳（1448.10.7）

命完卜簇克林藏卜袭为集善禅师，赐之诰命。

(英宗朝馆本卷一七〇·页四上)

○ 正统十三年（戊辰）十一月丁亥（1448.11.30）

命陕西弘化寺罗汉领占节木袭普应禅师。

(英宗朝馆本卷一七二·页二下)

○正统十三年（戊辰）十一月乙巳（1448.12.18）

命陕西……净戒寺完卜札思巴藏卜袭持善禅师，弘庆寺完卜领南札思巴袭弘化禅师，崇法寺完卜哈儿监昝袭善智禅师。

（英宗朝馆本卷一七二·页八上）

○正统十三年（戊辰）十二月戊午（1448.12.31）

命陕西西宁卫革咂等簇番僧锁南藏卜袭为净悟禅师，札巴儿坚粲袭为慧慈禅师，锁南领占袭为剌麻，俱赐敕命。从礼部尚书胡濙奏保也。

（英宗朝馆本卷一七三·页二上）

○正统十三年（戊辰）十二月甲戌（1449.1.16）

礼部尚书胡濙奏保……朝定等寺番僧锁南藏卜袭为净慈禅师，僧人札思巴藏卜袭为普济有情剌麻，舍剌监粲袭为普慈惠利剌麻。上皆从之，命银印、图书俱仍旧，诰敕改给。

（英宗朝馆本卷一七三·页八下～九上）

○正统十四年（己巳）五月辛巳（1449.5.23）

命剌麻锁南坚粲为禅师，赐印并诰命。

（英宗朝馆本卷一七八·页一下）

○正统十四年（己巳）五月癸未（1449.5.25）

命陕西瞿昙寺已故大国师喃噶藏卜侄完卜簇克林藏卜为禅师，赐之诰命。

（英宗朝馆本卷一七八·页一下）

○正统十四年（己巳）九月己卯（1449.9.18）

令番僧恭葛坚粲、赏初朵儿只、观卜星吉、班卓领占朵儿只等俱为禅师，帖纳星吉为都纲。

（英宗朝馆本卷一八二·页一下～二上）

○ 正统十四年（己巳）十月己巳（1449.11.7）

命番僧恭葛坚粲为崇教禅师，赏初朵儿只为妙悟禅师，班竹领占朵儿只为妙应禅师，观卜星吉为弘智禅师，俱赐诰命、银印。

（英宗朝馆本卷一八四·页一九上）

○ 景泰元年（庚午）四月丙子（1450.5.13）

（前略）并赐番僧也失里［星］吉护持，都纲剌瓦札也［巴］圣［坚］粲敕谕、印信。俱从太子太傅兼礼部尚书胡濙奏请也。

（英宗朝馆本卷一九一·页二下）

○ 景泰四年（癸酉）七月己未（1453.8.8）

升番僧舍利藏、南渴领占俱为都纲。

（英宗朝馆本卷二三一·页一下）

○ 景泰五年（甲戌）二月癸未（1454.2.28）

大隆善寺妙济禅师绰巴札失卒，命其侄完卜失剌也失袭之。

（英宗朝馆本卷二三八·页一下）

○ 景泰五年（甲戌）八月庚子（1454.9.13）

命番僧领占罗竹绰巴藏卜为禅师，剌麻坚粲领占为都纲，俱赐敕命。

（英宗朝馆本卷二四四·页九上）

○ 景泰七年（丙子）六月癸丑（1456.7.17）

（前略）命番僧……班卓儿坚参为戒行禅师，桑结远丹为慈化禅师，罗竹聪密为翊善禅师，坚参烈为妙觉禅师，远丹绰为静范禅师，领占三竹为清修禅师，罗竹札失为崇善禅师，各赐印及诰命。俱从礼部尚书胡濙奏请也。

（英宗朝馆本卷二六七·页五下）

○景泰七年（丙子）十月己亥（1456.10.31）

　　命番僧札失尾则儿、班竹儿星吉俱为左觉义，桑儿结巴为右觉义，锁南班卓儿、锁南坚粲、锁南舍刺、远丹罗竹、锁南札、南葛藏卜俱为都纲，给印并诰敕。

（英宗朝馆本卷二七一·页一上）

○景泰七年（丙子）十一月戊辰（1456.11.29）

　　命番僧……三竹扎失为禅师，簇克林巴、扎失兀则尔、扎失巴俱为右讲经，坚参领占、昆令远丹罗竹俱为左觉义，锁南班丹、官绰领占、锦敦坚参、班丹藏卜、交幹藏卜、扎失三竹、绰吉领占、公哥宁卜俱为都纲，端岳领占等五十二人俱为剌麻，给图书、印、帽、袈裟。以写番经成也。

（英宗朝馆本卷二七二·页一上～下）

○景泰七年（丙子）十一月壬辰（1456.12.23）

　　升……都纲远丹藏卜为禅师。以松潘镇守官罗绮等言其有化导番俗功也。

（英宗朝馆本卷二七二·页六上）

○天顺元年（丁丑）六月戊申（1457.7.7）

　　命番僧锁南绰卓儿为都纲，给印，并赐敕谕。

（英宗朝馆本卷二七九·页八下）

○天顺三年（己卯）十月丁巳（1459.11.3）

　　命升右讲经札实巴为禅师，左觉义班竹星吉、右觉义乳奴班丹俱为右讲经，都纲远丹坚剉等五人俱为右觉义，剌麻桑加藏卜等十八人俱为都纲，给敕命、敕谕并印。

（英宗朝馆本卷三〇八·页三下～四上）

○天顺七年（癸未）七月癸巳（1463.7.21）

　　命番僧领占三竹袭净慧禅师，赐诰命。

（英宗朝馆本卷三五四·页一下）

○ 天顺七年（癸未）九月己巳（1463.10.25）

思答藏辅教王南葛坚粲巴藏卜等奏举刺麻沙迦星吉为禅师。事下礼部议，尚书姚夔等以为禅师乃朝廷崇奖番僧之有化导番夷功绩者，今沙迦星吉未知其果能然否，宜行四川布政司、按察司复实奏闻处分。从之。

（英宗朝馆本卷三五七·页二上）

○ 成化二年（丙戌）十月丁未（1466.11.16）

（以）西番……都纲子瑞为禅师。时阿昔洞等簇土官王儿者等称："我西番大小二姓为恶，杀之不惧，醢之不惧，惟国师、剌麻在中劝化，则革心信服崇善。演教国师知中老且病，禅师远丹藏卜、都纲子瑞戒行精专，番蛮信服，乞令抚喻劝化。"遂有是命。

（宪宗朝馆本卷三五·页四下～五上）

○ 成化三年（丁亥）十二月辛丑（1468.1.4）

番僧……禅师班竹星吉、礼奴班丹，以升职奏乞诰敕、印章。与之。

（宪宗朝馆本卷四九·页五上）

○ 成化八年（壬辰）二月庚辰（1472.3.22）

命西宁卫地方宝经寺番僧桑加巴俹完卜桑尔加端竹、广教寺迦隆锁南巴俹完卜领真札失、吉祥寺钻竹领占俹完卜继瓦坚昝、祝洪寺祼古普卜藏俹完卜罗竹坚剉各袭禅师、刺麻职。

（宪宗朝馆本卷一〇一·页五下）

○ 成化十年（甲午）十二月丙午（1475.2.1）

赐大慈恩寺……都纲者〔官〕著坚参等诰敕及印，从所请也。

（宪宗朝馆本卷一三六·页一一下）

○ 成化十二年（丙申）十一月癸卯（1476.11.19）

太监黄赐传奉圣旨：……大能仁寺觉义结瓦领占升禅师，锁南舍辣升右讲经；龙兴寺僧继科〔祥〕升僧录司觉义……。时僧道官传奉寖盛，左道邪术之人荐至京师，吏部尚书尹旻等无旬日不赴左顺门候接传奉。每得旨则次日依例于御前补奏。后内官亦自讳其烦，密谕令勿复补奏，至废易旧制而不恤云。

（宪宗朝馆本卷一五九·页一下～二上）

○成化十三年（丁酉）四月庚子（1477.5.15）

太监黄赐传奉圣旨：大隆善护国寺住持定常、龙华寺住持圆和俱升僧录寺［司］右觉义。

（宪宗朝馆本卷一六五·页二上）

○成化十五年（己亥）十二月辛酉（1480.1.21）

乌思藏阐化王遣剌麻锁南领占乞升国师。命升为禅师，不为例。

（宪宗朝馆本卷一九八·页二下）

○成化十六年（庚子）三月庚寅（1480.4.19）

命西宁……觉华寺广化禅师锁南坚参侄锁南领真各袭其叔父、叔祖原职，赐之诰命。

（宪宗朝馆本卷二〇一·页三上）

○成化十七年（辛丑）十二月戊申（1481.12.28）

太监李荣传奉圣旨：升大隆善护国寺……剌麻班卓札失、右觉义锁南伦竹都纲。

（宪宗朝馆本卷二二二·页二上）

○成化十八年（壬寅）九月丁酉（1482.10.13）

太监覃昌传奉圣旨：升……觉义达哩麻悉提为讲经，都冈［纲］班麻札失、端竹札失为觉义，剌麻公葛巴、锁南巴、三竹领占、公葛汪秀、领占巴俱为都冈［纲］。

（宪宗朝馆本卷二三二·页一上）

○成化二十年（甲辰）七月乙巳（1484.8.11）

升番僧都纲锁南奔为禅师，及赏剌麻桑尔加藏卜、锁南札藏卜坚粲等彩段表里有差。时近边番簇多诡称乌思藏各番王进贡，赐予不资，真伪莫辨。礼部奏请给番王勘合各二十道，贡时慎为左验，以革其弊。且请委西宁、河州、洮州分遣番僧赍送勘合，归日与升赏。至日〔是〕，锁南奔等以送赞善王勘合回，礼部谓其涉历险阻，除边人冒贡之奸，省府库无穷之费，宜申前升赏之命。从之。

（宪宗朝馆本卷二五四·页六上）

○成化二十年（甲辰）九月丙戌（1484.9.21）

太监覃昌传奉圣旨：授……真觉寺……剌麻麻尼星曷纳悉提俱都纲。

（宪宗朝馆本卷二五六·页二上）

○成化二十年（甲辰）十一月丙戌（1484.11.20）

太监覃昌传奉圣旨：升大慈恩寺……讲经领占巴剌赤罗竹、觉义札巴远丹、答儿麻三加竹俱禅师，都纲领占班卓尔、觉义剌麻锁南领占、锁南陆竹、昨巴领占、乳奴也失、喃渴陆竹、乳奴短竹、乳奴班丹、昨巴短竹、三加朵儿只、领占陆竹、札失伦竹、班丹坚剉、伦竹藏卜、领占藏卜、班丹陆竹、展羊〔阳〕领占、锁南札失、陆竹札巴、朵儿只官著巴、奔聂悉斡、札失远丹、乳奴坚剉、远丹札失俱都纲，大隆善护国寺剌麻端竹罗卓、觉义僧戒增左〔右〕觉义，大能仁寺觉义领占竹讲经，都纲锁巴列、公葛拴剌、结思念俱觉义，觉义锁南加札巴藏播禅师，锁南耶舍讲经，都纲锁南班丹、觉义僧本隆右觉义，香盘寺都纲绰吉领占觉义，剌麻领占札失都纲。

（宪宗朝馆本卷二五八·页一上～下）

○成化二十一年（乙巳）九月甲戌（1485.11.4）

以乌思藏法王差来剌麻札失藏卜领占五人为灌顶大国师、灌顶国师、禅师、都纲，赐诰敕、印、帽、袈裟等物。

（宪宗朝馆本卷二七〇·页八下）

○成化二十一年（乙巳）十一月辛酉（1485.12.20）

以番僧札失巴藏卜等四人为灌顶大国师、大国师、禅师、觉义等职。

（宪宗朝馆本卷二七二·页三下）

○成化二十一年（乙巳）十二月己亥（1486.1.27）

以番僧班丹汪等三十五人为西天佛子、国师、禅师、讲经、觉义、都纲等职。

（宪宗朝馆本卷二七三·页五上～下）

○成化二十二年（丙午）三月庚戌（1486.4.8）

太监韦泰传奉圣旨：……永安寺住持僧宗铎升左觉义，大隆善护国寺……觉义端竹罗卓升禅师，剌麻竹麻扎失、星吉班丹、汪秀坚剉俱升都纲。

（宪宗朝馆本卷二七六·页一下～二上）

○成化二十二年（丙午）四月戊寅（1486.5.6）

太监覃昌传奉圣旨：大能仁寺……讲经锁南班丹升禅师，剌麻锁南朵只领占、窝些领占、宁播盆剉巴俱升都纲……

（宪宗朝馆本卷二七七·页一下）

○成化二十二年（丙午）六月丙申（1486.7.23）

赐西僧……智慧禅师扎失短竹等八人敕命。

（宪宗朝馆本卷二七九·页八下～九上）

○成化二十二年（丙午）十一月丙午（1486.11.30）

太监覃昌传奉圣旨：升大能仁寺……觉义公葛舍剌、都纲结敦领占为禅师，剌麻罗丹扎失、伦〔罗〕竹监参、沙加锁南、领占监剉、公葛扎失、罗竹监参、公葛领占、你麻坚参、公葛绰、乳奴班丹、领占扎扎失、朵只领占绰、舍剌札失、锁南伦卜、领占汪秀、叁竹坚参、札实远丹、锁南巴藏藏卜领占、藏卜舍〔拾〕剌为都纲。

（宪宗朝馆本卷二八四·页一下）

○ 成化二十二年（丙午）十一月戊申（1486.12.2）

太监覃昌传奉圣旨：升……剌麻端竹坚剉、星吉藏卜、叁丹札失为禅师。

（宪宗朝馆本卷二八四·页二上～下）

○ 成化二十二年（丙午）十一月丁卯（1486.12.21）

太监韦泰传奉圣旨：……大能仁寺觉义锁南巴列、都纲札失坚参、领占巴坚剉札失、公葛端竹为禅师，剌麻那卜坚参、掌出班丹、扎失班丹、扎失伦竹、远丹宗奈、舍剌罗竹、班丹端竹、扎巴藏卜、结列扎失、班丹坚参、班丹扎失、端竹扎失、喃渴锁南藏卜、短竹远丹藏播、朵而只巴藏卜、扎失桑加远丹为都纲，住持僧人胡〔明〕晟为僧录司右觉义。

（宪宗朝馆本卷二八四·页六下～七上）

○ 成化二十二年（丙午）十一月己巳（1486.12.23）

太监韦泰传奉圣旨：升……都纲也失巴公葛星卜、端竹班著而为禅师，剌麻南渴藏卜、班麻星吉、端竹舍剌、官著领旨［占］、展羊端竹、锁南窝子而、土巴领占为都纲。

（宪宗朝广本卷二八四·页七下）

○ 成化二十三年（丁未）二月丙子（1487.2.28）

太监韦泰传奉圣旨：升……大能仁寺都纲奔聂干塔为觉义。

（宪宗朝馆本卷二八七·页二上）

○ 弘治五年（壬子）十二月甲子（1493.1.15）

命乌思藏来贡番僧阿旺札思叭袭崇化禅师，仍赐宴如例。

（孝宗朝馆本卷七〇·页六上）

○ 弘治七年（甲寅）六月甲戌（1494.7.19）

四川董卜韩胡宣慰使司遣番僧国师镇［锁］南札叭等、松潘商巴寺番僧罗儿星吉等来朝，贡方物。赐宴，并彩段、衣服等物有差。其札失藏卜等，请袭其师切旺坚参禅师、都纲之职。从之。

（孝宗朝馆本卷八九·页六上）

○弘治九年（丙辰）正月壬午（1496.1.18）

传旨升灌顶大国师札巴坚参及国师释迦哑而塔为西天佛子，番僧升右觉义并都纲者七人。

（孝宗朝馆本卷一〇八·页一上）

○弘治十一年（戊午）二月乙未（1498.3.21）

传旨升大能仁寺右觉义塔儿麻梭耶为左觉义，兼住西域寺，都纲麻儿葛思帖罗［啰］等四人俱为右觉义，兼住西竺等寺，又刺麻僧升都纲者六人。

（孝宗朝馆本卷一三四·页六上～下）

○弘治十二年（己未）十月丁未（1499.11.23）

乌思藏萨剌达哈等寺番僧藏卜坚参等七人、宁佗等寺番僧星吉坚剉等三人，请各袭其师国师、禅师、都纲等职。从之。

（孝宗朝馆本卷一五五·页一〇上～下）

○弘治十二年（己未）十一月庚申（1499.12.6）

长河西纳龙等寺番僧族（头）秤伯等六人，各具方物来贡，请袭其师禅师、都纲等职。从之。赐宴，并衣服、彩段等物如例。

（孝宗朝馆本卷一五六·页二上）

○弘治十二年（己未）十二月己丑（1500.1.4）

乌思藏遣禅师桑儿结吒巴等来贡，并为日莫等寺番僧喃哈星吉藏卜等五人请各袭其师禅师、都纲等职。从之。

（孝宗朝馆本卷一五七·页三下）

○弘治十四年（辛酉）八月戊辰（1501.10.4）

陕西显教寺番僧远丹坚挫、殊胜寺番僧舍剌先吉，各请袭其师国师、禅师之职。从之。

（孝宗朝馆本卷一七八·页八上～下）

○弘治十五年（壬戌）三月癸未（1502.4.17）

长河西剌思岗地方番僧桑呆禄竹等五人各来贡，请袭其师大国师及禅师、都纲等职。从之。仍赐宴，并彩段、衣服等物如例。

（孝宗朝馆本卷一八五·页三下）

○正德四年（己巳）八月癸亥（1509.8.18）

司礼监传旨：升大隆善护国寺……剌麻罗竹班卓、班丹端竹、班卓罗竹、朵而只坚参俱为左觉义……

（武宗朝馆本卷五三·页二上）

○正德五年（庚午）四月戊戌（1510.5.20）

升大能仁寺……公葛端竹、坚挫扎失为禅师……大慈恩寺……剌麻也舍窝为禅师。

（武宗朝馆本卷六二·页四下）

○正德五年（庚午）六月壬辰（1510.7.13）

升大隆善寺禅师星吉班丹为国师，左觉义罗竹班卓等为禅师，剌麻乱竹为左觉义，三竹舍剌为右觉义，伦竹坚参为都纲；大慈恩寺……也失短竹为禅师；大能仁寺剌麻领占播为都纲。上（于）佛经、梵语无不通晓，宠臣诱以事佛，故星吉等皆得幸进。

（武宗朝馆本卷六四·页二上）

○正德五年（庚午）七月己卯（1510.8.29）

令……大慈恩寺乳奴星吉、领占罗竹升禅师，真觉寺剌麻牟尼星曷升右觉义……

（武宗朝馆本卷六五·页八上）

○正德五年（庚午）十月庚寅（1510.11.8）

　　升……右觉义短竹监参为左觉义，剌麻祥巴汪秀、扎失朵而只、宁卜锁南短竹、星吉班卓、锁南星吉、班丹伦竹为右觉义。

（武宗朝馆本卷六八·页三上）

○正德十一年（戊午）四月丙寅（1516.5.16）

　　西番僧短竹叫等四人、桑呆叫等十人来贡方物，请袭国师、禅师职。从之。

（武宗朝馆本卷一三六·页三下）

○嘉靖二十八年（己酉）五月壬辰（1549.6.18）

　　以乌思藏等处番僧领占坚参等三十八名各袭国师、禅师、都纲、剌麻职事，驳回查勘喃哈坚参等三十一名。礼部因奏："今岁入贡番僧中，多去年已赏，今次复来。或同一师僧，而袭职异名；或同一职衔，而住坐异地。请以后新袭诰敕，俱开住坐地方及某师某名，不得混冒。又，诸番节年袭职，守候诰敕日久，辄令带原赍诰敕回番，待后入贡之年赴京补给，以故诸番得假借冒顶，夤缘行私。及今不处，则旧诰、旧敕终无销缴之期，非但夷情怠玩，抑且国体未尊。请以后番僧袭职，令将原赍诰敕纳还内府，不得如故赍回；其新给诰敕，速与关领，庶绝弊端。又，各处番僧袭职、进贡，本部立文簿一扇，将各僧赍到旧给诰敕所载师僧职名、颁给年月及今袭替僧徒名字、住坐地方，分别已未领有新诰、新敕，逐一登记，备行布政司，照式置造。如系应贡年分，即以前册查对。如系年代久远，果有老病，方得起送承袭。如已袭未领诰敕，许起送一二人。其余无得滥放。"报可。

（世宗朝馆本卷三四八·页五下～六上）

○万历二年（甲戌）十月甲子（1574.11.6）

　　山西巡抚方逢时称："虏王年来奉佛诵经，忏悔戒杀，既坚从善之心，当施因俗之治。番僧觉义札〔礼〕巴、都纲班麻等四名及番官马你卜剌出塞传经，颇效勤劳。请量升觉义札〔礼〕巴等各为禅师，（职）在觉义上，都纲班麻等各为觉义,职在都纲上。番官马你卜剌乞量给彩段、木棉等物。"从之。

（神宗朝馆本卷三〇·页六下～七上）

〇 **万历八年（庚辰）十二月辛丑（1581.1.10）**

顺义王俺答纳款归化,因遣夷使请敕赐所盖造寺名,并加西番僧觉义为大觉禅师。从之。

（神宗朝馆本卷一〇七·页一下）

〇 **万历三十三年（乙巳）九月癸未（1605.10.23）**

（陕西河、洮等处）来降虏番头目铁力塞等十名各授百户;哈童等三十九名各与做冠带,总旗有警,听调随征。仍许中马僧人完冲准授禅师。

（神宗朝馆本卷四一三·页五上～下）

武宗佞佛，自命"大庆法王"，遣刘允往乌思藏赍送番供，迎请活佛

○正德二年（丁卯）三月癸亥（1507.5.1）

太监李荣传旨：……大功德寺住持方绅升僧录司右觉义管事，仍兼本寺住持。时上颇习番教，后乃造新寺于内，群聚诵经，日与之狎昵矣。

（武宗朝馆本卷二四·页四下～五上）

○正德五年（庚午）六月庚子（1510.7.21）

命铸大庆法王西天觉道圆明自在大定慧佛金印，兼给诰命。大庆法王，盖上所自命也。及铸印成，定为天字一号云。

（武宗朝馆本卷六四·页七上）

○正德五年（庚午）十月庚寅（1510.11.8）

准给番僧度牒三万，汉僧、道士各五千。时上习番教，欲广度习其教者，命印度牒若干。所司度不可净，因如数摹印，然竟贮于文华殿，而实未尝用也。

（武宗朝馆本卷六八·页三上）

○正德八年（癸酉）二月辛亥（1513.3.18）

大隆善护国寺大庆法王领占班丹等谋往陕西洮、临巩、岷等处设熬广茶而还，因献驼、马求赏。礼部执奏无例，诏特给之。

（武宗朝馆本卷九七·页四下）

○ 正德十年（丁巳）二月戊戌（1515.2.23）

保安寺大德法王绰吉我些儿，本乌思藏使也，上留之得幸。至是，欲遣其徒领占绰节儿、绰供札失为正副使，还居乌思藏，比大乘法王例入贡，且为两人请国师诰命及入番熬设广茶。下礼部，尚书刘春议不可，且为〔谓〕沮坏茶法，骚扰道路。有旨令复议。春执奏："乌思藏远在西方，性极顽犷，虽设四王抚化，而其来贡必为之节制，务令各安其所，不为边患而已。若遣僧赍茶以往，给之诰敕，万一假上旨以诱羌胡，妄有所请求，欲因〔因欲〕以自利，不从便为失异俗意，从之则无益事兴，其害有不可胜言者。"

诏仍与诰命，而罢设茶敕。是时，上诵习番经，崇尚其教，常〔尝〕被服如番僧，演法内厂，绰吉我些儿辈出入豹房，与诸权贵杂处。及两人乘传归，辎重相属于道。所过烦费，行道避之，无贵贱皆称两人国师云。

（武宗朝馆本卷一二一·页三下～四上）

○ 正德十年（丁巳）五月辛亥（1515.7.6）

大护国保安寺右觉义班丹伦竹，为其祖师大善法王星吉班丹乞祭葬。礼部执奏无例。上特许之，命工部给葬价二千两。

（武宗朝馆本卷一二五·页八上）

○ 正德十年（丁巳）十一月己酉（1515.12.31）

命司设监太监刘允往乌思藏赍送番供等物。时左右近幸言西域胡僧有能知三生者，土人谓之活佛。遂传旨查永乐、宣德间邓成、侯显奉使例，遣允乘传往迎之。以珠琲为旛幢，黄金为七供，赐法王金印、袈裟及其徒馈赐以巨万计，内库黄金为之一匮。敕允往返以十年为期，得便宜行事。又，所经路带盐、茶之利，亦数十〔千〕万计。允未发，导行相续，已至临清，运船为之阻截。入峡江，舟大难进，易以艚艫，相连二百余里。至城〔成〕都，有司先期除新〔所〕馆，督造旬日而成。日支官廪百石，蔬菜银一〔亦〕百两。锦官驿不足，傍取近城数十驿供之。又，治入番物料，估值银二十万。镇巡争之，减为十三万。取百工杂造，遍于公署，日夜不休。居岁余始行。率四川指挥、千户十人、甲仕〔士〕千人，俱西逾两月至期[其]地。番僧号佛子者，恐中国诱害之，不肯出。允部下人皆怒，欲胁以威。番人夜袭之，夺其宝货、器械以去。军职死者二人、士卒数百人，伤者半之。允乘良马疾走，仅免。复至成都，仍戒其部下讳言丧败事，空函驰奏乞归。时上已登遐矣。

（武宗朝馆本卷一三一·页七上～下）

○ 正德十年（丁巳）十一月辛亥（1516.1.2）

大学士梁储等言：“近兵部手本，为司设监太监刘允请敕。臣等窃以内外官员钦奉敕内，必备载所行事务，今允往四川，未知何事，无凭撰写。既而，礼部手本称：'奉旨令允如永乐、宣德年差邓成、侯显等例，往乌思藏赍送番供。'而户部复本内谓：'允奏带太监刘宗等八员、锦衣等卫官舍指挥同知韦禄等一百三十三员，应付廪给口粮、马匹、车辆、马快船只及应用过番物件，令四川镇巡三司听其便宜措置，及选差骁勇官二员往回护送。又给长芦现盐一万引、两淮正课盐六万引，变卖应用。'俱欲载之敕内。臣等愚昧，备员辅导，不敢不言。西番本夷狄之教，邪妄不经，古先圣王之世未闻有此。顾其说流入中国，侵淫已久，未能遽革。永乐、宣德年间，虽尝有遣使之举，我祖宗之意，以天下初定，特借之以开导愚迷，镇服夷狄，非真信其教而崇奉之也。承平之后，累朝列圣止是因其年例遣人朝贡，厚加赏赉，答其勤渠，未尝轻辱命使，远涉夷境。陛下今遣近侍内臣往送番供，朝野闻之，相顾骇愕，以为不应有此轻举。而允奏讨盐引数万，动拨马快船至于百只，又欲听其便宜处置钱物，差拨官军护送等，顷于法于例俱非所宜。盖开中盐引本为供边，今虏患未宁，三边粮草缺乏，帑藏空虚，缓急接济惟此一策，且各运司盐课俱开中尽绝。若许具带盐，不过收买私盐发卖射利，乘机夹带之弊不知几何！盐法为之大坏，边方何以仰给？况京储岁运与营建大木并在里河，议者犹恐不能疏通，若又添此盐船往来，其间挟势骚扰，不止地方受害，而粮运、大木二事亦为阻滞。且四川大盗初息，民困未苏，所奏便宜措置钱物，在官已无积蓄，未免科派军民。（民）穷盗起，将来之变殆不可测。况自天全招讨司出境，涉历数万里之程，动经数年，方达乌思藏地方。今所带官军、人役数多，沿途俱是化外，非有驿传供给，人马刍粮俱驮载而行，所费巨万，难以逆料，途间尚有不给，不知何以为处？又闻番地多与黄毛达子相邻，时出剽掠为患。使臣所至，万一被其突出，有所伤害，亏中国之体，纳外夷之侮，不可不虑。夫以无益之事而妨至要之事，且贻意外之虞，举朝皆知其不可。此臣等不能已于言也。允受命远出番境，利害切身，又非得已。臣等深见事势之难，所下敕书，未敢撰写。伏望皇上慎重国体，悯恤人穷，收回成命，不必差官，番供等物就令朝贡使臣赍回，则礼意不失，事体无碍，而圣德益光，治功无累矣！"不听。

（武宗朝馆本卷一三一·页八上～九下）

○ 正德十年（丁巳）十二月丙辰（1516.1.7）

监察御史徐文华言："近太监刘允往乌思藏赍送番供，议者谓陛下本欲迎佛复讳之耳。且西域岂真有所谓佛子者，特近幸欲售其奸而无由，乃神其术以动圣听。陛下以为实然，遂欲迎之亦误矣。乌思藏远在西域，山川险阻，人迹少通，豁谷丛篁之间多蝮蛇、猛兽，瘴疠山岚之气触之者无不死亡。臣恐迎佛有日，报命无期也。今盗贼甫宁，疮痍未愈，乾清被烬，营建方兴，天下苦之，而蜀土尤甚。今复益以迎佛之扰，凋弊余黎何以堪命？不转死沟壑，则复啸聚为盗而已。或有奸人伺衅鼓乱，如元季白云宗弥勒教、白莲会之类纷然而起，将何以救止之邪？伏望亟罢中使，将造言起事之人置诸刑戮，以正冈［罔］上之罪。"不报。

（武宗朝馆本卷一三二·页二上～下）

○ 正德十年（丁巳）十二月庚申（1516.1.11）

礼部尚书毛纪言："顷者乌思藏大宝法王违例差大国师锁南坚参巴藏卜进贡，蒙恩不加深究，量减赏赐。本夷觖望，又求全赏，及求五彩佛轴等物，复具赐给。今又奉特旨遣人赍送番供。大宝法王一番僧尔，何乃上廑宠遇之隆如此？且问［闻］自京师至乌思藏约三万余里，往返动经三五年，供应烦费不可胜言。又闻自四川雅州出境过长河西，迤西至乌思藏，约有数月程，皆黄毛野达子之地，无州县驿递，亦无市镇村落，一切供应钱粮、护送军马，俱四川都布二司并各土官衙门出办差拨。四川连年用兵，即今流贼稍平而西番蛮贼复起，其财用之乏，军民之困，比之他处尤甚。若重加此累，恐生意外之变，咎将谁归？伏望皇上轸念四川重地，追寝成命，将番供等物照例请敕付原差大国师领还，生民之福也。"不报。

六科都给事中叶相、十三道御史周伦等言："乌思藏本吐番羌戎地，迨唐贞观始通中国，山川险阻，道里辽邈。今皇上远遣使求佛，传播中外，人心眩惑。永乐、宣德曾再遣使，不闻征验。比见番僧在京者，安之以居室，给之以服食，荣之以官秩，为其能习番教耳。请以其徒［徒］试之，今冬暖河流，天时失候，彼能调燮二气以正节令乎？四方告乏，帑藏空虚，彼能神输鬼运以赡国用乎？虏寇不庭，警报数至，彼能说法咒诅以靖边难乎？试有征验，则远求之可也；如其不然，请即罢止。"俱不报。

（武宗朝馆本卷一三二·页四下～六下）

○ 正德十一年（戊午）四月丁丑（1516.5.27）

礼部尚书毛纪复奏："太监刘允往乌思藏赍送佛供，番夷道路险远，劳费重大。况今运道淤浅，舟楫难进，大木、运粮沿途阻滞。宜酌量轻重缓急，以赐番诸物，付其使锁南坚参巴藏卜等顺赍以回。"

得旨，谓："已有成命，锁南坚参巴藏卜等十名仍俟刘允同行。"

（武宗朝馆本卷一三六·页四下）

○ 正德十二年（己未）二月戊午（1517.3.4）

总督漕运右都御史丛兰言："比闻有刘太监者，往乌思藏取佛，所需船五百余艘，夫役万余人，供亿不赀，所过骚扰。日者营建巨木方行，进贡快船续至，比屋派夫数犹不足，加之以此，民将何堪？况当灾盗荐臻之余，公私匮竭，费何所给？今淮扬诸属告急于臣，哀号苦楚不忍见闻。……伏望尽将此差人员取回，以安人心。"疏入，不报。

（武宗朝馆本卷一四六·页四下）

○ 正德十六年（癸亥）六月壬寅（1521.7.25）

御史李美等请肃清奸党，在内如……焦宁、吴亮诱引先帝崇信番僧，盖新寺于禁地，尊胡虏为法王，首倡取佛之名，大遂刘允之恶，夹带违禁货物，不止百艘，勒取官民银两，动以万计。

（世宗朝馆本卷三·页一五上～下）

○ 正德十六年（癸亥）七月癸酉（1521.8.25）

初，御史李美、给事中陈江劾奏取佛太监刘允等。上召还允，命疏番僧姓名以进。允既至，有诏勿问。于是，江西道御史陈克宅等数允十罪，请下允狱，及诸随行取佛者并付理官正其罪。六科给事中许复礼等亦以为言。

上曰："此曹蛊惑引诱，欺君虐民，骚扰地方，亏损国课，罪诚深重。允姑降四级，罢还家。奸僧已获下狱者，亟论罪如法；未获者，令所在捕得，械系至京重治之。诸从行取佛者，悉下法司问。"

（世宗朝馆本卷四·页二三上）

藏族僧俗官员愿居京供职，获允准；番僧邀内廷宠幸，遭劾阻

○ 洪武十八年（乙丑）二月丁巳（1386.1.30）

建鸡鸣寺于鸡鸣山，以祠梁僧宝公，命僧德瑄住持。瑄卒，道本继之。初，有西番僧星吉监藏为右觉义，居是山，至是，别为院寺西以居之。

（太祖朝馆本卷一七六·页五下）

○ 宣德五年（庚戌）四月壬午（1430.5.4）

乌思藏阐教王头目朵令遣来锁扎失思奏，愿居京自效。命为所镇抚，赐冠带、金织袭衣、彩币、钞、布，仍命有司给房屋、器皿等物如例。

（宣宗朝馆本卷六五·页六上）

○ 宣德五年（庚戌）六月丁酉（1430.7.18）

（前略）乌思藏阐化王所部养卜鲁都指挥佥事工哥尔监藏遣来番人三扎〔札〕思皆奏，愿居京自效。命卫所镇抚赐冠带、金织袭衣、彩币、银钞、鞍马，仍命有司给房屋等物如例。

（宣宗朝馆本卷六七·页一〇上）

○ 宣德五年（庚戌）九月癸亥（1430.10.12）

乌思藏阐化王遣来使臣孙竹奏，愿居京自效。命为所镇抚，赐金织袭衣、彩币、钞、布，仍命有司给房屋、器皿等物如例。

（宣宗朝馆本卷七〇·页九上）

○ 宣德八年（癸丑）八月己酉（1433.9.12）

灵藏赞善王遣番人札失监藏来朝及……皆奏，愿居京自效。命为副千户（所）镇抚等官，赐金织袭衣、彩币、银、钞、绵〔绢〕布、鞍马。仍命有司给房屋、器物如例。

（宣宗朝馆本卷一〇四·页九下）

○ 宣德十年（乙卯）正月己丑（1435.2.14）

迤北达子抢阿孙、川卜簇火儿藏剌麻加尾星吉等来归贡马，赐衣服、彩段等物，命有司给与房屋、器皿，安插居住。

（英宗朝馆本卷一·页一一下）

○ 宣德十年（乙卯）二月戊辰（1435.3.25）

省行在礼部等衙门诸冗费。初，上即位有敕，凡事俱从减省。行在礼部尚书胡濙等议："……在京各寺法王、国师、剌麻六百九十余名，减数存留，余者令回原寺住坐。……"上悉从所议。

（英宗朝馆本卷二·页一二上～下）

○ 正统元年（丙辰）五月丁丑（1436.5.27）

减在京诸寺番僧。先是，番僧数等，曰大慈法王、曰西天佛子、曰大国师、曰国师、曰禅师、曰都刚〔纲〕、曰剌麻，俱系光禄寺支待。有日支酒馔一次、（二次、）三次，又支廪饩者，有但支廪饩者。上即位之初，敕凡事皆从减省。礼部尚书胡濙等议："已减去六百九十一人，相继回还本处。"其余未去者命〔待〕正统元年再奏。至是，濙等备疏慈恩、隆善、能仁、宝庆四寺番僧当减去者四百五十人以闻。上命大慈法王、西天佛子二等不动，其余愿回者听，不愿回者，其酒馔廪饩令光禄寺定数与之。

（英宗朝馆本卷一七·页五上～下）

○ 正统二年（丁巳）七月丁未（1437.8.20）

行在僧录司番、汉僧官左讲经帖纳室哩等十七人，援文臣例，请给敕命。行在吏部为之言。上以褒奖贤劳之典岂浮屠所得干，不听。

（英宗朝馆本卷三二·页五下）

○正统六年（辛酉）五月甲寅（1441.6.7）

北京会同馆大使姬坚等奏："大慈恩等寺分住国师、禅师、刺麻阿木葛等三百四十四人，占用馆夫二百一十三人，有放回办纳月钱、牧放马匹及供给马草（者）。及至外国四夷使臣到馆，乏人供应，不得已而雇觅市人代之。乞取回在寺馆夫，议定多寡之数而与之。国师、禅师每员二人；觉义、都纲每员一人；刺麻十人共一人。务令恒在寺供应，不许疏放。今后朝贡番僧刺麻止在本馆安歇听赏，不许私自擅入各寺混杂生事。"

上曰："大国师班丹札失、阿木葛每员与十人，刺麻十人与二人，其著为令。"

（英宗朝馆本卷七九·页九上）

○正统十四年（己巳）十二月己未（1449.12.27）

工科掌科事给事中陈宜奏："为治莫切于爱民，爱民必先于节用。切[窃]照在京大兴隆寺等处国师、刺麻、番僧，逐日光禄寺酒肉供给，所费颇繁……乞今后国师、刺麻人等止给食米、柴薪，暂止酒肉供亿。……"

事下礼部议，尚书胡濙等以为国师、刺麻番僧供亿另奏处分。至如门神土牛之属，诚为伤财害民，宜通行天下，悉皆禁止。从之。

（英宗朝馆本卷一八六·页一四上）

○景泰元年（庚午）四月丙子（1450.5.13）

升译写西番寺[字]番僧坚参列、都纲善师俱为右觉义，番僧参竹札失、答儿麻失里俱为都纲，仍于翰林院办事。

（英宗朝馆本卷一九一·页二下）

○天顺六年（壬午）十二月戊寅（1463.1.7）

召净觉慈济大国师锁南领占至京师，舘之大隆善（护国）寺。

（英宗朝馆本卷三四七·页四下）

○成化四年（戊子）九月癸酉（1468.10.2）

礼部尚书姚夔等言："近给事中魏元、监察御史康永韶等（陈）言，修德弭灾及番僧服用僭拟。臣以番僧者异端外教，蛊惑人心，污染华夏，宜从所言施行。"

诏曰："番僧在祖宗朝已有之，若一旦遣去，恐失远人之心。逾制服用，别行禁止。"

（宪宗朝馆本卷五八·页九上）

○成化九年（癸巳）七月癸巳（1473.7.28）

大慈恩寺灌顶大国师端竹也失奏："往陕西河州等处治公事，乞以鸿胪寺冠带通事张志通偕行。"既得旨允之，而本寺崇化大应法王札实（巴）复奏："陕西弘化寺乃至善大慈法王塔院，岁久损坏，乞敕镇守等官修筑城堡，如瞿县寺制。"又言："天顺间寺僧五十五人，月给廪米人六斗、军民夫六十人守护，今乞申严加例。"复允之。

（宪宗朝馆本卷一一八·页二下）

○成化十二年（丙申）七月癸亥（1476.8.11）

太子少保吏部尚书兼文渊阁大学士商辂等言："……一、节财用。……又，番僧在京闲住者，往往自都纲、禅师升至国师、佛子、法王等职，给与金银印信、图书。其有病故，徒弟承袭，又求造塔，殊为侵耗，宜行禁治，庶财无妄费……"

疏入，上曰："卿等所言皆为国为民，切于时务。节财用，朕自斟酌，余悉准行。"

（宪宗朝馆本卷一五五·页七下～八上）

○成化十三年（丁酉）十一月壬午（1477.12.23）

大慈恩寺佛子领占竹等奏乞印信。事下礼部，以大学士商辂等奏准番僧授职不系本土管事者不与印信事例具闻。上命与之。

（宪宗朝馆本卷一七二·页四上）

○成化十三年（丁酉）十二月癸卯（1478.1.13）

礼部奏："大能仁寺都纲舍刺藏卜并静修弘善大国师镇〔锁〕南坚参等，奉命往临洮等处回，各献马、驼等物。都纲等如讲经例给赏。其国师查无赏例，今议拟加赏彩段一表里。上等马每匹加赏纻丝一匹，驼只如回回例，每只彩段三表里。"从之。

（宪宗朝馆本卷一七三·页三上）

○成化十五年（己亥）十二月戊午（1480.1.18）

西天佛子并灌顶大国师等官班卓儿藏卜等俱乞金银印。礼部言："番僧不系本土管事者，例不给。"从之。

（宪宗朝馆本卷一九八·页二上～下）

○成化十七年（辛丑）十月戊辰（1481.11.18）

大隆善护国寺西天佛子班卓藏卜死。命摘官军一千五百为建塔治葬。

（宪宗朝馆本卷二二〇·页六上）

○成化十八年（壬寅）四月丙午（1482.4.25）

礼部奏："在京番僧既无化导番人之功，且有汉人冒充之弊。一授之职，辄请诰敕，殊与京官必待三年考称乃给，及僧录司官不给敕命例不同，实滥恩典。乞自今际〔除〕边境并外番及在京国师、禅师重职外，余在京觉义、都纲等职俱不得妄请，庶名器重而事不繁。"从之。

（宪宗朝馆本卷二二六·页三上）

○成化二十一年（乙巳）正月己丑（1485.1.22）

礼部尚书周洪谟等言九事："……一、大慈恩、大能仁、大隆善护国三寺番僧千余，法王七人，国师、禅师多至数十，廪饩、膳夫供应不足。况法王、佛子、大国师例给金印，用度拟于王者，而其间又多中国人冒滥为之。宜令给事中、御史核其本出山〔西〕番簇者，听其去留，冒滥者悉令还俗。……"

上批答曰："……法王、佛子、国师、禅师、番僧供给，俱省其半。

今后汉人冒为之者必罪不宥。……"

（宪宗朝馆本卷二六〇·页三上～四下）

○ **成化二十三年（丁未）九月丁未（1487.9.27）**

礼科等科给事中韩重等上疏曰："……又如太常寺卿等官邓常恩……俱以市井庸流，穿窬小辈，或假金丹为射利之策，或作淫巧为进身之媒，所引奸邪不止此辈。及照法王领占竹扎巴坚参等、佛子释迦哑儿答、国师舍剌星吉等，俱以西番腥膻之徒，污我中华礼义之教。玉食锦衣，坐受尚方之赐；棕舆御杖，僭用王者之仪。献顶骨数珠，进枯髅法碗，以秽污之物，冒升赏之荣。……"

监察御史陈毂等亦上疏曰："……领占竹扎巴坚参等以妖髡而受法王之名；释迦哑儿答、著肌领占等以胡丑而窃佛子之号。锦衣玉食，后拥前呵。斫枯髅以为法碗，行净至宫，穿朽骨而作念珠，登坛授戒。遂使术误金丹，气伤龙脉，一时寝庙不宁，旬日宫车晏驾，百官痛心，百姓切齿。虽擢发莫数其罪，粉身犹有余辜……"

上俱答曰："……法王、佛子、国师、禅师，番僧冒滥，升赏縻费数多，命礼部即审处以闻。……"

河南等道监察御史谢秉中等上疏曰："近年幸门大开……番僧入中国多至千余人。百姓逃避差役，多令子弟从学番教。僧道官自善世、真人以下不下百数。佛子、法王、大国师例铸金印，供用拟于王者。……"

诏："……僧道官礼部查处。……"

（孝宗朝馆本卷二·页九下～一一上）

○ **成化二十三年（丁未）九月戊申（1487.9.28）**

吏科等科给事中王质等上疏陈四事："一曰斥异端。欲将僧道衙门额外官员并真人、禅师之类，尽黜罢之。不许交结势要，营求修建，奏讨庄田。其左道乱政之人，悉投窜屏逐，不使混浊京师。……"

上曰："异端冗官进献，已令各衙门查处。……"

（孝宗朝馆本卷二·页一二上）

○成化二十三年（丁未）十一月己酉（1487.11.28）

南京、陕西等道监察御史缪樗等言八事："……八曰斥异端。谓迩者憸邪之士，每假方术，游惰之民，多投释老。甚至番僧夷种接迹中华，上渎先皇，售其邪说。遂致崇侈名号，大创法场，糜费财力。乞将一切左道冒宠之徒，悉置典刑。其原系中国者，编籍为民；系外夷者，屏归本土。禁止左右不得诡词引进，创盖寺观。仍敕两京礼部并各处抚按等官，将中外寺观并僧道名籍一一查勘，照例量留，其不系古迹，不守清规者，悉令拆毁还俗。"

命下其奏于所司。

（孝宗朝馆本卷六·页六上～七下）

○弘治二年（己酉）正月丙寅（1489.2.7）

先是，西僧锁南坚参为言官所劾，自法王降国师，勒还本土，久而未发。至是，其徒为之请留京师大能仁寺。许之。

（孝宗朝馆本卷二二·页二上）

○弘治三年（庚戌）十二月壬戌（1491.1.24）

六部等衙门尚书等官王恕等以星变奉诏言："……续进番僧，刊印番经，既费民财，又伤礼教，乞放遣、停止。……"

上曰："番僧除原存留外，余查数闻奏。……其余如议行之。"

（孝宗朝馆本卷四六·页五上～六上）

○弘治三年（庚戌）十二月丁卯（1491.1.29）

礼部复奏："科道等官所陈崇俭德以节财用一事，谓中间开列事情，近因吏部等衙门建议，多已施行，惟遣还番人纳麻及减修斋醮，未得俞允，俱乞俯从所言。"

上曰："纳麻等二人不必发还，斋醮后当减省。"

（孝宗朝馆本卷四六·页七上）

○ 弘治四年（辛亥）二月丁巳（1491.3.20）

初，番僧既逐去，止留乳奴班丹等十五人。后多潜住京师，转相招引，斋醮复兴，糜费渐广，六科十三道再劾。下礼部会议，请如前旨逐之。

得旨："斋醮此后俱减省，番僧留一百八十二人，馀悉遣之。"

（孝宗朝馆本卷四八·页三下）

○ 弘治六年（癸丑）九月己亥（1493.10.17）

太监韦泰传旨："行取四川光相寺番僧国师领占竹，来居大慈恩寺。"

（孝宗朝馆本卷八○·页一下）

○ 弘治六年（癸丑）九月癸卯（1493.10.21）

礼部尚书倪岳等言："四川光相寺国师领占竹，先于成化二十三年给事中韩重、监察御史陈毅等俱尝劾奏，已蒙发遣原土，今又行取来京。臣等查无行取番僧国师事例。且道途万里，骚扰驿递，惊骇耳目。况当时同遣回四川、陕西诸处国师、番僧不下二百余人，幸门一开，贪缘效尤，不可杜塞，则于皇上初政之清明不无亏损。伏望暂寝新命，免令行取。"

得旨："尔等既以为言，领占竹令自备脚力来京，沿途不必应付。"

（孝宗朝馆本卷八○·页二上）

○ 弘治六年（癸丑）九月戊午（1493.11.5）

礼科左给事中夏昂等劾奏："四川国师领占竹，先因献顶骨数珠、骷髅法碗叨冒升赏，皇上御极之初，已革职遣回原寺，远近称快。今又行取来京，礼部以为惊骇耳目，骚扰驿递，虑乘机干进，幸门复开，而圣旨许其自备脚力以来。夫礼部岂为区区应付惜哉，特以邪正向背之机，实治忽兴废之原，世教所关，不可不严为之防，恐累圣德而损初政耳。伏望皇上俯从群议，亟止其来，使左道害政者无觊觎之心。……"

上命领占竹仍自备脚力来京，途次不许扰人。

（孝宗朝馆本卷八○·页五上～六上）

○弘治十二年（己未）十月戊申（1499.11.24）

时清宁宫新成，有旨命大能仁等寺灌顶国师那卜坚参等设坛作庆赞事三日。大学士刘健等上疏言："佛老异端，圣王所禁。中世人主崇尚尊奉者，未必得福，反以得祸载在史册，其迹甚明。我朝之制，虽设僧道录司，而出入有清规，斋醮有定数。未闻于宫闱之内建立坛场，聚集僧道，有如此者。……伏望速颁严诏，将所建番坛即时撤去，各寺胡僧尽行斥出，使宫闱清肃，政教休明。……"时府部科道等衙门亦各以为言。

上曰："卿等言是，但宫殿新成，庆赞亦先朝永乐以来旧典，其置之。"既而府部科道又各极言其不可。上复曰："庆赞之事，乃因旧典举行。此后事朝廷自有处置。"

（孝宗朝馆本卷一五五·页一一上～下）

○弘治十四年（辛酉）三月己巳（1501.4.8）

国师领占竹既安置四川，至是，奏乞来京祭扫其师坟塔。礼部以其意图复用，请究治之。有旨不听，其来亦宥不治。

（孝宗朝馆本卷一七二·页八上）

○弘治十五年（壬戌）四月丁卯（1502.5.31）

时有旨行取四川彭县光相寺寄住番僧国师领占竹来居于大慈恩寺。礼部尚书张升等言："我陛下即位之初，领占竹自法王佛子降为国师，斥令远去。近岁奏乞回京，又得旨不允。传之天下，无不称颂圣德。不意今日忽有此举，臣等不胜疑惧。伏乞收回成命，仍令于四川居住，庶不为圣德之累。"不允。

（孝宗朝馆本卷一八六·页八下）

○弘治十五年（壬戌）六月甲寅（1502.7.17）

户部员外郎陈仁奏："陛下即位之初，将妖僧领占竹投之魑魅，天下称快，然犹艮〔恨〕不（即）戮之。今者无故取回之，人心惊异，有累圣德。况人妖甚物，当此修省之时必痛绝之，斯灾变可弭〔弡〕。"

（孝宗朝馆本卷一八八·页七上）

○弘治十八年（乙丑）五月壬子（1505.6.29）

礼部尚书张升等言："大行皇帝宾天，宫殿门禁正当严肃，以讥察出入，辨别内外，乃政体之不可缓者。近闻真人陈应循、西番灌顶大国师那卜坚参及班丹罗竹等各率其徒，假以祓除荐扬，数入乾清宫，几筵前肆无避忌。京师传闻，无不骇愕。请执应循等置于法，革其名号，追夺印、诰及累年所得赏赐，仍照例黜逐发遣。"

上曰："卿等所言是。应循等姑免逮问，所冒职事、封号俱查革，印、诰并所赐玉带送所司交纳。今后僧、道敢有夤缘出入宫禁滥设斋醮者，并引诱之人俱罪不宥。"于是，礼部会吏部议："应循等十一人，革真人、高士，带左正一等衔。那卜坚参等六人，革灌顶大国师、国师，带禅师衔。俱闲住僧录司。存留左善世定铠等。道录司存留左正一柏尚宽等各八员如原额。其左阐教法旺等十七人、右玄义李元缟等二人，亦革任闲住。"从之。

（武宗朝馆本卷一·页一七上～下）

○弘治十八年（乙丑）八月己卯（1505.9.24）

给事中周玺言："方今邪说，僧道为甚，煽惑都人〔人心〕极力崇信。朝廷每岁举行春祈秋报之礼，创造寺观，兴修斋醮，将以就〔祝〕圣寿利生民也。今一岁之间，两遭大故，灾异迭见，夷虏犯边，求福得祸，焉用彼为！宜通查京城内外新建寺院、宫观，悉令拆毁，屏逐法王、番僧，停止无益斋醮，以正人心而息邪说。"

礼部复奏："请如玺言。"不听。

（武宗朝馆本卷四·页一六下）

○正德六年（辛未）六月己卯（1511.6.25）

大慈恩寺大悟法王舍剌札死，命工部营葬，不为例。

（武宗朝馆本卷七六·页一上）

○正德七年（壬申）八月丁未（1512.9.15）

降监察御史周广为广东怀远驿驿丞。……（广上疏）又言："番僧害正，当逐。"疏留中，乃传旨谓广不谙宪体，故有是命。

（武宗朝馆本卷九一·页二上）

○正德七年（壬申）十一月戊戌（1513.1.4）

大慈恩寺法王乞修造僧房，许之。工部以民穷财尽为言，不听。

（武宗朝馆本卷九四·页六上）

○正德八年（癸酉）十月丁酉（1513.10.30）

大慈恩寺灌项大国师也舍窝死，命工部造塔葬之。工科给事中谓旧例无为国师营葬者，工部亦据之执奏。不听，且令遂著为例。

（武宗朝馆本卷一○五·页二下）

○正德九年（甲戌）正月丙戌（1514.2.16）

十三道监察御史罗缙等言六事："……一、陛下误听番僧幻妄之说，使出入禁城，建寺塑佛，崇奉逾侈，及调边将边兵操练，皇城西内开张酒肆，往来络绎，皆非所以严内地、防奸伪也，宜皆远遣。……"

得旨："此疏假以求言，奏事烦琐，不允。"

（武宗朝馆本卷一○八·页七上～下）

○正德九年（甲戌）正月丁亥（1514.2.17）

监察御史施儒等言八事："……一、斥番僧。皇城之中，创盖寺宇以处番僧，出入禁籞，享食大官，非圣世所宜有。宜尽斥逐。……"不报。

中书舍人何景明言："自降敕谕后，已将旬日，未一视朝，诸论奏边军、番僧、义子数事，未见采纳。臣窃忧之。……"不报。

（武宗朝馆本卷一○八·页八下～一○上）

○正德九年（甲戌）十月甲午（1514.10.22）

刑部主事李中上言："……善治一无可举，盖陛下之心惑于异端也。夫以禁掖严邃，岂异教所得杂居！今乃于西华门内豹房之地，建护国禅寺，延住番僧，日与亲处，异言日沃，忠言日远，则用舍之颠倒，举措之乖方，政务之废弛，岂不宜哉！昔我宪宗偶为妖僧继晓所惑，随悟其诳，即斥逐之。孝宗即位之初加以诛戮，人心痛快！伏望陛下远监汉唐中主之失，近发［法］我宪宗、孝宗之明，毁佛寺，出番僧，以谨华夷大防。……"

疏入，不报。寻降广东通衢驿驿丞。

（武宗朝馆本卷一一七·页二上～三上）

○ 正德十四年（辛酉）十月癸亥（1519.10.25）

大学士杨廷和等具疏言："……官府政务俱废，居民室家不保。至如回夷近在肘腋，番僧召入随行。凡若此者，皆自来所无之事，岂不大为圣明之累哉！……"不报。

（武宗朝馆本卷一七九·页一上～二上）

○ 正德十五年（庚辰）十月甲寅（1520.12.9）

（前略）上新政，番僧那卜坚参、道士陈应循以左道出入禁掖，（应天府尹王）宸请明正其罪。

（武宗朝馆本卷一九二·页二上）

○ 正德十六年（癸亥）三月丙寅（1520.4.20）

是日，又传遗旨……豹房番僧……俱放遣。

（武宗朝馆本卷一九七·页五上～下）

○ 正德十六年（癸亥）四月壬寅（1521.5.26）

（前略）诏曰："……一、正德元年以来，传升、乞升法王、佛子、国师、禅师等项，礼部尽行查革，各牢固枷钉，押发两广烟瘴地面卫分充军，遇赦不宥。近日奏讨葬祭，一切停革，其中有出入内府、住坐新寺、诱引蛊惑罪恶显著现在京者，礼部通查明白，锦衣卫还拿送法司，问拟罪名，奏请定夺。……"

（世宗朝馆本卷一·页五下～一八上）

○ 嘉靖二年（癸未）闰四月乙巳（1523.5.19）

大学士杨廷和等上疏曰："人君一身，天下根本，欲令出入起居事事尽善，惟在前后左右皆用正人。臣等先尝具启请于昭圣慈寿皇太后，务选老成谨厚内臣以待陛下任使，其曾经先朝随侍遗奸不得滥与。又尝极言异端左道亟宜痛绝。顷条奏慎始修德十二事，其一谓斋醮祈祷必须预绝，其端不可轻信。累千百言，具书殿庑。今乃无故修设斋醮，日费不赀，至屈万乘之尊亲莅坛场。此皆先年乱政之徒芟锄未尽，妄引番、汉僧道试尝上心。夫斋醮之事，乃异端诳惑，假此为衣食之计。佛家三宝、道家三清，名虽不同，一虚诞诬罔，圣王所必禁也。昔梁武帝、宋徽宗崇信尊奉无所不至，一则饿死台城，一则累系金虏，求福未得，反以招祸。又如近日刘瑾、钱宁辈崇信佛道，建造寺宇极其华美，皆杀身忘［亡］家，略不蒙祐，则其无益有损不待辨矣。然则行香拜篆之劳，孰若移之以御讲筵？设醮修斋之费何不移之以周穷困？臣等职在辅导，不敢不尽其愚。惟陛下留神采纳，斥远左右奸人及远人僧道，罢停斋醮，清查一切冒滥恩赏，实万世无疆之休。"

九卿乔宇等亦言："陛下登极诏书首正法王、佛子、国师、禅师之罪，搜访内府官观出入引诱之人，裁革善世、真人爵号，及新建寺宇尽行拆毁，邪正之辨了然甚明。今一旦信用妖幻，九重之内建立坛场，溷渎神明，烦劳圣体，不可之大者也！且夫天生圣人为天地神人之主，心和则气和，气和则天地神人之和应之。即如往者祷雨乞雪之事，皆由陛下一念精诚，随感随应，何必佛力可以禳灾，道经可以修福！今天灾屡见，四方多警，民贫岁凶，官无赢积，而斋宫赏赉日增月益，此其去正德末年复能几何？臣等窃为陛下忧之。"

疏入，上皆报曰："览。卿等所言具见忠爱至意，朕已知之。"既而，给事中郑一鹏等、御史张珩皆以为言，并下所司知之。

（世宗朝馆本卷二六·页二上～三上）

○万历十九年（辛卯）闰三月己丑（1591.5.16）

礼部题："异端之害，惟佛为甚。……又有番僧亦乞内地造寺，为通番之计。……合严行禁逐。"

上命严逐重治之。

（神宗朝馆本卷二三四·页一一上）

○天启六年（丙寅）闰六月乙丑（1626.8.16）

巡视南城御史王时英盘获番僧于广宁门外十方庵。头结黄发，面目异常，语若鸟声，字如蛇迹。因而验察，随身番经数十叶，原领四川长河西鱼通宁远军民宣慰司批文一纸，内称大西天罗汉贾哈喝愿游汉地名山、道院、寺观等语，踪迹可异。当今奴酋得计，全在奸细，乞敕法司译审。刑部移文礼部，取译字生译审，批文可据，又有上荆南道挂号、分守川西道查验各印信关防，又简出西天馆本内番字真实名经一卷，与本番认识，本番即踊跃捧诵。法司研审，实系西番，非东夷也。

蓟辽总督阎鸣泰疏言："夷狄之人闻中国之有圣人，重译来朝，此盛世之风也。目今关门，王、李二喇嘛出入虏巢，玩弄夷虏于股掌。而在夷地者如古〔右〕什喇嘛、朗素喇嘛等，靡不搏心内向，屡效忠谋。盖夷狄之族敬佛一如敬天，畏僧甚于畏法。而若辈亦闻有密咒幻术，足以摄之。虏酋一见喇嘛必拜，必亲听其摩顶受记，则不胜喜。王、李二喇嘛虽曰番僧，犹是华种，夷狄敬服已自如此，况真喇嘛乎？乞该部将番僧解发臣衙门，如道术果有可用，何惜片席之地容此比丘。如止是行脚庸流，即驱逐出境。"

诏许之。

（熹宗朝馆本卷七三·页二二下～二三下）

明朝对藏族僧俗官员犯事的惩处

○ 洪武十五年（壬戌）十二月庚子（1383.1.29）

岷州卫百户达琐南釓〔的〕等十三人谋叛，伏诛。

（太祖朝馆本卷一五〇·页七下）

○ 永乐十七年（己亥）三月辛酉（1419.4.11）

僧录司左觉义张答里麻有罪，伏诛。答里麻，西宁人。初，以通译书得进，而机警善应对，久之得补僧官，上信任之。恩宠日厚，遂骄蹇放恣。凡番僧朝贡者，必先之答里麻所，然后达于上。或有除授赍予，皆谓由己致之。又冒请护持、度牒，拘留国师等诰、印、图书，招纳逋逃。为僧交通西番，侵夺各寺院山园田地。其父显凭借势焰，擅作威福。西宁之人倾意张氏，如不知有朝廷者。至是，都指挥李英发其事。命三法司研问，皆引伏。遂并其父显磔于市，而籍没其家。

（太宗朝馆本卷二一〇·页二上）

○ 洪熙元年（乙巳）十月乙未（1425.12.9）

行在兵部奏："四川盐井卫土官千户阿抄妻叶甲初谋杀土官板必他。又，土官千户剌马非令妻男阿白等劫掠禄得等村人畜，侵占地方。云南丽江军民府千夫长木彰聚众私通西番，劫掠人民财产。请令总兵官黔国公沐晟及云南、四川三司，各委官抚谕，若梗化不服，则发兵执之。"从之。

（宣宗朝馆本卷一〇·页一八上）

○ 宣德二年（丁未）三月甲寅（1427.4.22）

陕西岷州卫百户陈瑛〔英〕有罪诛。瑛〔英〕初劫夺番民马，闻番民欲告，执而杀之。法司逮问具实，论斩罪。

（宣宗朝馆本卷二六·页一三下）

○宣德二年（丁未）十二月丁丑（1428.1.10）

宥喃哈监剉死罪。喃哈监剉者，乌思藏怕木竹巴灌顶国师阐化王所遣使也。初，归至西宁，与驿丞子斗争，杀其子。

事闻，上以其远人特宥之，遣还。仍敕阐化王谕令改过。

（宣宗朝馆本卷三四·页七上～下）

○宣德六年（辛亥）六月己亥（1431.7.15）

镇守河州都督同知刘昭奏："罗思囊簇西番千户阿失吉为亲弟工噶所杀，而据其地。按问已引服，当斩。"

上曰："杀兄非常罪，斩之，枭其首以徇，使远人知有法。"

（宣宗朝馆本卷八〇·页二下）

○宣德七年（壬子）二月癸丑（1432.3.25）

监察御史李得全等劾僧录司右觉义大旺于庆寿寺擅创楼阁，擅披剃军民子弟，隐匿亡赖人冒僧籍，纵寺僧贪饕淫秽，请置诸法。

上命锦衣卫执大旺等付都察院鞫之。

（宣宗朝馆本卷八七·页七下）

○正统八年（癸亥）十二月庚子（1444.1.9）

陕西石崖寺静悟禅师阿难答，为岷州卫学生发其与侄女通，阿难答自陈被诬。

上曰："阿难答出家人，宁有是？其宥之。"

（英宗朝馆本卷一一一·页六下）

○正统十一年（丙寅）八月辛酉（1446.9.16）

兵部言："河州卫番僧失加领真在罕东卫住坐年久，为其都指挥班麻思结奉使往瓦剌也失处，约为婚姻，交结深密。今本僧来朝，意在与外夷缉探中国事情，不宜使还本土，宜发往南京锦衣卫安插居住。"从之。

（英宗朝馆本卷一四四·页五下）

○ 正统十三年（戊辰）正月壬子（1448.2.29）

四川长河西番人及琉球国番伴相殴会同馆门外，有重伤者。事闻。上命殴至死者抵命。

（英宗朝馆本卷一六二·页六上）

○ 正统十三年（戊辰）十一月丙申（1448.12.9）

敕甘肃总兵官宁远伯任礼等曰："近丰城侯李贤奏，番僧加失领真乘夜逃遁。此僧先因漏泄虏情，特安置南京以杜奸谋。今其逃去，必由尔甘肃地方，其严饬关隘，尽心巡捕，毋纵出境。"

（英宗朝馆本卷一七二·页五下）

○ 正统十三年（戊辰）十一月丙午（1448.12.19）

礼部奏："四川杂谷安抚司番僧南哥藏等来朝，贡刀剑、铁甲。稽旧例番僧入贡人赐钞六十锭、彩段〔币〕二表里、折衣彩段四表里、靴袜各一双。今南哥藏系近边番僧，刀剑、铁甲又非贵重之物，前例赏赐过厚，宜赐南哥藏等钞人四十锭、彩段〔币〕一表里、折衣彩段一表里、靴袜各一双。"

南哥藏以旧例为言，不肯拜赐。上命罢其赏赐及下程，令住会同馆，毋擅出。

（英宗朝馆本卷一七二·页八下）

○ 正统十四年（己巳）六月丙辰（1449.6.27）

能仁寺番僧朵儿只星吉、乌答麻室星二人相诬奏以不法，刑部论赎徒。上命发戍辽东铁岭卫。

（英宗朝馆本卷一七九·页四上）

○ 正统十四年（己巳）七月己卯（1449.7.20）

下番僧南哥藏于锦衣卫狱。初，南哥藏等入贡，礼部以其贡物薄而赐予厚，奏请稍减之。南哥藏等忿不肯受。及是，命下南哥藏于狱，馀宥其罪，加减例赏之，令归。

（英宗朝馆本卷一八〇·页一下）

○景泰元年（庚午）闰正月戊申（1450.2.14）

释番僧锁南。初，太监喜宁为北使，与锁南乞别，校尉廉得宁尝邀锁南至家，阅兵书、图谶，诏下锦衣卫狱。至是，释之。

（英宗朝馆本卷一八八·页六上）

○景泰元年（庚午）三月丁未（1450.4.14）

四川天金［全］六番招讨司土官招讨司［使］高凤奏其副招讨杨显昭，闻上皇陷虏廷，谋纠后番以叛，因称王，自创法度，遂擒显昭械如京。行至保宁，（显昭死。事闻，都察院以显昭死恐伪，且凤素与）显昭构怨，恐所奏诬。（又）凤不当擅械显昭，请命左副都御史寇深核其事。从之。

（英宗朝馆本卷一九〇·页二上）

○景泰四年（癸酉）五月壬申（1453.6.22）

敕董卜韩胡宣慰司掌司事都指挥使克罗俄监粲："近得四川镇守等官奏称尔受故土官巡检董敏侄伯浩词状，欲调领番人擒捕王永叔侄，为敏复仇。永与敏仇杀之事，朝廷处置已定，如果敏有冤，其侄自宜赴镇守官处诉告具闻定夺。尔董卜韩胡素守礼法，岂可启他人争竞之端，坏自己忠诚之美。敕至，尔宜幡然改悟，谨守地方，勿听诳诱，负朝廷平昔之眷注。尔其钦哉。"

（英宗朝馆本卷二二九·页五下～六上）

○景泰七年（丙子）六月癸亥（1456.7.27）

大隆善寺灌顶国师西天佛子沙加言："比年法司论僧道，罪无轻重，悉断还俗。乞如永乐、宣德间例，情重者断还俗，情轻者输赎复业。"

事下法司，议："僧道犯罪，无轻重悉还俗，乃律之正条。永乐、宣德间或有令赎罪复业者，特出一时事例。"

议上，命仍如律断之。

（英宗朝馆本卷二六七·页七上）

○天顺二年（戊寅）五月丁亥（1458.6.11）

　　锦衣卫系囚有越狱逃者，六科十三道劾指挥使门达等防范不谨，请究其罪。上宥之。既而达等捕获越狱番僧加失领真等五人及犯边达贼十五人以闻。俱命斩于市。

（英宗朝馆本卷二九一・页一上）

○天顺三年（己卯）正月辛卯（1459.2.10）

　　有番僧短发衣虎皮，自称西天活佛弟子，京城男女拜礼者盈衢。上命锦衣卫驱之，归其本土。

（英宗朝馆本卷二九九・页二下）

○成化元年（乙酉）八月戊戌（1465.9.13）

　　命番僧且答儿黑巴为精勤善行国师。先是，且答儿黑巴兄国师结卜以罪诛。至是，番簇为请于朝，故有是命。

（宪宗朝馆本卷二〇・页六下）

○成化十一年（乙未）正月己卯（1475.3.6）

　　宥陕西都指挥孙鉴等罪。先是，乌斯藏阐化王遣番僧锁南桑尔结等进贡，还至西宁，留丹等寺不复归，又冒名进贡，得朝廷敕谕并赐物皆匿之。阐化王令其下三人者来趣之归，锁南桑尔结闭之室中，率其党缚二人手足，剜去其目，尽夺所赍器物。一人得逸〔脱〕去诣鉴，告鉴执诸为恶者，置之狱。其徒行赂〔贿〕于鉴及西宁卫镇抚罗英，求缓其事。鉴等受之而竟以闻。下巡按御史会官鞫实，锁南桑尔结等四人罪皆当死。其徒因发鉴等受赂〔贿〕事，御史请并逮鉴等治之。都察院复奏，且言事在赦前。命俱宥之。

（英宗朝馆本卷一三七・页七上～下）

○成化二十二年（丙午）正月戊辰（1486.2.25）

　　上命锦衣卫逮究番僧锁南班著儿并通事人等原赍敕书、勘合。班著儿者，瞿昙寺灌顶大国师班卓儿藏卜之徒也。先奉命赍敕书、勘合付乌思藏阐教王，伪为王印信番文复命，故命逮究以闻。

（英宗朝馆本卷二七三·页三下）

○ 弘治二年（己酉）七月己巳（1489.8.9）

礼科都给事中韩重等以灾异言四事："……仍将番僧锁南坚参及恩荫张晖一例发遣处置。"监察御史茆钦等亦以是为言。

上曰："汝等言是。……锁南坚参、张晖先有旨处置矣已之。"

（孝宗朝馆本卷二八·页五下～六上）

○ 弘治八年（乙卯）六月己巳（1495.7.9）

乌思藏阐化王贡使锁南短竹等回至扬州广陵驿，遇大乘法王贡使锁南札进北上，相与杀牲饮酒，三日不去，见他使舟至，则以石投之，不容泊。知府唐恺呼其舟人来驿中戒之。锁南短竹等持兵仗拥入驿，恺避去，郡民力格斗，乃免，民为所伤者甚众。巡抚都御史李蕙等以闻。刑部请治通事柰显、伴送百户杨相等罪，仍请榜示沿途驿递，严加禁约。别遣通事谕其王，令各治贡使之罪。从之。

（孝宗朝馆本卷一〇一·页三上～下）

○ 弘治十三年（庚申）三月丁丑（1500.4.21）

番僧端竹等违例进贡，既给赏如例，已而于午门外跪递番本，被纠送锦衣卫，释之。礼部谓："其奏乞全赏，宜不可许。姑顺其情，将故锁南札失赏赐折除在官，照数给与端竹等收领。仍行大通事杨铭谕以恩威，俾知感畏，再不许奏扰。"从之。

（孝宗朝馆本卷一六〇·页六上）

○ 弘治十八年（乙丑）五月壬子（1505.6.29）

礼部尚书张升等言："大行皇帝宾天，宫殿门禁正当严肃，以讥察出入，辨别内外，乃政体之不可缓者。近闻真人陈应循、西番灌顶大国师那卜坚参及班丹罗竹等各率其徒，假以祓除荐扬，数入乾清宫，几筵前肆无避忌。京师传闻，无不骇愕。请执应循等置于法，革其名号，追夺印、诰及累年所得赏赐，仍照例黜逐发遣。"

上曰："卿等所言是。应循等姑免逮问，所冒职事、封号俱查革，印、诰并所赐玉带送所司交纳。今后僧、道敢有夤缘出入宫禁滥设斋醮者，并引诱之人俱罪不宥。"

于是，礼部会吏部议："应循等十一人，革真人、高士，带左正一等衔。那卜坚参等六人，革灌顶大国师、国师，带禅师衔。俱闲住僧录司。存留左善世定铠等。道录司存留左正一柏尚宽等各八员如原额。其左阐教法旺等十七人、右玄义李元缟等二人，亦革任闲住。"从之。

（武宗朝馆本卷一·页一七上～下）

○ 弘治十八年（乙丑）六月戊寅（1505.7.25）

户部尚书韩文奏："陈应循、那卜坚参等以左道进用，夤缘名号，冒滥赏赉，托建斋醮，规取官钱不资。今革夺之典虽行，而给没之命未下，乞究其（所）得之金帛，照数追出，以实帑藏。"

上曰："卿言良是，但已有旨处分矣。"

（武宗朝馆本卷二·页二二下）

○ 正德十六年（癸亥）七月乙亥（1521.8.27）

礼部参奏剌麻禅师领占札把等二十七人及通事序班金通诸不法事，请逮治以彰国法。上乃命抚按官械送法司严鞫，既而狱，具法当论死。

得旨："俱发烟瘴地方充军，遇赦不宥。"

（世宗朝馆本卷四·页二四上）

○ 嘉靖四十五年（丙寅）五月戊戌（1566.5.26）

四川巡按御史李廷龙勘上龙州逆酋〔酉〕薛兆乾并地方诸臣功罪状。兆乾伏诛，籍其家，母陈氏及其党二十二人皆以同谋论斩。兆乾，四川龙州土官宣抚也。初，与本司土官副使李蕃相仇讦，兆乾率众围执蕃父子，殴杀之。抚按檄兵备佥事赵教勘其事，兆乾惧，遂与母陈氏及诸左右纠白草番众数十〔千〕人，分据各关隘拒命，绝松潘饷道，胁土官佥事王烨不从，屠其家，居民被焚掠者无算。四十四年春，与官军战不利，求救于上下十八族番蛮，皆败去。兆乾率其家属奔至石坝，我军复追及之，就擒，余党悉平。初，兆乾既杀李蕃，参将贺麟见、王恩、千户王逵、百户盛恩受其赂，许而赦〔救〕解，已而不效，兆乾报〔执〕麟见囚之，指挥刘兆熊等乘乱纵壬〔士〕卒为奸利。至是皆发，推〔惟〕王恩后有斩获得免，逵、恩谪戍边，兆熊等下御史问。巡抚谷水书虚〔谷中虚〕、参将（王）绍及副总兵程规、参政魏文烨、孙应鳌、成都府同知刘良宷、指挥田茂盛等各赏银、弊〔币〕有差。

（世宗朝馆本卷五五八·页一下～二上）

明朝在藏区征发马赋、差役

○洪武十六年（癸亥）正月辛酉（1383.2.19）

敕谕松州卫指挥佥事耿忠曰："西番之民归附已久，而未尝责其贡赋。闻其地多马，宜计其地之多寡以出赋。如三千户则三户共出马一匹，四千户则四户共出马一匹，定为土赋。庶使其知尊君亲上奉朝廷之礼也。"

（太祖朝馆本卷一五一·页三上）

○洪武二十五年（壬申）八月戊午（1392.8.27）

西宁卫所属西番土酋亦令真奔言："诸番族皆野居散聚，射猎为食，请岁输马二百匹为常赋。"从之。

（太祖朝馆本卷二二〇·页一下）

○洪武二十六年（癸酉）二月癸未（1393.3.20）

遣使往西凉、永昌、甘肃山丹、西宁、临洮、河州、洮州、岷州、巩昌缘边诸番，颁给金铜信符。敕谕各族部落曰："往者朝廷或有所需于尔，必以茶货酬之，未尝暴有征也。近闻边将无状，多假朝命扰害尔等，使不获宁居。今特制金铜信符，族颁一符。遇有使者征发，比对相合，始许承命。否者，械至京师，罪之。"

（太祖朝馆本卷二二五·页一上～下）

○洪武三十年（丁丑）三月壬午（1397.4.27）

敕兵部曰："巴茶自国初征收，累年与西番易马。近因私茶出境，致茶贱马贵，不独国课有亏，殆使戎羌〔西番〕放肆〔恣〕生侮慢之心。盖由守边者不能御防，或滥交无度纵放私茶，或假朝廷为名横科马匹，以致番人悖信。朝廷初不知此，但谓西番不顺，岂知边吏有以激之。故尝命曹国公李景隆赍金牌勘合，直抵西番以传朕命，令各番酋领受，俾为符契以绝奸欺。尚恐边卫将士巡防不严，私茶出境，尔兵部备传朕意，谕边守者知之。"于是，兵部具禁约事宜，遣人赍谕川陕守边卫所，仍遣僧管著藏卜等往西番申谕之。

（太祖朝馆本卷二五一·页四上～下）

○ 洪熙元年（乙巳）三月壬辰（1425.4.10）

敕镇守河州都指挥刘昭及河州、必里、洮州、西宁、罕东、凉州诸卫："比岁，边人勤劳艰苦，朕夙夜在念，图存恤之。其洪熙二年各番簇该纳差发马，俱且停止，俟洪熙六年如旧征收。尔等共加意抚绥，毋或扰害，以副朕忧闵边人之心〔意〕。钦哉。"

（仁宗朝馆本卷八下·页三下～四上）

○ 宣德四年（己酉）六月壬寅（1429.7.28）

陕西岷州卫军雷霖言："岷州卫山口旧设关隘哨备用军千五百人，今多为管军官私役，仍于岷州调集民丁五百余人助军巡守，妨废农业，甚为民患。乞敕所司依旧例以军哨备戒，约管军官，不许私役。若有死亡，急补其阙，庶使军民各得其职。"从之。

（宣宗朝馆本卷五五·页一〇下）

○ 宣德六年（辛亥）六月己亥（1431.7.15）

行在兵部奏："昨陕西行都司土官都指挥佥事李文言：'西番阿吉族头目果若儿等番民八百帐，旧住野马川，岁纳马三百匹。永乐间逃往甘州白城山，岁纳之马皆本簇之民代纳。果若儿等又纵番民往甘州守〔等〕处抢掠。乞遣还本土。'今请令都督史昭，刘昭及陕西行都司各遣官抚谕，俾复业，仍禁其为非。"从之。

（宣宗朝馆本卷八〇·页二上～下）

○ 宣德七年（壬子）九月戊午（1432.9.26）

镇守甘肃太监王安奏："兵部移文西宁卫，官军在甘州操备者，遣还守备。切思西宁虽临番簌，终是所辖又有土官管属，纳马当差，可无他虑；请遣其步军一百二人还卫，仍留马队官军三百六十六人在甘州守备。"从之。

（宣宗朝馆本卷九五·页一下）

○宣德十年（乙卯）十二月甲子（1436.1.15）

四川松、茂等处用兵馈运烦伙，民兵各以劳苦为言，布政司、都司为上其事。行在户部定拟馈运以十分为率，民运七分，兵运三分。从之。

（英宗朝馆本卷一二·页六下～七上）

○正统元年（丙辰）四月丁巳（1436.5.7）

行在礼部尚书胡濙等奏："西番禅师结瓦端竹星〔呈〕吉言，本地听差进贡人户逃移异地以避赋役。"

上赐敕谕，赦其逃避之罪，俾各复业。

（英宗朝馆本卷一六·页七下）

○正统七年（壬戌）四月辛丑（1442.5.20）

镇守陕西都督同知郑铭奏："阿刺谷等簌负马一千七百余匹，俱贫乏无征，况在赦例，乞为蠲免。"从之。

（英宗朝馆本卷九一·页三下）

○正统十年（乙丑）二月庚申（1445.3.24）

镇守河州陕西都指挥同知刘永奏："河州、洮州、西宁三卫番民，多有往来潜住者，乞敕各卫镇守等官勘实，移文通知取回，当差纳马。"从之。

（英宗朝馆本卷一二六·页五下）

○景泰六年（乙亥）十一月乙未（1456.1.1）

户部奏："近移文四川成都府威州并保县，勘上中下户（丁）编造赋役文册。今（本）州、县言系极边番夷之处，洪武、永乐以来，并不谙晓造册，亦不知里家〔甲〕名色，凡有差发，轮递混当。请俯从夷情，免其造报。"从之。

（英宗朝馆本卷二六○·页六下）

设立驿站，驿马邮传

○ 洪武十四年（辛酉）十月辛巳（1381.11.16）

置陕西递运所四。巩昌府漳县一，曰三岔；岷州卫三，曰酒店子，曰梅川，曰野狐〔水〕桥。

（太祖朝馆本卷一三九·页八下）

○ 洪武十四年（辛酉）十二月乙卯（1381.12.20）

置庄浪、西宁马驿四。庄浪卫二，曰在城，曰大通河；西宁卫二，曰在城，曰老鸦城。每驿给以河州茶马司所市马十匹，以兵士十一〔二〕人牧之，就屯田焉。

（太祖朝馆本卷一四〇·页五上）

○ 洪武十六年（癸亥）四月丁丑（1383.5.6）

松州卫指挥佥事耿忠言："臣所辖松潘等处安抚司各簇长官司，宜以其户口之数，量其民力，岁令纳马置驿，而籍其民充驿夫，以供徭役。"从之。

（太祖朝馆本卷一五三·页三上）

○ 洪武二十一年（戊辰）二月壬戌（1388.3.25）

礼部主事高惟善自长河西、鱼通、宁远等处还。上言曰："臣闻安边在乎治屯守而兼恩威。屯守既坚，虽远而有功；恩威未备，虽近而无益。今鱼通、九枝疆土及岩〔严〕州、杂道二长官司，东邻碉门、黎、雅，西接长河西，原自唐时吐蕃强盛，宁远、安靖、岩等州汉民往往为彼驱入九枝、鱼通防守汉边。元初，设二万户府，仍于盘陀、仁阳置立寨栅，边民戍守。其后，各枝率众攻仁阳等栅，及川蜀兵起，乘势侵凌黎、雅、邛、嘉等州。洪武十年，始随碉门土酋归附国朝，设岩州、杂道二长官司。迨今十有余年，官民仍旧不相统摄。盖无统制之司，恣其猖獗，因袭旧弊故也。其近而已附者如此，远而未附者何由而臣服之。且岩州、宁远等处，乃古之州治。苟拨兵戍守，就筑城堡，开垦山田，使近者向化而先附，远者畏威而来归，西域无事则供我徭役，有事则使之先驱，抚之既久则皆为我用矣。如臣之说，其便有六：通乌思藏、朵甘，镇抚长河西，可拓地四百余里，得番民二千余户，非惟黎、雅之保障，蜀亦永无西顾之忧。一也。……碉门至岩州道路宜令缮修开拓，以便往来人马，仍量地里远近均立邮传，与黎、雅烽火相应，庶可以防遏乱略，边境无虞。六也。"从之。

（太祖朝馆本卷一八八·页七下～八下）

○洪武二十五年（壬申）九月壬午（1392.9.20）

上以巩昌至甘肃马驿相去甚远，马乏而人易困，乃命兵部同右军都督府遣官相度，凡百二十里以上者，中增一驿，以秦、河二州所市马分给之，其驿夫则籍于有司附近者。于是，自巩昌、凉州达于甘肃，增置延来等二十九驿，驿置马三十匹。

（太祖朝馆本卷二二一·页一上）

○洪武二十八年（乙亥）七月甲午（1395.7.19）

置会川〔州〕卫军民指挥使司巴松、大龙、黎溪、会川四驿。

（太祖朝馆本卷二三九·页三下）

○永乐五年（丁亥）三月丁卯（1407.4.20）

封馆觉灌顶国师宗巴斡〔斡〕即南哥巴藏卜为获〔护〕教王，灵藏灌顶国师者〔著〕思巴儿监藏为替〔赞〕善王，国师号悉如故，俱赐金印、诰命。并谕怕木竹巴灌顶国师阐化王吉剌思巴监藏巴里藏卜同获〔护〕教王、赞善王、必力工瓦国师、川卜千户所、必里、朵甘、陇答王〔三〕卫、川藏等簇，复置驿站，以通西域之使。令洮州、河州、西宁三卫，以官军马匹给之。仍赐阐化王等锦绮衣服。

（太宗朝馆本卷六五·页二上～下）

○永乐五年（丁亥）三月辛未（1407.4.24）

敕都指挥同知刘昭、何铭等往西番、朵甘、乌思藏等处设立站赤，抚安军民。

（太宗朝馆本卷六五·页三上～下）

○永乐六年（戊子）十二月丁酉（1409.1.9）

置四川天全六番招讨司太平驿。

（太宗朝馆本卷八六·页六下）

○永乐七年（己丑）二月辛巳（1409.2.22）

陕西都指挥同知何铭等六十人往乌思藏等处分置驿站，还奏。赐钞币、衣服有差。

（太宗朝馆本卷八八·页五下）

○永乐十二年（甲午）正月己卯（1414.1.25）

遣中官杨三保赍敕往谕乌思藏怕木竹巴灌顶国师阐化王吉剌思巴监藏巴里藏卜、必力工瓦阐教王领真巴儿吉监藏、管觉灌顶国师护教王宗巴斡［斡］即南哥巴藏卜、灵藏（灌）顶国师赞善王著思巴儿监藏巴藏卜及川卜、川藏、陇答、朵甘、答笼、匝常、剌恰、广迭、上下邛部、陇卜诸处大小头目，令所辖地方驿站有未复旧者，悉如旧设置，以通使命。

（太宗朝馆本卷一四七·页一上）

设立茶马司、盐马司,颁发金牌勘合,官府主持茶马互市

○ 洪武四年(辛亥)十二月庚寅(1372.1.17)

户部言:"陕西汉中府金州、石泉、汉阴、平利、西乡县诸处茶园共四十五顷七十二亩,茶八十六万四千五十八株。每十株,官取其一,民所收茶,官给值买之。无户茶园,以汉中府守城军士薅培,及时采取,以十分为率,官取其八,军收其二,每五十斤为一包,二包为一引,令有司收贮令于西番易马。"从之。

(太祖朝馆本卷七〇·页三下~四上)

○ 洪武五年(壬子)二月乙巳(1372.4.1)

户部言:"四川产巴茶,凡四百七十七处,茶二百三十八万六千九百四十三株,茶户三百一十五。宜依定制:每茶十株,官取其一,征茶二两;无户茶园,令人薅种,以十分为率,官取其八。岁计得茶万九千二百八十斤,令有司贮候西蕃易马。"从之。

(太祖朝馆本卷七二·页四上~下)

○ 洪武五年(壬子)十二月乙未(1373.1.16)

四川茶盐都转运司言:"碉门、永宁、筠连诸处所产之茶,名剪刀粗叶,惟西番夷僚用之。自昔商贩未尝出境,既非茶马司巴茶之比,宜别立茶局,征其税,易红缨、毡衫、米、布、椒蜡,可资国用。其居民所收之茶,亦宜依江南茶法,于所在官司给引贩卖,公私便之。今拟设永宁茶局一,曰界首镇,岁收茶一十八万八千斤;雅州茶局一,曰碉门,岁收茶四十一万一千六百斤;成都茶局三,曰灌州,岁收茶七千四百三十斤,曰安州,岁收茶万三千一百七十斤,曰筠连州,岁收茶二〔三〕

十九万六千二百八〔七〕十斤。既收则征其什一于官。"诏从之。

（太祖朝馆本卷七七・页三下）

○洪武七年（甲寅）三月乙未（1374.5.11）

纳溪、白渡等司进盐所易马凡二百五十匹，命典牧所收牧。

（太祖朝馆本卷八八・页五下）

○洪武八年（乙卯）五月戊辰（1375.6.8）

遣内使赵成往河州市马。初，上以西番素产马，其所用货泉与中国异，自更钱币，马之至者益少。至是，乃命成以罗绮绫帛并巴茶往市之。仍命河州守将善加抚循，以通互市。马稍来集，率厚其值偿之。成又宣谕德意。自是番酋感悦，相率诣阙谢恩，而山后归德等州西番诸部落皆以马来售矣。

（太祖朝馆本卷一〇〇・页一下）

○洪武九年（丙辰）五月甲戌（1376.6.8）

中书省言："兰县、河州旧募商人入粟中盐，每引计米一石，道远费重，故商人稀少，宜减其价，庶边储可积。"于是，命淮盐减米二斗，浙盐减米三斗，河东盐减十之四。

（太祖朝馆本卷一〇六・页二下）

○洪武九年（丙辰）十二月己卯（1377.2.8）

兵部奏市马之数：秦州、河州茶马司，市马一百七十一匹；庆远裕民司市马二百九十四匹；顺龙盐马司，市马四百三匹。

（太祖朝馆本卷一一〇・页九下）

○洪武十年（丁巳）五月壬辰（1377.6.21）

减秦州茶马司令、丞各一人。

（太祖朝馆本卷一一二・页三上）

○洪武十二年（己未）十二月壬辰（1380.2.6）

　　兵部奏市马之数：秦、河二州茶马司以茶市马一千六百九十一匹；庆远裕民司以银、盐市马一百九十二匹。

（太祖朝馆本卷一二八·页六下）

○洪武十三年（庚申）九月戊戌（1380.10.9）

　　兵部奏河州茶马司市马，用茶五万八千八百九十二斤、牛九十八头，得马二千五十匹。

（太祖朝馆本卷一三三·页四上）

○洪武十三年（庚申）十月甲戌（1380.11.14）

　　罢四川白渡、纳溪二盐马司及阜民司，仍以白渡、纳溪之盐易棉布，遣使入西羌市马。

（太祖朝馆本卷一三四·页二上）

○洪武十四年（辛酉）十月甲子（1381.10.30）

　　四川威、松、茂州三卫以茶、姜、布、纸易马，送京师。

（太祖朝馆本卷一三九·页六下）

○洪武十四年（辛酉）十二月癸亥（1381.12.28）

　　复置四川纳溪盐马司。

（太祖朝馆本卷一四〇·页五下）

○洪武十四年（辛酉）十二月庚辰（1382.1.14）

　　兵部奏茶、盐、银、布易马之数：秦、河二州以茶易一百八十一匹；纳溪、白渡二盐马司以盐、布易二百匹；洮州卫以盐易一百三十五匹；庆远裕民司以银、盐易一百八十一匹。凡得马六百九十七匹。

（太祖朝馆本卷一四〇·页九下）

○洪武十五年（壬戌）十二辛丑（1383.1.30）

　　兵部奏市马之数：秦、河、洮三州茶马司及庆远裕民司，市马五百八十五匹。

（太祖朝馆本卷一五〇·页八上）

○ 洪武十六年（癸亥）五月乙卯（1383.6.13）

改洮州、秦州、河州三茶马司，白渡、纳溪二盐马司皆为正九品，设大使、副使各一人。

（太祖朝馆本卷一五四·页一下）

○ 洪武十六年（癸亥）七月辛亥（1383.8.8）

罢洮州茶马司，以河州茶马司总之。

（太祖朝馆本卷一五五·页四上）

○ 洪武十六年（癸亥）八月壬午（1383.9.8）

兵部奏："定永宁茶马司以茶易马之价，宜如河州茶马司例。凡上马，每匹给茶四十斤；中马，三十斤；下马，二十斤。"从之。

（太祖朝馆本卷一五六·页二上）

○ 洪武十七年（甲子）闰十月乙卯（1384.12.4）

四川布政使司请募商人于黎州纳粟中盐。从之。

（太祖朝馆本卷一六七·页二下）

○ 洪武十七年（甲子）十一月癸未（1385.1.1）

命秦州、河州茶马司，以所市马五百六十匹分给陕西骑士。

（太祖朝馆本卷一六八·页三下）

○ 洪武十七年（甲子）十二月辛酉（1385.2.8）

兵部奏是岁四川碉门茶马司，以茶易马骡五百九十六匹。

（太祖朝馆本卷一六九·页四下）

○ 洪武十八年（乙丑）正月癸酉（1385.2.20）

四川、贵州二都司送所市马一万一千六百匹至京师。

（太祖朝馆本卷一七〇·页二上）

○洪武十八年（乙丑）二月丁巳（1386.1.30）

秦州、河州茶马司及叙南、贵州乌撒、宁川、毕节等卫，市马六千七百二十九匹。

（太祖朝馆本卷一七六·页五下）

○洪武十九年（丙寅）正月己卯（1386.2.21）

罢四川永宁茶马司。

（太祖朝馆本卷一七七·页一下）

○洪武十九年（丙寅）二月乙巳（1386.3.19）

置雅州碉门茶马司，秩正九品，设大使、副使各一人。

（太祖朝馆本卷一七七·页二下～三上）

○洪武十九年（丙寅）九月癸亥（1386.10.3）

行人冀忠往陕西市马还，得马二千八百七匹。

（太祖朝馆本卷一七九·页四下）

○洪武十九年（丙寅）十二月甲申（1386.12.23）

遣虎贲左卫指挥佥事姜观、右卫千户沈成、行人任俊，以钞三十九万三千六百九十锭，往陕西河州等处市马，给骑士操练。

（太祖朝馆本卷一七九·页六下）

○洪武二十年（丁卯）六月壬午（1387.6.19）

四川雅州碉门茶马司，以茶一十六万三千六百斤，易驼、马、骡驹百七十余匹。

（太祖朝馆本卷一八二·页三下）

○洪武二十一年（戊辰）二月庚申（1388.3.23）

四川天全六番招讨司副招讨杨藏卜言："本司茶户常以茶与西番蛮人贸易毛缨、茜草等物，商旅往来鬻贩，每岁课额所收一万四千余贯。近者，茶株取勘在官，所收之茶，复给官价买之，收贮官库，以备易马。

由是商旅不行，课额遂亏多，令应役之人陪纳不便，乞差人从实闸办。"从之。

（太祖朝馆本卷一八八·页七上）

○洪武二十一年（戊辰）二月壬戌（1388.3.25）

四川布政使司奏："川中产茶，曩者，西番诸羌以毛布、毛缨之类相与贸易，以故岁课不亏。近者，朝廷颁定课额，官自立仓，收贮专用市马，民不敢私采，每岁课程，民皆陪纳。请仍令民间采摘，与羌人交易。如此则非惟民得其便，抑且官课不亏。"诏从之。

（太祖朝馆本卷一八八·页七下）

○洪武二十二年（己巳）六月丙寅（1389.7.22）

四川岩州卫奏："每岁长河西等处番商以马于雅州茶马司易茶，其路由本卫经黎州始达茶马司。茶马司定价，每堪中马一匹，给茶一千八百斤，令于碉门茶课司支给。不惟番商往复路远，实且给茶太多。今宜量减马价，移置茶马司于岩州，将碉门茶课司所贮茶运至于此。马至，则验马之高下，以茶给之。"

诏茶马司仍旧，惟定其价上马一匹与茶一百二十斤，中马七十斤，驹马五十斤，番商有不愿者听。

（太祖朝馆本卷一九六·页五下）

○洪武二十三年（庚午）三月丁卯（1390.3.20）

四川天全六番招讨司，进二十二年所收茶课之数乌茶六十六万六千六百九斤。碉门茶课司，乌茶一百八十四万二千六百五十五斤。

（太祖朝馆本卷二〇〇·页五上～下）

○洪武二十三年（庚午）九月甲寅（1390.11.2）

陕西都指挥使聂纬以西安左右等卫所市马七千六十匹送京师，以尝命户部运钞六十万锭往西宁、岷州、河州市易故也。

（太祖朝馆本卷二〇四·页四下）

○洪武二十五年（壬申）三月己丑（1392.3.31）

遣尚膳太监而聂、司礼太监庆童赍敕往谕陕西河州等卫所属番族，令其输马，以茶给之。

（太祖朝馆本卷二一七·页二上）

○洪武二十五年（壬申）五月甲辰（1392.6.14）

尚膳太监而聂等至河州，召必里诸番族，以敕谕之。诸族皆感恩意，争出马以献。于是得马万三百四十余匹，以茶三十余万斤给之，诸族大悦。而聂遣使入奏，命以马分给河南、山西、陕西卫所骑士。

（太祖朝馆本卷二一七·页七下）

○洪武二十七年（甲戌）十二月癸巳（1395.1.19）

兵部奏是岁雅州碉门及秦、河二州茶马司市马，得二百四十余匹。

（太祖朝馆本卷二三五·页六上）

○洪武二十九年（丙子）三月戊午（1396.4.8）

遣官往四川天全六番招讨司，核实洪武二十四年至二十六年茶课。

（太祖朝馆本卷二四五·页一上）

○洪武二十九年（丙子）四月己丑（1396.5.9）

长兴侯耿炳文奏："秦州茶马司不便于互市，请迁于西宁。"命户部议之。

（太祖朝馆本卷二四五·页四上）

○洪武三十年（丁丑）四月戊子（1397.5.3）

命右军都督府遣镇抚刘正，于泸州市绵布，往西番易马。凡用布九万九千余匹，得马一千五百六十匹。命分给建昌、盐井二卫军士操养。

（太祖朝馆本卷二五二·页三上）

○洪武三十年（丁丑）四月己丑（1397.5.4）

改秦州茶马司为西宁茶马司，迁其治于西宁，从长兴侯耿炳文之请也。

（太祖朝馆本卷二五二·页三上）

○洪武三十年（丁丑）七月辛酉（1397.8.4）

命户部于四川成都、重庆、保宁三府及播州宣慰使司置茶仓四所，贮茶以侍客商纳米中买，及与西番商人易马。各设官以掌之。

（太祖朝馆本卷二五四·页一下）

○洪武三十年（丁丑）七月辛未（1397.8.14）

上谓户部尚书郁新等曰："陕西汉中以茶易马，每马约与茶百斤。岁给茶三百万斤，可易马三万匹。宜严守关隘，禁人贩鬻。其四川松茂之茶与陕西同。碉门、黎、雅，则听商人纳米市易。尔户部即遣人于陕西、四川按视茶园之数。"

（太祖朝馆本卷二五四·页三下）

○洪武三十一年（戊寅）二月戊寅（1398.2.17）

曹国公李景隆还自西番。先是，（上）命景隆赍金符往西番，以茶易马。凡用茶五十余万斤，得马一万三千五百一〔二〕十八匹。至是还，命分给京卫骑士操养。

（太祖朝馆本卷二五六·页二下）

○洪武三十一年（戊寅）二月丙午（1398.3.17）

上谕左军都督府左都督徐增寿曰："曩因碉门拒（长）河西口道路险隘，以致往来跋涉艰难，市马数少。今闻有路自碉门出枯木任场径抵长河西口，通杂道长官司，道路平坦，往来径直。尔即檄所司开拓，以便往来。"

（太祖朝馆本卷二五六·页五上）

○洪武三十一年（戊寅）五月庚申（1398.5.30）

置成都、重庆、宝宁三府及播州宣慰司茶仓四所。命四川布政使司移文天全六番招讨司，将岁输茶课仍输碉门茶课司，馀地方就近悉送新仓收贮，听商人交易，及与西番市马。

（太祖朝馆本卷二五七·页四下）

○永乐二年（甲申）二月甲午（1404.4.2）

　　宁夏总兵官左都督何福言："河州等处永乐元年官所易恭［茶］马多，请给军士。"从之。

（太宗朝馆本卷二八·页五下）

○永乐二年（甲申）三月丙寅（1404.5.4）

　　安定卫指挥朵儿只束等来朝，自陈愿纳差发马五百匹。命河州卫指挥佥事康寿往受之。寿言："必里、罕东等卫所纳马，其值皆河州军民运恭［茶］与之。今安定卫遥远，运恭［茶］甚艰，请给布绢为便。"

　　上曰："诸番市马皆用茶，给［已］著为令。今安定卫来朝之初，自愿纳马，其意可嘉。姑以（绢）布给之，后仍以茶为值。"于是，上马给绢二匹、布二匹，中马绢一匹、布二匹，下马绢一匹、布一匹。

（太宗朝馆本卷二九·页四下～五上）

○永乐三年（乙酉）十二月乙酉（1406.1.13）

　　上谓兵部臣曰："河州、洮州、西宁诸处与西番易马，朝廷本推诚抚纳远人，皆与好茶。闻近时守边头目人等，多用恶谬茶欺之，甚者，侵损其财物。彼虽淳厚，不肯陈告，然心未必能平。来年其遣金牌信符给西番为验，使比对相同即纳马，如洪武中例，不可后期。仍榜谕边地官民，以朝廷怀远之意。今后，马至，必与好茶。若复欺之，令巡按监察御史采察以闻。"

（太宗朝馆本卷四九·页三下）

○永乐四年（丙戌）七月庚子（1406.7.27）

　　除四川余庆九姓等长官司、天全六番招讨司及雅州通江、荣经二县绝户茶课三十七万七千九百余斤。

（太宗朝馆本卷五六·页五上）

○永乐六年（戊子）三月乙卯（1408.4.2）

　　设陕西巩昌府、徽州火钻峪批验茶引所，置大使一员。

（太宗朝馆本卷七七·页一上）

○ 永乐七年（己丑）正月辛亥（1409.1.23）

命户部严边关茶禁。先是，洪武中以茶易马，上马给茶八十斤，中马六十斤，下马四十斤。永乐初，上怀柔远夷，递增其数。由是市马者多，而茶禁少弛。碉门茶马司用茶八万三千五十斤，止易马七十匹，又多损瘦[瘦损]，故有是命。

（太宗朝馆本卷八七·页一下）

○ 永乐八年（庚寅）十一月己丑（1410.12.22）

镇守河州卫陕西都指挥同知刘昭奏："陆续收到河州卫各番簇马七千七百一十四匹。上马每匹茶六十斤，中马四十斤，下马递减之，共给茶二十七万八千四百六十斤。已选配牝马千四百三十四匹，发陕西、甘肃二处苑马寺孳牧。今以马六千二百八十匹送北京，命太仆寺牧养。"

（太宗朝馆本卷一一〇·页三上）

○ 永乐九年（辛卯）十月辛卯（1411.10.20）

镇守河州卫都指挥刘昭言："河州归德千户所，去卫七百余里，东距川卜千户所，西距必里卫番族，南距朵土川藏，北距黄河罕东卫界。旧于河州卫七所拨军二百守御，浮食寓居，不敷调遣。宜全调一所，选精锐二百守城，八百屯种，及运入番买马茶。"从之。

（太宗朝馆本卷一二〇·页一上）

○ 永乐十一年（癸巳）五月壬辰（1413.6.12）

设甘肃茶马司于陕西行都司城内，官制悉如西宁茶马司，隶陕西布政司。

（太宗朝馆本卷一四〇·页二下）

○ 永乐十三年（乙未）二月戊戌（1415.4.9）

四川长河西鱼通宁远等处军民宣慰司言："西方无他土产，惟以马市茶为业。近年禁约之后，生理其[甚]艰，乞仍开中[市]，庶（几）民有所养。"从之。

（太宗朝馆本卷一六一·页六上）

○宣德元年（丙午）十一月庚子（1426.12.9）

上御右顺门谕行在礼部尚书胡濙曰："昨日御马监言：'西番国师、剌麻所进马各有高下，赏赐亦宜分等第。'此言亦可采。若高下同价，则被将谓朝廷混然无别，所进下者固喜，高者心必不平。卿等宜斟酌适中。"于是礼部定议：中马一，给钞二百五十锭、纻丝一匹；下马一，钞二百锭、纻丝一匹；下下马一，钞八十锭、纻丝一匹；有疾瘦小不堪者，每一马钞六十锭、绢二匹。

（宣宗朝馆本卷二二·页一三上～下）

○宣德三年（戊申）四月癸亥（1428.4.25）

四川参政李衡奏："户部勘合令民运河州茶马司茶六十万斤赴陕西。比因松潘等处番寇作乱，发兵剿捕，其旁近州县民皆惊溃，而发成都等府民六十余万往运军饷，民力不足，乞暂停运。"

上谓尚书夏原吉曰："蜀地险民贫，今方用兵，供给实难，安可复以不急之务扰之。民扰则不安，不安则怨，怨则为非。宜从衡所言，止勿运。凡诸司有买办于彼者，悉令停止。"

（宣宗朝馆本卷四一·页七下～八上）

○宣德五年（庚戌）九月丁未（1430.9.26）

天全六番招讨司奏："旧额岁办乌茶五万斤，二年一次，运赴碉门茶马司易马。今户部令再办芽茶二千二百斤。山深地瘠，茶多枯死，艰于采办，乞减其数。"

上谓行在户部（臣）曰："边民当宽以抚之，悉免乌茶，止令办芽茶。"

（宣宗朝馆本卷七〇·页四上）

○宣德五年（庚戌）九月丁卯（1430.10.16）

镇守洮州都指挥使李达奏："边军缺马巡哨，请运汉中府所贮茶五万斤往洮州市马。"从之。

（宣宗朝馆本卷七〇·页一〇下）

○宣德六年（辛亥）二月庚子（1431.3.18）

　　镇守河州都督刘昭奏："今乌思藏等处使臣往来者，多用脚力犏牛，缺茶买办，乞令四川运茶三十万斤分贮河州三茶马司，以备支用。"

　　上谕行在户部臣曰："闻四川民贫，近时茶课多不足。今欲运茶三十万斤，民不堪命，但令近河州军卫有司官库所贮物货从昭用以易牛，庶几少苏蜀民。"

（宣宗朝馆本卷七六·页六上～下）

○宣德七年（壬子）六月癸丑（1432.7.23）

　　罢内官入番买马。初，内官李信、李贵以西番多良马，请买以供国用，既次陕西治行。上以地远劳人敕罢之。

（宣宗朝馆本卷九一·页九上）

○宣德七年（壬子）十二月丁亥（1432.12.24）

　　镇守河州、西宁都督同知刘昭言："所征河州卫各番簇茶马七千七百余匹，已征六千五百余匹，给与陕西官军操练。其未到者，乃必里卫诸簇。缘今年畜牧多疫死，且西番苦寒，请俟来年征之，就给各卫。"又奏："西宁等卫所属番簇茶马三千二百九十六匹，已征二千三百余匹，给军。安定、罕东二卫路远未纳，亦请候明年征之。"上悉从之。

（宣宗朝馆本卷九七·页一上）

○宣德八年（癸丑）七月丙辰（1433.7.21）

　　四川宜宾县民言："四川筠连茶课司自洪武至永乐间，所征茶课积至三百余万斤，岁久不堪市马，别无支用，虚占四百余人守视，乞准户口食盐给与附近军卫有司。"从之。

（宣宗朝馆本卷一○三·页八上）

○宣德十年（乙卯）正月甲午（1435.2.19）

　　行在户部奏："陕西西宁、河州、洮州蕃族输马一万三千余匹，当给赏茶一百九万七千余斤。欲移文四川布政司起夫辇运，今闻其处旱潦相仍，人民艰食，乞暂停止。"

上从之。且命有司善加收贮，俟丰年运给之。

（英宗朝馆本卷一·页一四下～一五上）

○ **宣德十年（乙卯）四月癸卯（1435.4.29）**

减差行人禁约私茶。先是，西番来茶马司，以马易茶，朝廷得马甚众。久之，有私贩茶者，得马遂少。乃每岁四月至九月，月差行人四员，分往四川、陕西隘口省谕，勿令纵贩私茶出境，半年之间，计差官二十四员，往来络绎不绝。至是，行在户部奏，凡三越月差官一次，庶免沿途供费。从之。

（英宗朝馆本卷四·页二上）

○ **宣德十年（乙卯）八月丁未（1435.8.31）**

镇守河州陕西都指挥佥事刘永奏："本处所选土军、土民缺马，骑操今停止。下番官买犏牛一千六百余只，欲令每牛增茶七十斤易马一匹给之。"奏下行在户部，复奏："以牛易马，足相抵值，不必增茶。"上命每匹听增茶三十斤易之。

（英宗朝馆本卷八·页二上）

○ **宣德十年（乙卯）九月乙亥（1435.9.28）**

镇守洮州都督佥事李达奏："军士缺马骑操，请以原买下番犏牛五百只易马给军。"从之。

（英宗朝馆本卷九·页二下～三上）

○ **宣德十年（乙卯）十月壬寅（1435.10.25）**

陕西西宁卫奏："今茶马司缺茶买马，而四川成都诸府积有官茶。请召商于彼处运赴本司，每茶百斤加耗十斤，不拘资次支与淮浙运司盐六引。"从之。

（英宗朝馆本卷一〇·页三上）

○宣德十年（乙卯）十月辛亥（1435.11.3）

出京库布于甘肃市马。先是，总兵官都督刘广以官马不足，令陕西有司出官物市之。至是，又不足，遂有是命。

（英宗朝馆本卷一〇·页五上）

○正统元年（丙辰）六月辛丑（1436.6.20）

罢运茶支盐例。时有佥都御史罗亨信奏："茶课本以利中国便番民，近许客商自备脚力，关运官茶，往甘州西宁交纳，给与淮、浙官盐。客商恃有执照、文凭，惟贩私茶，官课经五、七年不完，遂致官茶价低，买马不便。又，边卫军余耕种田亩〔地〕，止令自给，免纳税粮。迩者边储缺少，仍令计亩而输，军士供给艰难。"

事下行在户部，复奏。上以茶禁不可不严，边军所当优恤，俱如其〔所〕言。

（英宗朝馆本卷一八·页二下～三上）

○正统二年（丁巳）二月丙戌（1437.4.1）

镇守西宁署都指挥佥事金玉奏："市马缺茶，请发丁壮于四川运茶赴卫备用。"

上以西鄙用兵，民方困竭，兹事宜少缓，须灭虏后行之。

（英宗朝馆本卷二七·页九下）

○正统三年（戊午）五月庚戌（1438.6.19）

行在兵部尚书王骥奏："凉州操备洮、岷等卫官军、土民缺马，乞将兰州卫收贮官银及河州卫收贮官茶、布绢买马备用。"

奏至，上谕行在户部、礼部、兵部臣曰："操备用马为急，尔等其速议行之，勿误边事。"于是三部议："宜听收买，请敕镇守三司等官估值，运赴各卫，令其军民自访堪中马匹，当官给价买用。"从之。

（英宗朝馆本卷四二·页七下）

○ 正统三年（戊午）六月乙丑（1438.7.4）

　　命行在大理寺右少卿陈卤、李畛赴陕西攒运官茶，以备收马。先是，正统元年例应收马，以民饥而止。至是，行在兵部言："陕西、甘肃等处征哨〔操〕缺马，请交收如例。"上命与行在户部会议。乃奏请于四川保宁等府运茶一百万斤赴陕西西宁等茶马司收贮，仍令在京堂上官总理其事，遂有是命。

　　　　　　　　　　　　　　　（英宗朝馆本卷四三·页四上～下）

○ 正统六年（辛酉）二月丙戌（1441.3.11）

　　河西般思播儿地面纳儿哥等寺星吉坚粲等六人奏市茶二万斤，摄剌星吉等十三人市一万三千斤。上谕行在礼部臣曰："茶不可过与，弟〔第〕令人市三百斤。"

　　　　　　　　　　　　　　　（英宗朝馆本卷七六·页一一上）

○ 正统六年（辛酉）五月甲寅（1441.6.7）

　　行在户部奏："甘肃茶马司收贮官茶岁久，即今马贵茶贱，别无支销，请将正统元年以前者，每茶一斤准粮一斗，与在边各卫所官员折色俸粮支用。其正统二年以后在库者，仍令如法收贮，以备买马。"从之。

　　　　　　　　　　　　　　　（英宗朝馆本卷七九·页九下）

○ 正统七年（壬戌）四月己未（1442.6.7）

　　镇守洮州都指挥（佥事）李信率所部征茶马，受番人赂，且私有所货。诸簇由是多负所征。镇守陕西都督郑铭请治信及所部罪。

　　上曰："然。选逮信所部鞫治。如涉信，更处之。"

　　　　　　　　　　　　　　　（英宗朝馆本卷九一·页七上）

○ 正统八年（癸亥）二月辛亥（1443.3.26）

　　陕西西宁翟〔瞿〕昙寺国师喃葛藏卜奏买茶一万五千斤，命止买五千斤。

　　　　　　　　　　　　　　　（英宗朝馆本卷一〇一·页九上）

○ 正统九年（甲子）二月乙酉（1444.2.23）

安定卫国师摄剌藏卜等，以朝贡至京，各市茶二千斤。又奏："安定王今市茶三千斤回用，乞赐车辆（与）糗粮。"

上以茶数过多，诏允安定王五百斤，官为运去。其国师二百斤，徒众人一百斤，俱令自募人运。仍命礼部著为令。

（英宗朝馆本卷一一三·页二上）

○ 正统九年（甲子）五月丁卯（1444.6.4）

命刑部右侍郎丁铉、光禄寺寺丞吕〔李〕泰往四川攒运茶课。时户部奏："陕西西宁、河州、洮州等卫所属各番簇番民，例应三年一次纳差发马一万四千五十余匹，合用茶偿其价。宜预遣官往四川保宁等府，攒运茶赴陕西西宁等茶马司交收以俟。"故有是命。

（英宗朝馆本卷一一六·页六下）

○ 正统九年（甲子）五月乙亥（1444.6.12）

四川布政司奏："叙州府高县筠连茶课司茶不堪易马，连年收积无用。事下户部，复议以为宜裁革茶课司，其原收茶每一斤折钞一贯，准作官员俸粮。"从之。

（英宗朝馆本卷一一六·页一○下）

○ 正统九年（甲子）七月癸酉（1444.8.9）

镇守陕西都督同知郑铭奏："今年收纳番马，该四川运茶八十四万三千六十斤至陕西界。陕西起倩军夫运至各茶马司，用军夫二万一千七十余名。即今岁旱人饥，乞暂停运以侍〔待〕丰年。"

兵部言："西宁茶马司现有茶二十五万四千余斤，请将该运茶减半，或从铭所奏暂停。"

上曰："茶马国家要用，既陕西军民艰难，令侍郎丁铉等与郑铭等议，除用各茶马司现在茶外，将今该运茶减半，令有力军民陆续运去辏用。如秋后不熟，再议以闻。"

（英宗朝馆本卷一一八·页九上～下）

○ 正统九年（甲子）九月辛巳（1444.10.16）

命陕西布政司支大绢五千四百匹于巩昌等卫买马，给军骑操。从总兵官宁远伯任礼奏也。

（英宗朝馆本卷一二一·页二上）

○ 正统十年二月庚申（1445.3.24）

镇守河州陕西都指挥同知刘永奏："河州、洮州、西宁三卫番民，多有往来潜住者，乞敕各卫镇守等官勘实，移文通知取回，当差纳马。"从之。

（英宗朝馆本卷一二六·页五下）

○ 正统十年（乙丑）九月壬申（1445.10.2）

兵部奏："刑部侍郎丁铉往川陕运茶四十二万斤有奇，赴洮州等茶马司买马，请命内臣赍领金牌信符监买。"

陕西右布政使王暹亦言："每年运茶入番，其洮州等三卫军官往往夹带私茶，以致茶价亏损，马数不敷。乞遵永乐间例，仍差监察御史三员分督，庶革宿弊。"从之。

（英宗朝馆本卷一三三·页一下）

○ 正统十二年（丁卯）四月丙午（1447.4.29）

巡按陕西监察御史冯靖奏："征收西宁、罕东、安定、阿端、曲先五卫番民马二千九百四十六匹，给茶一十二万五千四百三十斤。"

（英宗朝馆本卷一五二·页五下）

○ 正统十三年（戊辰）二月辛酉（1448.3.9）

陕西洮州茶马司奏："本司额收四川官茶三年一次，易买番马三千匹，然有未完者。盖由近年邻近府卫军民兴贩私茶者多，是以产茶处所，竞以细茶货卖，而以粗茶纳官，价既不伦，粗茶复非番人所好，所买不完，职此之故。"

事下户部，请行镇守陕西右都御史王文等官禁约，及行四川布政司严督所属，务征细茶运纳。从之。

（英宗朝馆本卷一六三·页二下）

○ 正统十三年（戊辰）三月庚子（1448.4.17）

镇守洮州都指挥李信奏："正统十一年入番征收茶马，其哈偏等簇番民逃窜别境，负马二百四十九匹，迨今无从招抚追纳。"

上曰："番民既艰难逃避，姑免追征，仍移文各簇头目招抚复业，务在宽恤得所。若头目故纵逃避，及逃民恃顽不悛，俱重罪不宥。"

（英宗朝馆本卷一六四·页五上）

○ 正统十四年（己巳）六月庚戌（1449.6.21）

遣通政司右通政汤鼎、光禄寺寺丞张如宗往陕西、四川运茶买马。陛辞，赐敕谕之曰："今陕西西宁等卫所属番簇番民该纳马，特命尔等往四川与都布按三司、巡按监察御史公同计议，就于保宁等府约量运茶八十四万三千六十斤至陕西界官司收贮；仍往陕西会同镇守三司官及巡按监察御史公同计议，起倩军夫运至各茶马司交收。内西宁茶马司收一十九万七千七百六十斤；河州茶马司收四十六万二〔三〕千三百斤；洮州茶马司收一十八万三千斤。待收完日，随即具奏，差官前去收马。尔等务要公廉详慎，同心协力，酌量人情，抚恤攒运。或有不便之事，奏闻区处。仍严禁管运茶课官吏、差使人等，不许假公营私，生事剥削，致军民不安，自取罪愆。"

（英宗朝馆本卷一七九·页一上～下）

○ 正统十四年（己巳）九月甲申（1449.9.23）

命四川减运今年官茶之半，以军民攒运军饷疲困也。

（英宗朝馆本卷一八三·页五下）

○ 景泰元年（庚午）闰正月辛酉（1450.2.27）

命出内帑银一万两于陕西市马。

（英宗朝馆本卷一八八·页一七上）

○景泰元年（庚午）闰正月壬申（1450.3.10）

召通政使司右通政汤鼎、光禄寺寺丞张如宗还京。鼎等先奉敕往四川收茶于西（宁）市马。至是，以边报未宁，民多馈运，故特召回。

（英宗朝馆本卷一八八·页二四上）

○景泰元年（庚午）三月乙卯（1450.4.22）

太子太保户部尚书金濂言："昨者，都察院检校何英奉敕往河州等卫，取土（军）赴京策应，许令军民之家纳马中盐，给军骑操。英定价每上马一匹与淮盐五十引，中马四十引，共收马一千四百匹，官司给符，令马主不拘资次支盐。臣以为河州本产马地方，今给价如此，亏官太甚，本部宜差官看验。前马到官者果上等，给盐二十五引，中等给二十引。"从之。

（英宗朝馆本卷一九〇·页六下）

○景泰二年（辛未）十一月丙午（1451.12.4）

四川筠连、高琪二县所产茶不堪易马，先命纳钞，民以不便为言。巡抚左佥都御史李匡请仍旧征茶，更请移文乌蒙军民府，民欲纳茶，亦从其便。从之。

（英宗朝馆本卷二一〇·页三下）

○景泰二年（辛未）十一月庚戌（1451.12.8）

巡抚四川左佥都御史李匡奏："明年例应命廷臣于四川买茶往陕西易马。今民力已竭，请暂停免。"从之。

（英宗朝馆本卷二一〇·页六上）

○景泰六年（乙亥）三月辛亥（1455.3.23）

户部奏："今岁应收买茶马，缘甘肃等处边事未宁，四川民力未舒，宜令所司征完茶如法收贮，俟事妥民安，然后举行。"从之。

（英宗朝馆本卷二五一·页二上）

○ 天顺三年（己卯）六月甲戌（1459.7.23）

兵部言："甘肃一带边防缺马五千余匹。户部议以陕西布政司、都行二司官库收贮籴粮银、赃罚银二万两、布绢二万三千余段，易三千五百余匹；以两淮、两浙存积盐四万五千引，中一千一百余匹；通计得马四千六百余匹。然此等区画，平居无事之时则可，今边报日急，缓不及事，乞另项区画财物，遣人收买。"

上曰："户部议亦是。令陕西布按二司，如所议收买。余则京库给银五千两，送去增买。盐免开中。"

（英宗朝馆本卷三〇四·页四下～五上）

○ 天顺五年（辛巳）五月丁卯（1461.7.5）

兵部言："陕西河州卫奏：'前调本卫马军二千从征，括马止得五百六十余匹，馀不能办。乞将本卫庆安库所贮下番赏赐段匹、绢、布、绵等物，市马给军。'尝移文户部区处，户部拒以禁例。今边警甚急，乞遣户部官一人会陕西三司，同河州卫官查盘易马。"

上从其议，遣中官李广往议行之。

（英宗朝馆本卷三二八·页五上～下）

○ 天顺五年（辛巳）十一月壬寅（1461.12.7）

巡抚宁夏右副都御史陈翌等奏官军缺马。兵部请令户部措置银七万两，运赴陕西，市马五千匹给军。上从之。命第输银二万两，往市二千匹。

（英宗朝馆本卷二三四·页二上）

○ 成化二年（丙戌）八月辛丑（1466.9.11）

兵部以调发缺马，奏上区画事宜："……一、陕西各边屡奏缺马，访得西宁至甘州番簇多产马之地，彼所缺者茶与青稞。若与互市，则善马一匹，不过用茶百斤，青稞十五石。以银计之，所费五六两。价值既轻，较之京师关领又免路途瘦损。今宜查取陕西官茶，就彼互市。如不敷，又籴买青稞银，宜行户部暂借折粮银五万两，发甘肃总兵等官，照彼时估买易骑操，数足而止。……"

有旨："马政近多废弛，今所区画，悉宜准行。……"

（宪宗朝馆本卷三三·页三上～五上）

○ 成化六年（庚寅）四月甲寅（1470.5.6）

巡抚甘肃右佥都御史徐廷章言七事："……一、西宁地方番夷食茶，如中国人民之于五谷不可一日无者。本朝旧有茶马之例，后暂停止，近又举行，然民间绝无兴贩，而官府又无督办之人，以致茶马司现茶不满千斤。乞敕所司通查出茶州、县山场，定其则例，听民采取，俱运赴西宁官库收贮，换易番马，给军骑操，并与苑马寺作种孳牧。其民间所采茶除税官外，馀皆许给文凭，于陕西腹里货卖，有私越黄河及河、洮、岷边境通番易马者，究问如律。……"

疏入，下所司知之。

（宪宗朝馆本卷七八·页一下～二下）

○ 成化七年（辛卯）正月庚子（1471.2.16）

巡按陕西监察御史刘城〔诚〕陈边务便宜："……一、陕西用武之地所在，士马日益亏损，武备不修，莫此为甚。……今宜通为区处，所缺马匹，命陕西镇守等官，委布政司官一员，每年支官银五千两，赴汉中及山东临清等处买茶叶，运赴西宁、洮、河等处易西番马匹，给军骑操。……"

疏入，命兵部参酌行之。

（宪宗朝馆本卷八七·页八下～九下）

○ 成化七年（辛卯）二月己酉（1471.2.25）

用监察御史刘诚言，命巡抚陕西都御史马文升等会议买茶易马之法以闻。

（宪宗朝馆本卷八八·页一下）

○ 成化七年（辛卯）五月戊寅（1471.5.25）

兵部奏："巡抚陕西都御史马文升所陈收茶易马事，深切边务，宜从所议。行令陕西布政司将库贮茶课易卖折色银及绵花等物，并官银共三千两，遣官领送河南、湖广市茶，运赴西宁等茶马司收贮。移文巡茶官同守备分巡官市易番马，俵给甘、凉操备并固原、靖虏、庆阳等卫缺马官军骑操。仍行甘肃、宁夏、延绥总兵、巡抚等官，核实缺马官军数目，亦如前例行之。"诏可。

（宪宗朝馆本卷九一·页一下～二上）

○ 成化七年（辛卯）八月庚申（1471.9.4）

巡抚陕西左副都御史马文升奏："茶马国之要务，其所遣御史，宜视巡盐事例降敕与之，使可内督三司官属，外服番夷。"

事下兵部，议可。从之。

（宪宗朝馆本卷九四·页六上）

○ 成化八年（壬辰）二月丙子（1472.3.18）

敕兵部官赍银二万两赴陕西西宁、洮、河诸处买马，以给边军。

（宪宗朝馆本卷一〇一·页四下）

○ 成化八年（壬辰）五月辛亥（1472.6.21）

停免陕西、山西市马。先是，御马监太监钱喜以随朝马并披甲马少，奏行陕西、山西、辽东买补。至是，巡抚陕西都御史马文升言："陕西已买马二百七十八匹，费公帑银五千五百两有奇，今虏贼扰边，公私匮乏，乞暂停免。"

事下兵部，复以为宜。有旨："特免陕西、山西，而辽东仍旧。"

（宪宗朝馆本卷一〇四·页五上）

○ 成化十年（甲午）闰六月己丑（1474.7.19）

命陕西镇守、巡抚等官督支榆林、绥德二库银五千两，于汉中等府买茶，运送西宁茶马司，令巡茶御史买马，给军骑操。候秋成日照价征银还官。从户部请也。

（宪宗朝馆本卷一三〇·页三上）

○ 成化十八年（壬寅）正月丙子（1482.1.25）

以陕西广积〔济〕库茶价银易茶给番僧。时灵藏灌顶国师赞善王下番僧章牙札巴等二百六十三人、札巴坚昝等一百四十九人，每人茶五十斤，共二万六百斤，例给赐于陕西茶马司，而所司无存积者，故布政司请以茶价易茶给之。

（宪宗朝馆本卷二二三·页一上～下）

○ 成化十九年（癸卯）正月壬寅（1483.2.15）

诏四川岁运茶十万斤，分贮陕西茶马司，以给番僧。先是，巡抚副都御史阮勤奏："陕西岁办茶止二万六千余斤，而给赐进贡番僧岁或至四五万斤，遂致各僧候支有迟至一二年者，日费廪饩，坐耗边储。乞岁运四川保宁所收茶课十万斤，付陕西接界官司转运各茶马司给之。其余则以为招番易马给军士骑操之用。"

事下户部，复奏。从之。

（宪宗朝馆本卷二三六·页一下）

○ 成化二十二年（丙午）十月己丑（1486.11.13）

户部会官议复漕运巡抚等官所陈事宜："……一、四川所属盐课司凡十有五处，地方隔远，及所司运纳茶课给赏番僧、易买番马者，事皆有弊，宜添设按察司佥事一员，巡视督办。……一、石泉县曲山旧关乃茂州羌人出没之路，宜移置马坪口巡检司于其处。……一、茶马市易与番人所进马，务选四岁以上六岁以下躯干高大者，方令收受，分送各边。其种马于五六月解寺发苑收养。其有仍前以老弱之马充数及纵容不举者，罪之。……"

（宪宗朝馆本卷二八三·页三上～下）

○ 正德三年（戊辰）十二月戊辰（1508.12.26）

户部言："先是，都[督]理马政都御史杨一清定西宁、洮、河三卫茶马则例，每岁征茶不过五万斤，易马不过五六千匹。今巡茶御史翟唐一年之间所收茶至七十八万二千余斤，所易马至九千余匹，较之常规，利实倍之。功绩颇著，宜加旌奖。"

诏升唐俸一级。

（武宗朝馆本卷四五·页一上～下）

○ 正德四年（己巳）十二月丙申（1510.1.18）

以西宁茶马四百匹给甘州官军，御虏于永昌。

（武宗朝馆本卷五八·页三下）

○ 嘉靖八年（己丑）二月癸酉（1529.3.16）

以甘肃镇缺马，发太仆寺马价银四万两给之。仍令西宁茶马司发马补数。其延绥骑士则以洮、河茶马给之。不足，许于苑马寺支补。

（世宗朝馆本卷九八·页五下～六上）

○ 嘉靖十一年（壬辰）四月丁亥（1532.5.13）

陕西巡按御史郭圻言："西宁、洮、河三茶马司积茶至二十九万一千五百一十五篦，散块私茶亦十余万斤。徽、阶二州、西安等卫积贮尤多。宜令兵备、边备等官不拘年例之数，设法多易马匹，以备征战。"

事下兵部，议复："延绥用兵，需马为急，宜趣如御史言行。"报可。

（世宗朝馆本卷一三七·页三上～下）

○ 天启元年（辛酉）八月庚午（1621.9.16）

陕西巡按茶马御史彭际遇以援丁乏骑，议于洮、西[河]、西、庄四茶司，增中茶马二千四百匹，苑马寺七监内摘抽儿马六百匹，共足三千，俵给现募援兵，又搜括苑寺茶课、驹课、马价、肉脏等银六千二百两，解陕西布政司，听留算调兵马价。报可。

（熹宗朝馆本卷一三·页二上～下）

○天启六年（丙寅）十月甲子（1626.12.13）

巡按陕西御史王大年题："陕西茶马未有辽事之先，一岁额有马才九千七百二十四匹，迨奴警一传，征兵各边，而马之取数称之。于是，一番抽调，须有一番买补，而全陕四镇取数为多。前在差御史傅振商遂题增每岁额马，共计七岁以来，在年例之内者，加增既近二万，在年例之外者，亦复二万有奇。总之，为辽事增也。当兹竣役之日，臣职掌所关，不敢不详为开陈。"疏下兵部。

（熹宗朝馆本卷七七·页二一下）

茶马交易等民间贸易和明廷禁约私茶，整顿茶法马政

○洪武九年（丙辰）五月乙卯（1376.5.20）

　　禁秦、蜀军民毋得入西番互市。

（太祖朝馆本卷一〇六·页一上）

○洪武十七年（甲子）十一月乙酉（1385.1.3）

　　陕西都司获贩私茶者，悉送至京，诏贷罪充军。先是，西安中护卫军人言："巴山西乡，由子午谷入山越秦岭之南，皆荒僻深邃。凡士卒逋逃及贩卖私茶者，往往于此潜匿。多为奸盗。"上命陕西都指挥使司发兵搜捕。至是，获之凡百四十人，并私茶送（至）京师，有司论当死。

　　上曰："逋逃聚山泽为盗与私茶犯禁者，不可不捕，然原其情以衣食饥寒之故，亦有可矜。其宥死，谪戍宁波、昌国，私茶以赐捕获军士。"

（太祖朝馆本卷一六八·页四上）

○洪武二十一年（戊辰）二月庚申（1388.3.23）

　　四川天全六番招讨司副招讨杨藏卜言："本司茶户常以茶与西番蛮人贸易毛缨、茜草等物，商旅往来鬻贩，每岁课额所收一万四千余贯。近者，茶株取勘在官，所收之茶，复给官价买之，收贮官库，以备易马。由是商旅不行，课额遂亏多，令应役之人陪纳不便，乞差人从实闸办。"从之。

（太祖朝馆本卷一八八·页七上）

○洪武二十六年（癸酉）十二月己亥（1394.1.30）

　　命右军都督府榜谕河州等处，禁民毋鬻官马。先是，朝廷以言者谓陕西各处军民往往有过河贩鬻马匹，既遣使往甘肃西凉、西宁印烙系官之

马，宜俾关吏禁绝过河私贩之弊。既又有言："西人所赖者畜牧为生，旧常以马过河鬻售，今既禁遏之，恐妨其生计。"上然其言。乃命右军都督府给榜谕守关者，今后止禁官印马匹，不许私有自贩鬻，其西番之人自己马无印者及牛羊杂畜之类，不问多寡，一听渡河售易，关吏阻者，罪之。

（太祖朝馆本卷二三〇·页六上～下）

○洪武三十年（丁丑）二月丁酉（1397.3.13）

敕右军都督府曰："古者帝王驭世必严夷夏之辨者，盖以戎狄之人贪而无厌，苟不制之，则必侵侮而为边患矣。今朵甘、乌思藏、长河西一带西番，自昔以马入中国易茶，所谓懋迁有无者也。迩因私茶出境，马之入互市者少，于是彼马日贵，中国之茶日贱，而彼玩侮之心渐生矣。尔右军即移文秦、蜀二府长史司，启王发都司官军，于松（潘）、碉门、黎、雅、河州、临洮及入西蕃关口，巡禁私茶之出境者。朕岂为利哉，制驭夷狄不得不然也。"

（太祖朝馆本卷二五〇·页三上）

○洪武三十年（丁丑）三月癸亥（1397.4.8）

遣驸马都尉谢达往谕蜀王椿曰："秦、蜀之茶，自碉门、黎、雅抵朵甘、乌思藏，五千余里皆用之，其地之人不可一日无此。迩因边吏讥察不严，以致私贩出境，为夷人所贱。夫物有至薄而用之则重者，茶是也。始于唐，而盛于宋，至宋而其利博矣。前代非以此专利，盖制戎狄之道，当贱其所有，而贵其所无耳。我国家榷茶，本资易马，以备国用。今惟易红缨杂物，使番夷坐收其利，而马入中国者少，岂所以制夷狄哉！尔其谕布政司、都司，严为防禁，无致失利。"

（太祖朝馆本卷二五一·页一上～下）

○洪武三十年（丁丑）三月壬午（1397.4.27）

敕兵部曰："巴茶自国初征收，累年与西番易马。近因私茶出境，致茶贱马贵，不独国课有亏，殆使戎羌〔西番〕放肆〔恣〕生侮慢之心。盖由守边者不能御防，或滥交无度纵放私茶，或假朝廷为名横科马匹，以致番人悖信。朝廷初不知此，但谓西番不顺，岂知边吏有以激之。故尝命曹国公李景隆赍金牌勘合，直抵西番以传朕命，令各番酋领受，俾为符契以绝奸欺。尚恐边卫将士巡防不严，私茶出境，尔兵部备传朕意，谕边守者知之。"于是，兵部具禁约事宜，遣人赍谕川陕守边卫所，仍遣僧管著藏卜等往西番申谕之。

（太祖朝馆本卷二五一·页四上～下）

○ 洪武三十年（丁丑）六月己酉（1397.7.23）

驸马都尉欧阳伦坐贬［贩］私茶事觉，赐死。初，上命秦蜀岁收巴茶，听西番商人以马易之，中国颇获其利。其后，商旅多有私自贩鬻，至为夷人所贱，马价遂高，乃下令严禁之。有以巴茶私出境者，置以重法。伦尝遣家人往来陕西贩茶出境货鬻，倚势横暴，所在不胜其扰。虽藩阃大臣，皆畏威奉顺，略不敢违时。四月农方耕耨，伦适在陕西，令布政使司移文所属，起车载茶往河州。伦家人有周保者尤纵暴，所至驱迫有司索车五十辆，至兰县河桥巡检司，捶辱其吏。吏不能堪，以其事闻。上大怒，以布政使司官不言，并伦赐死，保等皆坐诛，茶货没入于官。以河桥吏能不避权贵，遣使赍敕嘉劳之。

（太祖朝馆本卷二五三·页七上）

○ 洪武三十年（丁丑）八月丁酉（1397.9.9）

兰州奏："朵甘、乌思藏使臣以私茶出境，守关者执之，请置于法。"上曰："禁令以防关吏及贩鬻者，其远人将以自用，一时冒禁，勿论。"

（太祖朝馆本卷二五四·页五下）

○ 洪武三十年（丁丑）十月壬午（1397.10.24）

行人高稹自陕西宣谕禁鬻私茶还言三事：一曰乞减内地巡茶关隘；二曰选老成练达兵务之将捍御西陲；三曰民之逋粮宜从土地所宜折收。上并从其言。

（太祖朝馆本卷二五五·页三下）

○永乐元年（癸未）五月戊戌（1403.6.11）

　　遣行人往四川碉门、黎、雅、陕西河州、临洮诸处禁约私茶，遵旧制也。

（太宗朝馆本卷二〇·页四下）

○永乐元年（癸未）十月甲子（1403.11.4）

　　敕晋府长史龙镡等曰："朝廷封建亲藩而选贤命材为之辅导，冀以赞成德善，不至于有过也。古之为人臣者无外交。今王府擅与西番往来，又私以军〔车〕递送。王年少寡学而不知古，长史儒者谓不知古可乎？廷臣皆欲置汝于法，朕恐伤亲亲之意，姑宥不问，今后慎毋复尔，勉之，戒之。"

（太宗朝馆本卷二四·页七上）

○永乐三年（乙酉）二月乙丑（1405.3.23）

　　四川布政司言："诸番以马易茶者，例禁夹带私茶、布帛、青纸等物出关。今番商往往以马易茶，及以他货易布（帛），（有）司遵禁例，又虑杜绝远人。"

　　上曰："边关立互市，所以资国用来远人也，其听之。"

（太宗朝馆本卷三九·页五下）

○永乐六年（戊子）二月戊子（1408.3.6）

　　甘肃总兵官都督何福奏："凉州诸卫土军多私出外境市马，请按其罪。甘肃马驿递军〔运〕卒，请如宁夏例，户给附近田二十亩。"俱从之。

（太宗朝馆本卷七六·页一上～下）

○永乐七年（己丑）正月辛亥（1409.1.23）

　　命户部严边关茶禁。先是，洪武中以茶易马，上马给茶八十斤，中马六十斤，下马四十斤。永乐初，上怀柔远夷，递增其数。由是市马者多，而茶禁少弛。碉门茶马司用茶八万三千五十斤，止易马七十匹，又多损瘦〔瘦损〕，故有是命。

（太宗朝馆本卷八七·页一下）

○永乐八年（庚寅）正月辛卯（1410.2.27）

茂州卫军沈连言："旧制禁绵布，不许贩卖出境。今茂州、威州、叠溪距松潘产马及通番商之处甚远，而绵布一概禁约，军士无以为衣。若但申严出境之禁，许绵布得至茂、威、叠溪，庶几军士有以御寒。"……悉从之。

（太宗朝馆本卷一〇〇·页二上）

○宣德八年（癸丑）正月庚午（1433.2.5）

陕西巩昌府通判翟霖〔林〕奏："巩昌卫都指挥佥事汪寿私造店舍五百余间，停塌私茶。潼关等处纵军民客商贩带青红布帛、段匹入关。又赍金牌买马，内官人等亦带私货入番。又减番人马值以易私马。又索番人贽见马匹诸物。比及出番官马数少，私马数多，混同支给刍料。欺弊百端，请悉禁止。"

上命姑记寿罪，其违法之事，悉令改之。余事令都察院揭榜禁止。出番马数，令巡按御史、按察司官核实以闻。

（宣宗朝馆本卷九八·页三上～下）

○宣德九年（甲寅）十二月辛亥（1435.1.7）

镇守河州西宁都督刘昭奏："比乌思藏阐化王所遣贡使乩藏等以朝廷赐物易茶，至临洮。临洮卫疑为私茶，拘留乩藏等，收茶于库。请释乩藏等还其茶。"

上命行在户部悉如昭所奏，庶不失远人之心。

（宣宗朝馆本卷一一五·页四上）

○宣德十年（乙卯）正月甲午（1435.2.19）

行在户部奏："陕西西宁、河州、洮州蕃簇输马一万三千余匹，当给赏茶一百九万七千余斤。欲移文四川布政司起夫辇运，今闻其处旱潦相仍，人民艰食，乞暂停止。"

上从之。且命有司善加收贮，俟丰年运给之。

（英宗朝馆本卷一·页一四下～一五上）

○宣德十年（乙卯）四月癸卯（1435.4.29）

减差行人禁约私茶。先是，西番来茶马司，以马易茶，朝廷得马甚众。久之，有私贩茶者，得马遂少。乃每岁四月至九月，月差行人四员，分往四川、陕西隘口省谕，勿令纵贩私茶出境，半年之间，计差官二十四员，往来络绎不绝。至是，行在户部奏，凡三越月差官一次，庶免沿途供费。从之。

（英宗朝馆本卷四·页二上）

○正统四年（己未）五月辛酉（1439.6.25）

行在礼部奏："番僧温卜什夏坚藏等来朝，欲买茶六千斤带回，已有明禁，未敢擅许。"

上以番僧僻处远方，非可以中国法令拘也。禁之则拂其情，顺之则为民害，宜令减半，自备车辆载回。

（英宗朝馆本卷五五·页四下～五上）

○正统七年（壬戌）正月庚午（1442.2.18）

革陕西、甘肃茶马司。初，设茶马司收茶，召商纳马给边，以茶偿之。其后商贩私茶自足获利，不复以马来易官茶，由此官茶积久浥烂。右金都御史程富以为言。

事下户部会官议："请革去官员，印信送部，茶课盘〔令〕与〔其〕现任官吏收支，仍令布政司管粮官提督。"从之。

（英宗朝馆本卷八八·页二下～三上）

○正统十二年（丁卯）十二月丁丑（1448.1.25）

命严四川、陕西私茶之禁。有指补纳官茶为名而挟带私茶者，执送所在法司究治，仍问经过关津官吏之罪。

（英宗朝馆本卷一六一·页五上）

○景泰三年（壬申）二月戊辰（1452.2.24）

户部奏："岁例应差行人往陕西、四川禁约私茶。今二处兵荒相仍，宜暂停止。第令各布政使司委官禁约。"从之。

（英宗朝馆本卷二一三·页一下）

○景泰四年（癸酉）八月甲辰（1453.9.22）

巡抚湖广右都御史李实奏："四川董卜韩胡宣慰司番僧、国师、禅司[师]、剌麻进贡毕日，许带食茶回还。因此货买私茶至万数千斤其[及]铜、锡、磁、铁等器用。沇[沿]途多用人船载至成都，陆路起夫扛台[抬]。且如邛县十里、名山县二里、营[荥]经县四里、雅州十里，其间半系夷土民，不惯肩挑，多是背负，送运不全[前]，又令妇女扛抬，甚至四五百里之程。及其至日，诬以偷取茶物，逼令赔补。况（山）岭险峻，人烟稀疏，日则野行，夜则荒宿，以彼蛮夷淫秽之俗，乱我华夏淳美之风。又经过驿站，重索酒食，稍有不从，辄用兵刃伤人。虽有伴送千、百户，难于钤束。边民见其进贡得利，故将子孙学其言语，投作番僧、通事混同进贡。请敕都察院禁约，今后私通番僧贸易茶货、铜、铁、磁、锡器物及将子孙投作番僧、通事者，俱发口外充军，四邻不首，坐以违制之罪。其番僧十名以下不必遣官，止令（旗）军伴送，务必钤束严切，不许似前生事扰人，违者治罪。如此则外夷服化而绝放肆之为，良善获安而免凌虐之患。"从之。

（英宗朝馆本卷二三二·页七上～下）

○景泰五年（甲戌）三月丁丑（1454.4.23）

陕西按察司佥事陈咏奏："甘州卫军数人结交边夷，借与银两图利，以至各夷至京广置货物，多起脚力，负累沿途军民，恐贻边患，宜调极边卫分充军。仍乞出榜于甘肃等处通夷路道禁约。"从之。

（英宗朝馆本卷二三九·页一一下）

○景泰五年（甲戌）四月甲午（1454.5.10）

户部奏："禁革私茶，乞如盐法事例施行。"从之。

（英宗朝馆本卷二四〇·页四上）

○景泰五年（甲戌）七月癸丑（1454.7.28）

　　命都察院出榜禁约各布政司，外夷经过处所，务要严加体察，不许官员、军民、铺店之家私与交易物货，夹带回还，及通同卫所，多索车扛人夫。违者全家发海南卫分充军。其该用人夫车辆，以十分为率，军卫三分，有司七分，永为定例。

（英宗朝馆本卷二四三·页三下）

○天顺二年（戊寅）五月戊子（1458.6.12）

　　命礼部移文四川布政司，今后乌思藏地方该赏食茶，于碉门茶马司支给。仍行湖广布按二司，如有番僧经过，不许官员、军民人等将茶私自卖与。沿途官司把隘去处，务要搜检。若有夹带私茶，通追入官。就将各犯依律问罪。从四川按察司佥事刘福奏请也。

（英宗朝馆本卷二九一·页二下）

○天顺二年（戊寅）五月癸卯（1458.6.27）

　　禁四川宁番卫并邛、蒲、各［名］山等县私设铁冶及过关通番者。从宁川卫舍人钮浚言也。

（英宗朝馆本卷二九一·页七下～八上）

○天顺二年（戊寅）十月壬午（1458.12.3）

　　命户部揭榜禁约番僧进贡回者，毋得沿途贩买私茶，扰人装送。

（英宗朝馆本卷二九六·页七上）

○天顺三年（己卯）七月己丑（1459.8.7）

　　禁湖广军民人等，不许交通番僧贩鬻私茶，违者治罪。从都察院左都御史寇深等奏请也。

（英宗朝馆本卷三〇五·页三上～下）

○成化三年（丁亥）八月己亥（1467.9.4）

户部会官议巡抚陕西右副都御史项忠所奏事宜：

"一、西宁、洮州、河州俱有茶课司市易番马，以给甘肃、宁夏、延绥三边征戍之用。旧制每岁再遣行人巡视。今势家〔豪〕及射利之徒，往往交通守备官，私贩入番，于是茶马之政遂坏。行人职卑言轻，难以禁制。乞依巡盐事例，暂遣风力御史一员，往督其事。俟茶马既通之日，仍准旧制行之。

一、金州、西乡、石泉、汉阴四处，自宣德十年至今，岁办茶课积有六十余万斤，岁久浥烂者过半。乞验其堪用者贸易银、布之类，不堪者给民肥田，变易钞贯，并今岁办者折收银两、丝绢等物，俱送布政司收贮，以备日后收买茶课之用。俟西番平定用茶之日，仍旧令民输办本色，庶官私之间两得其便。

一、临洮府所属兰县广积仓粮，一岁运至十余万。出纳之际多为势豪并奸猾军民所扰，仓官职微力不能制，乞于本府增置同知一员，专理其务，庶可以革奸弊而足用度。"

奏入，诏从其议。

（宪宗朝馆本卷四五·页三上～下）

○成化五年（己丑）五月庚寅（1469.6.16）

甘肃右参将都督佥事白全初往甘肃时奏带食茶往用。其从行者因各赍私茶以求售，中途为人盘诘。巡茶御史奏发其事，命俱宥之，没其茶入官。

（宪宗朝馆本卷六七·页二上～下）

○成化七年（辛卯）八月辛酉（1471.9.5）

罢遣行人四川禁茶。旧制以茶易马于西戎，岁二次遣行人于陕西、四川宣谕，禁约私贩者。近陕西以都御史马文升建言，改命御史，而四川犹差行人如故。至是，给事中王铨乃援例以请。

下户部议，以为行人权轻，御史事繁，宜任按察司分巡官为便。从之。

（宪宗朝馆本卷九四·页七上）

○ 成化九年（癸巳）十月辛酉（1473.9.28）

户部议巡按陕西监察御史范鏄所奏茶马事：

"一、茶粗不堪易马，欲行四川并汉中府，今后收课必须细茶，或将粗者二斤折收一斤，庶得马用。

一、照原差行人禁茶事例，仍敕御史一员巡禁私茶，于松潘各番买马，及提督各该州、县岁办茶课。

一、汉中等府、州、县宜专委官一员，各选精壮弓兵一百名，每卫所各委指挥、千、百户各一员，各选精壮余丁一百名专一统领巡茶。如此则私茶不得出境，而番马争趋以易矣。"

疏入，诏御史免差，止令巡抚、巡按官并行人严禁之。

（宪宗朝馆本卷一二一·页一下～二上）

○ 成化十年（甲午）七月辛未（1474.8.30）

巡抚甘肃右副都御史朱英奏："陕西、甘肃、西宁附近边方，各处山口密迩西番，往年番人与我军民贸易，彼此相安。近年边臣多使人劫诱到营，折阅物价，以贱易贵，致使番簇衔忿，甚至引刀自刎。殊失怀柔（远人）之道，切恐贻患将来。乞降旨榜禁，自后番人到境，止令都司委官量带人马关防接引，令与两平交易。违者俱发充军。其委官阿徇不举或通同罄利者，具奏执问。"

事下礼部，复（奏）。从之。

（宪宗朝馆本卷一三一·页五上～下）

○ 成化十一年（乙未）八月丁亥（1475.9.10）

命取陕西巡茶御史还京，仍令选差行人二员禁茶如旧。从巡抚左副都御史马文升言也。

（宪宗朝馆本卷一四四·页二下）

○ 成化十二年（丙申）二月乙未（1476.3.16）

大能仁寺大悟法王札巴坚参奏："自货茶二万七百斤，彩段、绢布一千五百余匹，乞命沿途军卫有司供应转递，往陕西临洮、河州、西宁等处熬茶施僧。"许之。

（宪宗朝馆本卷一五〇·页五上）

○ 成化十二年（丙申）五月丙寅（1476.6.15）

复罢遣陕西巡茶行人。陕西布政司奏："行人巡茶，无益于事，请以按察司官兼领。"从之。

（宪宗朝馆本卷一五三·页四下）

○ 成化十四年（戊戌）六月丁巳（1478.7.26）

巡抚甘肃左佥都御史王朝远奏上边方事宜："……一、西宁、洮、河茶马司宜复旧例，差御史巡督收买官茶，严禁私贩，招抚外番易马，以给边用。"

奏上，下所司知之。

（宪宗朝馆本卷一七九·页七上～八上）

○ 成化十八年（壬寅）三月乙亥（1482.3.25）

巡抚陕西右副都御史阮勤奏陕西救荒事宜："……陕西官民所趋利者，莫过于茶，乞暂宽其禁，于巩昌、西安二府各许中茶四十万斤，临洮、平凉、凤翔三府各许中茶二十万斤。其临、巩二府至西宁卖者，每斤纳杂粮八升，至河州者每斤六升。西安、平凉、凤翔三府赴西宁卖者，每斤杂粮一斗，赴河州者每斤八升。各府给与文凭，赴巡茶御史挂号，听于产茶处收买，至十月终止。"

事下户部，议："陕西荒甚，可不为常例，俱如所奏。"从之。

（宪宗朝馆本卷二二五·页三上～下）

○ 成化十八年（壬寅）九月己亥（1482.10.15）

户部等衙门会议漕运巡抚等官所奏事宜："……一、陕西军民人等兴贩私茶，或运买官茶夹带至五百斤以上者，照现行私盐例充军。……"

议入。上批答曰："……私茶夹带至五百斤者充军，馀如议行。"

（宪宗朝馆本卷二三二·页一上～二上）

○成化二十一年（乙巳）正月庚寅（1485.1.23）

以星变赦天下诏曰："……不意冬暮春初两次星变有声，朕愈兢惕，载敕廷臣备陈时政得失，采纳而行，用以下慰民望，上答天心。况方春时和，万物发育，祗承乾元资始之仁，诞敷宽恤之典，所有合行事宜，条具于后。……一、茶盐之利，国用所资。近年以来，召商不肯上中。皆因势要之人挽支挽卖及夹带私贩，侵夺其利。今后开中盐茶，不许势要及内官、现任官员之家上中及夹带贩卖，侵夺民利。违者治以重罪，茶盐入官。……"

（宪宗朝馆本卷二六〇·页一三上～一六下）

○弘治三年（庚戌）三月乙卯（1490.3.23）

命四川成都等府、邛州等州县、建昌等卫、永宁宣府［抚］等司，自成化十一年至弘治元年拖欠茶课三百一十八万六千二百五十九斤，每芽茶一斤追银二分，叶茶一斤追银一分，输之松潘关堡，以充军储。从四川布政使邢表言宿逋难偿而官茶陈积故也。

（孝宗朝馆本卷三六·页一上）

○弘治三年（庚戌）四月丙申（1490.5.3）

敕巡抚陕西都察院右副都御史肖祯曰："朕惟兵戎之用，莫先于马，而马之所畜，必有其地。洪武、永乐间，陕西、辽东各设苑马寺，专领孳牧。当时，官得其人，提督有方，每寺所畜官马不下二三万匹，足供各边之用。自正统十四年惊扰之后，无官查考，遂致耗废。凡遇边方缺马，动辄来京奏讨，所费不资。且各寺所设官员与其养马军丁、牧马草场视昔不减，而马数之畜迥异如此，盖系乎官之得人与否也。近因廷臣建议修举马政，虑各寺种（马）数少，宜先添补，已准差官赍银一万二千两前去陕西，督同布按二司委官收买种马二千匹，交送陕西苑马寺领养，作种孳牧，依例算驹，行太仆寺官，每年照例印烙。敕至，尔宜用心提督，严加比较，务臻实效，以裨国用，必使数十年之废政一朝修举，斯见尔能。该寺官有公勤廉慎，尽心职务，事有成效者，奏来旌擢。如仍前因循废事者，指名具奏黜罢，以示劝惩。尔其钦承之。故敕。"

（孝宗朝馆本卷三七·页三上～下）

○弘治三年（庚戌）七月戊寅（1490.8.13）

巡按陕西监察御史李鸾言："西宁等三茶马司，为贮茶以易番马而设。比年以赈饥故，开茶易粟，其为民则便矣，而茶马司所积渐少。今各边马耗，而诸郡岁稔无事于易粟以赈，请于西宁、河西二茶马司各开报茶四十万斤，洮州茶马司二十四万斤，召商中纳。每引不过百斤，每商不过三千斤，官收其十之四，余者听其货卖。总之，可得茶四十万斤，约易马可得四千匹。数足即上〔止〕。"

户部议复。从之。

（孝宗朝馆本卷四〇·页九下）

○弘治十二年（己未）十二月乙卯（1500.1.30）

巡按陕西监察御史王宪言："国家于河州等处设茶马司，收茶以易番马，大得制御之道。比来抚臣建议，从权开中粮茶，遂令私茶难禁而易马不利，今关辅岁稍稔，而粮茶未见其益，只见其弊，请自今停粮茶之例。异时或有兵荒，当更图之。"

户部议复。上曰："粮茶既有误易马，其停之。"

（孝宗朝馆本卷一五七·页一二下）

○弘治十五年（壬戌）十二月庚子（1502.12.30）

户、兵二部复议："监察御史王诏〔绍〕所奏禁商茶以通番马事，谓洪武、永乐间茶马之法，三年一次官运保宁府等处茶于西宁等茶马司易马。后此例不行，仍取汉中等处民纳茶及巡获私茶充用。岁遣行人等官巡视，成化初始专差监察御史。当时易马岁以万计，加之视〔寺〕监所收〔牧〕，足给边用。近年以来，十不足〔及〕一。盖缘私茶之禁不行，而召商报中之弊，复有以坏〔启〕之。请自今停开中之例，严私贩之禁，仍以民间所纳并巡获私茶以〔与〕番马及时至〔互〕市。陕西苑马寺比年马政废弛，尤宜择人整理。庶几马渐蓄〔蕃〕盛，而边方足用。"

上曰："茶马备边重事，所差御史务（用）心巡理，足先年之数。此后勿再召商中茶。其苑马寺收〔牧〕马事宜，兵部即议处来奏。"

（孝宗朝馆本卷一九四·页一上～下）

○弘治十五年（壬戌）十二月辛酉（1503.1.20）

升南京太常寺卿杨一清为都察院右〔左〕副都御史，督理陕西马政，赐之敕曰："陕西设立寺监衙门，职专牧马，先年边方所用马匹，全借于此，近来官不得人，马政废弛殆尽，今特命尔前去后〔彼〕处督同行太仆寺、苑马寺官专理马政。……其西宁等处各茶马司，茶易番马甚济国用，近来亦渐亏耗，今并以付尔，尔须二〔一〕新旧规，务令茶课充盈，私贩息绝，番人乐归，官市番马实充厩牧。……尔须不惮勤劳，悉心经理，俾马匹蕃息，边方足用，以复国初之盛，以济戎务之急，尚有显擢以旌尔能。如或绩效弗彰，有孤委任，责亦难逭。尔惟钦哉，故谕。"

（孝宗朝馆本卷一九四・页六上～七上）

○弘治十六年（癸亥）五月辛巳（1503.6.9）

南京礼科给事中徐蕃〔潘〕等言："近者简命南京太常寺卿杨一清为都御史，处置陕西茶马，盖欲委任而责成之也。臣等谨以马政切要条陈之。凡草场侵占者，请令本官督同分巡、分守（官）清查，巡抚、巡按毋得干扰。其原额牧军，宜逐一清（理）。逋逃者，立限清勾，户绝者，量为佥补。又，巡茶御史止是一年，所易之马解发于苑监者，不及查其亏耗，所督茶课积贮于官司者，不暇究其美恶，请取回巡茶御史。凡茶马之事，皆责任本官，候事有成效，然后仍差御史巡察，三年一代。又，往者寺苑之官不收才望，故其资格淹滞，权任轻微，今宜令本官严加采访，奏请黜陟。使如在京太仆寺体统，不受制于抚按，不降志于两司，则休〔体〕势自尊，贤能乐就，且马政兴革不止一端，宜分任责成。乞令本官量于两司官内择人（以）佐经画。府、卫衙门凡有事干马政者悉从节制。如有贤否勤惰，并听开具考语类报吏部，以明沮劝。"南京监察御史夏瑄等亦以为言。

兵部复议："请将巡茶御史暂取回京，一应马政悉令本官参酌行之。"

上曰："杨一清既职专马政，各衙门官员俱不许干〔干〕预阻挠。今后行太仆寺苑马寺（官）有缺，照在京太仆寺官例，必推素负才望者简用。待有成绩，亦照太仆寺官升擢。"

（孝宗朝馆本卷一九九・页六上～下）

○弘治十七年（甲子）八月癸未（1504.10.3）

督理陕西马政都御史杨一清奏："旧例西宁、洮、河等处以茶易马，每岁轮给甘肃、延绥、宁夏三镇，但甘肃密迩西宁，而延绥、宁夏去洮河不远，况马有多寡，风土异宜，令欲将西宁之马每年以一半给甘肃，其一半并洮、河之马轮年给延绥、宁夏。此外，若有余马，仍听陕西各卫所关领。其分派防禁事宜，亦听臣斟酌以行。"

兵部复奏，谓："延绥方奏缺马，请以今年洮、河马尽给延绥，自明年以后乃悉从所拟。"

上从之，命派发马匹并防禁事宜，俱从一清酌量处置，务俾适（中）。

（孝宗朝馆本卷二一五·页八下～九上）

○弘治十八年（乙丑）正月丙午（1505.2.23）

陕西苑马寺卿车霆奏："先时创建本寺原设有熙春监、康乐等苑在临洮府地方，后马政废弛，日渐荒闲，肃府逐以为己有。迩者修举马政，洮、州［河］、西宁三处茶马渐增，必得近西之地，庶便畜牧。乞敕兵部移文都御史杨一清委官履亩清查属之安定苑，专以牧洮、河、西宁茶马，庶草场得复原额，而西马亦得顺水土之性。"

兵部复奏。命杨一清勘处以闻。

（孝宗朝馆本卷二二〇·页三上～下）

○正德二年（丁卯）四月丁酉（1507.6.4）

（陕西总制兼督理马政都御史杨一清）又奏："开武安苑草场地二千九百六十六顷，招募改编军人三百四十五名，及照西宁、洮、河三卫茶马旧规，废弛年久，官茶无积，私贩盛行，西番畜牧尽为私贩所得，边兵缺马，乃累行伍赔偿。臣严禁私贩，广积官茶，申明旧制，招调远近番人，共易儿骟骒马一万九千七十七匹。计今三茶马司处置现蓄茶四十五万余斤，足充二年易马之用，是于三边岁给战马不为无补。至于招番一事，虽未尝明复金牌之规，而实坐收茶马之利。臣非敢自伐其功，但念创作者必专而后成，交承者必守而无失。臣初责任专，易于集事，自兼巡抚以来，顾此失彼，已不如前，比者复蒙加任总制，责任重大，其于监牧茶马之政，势不能及。惟是规置［制］粗定，禁令已行，分官代理，幸不废坠。切惟马政、茶法，事体相须。先年，陕西行太仆寺、苑马寺马政俱系巡抚兼管，而茶马则巡茶御史主之。巡抚政务繁多，马政实不经意。而茶司所易，良驽莫究，骑操所给，登耗不闻，本末始终，茫不相摄，虚名无实，亦势使然。顷督理设官兼总数事，故臣得以稍效其愚，此后恐难复设。止令巡抚兼之，未免仍蹈旧辙。莫若复设巡茶御史一人，或三年，或二年一易，请敕兼理马政、茶法二事，陕西行太仆寺、苑马寺官员专听约束。凡臣布置规画，奏有成命事宜，非有大碍，不必更张，庶几事有定规，人有定制［志］矣。"

兵部议复："一清为虑甚远，其言可从。"

上是以［之］，曰："军政莫急于马，陕西马政自今俱令巡茶御史兼理之。务加意修举，庶几云锦成群之盛，其勿怠。"

（武宗朝馆本卷二五·页八上～九上）

○正德十年（丁巳）二月辛卯（1515.2.16）

分守凉州太监颜太［大］经奏带食茶。户部言："国家重马政，故严茶法，奏带非例也，宜停罢。"诏准带七百斤。

（武宗朝馆本卷一二一·页二上）

○正德十三年（庚申）五月癸亥（1518.7.2）

初，四川天全（六）番招讨使高继恩为雅州奸民所诱，劫质民财。又所部番僧多娶州民女为妻妾。其后乌思藏直管招讨高管等袭职回，得赐番茶六万斤。遂同继恩把事夹〔挟〕带私茶至六倍所赐，而贿带商茶尤多。所司诘治得实，并发继恩等诸奸利事。既坐党附者罪，因请逮治二招讨。都察院议复。诏继恩姑免逮问，降敕令镇巡官戒谕之。

（武宗朝馆本卷一六二·页五上～下）

○正德十三年（庚申）五月乙丑（1518.7.4）

赐西域来朝僧剌麻及及存留（番僧）食茶八万九千九百斤。每（人）许带六十斤为下番利，不为例。是时，西番（僧）得幸豹房，又遣中官刘允往西域取佛。而西域阐化王遣使臣端竹札失火儿〔端竹札失火儿只藏〕（来）奏请例外茶斤。礼部议（复），谓："茶马禁例至重。今必欲敛而货之，以为下番之利，损民居之资，拥税商之法，妨易马之政，弊源一开。恐不可（复）止。"

诏特与之。

（武宗朝馆本卷一六二·页六下～七上）

○ 正德十六年（癸亥）九月辛未（1521.10.22）

兵部复御史王果［杲］条马政四事所陈修举马政事宜："……一〔其一，谓〕、正德间官马共一万一千六百二十匹，迩来各边请给不足，既以怀驹种马凑给之，以致种马消耗，宜谕该寺苑监悉心牧养，如例科驹。仍以洮、河二卫所易番马量择堪作种者以次发牧，复照先年所给临、巩二府买马银数，亟为征解俵。……"

上从其议。

（世宗朝馆本卷六·页九上～下）

○ 嘉靖元年（壬午）四月乙巳（1522.5.24）

兵部复河南抚〔巡〕按议："凡沿途军民私与西番朝贡夷人交易者，比照在京事例，问罪枷号。及奸徒诱引投献王府夷物希图赏赐者，比照拨置害人透漏事情律例，问遣。其伴送通使人等俱照例施行。"报可。

（世宗朝馆本卷一三·页九上）

○ 嘉靖二年（癸未）三月辛未（1523.4.15）

户部上言："国家令番夷纳马，酬之以茶，名曰差发。非中国果无良马而欲市之番夷也，亦以番夷中国藩篱，故以是羁縻［縻］之耳。自金牌制废，私贩盛行，各番不中马而自得茶，边吏不能禁顾，私委所属抽税马［焉］。且贩者不由天全六番故道，私开小路径通嗒葛，而松、茂、黎、雅私商尤多。自是茶禁日弛，马政日坏，而边方日多事矣。今宜严禁私茶，陕西责之巡茶御史，四川、湖广责之守巡兵备。一切市茶未卖者验引，已卖者缴引截角。凡引俱南京户部印发，郡县无得檀〔擅〕印。痛革私税，一归于批验茶引所茶课司。其总镇守备家人头目豪贩者，抚按论劾无赦。仍以大明会典及律例所载申明榜示。"从之。

（世宗朝馆本卷二四·页一一下～一二上）

○嘉靖四年（乙酉）四月庚戌（1525.5.13）

诏都察院榜禁甘肃地方番、汉人贸易应禁货物，并行巡按［抚］选委伴送官定限查考，逾期者坐罪。（从礼部复监督三边军务太监张忠奏也。）

（世宗朝馆本卷五〇·页七上）

○嘉靖十一年（壬辰）七月丁未（1532.8.1）

陕西巡按御史郭圻奏："陕西临洮、巩昌等处与四川接壤，奸民往往阑出边关，私易茶马。宜于川陕孔道置兵防守。仍专设四川兵备一员，兼摄私茶之禁。季终籍所捕获多寡，以定殿最。"

户部复请。从之。

（世宗朝馆本卷一四〇·页一上）

○嘉靖十二年（癸巳）二月庚子（1533.3.22）

巡按陕西监察御史郭圻言茶法事宜：

"一、均茶课。金州、西乡等县，岁办地亩课茶，俱有定规。迩来园户代有消长，而官多执滞旧册，吏或卖富差贫，致园去课存，户多逃窜。宜定令十年一为清审〔查〕增减，务令园课相准。

一、绝私贩。茶户每采新茶，躐成方块，潜入番族贸易，致官市沮滞，宜行访治。

一、严收支。洮、河、西宁三茶马司官吏，每于茶商运到茶斤，不以时验收，或以滥恶贮库，比及支放，新陈错出，无复调〔条〕理，以致陈茶充积，朽叶〔弃〕无用，宜行禁止。"

户部复议。从之。

（世宗朝馆本卷一四七·页六下～七上）

○嘉靖十三年（甲午）六月乙卯（1534.7.30）

户部复陕西巡按御史刘希龙条奏茶马四事：

"一、处茶运，以省浮费。言自汉中至茶司，沿途驿递设有茶夫，岁用银二万余两。课少费多，宜从裁省。惟照旧例征银，量地远近给领解户，听其自雇，岁不过千金而足。

一、约开中，以便召易。言往年间中商茶，岁才六十万斤。今增至百数十万斤，官茶阻滞，番马不来，规制渐坏。宜定为格，每岁召商报中，限以八十万斤。除对半给商，其在官者，岁以三十万引〔斤〕易马，余悉积贮，以备缓急。

一、出陈茶，以清库藏。言陈茶腐浥不堪食用者，宜悉捐弃，以省称盘，以绝抵换之弊。

一、给月粮，以恤牧军。言苑马寺牧军有数年不得关粮者，衣食不充，难责刍牧。宜加优恤，将应给粮令与操军一体关支。"

议上。俱从之。

（世宗朝馆本卷一六四·页六下～七上）

○嘉靖十五年（丙申）六月乙未（1536.6.29）

巡茶御史刘良卿言："陕西设立三茶马司，收茶易马，虽以供边军征战之用，实以系番夷归向之心。考之律例，私茶出境与关隘失察者并凌迟论死，一何重也！盖西边藩篱莫切（于）诸番，番人恃茶以为生，故严法以禁之，易马以酬之。禁之使有所畏，酬之使有所慕。此以制番人之死命，壮中国之藩篱，断匈奴之右臂，非可以常法概视也。洪武初例，民间蓄茶不得过一月之用，弘治中召商中茶，或以备赈，或以储边，然未尝禁内地之民使不得食茶也。今减通番之罪止于充军，禁内郡之茶，使不得食，又使商私课，茶悉聚于三茶马司。夫茶司与番为邻，私贩易通，而禁复严于内郡，是殴民为贩，而授之资也。以故大奸阑出而漏网，小民负升斗而罹法，岂当人情乎？今计三茶司所贮每岁易马之茶，洮、河可足三年，西宁可足二年，而商私课茶又日益增，积久腐烂而无所用，茶法之弊如此。番地多马而无所市，吾茶有禁而不得通，其势必相求，而制之之机在我。今茶司居民窃易番马以待商贩，岁无虚日，及官易时，而马反耗矣。岁所易马，领军未至，率寄各卫军余养之。彼贫且不能自给，何有于马？况损失复责其赔偿哉！监苑牧马所以供军，军养数多，不能收拾，放之山野，遂不可羁靮。马既不可用，及操军倒死，例有桩朋地亩银买补，银数不足，复累各军赔办。且槽下倒死赔办可也，若追赃倒死而亦使之赔办乎？甘肃一镇岁须〔领〕马千九百，榆林、宁夏各千，洮州卫二百。各镇卫所不论倒死有无、多寡，岁概给马四千余匹，漫无稽考，冒领之弊岂谓尽无？马政之弊如此，臣谨条上六事：

一、量积边境之茶，以防私通。三茶马司止留二年之用，每年易马计该若干，正茶之外，分毫毋得夹带。令茶价涌贵，番人受制，良马将不可胜用。

二、通行内郡之茶，以息私贩。多开固〔商〕茶，通行郡内〔内郡〕，除盘验解司外，其余量派各府，而官榷其半，以时定值。商茶给商自卖，不得出所属州县境。官茶及所获私茶分散铺行卖之，其价银计除养马解茶费外，余问〔开〕抚院以备军储。而河、兰、阶、岷诸近番地，禁卖如故。

三、重通番之刑，以杜轻玩。河、岷、洮责之边备道，临洮、兰州责陇右分巡，西宁责兵备各选官防守。悬法如律例，失察参劾以罢软论。

四、严贩马之禁，以便招易。分责各道察捕私贩马者，论如通番。

五、公养茶马，以苏民困。三茶马司各择闲空地立厂畜草料，委官督同医兽牧养，毋累贫军。

六、审处牧马，以便操牧。苑马司所牧马，岁一清查，籍其齿力堪用者，俟操军倒死给领。系征战者全给抵补，系槽下者给马一匹，仍追偿都指挥七两、指挥六两、千百户、镇抚五两、旗军四两；走失被盗各加一两、四〔而〕免征桩银。仍岁籍所倒死马，以备稽考。"

下户、兵二部，复："可。独立牧厂、变桩银二事，似涉分〔纷〕更。"诏如部议。

（世宗朝馆本卷一八八·页一下～三上）

○嘉靖二十年（辛丑）五月丙午（1541.6.14）

（总督尚书杨）守礼又言："本省产马之地惟临、巩、洮、岷、西宁等处，尚不足供三边、四镇及驿传之用。原无京师发银买马之例，乞停遣官收买。"

上曰："陕西三边重地，所产良马宜供本镇骑士。自后京师买马不得派（及），遣去官即令回京，原发马价贮布政司备饷。"

（世宗朝馆本卷二四九·页六上～下）

○ 嘉靖二十二年（癸卯）四月乙酉（1543.5.14）

陕西巡按御史张涣言："臣顷按洮、河、西宁各茶马司，验得凡系地亩课茶，俱各细美，其招商者，率粗恶，不可不严为之禁。臣请造伪茶者计数多寡，比挟带私茶律，并以匿私盐律坐其所主。不然，茶法日坏，为马政害不细。"

事下都察院会同户、兵二部议核："自今犯伪茶五百斤以上者，本商与转卖之人俱谪戍近卫；原系近卫者，调边远。主家匿伪茶至千斤以上者，亦依前例编发。其不及数者，比私盐律。请著为令。"从之。

（世宗朝馆本卷二七三·页三下）

○ 嘉靖二十五年（丙午）十一月丁卯（1546.12.6）

巡按陕西御史胡彦奏："洮、河、西宁三茶马司堆积年久，不堪易马，茶斤作速估议，减价三分之二。如遇各军支放折色月分量给前茶，即于本军应支银内扣除。在官愿领官［者］厅［听］。其浥烂不堪给军者，将三卫寄养茶马人户量加分赏，以资困穷。"

得旨："茶马系西鄙重事，先朝榜禁甚严，何（如）节年浥烂至十数万计？经该官员俱当追究。但年远人众，姑从宽宥。减价易银并分赏，俱允行，不为例。仍令胡彦等悉心厘正宿弊，条画良规以闻。"

（世宗朝馆本卷三一七·页二上～下）

○ 嘉靖二十六年（丁未）十月壬戌（1547.11.26）

巡按陕西御史胡彦疏陈茶马事宜：

"一、禁冒中。洮、河、西宁等处，专以不堪马匹冒顶番名中纳。或参、游等官自中，并纵容其子孙冒中，及将茶斤展转兴贩通番。俱当严行禁革。违者，从重问拟。

一、申例禁。弘治年间，都御史杨一清所议从重〔宜〕处置边务，及御史刘良卿议禁异省私茶，陈讲议令茶徒指攀首恶，张涣议禁假茶，各奏准事例甚严，宜刊布遵守。"

疏下刑部同户、兵二部议，谓："冒中之禁，宜如一清、良卿所条画，各照地方斤数问拟发遣。乃讲与涣之奏则犹有可议者。今后宜令巡捕官兵捕获茶犯审有首恶者，虽〔须〕辨验实迹，方许呈所司诘治，或隐护首恶又〔及〕妄指平人者，不分茶斤多寡，并发烟瘴地面充军。如巡捕官军通同卖放（及）勒令多攀良民者，官降一级，应捕人役枷号两月。有赃者，从重治罪。验有假茶五百斤以上者，商人、园户悉照前例发遣。檀〔擅〕将验过官茶及知情受寄接卖者，各从重论。茶价俱入官。官司失于缉捕者，各论如律。"

议入。从之。

（世宗朝馆本卷三二九·页五上～下）

○嘉靖二十八年（己酉）十一月乙未（1549.12.18）

兵部复："巡按陕西御史刘崙〔崘〕言："国初，散处降夷授以官秩金牌，令其如期纳马，而酬之以茶，名为差发。顷自金牌停格，诸番原奉给者，亦多散亡，无从稽额。今按近年纳马诸番，惟洮州卫列匝等三族为旧所宜补给，余如河州卫子刚巴等七族、西宁卫昝〔咎〕匝等四族，近皆族众马蕃，可奉差发，各请增给金牌，量加官秩，以系其心，其他小族仍给勘合，以摄其众。往者例以三年一市，马多而滥，今宜岁一行之，务精阅相当，无取充数。"

得旨："令总镇、抚按诸臣议闻。"

（世宗朝馆本卷三五四·页八下）

○嘉靖三十年（辛亥）正月丁未（1551.2.23）

诏给西番诸族堪〔勘〕合。先是，二十八年御史刘崙请复金牌、勘合，以便各番纳马给茶。其洮州卫列匝等、河州卫子刚巴等、西宁卫昝〔咎〕匝等诸族族大马蕃，给以金牌；冲卜、鸾单等一十七族族小马少者，给以勘合。未授职事者,与之职名。原授未袭者,类奏承袭。嗣后有亲[新]抚之番,亦许附入,如例请给。至是,总督尚书王以旗等亦以为言。下兵部议。

部复:"国初制金牌信符,每付二面,颁降西番诸族,令钤制其党,纳差发马匹,给以茶引。其后西海为北虏所据,套虏又岁加侵掠,诸番所领金牌散失,渐复迁徙内地,密迩三卫,遂不复有赍符比号之事。今番族变诈不常,北虏抄掠无已时,脱给而再失,失而又给,而又失之,如国体何?夫金牌给番,本为纳马。番人纳马,意在得茶耳。各番以茶为命,不得茶,病且死矣。诚严私贩之禁,则不抚自顺,虽不给金牌,马可集也。若私贩盛行,则在我无以系其心而制其命,虽给金牌,马亦不主[至]。今称各番告给,宁以勘合与之,每岁以是为验,使彼番属无统者易于号召,而于文移则革去交易之名,使各效差发之诚,以正体统。至于授职承袭,必勘明类奏而后许之,则恩威兼济,诸夷向风矣。"诏如拟行。

(世宗朝馆本卷三六九·页六上~下)

○嘉靖三十一年(壬子)三月壬辰(1552.4.3)

四川抚按官上茶政三事:

"一、茶法、水利原总属一,佥事统理后,益以驿传,职守不专,以致奸弊日滋。请复旧规,改驿传属之协堂副使便。

一、年例茶引五万道,额派黎、雅一万,松潘二千,余皆行之腹里。今黎、雅、松潘兴贩浮于引日[目],而腹里引目则常积于无用。请断自今年分腹里茶引于黎、松二所,各视其原数倍之。

一、番僧入贡,赏茶宜给以勘合照支。仍命所过关隘严加盘验,以革夹带之弊。"

下户部,复可。从之。

(世宗朝馆本卷三八三·页二下)

○嘉靖三十五年(丙辰)三月癸酉(1556.4.23)

旧制,陕西洮、河茶马,岁易以四千八百为额,以四千一百匹分给延绥、宁夏、甘肃三镇,以七百匹发苑马寺,令各苑与孳牧儿骟马一同牧养,专给固原。后以边事日亟,延、宁二镇缺马,间以孳牧补给。去岁总督衙门移檄该寺,令以马五百给延绥,五百给宁夏,一千七百给固原,岁为例。于是寺臣告不敷。巡茶御史杨美益请量减前数,酌为适中可久之制,本寺孳牧马,每岁准俵二千匹,以一千五百匹专给固原,以五百匹及洮、河茶马输给延、宁。如苑马不及二千之数,听巡按御史论治。其每年所征亏倒银两,岁终责令寺臣具籍,呈之御史,收买马匹,以牡二牝八为则,以蕃孳育。

部复。报可。

（世宗朝馆本卷四三三·页四下）

○嘉靖三十六年（丁巳）十月戊戌（1557.11.9）

陕西巡茶御史梁汝魁疏陈茶马积弊：

"一、四川夔保一带茶法,宜增入敕内,听其带管巡禁,止许陕西官商收买。其建昌、松潘、碉门、黎、雅等处,行四川抚按官严加防捕,不得通番私贩。

一、茶法项下并苑马寺赎锾,宜趋〔趁〕时籴买谷粟,以备赈济,不得别项支销。

一、徽州之北设火钻〔大攒〕批验所,盘掣不便,宜改于白水江总会之区,仍隶徽州就近管辖。"

户部议复。从之。

（世宗朝馆本卷四五二·页三上）

○嘉靖三十七年（戊午）三月癸酉（1558.4.13）

吏部尚书吴鹏等、给事中赵锵等、御史李成华等各应诏条陈理财事宜。户部复行二十九年〔事〕："……一、督征四川茶税。如有商番私相贸易及州县因而为利者。如法罚之。……"

（世宗朝馆本卷四五七·页七下～八上）

○嘉靖四十一年（壬戌）三月戊戌（1562.4.17）

增设茶马司于甘州适中之地,令其多方招商中茶,招番易马。仍以四川保宁茶课全征本色助之。从巡抚（都）御史鲍承荫议也。

（世宗朝馆本卷五〇七·页六上）

○嘉靖四十二年（癸亥）五月甲辰（1563.6.17）

总督陕西都御史喻时等请于甘州适中之所建立茶马司，以便招商中茶，招番易马，如河东、洮、河例。

部复。从之。

（世宗朝馆本卷五二一·页六上）

○嘉靖四十三年（甲子）三月戊申（1564.4.16）

兵部复御史潘一桂条陈茶马事（宜）：

"一、陕西孳畜繁庶，而法不许转贩关东，故民无所仰给，生计甚窘，宜少弛其禁。

……

一、召商中茶，近增至百万，滞矣！止宜岁中五六十万，招商以百五十人为率。

一、松潘与洮、河近，故私茶往往阑出与番夷通，宜停松潘引目，申严入番之禁。"

令抚按议之。

（世宗朝馆本卷五三二·页二上）

○嘉靖四十三年（甲子）六月辛未（1564.7.8）

裁革陕西行都司副断事并山丹、肃州、凉州、永昌、镇番五卫儒学训导、西宁茶马司副使及仓副使、庄浪仓副使各一员。

（世宗朝馆本卷五三五·页一下）

○隆庆三年（己巳）三月丁巳（1569.3.30）

户部复："四川抚按官奏，蜀中茶引旧有边方、内地之别。在边者少而易行；在内者多而常滞。请将原设五万引内裁减一万二千，以三万引派黎、雅，四千引派松潘诸边，止留四千引于内地。其在黎、雅者，宜比旧增税银一钱,余悉如故。每岁南京户部给发引目,召中上纳。共计岁税银一万四千三百六十余两,解部济边,永为定规。"报可。

（穆宗朝馆本卷三〇·页六上～下）

○隆庆三年（己巳）八月庚午（1569.10.9）

先是,礼科都给事中何起鸣言:"四川巴州、通江、南江、广元各州县原额茶课,征收本色,民甚苦之。情［请］如嘉靖中例,征折色便。"事下抚按官会议。至是,御史李良臣言:"甘州茶司之建,岁增马六百匹,总给甘肃镇官军备边。但四川征茶,转运劳扰,又有虏掠之虞,有冒中之奸,害多利少,未为便计。若改征折色,并扣原给脚价、赏劳诸费,可买马六百余匹,足抵甘州马数,而民得少苏。此官民两利之法也。如谓番夷渐已纳款,骤革互市,恐失其心,则甘州茶司尚有支剩茶三万一千余篦,可足三年易马之数。请暂行招纳三年,俟茶尽而止。"

兵部复请。从之。

（穆宗朝馆本卷三六·页一〇上～下）

○隆庆四年（庚午）五月己丑（1570.6.25）

巡按陕西御史杨相议茶马四事:

"一议兑领。欲将四川课茶〔茶课〕折色银两扣该买马二百八十五匹,听苑马寺就近市养,而以西宁司应解寺者径输甘肃给军,余存二百四十五匹仍旧起解。

一议改骟。请复监苑课兑旧规,所积儿马至二百匹外,始许改骟,以图孳息。

一议招中。谓洮、河、西宁三茶司,岁例马匹固有定额,而额外增羁者,宜尽各番调来壮马与茶司现存茶篦通融招易,不得拘泥常数,以拂夷情。

一议清丈。谓牧地久为军民互易,豪强侵占,欲会同陕西督抚、巡按等官履亩查勘,公断收籍,以杜争端。"

兵部复奏:"相所言俱有裨,马政宜即施行。至于清丈一事,已经总督王崇古建白,稍有异同。盖屯民占牧地每诉之,抚按牧军占民屯每诉之，茶马及其行勘则守、抚、苑（马）寺官又每以私心逆料，批词者之意，各自偏护，以故军民两不能平。今相欲会督抚诸臣虚心查勘，诚得埋纷自［息］争之道，宜即以崇古及相所议下诸臣务实举行。"

得旨："如议。"

（穆宗朝馆本卷四五·页七下～八上）

○隆庆五年（辛未）十二月乙卯（1572.1.12）

陕西巡按御史褚铁条议茶马五事：

"一、甘州茶司仿洮、河、西宁事例，每岁以六月开中。所中之马，以八百匹为率，不得用老弱充数。

一、招商引内注定年限、数额，委汉中府佐一员严加稽考。如有过期、违限者，罪之。

一、将原充甘镇马八百五匹旧征解苑马寺，并催积欠茶课银，一并发苑孳牧。

一、牧军领马当均其搭配，遇有坐［生］驹不时籍记，以防侵匿。

一、各处产马之所专责兵备道缉捕私贩，以绝番商交通之路。"

从之。

（穆宗朝馆本卷六四·页一二下～一三上）

○隆庆六年（壬申）十一月甲申（1572.12.6）

巡按陕西御史褚铁奏报茶马总目：隆庆五年分招番中过马六千三百七十匹，照例解苑马寺孳牧及军门各镇骑。征六年三月终止苑马寺实马并驹一万七十四匹，马价、茶价、地亩、赃罚银九千五十八两有奇，苑马寺各监苑备赈谷豆六千七百八十六石，洮、河、西宁、甘州四茶马司各项茶七十九万六千六百六十一斤。

（神宗朝馆本卷七·页二上～下）

○万历元年（癸酉）八月庚戌（1573.8.29）

差……浙江道御史漆彬禁陕西洮、河、西宁等处茶马。

（神宗朝馆本卷一六·页一下）

○万历元年（癸酉）九月癸卯（1573.10.21）

差御史赵耀巡禁陕西洮、河、西宁茶马。

（神宗朝馆本卷一七·页一〇上）

○万历四年（丙子）二月己巳（1576.3.5）

巡按陕西御史傅元顺条陈茶马事宜：

"一、抚番族以安地方。谓洮西〔南〕熟番古陆阿尔答等，国初受敕中纳茶马，与西脑生番下沙麻儿等原不同谋，不得一概大征，有妨招中。

一、留茶篦以戒不虞。谓番人以茶马为命，每岁中马六千有奇，中国恃以制番。近议与西海丙兔开市，即以招番余茶用易虏马，将使番人仰给于虏，彼此势合，贻患匪细。宜照原议虏市惟易缎、绢、布、粮等物，茶篦仍留招番。

一、定期限以信遵守。谓每年招番中马日期，洮州茶司定以五月，河州、甘州二茶司定以六月，西宁茶司定以七月，番市告竣而后虏酋赴市。庶经过中马，番族可保无虞，不然恐致摇扰。俱于贡市有裨。"

从之。

（神宗朝馆本卷四七·页二下～三上）

○万历十年（壬午）正月壬戌（1582.1.26）

陕西监苑官职专蕃牧，关系边方马政，而圉长秩卑不能控驭。巡按赫瀛奏将长乐〔岳〕、灵武二监监正，开城、广宁、黑水、安定、清平、万安、武安七苑圉长俱裁革，而改七苑为七监，每监设监正一员，俸秩与县官等。礼部铸给七监印信以便行事，且言："该寺所养马有孳生、赔补、茶马、私马等项。其孳生、赔补、私马在苑牧养者，弊在该苑。至于茶马，其弊不专该苑也。西宁、河州、洮州等处每岁以茶易马，各监督兵备道多视为鄙事，概委通判、经历等官，听其徇私交易。所市番马多不堪用，即用〔有〕一二齿壮膘满者，漫无考稽。及〔又〕各道烙印，分派贫军押解平凉，千有余里，兼之草料干没，比至二寺挂号交割，倒死、瘦损居半。该寺官畏解军刁难，隐忍收受。又不分别搭配，即时散给，以致黠卒富者贿通监圉，得给膘壮，而羸马尽属贫军。孳息有限，亏耗数多，所以牧军若赔逋逃，法废弊滋，莫此为甚。合严行各兵备道，如法验收，各该按臣仍照数点验，以防抵换虚捏等弊。收苑之后〔马〕，该寺官即时搭配给发，督率军役用心牧养，庶马政可修而边方有赖。"

该部复："其言是。"上可之。

（神宗朝馆本卷一二〇·页七下~八上）

○ **万历十一年（癸未）五月癸巳（1583.7.1）**

总督陕西三边军务兵部尚书石茂华条陈救荒事宜："……一、议补战马。亢旱马饥，倒死数多，乞于固原州库贮京运马价及平凉府库贮马价，动支二万，买马二千匹，并令〔今〕岁洮、河茶司解马一百四十匹，酌量印发。……"

户、兵二部复："俱如议。"

（神宗朝馆本卷一三七·页三下~四上）

○ **万历十三年（乙酉）五月辛未（1585.5.29）**

诏开西安、凤翔、汉中三郡茶禁。时巡茶御史董子行以请，户部议之曰："国家设茶课以资马政，如地与番邻者，不得不过防之。若三郡之民，固腹里也，而使之不知茶味可乎？近年市马之茶，取办于湖南。而川陕所产谓之余茶，又可使积于不用乎？此私贩日多，劫杀之祸自此起。御史言是。请自今量招官商，给与文引，自备价收买，每引百斤抽三十斤入官，余听卖之。"报可。

（神宗朝馆本卷一六一·页一上）

○ **万历十五年（丁亥）正月戊午（1587.3.7）**

户部题："巡茶御史祝大舟称，茶课本为羁縻戎心，充实边厩。汉中府属岁征课茶五万四千余斤，解运茶司易马支用，又征篦工银一百三十余两，中间转运艰辛，弊窦□□，官民俱困。且商茶岁有余积，课茶粗恶不堪，议改折色听备买马，及各处所获私茶就地变价类解，专备赏番。其年例私茶买马一百四十匹，便宜酌处，且与四川事例合。自十五年为始，每斤（价）征银二分，共该银一千八十七两一钱一分，收贮汉中府库，听解苑马寺买马支用。其加派大户徭银、茶夫脚银两悉免征派。"从之。

（神宗朝馆本卷一八二·页八下～九上）

○万历十六年（戊子）七月丁丑（1588.9.16）

陕西巡按钟化民请宽马禁，谓："西塞土寒无他产，独养马以资生，而贸易有禁，恐出境之马私通番市耳。至并民间孳息与境内之贸易俱废，则孳畜少而公家缓急亦无所赖，此因噎废食之说也，请少宽其禁。如本境荒而他境丰，许出马以取资，本镇缓而别镇急，许出马以协济，则公私之利交得，彼此之用并充。但出境必给官文，通番严行厉禁，斯得之矣。"

命复议行。

（神宗朝馆本卷二〇一·页六上）

○万历十六年（戊子）九月丙辰（1588.10.25）

户部复："巡茶御史钟化民题，川陕以茶易马，此驭虏之一策，而私茶出关之禁不严，则奸宄易生。宜分任责成，在陕者汉中府所属关南道臣督之，府佐一人专驻鱼渡坝查理；在川者保宁府所属川北道臣督之，府佐一人专驻鸡猴坝查理。各立哨官，率州县官兵为防守缉捕之政，于茶生之候尤严。官收（者）别有司存以稽出入，为市虏之用。其园户余茶，行所在官司给票引，与官商贸易。其无票引者，论如盐法抵罪。第督之在道臣而守法，则两府佐实司纲纪焉，悉听巡茶核治。"上从之。

（神宗朝馆本卷二〇三·页一下～二上）

○万历十七年（辛卯）九月庚申（1589.10.24）

先是，万历十三年长西河等司进贡国师以病归，未领买茶勘合，归而诸番日以争茶斗，至刻木为信乃已。至是，贡夷求两度勘合，且请浮于额。礼部言："茶禁甚严，不可多鬻。十七年勘合照例给予，所请十三年勘合，止补其半，以俟后来更给。"报可。

（神宗朝馆本卷二一五·页四下）

○万历二十一年（癸巳）七月辛未（1593.8.15）

巡视陕西茶马御史徐彦登奏仆苑之官守日轻，马价之侵渔日甚，远番之慕义当安，孳牧之厩苑当复四事。部复："原设番厂久坏，夷人无栖。宜于河州及西宁、洮州修筑添补厩牧，无房亦令修治增设。"从之。

（神宗朝馆本卷二六二·页八上～下）

○ 万历二十三年（乙未）二月丙午（1595.3.13）

户部题复："陕西御史李楠议禁湖南茶引，以绝夹带，建紫阳茶坊，以绝假茶事。按茶课易番中马，其法甚善。乃奸商利湖南之贱，逾境私贩，番族享私茶之利，无意纳马，而茶法、马政两弊矣。今宜行巡茶御史召商报引，先为晓谕，愿报汉、兴、保、夔者准中，越境下湖南者通行禁止。至产茶州县设立官店，官牙引商到店纳课，茶户依估还商，牙保将前茶运赴紫阳茶坊，告府盘验，则夹带绝矣。若乃商贩伪茶日增，番族借口减马，应如按臣议，择紫阳辐辏地面建立茶坊一所，责成正官如法蒸晒，敢有擅挼假茶者举发重究，庶茶行马足，而番汉兼便矣。"诏从之。

（神宗朝馆本卷二八二·页二上）

○ 万历二十三年（乙未）四月甲寅（1595.5.20）

兵部复御史李楠巡视川陕茶马议：

"一、收岷州番马，以充征骑。按西镇番族岁各中马，而岷州城外番族何独不然。宜宣谕番僧陆竹瓦咱等，自今岁始今［令］纳马一百二十匹。以赵世福充为族头，约束诸夷。中马完日，优加犒赏。

一、慎桩朋马价之支，以杜侵渔。按边镇桩朋马价，向贮之行太仆寺。今不解仆寺，将官一遇马死，往往擅请支销，出纳倒补，止凭文移为据，侵渔莫觉，渐不可长。今后须通详巡马衙门批允，方许给领，其有借支侵克者罪无赦。"

诏如议行。

（神宗朝馆本卷二八四·页四上～下）

○ 万历二十五年（丁酉）三月甲辰（1597.4.29）

陕西有茶市，先是，御史李楠议禁湖茶，谓："自湖茶行后，各商利于夹带，短贩得以盛行。甚至汉中、保宁仅止一二十引，茶户欲办本课，往往私贩出边。番族利私茶之贱，因而不肯纳马，此湖茶之有碍于汉川也。又，湖南多假茶，食之则刺口破腹，番族因此不来纳马，此湖茶之不便于番族也。"至是，御史徐侨请仍行湖茶，谓："汉川茶少而值高，湖南茶多而值平。又，汉中、保宁不尽产茶，而西紫、通巴仅足小引食用。湖茶之行，原与汉中无妨。汉茶味甘，煎熬易薄；湖茶味苦，酥酪相宜。湖茶之行，于番情亦便然。湖茶可行而假者不可不禁。一塞假茶之源，在于宝庆、新化互置号单，比对数目，付商收买。委廉能官于诸商起运时盘验。一清假茶之流，在于紫阳茶坊，令府县官一员亲验真正，方许发躧。"

疏下户部。部复："折衷二议，以汉茶为主，湖茶佐之。各商中引，先给汉、川，完日方给湖南。如汉引不足，听于湖引内处补。"报可。

（神宗朝馆本卷三〇八·页五下～六下）

○万历二十九年（辛丑）二月壬申（1601.3.7）

户部复陕西巡按毕三才条议茶马五事：

"一、复课茶，以充国计。课茶征输，岁有定额。先因茶多余积，园户解纳艰难，以此改折。今商（人）绝迹，五司茶空，将汉中府西乡等五州县茶课议复本色。此后折色、本色仍角［酌］量议行。

一、辖郡邑，以便责成。欲依巡盐、巡仓事例，将湖广、宝庆府属产茶州县与商茶经由地方增入敕书，与川陕一体举劾。

一、多招引，以裕茶本。有引则有茶，有茶则有马。每岁中马一万一千九百余匹，大约用茶四百余引。乞每岁招商报满五百引，岁为定例。

一、清额地，以赡刍牧。欲查弘治年间都御史杨一清丈出荒田一千［十］二万八千余顷，拨给七监现在马。

一、优茶商，以寓鼓舞。"

命依议行。

（神宗朝馆本卷三五六·页一下～二上）

○万历二十九年（辛丑）二月庚寅（1601.3.25）

兵部复茶马御史毕三才疏：

"一、定马额，以便诏中。茶司之设，招商中茶，易换夷马，原有定额。陕西四镇给军骑征，各监孳牧作种，皆仰给于茶司。此诚实边之长策也。迩年马数日增，茶商苦于禁严，几致绝迹。甚至借商茶易番马，希复旧规，滥收驽劣，随收随倒，茶司几于虚设。以后每年茶司易马，西宁额（收）三千二百匹，河州三千四十匹，洮州一千八百匹，岷州一百六十匹，甘州一千匹、庄浪八百匹，共一万匹。至庄浪初议四百，后添至一千三百五十四匹，盖庄浪南山之番无几，初议四百匹，已［以］后年年增多者，缘松山有虏，将南山一带番抢入松山，为彼假名种［中］马，名为番马，其实悉处［虏］马。数十年来有马之名，无马之实。今各虏业剿逐远去，松山之番俱还南山，不能（中）多加之马，必以不堪者应之。仍照前数，上中四百，连前共九千六百。若茶有余，而马得良，即临时多众［中］，亦不为过。著为定额，悉听茶马御史，分发陕西四镇骑征。仍令各道仆寺严行点闸。

一、严责成，以整厘夙弊。以各镇营伍将领，惟知克料肥家，苑马监官一任需用［求］为事，马之倒死骨立，视若罔闻，宜申饬参治。

一、处余驹，以苏民力。苑马群内驹马，三年取二驹，此定例也。至于群外驹马，若有孳生，此系余驹。若不听其别卖，又不容其顶补，则徒费牧养，无益于官，而有害于军。宜申明拨补，借补之例。"

命依拟行。

（神宗朝馆本卷三五六·页五上～下）

○ **万历三十四年（丙午）四月丙寅（1606.6.3）**

陕西巡按御史史学选〔迁〕言："国家重茶马之利，特敕宪臣专董其事，要使奸人不得潜通番马，而番马不得潜贩出境，故私茶、私马为禁并严。而今马禁之弊日甚，则马税一节为厉阶也。查得民间马匹买卖，俱领票纳税，有上、中、下不等。此项初无定额，而不肖有司，登报什一，侵渔什九。不论民间孳生换易，见无税票，即指称私马入官。积猾捕役私贩通番者，重贿以免，而民间不出境之马反捕获抵塞。视设禁之初意荡然矣。乞将民间马禁悉行厘革。其大庆、高雒、绥德马贩出没关隘，悉听茶臣设法盘究。庶积害除而地方得以苏息。"

奉旨："茶马御史严禁通番，自其职掌。至于民间孳牧买卖，原与无干，何得一概禁约，因而科税，以致有司借充私橐，胥役因缘为奸，小民畏惧，谁敢喂养，边备骑操何从取给！今后著巡按御史严行禁革，违者指名参治。其余依拟。"

（神宗朝馆本卷四二〇·页八下～九上）

明朝在松潘、西宁、河州、洮、岷等边卫遣官戍守与屯种、召商纳米中盐茶，充积粮储

松潘、西宁、河州、洮、岷等边卫的遣官戍守

○洪武二十一年（戊辰）二月壬戌（1388.3.25）

礼部主事高惟善自长河西、鱼通、宁远等处还。上言曰："臣闻安边在乎治屯守而兼恩威。屯守既坚，虽远而有功；恩威未备，虽近而无益。今鱼通、九枝疆土及岩〔严〕州、杂道二长官司，东邻碉门、黎、雅，西接长河西，原自唐时吐蕃强盛，宁远、安靖、岩等州汉民往往为彼驱入九枝、鱼通防守汉边。元初，设二万户府，仍于盘陀、仁阳置立寨栅，边民戍守。其后，各枝率众攻仁阳等栅，及川蜀兵起，乘势侵凌黎、雅、邛、嘉等州。洪武十年，始随碉门土酋归附国朝，设岩州、杂道二长官司。迨今十有余年，官民仍旧不相统摄。盖无统制之司，恣其猖獗，因袭旧弊故也。其近而已附者如此，远而未附者何由而臣服之。且岩州、宁远等处，乃古之州治。苟拨兵戍守，就筑城堡，开垦山田，使近者向化而先附，远者畏威而来归，西域无事则供我徭役，有事则使之先驱，抚之既久则皆为我用矣。如臣之说，其便有六：通乌思藏、朵甘，镇抚长河西，可拓地四百余里，得番民二千余户，非惟黎、雅之保障，蜀亦永无西顾之忧。一也。番民所处老思冈〔刚〕之地，土瘠人繁，专务贸贩碉门乌茶、蜀之细布博易羌货，以赡其生。若于岩州立市，则此辈衣食皆仰给于我，焉敢为非。二也。以长河西、伯思东、巴猎等八千户为外藩犄角，其势必固。然后招徕远者，如其不来，使八千户近为内应，远为向导。此所谓以蛮夷攻蛮夷，诚制边之善道。三也。天全六番招讨司八乡之民，宜悉免其徭役，专令蒸造乌茶，运至岩州，置仓收贮，以易蕃马，比之雅州易马，其利倍

之。且于打煎炉原易马处相去甚近，而价增于彼，则番民如蚁之慕膻，归市必众。四也。岩州既立仓易马，则番民运茶出境倍收其税，其余物货至者必多。又鱼通、九枝蛮民所种水陆之田，递年无征。若令岁输租米，并令军士开垦大渡河两岸荒田，亦可供给戍守官军。五也。碉门至岩州道路宜令缮修开拓，以便往来人马，仍量地里远近均立邮传，与黎、雅烽火相应，庶可以防遏乱略，边境无虞。六也。"从之。

（太祖朝馆本卷一八八·页七下～八下）

○ 永乐十三年（乙未）二月丁亥（1415.3.29）

升陕西都指挥同知刘昭等官。先是，昭等七十七人奉使乌思藏还，至灵藏莽站遇番贼。昭等与战，败之，贼死伤甚众，遂奔北。至是，上嘉其功，以昭为陕西都指挥使河州卫指挥同知，朱带为本卫指挥使，洮州卫指挥金事丁黻为本卫指挥同知，羽林前卫正千户吕敬、洮州卫正千户房旺各为本卫指挥金事，其千户张健、百户旗军李雄等七十余人升授有差。

（太宗朝馆本卷一六一·页二上～下）

○ 永乐二十二年（甲辰）十月辛未（1424.11.20）

阶州右千户所百户樊义言："阶州密迩生番，蛮夷之心，不可测度，乞还向所调本所官军九百三十余人往甘州等处备御者，仍守本州黄鹿坝等寨关口。"从之。遂命陕西都司调附近卫所官军代往甘州。

（仁宗朝馆本卷四上·页一下）

○ 宣德三年（戊申）闰四月丙戌（1428.5.18）

命陕西河州卫故都指挥金事康寿孙济袭为必力卫指挥金事，赐之诰命。

（宣宗朝馆本卷四二·页二上）

○ 宣德三年（戊申）闰四月辛丑（1428.6.2）

升岷州卫指挥使后能为陕西都司都指挥金事，掌岷州卫事。

（宣宗朝馆本卷四二·页七上）

○ 宣德八年（癸丑）四月丙申（1433.5.2）

初，四川都司奏："本处官军除旧操备九千五百余人，又有运粮守堡者千三百余人，又松潘调往六千八百余人，通计近二万人。若依三番更代，馈给实难，兼守城军士不足，乞敕总兵官都督陈怀，以备御官军如宁夏例，分为两番还取衣装，又以调征官军量退其软弱，还助运粮守城。"上从之。至是怀奏："松潘卫南至保县，东至江油，城池关堡三十余处，皆诸种生熟番蛮杂居，其官军分守，悉经奏准。且今叠溪、双马诸寨番蛮，或肆攻劫，或声言聚众邀夺粮饷，或不肯出租赋服徭役，已各遣人抚捕，及严饬哨备。近蒙令以备御官军如宁夏例，及以调征官军量退其软弱者。臣窃思诸处官军今已分为三番，犹有番蛮出没为害，若从都司所奏，彼得以窥觇，为害益甚。况各堡相去迂远，栈道崎岖，倘有缓急，猝难应助。乞听仍为三番，调征官军仍存操备。"

上谓行在兵部侍郎王骥曰："松潘昔无多军，城池未尝失守，番蛮亦不敢为非。比年以来，有总兵官领重兵镇守，番蛮乃时时出没，岂非不能抚捕之故，彼只利军马众多，略不思供给之难。尔即遣人驰驿谕怀，必如宁夏例，不许饰辞拒命，若蛮寇复出责有所归。"

（宣宗朝馆本卷一〇一·页四上～五上）

○ 宣德八年（癸丑）六月癸未（1433.6.18）

命左军都督佥事方政佩平蛮将军印，充总兵官，参将都指挥同知蒋贵为左军都督佥事，充副总兵，镇守四川松潘等处，四川都司、行都司所属卫所官军悉听节制。敕曰："番蛮居险，用兵亦难，只宜静以抚之，毋自劳敝。凡其事宜悉准五月二十日敕，尔其慎之。"先是番蛮复叛，贵尝率军深入剿捕有功，故升之。

（宣宗朝馆本卷一〇三·页一上）

○ 宣德十年（乙卯）五月庚寅（1435.6.15）

设四川别思寨安抚司、松潘长宁安抚司、阿容簇长官司吏目各一员，成都府威州保子关巡检司巡检一员。

（英宗朝馆本卷五·页七上）

○宣德十年（乙卯）六月己酉（1435.7.4）

松潘总兵官都督同知蒋贵奏："威州旧治凤坪里去威州千户所十五里，且阻大河，借二索桥以渡。宣德二年蛮人作耗，断其桥，使官军不能策应，大肆焚掠。臣等乃议迁新治，七八年来居民安堵。比者，兑兵官方政凭凤坪里奸民言新治陕隘，请复旧治。实为不便。臣按千户所城东门内有地闲旷，请徙治为便。"从之。

（英宗朝馆本卷六·页三下～四上）

○宣德十年（乙卯）七月庚午（1435.7.25）

松潘总兵官都督同知蒋贵奏："臣所统皆极边之地，军士月粮减少，日用不给。"

事下行在户部，定拟松潘军验口支给，小河、叠溪、威茂二州四卫所，马军一石，步军有妻小者七斗，无者五斗。从之。

（英宗朝馆本卷七·页一上～下）

○宣德十年（乙卯）十月乙巳（1435.10.28）

松潘总兵官都督同知蒋贵奏："松潘东南二路关城木栅，自蛮人作耗悉皆倾毁。近已剿捕宁帖，欲将薄刀等十三处关城令存留守备官军修理。其龙州宣抚司城木栅令本司原操土民修理，庶蛮人无觊觎（之）心。"

事下行在工部，议行。

（英宗朝馆本卷一〇·页三下）

○正统元年（丙辰）二月壬寅（1436.2.22）

陕西岷州卫千户苏玘奏："本所旧额旗军一千一百二十名，先调甘州操备七十二名，继调凉州听征二百五十名，屯田四百八十八名，而守城之数十存其二。且岷州西去四百余里烽堠关隘五十余所，外薄西番，番寇不时出没。乞照洪武间事例，一分屯田，九分守城，庶缓急有备，边境无虞。"

事下行在兵部，复奏。从之。

（英宗朝馆本卷一四·页三上～下）

○ 正统元年（丙辰）二月乙巳（1436.2.25）

以四川长宁安抚司改隶叠溪守御千户所。先是，都督方政平历日诸寨，设长宁安抚司，隶松潘指挥使司。至是，总兵官都督同知蒋贵言："长宁与松潘相去辽邈，难以管辖，而叠溪与松潘迩，改隶为便。"从之。

（英宗朝馆本卷一四·页四下）

○ 正统元年（丙辰）二月乙卯（1436.3.6）

徙四川威州保子关巡检司于三岔月口，仍命巡检董敏莅司事。从总兵官都督同知蒋贵言也。

（英宗朝馆本卷一四·页八下）

○ 正统五年（庚申）正月丙寅（1440.2.25）

增置陕西洮州卫军民指挥使司僧纲司番僧都纲一员。

（英宗朝馆本卷六三·页八上～下）

○ 正统六年（辛酉）九月甲午（1441.9.15）

陕西秦州卫阶州右千户所百户徐政奏："本所军士原系七分屯田、三分守城，番贼探知军少，不时出没，乞以六分屯田、四分守城。其遗下原屯田地，拨余丁补数屯种。"从之。

（英宗朝馆本卷八三·页一下）

○ 正统七年（壬戌）四月壬寅（1442.5.21）

镇守洮州都督佥事李达老疾，以其子瓛代为洮州卫指挥使。

（英宗朝馆本卷九一·页三下）

○ 正统九年（甲子）二月癸卯（1444.3.12）

升平凉卫土官指挥使哈剌苦出为都指挥佥事，领军于洮岷等卫更番操备。从总兵官宁远伯任礼等推举也。

（英宗朝馆本卷一一三·页八下）

○ 正统九年（甲子）九月戊寅（1444.10.13）

　　甘肃总兵官宁远伯任礼等奏："陕西行都司所属俱临极边，近选精健旗军二百九十九名充夜不收，常川出境，探报信息，劳苦倍于常军，而粮赐与众无异，乞于月粮内增给本色米五斗，庶得养其锐气。"从之。

　　　　　　　　　　　　　　　　（英宗朝馆本卷一二一·页一上～下）

○ 正统九年（甲子）十月甲戌（1444.12.8）

　　命陕西都指挥佥事后能，镇守民［岷］州。

　　　　　　　　　　　　　　　　（英宗朝馆本卷一二二·页七下）

○ 正统十年（乙丑）二月丙寅（1445.3.30）

　　增设镇番卫右千户，所发犯囚充军实之。

　　　　　　　　　　　　　　　　（英宗朝馆本卷一二六·页七下）

○ 正统十一年（丙寅）十二月壬戌（1447.1.15）

　　命四川都指挥佥事徐贵、郭礼、孙敬提督官军，分守松潘等处地方。贵自西宁关至平夷堡，礼自金瓶崖至靖夷堡，敬自永镇堡至新堡，俱听镇守都指挥佥事王杲等调遣。从提督兵备右佥都御史寇深奏请也。

　　　　　　　　　　　　　　　　（英宗朝馆本卷一四八·页八下）

○ 正统十二年（丁卯）正月戊寅（1447.1.31）

　　提督松潘兵备右佥都御史寇深言："四川抵松潘路皆临河倚山，山高水急。乞敕四川有司委官督夫积木修桥，凿石广路，务在坚致平坦为长久计，庶军马得以并进，粮夫永无疏虞。"从之。

　　　　　　　　　　　　　　　　（英宗朝馆本卷一四九·页三上）

○ 正统十三年（戊辰）五月辛亥（1448.6.27）

　　初，四川叠溪守御千户所无水，军皆出城三里就饮马沟取水。宣德间，为番蛮所困，人皆掬溲以饮。至是，自饮马沟凿山引水入城，掌所事指挥杨徽〔征〕归功（于）右佥都御史寇深，请伐石纪功。上以边备之常，不允其请。

（英宗朝馆本卷一六六·页八上）

○ 正统十三年（戊辰）九月丙戌（1448.9.30）

四川天全六番招讨使司奏："本司厅治倚山滨河，累被山水冲坏，不堪署事，愿自备工料，徙置于城东隙地。"从之。

（英宗朝馆本卷一七〇·页一上～下）

○ 景泰三年（壬申）二月甲戌（1452.3.1）

镇守松潘都指挥同知高广等奏："各关堡守备官军，四年之上未曾替换。乞以［令］四川都司照数点选精壮之人，各带衣甲器械，遣来更替，庶劳逸适均。"从之。

（英宗朝馆本卷二一三·页四上）

○ 景泰四年（癸酉）十一月乙丑（1453.12.12）

命四川布政司出银七百五十两买布给松潘贫难军士。以镇守等官言其在边年久未代，衣食艰窘故也。

（英宗朝馆本卷二三五·页三下～四上）

○ 景泰七年（丙子）十二月己亥（1456.12.30）

升四川茂州判官汪浩为本州同知。浩秩满将代，镇守侍郎罗绮因军民保留，奏浩谙练边俗，抚理有方，军民乐业，番夷信服，乞量升一职，仍佐州政。吏部具以闻，故有是命。

（英宗朝馆本卷二七三·页一上）

○ 天顺元年（丁丑）九月癸酉（1457.9.30）

命右都督王祯总督陕西岷州、洮州、河州三处地方。从兵部尚书陈汝言奏请也。

（英宗朝馆本卷二八二·页四下）

○ 天顺二年（戊寅）正月甲申（1458.2.8）

升四川成都府茂州同知汪浩为本州知州。以长官护印舍人昔只等奏保浩能均平徭役，熟知夷情也。

（英宗朝馆本卷二八六·页七下）

○ 天顺二年（戊寅）五月庚寅（1458.6.14）

复命巩昌卫指挥使汪钊镇守洮州。初，钊镇洮州，甚得番夷之和，后移凉州备御。陕西镇守太监王敏及三司言："洮州极边，番夷杂处，乞令钊复还镇守。"故有是命。

（英宗朝馆本卷二九一·页三上）

○ 天顺二年（戊寅）十一月庚子（1458.12.21）

命镇守松潘四川都指挥使周贵充参将，仍旧镇守。

（英宗朝馆本卷二九七·页三上）

○ 天顺八年（甲申）十二月乙巳（1465.1.23）

陕西镇番卫奏："本卫为边陲要害，而西关墙垣卑薄，艰于守御。又仓廒缺少，刍粟无处收积。宜展筑盖造，以严边备。"

事下工部，言："此实边城急务，若俟勘实恐失事机，请下守臣及时修筑。"从之。

四川按察使周文盛奏："四川地方番蛮为患，调军运粮，军民不得休息，而腹里地方又有盗贼生发，官少事多，任用不敷。乞暂取回清军御史，止令布按二司并各府州县委官清军，兼管捕盗、催粮等事，候地方宁靖，照旧。"从之。

（宪宗朝馆本卷一二·页一〇上）

○ 成化五年（己丑）四月辛未（1469.5.28）

命四川龙州宣抚司副使李胤实分守大荫旧州等处地方，佥事王鉴分守白马路等处地方。

（宪宗朝馆本卷六六·页五下～六上）

○ 成化五年（己丑）六月壬申（1469.7.28）

巡抚陕西右副都御史马文升奏："岷、洮二州密迩番簇，寇入之路颇多，而寨隘空阔，难于防御。其屯住军民亦各散乱，寇辄乘夜剽掠，或白昼于僻地邀劫行旅。岷、洮二卫官旗坐是〔事〕失机，左降殆尽，然情实可矜。今邻住多那诸簇虽已听抚，然夷情〔性〕叵测不可不防，请于缘边番寇出没之地，修筑寨隘及军民屯堡。有警互相应援，并力邀击，则守御有方，而官军可安其职。"

诏从之。凡新修寨堡五十余所。

（宪宗朝馆本卷六八·页四上）

○ 成化五年（己丑）八月甲寅（1469.9.8）

命四川协同镇守参将都督佥事宰用充左参将，代刘芳镇守威、茂、叠溪等处地方。

（宪宗朝馆本卷七〇·页一上）

○ 成化五年（己丑）八月癸亥（1469.9.17）

命陕西按察司副使邓本端整饬岷、洮等处边备。

（宪宗朝馆本卷七〇·页三上）

○ 成化六年（庚寅）八月癸亥（1470.9.12）

兵部尚书白圭等奏："初，吏科都给事中潘荣等劾镇守松潘都督佥事湛清，异类险诈，不宜授分阃之寄。诏巡视侍郎黄琛询察以闻。至是，琛具上清奸贪之状，请逮治之。且松潘地方旧无总兵之设，天顺间以番蛮寇扰，始用副总兵镇守。今松潘、威、茂各有左右参将分守，况地方稍宁，总兵之官宜暂停革。"

上曰："既有参将二员（分守），副总兵不可设。湛清奸贪若此，尔等前日何为滥举？本当究问，姑从宽宥。自后用人务须详慎。"

（宪宗朝馆本卷八二·页八上～下）

○成化八年（壬辰）四月癸酉（1472.5.14）

整饬陕西洮、河兵备按察司副使吴玘奏："岷州卫城守士卒仅三百五十人，而卫有大崇教寺，旧乃分卒五十人守之。比寺之殿庑毁于火者过半，而守卒如故，虚费粮赏，乞量留十人，余令悉还本卫城守。"从之。

（宪宗朝馆本卷一〇三·页二上）

○成化八年（壬辰）八月癸酉（1472.9.11）

命凉州卫都指挥佥事赵英守备西宁地方。

（宪宗朝馆本卷一〇七·页二上）

○成化九年（癸巳）十二月癸酉（1474.1.4）

复设陕西河州及文县，礼县。巡抚都御史马文升奏："陕西布政司原有河州及文县、礼县，后革河州，而以其民属河州卫，又以卫为军民指挥使司。革文县，而以其民属文县千户所。革礼县，而以其民属秦州。然各州、县所管辖者皆土达人户，实被军职扰害，且地相隔远，赋役不便。乞复河州，仍隶临洮府，除知州同知、吏目各一员，专除判官一员，监收河州卫仓粮。于文县千户所设文县，隶阶州；礼店千户所设礼县，隶秦州，各除之县典吏一员。"从之。

（宪宗朝馆本卷一二三·页三上）

○成化十年（甲午）五月戊子（1474.5.19）

巡抚四川右副都御史夏埙等陈言二事：

"一、镇守松潘参将尧彧等奏请增兵三千，臣等议其不可者有三。四川卫所之兵，仅足以备各边番更，今欲增兵三千，则番更无兵矣。州县之民久劳各边飞挽，今欲增三千人粮，则飞挽病民矣。此其不可一也。况番夷所畏者惟土兵，知客兵难以久留，且不识其地之险易，虽多不畏。（此）其不可二也。松、茂兵旧额一万八千五百有奇，使整饬有方，足可御贼，今不务此，而欲增兵，适足以为将领卖放之资，此其不可三也。今宜敕以现兵训练，毋役私门，击贼有功则必赏，纵贼贻患则必罚，若果番戎大肆，本兵难御，方许奏请增兵，则边将致力，而番戎畏威矣。

一、四川军职玩法，抵罪多亡命者，若循例奏请，动经岁月，必得先逮系之，而后闻奏，则奸宄知戒矣。"

上命所司知之。

（宪宗朝馆本卷一二八·页二下～三上）

○成化十一年（乙未）五月乙卯（1475.6.10）

升四川右参将都指挥佥事尧或署都指挥同知，充副总兵，镇守松潘等处，都指挥佥事刘芳充右参将，协守。

（宪宗朝馆本卷一四一·页三上）

○成化十一年（乙未）九月甲寅（1475.10.7）

诏给四川叠溪千户所军士冬衣布、花。时，叠溪因番蛮阻塞，商旅不通，其军士艰苦与松潘小河同，而受赐独异，巡抚都御史张瓒以为言。诏暂给之，俟寇退之日仍旧。

（宪宗朝馆本卷一四五·页二下）

○成化十二年（丙申）七月乙卯（1476.8.3）

敕巡抚四川右副都御史张瓒兼理松、茂、安、绵、建昌等处边务。先是，四川按察司佥事林璧奏："曩时，松、茂等处，有都御史寇深、侍郎罗绮专理其地。凡兵粮赏罚之权、攻守抚捕之计，皆得便宜而行，故各有成绩。比设参将二人分守威、茂，凡遇寇警，彼此异谋，虽有兵备副使一人，然兵粮之计动禀上司，千里往来，缓不及事。惟松、茂等边失守，故番贼得越入安、绵、石泉、江油境内，长年流劫，莫可御防，徒有都指挥一人旧州备冬，一人安县守备。然既不据要地，又不属总兵兵备统摄，俱肆志偷安，莫肯自效。乞视往例，或就命巡抚四川都御史兼督，或别选大臣一人专理松潘、茂、安等处边务，令总兵兵备以下，咸听节制，庶几职任崇重，可责成功。"

事下兵部，议以璧言可用。从之。

（宪宗朝馆本卷一五五·页六上）

○成化十三年（丁酉）六月戊申（1477.7.22）

　　降四川都指挥同知李镐为都指挥佥事，都指挥佥事吴荣为松潘卫指挥同知。以荣失机，而镐缓于策应也。

（宪宗朝馆本卷一六七·页三下）

○成化十三年（丁酉）十二月乙巳（1478.1.15）

　　甘肃总兵官都督佥事王玺奉敕上边备事宜："黄河以西自庄浪以抵肃州南山一带，为阿吉等二十九簇之地。洪武间，各立界碑，以分疆场，不许过疆樵采。年久湮没，各夷往往侵入，以趁水草为名，而中国无赖之人亦潜与交通。彼狼子野心，万一阴蓄异谋，为患非细。乞敕边臣召西番诸簇，谕以界石废弛，恐官军欺凌尔辈，今复立之，仍听尔等于界外住牧。如有互市，于各关验入，庶官军无所嫌疑，尔辈得以休息。其有越界往来，得以军法从事。且请选将才以储用，蒐军士以立功。"

　　兵部具拟以闻。诏准议。

（宪宗朝馆本卷一七三·页三下～四上）

○成化十五年（己亥）十二月辛未（1480.1.31）

　　升四川按察司佥事戴宾为副使，整饬松潘兵备。初，巡抚右副都御史孙仁等奏："松潘为四川西陲重地，深居番境。外则东通任昌、蜡梅，南林〔邻〕董卜韩胡，西连乌思藏界，北接羊峒、洮州；中则大小二姓寨簇部落弥满山林，环据险固。而东南两路一线相通，我军关堡连络参杂，夷性〔情〕犬羊，叛服靡定。我朝自洪武初年克服以来，或兴师征讨，或宿兵防备，所遣皆重臣名将。正统、天顺间奉命镇守皆侍郎、都御史，职位尊崇，故威令易行。厥后镇守太监阎礼会保佥事高澄以为副使，由是因循，率以副使整饬，较之侍郎、都御史，职位既殊，事多掣肘。今现调佥事李廷璋于此整饬兵备，则其职位与副使又有不同，将来行事尤为掣肘。乞于廷璋及佥事戴宾两人中擢任一人以为副使，仍赐敕谕，专理兵备，庶得职位颇重，边务修举。"

　　吏部复奏。从之。

（宪宗朝馆本卷一九八·页四上～下）

○成化十六年（庚子）五月壬午（1480.6.10）

敕分守庄浪署都督同知鲁鉴充左参将，兼守西宁地方。初，无守将，至是，太监覃礼奏请，故有是命。

（宪宗朝馆本卷二〇三·页一上）

○成化十七年（辛丑）九月甲申（1481.10.5）

命四川都指挥刘升、指挥使陶亨分守雅州、越嶲地方。时四川巡抚都御史孙仁等议："雅、黎二州并越嶲一带獐懒坡、相公岭为襟喉要路，番汉杂处，夷罗纵横，宜设官分守。雅州碉门紫石至大度〔渡〕河，令刘升守之。越嶲至大度〔渡〕河，令陶亨守之。"

事下兵部，复奏。诏可。

（宪宗朝馆本卷二一九·页三上）

○成化十八年（壬寅）闰八月丙戌（1482.10.2）

命陕西署都指挥佥事雷泽守备洮州。先是，洮州守臣止用指挥等职。至是，巡抚陕西都御史阮勤等言，其名位稍轻，难以统驭僚属，因举贼〔泽〕可用。从之。且命自后守备者，虽他官，皆听以都指挥体统行事。

（宪宗朝馆本卷二三一·页四下）

○成化十八年（壬寅）十一月癸丑（1482.12.28）

巡抚四川右副都御史孙仁等奏："松潘东路自小河以下直抵龙州、安绵、石泉，系蛮贼出没要地，旧革罢协守参将，兵备废弛，仍宜增设。"

事下兵部，请令仁等举堪任者以闻。至是，仁等以四川都指挥使李镐名上。

上曰："边将必用本土之人，庶知彼兵势地利，易于成功，而可用者，亦惟其主帅能察识之耳。可从仁荐，用镐为左参将，协守松潘东路。"

（宪宗朝馆本卷二三四·页四下）

○成化十九年（癸卯）五月癸巳（1483.6.6）

命陕西行都司都指挥佥事王义守备西宁地方。

（宪宗朝馆本卷二四〇·页一下）

○成化十九年（癸卯）九月丁巳（1483.10.28）

户部会官议奏漕运巡抚等官所上事宜："……一、洮州切近番簇，而山口、关隘、寨堡二百余处，除凉州操备官军七百余外，现存者止二千二百余，乞存留操备凉州者，而以河州现在洮州官军五百名并平凉二百名赴凉州，补所存之数。……"

（宪宗朝馆本卷二四四·页九下～一〇上）

○成化二十三年（丁未）九月己未（1487.10.9）

巡抚四川右副都御史刘璋奏："松潘、茂州二卫、叠溪、小河、威州三所，密迩番寨，岁遣正军备冬，复以余丁助之。其人各诉贫窘，甲胄弓矢之类不能自办。而各卫所岁造军器，收贮既久，亦多朽钝。请自今余丁番上之日，即以所贮器械给之。下班则验收入库。如有损失，令各丁修补还官。"

事下工部，复奏。从之。

（孝宗朝馆本卷三·页六下～七上）

○成化二十三年（丁未）十月戊子（1487.11.7）

故事陕西洮州、岷州及河、平二卫，岁调官军往凉州备御。至是，巡按御史武清奏："洮州与番族杂处，势不宜分兵他往，请留本处操备，其岷州与河、平二卫，仍令备御凉州。"

下兵部，复奏。从之。

（孝宗朝馆本卷五·页四上）

○弘治元年（戊申）闰正月丁卯（1488.2.14）

升泸州卫指挥使韩雄为署都指挥佥事，充右参将，协守松潘。

（孝宗朝馆本卷一〇·页一上）

○ 弘治元年（戊申）二月己未（1488.4.6）

守备河州陕西都司都指挥佥事康永乞致仕。许之。

（孝宗朝馆本卷一一·页一二下）

○ 弘治元年（戊申）四月甲辰（1488.5.21）

命……松潘东路左参将都指挥佥事李镐充副总兵，分守松潘。

（孝宗朝馆本卷一三·页五上）

○ 弘治元年（戊申）七月癸亥（1488.8.8）

命户部运银四万两于陕西，以给固原、靖虏、兰州、河州边储。从镇巡官请也。

（孝宗朝馆本卷一六·页一上）

○ 弘治元年（戊申）七月甲戌（1488.8.19）

增设陕西按察司副使一员，专在西宁卫地方抚治番夷。时四川按察司副使王轼丁忧服阕，吏部谓其才力可任，遂奏用之。赐之敕曰："陕西西宁卫设在万山之中，道路偏僻，上司少到，守备抚夷官不无掊克渔猎，兼且番族数多，反侧难制。今特命尔，专一抚治番夷，整饬兵备，提督该卫，操练军马，保固城池，经理粮储，禁革奸弊。遇有番贼出没，量调卫所官军，相机抚捕。军职有卖放军士，不行守把关隘及纵容军民人等通同番贼交易惹祸等项，许尔径自参奏拿问。守备、把总、抚夷等官，敢有似前掊克苦害军士、骚扰番夷者，听尔指实呈巡抚官参提问罪。尔为宪职，受兹委任，尤须正己律人，以安边境，不许徇私妄为，乖方误事，致有激变。如违，罪不轻宥。"

（孝宗朝馆本卷一六·页五上～下）

○ 弘治二年（己酉）三月甲戌（1489.4.16）

巡抚四川右副都御史谢士元移文兵部，言："亲历松茂一带边方，右参将韩雄住茂州，去土地岭、茅香、小关、神溪、土门、桃坪〔枰桃〕等六关堡甚近，左参将白珍住小河千户所，去六关堡千余里，猝然有警，应

［难］于应援。乞以六关堡地方令韩雄协守提督，令白珍协守小河、安绵等处，至坝州底堡为止。"兵部复奏。从之。

（孝宗朝馆本卷二四·页六下）

○弘治三年（庚戌）二月壬辰（1490.2.28）

命陕西行都司都指挥佥事甄玉之子鉴，代为西宁卫指挥使。

（孝宗朝馆本卷三五·页二下）

○弘治七年（甲寅）正月己亥（1494.2.14）

命（守）备红城子堡都指挥同知鲁麟充甘州东路游击将军，守备西宁，署都指挥佥事颜玉充左参将，分守庄浪。

（孝宗朝馆本卷八四·页二上～下）

○弘治八年（乙卯）六月甲子（1495.7.4）

命协守松潘南路右参将房骥充副总兵，分守松潘等处。

（孝宗朝馆本卷一〇一·页二下）

○弘治十年（丁巳）十月己卯（1497.11.5）

命四川都司都指挥同知刘升守备松潘东路。

（孝宗朝馆本卷一三〇·页五上）

○弘治十一年（戊午）十一月辛丑（1498.11.22）

命分守大同左参将李瑺充左副总兵，协守甘州，甘肃游击将军颜玉升署都指挥佥事充副总兵，分守松潘。

（孝宗朝馆本卷一四三·页八下）

○弘治十二年（己未）八月癸卯（1499.9.20）

巡抚甘肃都御史周季麟请以西宁兵备副使兼管庄浪、古浪、凉州、镇番五卫，肃州兵备副使兼管永昌、山丹、甘州、高台、镇夷等九卫。从之。

（孝宗朝馆本卷一五三·页七下）

○ 弘治十三年（庚申）四月辛卯（1500.5.5）

　　命四川行都司都指挥佥事朱廷充右参将，协守松潘等处。

（孝宗朝馆本卷一六一·页一下～二上）

○ 弘治十四年（辛酉）闰七月己卯（1501.8.16）

　　命守备安绵四川都司指挥佥事韩雄充左参将，协守松潘东路。

（孝宗朝馆本卷一七七·页二上）

○ 弘治十六年（癸亥）正月戊寅（1503.2.6）

　　分守松潘副总兵都指挥佥事韩雄奏："松潘旧有镇守副总兵，节制东西〔南〕二路参将，后改东路参将为守备，遂亦改松潘镇守为分守，近东路复设参将，而臣所奉敕内未有节制东路之文，难于调遣，兼以（分）守名分不崇，致四川都行二司俱与杭〔抗〕衡，乞仍改分守为镇守，而令东路与南路参将悉听节制，都行二司皆许调用。"

　　兵部复奏："松潘分守之名已定，不可改易，而节制调用宜如其请。"从之。

（孝宗朝馆本卷一九五·页一下）

○ 正德元年（丙寅）二月辛酉（1506.3.5）

　　设浦江关守备军民千户所，仍隶松潘卫。

（武宗朝馆本卷一〇·页五上）

○ 正德元年（丙寅）七月乙酉（1506.7.27）

　　升陕西按察司佥事胡经为副使，整饬西宁等处兵备，以总制边务左副都御史杨一清荐也。

（武宗朝馆本卷一五·页一二上）

○ 正德二年（丁卯）二月乙未（1507.4.3）

　　命协守松潘参将张文渊充副总兵，分守松潘地方。

（武宗朝馆本卷二三·页七下）

○正德三年（戊辰）八月戊寅（1508.9.7）

　　升分守松潘副总兵张文渊为署都督佥事，铨注中军都督府管事，以协守松潘左参将昌佐代文渊，府军前卫都指挥佥事高鸾代佐。

（武宗朝馆本卷四一·页四上）

○正德四年（己巳）九月丁酉（1509.9.21）

　　裁革四川松叠游击官兵，从镇巡官议也。

（武宗朝馆本卷五四·页二下）

○正德五年（庚午）八月丁酉（1510.9.16）

　　命陕西署都指挥佥事杨宏充左参将，协守松潘东路。

（武宗朝馆本卷六六·页四下）

○正德五年（庚午）九月丙辰（1510.10.5）

　　以甘州后卫署都指挥佥事汪淮守备西宁地方。

（武宗朝馆本卷六七·页三上）

○正德五年（庚午）十二月丙戌（1511.1.3）

　　升分守松潘副总兵都指挥同知昌佐为署都督佥事，充总兵官镇守四川。

（武宗朝馆本卷七〇·页一上）

○正德五年（庚午）十二月庚寅（1511.1.7）

　　命协守松潘左参将署都指挥佥事杨宏为副总兵，分守松潘等处。

（武宗朝馆本卷七〇·页二下）

○正德五年（庚午）十二月壬辰（1511.1.9）

　　命四川都司都指挥佥事徐继充左参将，协守松潘东路地方。

（武宗朝馆本卷七〇·页三上）

○ 正德六年（辛未）四月丙戌（1511.5.3）

命协守东路左参将徐继暂驻松潘，管理操守。

(武宗朝馆本卷七四·页二上)

○ 正德七年（壬申）六月辛亥（1512.7.21）

以陕西河州卫署都指挥佥事金冕〔晃〕守备西宁。

(武宗朝馆本卷八九·页二上)

○ 正德七年（壬申）八月甲子（1512.10.2）

命四川都指挥佥事徐勇充右参将，协守松潘南路。

(武宗朝馆本卷九一·页八下)

○ 正德八年（癸酉）正月辛未（1513.2.6）

升四川按察司佥事卢翊为本司副使，整饬松潘兵备。

(武宗朝馆本卷九六·页一上)

○ 正德九年（甲戌）六月丙申（1514.6.26）

以协守松潘东路左参将都指挥佥事吴坤充副总兵，分守松潘等处。

(武宗朝馆本卷一一三·页一下)

○ 正德十三年（庚申）二月丙戌（1518.3.27）

以都指挥佥事杨佑守备西宁地方。

(武宗朝梁本卷一五九·页九上)

○ 正德十三年（庚申）九月己未（1518.10.26）

命四川都指挥佥事张杰充松茂游击将军。

(武宗朝馆本卷一六六·页一〇下)

○ 正德十六年（癸亥）正月庚辰（1521.3.5）

命指挥佥事张伦守备四川坝底地方，以都指挥体统行事。初，总兵官吴坤奏："坝底为番蛮喉襟，全蜀藩屏，最为要害，而守备官特出镇巡檄，委责任不专，难以责效，宜简武臣一人守备。"兵部议从其请，始命伦为之。

（武宗朝馆本卷一九五·页六上）

○正德十六年（癸亥）五月甲寅（1521.6.7）

（前略）复四川松潘等处镇守副总兵，仍为分守。

（世宗朝馆本卷二·页六下）

○正德十六年（癸亥）十二月甲申（1522.1.3）

命四川署都指挥佥事何卿充左参将，协守松潘东路地方。

（世宗朝馆本卷九·页二下～三上）

○正德十六年（癸亥）十二月丙戌（1522.1.5）

命协守松潘东路左参将王伟充副总兵，分守松潘地方。

（世宗朝馆本卷九·页三上）

○正德十六年（癸亥）十二月丁未（1522.1.26）

增设四川叠茂游击将军，以指挥佥事蒋存礼充之，从（巡）抚都御史胡世宁请也。

（世宗朝馆本卷九·页一九上）

○嘉靖元年（壬午）二月己丑（1522.3.9）

升陕西庄浪卫指挥佥事刘爵为都指挥佥事充参将，分守洮、岷地方。

（世宗朝馆本卷一一·页五下）

○嘉靖元年（壬午）二月丙申（1522.3.16）

以都指挥韩恩充四川协守松潘南路右参将，都指挥柳睿为游击将军。

（世宗朝馆本卷一一·页七上）

○嘉靖元年（壬午）三月辛未（1522.4.20）

置陕西镇羌、岔口二堡仓，曰镇羌仓。

（世宗朝馆本卷一二·页一二下）

○嘉靖元年（壬午）三月乙亥（1522.4.24）

添设陕西宁羌递运所。

（世宗朝馆本卷一二·页一五下）

○嘉靖元年（壬午）十一月丁巳（1522.12.2）

以四川都司署都指挥佥事李升充右参将，协守松潘南路。

（世宗朝馆本卷二〇·页五下）

○嘉靖四年（乙酉）五月己巳（1525.6.1）

以协守松潘东路左参将张光宇充副总兵，分守松潘等处。

（世宗朝馆本卷五一·页五下）

○嘉靖四年（乙酉）六月壬辰（1525.6.24）

以陕西署都指挥佥事高显充叠茂等处游击将军。

（世宗朝馆本卷五二·页二下）

○嘉靖五年（丙戌）正月丁酉（1526.2.24）

四川抚按官王軏等奏："宁番、越嶲、冕山桥、镇西等卫，地皆要害，宜专设守备都指挥一员，以统摄之。因推大渡河守御所指挥使曹元可任。"兵部复请。从之。

（世宗朝馆本卷六〇·页二上）

○嘉靖五年（丙戌）二月丙寅（1526.3.25）

以提督叙泸等处左参将署都指挥佥事何卿充副总兵，分守松潘。

（世宗朝馆本卷六一·页四上）

○嘉靖十年（辛卯）十一月乙亥（1532.1.2）

革协守松潘南路右参将沙金回卫闲住，以四川都司署都指挥佥事丘岌代之。从巡抚四川都御史宋沧奉［奏］也。

（世宗朝馆本卷一三二·页九下～一〇上）

○嘉靖十一年（壬辰）十二月甲申（1533.1.5）

裁革洮州守备，复设洮岷河参将。升岷州守备指挥佥事孙仁署都指挥佥事，充之。

（世宗朝馆本卷一四五·页七上）

○嘉靖十二年（癸巳）九月庚戌（1533.9.28）

以松潘游击将军都指挥佥事张麟充协守松潘东路左参将。

（世宗朝馆本卷一五四·页四上）

○嘉靖十三年（甲午）十月庚戌（1534.11.22）

四川威、茂、松潘等处番寇平，诏升副总兵何卿都督职衔，镇守如故，游击朱承恩、松潘兵备副使陈时明、韩璒侯［候］缺擢用。

（世宗朝馆本卷一六八·页四上）

○嘉靖十四年（乙未）十月辛亥（1535.11.18）

割四川川南道所隶邛、雅、眉三州八县，建昌等六卫十所，天全、黎州七土官衙门为上川南道。以建昌兵备副使胡仲谟兼分巡督粮右参议，李瑜兼分守。从巡按御史邹尧臣请也。

（世宗朝馆本卷一八〇·页六上）

○嘉靖十六年（丁酉）十一月辛卯（1537.12.17）

改松潘南路右参将李爵为提督叙泸坝底等处左参将。

（世宗朝馆本卷二〇六·页三上）

○嘉靖十六年（丁酉）十一月乙未（1537.12.21）

以叠茂南路游击将军杜钦充协守松潘南路右参将。

（世宗朝馆本卷二〇六·页三上～下）

○嘉靖十六年（丁酉）十一月戊戌（1537.12.24）

以……四川行都司军政掌印署都指挥佥事李葵充叠茂南路游击将军。

（世宗朝馆本卷二〇六·页三下）

○嘉靖二十一年（壬寅）三月戊子（1542.3.23）

以……四川叙泸参将李爵充松潘东路游击将军。

（世宗朝馆本卷二五九·页二上）

○嘉靖二十一年（壬寅）十二月庚子（1543.1.29）

以……四川都司掌印署都指挥佥事邓斌充协守松潘东路左参将。原任松潘游击将军芮恩掌福建行都司事。

（世宗朝馆本卷二六九·页六上）

○嘉靖二十二年（癸卯）五月丙寅（1543.6.24）

敕贵州前卫都指挥佥事李宗祐充左参将，协守四川松潘东路。升守备叙泸等处署都指挥佥事李元实为署都指挥佥事，充叠茂南路游击将军。

（世宗朝馆本卷二七四·页四上～下）

○嘉靖二十二年（癸卯）十二月甲午（1544.1.18）

以靖州右参将署都指挥佥事高冈〔岗〕凤充左参将，协守松潘东路。

（世宗朝馆本卷二八一·页六下）

○嘉靖二十四年（乙巳）正月丙午（1545.1.24）

命……四川松潘东路左参将署都指挥佥事高冈〔岗〕凤充副总兵，分守松潘。

（世宗朝馆本卷二九四·页二下）

○嘉靖三十一年（壬子）五月庚戌（1552.6.20）

命……宁夏分守买往［贺桂］，俱充参将。……桂，甘肃西宁。

（世宗朝馆本卷三八五·页五下）

○嘉靖三十七年（戊午）四月甲午（1558.5.4）

陕西总督、抚按言："河州密迩疆场，乃临巩之藩篱，而大同实河州之门户也。乞留甘凉班军与客兵共戍。又，河州旧隶洮、泯［岷］兵备道，隔越五百里，乞就近改属临巩兵备便。"

兵部复奏〔议〕。报可。

（世宗朝馆本卷四五八·页五上～下）

○嘉靖三十九年（庚申）六月壬寅（1560.6.30）

复设兰州督饷郎中、河州管粮、临洮府通判各一员。移凉州监督通判驻扎庄浪。从故总督侍郎魏谦吉请也。

（世宗朝馆本卷四八五·页一下）

○嘉靖四十年（辛酉）闰五月乙巳（1561.6.28）

裁革陕西岷州。岷（地）西临极边，番汉杂居，国初将土番十六族改为十六里，设卫以统之，羁縻当差，相沿且二百年矣。至嘉靖二十四年，始设州治，由是民夷胥称不便，地方渐敝。至是，督抚陕西都御史郭乾等言："岷自建州以来，徭役烦累，民皆逃散诡匿。加以水旱霜雹，生计无聊，人心摇惑，今州官假别差之故而寄他帮，兵备官羁縻旦夕，势不可久。且番夷之情，狎习世官，而流官之任更代不一，不若仍卫革州，相安于无事。所遗人民仍属岷州卫经历司兼管，添设巩昌府通判一员住扎其地，监收民屯粮草，再设知事一员分理之。儒学仍改卫学，学正改选教授。庶几夷情顺而边境永宁矣。"上以为然，故有是命。

（世宗朝馆本卷四九七·页三下～四上）

○嘉靖四十一年（壬戌）六月己卯（1562.7.27）

命贵州铜仁右参将汪辅充副总兵，分守四川松潘等处。

（世宗朝馆本卷五一〇·页五下）

○嘉靖四十四年（乙丑）六月丙戌（1565.7.18）

命协守四川松潘南路右参将署都指挥佥事李尧〔克〕章充副总兵，分守四川松潘。

（世宗朝馆本卷五四七·页四下）

○隆庆元年（丁卯）八月甲申（1567.9.4）

政〔改〕设肃州、西宁二仓监收通判各一〔二〕员。裁革肃州、西宁二卫知事各一员。

（穆宗朝馆本卷一一·页二下）

○隆庆二年（戊辰）十二月戊子（1568.12.31）

命分守松潘东路参将署都指挥佥事王诏充副总兵，协守松潘。

（穆宗朝馆本卷二七·页四上）

○隆庆三年（己巳）正月丙辰（1569.1.28）

（前略）命掌四川行都司事署都指挥佥事周宗充松潘东路游击将军。

（穆宗朝馆本卷二八·页四上）

○隆庆四年（庚午）七月丙子（1570.8.11）

命陕西行都司掌印署都指挥佥事王宣、原任宁夏副总兵李震、原任灵州参将何其昌，俱充分守参将。宣洮岷河，震肃州，其昌西宁。

（穆宗朝馆本卷四七·页四下）

○隆庆五年（辛未）三月庚寅（1571.4.22）

（前略）升四川叙泸守备指挥使王基仁为署都指挥佥事，充松潘游击将军。

（穆宗朝馆本卷五五·页一〇下）

○隆庆六年（壬申）闰二月己未（1572.3.16）

命湖广都司掌〔掌印〕署都指挥佥事张元充参将，协守四川松潘南路。

（穆宗朝馆本卷六七·页一下）

○隆庆六年（壬申）五月戊戌（1572.6.23）

命原任五军营参将署都指挥佥事陈良充右参将，协守四川松潘南路。

（穆宗朝馆本卷七〇·页四下～五上）

○隆庆六年（壬申）十一月辛亥（1573.1.2）

革四川分守松潘副总兵王诏，行都司掌印耿光、佥事韩以〔似〕甫任，行巡按御史提问。抚臣刘斯洁参其败坏官箴也。

（神宗朝馆本卷七·页一四下）

○隆庆六年（壬申）十二月甲寅（1573.1.5）

（前略）升四川坝底守备（指挥同知）陈世忠为（署都指挥佥事，充）松潘游击。陕西秦州卫百户范延武为署指挥佥事，守备阶州。

（神宗朝馆本卷八·页二上）

○万历二年（甲戌）闰十二月壬辰（1575.2.2）

升……湖广行都司佥书章延廪〔童近廪〕为四川松潘东路游击。

（神宗朝馆本卷三三·页六下）

○万历四年（丙子）二月丙子（1576.3.12）

升四川宁越守备沈茂充松潘东路游击。

（神宗朝馆本卷四七·页六下）

○万历六年（戊寅）正月癸酉（1578.2.27）

升湖广九永守备马呈文署都指挥佥事，充四川叠茂南路游击……四川叙泸守备吴鲸署都指挥佥事，充松潘东（路）游击。

（神宗朝馆本卷七一·页六下）

○万历八年（庚辰）二月辛未（1580.2.15）

升四川松潘东路游击吴鲸为左参将。

（神宗朝馆本卷九六·页一上）

○万历八年（庚辰）四月辛巳（1580.4.25）

升提督四川叙泸等处参将胡恩为松潘等处副总兵。

（神宗朝馆本卷九八·页三上）

○万历九年（辛巳）六月壬寅（1581.7.10）

命五军营参将张应时充副总兵官，分守四川松潘等处地方。

（神宗朝馆本卷一一三·页二下）

○万历十一年（癸未）三月癸未（1583.4.22）

升延绥参将李芳为洮岷副总兵。

（神宗朝馆本卷一三五·页一上）

○万历十一年（癸未）四月戊辰（1583.6.6）

升四川掌印都司曹清为松潘东路参将。

（神宗朝馆本卷一三六·页四下）

○万历十一年（癸未）七月癸卯（1583.9.9）

改建昌营游击朱文达为四川松潘东路游击。

（神宗朝馆本卷一三九·页七下）

○万历十一年（癸未）十二月丙辰（1584.1.20）

升四川都司黄斌为四川松潘东路左参将。

（神宗朝馆本卷一四四·页二下）

○万历十四年（丙戌）七月丁未（1586.8.28）

以原任宁夏总兵官李昫〔珣〕仍带府衔充分守洮阶副总兵。

（神宗朝馆本卷一七六·页四下）

○万历十四年（丙戌）十一月己未（1587.1.7）

以西宁失事革三川守备赵世宏、防守西宁卫指挥佥事甘良卿任，世宏仍行提问。

（神宗朝馆本卷一八〇·页一二下）

○万历十八年（庚寅）十月丁丑（1590.11.5）

　　升四川行都司佥书王之翰充松潘东路游击。

（神宗朝馆本卷二二八·页二下）

○万历十九年（辛卯）六月辛酉（1591.8.16）

　　四川威茂兵备许守恩降调，以泸州参政李仕达调补，从巡抚李尚思劾也。

（神宗朝馆本卷二三七·页七上）

○万历十九年（辛卯）十二月丁巳（1592.2.8）

　　以原任广东琼崖参将汪道之起四川松潘东路游击。

（神宗朝馆本卷二四三·页一一上）

○万历二十年（壬辰）七月乙酉（1592.9.3）

　　以山东都司刘守圭为四川松潘南路参将。

（神宗朝馆本卷二五○·页一○下）

○万历二十二年（癸巳）十一月癸巳（1594.12.30）

　　升广西柳州府知府陈梦庚为四川副使，备兵松潘。

（神宗朝馆本卷二七九·页八上）

○万历二十四年（丙申）十月壬申（1596.11.28）

　　升四川松潘东路游击王元周为本路参将。

（神宗朝馆本卷三○三·页四下）

○万历二十五年（丁酉）六月壬戌（1597.7.16）

　　调四川安绵兵备副使马朝阳于松潘道。

（神宗朝馆本卷三一一·页一下）

○万历三十一年（癸卯）六月丙午（1603.7.29）

起补原任游击宋鹤龄为四川松潘游击。

（神宗朝馆本卷三八五·页五下）

○万历三十三年（乙巳）三月甲辰（1605.5.17）

以……贵州抚院中军刘岳为四川漳腊游击。

（神宗朝馆本卷四〇七·页九上）

○万历三十三年（乙巳）五月癸未（1605.6.25）

以原任游击任承爵为四川雅黎游击。

（神宗朝馆本卷四〇九·页一下）

○万历三十三年（乙巳）六月辛亥（1605.7.23）

调广东潮州参将麻镇为四川松潘参将。

（神宗朝馆本卷四一〇·页三下）

○万历三十四年（丙午）十一月壬申（1606.12.6）

以……四川都指挥佥事加衔副总兵孔宪卿为四川松潘副总兵。

（神宗朝馆本卷四二七·页二上）

○万历三十四年（丙午）十一月辛巳（1606.12.15）

调……四川建武游击陈试为副总兵，管四川松潘南路参将事。

（神宗朝馆本卷四二七·页四下）

○万历三十六年（戊申）四月丁巳（1608.5.14）

兵部复甘肃抚官徐三畏等条议冲边紧要四事：

"一、迁移堡兵。谓西宁南北二川俱系冲险要地，必官兵相等〔等互相〕防御，始无偏弱。查北川设有守备，统兵六百名，议将南川防守改设守备，凑足五百名，与北川守备各移临边，创筑一城屯住，就近堵防，委属长便。

一、改移兵将。谓碾伯自筑松边之后，冲险〔要〕比昔稍缓，而沙糖

〔塘〕川地方，近日海虏跳梁，乃西宁首冲之地，议将碾伯游击移驻沙糖〔塘〕川威远堡，改为威远游击，领兵一千一百名，仍听西宁副将统属。其碾伯所遗兵，委指挥等官统领操守。以西宁通判移驻碾伯游击衙门，督察收支，提督边工，皆系移缓就急，防边至计。

一、改设守备。谓西大同〔通〕等堡，土汉杂居，最称繁剧，况有通海道路，虏患时有，议将该堡防守改设西大同〔通〕守备，移于丰乐堡住扎防御，统辖连城等九堡，仍听庄浪参将节制，此乃设守〔官〕城〔守〕官〔城〕一劳永逸之计。

一、更调将领。谓安远都司先年原为备松虏而设，今虏已远遁，地属稍缓，而三岔堡则系凉永镇三路交冲之会，议将安远都司改调守备三岔堡地方，统领马步军五百名，训练戍守。其三岔操守改移安远，统领摘剩兵马二百名守御传塘，深为得策。"

从之。

（神宗朝馆本卷四四五·页一上～下）

○ **万历三十七年（己酉）八月辛亥（1609.8.31）**

以福建南路参将黄守魁为松潘副总兵。

（神宗朝馆本卷四六一·页二上）

○ **万历三十七年（己酉）九月乙巳（1609.10.24）**

以叠茂游击陈策为松潘参将。

（神宗朝馆本卷四六二·页七下～八上）

○ **万历三十八年（庚戌）六月甲午（1610.8.9）**

升广海守备夏士昌为四川漳腊游击。

（神宗朝馆本卷四七二·页八上）

○ **万历四十年（壬子）二月己卯（1612.3.16）**

升思石守备张世臣为四川叠茂游击。

（神宗朝馆本卷四九二·页六下）

○ 万历四十年（壬子）六月戊寅（1612.7.13）

升……广西标下坐营龙万化为漳腊游击。

（神宗朝馆本卷四九六·页六上）

○ 万历四十年（壬子）十二月丁酉（1613.1.28）

（兵部）又题复甘肃巡按徐养量条陈两河要务：

"一、酌将领，以慎边防。……又，阶、文所属皆番族也，先因作乱改设参将，今议照旧改守备。岷州守备离边稍远，原属无用，即调阶、文，所遗岷州兵马，听该道委中军官统领。阶、文现任游击徐德荣应听别用，符验旗牌即行查缴。岷州守备员缺裁革，现任守备冯洪应改驻阶、文。至于毛堵、红水、归德、保起等处地方建堡增兵，兰州守备撤还景古城，所议增添兵马及移临洮大师于河州，改参将于永安，而临洮、靖虏皆以守备代，事体重大，应移文督抚议妥而后复行。……"

奉旨："依议行。"

（神宗朝馆本卷五〇三·页六下～八上）

○ 万历四十六年（戊午）五月己丑（1618.6.23）

以……顺义守备徐高选为四川漳腊游击。

（神宗朝馆本卷五七〇·页一上）

○ 泰昌元年（庚申）九月甲午（1620.10.15）

升陕西靖虏参将秦震夷为洮岷副总兵。

（熹宗朝馆本卷一·页三〇上）

○ 泰昌元年（庚申）十一月庚子（1620.12.20）

升云南都司佥书曹尔学以游击职衔，管四川松潘参将事。

（熹宗朝馆本卷三·页二二上）

○ 天启元年（辛酉）九月庚申（1621.11.5）

升都司潘隆四川松潘参将。

（熹宗朝馆本卷一四·页一六上）

○天启元年（辛酉）十月辛巳（1621.11.26）

　　升陕西布政使司参政孙鼎相本省按察司按察使，分守西宁。

（熹宗朝馆本卷一五·页一一上）

○天启元年（辛酉）十二月辛巳（1622.1.25）

　　复设岷州守备。岷旧有守备，万历四十年裁革。陕西巡抚吕兆熊议复。从之。

（熹宗朝馆本卷一七·页一二上）

○天启二年（壬戌）正月壬子（1622.2.25）

　　升陕西洮岷副总兵秦震夷为神机营右副将。……延绥保宁参将高秋为甘肃西宁副总兵。

（熹宗朝馆本卷一八·页一二下）

○天启二年（壬戌）正月乙丑（1622.3.10）

　　升四川宁越守备吴国辅为松潘东路游击。

（熹宗朝馆本卷一八·页二五下）

○天启二年（壬戌）三月癸亥（1622.5.7）

　　降补原任云南布政司右参政杨俊臣为陕西按察司副使，分守西宁道。

（熹宗朝馆本卷二〇·页二一上）

○天启二年（壬戌）四月甲午（1622.6.7）

　　加升四川松潘参将沈崇极副总兵，仍管松潘事。

（熹宗朝馆本卷二一·页二二上）

○天启二年（壬戌）五月丁未（1622.6.20）

　　升大同中路参将吴重阳为甘肃西宁副总兵。

　　升……甘肃镇羌堡加都司佥书守备严奇武为河州参将。

（熹宗朝馆本卷二二·页一〇下）

○天启二年（壬戌）六月戊寅（1622.7.21）

升……四川巡抚中军鲁美中为松潘副总兵，宁寨参将苟复威为西宁副总兵。

调蓟镇副总兵徐永寿为洮岷副总兵。

（熹宗朝馆本卷二三·页八下）

○天启二年（壬戌）七月丙辰（1622.8.28）

改四川按察使王佐才为陕西西宁道按察使。

（熹宗朝馆本卷二四·页二五上~下）

○天启三年（癸亥）二月丙戌（1623.3.26）

升四川行都司掌印张承恩为松潘参将。

（熹宗朝馆本卷三一·页二二上）

○天启三年（癸亥）三月癸丑（1623.4.22）

升四川都司佥书孙宣为四川松潘参将……登莱领兵守备陈谋为四川雅黎游击，江西都司佥书方文魁为四川漳腊游击。

（熹宗朝馆本卷三二·页三〇下）

○天启三年（癸亥）四月戊辰（1623.5.7）

改新推陕西永泰城参将苑攀龙为河州参将。

（熹宗朝馆本卷三三·页一一下）

○天启三年（癸亥）五月戊申（1623.6.4）

调五军一营添注火器副将张景房为四川松潘副总兵。

（熹宗朝馆本卷三四·页一三上）

○天启三年（癸亥）六月壬午（1623.7.20）

升湖广荆瞿守备路由义为四川松潘游击，湖广永道守备施德泽为四川叠茂游击。

（熹宗朝馆本卷三五·页二二下~二三上）

○天启五年（乙丑）四月丙申（1625.5.24）

　　调四川按察司副使威茂道张法孔于建昌道，升按察司佥事监军道刘可训为布政使司参议，管威茂道事。

（熹宗朝馆本卷五八·页二〇上）

○天启五年（乙丑）五月癸亥（1625.6.20）

　　调陕西布政使司右参议分守陇右道，冀懋中分守西宁道。

（熹宗朝馆本卷五九·页一四下）

○天启五年（乙丑）十二月乙亥（1625.12.29）

　　升湖广游击管镇筸参将事许自强为四川松潘东路参将。

（熹宗朝馆本卷六六·页四上）

○天启五年（乙丑）十二月戊子（1626.1.11）

　　升……户部郎中肖鸣甲为四川布政司右参政，松潘兵备。

（熹宗朝馆本卷六六·页一八上）

○天启六年（丙寅）正月癸酉（1626.2.25）

　　升游击管巡捕营参将事李檟为陕西河州参将，管陕西靖虏营参将事。

（熹宗朝馆本卷六七·页二二上）

○天启六年（丙寅）三月丁卯（1626.4.20）

　　以原任浙江杭嘉湖参将焦绩［续］后为四川松潘东路参将……管广东广州参将事李相为四川叠茂游击。

（熹宗朝馆本卷六九·页二二上）

○天启六年（丙寅）四月丁丑（1626.4.30）

　　调四川宁越游击张世臣为雅黎游击将军。

（熹宗朝馆本卷七〇·页六下）

○天启六年（丙寅）五月甲子（1626.6.16）

升陕西参政李养冲为本省按察使，备兵洮岷。

（熹宗朝馆本卷七一·页二三上）

○天启六年（丙寅）闰六月乙丑（1626.8.16）

（前略）改松潘道参政肖一甲于威茂道，贵州粮道副史赞舜于松潘道。

（熹宗朝馆本卷七三·页二四上）

○天启六年（丙寅）七月癸巳（1626.9.13）

升陕西按察司副使鲁廷彦为四川布政使司右参政，（分守）威茂道。

（熹宗朝馆本卷七四·页一五下）

○天启六年（丙寅）七月乙未（1626.9.15）

（前略）以固原道按察司副使宋祖舜管理西宁道事。

（熹宗朝馆本卷七四·页一六上）

○天启六年（丙寅）七月丙申（1626.9.16）

升陕西按察使刘泽深为本省布政使司右布政使，洮岷兵备道。

（熹宗朝馆本卷七四·页一六下）

○天启六年（丙寅）十月辛酉（1626.12.10）

升……南京大教场坐营都司金书王绳尧为四川松潘东路游击。

（熹宗朝馆本卷七七·页二〇下）

○天启七年（丁卯）正月丙申（1627.3.15）

升……董用文为陕西临洮副总兵。

（熹宗朝馆本卷八〇·页一九上）

○天启七年（丁卯）四月辛酉（1627.6.8）

升延绥参将梁甫为甘肃西宁副总兵。

（熹宗朝馆本卷八三·页二二下）

屯种、召商纳米中盐茶等，充积边卫粮储

○洪武十四年十二月乙卯（1381.12.20）

置庄浪、西宁马驿四。庄浪卫二，曰在城，曰大通河；西宁卫二，曰在城，曰老鸦城。每驿给以河州茶马司所市马十匹，以兵士十一〔二〕人牧之，就屯田焉。

（太祖朝馆本卷一四〇·页五上）

○洪武二十五年（壬申）二月庚辰（1392.3.22）

户部尚书赵免［勉］言："陕西临洮、岷州、宁夏、洮州、西宁、兰州、庄浪、河州、甘肃山丹、永昌、凉州等卫，军士屯田，每岁所收，谷种外，余粮请以十之二上仓，以给士卒之城守者。"

上从之。因命天下卫所军卒，自今以十之七屯种，十之三城守，务尽力开垦，以足军食。

（太祖朝馆本卷二一六·页四下）

○洪武二十六年（癸酉）十二月己卯（1394.1.10）

罢越巂卫商人中盐。初，以盐井、建昌、苏州、越巂、会川五卫土地硗瘠，军食不敷，故令商人输米中盐。至是以越巂稍近成都粮饷可给，故罢之。

（太祖朝馆本卷二三〇·页五上～下）

○永乐九年（辛卯）十月辛卯（1411.10.20）

（前略）镇守河州卫都指挥刘昭言："河州归德千户所，去卫七百余里，东距川卜千户所，西距必里卫番族，南距朵土川藏，北距黄河罕东卫界。旧于河州卫七所拨军二百守御，浮食寓居，不敷调遣。宜全调一所，选精锐二百守城，八百屯种，及运入番买马茶。"从之。

（太宗朝馆本卷一二〇·页三下）

○宣德三年（戊申）闰四月丙戌（1428.5.18）

镇守西宁都督佥事史昭奏："西宁地临极边，当严守御。在卫军士

三千五百六十人各有差遣，不暇屯种，切虑缺食。今征进屯军家属自愿力田者七百七十余人，乞令如旧耕种，依例收其子粒。俟征进军回，内选精锐者五百人，专操练以备调遣，余丁复其杂役，悉俾耕种，庶军食不缺，亦不妨操备。"从之。

（宣宗朝馆本卷四二·页二上～下）

○ 宣德八年（癸丑）六月丁亥（1433.6.22）

行在户部奏松潘中纳盐粮则例：四川盐，每引四斗；淮、浙盐，每引二斗五升；河间、长芦盐，每引三斗；山东、福建、河东、广东盐，每引一斗五升。时总兵官陈怀奏："松潘险远，粮饷不足，馈运甚难，请减轻旧例，召商中纳，以足军食。"从之，故定此例。

（宣宗朝馆本卷一〇三·页二下）

○ 宣德九年（甲寅）二月壬子（1434.3.14）

行在户部奏拟四川仙泉等井纳米中盐例。初，总兵官都督佥事方政言："松潘等卫军饷浩大，虽已召商中纳盐粮，然地在极边万山之中，不宜禾黍，距成都产米之处千有余里，舟车不通，皆担负而来，路费增倍，况四川各井盐少，年久不得支给，所以客商少有来者。近知仙泉等一十八井现在盐多，及简县上流等井，附近成都，便于客商。乞暂以仙泉或上流等井，比先坐中之数，改拨别井，再为减轻则例，专拨松潘边卫，庶民苏馈运之劳，边有廪庾之积。"

上令行在户部议。至是，议奏："仙泉等一十八井，每引纳米三斗，上流等九井，每引纳米三斗五升。"从之。

（宣宗朝馆本卷一〇八·页六上）

○ 宣德十年（乙卯）十二月壬子（1436.1.3）

松潘总兵官都督同知蒋贵奏："比因番人作耗，松潘、叠溪诸处仓粮支销殆尽，别无储积。"

上命行在户部于四川岁运之数量益二分以给之。

（英宗朝馆本卷一二·页四上）

○ 正统元年（丙辰）八月壬申（1436.9.19）

四川布政司奏："先因总兵官都督蒋贵言，令本司于岁运松潘等五卫所税粮以十分为率，加运二分。且本司去诸卫山路险阻，民之运粮者皆背负攀援，往返一月，人致四斗而已。常年运粮不下七万，苟增二分，民益不堪。今岁运之数足给官军。其各卫所屯田子粒及（现）中盐粮、囚犯赎罪粮，宜立仓别贮，令都指挥一员监支〔之〕，不得擅散，俟有缓急方许支给，则民不重困而边境有备矣。"

事下行在户部，复奏。从之。

（英宗朝馆本卷二一·页四上）

○ 正统二年（丁巳）二月庚辰（1437.3.26）

镇守西宁署都指挥佥事金玉奏："所辖一十三簇国师、刺麻及大小头目每岁遇万寿圣节、正旦、冬至俱赴卫行庆贺礼，又每月赴卫听受约束。又，罕东、安定诸处使臣往来俱用筵宴，往者取之于军人，甚艰苦。今本卫新辟田三十九顷，欲于其中量拨一十五顷，官给种子，令守城军余耕获，别贮以备供应。"

事下行在户部，复奏以为事非旧制，上以事在可行，何拘旧制，遂从玉请。

（英宗朝馆本卷二七·页七下～八上）

○ 正统二年（丁巳）七月乙卯（1437.8.28）

巡按四川监察御史姚勉奏："四川都司及行都司所属松潘等卫，系边境去处，无官监收仓粮，揽纳作弊多端，无所稽考。"

上命增置四川按察司佥事一员，巡收边储。

（英宗朝馆本卷三二·页七上）

○ 正统三年（戊午）八月乙丑（1438.9.2）

行在户部奏："松潘诸卫所费用浩繁，挽运艰苦，除官员俸粮月给米一石，其余令四川所属出官库现贮布绢及民间税粮，量征布绢银，转运赴彼支给为便。"从之。

（英宗朝馆本卷四五·页五下～六上）

○ 正统四年（己未）十二月丙子（1440.1.6）

四川按察司佥事王迪、镇守松潘都指挥使赵得等奏边备三事：

"一、松潘卫并小河、叠溪二所，俱置临极边，万山之中道路崎岖，不产米谷，不通舟楫。每岁定拨成都等府、州、县税粮四万五千三百余石，止足供给，别无余粮，虑有警急调发，缺粮应用。乞命四川都、布、按三司，每岁添拨税粮一万石于本卫收贮，一万石于小河、叠溪收贮，候积蓄既多，仍令复旧。

一、新塘、归化、北定、蒲[浦]江四关官军月粮，例于松潘卫仓关支，镇平堡官军月粮于叠溪所仓关支。五处关堡俱系紧要，其至松潘、叠溪近者六十里，远者百余里，恐有声息不能守营。乞命四川都、布、按三司改拨五千九百四十石分收归化、镇平二驿，官军就近关支，庶不离营。

一、洪武中松潘等卫每军岁给绵布三匹、绵花三斤，令自制袢袄。宣德二年，因番人作耗，尽数折钞；七年以后，折半支给，军士艰难。乞命四川布政司仍如洪武中例全给，使皆足以御寒。"

奏下行在户部议："所言添拨改拨粮米宜允。其请冬衣布花，宜如盐井等卫三年一次给赏。"上以边地苦寒，军士当恤，其即移文四川三司及巡按御史会议以闻。

（英宗朝馆本卷六二·页一上～下）

○ 正统五年（庚申）四月癸未（1440.5.12）

镇守松潘都指挥赵得等言："松潘边地苦寒，洪武时军士岁给绵布三匹、绵花三斤。宣德以后始折半给赐，近又三岁一给，军士贫窭今〔宜〕宜〔令〕每岁一给，庶不失所。其小河守御千户所亦系边地，恩例当均如四川，布花不足，宜令于秋粮内折收给赐。"

事下行在户部复奏〔实〕，俱从之。

（英宗朝馆本卷六六·页五上）

○正统十一年（丙寅）十二月辛酉（1447.1.14）

提督松潘兵备右佥都御史寇深言："松潘、叠溪二卫所地临极边，军士艰窘，难以责其效力，请不分人口多寡，月粮俱给一石。"

事下户部，言："松潘原定拟十口以上者给一石，八九口者支八斗，七口以下自七斗递减之。叠溪军士俱给八斗。中间差拨哨守者，又支口粮，若再添支，诚恐供运益艰。请已支一石并八斗者如旧，七斗以下俱添至八斗。"从之。

（英宗朝馆本卷一四八·页八上～下）

○景泰元年（庚午）三月壬戌（1450.4.29）

命户部于四川松潘等卫召商纳米中盐。上流等盐，每引七斗；通海、新罗盐，每引六斗；福兴、华池、富义盐，每引五斗。

（英宗朝馆本卷一九〇·页一一下）

○景泰元年（庚午）九月乙丑（1450.10.29）

减四川中盐例。先是户部奏准四川上流等十五盐课司盐课出榜召商中纳，然所定米数太多，松潘路险难为输运，以故客商久不愿纳。至是，四川布政司恐误边储，乞减轻召中。户部请上流等盐每引减纳四斗五升，通海、新罗盐纳四斗，福兴、华池、富义盐纳三斗五升，俱于松潘等处缺粮仓分上纳。

诏如所请。

（英宗朝馆本卷一九六·页一一下～一二上）

○景泰三年（壬申）闰九月壬戌（1452.10.15）

提督松潘军务刑部左侍郎罗绮等奏："董卜韩胡于松潘迤西后门欲立碉房，差人守把，实有觊觎之心。臣与镇守松潘都指挥同知周贵议，调龙州宣抚司土兵一千五百名赴松潘操练以待；又将四川征进贵潘〔播〕官军调二千员名来备冬。然恐粮储不足，今与右参议张如宗查得四川盐课提举司景泰四年盐一十九万九千余引，未曾开中。乞敕该部备榜召商中纳粮米，宜定则例。上流、华池二盐课司上井盐一万六千余引，兼黄市、漳井二盐课司下井盐七千六百余引，每引米四斗五升；通海、新罗、永通三盐课司上井盐二万五千余引，兼云安、罗泉二盐课司下井盐一万八千余引，每引米四斗；富兴、富义、广福三盐课司上井盐二万五千余引，兼仙泉、郁山、大宁三盐课司下井盐一万五千余引，每引米三斗五升。"

事下户部，复奏。从之。

（英宗朝馆本卷二二一·页二下～三上）

○景泰四年（癸酉）十一月癸亥（1453.12.10）

提督松潘兵备刑部左侍郎罗绮言："四川归化等处紧要关堡缺粮，欲召商中盐纳粮。"

户部复奏："定例云南黑白二井盐，每引纳米八斗五升；安宁井盐，米七斗；四川仙泉等井盐，米六斗。"从之。

（英宗朝馆本卷二三五·页三上）

○景泰五年（甲戌）八月丁未（1454.9.20）

提督松潘军务刑部左侍郎罗绮奏："松潘各关堡缺粮，户部请召商中纳盐粮。每引上流等四井盐米五斗，新罗等五井盐四斗五升，福兴等六井盐四斗。"从之。

（英宗朝馆本卷二四四·页一一下）

○景泰六年（乙亥）四月庚子（1455.5.11）

提督松潘兵备刑部左侍郎罗绮奏："董卜韩胡都指挥克罗俄坚粲等谲诈无状，常有窥蜀之心，官军提备用马为急。乞以明年上流等井盐召商纳马一千余匹，余盐纳粮。"

事下户部，议："从其言。开中盐一十万引，仍定则例：纳马者，每匹上等马三十五引，中等马三十引，下等马二十五引；纳粮者，上流、华池二课司上井盐七分，兼搭黄市、潢井二课司下井盐三分，每引五斗，新罗、通海、永通三课司上井盐六分，兼搭云安、罗泉二课司下井盐四分，每引四斗五升，福兴、富义、广福三课司上井盐六分，兼搭仙泉、郁山、太宁三课司下井盐四分，每引四斗。"从之。

（英宗朝馆本卷二五二·页七下～八上）

○景泰七年（丙子）十一月甲午（1456.12.25）

命以四川重庆府收贮官钞一百万贯，运赴松潘籴粮给军。从提督松潘兵备［部］左侍郎罗绮等奏请也。

（英宗朝馆本卷二七二·页六上）

○天顺五年（辛巳）十二月己卯（1462.1.13）

命四川布政司出榜召商于松潘等处纳米，中四川盐二十一万三千五百三十六引。上流等二盐课司每引米六斗，通海等三司每引米四斗五升，罗泉等四司每引米三斗五升，黄市等三司每引米三斗，郁山司每引米二斗五升，大宁司每引米二斗，云安司每引米一斗。

（英宗朝馆本卷三三五·页二下～三上）

○天顺七年（癸未）二月丙子（1463.3.6）

改定四川松潘中盐则例。初，以粮储不足，召商中盐纳粮，则例颇重，商人趋之者少，故复改定。中上流、华池二盐课司盐者，每引米四斗五升；通海、新罗、福兴三盐课司盐者，每引米三斗五升；罗泉、富义、仙泉、广福、黄市、濂井、永通七盐课司盐者，每引米二斗五升。

（英宗朝馆本卷三四九·页五上）

○天顺八年（甲申）八月丙午（1464.9.26）

改兰县开中引盐于甘凉缺粮仓分上纳。于是，肃州仓改中浙盐九万六千八百六十一引，每引米、麦各半，共四斗五升；镇夷官仓改中河东盐十万引，每引米、麦、豆共一斗五升；甘肃仓改中河东盐一十九万五千引，每引米、麦、豆共一斗五升。从巡抚都御史吴琛言，以兰县不系屯聚军马之处故也。

（宪宗朝馆本卷八·页七下）

○成化元年（乙酉）正月乙卯（1465.2.2）

松潘副总兵都督佥事卢能奏边仓乏粮，且言先年奏准开中淮浙盐，而则例过重，商贾不至，乞为量减。户部议：“淮盐十万引，每引原拟米四斗；浙盐五万引，每引米二斗。今宜各减五升，俱米、麦中半兼收。"从之。

（宪宗朝馆本卷一三·页一下～二上）

○ 成化六年（庚寅）正月癸卯（1470.2.24）

巡按陕西监察御史郑已奏："临、巩、甘、凉一带，人民艰苦，兵士单弱，今日急务莫先于裕民而强兵。盖今州、县之民，大率去者逾半，其所遗税粮，累及现在代纳。加以催科转输之烦，卒有不给，则去者未及还，而在者又将去矣。宜核实佃田人户，俾现在者出本等之粮，逃徙者豁所遗之税，庶几居民日将康裕，流民必〔亦〕自来归。又，今日边镇之兵大率弱者居半，而其所支之衣粮，多与强壮之卒同。夫以强弱均施，人心已自不平，加之屯田则步卒在野，牧放则骑兵在场，卒遇有警，臣知弱者无足用，而强者亦不及用矣。宜辨其年力，俾壮者一于操守，而优以衣食，弱者一以耕牧，而供其粮草，庶几壮者备缓急之用，（而）弱者免浮浪〔荡〕之费。虽然裕民之责在守令，而择守令在吏部，强兵之责在将帅，而举将帅在兵部。诚使二部之长皆贤，则所选皆得其人矣，此今之急务也。……"

疏入。上曰："临、巩、甘、凉军民艰难既甚，就令郑已用心处置，务使得所，具实以闻，余令所司知之。"

（宪宗朝馆本卷七五·页八上～下）

○ 成化九年（癸巳）二月癸亥（1473.2.28）

开中四川盐课十万五十八引。上流、华池盐，每引纳米五斗；通海、新罗、福兴，四斗；富义、罗泉、广福、仁〔仙〕泉、黄市、潆井、永通，三斗；大宁，二斗五升；云安，一斗五升。时官军征剿松潘等处，户部因守臣言，为请开中，以给军饷。又以守臣擅拟盐课，并劾奏其罪。上宥之。

（宪宗朝馆本卷一一三·页一上～下）

○弘治元年（戊申）七月癸亥（1488.8.8）

命户部运银四万两于陕西，以给固原、靖虏、兰州、河州边储。从镇巡官请也。

（孝宗朝馆本卷一六·页一上）

○弘治元年（戊申）十月乙卯（1488.11.28）

时湖广、四川灾伤，言事者屡以为言。户部尚书李敏请量出帑银赈济，因条上召商中盐入粟补官赎罪之策，并请借贷于蜀府及马湖诸土官，以助有司赈济。

上从之，仍命送太仓银五万两于四川。

（孝宗朝馆本卷一九·页九上～下）

○弘治元年（戊申）十一月丁卯（1488.12.10）

巡抚甘肃都御史罗明，请于临洮、巩昌、平凉三府，开中茶八十万斤，召商纳米豆以备边储。既而，巡抚陕西都御史肖祯，亦请中茶备赈济。俱从之。

（孝宗朝馆本卷二〇·页三下）

○弘治二年（己酉）五月辛巳（1489.6.22）

命四川松潘二路，开中成化二十二年各井盐课四万九千七百七十四引、二十三年六万九千七百七十四引、弘治元年九万七〔四〕千四百六十九引，召商纳米，以济军饷。

（孝宗朝馆本卷二六·页五下～六上）

○弘治五年（壬子）十二月甲辰（1492.12.26）

户部复奏户科给事中王玺所陈边储事，谓："松潘地方在四川极边之处，成都、马叙等府去彼稍近，所纳粮宜输本色，重庆、保顺等府去彼益远，宜征折色，每粮一石，折银二两二钱，以备军士间月支给，请下镇巡等官勘报施行。"从之。

（孝宗朝馆本卷七〇·页一下）

○ 弘治八年（乙卯）四月癸酉（1495.5.14）

先是，巡抚四川都御史形［邢］表以成都等府额办茶课陈积无用，请自弘治四年为始，以三分为率，征收本色一分，折银二分。每芽茶一斤折银二分五厘，叶茶一斤折银二分。价重民病，岁课积欠数多。至是，巡抚都御史冯俊奏，拟每茶一斤各量减一分。从之。

（孝宗朝馆本卷九九·页六上）

○ 弘治八年（乙卯）七月戊申（1495.8.17）

命陕西开中两淮弘治四年常股盐二十万引，弘治六年存积盐十五万引，河东捞捕盐十万引，四川弘治三年现在盐五万引，及开中洮州、河州、西宁卫茶四十万斤。又令吏典知印承差纳银，减役冠带，农民纳银免考补役。以巡抚等官奏边储缺乏故也。

（孝宗朝馆本卷一〇二·页一〇上～下）

○ 弘治八年（乙卯）八月甲戌（1495.9.12）

命于甘肃凉州开中两淮弘治五年盐课二十万八百三十引、河东弘治二年盐十五万二千八百七十引、云南弘治五年现在盐十四万六千三百引及各茶马司茶四百万斤，募人入粟，以实边储。其甘凉一带屯田，弘治六年以前积欠粮草悉蠲之。仍责令所司召人耕种荒田。从巡抚都御史许进及户部郎中杨奇请也。

（孝宗朝馆本卷一〇三·页七上）

○ 弘治十四年（辛酉）闰七月丁酉（1501.9.3）

命于陕西再开中洮、河、西宁茶五百万斤，以助各边军储。从巡抚都御史周季麟等请也。

（孝宗朝馆本卷一七七·页九下）

○ 嘉靖二十年（辛丑）五月乙卯（1541.6.23）

兵部议复："四川抚按官勘奏，漳腊地方宜增设守备一人，提调谷粟等九堡、御寇等十九堡。戍兵千人，每兵给银二两，仍建仓廒岁贮粮二千石饷之。有斩获功，如陕西三边例升赏。"诏如议。

(世宗朝馆本卷二四九·页七下～八上)

○万历十四年（丙戌）七月癸丑（1586.9.3）

兵部题："陕西各镇关阅视讫，备将疏册参互考订，比前阅实在数目积钱粮：……在固原、靖虏、临巩、洮岷各道，少积银一十九万四千五百一十九两，少积粮料八万四千九十九石八斗，少积草四十万四千六百余束，多积褐布一千六十三匹。……修险隘：……在固原、靖虏、临巩、洮岷各道，创修过边垣、隘口、水洞、堤岸一百四十六处，堤摆、石砌马头、城垣共二千四百八十七丈，城堡、楼台一百六十七座，城院、马墙、木栅一百三十二道，番厂、营房七百三十五间。……开屯田：……在固原、靖虏、临巩、洮岷各道，实在屯田二万九千四百六十三顷零。……理盐法：……在固原、临巩、靖虏二［三］道，开派过淮浙盐六万七千三百三引。……所据大小文武将吏，合行分别升赏。"

奉旨："各官修举边务，效有勤劳。郜光先荫一子入监读书，仍赏银四十两、纻丝四表里，写敕奖励。……余道将各升赏有差。"

(神宗朝馆本卷一七六·页八上～一○下)

松潘等处设置儒学、医学、阴阳学；董卜韩胡求《周易》《尚书》《毛诗》等典籍

○ 永乐四年（丙戌）正月甲辰（1406.2.1）

设四川天全六番招讨司医学。时招讨高敬让言，其地瘴疠，疾病者多，乞开设医学，降印授官。又言土人钟铭谙通医学〔药〕，乞命为医学官。从之，以铭为典科。

（太宗朝馆本卷五〇·页三下）

○ 永乐十五年（丁酉）七月乙卯（1417.8.13）

设四川天全六番招讨使司医（学）及僧纲司。

（太宗朝馆本卷一九一·页一上）

○ 宣德三年（戊申）四月丙辰（1428.4.18）

设四川天全六番招讨司阴阳学，置阴阳正术一员，从招讨使杨钦所奏也。

（宣宗朝馆本卷四一·页四上）

○ 宣德九年（甲寅）十月己未（1434.11.16）

四川总兵官都督佥事方政奏便宜四事：

"……一、松潘等处军民指挥使司未立医学，军民有疾，则往茂州医学请药，相去五百余里，乞开设医学，以本卫通医余丁夏宏任职。"

上皆从之。

（宣宗朝馆本卷一一三·页七上～下）

○宣德十年（乙卯）五月乙亥（1435.5.31）

设四川都司松潘等处军民指挥使司医学。……置医学正科……一员。

（英宗朝馆本卷五·页二上）

○宣德十年（乙卯）七月甲戌（1435.7.29）

起复陕西岷州卫经历许矗，仍旧任。先是，矗丁父丧〔忧〕去职王〔闲〕居，番民罗仲海等一百四十六人、生员刘牧等百三人，各保矗莅事公勤，修举学校，民甚怀之，乞仍留任事。巡抚官以闻。上以岷州僻处边陲，矗以一幕官乃能得下情，可嘉也，特从所请，以慰人望。

（英宗朝馆本卷七·页二下）

○景泰三年（壬申）五月戊申（1452.6.3）

颁〔颁〕降为善阴骘孝顺事实五伦书并四书五经大全各一部于四川松潘（卫）新设儒学。从镇守松潘刑布左侍郎罗绮奏请也。

（英宗朝馆本卷二一六·页一一上～下）

○景泰三年（壬申）七月庚子（1452.7.25）

巡抚四川右佥都御史李匡言："近令人谕董卜韩胡宣慰使司，令还所侵杂谷安抚司及达思蛮长官司之地，皆悉听命。但二司虽得地方，自今俱畏董卜韩胡，听其约束，其保县旧维州之地尚为所据。且以银罂及金珀贶臣求《御制大诰》《周易》《尚书》《毛诗》《小学》《方舆胜览》《成都记》等书。其词甚恭，非复故时诞慢之态。昔唐吐蕃遣使求毛诗、春秋，于休烈以为与之以书，使知权略，愈生变诈，非中国之利。裴光庭言：'吐番久叛新服，因其有请，赐以诗书，使渐陶声教，化流无外。休烈徒知书有权略变诈，不知忠信礼义皆从书出。'玄宗从之。今董卜韩胡所求，臣以为与之便。不然，则彼因朝贡之人市之书肆，甚不难。惟《方舆胜览》及《成都记》，形胜、关塞所具，不可以与。"从之。

（英宗朝馆本卷二一八·页五上）

○成化二年（丙戌）四月戊辰（1466.6.10）

巡抚甘肃右佥都御史徐廷章奏边方事宜：

"一、选才能以抚番夷。国家抚有西番，因其习俗分其族属，官其渠魁，给以金牌，而又选土官才能者，授以重职，以镇抚之。是以数十年间，番夷效顺，西陲晏然。近年以来，革去西宁镇守之官，不与通货茶马，夷民无所拘束，往往越境抢掠，杀害官军。皆由守备非人，抚治乖方，侵渔过甚所致。乞敕该部行令镇守等官推访，不分内外汉土军职，有名誉素著夷人信服者一员职专抚治，遇警就俾率领番兵征剿，庶使边境军民获安。

一、移边堡以保居人。切见西宁所属冰沟一堡，内有驿递军夫、牛马及各家私产人畜，俱赖城池保障。缘本堡山易登而汲水远，不如大路旧站北边山坡陡峻险固堪以居守。请敕镇守总兵等官移堡于此，庶使边军乐业，地方无虞。

一、设学校以训边氓。肃州卫所俗杂，羌夷人性悍梗，往往动触宪纲，盖由未设学校以教之故也。请如山丹等卫例，开设儒学，除授教官就于军中选其俊秀余丁以充生员及各官弟男子侄俱令送学读书。果有成效，许令科贡出身。其余纵不能一一成才，然亦足以变其性习。不数年间礼让兴行，风俗淳美矣。

一、决功赏以激人心。各处征战有功官军，临敌捐躯，出万死得一生，镇守等官造册报功，进缴兵部。又行巡按御史复勘，但御史所巡地方广阔，事务浩繁，日延一日，倏尔更代，又将交与下年接巡者。是以二三年间未得完报，而图报之心十减七八。倘再有警，何以鼓激人心？乞敕该部遇有造报功册到部应复勘者，即差给事中、御史各一员，径往彼处体访查勘，随与决断。如此，则赏不逾时，而人知所以感发奋激矣。

一、任勇智以固封守。甘肃所属庄浪地方最为冲要，今同守庄浪地方都指挥佥事赵英，城守有余，出战不足。而守备红城子堡都指挥使鲁鉴，虽系土官，素有智勇。所守红城子堡距庄浪七十余里，非要害之地，请将鲁鉴挈回庄浪，仍令赵英协同操练，遇警相机战守。别选能干指挥一员，守备红城子堡。如此，庶边事宁帖，守备得人。

一、广贤路以资任使。陕西行都司及山丹、凉州、庄浪、西宁各卫俱有儒学，选官军俊秀子弟以充生员。而卫学之设，止许科举不得食廪充贡。乞如府州县学例，定拟廪膳生员月给廪米五斗，科举外挨次岁贡出身，则人才不遗于边方矣。"

奏下部院大臣会议，请行各该衙门查行。上命决功赏、任智勇二事所司亟行之。

(宪宗朝馆本卷二九·页八下～一〇上)

○弘治元年（戊申）正月丁巳（1488.2.4）

增设陕西西宁卫医学。

(孝宗朝馆本卷九·页六上)

○嘉靖三十八年（己未）五月丙戌（1559.6.20）

革……四川盐井、宁番、越巂三卫、……松潘卫九姓长官司各儒学训导一员，龙州宣慰司儒学训导二〔一〕员。

(世宗朝馆本卷四七二·页四下～五上)

○嘉靖四十三年（甲子）六月辛未（1564.7.8）

裁革陕西行都司副断事并山丹、肃州、凉州、永昌、镇番五卫儒学训导、西宁茶马司副使及仓副使、庄浪仓副使各一员。

(世宗朝馆本卷五三五·页一下)

明中叶以后对四川、陕甘藏区的剿讨、抚治及对获功与失律边将、官吏之奖惩

松潘、茂、叠等处

○宣德十年（乙卯）正月甲午（1435.2.19）

行在右军都督府左都督陈怀先充总兵官，镇守四川松潘，纵放番寇失机，坐罪罢闲，至是遇赦，乞复职，上命冠带闲住。

（英宗朝馆本卷一·页一五上）

○正统元年（丙辰）七月甲午（1436.8.12）

升行在左军都督同知蒋贵为右都督，以征番寇功也。

（英宗朝馆本卷二〇·页一上）

○正统二年（丁巳）二月壬戌（1437.3.8）

给陕西河州等八卫备边土官俸。旧制土官不给俸，至是，选调赴边策应，遂暂给之，如汉官制。

（英宗朝馆本卷二七·页二上）

○正统四年（己未）十二月丁丑（1440.1.7）

镇守松潘都指挥使赵得等奏："祁命族番寇商巴聚众邀劫粮夫，又刻木为信，约日攻城。官军捕之，擒商巴等十七人，贼众溃散。其弟小商巴复聚浦江、新塘等关，据险劫掠，焚毁归化驿、北定、蒲［浦］江堡，敌伤官军，势益延蔓，乞发大军剿除。"

事下行在户部、兵部会议，尚书王骥等以为宜如得请。上命都督同知

李安充总兵官，右佥都御史王翱参赞军务兼督粮储，调四川都司成都左护卫官军、龙州宣抚司等处土军及松潘现操官军合二万余人，隶安往征之。

（英宗朝馆本卷六二·页一下～二上）

○ 正统四年（己未）十二月戊寅（1440.1.8）

敕镇守松潘都指挥赵得曰："尔昔奏番寇商巴反叛，比有言其非叛者。但所部邀我粮夫，尔乃不善抚治，诱而执之，致其余党纵横劫掠。信斯言皆尔等激变之罪，今姑记之。已命总兵官都督李安发兵征剿，尔等宜尽心立功，以赎前过。"

赏征剿松潘蛮寇有功官军，都指挥钞各一千贯，指挥钞各五百贯，千户卫镇抚及长官钞各四百贯，百户所镇抚及头目、把事钞各三百贯，总旗钞各二百五十贯，小旗钞各二百三十贯，军人、土军、土民人等钞各二百贯。

（英宗朝馆本卷六二·页四上～下）

○ 正统四年（己未）十二月辛丑（1440.1.31）

四川松潘右千户所千户阚琳赍奏至京，因言："反寇小商巴等倚山为固，恣逞凶顽，今欲剿除，必先审其形势。臣居松潘岁久，筹之熟矣，谨献其略有三：一曰招，宜遣通事往言，朝廷命将出师，旦夕当至。贼闻必惧，如其悔祸，即为抚定，令安生业。二曰诱，宜遣通事及向化土官番僧，潜约贼酋，啖以货利，密令夜至我师结言，更加犒赏，或令内举，或言[告]首贼所止，刻期进兵，多为奇伏，相机擒剿。苟获贼首，余党不足平矣。三曰剿，松潘居万山之中，止有东南二路可通，宜往茂州声言进兵，多张旗帜，贼必还保南路，我从东路龙州登高架梁，中通馈饷，兵食既足，根本益固，然后捣其巢穴。预遣通事赏赉向化土官，令各截其去路，俾贼退不得奔，进不得守，束手就擒。诛其首恶，抚其协从，使知圣朝威德兼隆，诚为至计。"

上览其言，即令琳驰驿往与李安、王翱议行之。

（英宗朝馆本卷六二·页一〇上～下）

○ 正统五年（庚申）四月癸未（1440.5.12）

松潘总兵官都督同知李安等奏："比者，松潘番蛮作耗乱，奉敕剿捕，今已宁妥。"

上敕安暂留抚妥，原调官军俱发还各卫。

（英宗朝馆本卷六六·页五上）

○ 正统五年（庚申）四月丙戌（1440.5.15）

复命松潘祁命簇商巴为净戒弘慈国师。初，商巴与松潘镇守都指挥同知赵谅有隙，谅诱执之，发兵围其寺，掠其财畜，因与镇守都指挥赵得诬奏商巴叛。其弟小商巴遂率众攻陷关堡。上命都督李安、佥都御史王翱往讨之。既而巡按御史言其枉，敕翱等审度进退。翱至，出商巴于狱，遣人招其弟。具奏彼实无反谋，皆谅等生事所激。于是，朝廷命安驻兵近地，而还商巴所领银印，使留松州俟命。至是，小商巴等皆就招。乃复商巴国师，使还故地，而诛谅，谪得戍广西，松潘遂平。

（英宗朝本卷六六·页五下～六上）

○ 正统五年（庚申）八月戊寅（1440.9.4）

敕董卜韩胡宣慰使克罗俄监粲等曰："容迷九簇和尚朵儿只领占等奏，尔所管道士湛剌葛剌坚，屡领军抢占锁簇等处，欲加害容迷九簇。凡地界相接，宜保境睦邻，岂可恃强凌弱，尔即戒之，勿长祸不悛，以速天讨。"

（英宗朝馆本卷七〇·页三上）

○ 正统五年（庚申）八月己卯（1440.9.5）

赐行在鸿胪寺通事序班祁全钞五百贯。以全赍敕往谕董卜韩胡及杂谷、叠溪、茂州，番蛮多见信服也。

（英宗朝馆本卷七〇·页三下）

○ 正统五年（庚申）十二月丁亥（1441.1.11）

敕四川都布按三司巡按监察御史："近得都指挥佥事王杲奏，茂州距松潘五百余里，道险城孤，番寇叛服靡常，而备御官军数少，有警猝难策应，欲分官往彼守备。尔等其公议，分守茂州与同守松潘何者为便，务求至当，必使蛮人畏服，边鄙无虞，可为永久之计。或杲、广自分彼此，事有相碍，皆具实以闻。"

（英宗朝馆本卷七四·页六上）

○ 正统五年（庚申）十二月乙未（1441.1.19）

四川松潘军民指挥使司经历刘奎言："本司地临极边，番人杂处，叛服不常。今仓粮有备，而兵器不足，且番人强梁，惟畏火器，乞敕该部令布政司修造送用。"

事下行在工部，复奏："请移文巡按御史及三司方面官，议其可否奏闻。"从之。

（英宗朝馆本卷七四·页一〇上）

○ 正统六年（辛酉）正月壬子（1441.2.5）

都督同知徐甫卒。甫，凤阳人……宣德二年，出掌四川都司事，阿昔、祈命等簇叛，赖甫安辑焉。

（英宗朝馆本卷七五·页三上～下）

○ 正统六年（辛酉）六月丁丑（1441.6.30）

行在鸿胪寺通事序班祁全奏："臣先奉命往四川勘事，切见松潘等处祈命等簇寨番人杂处，有大姓、小姓之分，僧教、道教之别。如国师商巴罗只儿监藏等此道教为小姓，禅师绰领等此僧教为大姓。各有管摄，不相干预。近年以来，商巴因与离叭剌麻争夺境土，纠集番众，互相仇杀，乘机房掠军民孳畜，以致边境不宁，动扰兵众，深为未便。今商巴及绰领现在京师，乞各授敕一道，令照族姓分守地方，钤束番人，毋相侵犯，庶几蛮夷知警，边方宁谧。"从之。

（英宗朝馆本卷八〇·页五下～六上）

○ 正统六年（辛酉）七月己酉（1441.8.1）

敕四川都布按三司曰："今得董卜韩胡宣慰使克罗俄监粲奏，其所进语录、经文已贮成都府兴福寺；马二百一匹欲从保县前来，被杂谷瓦及谷敦之人伐树寨〔塞〕路，不容经过，乞差原管进马沈镇抚男羽等往彼接取。此事虚实虽未可知，第夷远来朝贡，不可为小人所阻，敕至，尔等即遣羽等，或增选一二人同其差来人前去接取。就访察杂谷瓦及谷敦之人果不遵礼法，阻绝道路，即令谕以祸福利害，不许生事启衅。如彼执迷不从，尔等同议停当，奏来区处，不可视以为常，有失远人归向之心。尤须严饬所遣，毋得纤毫有所需索，搅扰番夷，取罪非轻。尔等其钦承朕命毋忽。"

（英宗朝馆本卷八一·页八下）

○ 正统七年（壬戌）正月己巳（1442.2.17）

敕四川都司、布政司、按察司："得镇守松潘都指挥王杲等奏：近遣通事人等催八郎等十八簇土官阿性〔牲〕等赴京朝贡，行间被麦匝、山洞、阿用三簇土官兰济等所辖番人掠去人马及杀伤通事段银，请加惩治。且言旧例每遇朝觐之年，分遣官军八百人，给与粮料往各番簇催所贡马。今该部又言自永乐以来，未尝有番簇土官朝觐之例，不识王杲何从至此纷扰。敕至，尔等各委堂上官一员同国师罗只儿监藏往谕兰济等，晓以祸福，其所作过恶已在革前者皆不问。自今严饬下人，遵守法度，毋得聚众为非，以自取屠戮。仍令王杲、丘义等查考番簇朝觐事例，明白来闻。"

（英宗朝馆本卷八八·页一下）

○ 正统七年（壬戌）正月庚午（1442.2.18）

敕镇守陕西都督同知郑铭、右佥都御史王翱及陕西都布按三司："近得镇守河州都指挥刘永奏，往岁冬阿尔官等六簇番人三千余到营归德城下，声云交易，后却抄掠屯军，杀伤番民，毁其居室，夺其什器。其着亦哑簇番人又累于暖泉亭等处潜为寇盗。及张瑀擒获二人，止责偿所盗马，纵之使去。朕惟张瑀、脱让为守御官，刘永为镇守官，平日既不严饬提备，临期又复失误事机，在法皆当究问。今姑从宽贷，令戴罪理事。敕至，尔铭与翱即选才干官同三司堂上官，躬诣番寨体勘是实，谕以利害，令还归所掠，许其自新。如更不悛，敢肆侵扰，量调附近官军剿捕之。大抵驭夷之道，以抚绥为本。抚之不从，然后用兵，庶几为当。尔等宜同心协谋，审度事势，使朝廷恩威并行，边境宁谧［谧］，以付重任。"

（英宗朝馆本卷八八·页二上～三上）

○ 正统七年（壬戌）二月甲辰（1442.3.24）

敕四川都司、布政司、按察司曰："近得镇守松潘都指挥佥事王杲等奏，粟谷寨等处蛮贼劫掠馈饷，杀害官军，恣肆为恶。松潘孤城在万山之中，诚恐贼势滋蔓，遏绝道路，欲行剿捕，又虑番寨数多，军士数少，未敢轻动。朕以往岁龙沟子等处蛮贼为暴，已敕杲等相机行事。今所在累有警急，而杲等抚捕方略杳然无闻，其因循怠惰防守不严可知。敕至，尔三司各委堂上官一员，会同杲及高广、孙敬、陈敏往勘事情。失机官旗俱取死罪招服，令戴罪守备，当先杀贼，以赎前愆。仍选通晓夷情之人，分往各寨开谕，俾遵法度，各安生业，则悉宥其罪。如尚生拗不从，即量调附近官军，令杲等统率征剿，务期殄灭。兵行之际尤须详审，诛其有罪，不许徇私图利，延及无辜，以致激变。尔三司职掌方面，宜同心协力，靖安边境，庶副委任之重。仍以敕谕杲等戒慎之。"

已而，巡按御史上官尹劾杲罪。上贷之，戒其再犯。

（英宗朝馆本卷八九·页五上～下）

○ 正统七年（壬戌）四月甲午（1442.5.13）

敕镇守松潘都指挥佥事王杲、高广曰："王者一视同仁，固无间华夷。朝廷命将守边，惟严兵备，固封疆，禁暴乱，以安良善耳。前命赵得、赵谅同守松潘，纵私营利，枉害良善，致变外夷，已置重典，命尔二人代之。近者粟谷等寨蛮夷劫粮杀官军，若兵备严抚绥善，岂有此失？又闻尔等欲遣人入番，能不侵扰启衅？以若所为，皆杀身之道，与谅、得何异！敕至，宜革心改过，处以至公，务使远人畏服，疆场靖宁，以副委任。否则谅、得之监［鉴］不远，国家之法不尔宥，悔无及矣。"

（英宗朝馆本卷九一·页一下）

○ 正统七年（壬戌）十二月壬寅（1443.1.16）

敕镇守松潘都指挥佥事王杲等曰："得四川三司御史奏，番贼加悟等劫杀官民。及得尔等奏，系逃贼王永纠合番寨〔贼〕为非。已敕三司委官及巡按御史往同尔等，量调官军，亲率会合，协力殄灭。先遣通事晓谕各番，使知朝廷调兵，止捕王永，各番皆无干预。协从者，悉许自新；有能擒杀王永父子及加悟首贼来献者，重加升赏；党贼为恶者，悉杀不宥。"

（英宗朝馆本卷九九·页四下）

○ 正统九年（甲子）正月戊辰（1444.2.6）

镇守松潘都指挥佥事王杲奏："比者，黑虎等寨番蛮累次聚众攻围松溪、椒园等关堡，杀死军民二十人，掳去十余人，欲即擒〔剿〕捕，恐各寨惊疑。"

上曰："杲等不严守备，致贼抢劫，宜令从实自陈。兵部即移文都布按三司各委堂上官前去，追回抢掳军民，晓谕各头目及番人。有能擒获贼首者，升赏不吝。"

（英宗朝馆本卷一一二·页五上）

○ 正统九年（甲子）正月丁丑（1444.2.15）

敕谕四川松潘地方黑虎等寨头目番簇人等曰："尔等近处边陲，朝廷累敕守边官军不许侵扰，尔乃不知感恩。近者聚众攻劫寨堡，邀截道路，杀伤军民，攘夺畜产。边将等官奏请调大军剿杀，朕念尔等为恶者少，为善者多，若举兵剿，不免伤及良善。今体天地好生之心，特命序班祁全赍敕往谕。尔等即挨捕贼首，追要原掳人畜送官。随从为恶者，悉宥其罪。其擒拿贼首者，头目量〔论〕功升赏，番簇人等量授以官。尔等自今宜安分守法，严束部落，毋作非为，庶为尔一方之人造福。尔等若不遵朕言，党蔽凶恶，恣肆非为，天道不容，国法难宥。大军捣尔巢穴，戮尔父母妻子，此时虽悔亦无及矣。尔等其深省之。"

（英宗朝馆本卷一一二·页八上～下）

○ 正统九年（甲子）二月庚寅（1444.2.28）

四川松潘指挥使丘义奏："歪地寨番人著少等纠合咩济等寨生熟番蛮抢劫运夫，杀死官军。"

上曰："番贼为恶，守备官及都布按三司并巡按御史俱有罪，姑置之，令其设法抚捕。如仍不用心，治罪不宥。"

（英宗朝馆本卷一一三·页三上～下）

○ 正统九年（甲子）二月辛丑（1444.3.10）

巡按四川监察御史陈员韬奏："把守松溪、椒园等堡千户周鼎、百户阮得、王得、镇抚张义不严守备，致黑虎寨蛮人入境，杀死旗军，抢掳运夫。其提调巡视指挥佥事侯能訾、辅掌茂州事右参议陈敏、掌叠溪千户所事都指挥佥事孙敬、镇守都指挥佥事王杲、高广等俱不用心堤备抚恤，宜治罪。"

上曰："王杲、高广、孙敬、陈敏论罪难宥，姑置之，令其从实回奏。周鼎、阮得等俱取死罪招状，杖八十，复职，再犯不赦。"

（英宗朝馆本卷一一三·页七上～下）

○ 正统九年（甲子）三月戊寅（1444.4.16）

四川茂州黑虎寨蛮贼劫掠近地，为巡哨官军所获，掌茂州事右参议陈敏、镇守松潘等处都指挥佥事王杲，从其土俗与誓而释之。已而复来杀虏军民，巡按御史陈员韬奏其状。

上曰："蛮贼犯边既获，敏等何得擅释之致令猖獗？令具实以闻。"既而敏等输罪引伏，遂皆宥之。

（英宗朝馆本卷一一四·页一三上）

○ 正统九年（甲子）五月癸亥（1444.5.31）

巡按四川监察御史陈员韬等奏："番寇著少等纠众劫杀军民，臣等令指挥使徐贵同国师商巴等往各寨谕之，已从抚化。然蛮性不常，宜严守备。松潘南先结沟等处皆贼人山［出］没要路，请设平夷、靖夷、普安三堡，各拨官军二百五十人守之，半岁一更。其镇守官都指挥佥事王杲、高广请令一员巡视各关堡，往来提督，一月一更，庶兵备整饬。又，按察司佥事朱良巡察边务兼理粮事，然地里辽远，不能周历，请设布政司官一员督粮。"

上曰："番人虽已从化，方面官仍以时巡视，尽心整饬，遇有不靖，即与王杲等相机抚捕，毋贻边患。管粮设参议一员，吏部推选以闻。"

（英宗朝馆本卷一一六·页五下～六上）

○ **正统九年（甲子）九月壬寅（1444.11.6）**

初，四川草坡贼加悟〔悮〕以私忿杀寒水巡检，乘势劫掠居人，比追捕之，遁匿杂谷。至是，杂谷土官朵儿思加为请于朝，乞贷其死。上以其既知悔罪，宜听自新。敕朵儿思加开谕之，如果服罪输情，躬诣所在官司陈首，归所侵掠，当贷其死；若顽拒不悛，必发兵剿捕，尽杀乃已。其有阴相比附蔽护党匿者，罪并及之。

（英宗朝馆本卷一二一·页四下～五上）

○ **正统九年（甲子）十月丁巳（1444.11.21）**

巡按四川监察御史俞本奏："威州古氐羌地，王、董二姓世为婚姻。曩者，董敏以军功升巡检，王永不平，遂杀死敏人口，朝廷特宥永，而敏讼冤不已。臣访得永与杂（谷）夷人共类，敏与董卜韩胡共宗，若制驭不早，贻患匪轻。乞敕大臣一员总督军务，以控制之，庶消未然之患。"

上曰："不必命官。兵部移文四川三司暨巡按御史计议处置。如敏、永果各安分守法则已，万一聚众为非，即会官熟计，相机抚捕，期于事妥夷安。或他有〔有他〕方略，具实奏闻。"

（英宗朝馆本卷一二二·页三上～下）

○ **正统十年（乙丑）二月壬子（1445.3.16）**

镇守松潘都指挥佥事王杲等奏："歪头寨番人襀户、折儿挂、尤恕等纠合戈腊、热鸡、咩济等寨番人，劫掠运夫，杀死官军。其守哨指挥、千、百户柳溥等不严谨堤备，以致失机误事，宜治之。"

上命都布按三司并巡按御史往同杲设法抚捕。若边方不靖，俱治罪不宥。溥等其执问如律。

（英宗朝馆本卷一二六·页三上）

○正统十年（乙丑）二月丙寅（1445.3.30）

巡按四川监察御史姚鹏奏："威州土官巡检董敏率部落出灌县白沙等处潜住，欲报王永私仇，宜调军剿杀。"

上命都布按三司并巡按御史等官设法抚捕，务要安妥，不许聚众扰害边方。

思曩日地面金牌头目阿思观遣侄阿失、黑水生番首目答儿遣侄革各达儿来贡，回还。俱以其地邻松潘，赐敕奖之。

增设镇番卫右千户所，发犯囚充军实之。

（英宗朝馆本卷一二六·页七下）

○正统十年（乙丑）三月戊子（1445.4.21）

升松潘卫正千户李鉴为指挥佥事。从夷民奏保也。

四川黑虎寨贼首多儿太尝掠茂州境，为官军所获，与誓而释之。未几，复究〔纠〕诸寨叛夷入掠。上命鸿胪寺序班祁全往谕诸寨，令擒多儿太来献者悉宥罪。至是，擒至京，命集四川来朝番人，诛多儿太，枭其首行劫处以徇。协从者，俱不问。以全有招抚劳，命升一级。

（英宗朝馆本卷一二七·页五上～六上）

○正统十年（乙丑）三月癸巳（1445.4.26）

升四川叠溪千户所正千户李荣为松潘卫指挥佥事，茂州卫百户谢真为副千户，以擒番寇功也。

（英宗朝馆本卷一二七·页七上）

○正统十年（乙丑）四月丁未（1445.5.10）

赐序班祁全、千户李荣等一百五十五人彩币、绢布有差。以入番招谕功也。

（英宗朝馆本卷一二八·页二下）

○ 正统十年（乙丑）四月辛未（1445.6.3）

四川威州土官巡检董敏，先与州人王永仇杀累年，朝廷屡命抚谕，永既遣人谢罪，而敏尚率众屯聚灌县不敢还职。上命御史赵敬偕三司官亲诣其地，令敏面受敕谕，还职治事。及以敕戒约永，不得仍前作过。且切责三司言："威州为成都近地，敏、永非生番远夷，而因循纵弛，无以制之，责任安在？宜及今计画，以靖边境。如复推奸避事，或措置乖方，重贻边患，罪必不宥。"

（英宗朝馆本卷一二八·页六下～七上）

○ 正统十年（乙丑）五月庚寅（1445.6.22）

巡按四川等处监察御史姚鹏等奏："比者，松潘歪地寨番人折儿挂、尤恕等纠众劫掠，杀伤官军，臣钦承上命，会同都指挥周贵、左布政使侯軏、佥事王琦，亲诣彼处宣布朝廷威德，谕以祸福，番人俱听抚顺。然今虽向化，恐后复聚为非，乞令镇守松潘都指挥王杲等，量调附近卫所官军，遇其窃发就行剿杀，庶得地方宁谧。"

上曰："彼既畏服何用剿杀？兵部其移文于杲等晓谕番人，毋得仍前为非，若稔恶不悛，仍具闻区处。"

（英宗朝馆本卷一二九·页五上～下）

○ 正统十年（乙丑）八月壬寅（1445.9.2）

敕谕董卜韩胡宣慰使司都指挥同知克罗俄监粲等曰："近得四川三司、巡按御史奏送尔克罗俄监粲文书到京，备称别思寨安抚司安抚饶蛤〔蚧〕父兀惹朵儿只监，系尔父喃葛分与地方管属，后饶蛤〔蚧〕代父管事，奏请朝廷开设安抚司，给与印信。近年伪造宣慰司印，诈称宣慰使，纠合杂谷瓦等处大姓野蛮谋害尔父子，抢占尔驮窝地方。尔拘饶蛤〔蚧〕，追出伪印，依番例剜去双目。然饶蛤〔蚧〕造恶法所难容，尔宜奏闻朝廷，庶见尔忠敬之心。今尔擅拘彼剜目，于理未当。但念尔平日忠事朝廷，又常捕贼有功，姑宥不问。今特遣人赍敕晓谕，尔就公同差去人员，于饶蛤〔蚧〕族中，或本司头目内，从公推选堪任安抚者一人，令权掌原降安抚司印信，管治人民，具名奏来除授，尤见尔遵敬朝命，可赎尔前愆。其饶蛤〔蛦〕宜付其家收养,以全其生。尔为彼中一方之长,必须谨守礼法,为民造福,斯享福于悠久。今后或有邻境侵夺地方,须从实开奏处置,切不可恃恩自恣,与人积怨构祸,擅动军马,贻患生灵。违者皆以国法重治不宥。盖天道虽高,视听则卑,鬼神虽幽,鉴察则明,祸福无门,惟人所召,尔其敬慎之。"

(英宗朝馆本卷一三二·页一上~下)

○ 正统十一年(丙寅)二月庚戌(1446.3.9)

镇守松潘都指挥佥事王杲奏松丫子、乾沟子等处番蛮掳掠运夫,杀死官军。上敕四川都布按三司委堂上能干官同巡按御史会杲设法抚捕,还查各卫所可调征进官军、各仓现储粮及剿杀方略奏闻区处。

(英宗朝馆本卷一三八·页三下)

○ 正统十一年(丙寅)五月己丑(1446.6.16)

初,巡按四川监察御史严颐言:"去年秋冬以来,歪地等寨番人反叛,攻围城堡,劫掠无忌,而镇守都指挥王杲、高广略无捍御之策,乞推选智谋材勇武臣前来松潘,总率士马,相机抚剿,仍治杲等失律之罪。"上曰:"杲等姑记罪,令同三司巡按御史抚捕。"

既而御史复言:"诸蛮不从抚顺,仍前攻劫,杲、广委无御侮之才。"上命兵部会同管军大臣,推选智勇超异堪为总帅者二人以闻。至是,尚书邝埜、太保成国公朱勇同举都督同知官聚、都督佥事陈荣。上终以抚循为意,命武臣且不差,即召山西副使寇深同鸿胪寺署丞祁全,仍往抚谕。果再不顺,就令提督杲等调兵剿捕。

(英宗朝馆本卷一四一·页八上)

○ 正统十一年(丙寅)六月丙辰(1446.7.13)

升山西〔东〕按察副使寇深为都察院右佥都御史,提督松潘兵备。敕之曰:"松潘诸夷已多向化,惟歪地、骨鹿簇二十寨不服抚谕。今特命尔提督王杲、高广等整饬兵备。尔所至之处令都司在城卫分〔外〕拣选精锐官军二三百人护送,以助声势。仍与王杲等计议写榜前去招抚,许其自新。或有冥顽仍前不伏者,令官军截杀,以靖一方。"

（英宗朝馆本卷一四二·页六下～七上）

○ 正统十一年（丙寅）十二月丙辰（1447.1.9）

敕镇守松潘等指挥佥事王㫚、高广、提督兵备右佥都御史寇深等曰："得尔等奏董敏赦后不悛前非,请为擒治,悉从所言。但此贼性素狡诈,多布耳目,若谋之不密,必致泄漏,捕之不勇,或致逃遁。尔等其多方密谋,擒敏及同恶之人,鞫问明白,解京区处。仍明以敏罪,谕彼人民,令安生业,毋致疑惧。"

（英宗朝馆本卷一四八·页七上）

○ 正统十二年（丁卯）正月戊寅（1447.1.31）

巡按四川监察御史严颐奏："镇守松潘等处指挥佥事王㫚擅役军造私室,占种人田园,又与都指挥佥事高广坐视番人杀掳官军,弗即率兵剿捕,请置诸法。"

上曰："㫚等法本难恕,第有事之秋,姑识之,再犯重罪不宥。"

颐又奏："叠溪千户李荣招抚黑水等处番人,妄报擒贼有功,得升指挥佥事,罪应赎绞复职。"

上曰："荣奸诈至此,处之常律何以警众?杖一百,发戍松潘边卫立功,再犯处死。"

（英宗朝馆本卷一四九·页二下～三上）

○ 正统十二年（丁卯）三月戊寅（1447.4.1）

四川茂州草坡寨首加悟与苏村寨民仇杀,窜杂谷者数年。先是常贡马,至是又遣其弟以铁甲六付纳官,乞贷死。右佥都御史寇深以闻。上命姑宥之,若再为恶,仍调兵捕之无赦。

（英宗朝馆本卷一五一·页五上）

○ 正统十二年（丁卯）四月乙未（1447.4.18）

敕提督松潘兵备右佥都御史寇深等曰："得奏尔等设法擒获巡检董敏

及其亲属，械送四川都司鞫问，晓谕人民复业，审放平民子女，及请免逮敏疏远亲属。具见尔等克遵敕旨，区画允当，悉从所议。曩者，敏与王永仇杀报复，抗拒官府，抢劫粮夫，阻绝道路，朕已曲宥其罪，令还职业。岂意敏不知感激，仍与永构兵。今既就擒，其所辖番民善加抚恤。未复业者，恐怀疑逃窜，尔等更宣布朝廷恩意，悉宥其罪，俾各安生业，庶无后患。"

（英宗朝馆本卷一五二·页一下）

○ 正统十二年（丁卯）闰四月戊子（1447.6.10）

提督松潘兵备右佥都御史寇深奏："掌茂州事四川右参议陈敏，往来抚恤番民，赞理军务，川事难于兼理，乞别除知州。"

事下吏部，复奏："敏久在茂州，熟于夷情，若别除知州代之，恐夷民卒未信服，但增置同知一员为便。"从之。

（英宗朝馆本卷一五三·页七上）

○ 正统十二年（丁卯）六月癸亥（1447.7.15）

序班祁全招抚番僧于思曩儿之境，坐索赂诸罪。掌茂州事参议陈敏受全馈而酬以金，都察院请并敏执问。从之。

（英宗朝馆本卷一五五·页一上～下）

○ 正统十二年（丁卯）七月戊申（1447.8.29）

甘肃总兵官宁远伯任礼等奏："昝匝簇番贼寇庄浪等处，请治守备巡哨官罪，并调兵捕贼。"

上曰："守备巡哨官且记罪。礼等即委参将，督同记罪都指挥汪清等，率领人马去诸簇捕贼。牢固监禁，星驰奏来处治。"

（英宗朝馆本卷一五六·页五上～下）

○ 正统十二年（丁卯）八月辛未（1447.9.1）

董卜韩胡宣慰使司都指挥同知克罗俄监粲遣温卜剌麻罗孤纳思等贡马及方物。赐宴，并金织彩币表里等物。

复敕克罗俄监粲曰："尔奏保子关巡检董敏械系至京，乞为矜怜；并千户唐泰接受杂谷财物，通事徐受冒引番人朝贡，皆乞怜之。事具悉。然朝廷赏功罚罪，务从公道，尔父也失监粲等皆修职奉贡，故我祖宗厚加赏赐。至尔又克效力捕贼，朕特重加官赏。此朝廷赏功之典也。今敏先与王永仇杀，遣官招抚，百诈拒命，赍敕往谕，仍肆奸谋，朝廷捕治监候偿命，此诛之意也。尔等不以好恶公正为心，辄与之曲辞辩释，量必为敏党[等]所诳故耳。尔自今宜深体尔父叔忠敬之意，抚率部属，各安生业。其泰、受山[之]事，已令风宪官从公访察，俟其至日处置，并谕尔知之。"

（英宗朝馆本卷一五七·页四上~下）

○ 正统十二年（丁卯）九月庚寅（1447.10.10）

四川松潘番寇屡肆劫掠，都察院请罪镇守松潘都指挥佥事王杲、高广等。

上命姑记其罪、再犯不宥。

（英宗朝馆本卷一五八·页一上）

○ 正统十二年（丁卯）十二月乙丑（1448.1.13）

四川长宁安抚司土官安抚剌麻儿遣其子游竹来朝，贡蛮口、铠甲及马。先是，官军捕董敏，长宁诸寨惊疑，攻围城堡，指挥佥事庞瑄与战，败之。至是，始来谢罪。

上命赐宴，并彩币。

（英宗朝馆本卷一六一·页二下）

○ 正统十二年（丁卯）十二月壬申（1448.1.20）

命董卜韩胡头目远丹藏卜为别思寨安抚司安抚，仍隶四川都司。先是，安抚饶峈〔蛤〕以罪废，远丹藏卜署司事。至是，佥都御史寇深等奏其为番人信服，宜任安抚，故有是命。

（英宗朝馆本卷一六一·页四上）

○ 正统十三年（戊辰）五月癸丑（1448.6.29）

提督松潘兵备右佥都御史寇深奏："松潘卫指挥、千、百户安昶等失机误事，致贼杀虏官军应斩。镇守都指挥佥事王杲不严提督，亦当究问。"

上宥昶等死，发紧要关堡充军立功，杲以守边事重，姑不问，再犯不宥。

（英宗朝馆本卷一六六·页八下～九上）

○ 正统十三年（戊辰）六月乙丑（1448.7.11）

赐国师商巴罗只儿监粲彩段二表里、钞五百贯，土官劳智彩段一表里、钞三百贯，通事张福保绢二匹、钞二百贯。以擒获番贼功也。

（英宗朝馆本卷一六七·页三下）

○ 正统十三年（戊辰）十月己巳（1448.11.12）

巡按四川监察御史张洪等奏："董卜韩胡宣慰使司都指挥同知克罗俄坚粲移文四川三司称：'杂谷安抚司故安抚阿漂小妻毒死其夫及子，并用银货赂威州千户唐泰，诬己欲叛。今其现备马匹、方物来贡，欲从铜门山西罗朴头开山通道。乞遣官军于地名日驻迓之。'臣等窃观杂谷安抚司内联威州保县，外邻董卜韩胡。杂谷虽弱，欲抗董卜实倚重于威保；董卜虽强，欲通威保却受阻于杂谷。以此仇杀素不相能。其铜门山西罗朴头、日驻等寨，乃杂谷、威保交界要害之处。今董卜欺杂谷之妻寡子孤，瞰我军之远征麓川，故假以进贡为名开通道路，意在吞并杂谷，杀害唐泰。"

事下兵部，请命镇守佥都御史寇深等官从长处治。从之。

（英宗朝馆本卷一七一·页五上～下）

○ 正统十三年（戊辰）十一月甲辰（1448.12.17）

松潘镇守都指挥佥事王杲，初为指挥使丘义等奏其不能安边，见贼辄退缩，且私役军士，以茶与番夷为市。杲亦讦义等暴敛害军。巡按御史及三司核其事具实，论义等当赎罪还职，杲亦当逮治。诏特宥杲，降义等为为事官。

（英宗朝馆本卷一七二·页七下）

○ 正统十四年（己巳）正月壬寅（1449.2.13）

　　定西侯蒋贵卒。贵，直隶江都人。……洪武间从戎。……宣德二年命充参将，征四川松潘有功，升都指挥同知。寻命镇守密云七年，仍充参将，镇守松潘，累平叛羌，升都督佥事，充副总兵。复克三十九寨，升都督同知，佩平蛮将军印。正统初升右都督，拜平虏将军，往甘肃剿杀虏寇朵儿只伯等有功，进封奉天翊卫推诚宣力武臣，特进荣禄大夫柱国定西伯，食禄一千二百石，子孙世袭。七年命充总兵官，复佩平蛮将军印，往征云南麓川蛮寇思任发，攻破巢寨，进封定西侯，食禄一千五百石，子孙世袭。至是卒。

（英宗朝馆本卷一七四·页五下～六上）

○ 正统十四年（己巳）三月戊戌（1449.4.10）

　　四川松潘国师商巴奏："右佥都御史寇深抚治有方，番人畏服，乞留永镇边方。"适参议陈敏、指挥刘雄及诸土官亦皆以为请。上允之。

（英宗朝馆本卷一七六·页五下）

○ 正统十四年（己巳）四月戊辰（1449.5.10）

　　四川松潘镇平等堡守备指挥吴谦等以贪淫激变，番人致伤官军。镇守右佥都御史冠［寇］深鞫谦（等）罪当斩。时镇守都指挥佥事王杲调都指挥佥事周琥往摄守镇平，琥复不即赴，深上谦等罪，并劾琥及杲。上命罪谦等如律，杲不问，琥罚俸三月。

（英宗朝馆本卷一七七·页七下～八上）

○ 正统十四年（己巳）五月辛卯（1449.6.2）

　　四川松潘等处军民指挥使司指挥使石俊等屡奏镇守都指挥佥事王杲贪赇不法诸事，且岁索茜草、酥油等物于诸番，因而激变。番民为边方患（不浅）。

　　上遣锦衣卫官往执之。

（英宗朝馆本卷一七八·页五上）

○ 正统十四年（己巳）十二月癸酉（1450.1.10）

升镇守松潘都指挥佥事高广为都指挥同知，指挥佥事李鉴等官军三十六人俱一级。以擒获贼首董敏等功也。

（英宗朝馆本卷一八六·页二七下）

○ 景泰元年（庚午）正月丙戌（1450.1.23）

升都察院右副都御史寇深为左副都御史。以镇守四川松潘擒贼功也。

（英宗朝馆本卷一八七·页四下）

○ 景泰元年（庚午）二月戊子（1450.3.26）

赏四川松潘等处指挥李鉴等绢布有差。以擒杀番贼功也。

（英宗朝馆本卷一八九·页九下）

○ 景泰元年（庚午）二月辛卯（1450.3.29）

礼科给事中李实奏："四川军民弊病万端，蛮人滋蔓，累次〔肆〕虏掠。松潘已有都御史镇守，其行都司虽设六卫以守疆界，而山左山右俱得〔系〕生拗西番，迆北迆西尽是诸夷部落。且大渡河三、九月间烟瘴生发，御史、三司官员倏去即回，倘有事机，实为不便。宜命兵部推选都御史一人以往，专一操备官军、整点城堡。仍推大臣一人往考官革弊，以安军民。"从之。

（英宗朝馆本卷一八九·页一〇下）

○ 景泰元年（庚午）三月甲子（1450.5.1）

四川董卜韩胡宣慰司官先是奏："抚治松潘副都御史寇深索松潘诸卫金银几数千两，及受反羌并杂谷等塞〔寨〕诸夷人金银、金释迦佛、大西天毛狗、红白铁刀〔力〕麻诸物货尤众。"且曰："此通四川军民所知者，但畏深暴酷不敢言耳！"

章下刑部，请命镇抚守四川诸官复实。既而会赦，遂皆宥之。

（英宗朝馆本卷一九〇·页一二上～下）

○景泰二年（辛未）九月甲辰（1451.10.3）

四川按察司佥事刘益等奏报："松潘官军指挥同知李鉴等报，擒获寒盼寨番贼。"

（英宗朝馆本卷二〇八·页三下）

○景泰二年（辛未）十一月丁巳（1451.12.15）

先是，四川董卜韩胡宣慰司掌司事都指挥同知克罗俄坚粲，欲于铜门山直抵保县、威州境通道入贡，镇守左副都御史寇深不从，克罗俄坚粲奏："深尝拘所部威、保、松、茂诸卫所及商巴国师诸土官，空牍自填保奏状，妄希升赏，及私通军妻，为其拨置害人诸不法。"

命左侍郎罗绮、巡按御史黄溥并四川三司官从公复之。

（英宗朝馆本卷二一〇·页七下~八上）

○景泰二年（辛未）十二月庚午（1451.12.28）

敕镇守松潘左侍郎罗绮曰："得董卜韩胡宣慰使司奏，欲于旧威州保县地方开通道路，出境进贡。朕惟山川阻险，天所以限华夷也，既非旧路，岂可轻启夷人侵犯之心。况内官陈涓等曩已奏其不可，尔今即同会［会同］涓及佥都御史李匡等计议，或别有可令往来之路，相度以闻。"

（英宗朝馆本卷二一一·页三上~下）

○景泰三年（壬申）二月丁亥（1452.3.14）

敕谕董卜韩胡宣慰司都指挥同知克罗俄监粲："尔能敬顺天道，尊事朝廷，遣人远来朝贡，具见忠诚。今特升尔为都指挥使，仍掌董卜韩胡宣慰使司事，以示嘉赏。尔宜益励臣节，保守境土，仍将向者所抢杂谷并达思蛮人民地方退还各人，令其照章管束，庶几释憾取和，永息争竞之风，共享太平之福。"

（英宗朝馆本卷二一三·页八上~下）

○景泰三年（壬申）三月乙巳（1452.4.1）

四川按察司奏："松潘等处提督关堡都指挥佥事郭礼，匿靖夷堡失机状不报，且因而脱放所获番贼三人以泯其迹。请治（其）罪。"从之。

（英宗朝馆本卷二一四·页六上）

○景泰三年（壬申）五月壬子（1452.6.7）

敕谕董卜韩胡宣慰使司掌司事都指挥使克罗俄监粲曰："近得四川巡抚等官奏，旧维州地方原（系）保县管辖，后为杂谷侵夺，今为尔董卜占据。朕念尔敬顺天道，遵［尊］事朝廷，恪守［修］职贡，诚意可嘉。敕至，尔可即将旧时雅［维］州地方退（还）保县，仍旧掌管。毋惑［或］听信下人之言，推调占吝，自启争端。"

（英宗朝馆本卷二一六·页一四下）

○景泰三年（壬申）六月戊子（1452.7.13）

赐四川松潘卫指挥千户等官丘义等彩段表里、钞有差。以攻剿熬烟寨番人功也。

（英宗朝馆本卷二一七·页七下）

○景泰三年（壬申）七月己酉（1452.8.3）

镇守松潘刑部左侍郎罗绮等奏："雪儿卜寨贼首卓劳等、烟崇寨贼首阿儿结等，累年纠合于安化关等处劫掠粮夫，杀伤官军。近者，臣等会议帅［率］领官军直抵其寨，杀败贼众，斩首不计其数，遂擒卓劳及阿儿结，斩于市曹，显示诸蛮。即令［今］边境稍宁，运道无虞。"

事下兵部，言："宜奖谕绮，令抚捕余贼。"从之。

（英宗朝馆本卷二一八·页八下～九上）

○景泰三年（壬申）九月庚寅（1452.9.13）

调四川官军一千人往松潘协助守备。以提督兵备刑部侍郎罗绮等奏，董卜韩胡土官克罗俄监粲招集西番，阴怀异图，故严为之备也。

（英宗朝馆本卷二二○·页一上）

○景泰三年（壬申）闰九月壬戌（1452.10.15）

提督松潘军务刑部左侍郎罗绮等奏："董卜韩胡于松潘迤西后门欲立碉房，差人守把，实有觊觎之心。臣与镇守松潘都指挥同知周贵议，调龙州宣抚司土兵一千五百名赴松潘操练以待，又将四川征进贵潘［播］官军调二千员名来备冬。然恐粮储不足，今与右参议张如宗查得四川盐课提举司景泰四年盐一十九万九千余引，未曾开中。乞敕该部备榜召商中纳粮米，宜定则例。上流、华池二盐课司上井盐一万六千余引，兼黄市、濋井二盐课司下井盐七千六百余引，每引米四斗五升；通海、新罗、永通三盐课司上井盐二万五千余引，兼云安、罗泉二盐课司下井盐一万八千余引，每引米四斗；富兴、富义、广福三盐课司上井盐二万五千余引，兼仙泉、郁山、大宁三盐课司下井盐一万五千余引，每引米三斗五升。"

事下户部，复奏。从之。

（英宗朝馆本卷二二一·页二下~三上）

○景泰三年（壬申）十一月戊寅（1452.12.30）

以松潘卫擒杀雪儿卜等寨为恶贼首卓劳等，赏都指挥周贵等各钞一千贯、彩段三表里，指挥徐升、参议张如宗等各钞八百贯、彩段二表里，千户等官各钞六百贯、彩段一表里，百户等官各钞五百贯、绢三匹，旗军人等各钞三百贯、绢布各一匹。内张升等二员生擒贼酋，俱升一级。

（英宗朝馆本卷二二三·页一〇下）

○景泰三年（壬申）十二月庚子（1453.1.21）

敕董卜韩胡宣慰使司都指挥使克罗俄监粲曰："尔自我祖宗以来，世守西番，职贡不缺，称为忠孝土官，又称为迤西第一座铁围山。近年以来，屡遣使入贡，益见忠勤。近又闻尔愿将杂谷原抢占保县管下朴头寨、党者木寨、夕兰寨、瓦石寨、金川等寨退还保县纳粮，尤见尔敬慎［顺］朝廷之意。今特降敕奖谕，尔自今以往，益宜敬顺天道，尊事朝廷，保障边方，庶尔及子子孙孙永享无穷之福。"

（英宗朝馆本卷二二四·页八下）

○景泰三年（壬申）十二月辛丑（1453.1.22）

赏四川松潘卫指挥同知李鉴钞八百贯、彩段二表里，通事方升钞三百贯、绢布各一匹。以擒杀番贼之功也。

（英宗朝馆本卷二二四·页一〇上）

○景泰四年（癸酉）正月壬申（1453.2.22）

赏四川松潘卫指挥同知徐升彩段二表里、钞八百贯，总旗陈真钞三百贯、绢布各一。以诱擒贼首腊仲功也。

（英宗朝馆本卷二二五·页七下）

○景泰四年（癸酉）二月壬寅（1453.3.24）

四川按察司副使胡渊奏："松潘石关子番人聚众出没，杀掳人口，阻绝粮道。其提督关堡都指挥徐贵惟务安闲，不设守备，以致其然，宜治其罪。"

命提督兵备刑部左侍郎罗绮取皆〔贵〕死罪状，令其当先杀贼，以赎前咎。

（英宗朝馆本卷二二六·页五下～六上）

○景泰六年（乙亥）正月乙丑（1455.2.5）

敕提督松潘兵备左侍郎罗绮、镇守都指挥周贵："尔等奏商巴家与黎巴家互相仇杀，恐其假此通同董卜韩胡侵扰边方，今特降敕二道。尔等即择老成谙晓番情通事赍往晓谕商巴、黎巴两家，令其释怨通知〔和〕，各安本分，遵守法度，毋或阴结不轨之徒，自取灭亡之祸。若（果）有屈抑不平事情，令其明白奏来，朝廷自有处置。尔等尤须作急整饬兵备，振扬威武，以防不测。若有变动，相机行事，务在思虑周密，处置停当。毋或轻举妄动，有误事机。"

（英宗朝馆本卷二四九·页四下～五上）

○景泰六年（乙亥）二月壬辰（1455.3.4）

敕提督松潘兵备刑部侍郎罗绮、镇守都督指挥周贵："近知番贼麻答聂如等抢劫仓〔粮〕夫驴匹，扬言要攻城堡，搅扰地方，尔等须从长计议。如果势不能止〔正〕，必须用兵剿杀，出兵之际，保〔务〕得其他夷寨不致惊疑激变扁〔煽〕动。宜从勘〔斟〕酌，相机行事。若或别有妨碍，不可轻动，必须镇静抚绥，固守疆域，以安民夷。有功者升赏不吝；误事者获罪非轻。务在提备严密，计虑周详，毋或纤毫怠忽。"

（英宗朝馆本卷二五〇·页八下）

○景泰六年（乙亥）三月庚申（1455.4.1）

兵部奏："董卜韩胡宣慰司掌司事都指挥克罗俄监粲阴（险）桀骜，部落强盛，僭称蛮王，久怀窥蜀之谋，往往陈奏事情，言涉不逊，蚕食杂各〔谷〕等地方，交结商巴等部落，招集番人，置造军器。其悖逆日彰，不可不虑。请行四川镇守等官及三司、御史议，必得总兵、大将、提督区画，或镇守官自能调度捍御，奏闻处置。"从之。

（英宗朝馆本卷二五一·页四上）

○景泰六年（乙亥）闰六月己酉（1455.7.19）

设四川灌县守御千户所，摘成都后卫右千户所官军实之。先是，左副都御史寇深（奏）董卜韩胡久蓄异志，而灌县实当其冲，宜筑城置守以防未然。事下兵部，移文四川巡抚及三司，议以为故〔宜〕，宜〔故〕有是命。

（英宗朝馆本卷二五五·页一下）

○景泰六年（乙亥）闰六月甲寅（1455.7.24）

董卜韩胡宣慰使司都指挥使克罗俄监粲死，提督松潘兵备刑部右〔左〕侍郎罗绮等以闻。少保兼尚书于谦等言："克罗俄监壑〔粲〕谲诈，今称病死，未可遽信，宜再移文绮（等）遣人体察实否。"从之。

（英宗朝馆本卷二五五·页三下）

○景泰六年（乙亥）九月壬午（1455.10.20）

兵部奏："董卜韩胡都指挥使克罗俄监粲进番文一道，言辞悖逆，语涉妄诞。且侍郎罗绮等先奏，克罗俄监粲已死。今详此奏，所列官衔亦与常时所奏不同，疑有行［奸］伪，宜令绮等严为边备，及遣人体实以闻。"从之。

（英宗朝馆本卷二五八·页二上～下）

○景泰六年（乙亥）九月甲申（1455.10.22）

提督松潘兵备刑部左侍郎罗绮奏："土番张蜡、国师商巴狡黠多端，大为西边之害，（幸）而天毙之。其侄吾儿哲者〔等〕仍蹈其故智，比之商巴，其恶尤甚。窃恐结构诸番，酝成边患，臣等访得吾儿哲侄南柯儿与之构怨，今以计致之，对臣发誓，期将吾儿哲等攻杀尽绝。乞降敕俾之管束部落，以图成功，庶地方宁清［靖］。"

事下兵部，尚书于谦议："番夷人面兽心，素无礼义，转移之间向背不测。况此辈本是亲属，万一谋泄，则是中国教令外夷戕贼同类，非所以训天下后世，绮言不可从。"帝是之。

（英宗朝馆本卷二五八·页二下）

○景泰七年（丙子）二月壬寅（1456.3.8）

四川按察使黄溥等奏："松潘虽地邻边境，洪武、永乐间止是本卫官军自守。近差都指挥使周贵、都指挥佥事李文等往彼操捕［备］，又有参议管运粮储，官民多扰，乞将镇守刑部（左）侍郎罗绮征还。"

诏兵部计议以开［闻］。少保兼尚书于谦言："松潘诸种番夷骈居杂处，即今董卜韩胡克罗俄监粲虽已病故，而番簇尚多，及赞善王班丹监剉等私造军器，交通虏寇，阴谋未测，正在用人提督防范，绮难以征还。"从之。

（英宗朝馆本卷二六三·页二上）

○景泰七年（丙子）九月癸酉（1456.10.5）

提督松潘兵备左侍郎罗绮奏："松潘土番王永生长边陲，习性凶犷，肆顽骋恶，积有岁年，先曾杀害土官高茂（林）等男妇五百余口，又杀故土官董敏子伯浩等二十余人，今又纠集番夷，欲行攻劫地方。臣与都指挥周贵等统领官军，直抵桑坪，已将永等诛死，凶酋殄灭，边境肃清。"

帝降敕嘉奖，赏银二十两、彩币三表里。

（英宗朝馆本卷二七〇·页三上）

○天顺元年（丁丑）四月丙辰（1457.5.16）

提督松潘刑部左侍郎罗绮奏："黑虎、三姐等寨番人与董卜韩胡仇杀，恐窥我边境，遣指挥周刚〔纲〕等率军巡视，至坝州，番人起塘迎敌。战败之，斩首三百五十余级、擒二人，克苏村等五寨。"

（英宗朝馆本卷二七七·页一三下）

○天顺元年（丁丑）十一月戊辰（1457.11.24）

设四川镇夷堡。以番贼时出劫掠故也。

（英宗朝馆本卷二八四·页三上）

○天顺二年（戊寅）九月庚戌（1458.11.1）

镇守四川右少监阎礼等奏，都指挥佥事孙斌守备保坝，坐视番贼仇杀，不能剿捕。命执而罪之。

（英宗朝馆本卷二九五·页七上）

○天顺二年（戊寅）十一月辛丑（1458.12.22）

升四川按察司佥事高澄为副使，往松潘抚治番夷。

（英宗朝馆本卷二九七·页三下）

○天顺三年（己卯）正月壬寅（1459.2.21）

镇守松潘等处都指挥使周贵奏："茂州管下巴地等寨番人出没，杀死官军，抢掠运夫。其提督关堡都指挥佥事徐升、掌堡指挥佥事郭敬，宜治以重罪。"

上曰："姑免问。令当先杀贼，以赎罪。"

（英宗朝馆本卷二九九·页三下）

○天顺三年（己卯）十二月丙辰（1460.1.1）

设四川太平堡。从掌灌县守御千户所事指挥同知陆麒奏其路通董卜韩胡，宜设堡以备番人窃出也。

（英宗朝馆本卷三一〇·页二上）

○天顺四年（庚辰）正月庚寅（1460.2.4）

松潘等处参将（都）指挥使周贵奏："近茂州、叠溪等卫所关堡，累报上下五簇、巴狄、双马、白苦、罗打等寨番人，聚众欲攻围关堡，阻截道路。今各卫仓粮止勾[够]官军两月支用，诚恐旦夕有警，军粮不足，乞将四川盐课提举司天顺三年分中剩盐召商纳粮，预备军饷。"

事下户部，复奏："定则例，上流等井盐，每引五斗，新罗等井四斗五升，福兴等井四斗。"从之。

（英宗朝馆本卷三一一·页三下～四下）

○天顺五年（辛巳）正月甲子（1461.3.4）

筑四川石泉县城。石泉逼邻西番，旧城颓圮，番人犯边，县民恒被其劫掠。守土者以为言，故命筑之。

（英宗朝馆本卷三二四·页四上）

○天顺五年（辛巳）七月庚子（1461.8.7）

寇深，字文渊，直隶唐县人。……正统元年，升山西按察司副使。十一年，召拜都察院右佥都御史，命镇守四川松潘。深至，修筑关堡、城池六十余所，哨台三百七十余座，平治饷道，开凿山泉，下人便之，诸番由是送款。以功升左副都御史，食二品俸。

（英宗朝馆本卷三三〇·页三上～下）

○天顺五年（辛巳）十一月戊午（1461.12.23）

兵部奏："松潘地方与陕西、贵播、云南、四川边境相接，番苗杂处，又密迩董卜韩胡，最为要害。况今贼情警急，而参将都指挥使周贵一人独任。乞简命智勇老练威望素著武臣，充副总兵，同贵镇守。庶几边务有济。"于是，大臣共荐南京左军都督同知许贵材堪委任。命征贵来京。

（英宗朝馆本卷三三四·页二下～三上）

○天顺六年（壬午）十月丁卯（1462.10.28）

敕松潘副总兵都督许贵曰："比闻松潘番贼复起，阻绝粮道，杀害军民。敕至，尔即与佥都御史陈泰等计议。如果叙南贼寇宁息，即移兵西向，务俾两全，以靖边鄙。"

（英宗朝馆本卷三四五·页二上）

○成化元年（乙酉）二月丁酉（1465.3.16）

松潘副总兵都督佥事卢能奏："骨鹿、恶匝〔市〕等番屡寇边，臣及参将周贵等率师掩捕，败之，斩首二百余级。寻乘胜追奔，毁贼巢大小碉寨五百余处，获马牛八百余匹，番诸〔诸番〕震竦。仍遣国师智中、禅师知胤等抚安之。"

事下兵部，言："贼巢既毁，不言俘获贼属，遗孽未殄，必复生衅，宜谕能等戒饬边关守将，倍加防守。"从之。

（宪宗朝馆本卷一四·页九下）

○成化元年（乙酉）七月甲戌（1465.8.20）

兵部左侍郎王复等以前四川安绵等县屡被番蛮劫杀，提督茂州卫关堡都指挥佥事吕升不严督哨守，而副总兵都督佥事卢能、参将都指挥使周贵、都指挥佥事李文及整饬兵备副使王用皆隐匿不奏，请加罪。

上曰："罪本难恕，事今已宁，姑宥之。再尔不贷。"

（宪宗朝馆本卷一九·页九上～下）

○成化元年（乙酉）八月己卯（1465.8.25）

命四川都指挥使周贵充左参将，仍同副总兵卢能镇守松潘，都指挥佥事李文充右参将，分守威、茂、叠溪等地方，遇会兵时，听卢能调度。文初与能、贵同领松潘镇守之命，谋不协，屡求退避。上以松茂要边，而文骁勇可任，故特分命之。

（宪宗朝馆本卷二〇·页一下～二上）

○成化二年（丙戌）三月甲寅（1466.3.28）

四川威茂右参将都指挥佥事李文奏："黑虎、三姐等寨番贼千余来攻保子关，我兵击走之，斩首六十三级。"

事下兵部，议以残寇未殄，恐纠率各寨复至，宜令文等选委谙晓番情之人往彼开陈祸福，令勿听残寇所诱，自取夷灭，并令沿边将士严备之。诏可。

（宪宗朝馆本卷二七·页四下～五上）

○成化二年（丙戌）三月己未（1466.4.2）

兵部奏："四川守备都指挥吕〔李〕升、刘端〔瑞〕、指挥陈琦防范不严，以致蛮贼伺隙，杀掠军民男妇财产〔畜〕甚众。宜令巡按御史执治之。其镇守右参将李文军令不肃，以致误事，亦宜究问。"

上曰："然。李文姑宥之。"

命四川按察司佥事张琬〔畹〕整饬行都司兵备，抚治番夷。

命四川都指挥佥事刘芳、李璋〔章〕、刘端〔瑞〕分守雅州、广安州、安县。先是，巡抚都御史汪浩奏二处俱当蛮贼要冲，宜设守备，因荐芳等可用。事下兵部看详，宜令芳守雅州及碉门紫石关，璋〔章〕守广安州及梁山新宁县，端〔瑞〕守安县及绵竹县，以芳与璋〔章〕方征戎县蛮贼，待事宁，各还分守。从之。

（宪宗朝馆本卷二七·页五下～六上）

○成化二年（丙戌）五月戊戌（1466.7.10）

镇守四川太监阎礼奏："今春初，松、茂、叠溪所辖白草坝等寨番布〔希〕聚众五百人，越龙州境剽掠。"

事下兵部，论奏："镇守松、茂等处都督佥事卢能等不能抚治番夷，请姑记其罪。仍移文礼等督属剿捕，及能等善加抚治，以赎前愆。"从之。

（宪宗朝馆本卷三〇·页一三下～一四上）

○成化二年（丙戌）十月乙巳（1466.11.14）

镇守威茂等处右参将都指挥佥事李文奏："龙州、石泉等处与茂州地方隔越大山，一时有警，猝难策护。宜行总兵都御史等官佥议区画，督令守备并分守等官练兵，随宜抚捕。及龙州宣抚司土兵别无调遣，止守本处地方，宜酌量调集在彼捍御，免贻后患。"

下兵部议如所奏。从之。

（宪宗朝馆本卷三五·页三上）

○ 成化二年（丙戌）十月丙午（1466.11.15）

兵部议："以镇守威茂右参将都指挥佥事李文平日号令不严，以致所属怠忽，失机误事，宜加究治，为守边者戒。"

上命姑宥之。

（宪宗朝馆本卷三五·页三下）

○ 成化二年（丙戌）十二月癸丑（1467.1.21）

升镇（守）威、茂、叠溪右参将都指挥佥事李文为指挥同知。以破番贼功也。

（宪宗朝馆本卷三七·页六下）

○ 成化三年（丁亥）四月甲辰（1467.5.12）

起复四川威州知州何渊，仍管州事。渊治威州，得夷、汉心，以母丧去任，夷人请留之，巡抚都御史汪浩及内外镇守官合词以闻。遂有是命。

（宪宗朝馆本卷四一·页四下）

○ 成化三年（丁亥）四月丙午（1467.5.14）

巡抚四川左佥都御史汪浩等奏："勒都、叠溪各寨番蛮，自去冬以来，累次于龙州、石泉等处杀掳人民。臣等随督官兵追剿，杀死者二十余人，余番闻之皆潜走回寨。"

上命镇守总兵官芮成等及松潘总兵卢能等仍调兵剿捕之。

（宪宗朝馆本卷四一·页五上～下）

○ 成化三年（丁亥）四月癸亥（1467.5.31）

松潘等处副总兵都督佥事卢能等奏："威、保、茂、叠地方广阔，乏人巡视。乞命右参将李文所领松潘官军三百员名，随从巡视威、保、茂、叠等处地方。"从之。

（宪宗朝馆本卷四一·页一二上）

○成化三年（丁亥）五月癸巳（1467.6.30）

四川骨鹿、恶匦等簇番贼行盻、青眼马、白合儿者、劳用等纠集番蛮作乱。镇守松潘都指挥周贵等率千户尧彧等讨平之。

（宪宗朝馆本卷四二·页七下～八上）

○成化三年（丁亥）七月庚午（1467.8.6）

赏镇守松潘副总兵都督佥事卢能、整饬兵备四川按察司副使王用并官军、番僧、国师、禅师等彩段、布、绢、钞有差，以剿贼功也。

（宪宗朝馆本卷四四·页四下）

○成化三年（丁亥）七月甲戌（1467.8.10）

四川天全六番招讨使司都事罗雍请修筑紫石、碉门等城关，及论奏千户廖颙、刘洪受赇玩法，军士蔡广等弃城通番诸罪奏状。上命巡抚宪臣及三司勘实处分。

（宪宗朝馆本卷四四·页四下～五上）

○成化四年（戊子）二月戊申（1468.3.11）

镇守四川太监阎礼等奏："松、茂等卫所属白草坝等番，拥众屡寇安县辕门坝、石泉县大方关等处，焚庐舍，杀掠男妇二百余人、钱谷、牛马无算。盖因各城军士俱调征都掌，松茂等处关隘多失巡守，而守安县指挥王璟备御不谨。"

事下兵部，言："王璟并各关巡守等官，宜行巡按御史逮问。仍移文副总兵卢能等，委参将一人，率兵协同阎礼等御寇。"从之。

（宪宗朝馆本卷五一·页六上～下）

○成化四年（戊子）三月壬申（1468.4.4）

镇守四川太监阎礼等奏："白草坝等寨番蛮纠合各种番簇，攻劫龙州、江油等处，指挥陈琦〔奇〕等不严守备，参将李文等不时督视关堡，致贼劫掠，事属失机，俱当究问。"

上命镇守总兵、巡抚等官严督所属，整兵抚剿之。且命巡按御史逮问琦等如律，李文等姑记罪杀贼。

（宪宗朝馆本卷五二·页三上～下）

○成化四年（戊子）十月丙午（1468.11.4）

提督松潘等关四川都指挥佥事马云〔荣〕，因督兵护送给粮旗军至北定关，为守关指挥郭英欤〔邀〕饮醉归，被番贼掩袭，杀掳军夫、骡马。时浦江关亦被番贼抢劫，杀伤旗军。云〔荣〕隐蔽〔匿〕不报，俱为总兵官所劾。奏下御史鞫治，赎杖复职。

（宪宗朝馆本卷五九·页六上）

○成化四年（戊子）十一月己卯（1468.12.7）

镇守松潘副总兵都督佥事卢能奏："巡视指挥阎斌等领军巡视边境至庙子沟，番贼三百余突至。斌等与战，杀贼数众，我军死者亦相当。"

事下兵部，复奏："宜行能等遣人往番寨抚谕，使归所掳军民，仍以首贼依夷俗处治，以警其余。若贼冥顽弗率，即相机剿捕，以靖地方。斌等失机罪，宜令巡按御史逮治。"从之。

（宪宗朝馆本卷六〇·页七下）

○成化四年（戊子）十一月乙酉（1468.12.13）

四川总兵官右都督芮成等奏："谍报番贼欲攻〔掠〕小坝关，守关官冯和率兵探捕，至西云与贼遇，战败之，夺回被掳人畜。收军欲还，而贼五百余突出，杀死百户曹大等三十二人，溺水死者十二人，掳去十二人，夺回人畜复为所掠。"

上命兵部移文成等，令尽心剿贼。仍令巡按御史逮分守地方官鞫治之。

（宪宗朝馆本卷六〇·页八下）

○成化四年（戊子）十二月壬子（1469.1.9）

四川龙州宣抚司土官副使李胤实奏："蛮贼三百余累掠大荫旧州诸乡，本州四临贼寨，原额土兵一千五百，永乐以来止守本土，景泰中提督松潘左侍郎罗绮奏分土兵为二班，更戍松潘，以致要害关隘缺兵防守，始为贼所侵劫。请以松潘备冬土兵留守地方，保障居民。仍乞令总兵等官率兵剿灭为恶番贼，以息民患。"

事下兵部，复奏："番贼为恶，宜移文总兵官芮成等督军扑灭。其欲以松潘备冬土兵存留操守地方，宜令总兵、巡抚等官复实以闻。"从之。

（宪宗朝馆本卷六一·页一一下～一二上）

○成化五年（己丑）二月癸卯（1469.3.1）

总督陕西军务右副都御史项忠言："岷州番四散出没，焚毁营寨，杀掳军民，边民被扰，指挥佥事刘瑄、都指挥韩春、按察副使李珥，巡守地方抚捕失职。罪宜究治。"

兵部议以边守方急，瑄等宜令巡按御史逮问；韩春、李珥姑宥其罪，令严兵弭寇。从之。

（宪宗朝馆本卷六三·页六上～下）

○成化五年（己丑）闰二月丁巳（1469.3.15）

升四川按察司佥事沈琮为副使，抚治松潘等处羌夷。

（宪宗朝馆本卷六四·页一上）

○成化五年（己丑）闰二月壬午（1469.4.9）

赏四川松潘靖夷堡等处官军人等十二员名宝钞、彩币等物有差，以杀番贼有功也。

（宪宗朝馆本卷六四·页七上）

○成化五年（己丑）三月乙酉（1469.4.12）

松潘副总兵都督佥事卢能等奏："白马路等簇番贼，频年聚众攻围关堡，劫掳人财，阻塞粮道，请敕所司计议，多方抚捕。"

上命四川镇守总兵、巡抚等官严督所属，设法抚谕之。如或负固不服，量调官兵相机剿捕。

（宪宗朝馆本卷六五·页一上）

○ 成化五年（己丑）三月戊申（1469.5.5）

兵部尚书白圭等奏："四川双桥儿等寨番贼聚众入境，攻劫人民，阻绝粮道，皆守备〔御〕指挥侯节明不领军应援，提督都指挥庞福不用心巡督所致。其总兵官卢能、参将周贵、李文、整饬兵备副使王用不能运谋设策，俱当究治。"

上命巡按御史逮问庞福等，能等姑宥之，令用心抚捕番贼。

（宪宗朝馆本卷六五·页四下～五上）

○ 成化五年（己丑）四月壬申（1469.5.29）

龙州宣抚司番蛮频年出没，巡抚四川右副都御史汪浩等以闻。上命留松潘备冬土兵操守本州，贼平之日，仍往松潘备御。

（宪宗朝馆本卷六六·页六上）

○ 成化五年（己丑）四月甲戌（1469.5.31）

巡抚四川右副都御史汪浩等奏："白草坝番蛮纠合黄头〔道〕、勒都等簇（番）蛮二百余，杀掳人财，欲行攻劫龙州等处。分守都指挥刘端〔瑞〕、守备指挥王璟等不能严谨防守，擒剿俱屡失机，请究治之。"

上命巡按御史究问刘端〔瑞〕如律，仍命镇守总兵、巡抚等官并镇守松潘副总兵、副使等官严督所属官军，用心抚捕。

（宪宗朝馆本卷六六·页六下）

○ 成化五年（己丑）十二月丙寅（1470.1.18）

四川都指挥同知赵端守备安绵等处，不设备，致番贼入境抄掠，敌伤官军。下巡按御史，奏拟谪戍边卫。从之。

（宪宗朝馆本卷七四·页三下）

○成化六年（庚寅）四月丙寅（1470.5.18）

西坡、禅定及麦匝等寨番贼纠众作乱，为指挥〔都指挥〕使徐旻等所败，镇守松潘等处副总兵湛清以闻。

兵部议谓："贼既被杀，必怀报复之举。请敕湛清及镇守参将等官，严督所属，整饬兵备，随宜抚捕。"从之。

（宪宗朝馆本卷七八·页五上）

○成化六年（庚寅）七月丙戌（1470.8.6）

松潘副总兵都督佥事湛清等奏："五月内，麦匝簇贼首麻惹儿（子）等，纠众劫掠三岔子等处。议调官军剿杀，至黄盛草场遇贼，分兵夹攻，就阵射杀麻惹儿子，斩贼首五十二级，并获其长枪等物。"

（宪宗朝馆本卷八一·页三上）

○成化六年（庚寅）八月庚申（1470.9.9）

松潘副总兵都督佥事湛清等奏："别知、弋〔戈〕腊、热鸡等寨番贼聚众劫掠镇革堡青土湾，指挥谢琳等率兵剿之。臣会右参将尧彧、副使沈琮统兵策应，就阵斩获贼级四十，生擒一十四，并获其挨牌、铠甲等器。"

（宪宗朝馆本卷八二·页七上～下）

○成化七年（辛卯）二月丙寅（1471.3.14）

谪降前军都督佥事湛清于广东。清镇守松潘未逾年，求取于所部赃贿狼藉，又冒用官仓粮料，巡视侍郎黄琛廉得之以闻。命刑部郎中王范等往按之，具伏。追赃，得金二百七十两、银五千两有奇，马、骡、段匹、他物称是，械清归京师。三法司会官鞫于朝，以具狱，奏清坐监守自盗减死立功五年。上以清大肆奸贪，情罪深重，特削官三等，降都指挥佥事，注调广东廉州卫，带俸差操。

（宪宗朝馆本卷八八·页四下）

○成化七年（辛卯）八月乙丑（1471.9.9）

四川整饬兵备按察（司）副使沈琮奏："双马等寨番寇拥众连日攻围

实大关门，守关指挥佥事张勋等力战御之，乃引去。所镇抚张深等二人被创死。守备威、茂都指挥佥事庞福及守关指挥佥事章钦等俱失防守，致陷官军，事宜究治。"

兵部议："行巡按御史逮问。"从之。

（宪宗朝馆本卷九四·页七下～八上）

○ 成化八年（壬辰）正月丁巳（1472.2.28）

录征剿长沟等寨番贼功，升镇守松潘署都指挥佥事尧或为实授都指挥佥事，四川按察司副使沈琮、布政司右参议李衍以督阵、督饷俱给赏。斩首三颗及阵亡官军五十四人，升一级；斩首二颗及被创官军四十五人，俱加赏；斩首一颗及当先官军五十五人，随军抚化剌麻国师、禅师二人，俱给赏。

（宪宗朝馆本卷一〇〇·页七下～八上）

○ 成化八年（壬辰）三月戊申（1472.4.19）

镇守威、茂等处左参将都督佥事宰用等奏："正月间，黑虎寨贼首之卜等声言，欲纠鸡公等寨番贼劫掠粮运。"

兵部请移文仍令用相机抚捕。报可。

（宪宗朝馆本卷一〇二·页三下）

○ 成化九年（癸巳）三月甲午（1473.3.31）

四川都指挥同知何节初守备安县怠弛自肆，致番蛮为患，掳掠人财，后左参将等官抚追完聚，乃掩为己功。事觉，坐徒例当谪戍，遇革，降三级本处差操。

（宪宗朝馆本卷一一四·页一下）

○ 成化九年（癸巳）三月庚戌（1473.4.16）

录四川巴猪嘴等处斩获番贼功。指挥曹敏等官军七十员名，升赏有差。左参将都督佥事宰用、按察司副使沈琮，俱命给赏。

（宪宗朝馆本卷一一四·页五上）

○成化九年（癸巳）四月壬戌（1473.4.28）

升四川威州知州何渊俸，命复任三年。威州所部多羌夷，叛服不常，渊兴利除害，抑强扶弱，众皆畏服。每番贼出没，辄亲督民壮往御之，尝有功升俸一级。至是，九年将代去，州人并守御千户所军士诣巡抚都御史夏埙请留之。埙以闻，故有是命。

（宪宗朝馆本卷一一五·页一上）

○成化九年（癸巳）五月丁未（1473.6.12）

赐威、茂、叠溪新堡子等处杀贼获功官军左参将都督佥事宰用等彩段、钞、绢有差。

（宪宗朝馆本卷一一六·页五下）

○成化九年（癸巳）九月乙未（1473.9.28）

镇守松潘参将都指挥佥事尧或奏："三月间番贼出没为患，屡发兵败之。仍遣抚化国师子瑞等抚谕未退。"

诏饬兵备之。

（宪宗朝馆本卷一二〇·页三上）

○成化九年（癸巳）十一月甲辰（1473.12.6）

镇守松潘等处都指挥佥事尧或奏："八月十四日，臣与四川按察司副使沈琮亲督官军，分剿白马路水牛、茹儿等番寨，大克之。既而白马残贼纠众复仇，令伏军要路与战，复克之，直抵贼巢，烧其碉寨，驱其牛马百余，斩首三百十〔六〕六〔十〕级。"

上赐敕奖谕之。

（宪宗朝馆本卷一二二·页三下）

○成化十年（甲午）正月丁未（1474.2.7）

赐四川粟渴、黑虎寨等处杀贼有功官军（左）参将都督佥事宰用、四川按察司副使沈琮、布政使司右参议李衍并旗军四百三十七人彩段、钞贯、绢布有差。

（宪宗朝馆本卷一二四·页三上）

○成化十年（甲午）三月丁亥（1474.3.19）

镇守松潘等处右参将都指挥佥事尧或等奏："西坡、双桥、麦儿寨番贼劫掳防护粮运官军。今年正月别智寨番复乘夜攻毁金瓶堡门，守堡指挥葛晟率军败之。恐其失利，潜谋报复，已调四川官军三千并力抚捕。"

事下兵部，言："宜令或［彧］及整饬兵备按察司副使沈琮设策抚治。如彼不服，方许调兵。"从之。

（宪宗朝馆本卷一二六·页二上）

○成化十一年（乙未）六月壬午（1475.7.7）

四川镇守太监梅忠等奏："守备龙州都指挥邹瑄、分守土官副使李胤实，屡被蛮贼入境，杀掠人畜无算，虽有斩获，得不偿失，宜治其罪。"

兵部请令巡按御史，俟边境稍宁逮治之。诏可。

（宪宗朝馆本卷一四二·页一下）

○成化十二年（丙申）五月乙丑（1476.6.14）

巡抚四川右副都御史张瓒等奏："松、茂、叠溪等寨番贼聚众四散攻围县治，焚毁民居，杀掠人财，势甚猖獗。已严督所属于诸路并兵攻剿。"

事下兵部，请令设策抚谕擒治渠魁，宽贷余党，以杀其势。如其负固不服，宜速加兵。从之。

（宪宗朝馆本卷一五三·页四下）

○成化十二年（丙申）六月甲戌（1476.6.23）

降四川都指挥佥事唐闻为成都卫指挥使，带俸差操。初，闻往龙州备冬，自成化九年十二月以后，番贼屡入州境，前后杀六十人，掳四百四十七人，闻与分守官龙州宣抚司副使李胤实皆不能守御。时，按察佥事林璧在州阅视土兵，因申报巡抚都御史夏壎，遂奏于朝。兵部移文巡按御史核实，闻怨璧发其事，诬以受赂，并诬御史党比。事下巡抚都御史张瓒鞫问〔治〕。闻、胤实皆以守备不设，被贼入境（掳）掠，法减死充边军，俱在赦前，当免罪，刑部以闻。诏以胤实土官既遇赦贷之，而降闻官一级。

（宪宗朝馆本卷一五四·页一上）

○成化十二年（丙申）六月己丑（1476.7.8）

巡抚四川右副都御史张瓒等奏："西坡、禅定等寨番蛮屡聚徒众，杀掠人畜，焚毁庐舍，攻围县治。指挥秦宽、吴达、千户蒋雄、百户李〔季〕彦明率军御之于仰天窝，战殁。蛮众亦已因山水暴涨遁归。都指挥佥事吴荣不能预防，李镐失于策应，俱宜逮问。"

事下兵部，言："荣、镐等宜令逮问，且诸番虽暂遁归，终复为害，请行镇守、巡抚等官，严督所司，倍加防守。"从之。

（宪宗朝馆本卷一五四·页三下）

○成化十二年（丙申）七月己酉（1476.7.28）

松潘副总兵署都指挥同知尧彧奏："今年二月以来，松、茂等处番贼屡出杀掳茂州等卫巡哨军人，并越入东胜堡城，劫掠人畜，肆行无惮。随率官军追逐之，悉遁去。"

章下兵部，驳议以番贼扰乱自春及夏，而彧〔彧〕始奏闻，犹多隐匿，且贼入城堡而守者不知，号令慢驰〔弛〕，事宜究闻。兵部言："彧畏罪隐匿、边围致害并将士失机之情，宜行令巡按御史核实具闻。仍行右参将孙禺等，必欲严兵剿杀，以弭边患。"从之。

（宪宗朝馆本卷一五五·页四上～下）

○成化十二年（丙申）八月壬辰（1476.9.9）

松潘等处副总兵署都指挥同知尧彧奏："西坡、禅定等寨番贼屡抚复叛，毁断桥道，复阻过〔遏〕修葺，官军致远近楅〔隔〕越不通。指挥谢琳等执其通事聂儿昂等三十七人为质，番族聚众亦执巡哨百户史雄、沈琳等，及突入新桥堡劫掠仓粮，势益猖獗。寻遣抚夷崇化禅师子瑞率军往谕之，取史雄等众以还。"

事下兵部，言："彧所奏不具，被掳官军人数必多隐匿之情，并史雄等失守之罪，俱宜令巡按御史勘问如律。仍督责彧等严加抚捕。"从之。

（宪宗朝馆本卷一五六·页七上）

○ 成化十二年（丙申）九月丁卯（1476.10.14）

镇守松潘副总兵尧或遣人行取董卜韩胡宣慰使司道官头目札巴坚灿等五十余人至灌县，欲诣镇守、巡抚等官计禀边事。太监梅忠等初不与知，其至也，乃令或抚而遣之，复以闻。

章下兵部，言："董卜韩胡所属番夷性行狡猾，虽许其不时入贡，然未尝轻易拘审。今或擅取道官人等入我境内，必有私弊，法宜究竟。第已抚还，宜姑记或罪，令尽心设备。自后军务须会四川守臣熟计而行。若复任情启衅，必不轻贷。"报可。

（宪宗朝馆本卷一五七·页一一下～一二上）

○ 成化十二年（丙申）十一月壬子（1476.11.28）

镇守松潘等处副总兵署都指挥同知尧或奏："番蛮与官军战于长宁堡等处，被掳者十有八人，被伤者九人。因言松潘至叠溪、威、茂卫所，山峻路狭，东西千余寨，寨数百人，累抚累叛。近愈猖獗，谋欲斫关攻堡，时出劫掠村落，阻塞运道。乞量调官民土兵，捣其巢穴。"

事下兵部，言："或奏不具失机之人，恐如前隐匿，宜行巡按御史究治。且令或图功赎罪。至于剿杀番贼，恐粮运不继，未可轻动。宜行巡抚右副都御史张瓒等熟议，量调近兵相机抚剿。如势果猖獗，必须调兵往征，则先期督积刍粟，奏上方略。"上是之。

（宪宗朝馆本卷一五九·页三下）

○ 成化十三年（丁酉）正月壬子（1477.1.27）

协守松潘等处都指挥同知孙暠、四川都指挥同知刘升俱停俸戴罪杀贼，以番贼攻劫新桥等堡，提备不严故也。

（宪宗朝馆本卷一六一·页二上）

○ 成化十三年（丁酉）正月己巳（1477.2.13）

录四川松潘写字崖等处斩获番贼功。升参将署都指挥同知尧或实授都指挥同知。其余将士一百八十七人升赏有差。

（宪宗朝馆本卷一六一·页四下）

○成化十三年（丁酉）十月庚戌（1477.11.21）

巡抚四川右副都御史张瓒等奏："松、茂南一带番蛮反叛不常，臣等议分兵进讨。令副总兵尧或往松潘，右参将孙燾往茂、叠、威，两路夹攻。且以其间修河西旧路为浮桥治月城，以避偏桥栈道，则粮道无阻。"

兵部因请假瓒及太监梅忠以便宜之权，且言："兵贵神速，使彼麦熟则难以困守，乞速其进兵。"从之。

（宪宗朝馆本卷一七一·页三上）

○成化十三年（丁酉）三月癸亥（1478.4.3）

敕四川巡抚都御史张瓒等督兵讨松、茂诸蛮。从兵部请也。

（宪宗朝馆本卷一七六·页一上）

○成化十四年（戊戌）四月甲午（1478.5.4）

巡抚四川赞理军务右副都御史张瓒等，以破松、叠等处夷寇，上章献捷言："臣与副总兵都指挥尧或等调兵五万，始以成化十三年十月徂征，十一月次松潘、叠溪等处，分哨并进，直抵巢穴，尽锐攻之。先后破贼二十二寨，斩首一千七十级，贼首撒哈等俱已诛灭。"

上命即降敕奖励之，所遣奏捷者升一级。

（宪宗朝馆本卷一七七·页一上）

○成化十四年（戊戌）六月丙申（1478.7.5）

四川赞理军务右副都御史张瓒等以平夷寇班师，上奏云："臣等先已破白草坝、西坡、禅定诸大寨，奏报后又移师叠溪、茂州等处。所过诸夷悉就招徕，惟曲山三寨负固不服，进兵复击破之，斩首二百一十八级。又攻破白草坝余寇，斩首九十余级。余党悉平，自叠溪抵茂州，道路、桥栈被贼毁坏者悉缮修。拓展茂州城池，保卫居民，以免后患。增筑各处城堡，以屯戍兵，量地险易远近，分委都指挥等官巡守，使责有所归。东路自龙州铁索桥至松潘望山关，于小河及三令驿驻兵；自平夷堡至平定堡，于镇平堡驻兵；自永镇堡至新堡子，于叠溪驻兵；自实大关至七星关，并东路土地岭至石泉堡，于长宁堡驻兵；自龙州以东至安、绵、石泉，于石泉县驻兵；自威州堡至保县堡，于坝州驻兵。仍令副总兵官等时行巡视。臣等于四月二十七日班师。计前后破灭夷寇五十二寨，招纳降夷一百五寨，增置墩堡九处，新筑茂州城一所，条列以闻。"

命兵部知之。

（宪宗朝馆本卷一七九·页一下～二上）

○成化十六年（庚子）正月丙申（1480.2.25）

巡抚四川右副都御史孙仁等奏："曩奉敕，令尽除黑虎、三姐、巴猪三寨番贼。比尝抚安各簇番人三千有奇。其黑虎寨番贼，仍聚于松溪堡境内杀掠，右参将傅泰等率军御之，指挥周相就阵擒斩贼首白眉毛，余党奔溃，官军乘胜分道进攻之，共斩首三十七级，焚其碉寨百余处以还。"

事下兵部，乞降敕奖励仁等，以示激劝。从之。

（宪宗朝馆本卷一九九·页二上～下）

○成化十六年（庚子）三月癸卯（1480.5.2）

敕协守松潘右参将都指挥同知傅泰充副总兵，分守松潘等处。先是，巡按四川监察御史翟庭蕙奏威州番寇屡肆剽掠，关堡失守。副总兵尧或衰老，总督无方，宜加究问革罢。或亦上章自陈老病，乞罢。

事下兵部，言宜行巡按御史逮或鞫问如律。如无重罪，许令致仕。先行推举可任者一人代之。佥谓泰可，故有是命。

（宪宗朝馆本卷二○一·页六上～下）

○成化十六年（庚子）六月庚申（1480.7.18）

治松潘失机罪。成化十四年十二月，番贼入松潘境，毁庐舍，掠牛马，杀守堡卒一人，掳八人以去。都指挥徐旻及守堡千户陈辅、徐铠不能御，以报镇守副总兵尧或、整饬兵备按察（司）副使周正方，遣人以羊酒赎于贼，被掳者皆得还。或等因奏其事。兵部请下巡按御史问状得实，旻等三人罪当充军；或、正方亦有罪，当逮治。都察院以具狱复奏，请下御史逮治或等。

有旨："从之。旻等三人免充军，降官一级，本卫差操。"

（宪宗朝馆本卷二○四·页四上）

○成化十六年（庚子）八月庚戌（1480.9.6）

四川右参将都指挥同知傅泰复破番贼已〔巴〕猪等寨。事闻。降敕奖励之，并敕镇守、巡抚等官协谋以收全功。

（宪宗朝馆本卷二〇六·页一上）

○成化十八年（壬寅）五月壬午（1482.5.31）

巡抚四川右副都御史孙仁等奏："松潘、叠溪、茂州空心、恶札等寨番贼，多〔各〕据要途，劫掠粮饷。臣等欲以计抚之，如不听，则当发兵剿捕。"

事下兵部，谓："松、茂二路番寨猥多，仁等已尝剿其甚者，今又欲用兵于空心等寨，于计非宜。"

上曰："兵犹火也，不戢将自焚。松潘贼以尝剿戮，其渠魁亦知警矣。若又纵兵恣杀，彼番寨猬聚，岂能悉灭乎？贪功以启边衅诚非计，宜令仁等乘兵威方振之余，遣人抚谕。果负固不服，乃用兵剿之，未晚也。"

（宪宗朝馆本卷二二七·页二下～三上）

○成化十九年（癸卯）三月壬戌（1483.5.6）

敕巡抚四川右副都御史孙仁曰："得尔与太监蔡用奏火掌坝番蛮纠聚为患，尔等恐将来酿成大患，阻绝粮道，难于控守，欲调汉、土官军万人，候瘴消之日攻剿。该部复奏，已从所言。但动调大军，不可无大臣节制，除蔡用留守成都，听节制别项警急外，兹特命尔亲赴彼处节制军事。然朕详尔等言，此贼止是报仇截路，不曾流劫乡村，况所称招讨高文林、杨芳辈有忠孝礼义等语。若果如此，尔到彼，即提兵压境，切勿轻动，先遣人往宣朝廷恩威，杀伐利害，设法擒献，罪止其人，免令地方受害，谅必听从。如此弥除边患，较之用兵劳费，首恶未必能得，徒伤无辜，致生他变者，不其伟欤。如蛮众不肯听从，然后照该部所拟进兵未晚也。尔宜从长干济，必公必慎，毋惑群议，务使地方宁靖，无意外之虞，斯不负任使，尔之功亦有在焉。尔其钦哉。"

时番夷小蛮本为报复私仇窃掠，而蔡用欲兴兵以邀功，嗾孙仁共奏其事。兵部复请，业已许其用兵矣。上复疑之，故敕意专责成于仁。及后招讨司果擒其首恶十余人以献，枭以示众，地方宁谧，迄不用兵，亦无他患云。

（宪宗朝馆本卷二三八·页八上～下）

○ 成化十九年（癸卯）四月戊辰（1483.5.12）

赏松潘镇平堡杀贼有功官军彩段、绢、布及钞，命四川布政司给之。

（宪宗朝馆本卷二三九·页一下）

○ 成化二十年（甲辰）五月丁未（1484.6.14）

赏四川松潘右参将傅泰彩段一表里、银十两，升官旗四人各一级，赏官军一十六员名有差，以斩获巴猪等寨番贼功也。

（宪宗朝馆本卷二五二·页七上～下）

○ 成化二十一年（乙巳）二月壬申（1485.3.6）

降四川都指挥同知尧彧、千户唐卿、百户金裕各二级。彧等以守备不设，累被番人犯境掳掠。事觉，下巡按御史鞫问。都察院坐以充军。命宥而降之。

（宪宗朝馆本卷二六二·页七上）

○ 成化二十三年（丁未）六月壬辰（1487.7.14）

巡抚四川都御史刘璋奏："二月，魏磨、得失、罗得等寨番贼，二次越入阜康城，杀掠人财，请治茂州卫掌印指挥王凤、提督指挥马聪、茂州知州吕琼等玩寇饰非之罪；而右参将沈运失于防御，兵备副使柳应辰怠于巡视，亦宜逮治。"

兵部以闻。上命巡按御史治凤、聪、琼等罪，运与应辰宥之。

（宪宗朝馆本卷二九一·页六下）

○ 弘治元年（戊申）十月辛亥（1488.11.24）

追录四川茂州斩获番贼功，镇守太监刘雅、巡抚都御史刘璋、右参将都指挥沈运各升一级。璋，时已升侍郎，仍赏纻丝二表里。其余官军人等二百五十余人，升赏有差。

（孝宗朝馆本卷一九·页七下）

○弘治元年（戊申）十月乙卯（1488.11.28）

兵部奏："四川松潘番夷杂处，窃掠不常，旧有专设巡抚官，迩年革去，止令腹里都御史兼之。今地方多灾，恐生他变，请增置巡抚官一人，专理军务，抚治地方。"从之。

（孝宗朝馆本卷一九·页九上）

○弘治元年（戊申）十一月庚申（1488.12.3）

升太常寺卿掌钦天监事童轩为都察院右副都御史，提督松潘等处军务，兼理巡抚。赐之敕曰："四川松潘远在万山之中，所管威、茂等州、叠溪等处，与番夷巢穴杂处，粮运经行多被阻截，往往克减军粮，置办酒食、布匹犒劳买路而后得进。其守备等官，不能宣布朝廷威德，抚驭无方，以致番人轻视，聚众劫掠军民，攻围关堡。近闻四川荒旱，军饷缺乏，万一戍卒逃散，孤城失守，地方贻患，可为寒心。兹以尔才识老成，特升宪职，前去巡抚，兼提督军务，督令〔领〕本处官军，修理城池，整饬兵备，操练军马，抚治番夷。副总兵参将等官俱听节制。尔须审察夷情事势，相机而行，贼寇生发，即督兵剿捕，毋令滋蔓。前巡抚官所行政绩，果有益于军民，无扰于番夷者，毋事更张，或有窒碍不便当更改者，亦须酌量审处而改之。至于粮饷一事，尤为紧要。尔先将仓粮现数搏节用度，仍与腹里巡抚、巡按、三司官计议，多方设法，防护攒运。必不得已，饥荒不接，蛮寨不靖，度量本处官军可以摘拨，只以护运为名。如古移民、移粟之计，亦可暂为施行，然须思虑万全，毋或疏失。馀事有该与各官会议者，从长计议，不许偏执违拗。官军人等犯罪当拿问者拿问，当奏请者奏请，当量情责罚者责罚，及其余庇利军民禁革奸弊之事，悉听尔从宜处置。尔其钦承之，故谕。"

（孝宗朝馆本卷二〇·页一上~下）

○弘治二年（己酉）十月壬寅（1489.11.10）

四川松潘番寇杀伤平夷等堡官军，巡按御史劾巡抚、守备、（兵备）等官失律之罪。时兵备副使李敩方受委未至，上释敩不问，并宥都御史童轩罪，其指挥肖晟等十一人，皆逮治（之）。

（孝宗朝馆本卷三一·页一〇下）

○弘治二年（己酉）十二月丙申（1490.1.3）

停分守松潘副总兵李镐、兵备副使柳应辰俸各二月，以红崖关等处番蛮杀掠军士失于防御故也。

（孝宗朝馆本卷三三·页三上）

○弘治四年（辛亥）二月庚午（1491.4.2）

先是，致仕太子少保礼部尚书周洪谟上安中国定四夷十事。其安中国者三：……其御四夷者七：……一、征剿西南夷及吐蕃。谓："……松潘番人即古之吐蕃，山路极险，百姓运粮常被夷人抢劫，此四川之大害也。乞将松潘官军，留一半守卫，移一半于山麓之下，庶省一半运粮之苦。仍召松潘所辖四宣抚司长官与之约，能剿捕羌夷者，升赏皆出常格，则四川大害可去矣。……"至是，疏闻，上命所司议处时，洪谟已卒于家矣。

（孝宗朝馆本卷四八·页七上～九下）

○弘治四年（辛亥）八月庚午（1491.9.29）

松潘东路小河千户所地方，番贼入境，军士被杀者七人，掠者十四人。命逮问提督指挥陈琦等，停协守左参将白珍、副总兵李镐俸三月，兵备副使袭［龚］泽俸两月。其土官佥事王翰、宣抚薛绍勋宥之。

（孝宗朝馆本卷五四·页八下）

○弘治七年（甲寅）五月己亥（1494.6.14）

先是，四川松潘空心寨番贼寇边，分守都指挥佥事李镐督军败之，获首级四十三，器械、牛羊颇众。至是，核实赏镐彩段二表里、银十两，守备指挥徐勋以下升一级者十有五人，其余官军百三十七人，给赏有差。

（孝宗朝馆本卷八八·页四下）

○弘治七年（甲寅）六月甲子（1494.7.9）

四川靖夷堡百户翟深等私役军士出境，被番贼杀者十四人，掳者十五人，镇巡官奏其事，并劾分守副总兵李镐、兵备副使江源因循坐视之罪。上命罚镐、原［源］俸各三月，翟深等皆逮问。

（孝宗朝馆本卷八九·页二上～下）

○弘治八年（乙卯）七月壬辰（1495.8.1）

以斩捕松潘番夷功，赏副总兵房骥白金十两、彩币二表里，官军四十五人给赏有差。

（孝宗朝馆本卷一〇二·页三下～四上）

○弘治十年（丁巳）二月戊戌（1497.3.29）

巡按四川监察御史荣华奏："四川松潘自茂州入为南路，自油安入为东路。比者番人据险，南路不通；其东路往来者，必用钱买路。守备诸军往往为番人种田。田功毕，复追偿所食过粟，又每肆劫掠，军士以是疲困。巡抚官以用威慑为启衅，遂专务持重，不事巡理。幕府月取军粮买酒、布与番人，名曰赏番，其实买和也。中国畏番人如是，数年后恐番（人）益横矣！自今乞令巡抚官如故事，每半年在边治理。其镇守太监，常在省城守护藩国，无事不许出巡。庶彼此不至观望推调，地方可以无虞。"

下兵部，复奏。

得旨："从之。仍谕令内官不许无故劳扰地方。"

（孝宗朝馆本卷一二二·页七下～八上）

○弘治十年（丁巳）三月戊午（1497.4.18）

户科给事中涂旦奉命四川查盘粮储回，上疏言："茂州至松潘路二百里，阻塞难行者几五十里，番蛮不时据险阻截人行，名曰架嘴，故行者必以钱买路。臣见所入路亦有在石崖下行者，地虽近番，亦不能害。若诸路山嘴，或凿通，或烧断，因形势以为阻，则番人无所施其计，而粮运可通。"

命所司知之。

（孝宗朝馆本卷一二三·页四下）

○弘治十一年（戊午）二月乙亥（1498.3.1）

录四川松潘杀贼有功官军。升署一级者五人，给赏者二十八人，赏分守副总兵都指挥佥事房骥彩段二表里。

（孝宗朝馆本卷一三四·页三上）

○弘治十三年（庚申）八月甲申（1500.8.26）

四川番贼入松潘、坝州坡底关等处杀掳人畜，命逮问巡视指挥杨纲等八人罪，罚分守副总兵颜玉及兵备副使王存礼俸各月两〔两月〕，以协守参将周英既革任，宥之。

（孝宗朝馆本卷一六五·页一上）

○弘治十四年（辛酉）十一月癸卯（1502.1.7）

四川威州番贼二千余人攻坝州堡，入其城，杀掳军民，劫掠仓库，烧公私庐舍，守臣以闻。兵部请行镇巡等官选调精兵，令右参将朱廷统之抚捕，仍行巡按御史按失机启衅之人，并诸所亡失及贼众多寡状以闻。上是之，命镇巡等官从长计议，随宜调度剿捕，毋怠忽误事。

（孝宗朝馆本卷一八一·页七上）

○弘治十六年（癸亥）十二月丙午（1503.12.31）

先是，松潘番贼攻杀指挥王摘、千户朱铠等，守臣劾奏分守副总兵韩雄、兵备按察司副使郝天成失于防守。

得旨："下巡按御史逮问。"

（孝宗朝馆本卷二〇六·页四上）

○弘治十六年（癸亥）十二月庚戌（1504.1.4）

监察御史蓝章以松潘番贼寇扰陈用兵五事：

"一谓京营都指挥昌佐及张宁可用为总兵，江西布政使柳应辰、陕西布政使文贵可用为赞理军务。

一谓沿边士民常见番贼，悉能运用剽弩，宜悬赏招募，随军征进，有功一体升赏。

一谓番贼之中亦有不为恶者，宜选差通事谕以祸福，听招抚者，即不加兵，使自剪其羽翼。

一谓松潘路梗，宜先为积粟之谋，欲于征进之时随路屯兵，饷馈随之，选委布按二司官便宜调度。本地岁办军需，亦乞暂免起解，畀之给用。

一谓本处巡抚都御史不专在边，多委之分守兵备，兵少权轻，不可统制，贼平之后，宜专设一巡抚。"

命下所司知之。

（孝宗朝馆本卷二〇六·页五上）

○弘治十七年（甲子）正月壬午（1504.2.5）

四川守臣奏："松潘番贼剽劫居民，势日猖獗，乞进兵征剿。"

下兵部会议，以讨贼事不可缓，但任事在人。巡抚都御史林元甫虽善抚驭，而用兵攻战非其所长，乞别选人代之。上从其议。命会举才望素著、熟谙军务者二员以闻。

（孝宗朝馆本卷二〇七·页四上）

○弘治十七年（甲子）闰四月乙丑（1504.5.18）

四川天龙溪蛮攻陷松潘坝州堡，协守参将朱廷督兵复之，斩首五级，下巡按监察御史勘问，坐廷守备不设，应边远充军而叙其后功。

得旨："命以功赎罪。"

（孝宗朝馆本卷二一一·页三上）

○弘治十七年（甲子）七月己酉（1504.8.30）

免四川松、茂等处府、州、县正官明年朝觐，其全设衙门令佐二官，裁减衙门令首领官来朝，以方征剿番贼、攒运边粮故也。

（孝宗朝馆本卷二一四·页九下）

○弘治十七年（甲子）八月壬戌（1504.9.12）

时四川松潘将用兵，命贵州总兵官署都督佥事颜玉充行军总兵官，升松潘卫指挥同知杜英为署都指挥佥事，与都指挥佥事马聪俱充游击将军。

（孝宗朝馆本卷二一五·页二下）

○弘治十八年（乙丑）四月庚申（1505.5.8）

四川镇守太监石岩、巡抚都御史刘洪等奏："松潘等处各寨番族尝为边患，杀指挥王禴等数十人，朝廷命镇守贵州都督颜玉为总兵官，调兵征之。番族闻之，皆悔罪乞哀，自斩元恶首级以献，请姑罢兵。惟令松茂副参兵备递相抚化，游击等官分番防御，亦可〔足〕以坐收安集之功。其副总兵以下诸拊循有功者，请量加升赏。"

兵部议："所言宜从。"命赐敕奖励岩、洪等，仍令兵部看详岩等所奏事宜，并阅实有功官军以闻。

（孝宗朝馆本卷二二三·页一下）

○弘治十八年（乙丑）四月乙丑（1505.5.13）

工科给事中张文、监察御史袁仕奏："顷岁松潘强贼之变，陛下忧勤特甚。臣等因公干到蜀，往还询访，见彼处人情事故，大可骇愕，请举一二言之。松潘南路，国初以来，固已有之，其后沿途增置墩堡，开设仓廒，遂为天险。自牛尾巴失利之后，每岁饷夫、戍卒须南行者，多具银货买路方行。稍不满欲，擂石一下，立为齑粉，故蜀人号南路为死亡城。是则此路之得失系松潘之利害如此，其不可不复也明矣！此路既复，其间麻答答〔麻答〕等嘴险要之处，据高设堡，添拨防军以遏贼冲，此亦规恢全蜀之遗策，虽费不得已焉者也。又，松潘兵备副使张翼等，近以西披〔彼〕、列柯等寨献出元恶首级并俘获甲马奏闻，臣尝疑之。其称此首级是杀王禴者，今擒斩来献，祈免征剿，事亦难信。盖彼既能败我师，徒〔屠〕杀我将士，则其勇悍智力乃彼中所（恃）以为强者，岂忍自相屠戮，以示削弱，故道路沸腾，咸谓此非死囚降虏，必斗争剽劫者。就使生擒，犹当辩诘，今函首而献，何所据依？况王禴等同日死者无虑数十人，岂止二贼首可献，余皆不必问邪？原其情，一以款我王师，一以要我厚利，欺诈昭然，只宜不受。顾乃奏上其奏，动色相庆，翼不必道也。彼镇（巡）等官从而张之，欺蔽甚矣！且王禴等死固由副总兵韩雄轻敌所致，雄之罪恶又谁致之？都御史林元甫不得辞其责矣！彼元甫者既知韩雄奸贪，众心不附，必致败事，何不表其罪，请于朝而黜之，心（必）不得已，亲临松潘抚循士卒，开谕蛮民，戒敕韩雄，使图自新亦可也，而端坐会城，及至事败，乃归罪于雄，尚何及耶？臣谓元甫之罪去雄无几，今雄下狱致辟有日，而元甫调任云南巡抚如故。况云南重边方亦有事，岂容此辈复坏之哉，宜将林元甫、韩雄等均逮来京，大示厥罚。又，松潘两路粮运每为蛮贼阻索，其所费率三十钟而致一石。臣闻由松潘而运至西宁、金瓶等九仓者，止运至松潘城仓，由茂州而运至新桥、镇夷等七仓者，止运至茂州城仓，定与脚价，递雇熟番土民转运各仓。如此庶几事体稍便，民力稍宽。又南路官军在堡一年，为蛮虐苦，而每月银米又大半克减为赏蛮买路之数，是食尚不足而欲望其竭力御敌难矣！乞令每岁银米许其中半兼支，每石各照州、县征解价数支发。若有蛮贼听其秉［乘］便邀杀，所获首馘均视边功升赏，则士皆轻生而捍边有人矣。又，臣闻外卫轮戍南路官军不习地势，请（止）令于松茂操备，而于松茂等卫所官军内选取，如数戍守，以近相就，俾官室、田宅若常居，然庶几气习相近而赴敌不畏。又有谓南路之蒲江关地势稍平，介乎松叠之间，极为要害，今若聚兵屯粮，筑城固守，三路联络，什伍相保，卒然有警，松叠声援可立应也。"

命所司看详以闻。

（孝宗朝馆本卷二二三·页五上～六下）

○弘治十八年（乙丑）十二月壬戌（1506.1.5）

加四川镇守太监石岩禄米岁十二石；升巡抚右佥都御史刘洪为右副都御史；副总兵朱廷、兵备副使张翼并岩侄文义各升一级。先是，松潘南路番据险为梗，而空龙、列柯二寨复杀掳官军。方请调兵征剿无几何，廷与翼忽自言："番夷见镇巡官榜谕，已愿自归免罪；而二寨各函送其凶逆之首矣。"奏闻兵部，据空文为核实，遂有是命。

文义者，本阳和卫人黄添祥，冒姓名为岩侄。岩为陈其抚谕效劳，兵部欲行复勘，诏特与之云。议者以为松潘番夷上道劫掠，盖常事也。岩与洪始欲因与［以］为功，遂张大其事，请兵于朝。既知功之不可幸成，蜀人亦以用兵为难，乃有榜谕之奏，且厚饵其酋长，造为函首投献之说。不知边吏之力，果能制其死命否？盖岩有奥援，主之于内，蜀人皆知其伪，而不敢言，上下相蒙甚矣！

（武宗朝馆本卷八·页五下～六上）

○ 正德元年（丙寅）二月丁卯（1506.3.11）

升四川按察司整饬松潘兵备副使张翼为四川布政司右参政，仍莅旧任。翼以抚谕番族有功，拟升一级，兵部言翼遽改迁，恐难终前功故也。

（武宗朝馆本卷一〇·页八上）

○ 正德元年（丙寅）五月辛卯（1506.6.3）

巡抚四川右副都御史刘洪奏松潘、叠溪御夷八事：

"一、平险阻。松潘至茂州三百里，山嘴险恶，一蛮掷石，百人不能过也。且其路随河曲折，蛮下山抢掠为易。前副总兵姚彧尝削其坡陀为陡坎以制之，而今渐平夷矣。又，小东路一带，偏桥陡峻，人马时坠而没焉。宜凿其未通山嘴，如彧法划削其坡辟路，令广立桥。今固险阻既去，夷无所恃矣。

一、查袭。土官祈命族等八长官司所摄番夷，多者至三十〔三十余〕寨，少亦二十余寨，环布松、叠两河。其土官已故，子孙自相承管，未尝请袭。宜命查勘有原降印信者，必请而袭；自相承管者，别为处置，以尽羁縻之道。

一、修关堡。松、叠、茂所辖关堡城垣多卑坏，营房多倾圮，宜委官查勘，循次修理。务坚实可久，以壮边方之观。

一、肃纪纲。凡遇官军上班，无令包揽州、县人民粮米，及严敕通事不许通番借钱及伪立军人借番银两文约，无主名者，不许代还。如番据险横索，究该管通事交通之情，如律重治。

一、修东路。松潘天寒地瘠，物产不多，负贩者皆以险远难（致）。其东路，自江油县入山口，至彼七百余里，如猪儿嘴、野猪山等处甚险，然俱可开通偏桥，如七里阁、黑漩窝、泥儿湾等处甚危，然有可改河移之彼岸者，有可用石叠为堤者。又，松潘新开一路至水草坪，与旧路接，当立一墩，宜相度修改。非惟粮运便益，而物价亦稍减矣。

一、恤舍余。松潘、茂州二卫、叠溪、小河二所舍余。已简其精者练习。其简退者，多遇[寓]于各州县屯所，每年各出银一两五钱，宜征银输之，兵备发各卫所，将现操舍余无人供送者，量给之。

一、重仓储。安绵兵备宜如松、茂，兵备兼管仓粮。又，叠溪仓奸弊尤甚，乞委官收放。

一、据形胜。泸州卫原设于泸州。成化初，调于渡船铺，以御大坝蛮夷。然泸州当长江之中，资江、永宁之口，滇蜀之冲，乞取卫回州城，守渡船铺，量留五百户所官军及抽选余丁守之。

一、定体式。副参、游击公会出入、坐次、行移乞定与体式，游击、将军，宜听副总兵节制。"

章下兵部，复议："宜行四川镇巡会官查奏。其游击、将军、参将俱听副总兵节制，侍坐由傍门出入，其行移如例。"从之。

（武宗朝馆本卷一三·页五上～六上）

○ 正德元年（丙寅）六月己巳（1506.7.11）

四川松潘副总兵韩雄克减赏番布帛，致番夷截路杀伤守备官军。令千户马昂督敌，而昂临阵先退。镇巡官劾夺［奏］逮问，昂坐斩，雄当充边军。都察院复奏。

得旨："昂如拟，雄并妻子谪（戍）陕西固原卫。"

（武宗朝馆本卷一四·页七上）

○ 正德元年（丙寅）十二月己巳（1507.1.7）

四川燕儿崖番蛮耳多折从得失寨番蛮合儿结入寇，官军剿捕获之，监候于所在官司。其族共缚送合儿结，请赎耳多折之罪。镇巡以耳多折曾预入寇，杀之虽不为过，但其族缚其首恶似亦可赎，为之奏请。兵部复："宜释之。"报可。

（武宗朝馆本卷二〇·页五下～六上）

○ 正德二年（丁卯）九月丙午（1507.10.11）

镇守四川太监罗篪奏："威、茂州所辖卜南村、曲山等寨，自弘治四年叛，不服征徭十七年矣，至是来归，乞为白人兼请衣巾，愿纳粮差。白人者，其俗以白为善，以黑为恶也。"

礼部复议："番人既知向化，宜照例量令入贡给赏，以示恩威。镇守等官亦请少加赏劳。"

诏是之，岁给籝禄米十二石，赐大红蟒衣一袭，巡按御史王璟、参将马隆各赐文绮二袭。

（武宗朝馆本卷三〇·页二下～三上）

○ 正德四年（己巳）六月庚午（1509.6.26）

降分守松潘游击将军都指挥佥事马骢二级，为茂州卫指挥佥事。先是，空笼、木垒等番蛮扰边，骢坐守备不设，又以给赏故，多盗官物，都察院拟谪戍，然以其所部颇有斩获功，故宥其罪而降之指挥使。孙仁等七人皆以提督、守备不能分军助敌，下巡按御史逮问。指挥同知田禄等六人，则以斩获功命兵部查例赏之。

（武宗朝馆本卷五一·页四下～五上）

○ 正德四年（己巳）七月庚申（1509.8.15）

四川守臣奏："四蜀之西，松潘独当一边，且与吐蕃接境，甚为蜀患。松州南下叠溪、威、茂，为南路；东出江油，为东路。自江油而入者，道路颇宽，番寨稍远，间有出没，我军犹可为备。惟南路由灌县而入，以溯叠溪，地势险隘，番寨相联，粮夫经行多被剽掠，不惟边人告病，而内地亦困。自洪武、永乐以来，虽迭用大兵，终请平而罢。今各寨颇知向化，而南路之防为急。欲令每寨择其众所信服者，立为牌头、老人名色，就令管束诸蛮。凡遇粮夫、使客、商贾经行并官军送哨往还，各会同番僧剌麻，官军逐程护送。朔望赴所辖卫所，听参将兵备官查审用命不用命，量给茶、酒、布匹，以抚恤之。庶或因事救弊，而道路可通矣。"

事下兵部，议如其言。诏从之，仍令再行详审，务在得宜，以靖地方。

（武宗朝馆本卷五二·页八下～九上）

○ 正德四年（己巳）八月己卯（1509.9.3）

巡按四川御史陈钟奏："小关堡守备松潘卫指挥佥事史宽堤备欠严，被贼掠掳，当充军。及查参分守左参政马懋、分巡副使匡翼之防范欠严，俱宜逮问。"

时，懋已升福建右布政，翼之已坐事降桐庐知县矣。

得旨："宽从轻降一级，懋、翼之既迁官去任，免逮问，各罚米二百石。"

（武宗朝馆本卷五三·页五上）

○ 正德四年（己巳）九月乙未（1509.9.19）

分守松潘副总兵都指挥同知昌佐，兴兵出剿石坝子等寨番夷，六科给事赵铎等劾其轻率。上责佐生事要功，而姑宥之。既而，镇守太监罗篪、巡按御史陈钟奏言："松潘有黑、白二塞［寨］，其中番夷亦有善恶之人，佐欲一概进兵，既已谬矣。况兵粮不足，在我无全胜之谋；各番恃险，在彼无可乘之隙。是远夷未服，而内地先困矣。"

上是之。令佐尽心计处，相机抚剿，以靖番夷。如有失事，镇巡官参究以闻。

（武宗朝馆本卷五四·页一下～二上）

○ 正德六年（辛未）五月乙亥（1511.6.21）

（前略）太监韦兴奏："松潘绰岭寺番僧雪郎王出作乱，谕之弗顺，官军击斩之。其党遂聚众焚红花屯，指挥胡宁与战被执，复据黄土坡山杀千户史宽。"

俱下兵部，议："……改巡视都御史高崇熙提督松潘军务，兼理巡抚。"从之。

（武宗朝馆本卷七五·页六上）

○ 正德七年（壬申）十二月甲寅（1513.1.20）

赏四川兵备副使高江、副总兵杨宏各银五两、纻丝一表里，部下官军升赏者六十七人，以斩获番贼功也。

（武宗朝馆本卷九五·页三下）

○ 正德八年（癸酉）正月辛卯（1513.2.26）

赏四川松潘斩获番贼有功官军周凤等四十二人钞锭、布、绢有差。

（武宗朝馆本卷九六·页四上）

○ 正德八年（癸酉）二月乙卯（1513.3.22）

四川镇守太监韦兴、巡抚都御史高崇熙、巡按御史王纶各奏："天全六番招讨司土军聚众千余，焚掠州县。既而元恶就擒，余党解散。皆金事卢翊筹画，乞旌赏。"

兵部议："翊功宜赏。"诏兴、崇熙各赏银二十两、彩币二表里；纶半之；翊升俸一级，仍赏银十两。

（武宗朝馆本卷九七·页五下）

○ 正德十一年（戊午）二月癸丑（1513.3.4）

巡抚四川都御史马昊奏："北定寨番夷入红岩关掳掠，先任副总兵吴坤、兵备副使卢翊及千户陶铎等俱宜罪。"

兵部议复。得旨："铎等逮治；翊夺俸二月；坤已迁任，宥之。"

马昊又奏："白若寨番夷入威茂东路，执官军二十余人。既而，以兵备等官抚谕，得释。千户王纶、张锦、何英、参将李荫、兵备副使杨惟康及指挥侯琛等亦宜罪。"

诏逮问琛等，而宥荫与惟康。

巡抚四川都御史马昊等奏："松潘孤城，鸟道崎岖，番夷往往阻遏粮运，仓廪空乏。先任参将张杰身率官军，自三舍堡至风洞关修完墙栅五十余里，边城有赖。右布政使伍符、参政吴晟、参议张绎、副使曹恕、左布政使胡宗道、按察使何珊、署都指挥金事韩恩等各协力有劳，宜加奖劝。"

兵部议如其请，且言昊督理之绩。

得旨："杰赏银二十两、纻丝二表里；符银十两、纻丝一表里；晟等各纻丝一表里；昊写敕奖励。"

（武宗朝馆本卷一三四·页一上～下）

○ 正德十二年（己未）十一月丁亥（1517.11.28）

先是，四川两河口沟番蛮聚众千余，攻围城堡，副总兵张杰、松潘兵备副使胡丰［澧］、参将王伟率指挥张伦等败之，斩首五十九级。事闻，诏赏杰银二十两、纻丝二表里；澧、伟各银十两、纻丝二表里；伦等功次，核实以闻。

（武宗朝馆本卷一五五·页四上）

○ 正德十三年（庚申）十月庚寅（1518.11.26）

四川总兵官吴坤奏："征松潘等处番夷军前之赏，欲关白巡抚官处或致稽迟，请令三司及各守巡管粮官随军行赏。"

兵部议许之。

（武宗朝馆本卷一六七·页五下）

○ 正德十三年（庚申）十二月辛卯（1519.1.26）

升赏四川松潘偏堕儿等处斩获番贼及阵亡官军七百八十六人有差。

（武宗朝馆本卷一六九·页七下）

○ 正德十四年（辛酉）六月甲子（1519.6.28）

初，巡抚四川都御史马昊掣松潘兵攻小东路番寨，而茂州核桃沟上下关子番蛮惧，遂纠白若罗打鼓诸寨生番攻围城堡。游击将军张杰、参将芮锡率兵讨之。兵败，杀指挥庞昇、千户何英、百户李高，及军士死者四十余人，杰亦死。巡按御史黎龙因劾昊及锡等失机罪。

得旨："昊等姑宥之，令龙复勘其用兵进止机宜，仍令镇巡官审处。"

（武宗朝馆本卷一七五·页一上～下）

○ 正德十四年（辛酉）六月辛巳（1519.7.15）

初，巡抚四川都御史马昊、副总兵张杰、兵备副使胡澧率兵征松潘南、北二路番寨，官兵损折者三千余人，昊匿不以闻。及都指挥杜琮击筠高贼首谢文义于平蛮堡，兵败，死伤者又七百余人。时总兵官吴坤，佥事王芳驻兵筠连，佥事田荆驻泸州，皆不赴救。至是巡按御史黎龙劾奏其罪。诏推有才望者代昊巡抚，而逮昊至京治之。坤等姑令杀（贼）赎罪。仍令龙具查前后失事并所隐匿以闻。

（武宗朝馆本卷一七五·页一二上～下）

○ 正德十四年（辛酉）六月庚寅（1519.7.24）

初，天全六番招讨高继恩数侵暴芦山民，知县屠恋［峦］稍裁抑之，尝系其所纵军士，继恩不能平，执峦弟岱及吏数人，遂相讦奏镇巡议处，久不报。继恩愈益无惮，率众焚掠芦山之水东、清源乡，遂攻围县城。招讨杨世仁亦以事怨峦，乃助继恩兵，峦携家潜走雅安。巡按御史黎龙请削继恩官阶，切责世仁，且言："峦虽有罪，但治之则长土官之骄，宜令吏部改用。巡抚都御史马昊及太监王保、总兵官吴坤、分守参议崔旻、分巡佥事王芳、守备都指挥张麟俱难辞责，然未及建昌兵备副使张思齐也。"诏以旻勘问延久不断，酿成祸患，思齐不能抚处，峦寡谋挑乱，遂遣锦衣卫官校并执之，麟等俱停俸，坤俟事宁议所坐保，以取回免。仍令巡按御史核各奏事情，并究迟误之故。继恩、世仁各从实陈状。时，昊坐松潘失机，已有旨逮系未至，峦已遭丧逃归贵州。昊至河南疏称病笃，兵部议令镇抚司察昊果病先鞫之，无俟峦至。报可。

（武宗朝馆本卷一七五·页一四下～一五上）

○ 正德十四年（辛酉）七月辛亥（1519.8.14）

录四川松潘地方征剿番蛮功，给赏有功并阵亡官旗军舍人等银、币、绢、布、钞锭有差。

（武宗朝馆本卷一七六·页一〇上）

○ 正德十五年（庚辰）七月丁酉（1520.7.25）

巡抚四川都御史盛应期奏："绰领番端竹白等犯松州，副使胡澧、副总兵张杰克之。复犯雄溪，屯指挥杜钦败之。由是烟崇、蜡卜、安观等寨俱降，兵威益振。端竹白惧，亦纳款，愿还地土。乞量录杰、澧等之功。"

兵部尚书王琼议复："番贼请降，皆都御史马昊修复关堡有以摄之，岂杰、澧所能化谕！宜令巡按御史查核。"诏可。时昊坐事被逮至京，厚结于琼，故琼每称其功如此。

巡按四川御史黎龙奉旨勘处天全六番事，谓："招讨高文林父子称兵为乱，抚谕不悛。知县屠峦不惩小忿，贾祸于民。副招讨杨世仁亦有党恶之迹。"并劾都御史马昊、太监王保、总兵吴坤、守备张麟、参议董旻、卢纶、佥事王芳、刘成德抚处无功，罪俱难逭。又谓："松茂游击将军曹昱，才可兼制六番，与建昌兵备俱宜并统黎、雅巡守官。宜岁历雅州，三月以为常，土官皆宜令参谒，以听约束。文林、世仁宜调兵擒捕，明正其罪，别选立其宗贤而代之。"

兵部议复。诏革文林等职，取应继者理司事，仍谕夷民，宥其胁从。若世仁能悔过，械送文林等，准赎罪，麟等逮治，坤、成德夺俸四月，其去任者贷之。馀如议。

（武宗朝馆本卷一八八·页二上～三上）

○ 正德十五年（庚辰）十一月己巳（1520.12.24）

巡按四川御史黎龙奏："松潘西革寨番蛮屡肆抢掠，副总兵等官秩任偏小，乞令巡抚都御史盛应期以春夏驻松潘，秋冬巡腹里，庶事有责成。"

兵部议复："应期已令总兵官吴坤征剿僰蛮，况天全六番亦当有事，宜量加副总兵张杰职级，改为镇守，令其相机战守。兵备副使胡澧改别用，推有才力者代之。应期俟征僰蛮事毕，常往［驻］松潘，有事（方许）出巡腹里。"诏升杰为都督佥事，仍充副总兵镇守。馀如议。

（武宗朝馆本卷一九三·页三上～下）

○ 正德十六年（癸亥）正月庚辰（1521.3.5）

命指挥佥事张伦守备四川坝底地方，以都指挥体统行事。初，总兵官吴坤奏："坝底为番蛮喉襟，全蜀藩屏，最为要害，而守备官特出镇巡檄，委责任不专，难以责效，宜简武臣一人守备。"

兵部议从其请，始命伦为之。

（武宗朝馆本卷一九五·页六上）

○ 正德十六年（癸亥）六月壬午（1521.7.5）

四川松潘卫熟番八大襄等作乱，指挥同知杜钦讨平之。

（世宗朝馆本卷三·页二上）

○ 正德十六年（癸亥）六月乙未（1521.7.18）

四川抚按官奏剿天全六番招讨司乱夷，斩招讨使高文林、擒招讨使高继恩。诸夷初与芦山县民争田构衅，知县屠峦处置失宜，遂致叛乱。用兵数年，至是始平。

（世宗朝馆本卷三·页一二下）

○ 正德十六年（癸亥）十一月丙寅（1521.12.16）

罢四川松潘副总兵张杰，杰以［倚］江彬为内援，大肆残墨，赃累巨万，所棰杀千户以下凡五百余人，诱杀熟夷上功，遂启边衅。又尝率家众遮击兵备副使胡澧，澧为闭阁〔阁〕者两月。至是，给事中熊浃奉使四川，疏杰不法状，遂褫其职，边人快之。

（世宗朝馆本卷八·页七上）

○ 正德十六年（癸亥）十二月壬辰（1522.1.11）

巡抚四川都御史胡世宁奏："国初，设松潘军民指挥使司，控制群番，为全蜀障蔽。松城内外，地皆熟番，为我服役，故有八郎等四安抚、北定等十七长官司；其南路至叠溪千户所，又有郁郎等二长官司，再南至茂州卫，又有静州等三长官司；其东路至小河千户所，再东至龙州，则近白马路长官司，皆受约束，为我藩篱。以后任用非人，抚御失宜，熟番多畔［叛］。松城四外尽皆仇敌，而东南二路仅一线之通。景泰间，添设总兵官、都御史，专治松潘，然四川会城又设巡抚，彼此牵制难于行事，以致旧维州之失，竟不能复，董卜韩胡之强，终不能制。然彼时东、南二路犹皆可通。及后去都御史分设兵备副使三员，一治松潘，一治叠溪、威茂，一治茂州。以东坝底、徐塘等堡路抵龙川，谓之小东路，而住扎绵州参将二员，分治东、南二路，游击二员往来于中。每岁二、八月中，松潘总兵与茂州参将会议一次，松潘兵备与茂州兵备会议一次。每会皆游击率兵与偕，军威犹振。以后因事革去游击。弘治间承平日久，巡抚官惟事保守，务为欺隐。军杀一番，则罪以擅杀激变，番杀一军，则罪以玩寇失机。由是官军丧气，惟扣粮闭口以赂番，或弃兵械为番役矣。以是番人日横，邀劫道路，残破关堡，官皆不问，边堡有报，匿不以闻。不幸败露，事闻于朝，则反以隐匿之罪诿之下吏，曰彼未报也。因循岁月，坐致部堂，称为老成，南路阻塞，则职此之由。今欲通之，要在威信兼立，抚治兼施，又在用人才、添兵将、更赏罚、足财用四者而已。其曰添兵将者，欲如旧制于松潘、叠、茂各设游击一员，除现任曹昱管辖松潘，另增一员专管叠、茂。令其各选领精兵二千，常在会城就粮屯操，仍依旧规，不时轮往松潘巡察，以振威武。或他边有警，腹里寇发，量其事势轻重调遣，朝报夕发，早行扑灭。其曰更赏罚者，一则欲不以首级论升，恐致贪功而取败，一则欲惟以匿报为罪，酌量失事而置刑。"

事下兵部条议，谓："添兵将事宜如所请。校首虏论功乃国家定制。若舍首级不论，则巧立名色，冒滥功赏，其弊愈滋。惟在抚按等官核验得实，则自无弊。其镇巡等官隐匿失事不报及纵容势要人员夺功买功者，俱听巡按御史劾治。至于抚御之策，大率以信为主，而恩威并施，招来熟番，使为我用，则可以不烦兵饷而道路自通，番夷畏服矣。"议上，从之。

（世宗朝馆本卷九·页八下～一○上）

○嘉靖三年（甲申）二月丙午（1524.3.15）

洮泯［岷］河参将贺俊有罪逮问，以西宁守备都指挥同知杨祐充参将，代之。

（世宗朝馆本卷三六·页三下）

○嘉靖四年（乙酉）十月戊子（1525.10.18）

协守松潘东路左参将张光宇以受赃下四川巡按御史逮问。

（世宗朝馆本卷五六·页一下）

○嘉靖六年（丁亥）十一月戊寅（1527.11.27）

四川横梁寨番贼为乱，巡抚都御史郑毅、按察司副使陈克宅讨平之。

（世宗朝馆本卷八二·页三下）

○嘉靖九年（庚寅）十二月甲戌（1531.1.6）

四川巡抚右佥都御史唐凤仪奏："鹅儿等寨番蛮诱杀守堡百户仵勋，且诸番需赏扰边，肆恶多端。一向羁縻养患，为其地险难征耳。请下廷臣集议制御长策。"

兵部言："松潘各寨番蛮抚驭有年，近为地方之害，固有变诈不常，亦有控制失宜所致。请行抚按、三司、镇守、总兵官，省谕各寨将杀官恶番擒献，许其改过自新。若积恶不悛，仍前为害者，镇巡等从长计议奏请。但使元恶就擒，地方不扰为善。"命如议。

（世宗朝馆本卷一二○·页四上）

○嘉靖十年（辛卯）八月壬寅（1531.10.1）

兵部以四川白单［草］番平，议上诸臣功罪，言："巡抚都御史朱［宋］沧、巡按御史熊爵、镇守太监肖通督率调度，其功居最。兵备佥事俞夔、指挥杜钦、知县肖雄功次之。参将〔左参将〕张伦功足赎罪。都指挥吴吉等功亦当录。百户许仁战死，宜加优恤。王舍、李桧等十四人失事，宜令巡按御史逮问如律。其地方建堡立官，拨军防御事宜，请下巡［抚］按（官）同三司等官酌议以闻。"

诏："沧、爵、（通）各赐白金三十两、纻丝三表里，夔、钦、雄各二十两、二表里，夔等仍下吏、兵（二）部计资擢用。馀如所拟行。"

（世宗朝馆本卷一二九·页六上）

○嘉靖十二年（癸巳）五月丙辰（1533.6.6）

四川黑虎五寨番贼反，攻围长安堡急，巡按御史朱廷立以闻。上命松潘副总兵何卿统兵驻威茂讨之，令廷立督三司官协剿。时巡抚宋沧以病予告，命部吏［吏部］亟推抚臣往代之。

（世宗朝馆本卷一五〇·页五下）

○嘉靖十二年（癸巳）十二月辛巳（1533.12.28）

四川乌都、鹁鸽等番为乱，巡抚杨守礼、副总兵何卿攻破之，因进兵破遮花、高黄、脊〔春〕鱼三番，又破鹅儿、刁农、鸡公等番，降其余寨，斩首二百余级。

捷闻，上嘉赏卿、守礼等银、币及赎［续］赏所部有差。

（世宗朝馆本卷一五七·页二下）

○嘉靖十三年（甲午）十月庚戌（1534.11.22）

四川威、茂、松潘等处番寇平，诏升副总兵何卿都督职衔，镇守如故，游击朱承恩、松潘兵备副使陈时明、韩璒侯［候］缺擢用。

（世宗朝馆本卷一六八·页四上）

○嘉靖十四年（乙未）五月癸亥（1535.6.3）

　　致仕都察院右都御史邹昊卒，诏赐祭葬如例。昊，初姓马，后复邹，陕西宁夏人。……以功累升都察院右副都御史，巡抚四川。达贼犯松潘，昊击走之，加俸一级。又以讨平僰蛮普法恶及松潘端竹白等功，升右都御史，荫一子锦衣卫百户。十四年，坐天全土官高继恩等与芦山县民争地仇杀，御史黎龙（劾）昊，逮京下狱。今上登极，释，复职。无何辞罢，给驿归。

（世宗朝馆本卷一七五·页一下～二上）

○嘉靖十五年（丙申）六月丙申（1536.6.30）

　　四川威茂浑水番夷以其众千余人掠茂州、长宁等处，守臣以闻。诏以便宜整兵防御。

（世宗朝馆本卷一八八·页四上）

○嘉靖十五年（丙申）十月丙午（1536.11.7）

　　初，四川威茂等处深沟、浅沟、浑水等十余寨番贼纠众据险邀阻粮运，分兵攻犯茂州及长宁等堡，安［要］求抚赏。副总兵何乡［卿］乃密与副使朱纨定方略，先筑茂州外城以坐困之。寻以剿平浅沟、浑水碉寨，斩捕首虏甚众。于是，诸番震惧，争执首恶以献，刑牲欶［歃］血或断指割耳，誓不复叛。乃与刻木结约，部分其众，画地为守。由是松茂之路遂通。巡抚都御史潘继［鉴］、巡按御史陆琳列上诸臣功状。

　　上深嘉之，赐卿、执［纨］各白金三十两、彩段［币］三表里，鉴、琳各一〔二〕十两、二表（里）。

（世宗朝馆本卷一九二·页一〇下）

○嘉靖十八年（己亥）十月戊子（1539.12.4）

　　升分守四川松潘副总兵都督佥事何卿为署都督同知，分守如故，以其克靖诸番，有保障功也。

（世宗朝馆本卷二三〇·页四上～下）

○嘉靖二十三年（甲辰）九月丁未（1544.9.27）

提督两广军务兼理巡抚兵部尚书兼都察院右副都御史潘鉴卒。鉴，直隶婺源人，弘治乙丑进士，授南京大理寺评事，累升四川左布政使、都察院右副都御史，巡抚四川。计擒关南巨盗马兴等，又平西番深沟诸蛮寨，升工部右侍郎兼右佥都御史，督采大木，还理部事，以疾乞休。允之……

（世宗朝馆本卷二九〇·页三下）

○嘉靖二十五年（丙午）三月戊辰（1546.4.11）

四川白草番为乱，攻陷平番堡及奠酒关，掳把总丘仁，杀百户耿爵，流劫村寨。兵部都给事中扈永通劾副总兵高岗〔冈〕凤昏庸不可用，都御史王大用惟务裁节，误撤藩篱，所减省才万之一，而丧失无算，皆当罢黜。刑科给事中诸葛峋因言何卿、沈希仪皆川广良将，可代。上用兵部议，罢大用、岗凤，严饬守土诸臣戴罪立功，而命卿以署都督佥事充副总兵官，分处松潘等处。既而，工科都给事中张元冲劾兵部尚书路迎用卿不以会推，而于题复，废乱典章。

上曰："卿已有成命。自今本兵用人毋废会推。"

（世宗朝馆本卷三〇九·页三下～四上）

○嘉靖二十五年（丙午）四月庚戌（1546.5.23）

四川巡抚都御史张时彻奏："川蜀之地，民夷错居。往者番奴一族流入石泉县白玉〔土〕诸乡，号白草番。于时我军不即剪荡，徒扼要而守之，今奠酒、平番关堡是也。比者游击周庚作威妄杀，召怨启衅，而亡命奸人导诱抢劫。于是关堡陷没，守将俘虏，而贼势愈昌〔猖〕矣。且二关堡者，番寇之咽喉也。我既失险，贼乃得逞，羊肠鸟道，纵横出入，而全蜀为骚动矣。夫不大创者，不久惩；不一劳者，不永逸。为今之计，莫如量调土、汉官兵三万分布要害，直捣巢穴，尽歼丑类，以张大〔天〕讨。如番蛮畏威纳款，献还掳掠人口，擒送首恶，情愿筑立关堡分地认守者，听臣等便宜抚处。"

兵部复其议："是。"上许之，令相机抚剿。

（世宗朝馆本卷三一〇·页三下～四上）

○嘉靖二十六年（丁未）六月庚子（1547.7.7）

先是，巡抚四川都御史张时彻以白草番初平，条上善后事宜：

"一、原设松潘东路参将驻小河千户所，僻在东北，去大印等处数百余里，平时调度不及，有警策应难全。游击驻龙州，缘龙州原属安锦，而游击则隶松潘。宜移游击镇小河，而以参将镇龙州，庶便防守。

一、安绵道关堡旷远，虽设守备，未有主兵。宜选拔利保、青州精锐官兵千人，专付操守。

一、松、茂两路参将，信地互分，多不并力，欲令兼制，复恐绎〔驿〕骚。宜敕抚镇〔镇府〕，督令遇警协心防御。

一、石泉诸处有谙夷情为众所信服者，宜选二三人为通事，量给冠带、月粮，令其宣布恩威，传达番情。俟历有年劳，量授职事。

一、降番靴保等十八寨畏威输罪，退地认赋，愿受约束。宜各立之长，俾率群番，每岁如所认输纳。其附近市易盐、布者听。

一、龙州西双溪（关）、大鱼关、壕渠沟三处，皆通番要路，宜增筑城堡防守。

一、安绵路当贼冲，既无额兵又无专将，故番蛮倡乱，束手莫支。宜尽留利保、青川〔州〕兵戍松著〔茂者〕，巡守本地，而以成都等卫所戍安绵并大渡河兵分发松茂贴守。不敷者，仍于五卫补足。

一、先年，安绵防御茂州诸番，故分布关堡。自坤儿十〔卜〕五姓熟番向化，檑鼓泙〔坪〕九处皆可撤〔撤〕防。宜听召募乡勇，充足额军，于睢水、曲山、小坝、绵堰四处量留千人，其余并额兵俱增戍石泉要地。

一、守备民快，散征州县，数〔类〕多逃者，不若土兵便习可用。宜征其佣募土著壮丁充之。

一、龙州宣抚司土官薛兆乾、李蕃、王枋世受国恩，宜督令修饬武备，保障地方，及静州三长官司有警，俱听抚臣调遣。"

兵部议复。得旨："允行。"

（世宗朝馆本卷三二四·页五下～六下）

○嘉靖四十五年（丙寅）五月戊戌（1566.5.26）

四川巡按御史李廷龙勘上龙州逆酉〔酋〕薛兆乾并地方诸臣功罪状。

兆乾伏诛，籍其家，母陈氏及其党二十二人皆以同谋论斩。兆乾，四川龙州土官宣抚也。初，与本司土官副使李蕃相仇讦，兆乾率众围执蕃父子，殴杀之。抚按檄兵备佥事赵教勘其事，兆乾惧，遂与母陈氏及诸左右纠白草蕃众数十〔千〕人，分据各关隘拒命，绝松潘饷道，胁土官佥事王烨不从，屠其家，居民被焚掠者无算。四十四年春，与官军战不利，求救于上下十八族番蛮，皆败去。兆乾率其家属奔至石坝，我军复追及之，就擒，余党悉平。初，兆乾既杀李蕃，参将贺麟见、王恩、千户王逵、百户盛恩受其赂，许而赦〔救〕解，已而不效，兆乾报〔执〕麟见囚之，指挥刘兆熊等乘乱纵壬〔士〕卒为奸利。至是皆发，推〔惟〕王恩后有斩获得免，逵、恩谪戍边，兆熊等下御史问。巡抚谷水书虚〔谷中虚〕、参将（王）绍及副总兵程规、参政魏文焕、孙应鳌、成都府同知刘良寀、指挥田茂盛等各赏银、弊〔币〕有差。

（世宗朝馆本卷五五八·页一下～二上）

○ 隆庆三年（己巳）八月丙辰（1569.9.25）

叙四川平草坡番人功，赏巡抚都御史陈炌银二十两、纻丝二〔一〕表里，兵备副使莫如善、薛曾、参将盛愈谦各十两，游击将军沈鲸五两。

（穆宗朝馆本卷三六·页六下）

○ 万历四年（丙子）四月癸未（1576.5.18）

下四川松潘兵备副使林应节于理，以其淫贪残为巡按御史郭庄所劾也。

（神宗朝馆本卷四九·页一〇下）

○ 万历四年（丙子）五月乙未（1576.5.30）

四川静州长官司招致岐山沟口寨生番日勺伯什巴只等、鸡公寨生番库思铁牙麻子儿子库别等、木部如寨生番儿卜债贺儿特布血大等，皆以愿充编氓请，于是巡抚右副都御史罗瑶言："威、茂古维州地，在宋元为羌番所据，我朝混一华夷，独此犹置之籍外，迩遇皇上神武布昭，倭虏效款，西徼羌夷六〔亦〕知向化，诚东西一蔚之盛也。"

下兵部复，言："蛮夷慕义，作我藩篱，应加拊恤，仍给赏以示怀柔。"报可。

（神宗朝馆本卷五〇·页二上）

○**万历七年（己卯）五月辛未（1579.6.20）**

四川丢骨、人荒、没舌等三寨番蛮节年入犯荼毒，松潘兵备副使杨一桂、总兵刘显、副总兵吴予忠等雕剿首恶，群夷纳款。巡抚王廷瞻备叙功次。部复谓："王廷瞻运谋决策，尤宜首赉。"

得旨："赏王廷瞻、杨一桂、刘显等银、弊〔币〕有差。"

（神宗朝馆本卷八七·页五上）

○**万历七年（己卯）十一月壬子（1579.11.28）**

四川抚按王廷瞻等题："为照建昌地方被番烧劫站军，杀虏人口，已经奉旨率督〔督率〕该道剿抚。但雕剿大渡河南番，河北番必然助逆，而河北官兵原非该道所辖，调遣不便。若使暂听节制，事权归一，庶可慑惧北番之心而孤南番之势，剿抚易为成功。但云暂听，终属携贰。至用兵讨贼，尤难互分彼此。以后通（行）南北各道，如或番贼扰乱，遇有调遣兵马策应、防守、追捕，不分南北，悉听主兵该道节制，功罪同之。永为定例。"

部复允行。

（神宗朝馆本卷九三·页一下～二上）

○**万历十三年（乙酉）十月甲申（1585.12.8）**

先是，巡抚四川都御史雒遵言松潘等处大小粟谷诸砦番人攻堡，戕（我）职官，架七稍炮依险为乱，请讨之。而蜀于是乎用兵，既遵调任，代者未至，声息寂然。兵科给事中王致祥奏："番人乱者止麦儿一砦，遽用大师，未免张皇。总兵李应祥以新将御悍卒，所征播州、天全诸土司兵未易集，（集）亦调度需人。"部复以为失策。于是，大学士时行等言："松潘、叠、茂即古维州吐蕃地，本朝置戍屯兵，略示羁縻之意。然山谷险远，粮运艰难，丑夷聚如蜂蚁，散如鸟兽。其道在以剿为先声，抚为权术。如一种作恶，则整挒镇军，出其不意，歼厥渠魁，或毁其碉房，或烧其青稞，名曰雕剿。其余各种，并不搜求。故番人怀德畏威，虽小有草窃，旋即底定。此制御诸番之要术也。今该省官轻率寡谋，一闻有警，辄欲征调大兵，番人闻知，得以为备。且四川近有采木之事，民间骚动，军饷又〔久〕已空虚。若兵连祸结，为患非小。"谨拟传帖一道，明日谕兵部曰："前日四川抚按官奏称，松潘等处番贼为患，即今有无宁息？一应剿抚事宜，新推抚镇其相机制置，务保万全。无生事贪功，无匿情养乱。尔部马上差人传彼中知之。"

（神宗朝馆本卷一六七·页七上～八上）

○ 万历十四年（丙戌）十月丙寅（1586.11.15）

叙征剿松茂番蛮功。巡抚徐元太［泰］升兵部右侍郎兼都察院右佥都御史，照旧巡抚，仍荫一子。余司道、镇将等各升赏有差。兵部堂司官各赏银、币有差。

革松潘南路参将刘用光任，行巡按御史提问。

（神宗朝馆本卷一七九·页二上）

○ 万历十四年（丙戌）十月戊寅（1586.11.27）

以剿平番贼功，升松潘兵备副使王凤行〔竹〕为四川右参政，仍兼按察司职衔，威茂兵备参议谢诏为按察司副使，仍各管理原任地方事务。

（神宗朝馆本卷一七九·页四下）

○ 万历十四年（丙戌）十一月癸巳（1586.12.12）

兵部复："四川抚按题称，白草等处诸番与松茂碉寨联络，声势相依，素称强悍。自昔大征之后，犹怀不逞之心。今晓谕再三，以释其疑，畏官兵四集，复以伐其奸萌，因贡甲马以输诚，且进荞粮而效顺，实由皇威丕振，圣德诞敷，坐收不战之功，茂著非常之烈。该边效劳人员合量升俸级，记录赏赉。将前项降番载入版籍，时察向背。至于所贡荞、蜡，甚毋分遣征收，盖中国之驭外夷，要在志意之潜孚，不必万物之毕献。惟各当事之臣，加意抚绥焉耳。"

有旨:"周嘉谟等升俸,记录有差。"

（神宗朝馆本卷一八〇·页二上）

○万历十五年（丁亥）二月乙丑（1587.3.14）

巡抚四川兵部右〔左〕侍郎徐元泰奏:"各塞〔寨〕番蛮自春夏荡平后,凡经剿仅存者,皆股慄而改图。有纳降全活者,悉输稞〔诚〕以明感,似可无烦过虑。顾蜂虿不测,桑土宜先,臣谨条防御之要,以渎圣聪:一、添置守备,以专弹压。照得松藩〔潘〕南路,黄沙坝当诸番环列之冲,最称要害。左右皆羊肠一线,而此独宽平约二里余,故每肆猖狂,必纠集于斯。兼以往来松叠,隔城百里,稍据险阻,声援立绝。本处须设守备一员,现于原留修〔备〕守兵内挑选三千名,再于该路抽拨主戍军兵五百名协守。西宁关起至宽〔平〕平〔定〕堡止,一十五关堡,往来巡视,管束汉、土夷民。一、训练民兵,以壮军威。属〔蜀〕地濒夷,米盐生竞,易以启衅。今吐番西獗,夷俘南惊,夫兵不预练,旋调土司,道里辽阔,未易朝檄夕至。该臣业督布政司将通省民兵查以旧编名数,经减者量复,经增者量裁,务在不逾旧额,挑选精兵以充训练。各道有卫所者,则益以军兵,就听该道督各操捕官团练。省会则益以成都等卫军兵,委一将职专理团操,亦听分巡川西道为之监督。"

事下部复:"依议。"

（神宗朝馆本卷一八三·页三上～下）

○万历十九年（辛卯）二月戊辰（1591.2.24）

威茂诸番纠合,攻破新桥,乘势围普安等堡。四川抚臣李尚思随檄诸路兵追剿过河,普安诸堡幸以保全。兵科张栋因言:"河西列镇正为隔限番虏,自俺酋留种,依海为巢,火、真渡河,蟠踞二川,遂与（番）并巢而处。今杨柳等寨诸番无故犯顺,恐势与虏合,蔓延未已也。"按臣李化龙亦言:"松潘为蜀藩屏,叠、茂为松潘咽喉。番夷作梗,则松潘不支,宜移四川总兵于松潘,以为防御。"先是奉旨番夷猖獗着抚总等官整捌兵马,相机剿处。于是节报参将朱文达、边之垣追剿陆续皆有斩获,番众降者布斩,其酋首黑卜白什儿子等献功赎罪。

部复:"请酌将吏功罪,各番分别顺逆,多方制驭。至于防虏,要害尤当戒严〔严戒〕。其各官有激番生衅者亟为究处。"报可。

（神宗朝馆本卷二三二·页一上～下）

○万历十九年（辛卯）五月壬午（1591.7.8）

四川四哨番贼作乱,巡抚李尚思大举兵剿,斩获七百余级,巢穴尽空,请叙功有差。部复,从之。

（神宗朝馆本卷二三六·页五上）

○万历十九年（辛卯）六月壬寅（1591.7.28）

巡按四川御史李化龙题:"叠茂诸番纠结为乱,势甚猖獗。官兵奋勇攻剿,先后俘馘已八百有余。获功首从人员,通候事完勘验过功级〔功过〕,合先题报。"

（神宗朝馆本卷二三七·页三上）

○万历十九年（辛卯）六月甲辰（1591.7.30）

四川巡抚李尚思奏:"剿松坪恶番,屯据大雪山顶。总计擒斩俘获共二百六十五名颗,连前共一千九十七名颗,功次悉听验核。"

（神宗朝馆本卷二三七·页四上）

○万历十九年（辛卯）七月庚午（1591.8.25）

兵部题:"四川巡按御史李化龙奏称,新桥堡失事,审获逆番阿呼等,俱言受酆承业扰害,故恣狂逞。宜加重辟,以服番心。"于是,新桥堡千户梁继武、宁州卫百户谢继祖以寇来疏防逃窜罪,掌所印百户陶克孝以索取番货惹祸罪〔非〕,至指挥曹守爵怯懦不前,千户张启轻信掣军,各着巡按御史提问。

（神宗朝馆本卷二三八·页四下）

○万历十九年（辛卯）八月丁酉（1591.9.21）

临巩兵备道刘光国同将领出塞招谕,报收过生、熟番人部落二万一千三百余名，安插原住牧地方。于是经略郑雒、巡抚叶梦熊奏请熟番则照原额，生番则依定数，一体中马领茶，以示羁縻。如遇虏掠，一面堵截，一面报道发兵应援。今次有功文武各官，宜分别叙录。着依拟行。

西宁分巡肃州等道报招过熟番八万二百〔千〕七十〔百〕余名。经抚题称："熟番复归，生番亦附。番既慕义，虏亦畏威，甚获其利。"

又据各道臣石槚等所酌议安插保护六事："一、涮除往罪；一、番族不得苛绳汉法；一、议升国师，协管生番，货物审听熟番引至城下交易；一、各道审时谐俗，便于番情；一、番僧班著尔等七名升受〔授〕国师。各请敕印〔命〕，或先给剖〔部〕札，责成管理，并加赏赉。议有功文武各官，并应叙录。"诏从之。

（神宗朝馆本卷二三九·页四上～下）

○万历十九年（辛卯）十月乙卯（1591.12.8）

以四川擒斩番贼捷音祭告。南郊遣公徐文璧，北郊遣侯吴继爵、太庙驸马万炜，各行礼。

（神宗朝馆本卷二四一·页一〇上）

○万历三十年（壬寅）二月丙子（1602.3.6）

三边总督李汶以平洮泯〔岷〕生番六忍、熟番力节功，疏请巡抚贾待问、总兵孙仁、兵备副使袁弘德等及同事诸文武等官功次宜优叙。

（神宗朝馆本卷三六八·页四上）

○天启元年（辛酉）三月癸亥（1621.5.12）

先是，四川天全六番招讨司副招讨使杨愈当神庙时调征松潘，战殁，赠宣慰司副使，未给诰命。至是，其子招讨副使杨时和奉命援辽，因进马匹为父请给。许之。

（熹宗朝馆本卷八·页一五下）

○天启二年（壬戌）六月甲戌（1622.7.17）

革四川贪弁松潘副总兵顾凤翔回卫。

（熹宗朝馆本卷二三·页七上）

○ 天启三年（癸亥）九月乙卯（1623.10.21）

四川巡按御史张论劾漳腊游击梅廷和，革任回卫。

（熹宗朝馆本卷三八·页二九下）

西宁、洮、岷等处

○ 正统元年（丙辰）四月乙丑（1436.5.15）

逮掌陕西西宁卫都指挥佥事穆肃下狱。先是，西（番）把沙簇思俄可盗得阿吉簇善马，肃遣人来索之不得，会思俄可驱所畜鹜于边，肃遂以盗诬之，收掠思俄可致死。番簇惶骇啸聚，边境骚然。都指挥李文奏之，给事中御史交劾肃罪。诏肃至京鞫之。

（英宗朝馆本卷一六·页一一上～下）

○ 正统元年（丙辰）六月丁未（1436.6.26）

洮州卫剌麻僧人也失班丹奏："比者九簇内宗塔儿、锁南肖等逃居异地，请赐敕往谕，俾各向化。"

上赐之敕曰："尔等昔能识达天命，来归朝廷，贡献马牛，未尚有违；朝廷亦隆恩典，命尔等于本地畜牧，不许守边将士及别簇番人侵犯，随尔安居乐业。比闻尔宗塔儿、锁南肖等六家擅自移去大帐房星吉户下潜住。今特遣剌麻僧人也失班丹赍册［敕］往谕，尔等即回本处居住，仍听原头目管属。凡在边官军人等敢有擅自差人来尔簇中科扰者，许尔等指实赴京面奏，治以重罪，不宥。"

（英宗朝馆本卷一八·页四下～五上）

○ 正统元年（丙辰）六月甲寅（1436.7.3）

西宁都指挥佥事陈斌招来把沙、阿吉等簇头木［目］写儿吉等。时把沙等番人屡出剽掠，总兵官任礼奉敕委斌招之。至是归来［来归］，并纳其所掳牛马，分处旧居长城等地。

（英宗朝馆本卷一八·页七上）

○ 正统元年（丙辰）十月壬申（1436.11.18）

陕西河州卫奏："属番双奔簇为思朵藏及川藏二簇杀伤人口，劫掠财畜。"上命镇守河州指挥佥事刘震遣人赍敕抚治之。

（英宗朝馆本卷二三·页五上）

○ 正统元年（丙辰）十二月甲戌（1437.1.19）

镇守陕西都督同知郑铭等奏："陕西地界与东胜及察罕脑一带沙漠，相接胡寇，侵扰殆无宁岁。洮、岷等卫亦临绝塞，所控番族叛服不常，各卫官军恒被调遣，止余羸弱居民〔守〕……访得各卫军丁及民间多有骁勇精锐通武艺之人，乞命廷臣前来慎选，及募自愿立功者，量加赏赉，给廪蠲役，严督训练，有警易为调用。"

上命行在兵部会议行之。

（英宗朝馆本卷二五·页三下～四上）

○ 正统二年（丁巳）三月乙未（1437.4.10）

镇守陕西都督同知郑铭等奏："岷州卫累被番贼入境，杀伤军民，抢掠孳畜，其官吏视为泛常，稽延不报。指挥陈武等虽领军追捕，今经三月未获一人，纵寇扰民，宜加惩治。"

上命行在兵部移文铭等勘实问拟，奏闻。

（英宗朝馆本卷二八·页三上）

○ 正统二年（丁巳）四月丙子（1437.5.21）

镇守洮州都督佥事李达等奏："岷州卫番贼出没杀死民人，俱系剌章、札〔礼〕工、榆树三簇贼首交结邻住和睦、禄工等簇熟民、叠州答剌等簇生番，往来潜路劫掠，请调官军剿捕。"

上敕达等曰："朕以番夷梗黠乃其本性，若即调官军剿捕，不无伤害良善。尔等宜宣布恩威，令其各安生业。若仍出没抢掠，即相机擒捕，将贼首监候具奏来闻。务在事妥民安，毋因而激变，庶称委任。"

（英宗朝馆本卷二九·页五下～六上）

○ 正统二年（丁巳）十月辛酉（1437.11.2）

　　调西宁卫都指挥陈斌于肃州哨备。初，镇守西宁署都指挥佥事金玉言斌党附会宁伯李英，数构陷前镇守官，英坐罪，斌谋招番簇寇掠，觊朝廷释英，又以危言迫取诸簇马牛，恐败边事，请迁斌远方，或调他卫。章下行在兵部，复奏以斌奸宄不忠，宜从玉言。故有是命。

　　　　　　　　　　　　　　　　（英宗朝馆本卷三五・页二上～下）

○ 正统三年（戊午）二月癸未（1436.3.24）

　　巡按（陕西）监察御史贾进言："洮岷番贼出没，缘都指挥、指挥、千、百户后能等私役士卒数多，摆〔探〕哨山口不敷所致，请俱究问。"
上命法司姑识其过，仍移文戒之。

　　　　　　　　　　　　　　　　（英宗朝馆本卷三九・页九上）

○ 正统四年（己未）五月癸丑（1439.6.17）

　　镇守陕西右副都御史陈镒奏："洮州卫去城三十余里，番贼劫掠官马，都督佥事李达、都指挥佥事李信，职守边陲，乃坐视不理，请究其罪。"
上命法司录状示之，令捕贼，不获则不宥。

　　　　　　　　　　　　　　　　（英宗朝馆本卷五五・页二上）

○ 正统五年（庚申）四月甲戌（1440.5.3）

　　敕镇守陕西都督同知郑铭、右副都御史陈镒等曰："得奏言：'河州番民领占等先因避罪居结河里，招集人众立他力管簇，占耕田地〔土〕，不报籍纳粮，又藏匿逃亡，累劫军民及往来商旅。岷州卫指挥叶青等往彼体实，受赂而还。'尔等欲调官军擒捕领占之众，并治叶青等罪。朕念番性生拗，所犯亦在革前，若遽加之以兵，不免累及无辜。尔等宜从长计议，遣人抚谕，令其改过自新，将聚集之众各遣回本业，所劫军民牛羊等物，如番人事例追给还主。如彼冥顽不服，即斟酌事情，调军擒捕，务出万全。其叶青等体复〔核〕得实，执问如律。"

　　　　　　　　　　　　　　　（英宗朝馆本卷六六・页二下～三上）

○ 正统五年（庚申）四月戊子（1440.5.17）

初，罕东、安定二卫合众侵申藏簇，掠其马牛、杂畜以万计。禅师汪束巴卒儿加诉于边阃，且言畜产一空，岁贡金牌马匹无从办纳。西宁镇守都指挥佥事汪清以闻。于是上敕责罕东、安定头目，数其残忍暴横，违国法毒邻境之状，令归所侵掠，悔咎自新；如顽梗不悛，则朝廷罚恶，必不尔贷。又命清等体复申藏簇果被侵困乏，但令随贡所有，不限多寡，俟财力稍纾如例足之。

（英宗朝馆本卷六六·页六下）

○ 正统五年（庚申）九月己未（1440.10.15）

行在兵部奏："罕东卫指挥绰班儿加、安定卫都指挥那南奔等劫掳申藏簇人口、财物，已蒙降敕镇守西宁都指挥佥事汪清等遣人赍敕抚谕，使还所掠。各番生拗，俱不听化，又纵容部下头目阿束、千官切汪儿见加等劫夺敕谕，杀害官军，宜仍敕总兵官蒋贵等选通晓夷情者再赍敕往谕。如其革心悔过，令还所夺敕书及申藏簇人畜。否则耀兵番境，擒其首恶，固押解京，释其胁从，抚令安业。"从之。

（英宗朝馆本卷七一·页八上）

○ 正统六年（辛酉）十一月戊戌（1441.11.18）

巡按陕西监察御史李匡等奏："镇守西宁都指挥佥事汪清徇军吏妄言擅执番民淹禁，逼其妄攀无干番人，诈索财物入己，宜从究治。"

上命法司记清罪，再蹈前非，必罪不宥。

（英宗朝馆本卷八五·页九上）

○ 正统七年（壬戌）正月庚午（1442.2.18）

敕镇守陕西都督同知郑铭、右佥都御史王翱及陕西都布按三司："近得镇守河州都指挥刘永奏，往岁冬阿尔官等六簇番人三千余到营归德城下，声云交易，后却抄掠屯军，杀伤番民，毁其居室，夺其什器。其着亦哑簇番人又累于暖泉亭等处潜为寇盗。及张瑀擒获二人，止责偿所盗马，纵之使去。朕惟张瑀、脱让为守御官，刘永为镇守官，平日既不严饬提备，临期又复失误事机，在法皆当究问。今姑从宽贷，令戴罪理事。敕至，尔铭与翱即选才干官同三司堂上官，躬谒番寨体勘是实，谕以利害，令还归所掠，许其自新。如更不悛，敢肆侵扰，量调附近官军剿捕之。大抵驭夷之道，以抚绥为本。抚之不从，然后用兵，庶几为当。尔等宜同心协谋，审度事势，使朝廷恩威并行，边境宁谧〔谧〕，以付重任。"

（英宗朝馆本卷八八·页二上～下）

○ 正统七年（壬戌）三月丁亥（1442.5.6）

宥镇守河州都指挥同知刘永罪。先是，番人入境贸易，永遣千户赵礼挨究公事，致其惊扰，伤犯官军，抢劫人马。千户张瑀领军追捕，获二人及其马牛。瑀从其番俗，听其归货赎还其人。永具奏敕镇守陕西都督同知郑铭等体勘得实。上宥永等罪，命都察院移文戒勿再犯。

（英宗朝馆本卷九〇·页一一下）

○ 正统七年（壬戌）九月丙子（1442.10.22）

兵部奏："陕西河州卫言，洮州卫土番千户奔剌与河州川〔州〕卜汪束等番族互相仇杀。宜行镇守洮州都督李达、河州（卫）都指挥刘永从宜处分。"从之。

（英宗朝馆本卷九六·页五上）

○ 正统七年（壬戌）九月辛巳（1442.10.27）

巡抚陕西监察御史孙毓奏："镇守洮州都指挥佥事李信受番人马百匹，止以八匹给军人操备，请置诸法。"

上以事在赦前，宥之。

（英宗朝馆本卷九六·页七上）

○ 正统九年（甲子）七月辛酉（1444.7.28）

陕西文县千户所所辖下毛工番人盗汉人财物被获，上毛工寨首祈哀请释之。

上以番人无知犯法，特从其请。

（英宗朝馆本卷一一八·页五下）

○正统九年（甲子）十二月壬戌（1445.1.25）

会川伯赵安卒。安，陕西狄道县人，洪武间为甘州卫军。永乐初朝京，贡马，授临洮卫百户，累功升陕西都指挥同知。宣德三年命充左参将，同总兵官都督陈怀往征松潘，番寇平之，升左军都督佥事，仍掌临洮卫事。未几，奉诏使毕力术江地方，使还，复充左参将，同副总兵官都督史昭征曲先等卫虏贼，斩获甚多。又同侍郎徐晞征迤西阿台朵儿只伯等，败之，升都督同知。寻命充右副总兵，训练官军于甘州。正统三年命征西虏，生擒达贼乃颜刺忽及奄克台等，封奉天翊卫宣力武臣，特进荣禄大夫柱国会川伯，食禄一千石，赐诰命，宴劳之。四年充总兵官，镇守凉州。至是卒，讣闻，遣官谕祭，给赙安葬。安勇毅有将略，故能屡立战功，独异于众云。

（英宗朝馆本卷一二四·页五下～六上）

○正统十年（乙丑）四月甲寅（1445.5.17）

都督佥事李达卒。达永乐元年以功自都指挥使奉命镇守洮州。七年帅师征西宁申藏等簇，擒其贼首。宣德十年升右军都督佥事，赐白金、彩币，镇守如故。正统九年致仕。至是卒，达年八十八岁，在边四十余年，兵威甚著，番人畏服，效顺贡献不绝，朝廷嘉之。

（英宗朝馆本卷一二八·页三下）

○正统十年（乙丑）六月甲寅（1445.7.16）

敕谕甘州、西宁等卫所近边居住番簇曰："朝廷怀柔远人，咸欲使之安生乐业。尔各番簇洪武、永乐间俱在讨来、河伯、通川等处居住，宣德初，听尔等移来南山附近地方，仍听往来买卖。朕即位以来，怀抚尤厚，屡敕边将不许纤毫侵优，期尔等安分守法。近闻为头目者不钤束部属，为部属者劫取军民马牛、衣服等物。于法当调兵搜捕，今姑宽贷。敕至，尔该管头目即将累恶不悛之人挨究惩治。若尔等党蔽纵容，轻视国法，必调军剿捕不宥。"

（英宗朝馆本卷一三○·页三上～下）

○ 正统十一年（丙寅）正月癸巳（1446.2.20）

甘肃总兵官宁远伯任礼等奏："陕西西宁卫极边，四面俱系番夷，虽有都指挥佥事汪清在彼镇守兼掌卫事，不能时常亲诣抚治。其本卫指挥使莫麟管事公勤，善抚士卒。宜令清职专镇守，操练军马，抚谕番夷，麟掌管卫事。庶两不误事，边方宁靖。"从之。

（英宗朝馆本卷一三七·页七下～八上）

○ 正统十三年（戊辰）三月庚子（1448.4.17）

镇守洮州都指挥李信奏："正统十一年，入番征收茶马，其哈偏等簇番民逃窜别境，负马二百四十九匹，迨今无从招抚追纳。"

上曰："番民既艰难逃避，姑免追征，仍移文各簇头目招抚复业，务在宽恤得所。若头目故纵逃避，及逃民悖顽不悛，俱重罪不宥。"

（英宗朝馆本卷一六四·页五上）

○ 正统十三年（戊辰）四月己未（1448.5.6）

甘肃总兵官宁远伯任礼等奏："西宁卫密迩诸番，正统元年，以把沙、阿吉二簇出没为非，右佥都御史李亨信奏选官军一千，分为二三班，每月更番巡哨，迨今十余年，不得休息。况二簇道理［里］迂远，山多瘴疠［疠］，人马疲毙。请如洪武、永乐年例，在卫操练，遇贼相机追捕为便。"

上允其议。仍命礼等酌量番情，每岁防秋之时暂拨巡哨，毋致番人窥伺边备。

（英宗朝馆本卷一六五·页二上）

○ 正统十三年（戊辰）四月壬申（1448.5.19）

镇守西宁都指挥佥事汪清先因番贼入境杀掠，参赞军务右副都御史马昂劾其不行捕贼，命清陈状。清饰词不伏，法司请下巡按御史鞫问。上命宥之。

（英宗朝馆本卷一六五·页五上）

○正统十三年（戊辰）七月丙午（1448.8.21）

甘肃总兵官宁远伯任礼奏："永昌卫余丁采薪大河口，猝遇番人掳去，既而逃归，首之官。守备署都指挥佥事宋忠，自以不严提防，致贼入境，恐得罪，乃诬余丁为妄。请治忠罪。"

上命巡按御史责忠罪状，令视事。

（英宗朝馆本卷一六八·页五上～下）

○景泰元年（庚午）十二月丙戌（1451.1.18）

以陕西岷州卫杀败番贼功，赏千户王铭钞三百贯、绢二匹。

（英宗朝馆本卷一九九·页六上）

○景泰二年（辛未）十二月庚午（1451.12.28）

守备庄浪都指挥魏荣奏："把沙等簇番民各持兵械，于火石沟等处劫夺行旅。"

敕甘肃镇守总兵等官抚令安业。

（英宗朝馆本卷二一一·页三下）

○景泰三年（壬申）正月辛亥（1452.2.7）

赏都指挥使刘杰等二百九十五人银、绢、布、钞有差。以阿速兰山袭获锁南奔家小、部属功也。

（英宗朝馆本卷二一二·页四下）

○景泰三年（壬申）正月甲寅（1452.2.10）

镇守西宁内官保受奏，河州卫黑章哑簇下番民累次侵劫隆卜小簇，抢杀人畜。命镇守陕西兴安侯徐亨等差人谕以祸福，使其感悔。若执迷不听，量调官军剿捕。

（英宗朝馆本卷二一二·页五下）

○景泰四年（癸酉）正月己未（1453.2.9）

镇守河州都指挥同知蒋斌奏："欲将果吉簇移住黄河迤南莽剌等处旧

地，恐因而激变，宜仍存留黄河迤北住牧，令河州必力卫管束，善加抚恤，密切防闲。不许擅去西宁等处抢掠头畜。如违，该管头目一体治罪。"从之。

（英宗朝馆本卷二二五·页一上）

○景泰四年（癸酉）正月庚午（1453.2.20）

敕镇守西宁都指挥佥事汪清："得总兵官都督王敬等奏，去年五月间，西宁卫军人侯林被番贼十余人劫去马匹、衣物、弓箭等件，并杀伤人命，尔乃延滞半年不报。及劾尔废公营私扰害军民，论法本当逮问。但念尔守边颇久，姑记尔罪。尔自今宜洗心涤虑，痛改前过，速将前项番贼设法挨捕。如或仍前怠忽，重罪不宥。"

（英宗朝馆本卷二二五·页七上）

○景泰六年（乙亥）正月丙寅（1455.2.6）

镇守西宁内官保受奏："河州卫果吉思答令等簇千户竹卜等，剽掠乌思藏使臣行李，且杀伤使臣一人。乞敕镇守陕西副（都御）使耿九畴等会议，遣官同镇守河州都指挥蒋斌，亲诣该簇，宣明朝（廷）威，令还使臣行李。其杀伤使臣一人，依番俗赏之以牛，庶边方宁谧。"从之。

（英宗朝馆本卷二四九·页五下～六上）

○天顺五年（辛巳）四月己丑（1461.5.28）

镇守西宁都知监左监丞陈善奏："贼犯西宁长里店等地方，臣同都指挥汪清率官军御之，至高庙（遇贼对敌），清辄先遁回，官军亦从而溃，以致阵亡四十员名，马匹甲仗甚众，乞执清治罪。"清亦以善所为不法，列状于朝。

事下兵部，尚书马昂等言："善、清互以私情讦奏，正宜逮治。但今西宁贼寇出没之际，况所奏事情恐有诬枉，宜行巡按御史及都布按三司勘验实否具闻，以凭处分。"从之。

（英宗朝馆本卷三二七·页五上）

○天顺七年（癸未）八月丙午（1463.10.2）

兵部奏："闰七月十九日，西宁番贼入庄浪地方，杀伤官军，掠去马匹。请治守边者失机之罪。"

上命罪其指挥、千、百户弃军在逃者。其镇守西宁奉御张鉴、都指挥湛清、镇守庄浪长随李顺、都指挥赵英、守备红城子都指挥鲁鉴并甘肃凉州镇守等官，俱宥之。

（英宗朝馆本卷三五六·页三下）

○天顺七年（癸未）十月丁亥（1463.11.12）

陕西都指挥王震守备西边，番贼肆掠，震畏不敢追捕，镇守甘肃官劾其罪。命巡按御史鞫之。

（英宗朝馆本卷三五八·页一上）

○天顺七年（癸未）十月庚子（1463.11.25）

陕西总兵官保定侯梁瑶等奏："西番苊哑等簇二千〔十〕余人攻西固城千户所杀川寨，杀死官军。臣欲行文镇守河州卫署都指挥韩春起调官军一千人往剿之。"

兵部请如其奏。从之。

（英宗朝馆本卷三五八·页三下）

○天顺八年（甲申）正月戊寅（1464.3.2）

镇守陕西少监黄沁等奏："岷州管内熟番纠聚生番屡焚毁寨堡，杀掠军民财畜。乞调兵应援。"

上命巡抚右副都御史马昂、督守备岷州署都指挥佥事韩春等率军抚捕之。

（宪宗朝馆本卷一·页一三下）

○天顺八年（甲申）四月己酉（1464.6.1）

番贼入陕西岷州劫掠人财，攻烧寨隘，杀伤官军无算，日益猖獗。上敕巡抚陕西右副都御史项忠，令亲诣地方，督同守备、管粮、分巡等官，议调官军土兵，分守要害以备之。仍令审视贼情，差人赍榜以谕改过迁善不死之信。有畏威向化者，即从容诱出之。仍设法擒拿首犯，毋令余贼惊变。如果冥顽不服，即严督官军剿捕，务在尽绝，以除地方之害。其烧毁寨隘，俱令修完，拨军防守，毋或怠玩。

（宪宗朝馆本卷四·页九下～一〇上）

○天顺八年（甲申）四月庚戌（1464.6.2）

甘肃总兵官宣城伯卫颖等奏："率领官军剿杀马吉思冬沙等簇为恶番贼，生擒男妇八口，斩获首级一百三十六颗、耳记五十五付，获贼军器、盔甲、刀剑、弓箭。"称是。

（宪宗朝馆本卷四·页一〇下）

○成化元年（乙酉）三月乙亥（1465.4.23）

黑章哑簇番贼哈尔加巴等聚众抢杀〔掠〕官军，劫掳人畜，守备河州都指挥佥事蒋玉等以闻。上命巡抚、巡按、三司等官，选委谙晓夷情官，拘集其簇头目，宣布朝廷恩威，谕以利害，令挨究追取所抢财畜给主。仍戒各番，继今宜改过迁善。不然，调兵剿杀不赦。

（宪宗朝馆本卷一五·页六上）

○成化二年（丙戌）六月壬戌（1466.8.3）

镇守陕西宁远伯任寿等奏："务头关等簇番人贼枯娄，并扶州月连、阶州孔提峪等簇番贼，各聚众出没西固城、文县境上，杀掳人畜。"

事下兵部，请移文驰谕寿等，令亲诣彼贼地方，画谋抚捕。可抚，则量治首恶以警其余；否则，量官兵剿之。报可。

（宪宗朝馆本卷三一·页七下）

○成化二年（丙戌）七月庚寅（1466.8.31）

命陕西行都司都指挥佥事孙鉴守备西宁地方。

（宪宗朝馆本卷三二·页六上）

○成化二年（丙戌）十月乙丑（1466.12.4）

录甘肃剿杀番贼功，增镇守左副总兵都督毛忠俸米岁一百石，升镇守凉州都督佥事刘玉为都督同知。

（宪宗朝馆本卷三五·页八上）

○成化二年（丙戌）十一月癸酉（1466.12.12）

升协同守备凉州都督佥事赵瑛为都督同知，以把沙擒贼之功也。

（宪宗朝馆本卷三六·页一下）

○成化三年（丁亥）正月壬辰（1467.3.1）

镇守陕西总兵官宁远伯任寿奏："洮岷管内诸番作乱，纵火焚冷地峪并平定关等寨堡，杀掠军民财畜。守御军旗数少，猝难应敌。"

事闻，上谕兵部移文镇守总兵提督军务等官，合谋严兵抚捕之。

（宪宗朝馆本卷三八·页九下）

○成化三年（丁亥）正月戊戌（1467.3.7）

巡按陕西监察御史侯英奏："洮州番簇数寇边，指挥使汪钊守备不职，宜逮问。"

兵部言："钊屡以失机被宥，且复行勘未结。今番寇方炽，守御乏人，宜俟勘报并治。"从之。

（宪宗朝馆本卷三九·页二上～下）

○成化三年（丁亥）二月甲子（1467.4.2）

镇守陕西宁远伯任寿等奏："文县丹堡熟番结构白马等番为恶，百户王昭御之，遇伏战役［殁］，杀伤官军，掠马骡、军器等物以去。"

兵部言："自番夷寇乱，累责总兵、分守等官抚捕，未闻略行剿戮，少挫其锋，致今益逞凶犷。宜严责守臣，必致首恶者行法，以警余党。"从之。

（宪宗朝馆本卷三九·页一四下）

○成化三年（丁亥）三月丙寅（1467.4.4）

整饬边备兵部尚书王复言："……又，西宁卫地方僻在西北番簇之中，四面受敌，且又控制罕东、阿端、曲先等卫夷虏，乃紧关重地。本卫军马专一巡守要害，捍御番簇。先年边方宁靖，北虏不来侵犯，各簇番夷颇听抚谕，不敢为非。近来因见虏寇扰边，乘机仿效，往往聚众出没，阻截道路，劫掠财畜，杀伤人命。调兵剿杀之后，至今犹未宁贴。乞将西宁卫原调官军土民五百六十七员名于庄浪、凉州二处，轮流备御者存留本卫操守，遇庄、凉等处有警，量调策应。不惟彼此有备，亦且省用边储。"

上皆是之。命兵部即移文所司施行。

（宪宗朝馆本卷四〇·页一上～四上）

○成化三年（丁亥）四月庚申（1467.5.28）

巡按陕西监察御史胡深等奏："洮、岷、西宁等处番簇出没，镇守洮州指挥使汪钊等及各分守巡哨指挥使陈钦、同知丁亮等，不行用心防备，令蛮贼攻烧关寨城堡，抢杀军民，请究治之。"

上命巡抚都指挥史项忠同深等酌量事情究问。

（宪宗朝馆本卷四一·页一一上）

○成化三年（丁亥）七月戊辰（1467.8.4）

升监察御史章〔周〕璠为都察院右佥都御史，巡抚陕西。……六科给事中沈瑶等言："璠……按治四川大肆贪淫，酿成民患，设法取土官贿赂，而奏保松潘之禅师，立意诱贪官购求……"

诏："尔等所言璠事，未有实迹，且已升用，不必更改。如不称任，朝廷自有处置。"

（宪宗朝馆本卷四四·页二下～三上）

○成化四年（戊子）三月甲申（1468.4.16）

兵部奏："陕西洮、岷二卫地方番贼出没杀略［掠］人财，分守千户阎庆、整饬兵备副使李玘、守备都指挥韩春、指挥何英等防御不严，俱当究问。"

上命监察御史逮庆问理，珏等姑宥之。

（宪宗朝馆本卷五二·页六上）

○ 成化五年（己丑）二月丙戌（1469.2.12）

陕西洮州番夷拥众掠铁城、后川二寨，指挥同知张翰等率兵御之，斩首十二级，追回被掠男妇。

事闻，上谕兵部臣曰："番寇失利而去，宜移文兵备等官，防其复来。有功将士令巡按御史复实行赏。"

（宪宗朝馆本卷六三·页一上）

○ 成化五年（己丑）二月庚寅（1469.2.16）

陕西都指挥佥事韩春守备岷州，番贼百余突入三岔寨劫掠，春不出策应。按察（司）副使李珏劾春，请下御史鞫治。诏姑置之，但令御史责春罪状。

（宪宗朝馆本卷六三·页二上）

○ 成化五年（己丑）二月癸卯（1469.3.1）

总督陕西军务右副都御史项忠言："岷州番四散出没，焚毁营寨，杀掳军民。边民被扰，指挥佥事刘瑄、都指挥韩春、按察副使李珏，巡守地方抚捕失职，罪宜究治。"

兵部议以边守方急，瑄等宜令巡按御史逮问；韩春、李珏姑宥其罪，令严兵弭寇之。

（宪宗朝馆本卷六三·页六上～下）

○ 成化五年（己丑）闰二月辛酉（1469.3.19）

陕西整饬兵备按察司副使李珏奏："岷州番人入境掠大沟寨，守备都指挥佥事韩春失于追捕，事宜究治。"

兵部以春固可罪，但令［今］御寇之际，方急（于）用人。上命宥之。

（宪宗朝馆本卷六四·页二下）

○成化五年（己丑）闰二月壬戌（1469.3.20）

巡按陕西监察御史江〔汪〕孟纶奏："岷州番寇抄掠纵横，村堡空虚，军民荼毒。顷令岷州卫指挥后泰与其弟通，于今年正月间深入夷寨，开谕再三。其生番忍藏、占藏、札工三十余簇番酋一百六十余人、熟番栗林等一十四簇番酋九十一人，转相告语，悔过来归，归我被掠人财，丞〔承〕当应办粮役，宰牛设誓，不敢再犯。已令副使李玘从宜赏劳，谕以朝廷恩威，皆欢跃而去。中惟熟番禄圆一簇，罪逆深重，不服招安。"

兵部因言番性无恒，朝从夕叛，未可轻信以弛防御，宜行令巡守边臣，向化者加意抚绥，犯顺者刻期招捕。议上，报可。

（宪宗朝馆本卷六四·页二下～三上）

○成化五年（己丑）四月丁巳（1469.5.14）

赏巡按陕西监察御史江孟纶、整饬兵备按察司副使李玘、守备岷州都指挥佥事韩春各彩段一表里，并有功官军七十二员名，指挥每员钞六百贯、彩段一表里，千户钞五百贯、绢三匹，百户等官钞四百贯、绢二匹，总小旗钞三百贯、绢布各一匹，军舍人等钞一百五十贯、布一匹。奇功者，本赏外加赏一倍。以平陕西岷、洮州番贼功也。

（宪宗朝馆本卷六六·页一下～二上）

○成化五年（己丑）六月壬申（1469.7.28）

巡抚陕西右副都御史马文升奏："岷、洮二州密迩番簇，寇入之路颇多，而寨隘空阔，难于防御。其屯住军民亦各散乱，寇辄乘夜剽掠，或白昼于僻地邀劫行旅。岷、洮二卫官旗坐是〔事〕失机，左降殆尽，然情实可矜。今邻住多那诸簇虽已听抚，然夷情〔性〕叵测不可不防，请于缘边番寇出没之地，修筑寨隘及军民屯堡。有警互相应援，并力邀击，则守御有方，而官军可安其职。"

诏从之。凡新修寨堡五十余所。

（宪宗朝馆本卷六八·页四上）

○ 成化五年（己丑）八月癸亥（1469.9.17）

　　命陕西按察司副使邓本端整饬岷、洮等处边备。

（宪宗朝馆本卷七〇·页三上）

○ 成化六年（庚寅）二月癸亥（1470.3.16）

　　守备洮、岷等处都指挥使黄钦奏："番贼聚众千余，攻陷塞堡，劫掠财畜。守备西固城指挥使张翰等，率巡兵四百人遇之于平定关，与战失利，以致千户李盘等败没，翰轻率失机，罪宜究治。"

　　兵部言："张翰丧师失律，诚不可宥，宜行令所司逮问。"从之。

　　时镇守太监刘祥等复奏："钦逗留不进，失于抚捕，并宜究治。"上以钦奉命而往甫及一月，巡历尚未能遍，难独加罪，置不问。

（宪宗朝馆本卷七六·页三上）

○ 成化八年（壬辰）四月甲戌（1472.5.15）

　　整饬陕西洮河兵备按察司副使吴玘奏："岷州卫百户徐贵、刘玺怠于巡哨，番贼入寨掳杀人畜，请治其罪。"

　　事下兵部，议行巡按御史即彼逮问。因劾玘及守备都指挥佥事后泰提督不严，亦宜并治。上宥泰、玘，馀如所拟。

（宪宗朝馆本卷一〇三·页二下）

○ 成化八年（壬辰）四月己卯（1472.5.20）

　　初，陕西洮州卫指挥使陈钦奏："生番星吉儿等累犯边，今入贡将还，请治其罪。"事下巡抚都御史陈价会问，罪应斩，遂拘锢岷州卫狱中。既而，镇守陕西太监刘祥等累奏："吉［星］星［吉］儿等虽出没剽掠，未尝敢抗官兵，况远夷向化入贡，亦可比劫盗自归之律，宜释之使还，以弭边患。"兵部先已议令祥等审处之，事久未报。至是，星吉儿及熟番板的宗等五人越狱遁去，祥等因劾岷州卫指挥叶森等守护不严，而守备都指挥后泰亦失于防范，请治其罪。

　　兵部议从之，又虑贼怀疑惧复谋寇扰，请移文谕祥，遣人至其本簇，晓以恩威利害及宽释初意。上从之，而贷泰不治。

（宪宗朝馆本卷一〇三·页四上～下）

○成化十年（甲午）四月戊寅（1474.5.9）

巡抚陕西左副都御史马文升等奏："岷州番贼入境劫掠人畜，分巡千户包景御之，被害。整饬兵备副使吴玘并分巡官属俱宜逮问。"

事下兵部，请行文升等速加抚治。玘所辖洮、河等处，境土广远，难遽逮问，分巡官属亦宜俟事宁之日，稽其无功者罪之，诏可。

（宪宗朝馆本卷一二七·页八上～下）

○成化十年（甲午）八月癸未（1474.9.11）

巡抚陕西左副都御史马文升奏："岷州斩获番贼六十余人，贼复来攻围城堡，命镇守等官抚定诸番，相机剿捕。"

（宪宗朝馆本卷一三二·页一上）

○成化十三年（丁酉）五月丙子（1477.6.20）

巡抚陕西右都御史余子俊等奏："栗林等簇番贼，率众千余攻围舒龙沟堡，指挥刘琥等督兵击退，既而复来掠边，其势愈张。臣与都督白玘等，潜师直抵各簇近山设伏，黎明贼觉而遁，伏兵闻炮声，四合攻之，贼遂大溃。生擒一人，斩首一百六十四颗，俘获男女八人，并兵仗服器一千四百余件，牛、羊、马、骡七百余。"

奏至，上赐敕奖谕之。

（宪宗朝馆本卷一六六·页三下）

○成化十四年（戊戌）三月戊辰（1478.4.8）

录陕西岷州擒斩番贼功。加镇守太监刘祥米岁二十四石；升巡抚右都御史余子俊、右佥都御史秦纮、按察使吴玘、副使左钰俸各一级；都督佥事白玘为都督同知；馀如兵部议拟，升赏有差。

（宪宗朝馆本卷一七六·页四上～下）

○成化十四年（戊戌）九月壬戌（1478.9.29）

镇守陕西署都督同知白玘等奏："洮州铁藏等簇番贼，拥众出没，而官军徐升等与战于石沟，斩首一级，生擒五人，而我军伤者六人，被掳者五人，贼属且欲报仇未已。"

事下兵部，议："移玘等严督守土兵备等官加谨防范，仍行巡按御史复按功罪虚实。"报可。

（宪宗朝馆本卷一八二·页二上～下）

○成化十五年（己亥）三月丁巳（1479.3.23）

巡抚陕西右副都御史程宗等奏："洮州铁藏等番簇攻围寨堡，劫掠人畜，请调兵征剿。"从之。

（宪宗朝馆本卷一八八·页一上）

○成化十五年（己亥）四月乙卯（1479.5.20）

巡按陕西监察御史，以番贼入洮州境杀伤官军，劾奏镇守指挥使徐升、整饬兵备副使周谟失机罪。命戴罪杀贼。

（宪宗朝馆本卷一八九·页七上～下）

○成化十六年（庚子）十二月丁巳（1481.1.11）

宥洮州卫署指挥同知姜文死，降为署副千户，指挥佥事房举降副千户，副千户殷鉴降总旗，俱本卫差操。仍命逮镇守洮州指挥使徐升、前兵备副使周谟治罪如律。以铁藏等簇番贼入劫普藏等寨，执鉴及杀伤官军等，坐失机故也。

（宪宗朝馆本卷二一〇·页二下）

○成化十六年（庚子）十二月丁卯（1481.1.21）

陕西守臣奏："十一月中，番贼入洮州境，攻劫寨门，杀掠人畜，宜治巡守等官失机之罪。"于是指挥冯洁、千户王玘皆逮问，镇守指挥徐升命记罪杀贼。

（宪宗朝馆本卷二一〇·页八上～下）

○成化十八年（壬寅）闰八月丙戌（1482.10.2）

巡抚陕西右副都御史阮勤等奏："洮州满松等簇番贼阿卜肉等，比数纠众出没，夺掠人畜，杀死吏士。惟分巡指挥冯洁、陈文率军败之，斩获守［首］级，夺还所掠。而委守地方指挥张翰、分巡指挥张琬、策应指挥杨坤、千户包福等，皆怠忽事机。宜究其功罪而赏罚之。"

事下兵部，请移文巡按御史，逮翰等治罪，籍洁等功次，仍行阮勤等亟督官军剿捕。上曰："御将之道，惟明其功罪而行赏罚，军旅之间人心自无不服者。番贼纠众杀掠，为将官者，使皆如洁、文辈勇敢御敌，贼何足灭。而翰等怠忽误事如此，兵部宜稽其籍，务使赏罚明信，以为劝惩。其贼党方盛，仍令巡抚大臣调兵剿杀无缓。"

（宪宗朝馆本卷二三一·页四上～下）

○成化十八年（壬寅）十月丁亥（1482.12.2）

镇守陕西署都督同知白玘等奏："岷州卫满松等簇番蛮既降复叛，边民被害垂及五载，按察副使燕淇并守备岷州署都指挥佥事刘琥等，率军讨之，斩首八十余级，巢穴焚毁，余党渐平。"

命赐所遣赍奏者钞五百贯。

（宪宗朝馆本卷二三三·页三下）

○成化十九年（癸卯）九月丙辰（1483.10.27）

巡抚陕西右副都御史阮勤奏："番贼些尔结等入寇，都指挥佥事雷泽、参政邓山等将兵与战，克之。板儿、铁藏等簇畏惧约降，以人马、盔甲来献。泽等回谕以朝廷恩威，每朔望令赴城听约束。"

兵部尚书张鹏以为番簇虽已纳款，难保其不复为恶，每月入城党类既众，恐生他变，宜严防范，潜消其反侧之心。从之。

（宪宗朝馆本卷二四四·页九上～下）

○成化十九年（癸卯）十月乙酉（1483.11.25）

录十二年陕西克大墙垭番簇等战功。太监刘祥、户部尚书余子俊，赏银各十两、彩段二表里；都督同知白玘、指挥佥事赵宁、指挥李隆，俱升一级；余将士升赏者一百四十七人。十八年克满松簇功。陕西镇守太监欧贤、兵部右侍郎阮勤，赏银各十两、彩段二表里；按察使叶淇、都指挥佥事刘琥,升一级;策应官军(右)参议韩文,银五两、彩段一表里;余将士升赏者八十九人。

(宪宗朝馆本卷二四五·页六下)

○成化二十年(甲辰)四月己未(1484.4.27)

以陕西洮州河〔府〕南船嘴并哈西沟等处剿杀番贼功,赏官军钞、绢布有差。

(宪宗朝馆本卷二五一·页一下)

○成化二十年(甲辰)四月庚申(1484.4.28)

以陕西肃州黑山及洮州跌巴口杀贼功,赏右参将都指挥刘晟、指挥佥事冯洁及官军彩段、钞、布有差。

(宪宗朝馆本卷二五一·页二下)

○弘治四年(辛亥)五月甲午(1491.6.25)

先是,番贼再入河州境杀掳人畜,所获〔掳〕者寻追获。巡按监察御史奏其事,下所司逮问,以守备指挥王中〔守〕正等守备不设,俱拟充军。但中〔守〕正等所失不多,且复追获,情轻律重,命纳米赎罪。

(孝宗朝馆本卷五一·页五下)

○弘治四年(辛亥)七月壬寅(1491.9.1)

甘肃镇守等官奏:"罕东等卫头目剌麻朵儿只等劫西番哑呵〔阿〕族部落,掠其头畜以归。"

事下兵部,复奏谓:"罕东劫掠西番,越我边境,不知畏忌,渐不可长,请敕镇巡等官,遣人往谕罕东等从违利害,并以此意,偏告西番诸族,自今更不得构怨启衅。"

上曰:"罕东劫掠西番,越我边境,不可不为之制,其如议行之。"

(孝宗朝馆本卷五三·页六下)

○弘治八年（乙卯）十一月戊戌（1495.12.5）

陕西岷州卫百户吕瑛等出境樵采，为番贼射死。守备西固城指挥乔永领兵击败之，斩首五级，获器仗诸物。兵部劾永（素）无纪律，致所部私出樵采，虽有微劳，不足赎罪，请下巡按御史逮问。从之。

（孝宗朝馆本卷一〇六·页一〇上）

○弘治十一年（戊午）六月辛卯（1498.7.15）

免陕西临洮、巩昌、延安、庆阳四府并所属州、县正官明年朝觐，以镇巡等官言地方灾伤，兼番贼出没故也。

（孝宗朝馆本卷一三八·页三下）

○弘治十二年（己未）八月丙辰（1499.10.3）

西宁罕东卫羌咂等族攻劫西宁隆奔等族，掠去诰敕、印及人畜、器械等物，甘肃守臣以闻。兵部请行令兵备副使潘楷、守备指挥使鲁铎各戴罪杀贼，仍令罕东卫管事都督宣谕其下，俾尽归所掠，以息争解怨。不听则随机进剿，仍具奏处置。从之。

（孝宗朝馆本卷一五三·页一四上）

○弘治十二年（己未）十二月丙申（1500.1.11）

分守庄浪等处左参将都指挥佥事鲁麟奏："西番巴沙等十三族逐年日渐猖獗，至蹛仆界碑，侵庄浪哨营，寇镇羌诸堡。虽有哨备官，军法不得剿杀，且会西宁官军追抚，动经月余，比至贼已解散，去则复聚，官军疲于往来，边将甘受失机之责。请发兵分路征讨，其慑服出界者释之，且令各城分守守备，哨守官军径自剿杀，不为功次。又请添兵于斩石碛等营按伏，挈回永昌游兵四百，仍归庄浪操守，调去红城子兵亦归庄浪，于红城子、岔口二堡调官军五百，分番守御，以弘化寺备河官军移守红城子、潜麻湾防秋。其领班把总平凉卫指挥使陶文请加署职一级，以便行事。"

兵部议谓："十三族皆熟番，不可擅杀，宜发兵驱之出境。其调兵事宜，下镇巡等官熟计其便以闻。指挥使陶文宜许以都指挥体统行事。"从之。

（孝宗朝馆本卷一五七·页五下～六上）

○弘治十六年（癸亥）三月乙未（1503.4.24）

时，陕西洮、岷番贼杀掠哨探军士，镇巡等官以闻。因言洮、岷、河等卫兵粮不足，请将巩昌府并秦、巩等千户所召募义勇简阅听召［调］，而令有司督征粮草，以备支给。兵部复奏。上命总制等官宜用心堤备，随宜抚处，毋致贻患地方。

（孝宗朝馆本卷一九七·页一一下）

○正德二年（丁卯）二月庚辰（1507.3.19）

赏万家岭擒斩番贼有功指挥宋智等二十二人有差。

（武宗朝馆本卷二三·页一下）

○正德二年（丁卯）二月己丑（1507.3.28）

升凉州卫都指挥同知徐廉为都指挥使，仍守备西宁，录其黄羊川领军功也。

（武宗朝馆本卷二三·页五下）

○正德九年（甲戌）十二月戊戌（1514.12.25）

升赏陕西沙塘川获功阵亡官军西宁卫指挥使潘玉等一百一十人有差。

（武宗朝馆本卷一一九·页一下）

○正德十一年（戊午）四月庚申（1516.5.10）

升分守庄浪、西宁等处左参将署都督佥事鲁经为都督同知，录其白土沟破贼功也。

（武宗朝馆本卷一三六·页二上）

○正德十一年（戊午）四月甲子（1516.5.14）

录陕西镇羌等寨斩获番贼功，升赏官旗军民范志名等六十一人有差。仍赏督军指挥庞寿、百户王世钦银、币。

（武宗朝馆本卷一三六·页三上）

○ 正德十一年（戊午）九月庚子（1516.10.17）

罢协守河州、洮、岷副总兵郑卿回原卫带俸，遂革协守官，令兵备副使或守备官兼，以户部郎中马应龙劾卿贪虐故也。

（武宗朝馆本卷一四一·页五上）

○ 正德十一年（戊午）十月壬戌（1516.11.8）

革肃州新设西路游击将军都指挥芮宁，令还陕西行都司，所领兵各归原卫，以土番纳款，从都御史李昆请也。

（武宗朝馆本卷一四二·页八上）

○ 正德十一年（戊午）十二月甲寅（1516.12.30）

赏西宁〔西宁卫〕马鞍山等处擒斩番贼有功官军人等银、绢有差。

（武宗朝馆本卷一四四·页一下）

○ 正德十二年（己未）二月己未（1517.3.5）

罢协守松潘右参将黄金，以署都指挥佥事芮锡代之。

（武宗朝馆本卷一四六·页四下）

○ 正德十四年（辛酉）二月丁卯（1519.3.3）

给赏甘肃高台墩斩获黄达子并西番贼有功官旗军舍人等银、帛有差。

（武宗朝馆本卷一七一·页一下）

○ 正德十四年（辛酉）五月辛丑（1519.6.5）

升赏西宁抚安等堡获功及被伤官军锦衣卫千户张秀等九十五人有差。

（武宗朝馆本卷一七四·页二上）

○ 正德十六年（癸亥）正月辛巳（1521.3.6）

升赏甘州乱骨堆、古城堡等处斩获番贼有功官旗军舍远添儿等一百四十五人有差。

（武宗朝馆本卷一九五·页六上）

○嘉靖五年（丙戌）正月丙午（1526.3.5）

以陕西踏番峪等处擒贼功，升赏官军百余人有差，仍优恤死伤者七十余人。

（世宗朝馆本卷六〇·页四下）

○嘉靖六年（丁亥）五月辛卯（1527.6.13）

沙州住牧属番仓尔加之族数剽掠为患，抚臣寇天叙请征之。兵部难其事，谓宜檄镇巡等官遣谍者往谕番酋以朝廷恩威，使之格〔革〕非向化，不听，则量调士马，歼首恶，以警馀族。

上从部议，令提督尚书王宪审图之。

（世宗朝馆本卷七六·页六下～七上）

○嘉靖八年（己丑）十二月甲戌（1530.1.11）

巡按陕西监察御史胡明善以番夷深入临、巩大掠，劾奏前参将王玑、守备郝元吉、今参将云冒及镇守总兵等官失事罪状。上切责各守臣误事之罪，令巡按御史分别参奏，都御史寇天叙、太监晏宏、总兵官刘文各严督参游守备等整兵加谨提备。其防御事宜，令总制尚书王琼区处。

（世宗朝馆本卷一〇八·页五下～六上）

○嘉靖九年（庚寅）二月癸酉（1530.3.11）

兵部以西番不特、板尔、些藏等族纠集诸番深入为寇，一岁中报数十至，乃上言："西番自古为陕西患，与北房等入我朝百余年来，贡献不绝，未尝敢犯，边吏者以制御有道也。今一旦叛逆，大为边衅。宜令总制尚书王琼督同镇守以下，推迹事变所起，斟酌剿抚之策及兵将事宜以闻。"又言："往者有通商互市之令，为〔惟〕茶与大黄诸物皆盛产中国，而在彼仰以为命也。今禁网疏阔，奸商私市，彼皆取足贾竖而不烦仰给于官。加以平时处置失宜，故乘边备久弛之日，逞忿而起。此则有司之过也。且闻西番为北房亦不剌所侵苦，因以役属。窃计洮、岷之间不但结于番，又且构于胡矣。有如番、胡交通益肆猖獗，将何以善其后乎？请悉委之王琼，令亟图制御长策，许其便宜从事。"上从之。

（世宗朝馆本卷一一〇·页九上～下）

○ 嘉靖十一年（壬辰）正月癸酉（1532.2.29）

　　录九年三月剿番贼若笼族获功阵亡官军季臣等七百余人，各升赏如例。巡按御史胡明善以督剿有功，命候在京，相应员缺升用。

（世宗朝馆本卷一三四·页六下）

○ 嘉靖十五年（丙申）三月戊辰（1536.4.3）

　　以斩获番贼功，赐陕西洮岷边备副使马纪银二十两、纻丝二表里。

（世宗朝馆本卷一八五·页二下）

○ 嘉靖二十三年（甲辰）五月丙寅（1544.6.18）

　　甘肃近边各种番夷纠众攻打庄寨，杀掠人畜，据险抗敌。时巡抚都御史詹荣欲乘时追剿，以惩凶悍，除民害，在总督侍郎张珩则欲宣布恩威，待时戡定。兵部尚书毛伯温等言："御夷之道，贵于趋时，应变之机，成于多算。番夷梗化，实切腹心，急之则惊变易成，缓之则滋蔓难制。万一调停无法，抚剿兼失，徒开边衅，自损国威，宜行各镇巡等官，练兵治具，固守地方。一面多遣官通人役宣布德威，陈示祸福，若各番畏威悔罪，许令献出首恶，追偿原抢财物。以赎前罪，或怙终负固，务要追剿，从长计议，相机处分，不得互相异同，往复奏请，以致失机误事。"上从部议。

（世宗朝馆本卷二八六·页七上～下）

○ 嘉靖三十八年（己未）七月戊戌（1559.8.31）

　　巡按陕西御史甄敬言："西宁、河州一带番夷往岁虽有侵犯，不过鼠窃数人。近年以来，渐肆悖逆，先任总兵官王继祖妄行剿伐，实起衅端，今春参将张世俊轻率捣巢，益致猖獗。近番贼盘据碾伯山后，狂狡为害，乞审度时势，应否剿抚，早建长策。"

　　上命三边总督严行各镇审察敌情，酌量抚剿，拟议奏请。如声势重大，相机调兵策应。

（世宗朝馆本卷四七四·页六上）

○隆庆五年（辛未）十月甲午（1571.10.23）

番贼犯陕西岷州卫文县等处，官军不能御。巡按御史刘尧卿以闻。

得旨："降罚失事指挥使孙承恩、赵守中等有差。"

（穆宗朝馆本卷六二·页一下）

○隆庆五年（辛未）十月壬寅（1571.10.31）

甘州属番人恰霸等盗边。官军捕得（之），伏诛。

（穆宗朝馆本卷六二·页三下）

○隆庆六年（壬申）十二月癸亥（1573.1.14）

三边总督戴才奏："甘州领班都司王朝被番贼射死，请行优录。参中军宗信等怠缓疏虞之罪。"

疏下兵部，复："升朝一级世袭，信等行巡按御史提问。"

（神宗朝馆本卷八·页四下）

○万历元年（癸酉）九月辛卯（1573.10.9）

兵部复："甘肃巡抚廖逢节奏言，西番各族原系安插属夷，乃阴行恶逆，出没不时，前伤都司罪尚未赎，继殒〔殁〕百户，恶则复盈，所获贼番扯阑奔即宜枭示。其头目把都尔宛卜等，始虽同恶，今幸改图，既能执献前番，又复承捕后恶，足以赎罪，宜行督抚分别犒赏。至于防守各官不能严加哨备，以致失事，宜行巡按御史逐一勘明，分别具奏。"从之。

（神宗朝馆本卷一七·页五上）

○万历三年（乙亥）二月庚午（1575.3.12）

先是，陕西河、洮、阶、文等处数有番警。去秋九月攻陷麻〔蘇〕山关，去冬闰十二〔十二〕月复出抢。阶州守备范延武为贼所获，知州徐旭括民财赎之，匿不以报。御史宋范发延武及旭罪，章连洮岷参将刘世英、固原镇守孙国臣、洮岷兵备副使邵大经、巡抚陕西郜光先。因极论总督三边都御史石茂华怠缓废驰〔弛〕，扶同欺蔽罪。无何而石茂华亦发麻山、阶州失事状，参论河州参将陈堂、临洮知府肖守身及延武、旭等。事下部议。谓："地方失事，督抚诸臣罪固难逭，至于茂华之疏后至，或由驻札远而访闻迟，未必身为欺蔽也。"

奉旨："地方失事重大，督抚官若威令素行，各官岂敢隐匿不报。石茂华、郜光先姑各罚俸三月，策励供职。孙国臣降一级，照旧管事。郜大经、肖守身调简僻。陈堂、刘世英降三级，戴罪剿贼。徐旭降三级。范延武行巡按御史提问。"

（神宗朝馆本卷三五·页一上～下）

○ 万历三年（乙亥）八月戊寅（1575.9.16）

先是，逆番千哈、札哈、咱细、日雾四族屡[屡]抢杀阶、文等处，而阶州山峒谷、栗子庄、夏后头等族番实与交通。至是，总督石茂华与副使刘伯燮议以抚赏诱之，而分兵密剿以捷闻。

（神宗朝馆本卷四一·页四上）

○ 万历三年（乙亥）八月己卯（1575.9.17）

阶、文、西固地方与番为邻，先年设三守备分地责成，而总理于洮岷参将。其后番种日繁，残害益甚，洮岷参将势难遥制，三守备事权相等，难以调度，往往失事。总督石茂华、巡抚陈省议将阶州守备改设参将，即以现任守备师范升游击，管理参将事。西固、文县二守备并三千户所悉听属洮岷参将，各换给敕书，以便行事。

兵部复议。上从之。

（神宗朝馆本卷四一·页四下～五上）

○ 万历三年（乙亥）十二月丁卯（1576.1.3）

陕西总督石茂华以剿捣失剌参多巴、舍哈、咯卜等番族捷闻，叙将吏功次、阵亡人役，兵部复行勘外，又言："各番实繁有徒，势不能尽诛，法不应穷治。盖内资茶马以备招中，外捍宾兔而作藩篱。其古陆阿尔答一族，递年所易马课甚多，下沙麻之役，未必举族抢杀，善恶亦当有辨。苟行令缚献首恶之人，可免玉石俱焚之惨。若执迷不悔〔悟〕，徐行警罪未晚也。"

奉旨："是。这番贼事情，还着督抚、兵备等官悉心处置，务要停妥，不得苟且了事，贻害地方。"

（神宗朝馆本卷四五·页一下～二上）

○万历四年（丙子）八月乙丑（1576.8.28）

兵部复："总督陕西石茂华、巡抚董世彦所报抚过洮州境外生熟番夷共七十一族，古陆阿尔答畏罪远移，屡状归顺，献出番贼你卜他等首级四颗，并生擒且〔旦〕戎卜、班卜牙二名，赔马、牛、羊共二百六十七匹只伏罪。"

上曰："番族既哀恳，姑贳之，且〔旦〕戎卜等即枭示。"

（神宗朝馆本卷五三·页二上）

○万历五年（丁丑）二月乙亥（1577.3.6）

再叙陕西剿杀恶番功，赏巡抚董世彦银、币，副使张楚城银十两，总兵孙国臣准复原职。

（神宗朝馆本卷五九·页七上～下）

○万历五年（丁丑）三月壬辰（1577.3.23）

论陕西阶、文、洮、岷斩获番贼功，升授官军师范等如例。

（神宗朝馆本卷六〇·页二上）

○万历五年（丁丑）七月丙午（1577.8.4）

以陕西阶州斩获番功，赏兵备副使赵焞银十两，千百户官崔继光〔元〕、卢济仓各升署职一级。

（神宗朝馆本卷六四·页五下～六上）

○万历三十三年（乙巳）十二月甲寅（1606.1.22）

先是，陕西河州境外属番挫哈〔吟〕、郎家二族构衅仇杀，因而率众截路抢夺公差。保安堡防御夏光裕差通官王廷仪、归德守备宋希尧差千总史载功讲誊〔喻〕不伏，声言抢掠，河州参将姚德明匿不以报。及希尧被告，缘事该道右布政荆州俊议委指挥李朝栋、署管载功同千总马助国、中军张燧〔遂〕领兵迎接，路经挫哈〔吟〕各番，邀载功讲事，且肆阻截，因而互相射打，射死中军张燧〔遂〕，及杀伤官军，掳去军马、器械颇众。继而，德明调兵议剿，各番乃悔罪认罚，擒献首恶板麻束等三名，并送还原掳军马、器械等物。督抚李汶等前后疏闻。

下兵部复议："州俊、德明姑免究。希尧、载功、助国、光裕及该管通官毕希进通行提问。板麻束等审实处决，游示番巢。杀伤官军张燧〔遂〕等勘复议恤。"诏从之。

（神宗朝馆本卷四一六·页一〇下）

○ **万历三十七年（己酉）三月壬辰（1609.4.14）**

西宁境外生番盗营马，守备李希梅追之被没〔杀〕，参将张应学革任提问，该道马朝阳勘明另议。

（神宗朝馆本卷四五六·页四下）

○ **万历三十八年（庚戌）五月乙丑（1610.7.11）**

初，陕西番夷私盗官马，西宁参将张应（学）率众抵巢〔剿〕，裨将李希梅死之。巡按御史侯执蒲劾张应学贪功偾事，宜革去功升实授二级，永不叙用。严师旅等杖革。该道马朝阳节制不严，量加罚治。李希梅如阵亡例，升子一级世袭。思各迷等番（族）设法驭剿，动在万全。从之。

（神宗朝馆本卷四七一·页五下）

○ **万历四十一年（癸丑）九月庚申（1613.10.18）**

隆卜、双善二族番人抢掠田家寨居民牛马，杀伤居民，巡按陕西御史张铨以闻。先是，二番每年额中马一百四十匹，赏段二匹、茶十篦、银牌十面。协守西路副总兵祁德令家丁顶中，赏即随马关领，以致番人失望，启衅犯抢。

部议："德久历岩疆，颇有积劳，功过相准，姑从宽政。"于是降德二级。

（神宗朝馆本卷五一二·页三下～四上）

○天启三年（癸亥）三月甲寅（1623.4.23）

革原任西宁副总兵高秋……仍行巡按御史提问追赃。

（熹宗朝馆本卷三二·页三一上）

○天启三年（癸亥）四月丁卯（1623.5.6）

河州参将严奇武……革任回卫。陕西巡抚吕兆熊劾其婪纵也。

（熹宗朝馆本卷三三·页九上）

○天启三年（癸亥）十月癸亥（1623.10.29）

陕西巡抚孙居相劾河州营参将严奇武贪婪激变，革任提问追赃。

（熹宗朝馆本卷三九·页二下）

蒙古亦卜剌、俺答汗、火落赤等部族西踞青海，住牧藏区，明廷之"御虏保番"

○ 宣德十年（乙卯）十月庚子（1435.10.23）

上谕行在兵部尚书王骥等曰："今达贼阿台朵儿只伯等不顺天道，罔感国恩，屡寇边境，各处虽有官军守备，缘此贼出没不常，未能剿灭。卿等其榜谕多［边］人，如此贼再来寇边，凡一应人等有愿奋勇效力剿贼立功者，许其赴官自陈。……陕西所属地方及洮泯［岷］等卫番土官舍军余人等，有自愿出力敢勇杀贼，或于各处山沟险阻〔隘〕藏伏密瞭出奇获功，及遇贼设法剿杀者，亦一体升赏。"

（英宗朝馆本卷一〇·页一上～下）

○ 宣德十年（乙卯）十二月壬子（1436.1.3）

甘肃总兵官太保宁阳侯陈懋奏："官军连败阿台朵儿只伯贼众，于黑山等处生擒、斩首二百六十余人，获马驼牛羊驴骡三万五千有余，追回被掠男妇，悉还其家。"

上命行在兵部录其功次，且虑贼众既败，或于他处入寇，敕大同等处沿边诸将严督备御。

（英宗朝馆本卷一二·页四上～下）

○ 正统元年（丙辰）八月甲戌（1436.9.21）

镇守陕西都督同知郑铭奏："巩昌府迭烈孙巡检司在黄河东岸，回回、达达、土番杂居，恐诱胡贼来寇边境，宜即（令）巡检司，修筑营堡，增添官军，以备不虞。"

上命急为缮理。

（英宗朝馆本卷二一·页四下）

○ 正统元年（丙辰）十二月甲戌（1437.1.19）

　　镇守陕西都督同知郑铭等奏："陕西地界与东胜及察罕脑一带沙漠，相接胡寇，侵扰殆无宁岁。洮、岷等卫亦临绝塞，所控番族叛服不常，各卫官军恒被调遣，止余羸弱居民［守］……访得各卫军丁及民间多有骁勇精锐通武艺之人，乞命廷臣前来慎选，及募自愿立功者，量加赏赉，给廪蠲役，严督训练，有警易为调用。"

　　上命行在兵部会议行之。

（英宗朝馆本卷二五·页三下～四上）

○ 正统七年（壬戌）十二月乙卯（1443.1.29）

　　敕甘肃总兵官宁远伯任礼等曰："得奏哈密使臣传报，达贼猛哥不花等欲依西番近边居住。穷蹙之余或有此心，但其反复谲诈，不可不防。尔等其严饬边备，遣人往谕西番、赤斤蒙古、罕东等卫，如遇其来，即令飞报，相机剿捕。"

（英宗朝馆本卷九九·页一一下）

○ 正统十二年（丁卯）十二月己巳（1448.1.17）

　　安定王领占斡些儿奏："旧有胜额儿葛八处田土、白颗儿等处七户家人，为达民侵占。"又言："部属不遵约束，四出为非，乞为处治。"

　　上命总兵官任礼等遣人赍敕诣安定，索所侵占还之。且责其头目协心佐理，如所部有桀骜不驯者，擒送总兵官处治。

（英宗朝馆本卷一六一·页三下～四上）

○ 天顺二年（戊寅）八月戊辰（1458.9.20）

　　右少监龚荣等奏："虏酋孛来、阿罗出等率众二万寇抄镇番、凉川等处。臣会总兵等官安远侯柳溥等，号令三军，前后于南乐堡、黑山等处交锋，擒虏三十五人，斩首八十一级，并获驼、马、军器等物。"

　　事下兵部，以为我军虽小捷，而虏势益张，乞行总兵等官毋狃于小利而失大机。从之。

（英宗朝馆本卷二九四·页三下）

○ 天顺二年（戊寅）八月丁丑（1458.9.29）

甘肃总兵官宣城伯卫颖奏："虏酋孛来等自今岁五月以来，从镇番抹山儿入境，至凉州、永昌，延及山丹、黑城子等处，往来剽掠，官私畜产俱已罄尽，自兰县抵甘州，道路梗塞，转输不继。况今岁自春徂夏。大风连作，雨泽不降，河水枯干，麦谷俱无，人民艰窘不可胜言。臣等原操官军六千八百员名，多方起调，止余三百六十员名。虽竭愚忠，昼夜区画，惟恐失悞。"

上命兵部计议以闻。

（英宗朝馆本卷二九四·页五下）

○ 天顺五年（辛巳）二月甲午（1461.4.3）

凉州守将奏："虏酋孛来拥众万余于庄浪驻扎，攻围城堡，阻截道路。"

事下兵部，请命将出师相机进剿。上命于宁夏及洮岷卫等调官军土兵一万一千人，各委骁勇头目统领，听副总兵仇廉调度剿贼。

（英宗朝馆本卷三二五·页三下）

○ 天顺六年（壬午）正月丁巳（1462.2.20）

巡抚甘肃右副都御史芮钊奏："虏酋孛来纠集丑类，潜入我边住牧，分寇庄浪、西宁、甘凉等处，虽屡被官军剿杀，而虏所杀官军五百五十人，掠去三百五十人，马骡牛羊五万余匹，皆总兵等官宣城伯卫颖、都督毛忠、林宏等提督不严，守御无策所致。颖等虽有微功，难赎其罪，请究治之。臣钊不能御寇，亦当万死。"

上曰："颖等亦尝伏罪，姑宥之，仍令其戒严边备。复尔，必罪不宥。"

（英宗朝馆本卷三三六·页六下～七上）

○ 天顺六年（壬午）三月乙丑（1462.4.29）

修浚西宁卫瞿昙寺墙及沟，以瞿昙寺灌顶净觉弘济大国师领占藏卜等乞为防鞑贼侵犯故也。

（英宗朝馆本卷三三八·页四上～下）

○ 成化八年（壬辰）十一月己酉（1472.12.16）

兵科给事中郭镗自陕西军中还，奏："自今年六月以后，虏众取道花马池，深入平凉、巩昌、临洮等府、州、县境内，一月间劫四千余户，杀掳人畜三十六万四千有奇。……"

章下兵部，言："总兵、参将等官拥兵自卫，玩寇殃民，皆宜究治。……"

（宪宗朝馆本卷一一〇·页四下）

○ 弘治元年（戊申）八月庚子（1488.9.14）

降陕西守备都指挥佥事康永官一级。坐虏入河州卫境，杀掠人畜，不能防御故也。

（孝宗朝馆本卷一七·页二下）

○ 弘治十六年（癸亥）正月壬辰（1503.2.20）

巡抚甘肃都御史刘璋奏："甘肃旧设十五卫所，惟西宁僻远，比〔北〕虏不能侵犯，其余皆临极边，随处通贼，所设军马仅足自守。先年选调西宁官军八百、庄浪二百、凉州四百、永昌三百八十、山丹二百二十驻扎永昌，策应庄浪、山丹等处，故今兵分力寡，数为虏贼所苦。况永昌去山丹、庄浪、红城子皆数百里，虏寇突入，缓不济事，请令所调官军各发回原卫操守，听游击往来提调，如有警，随宜调用，止留〔存〕西宁游兵备御。"

兵部复奏："请下总制尚书秦纮斟酌审处。"从之。

（孝宗朝馆本卷一九五·页五下～六上）

○ 正德八年（癸酉）五月庚午（1513.6.5）

虏酋亦卜剌次于讨来川遣使阿卜都等至肃州，乞赐蟒衣、锦绢。复遣把巴歹等速之，仍乞边地驻牧修贡……都御史张翼犒遣其使者，而以币帛与之，谕使效顺移营荒野。虏遂西入乌思藏屯据。

事闻，兵部议："亦卜剌窜伏边陲，苟延性命，乃敢阴怀谲诈，非分妄求。镇巡等官略无制御，乃欲以利羁之，是纳侮也。宜令总制都御史张泰等审计预防，喻［谕］以利害。若入境侵犯，则相机剿杀，毋或误事。"从之。

（武宗朝馆本卷一〇〇·页一下）

○ 正德十年（丁巳）闰四月癸亥（1515.5.19）

（前略）总督御史彭泽奏："亦不剌残寇已离巴禾川往乌思藏。虑其复寇洮、岷、归德、河州等处，宜置守将，且荐文谋勇熟知地利，请改注［驻］陕西。"

兵部议可。

（武宗朝馆本卷一二四·页三下）

○ 正德十年（丁巳）六月己巳（1515.7.24）

升分守松潘等处副总兵都指挥佥事吴坤为署都督佥事，充总兵官镇守四川；以陕西绥德卫都指挥佥事张杰充副总兵，代之。四川旧无镇守总兵官，亦不剌走入四川境，将会掠彰腊，坤以副总兵兼镇守欲避虏，乃言松潘去省城远，势难两及，请更设总兵一人，且私赂本兵者，遂以命坤。

（武宗朝馆本卷一二六·页四上～下）

○ 正德十年（丁巳）六月戊寅（1515.8.2）

巡抚四川都御史马昊奏："虏亦卜剌屯松潘境上，掠番夷诸寨。诸番乘变亦纠众以侵松城。"

兵部议："令昊及总兵、参将、兵备等官，整饬官军，防守要害。遣人分谕诸番，令其效顺。若果为虏所迫，量加抚恤，以慰其心。仍敕陕西总制、都御史邓璋等严备，防其复犯洮、岷。"从之。

（武宗朝馆本卷一二六·页八上）

○ 正德十年（丁巳）十二月丙辰（1516.1.7）

赏四川巡抚都御史马昊纻丝二表里，副总兵吴坤、兵备副使卢翊各一表里。初，亦卜剌虏犯松潘境，川人大恐。番夷磨让六少等为之卿［向］导，攻掠各寨。千户张伦、小旗高三保率众合番夷申卜儿拓等夜攻虏营，败之,并获磨让六少,虏遁去。昊等以捷闻,故有是命。伦及三保各升一级,申卜儿拓等赏银十两,诸为从者赏(有差)。

(武宗朝馆本卷一三二·页二下)

○ 正德十一年(戊午)二月己卯(1516.3.30)

巡抚甘肃都御史李昆奏:"亦卜剌残贼复寇西海地方,恐与把丹歹合为患,请发甘、兰、临、河、洮、岷、秦、巩、平凉九卫官军赴边战守。"

兵部复议:"宜令陕西巡抚等官逮治各卫官,误事者悉罢之,别选可任者领诸军赴边。"奏可。

(武宗朝馆本卷一三四·页六下)

○ 正德十六年(癸亥)七月乙亥(1521.8.27)

虏寇庄、凉、洮、岷等处,守臣告急,巡按御史许翔凤以闻。因言:"虏势日炽,防御日疏,大臣坐食廪禄,而不展一筹,将官惟务剥削,而不发一矢,廪藏空虚,刍粮匮乏,军令伤于姑息,锐气馁于侵牟,遇虏入掠,辄婴城自保。闻虏造锹镢欲攻城堡,请下户、兵二部讲求良策,敕镇巡等官选集精锐,克期剿逐。"

户部拟遣官一员,畀以玺书关防,专理军饷。兵部议请从之。报可。

(世宗朝馆本卷四·页二四上~下)

○ 正德十六年(癸亥)七月戊寅(1521.8.30)

陕西巡抚都御史郑阳言:"虏亦卜剌扰掠熟番,顷以小王子追逼渡河,窥伺边境。今本镇兵食不足以支虏,请发内帑银数十万易买粮草,运之洮、岷、临、巩等处,以备主客兵马之用。仍令宁夏镇巡官整兵听调,应援战守。"

事下兵部,复言:"往岁套虏入临、巩,固原、宁夏兵不能防遏,使虏得利去。今亦卜剌败亡之余,假息河西,其势易与。假令大虏入套,而延宁、固原之兵力能捍御,使不得深入,则洮、岷现兵自足以支河西残寇,不当复仰宁夏为援。请敕巡抚及总、副、参、游等官,严哨探,谨烽堠,并力以御套虏,令河西守备官整兵设防,或暂留甘凉官军与共备御,不得倚借邻兵,坐失事机。若虏不入套,两镇兵势足以相顾,听以便宜从事。其刍粮不给,请敕户部议处。"上从之。

(世宗朝馆本卷四·页二六下~二七上)

○嘉靖元年(壬午)十一月己未(1522.12.4)

虏亦卜刺千余骑将寇岷州,至冷地峪,百户俞泰据寨与战,却之。都御史王珝言泰有保障岷州之功,虽无斩获,亦宜升赏,以励其后。且请于冷地峪西三岔筑堡驻兵积谷,为洮、岷声势。

兵部复奏,从之。

(世宗朝馆本卷二〇·页六下~七上)

○嘉靖四年(乙酉)八月戊子(1525.8.19)

先是,西海虏正德初为小王子仇杀,率其余党假息西宁,春夏逐水草驻牧,收[秋]冬踏河冰掠洮、泯[岷]。时总督杨一清调请[请调]兵剿之,会一清召还,议遂寝。后贼益众,颇为边患。至是,一清复提督三边,请得相机以便益[宜]从事。

兵部上其议。上可之,令一清先具(制)胜方略审计以闻,要在万全,毋轻启衅。

(世宗朝馆本卷五四·页一上)

○嘉靖五年(丙戌)三月庚戌(1526.5.8)

先是,虏酋亦卜刺等为小王子所败,窜入西海,逼胁洮州属番,大为西宁、洮、河之害。时大臣献议者金献民主抚,杨一清主剿,兵部尚书李钺则谓:"兵难遥度,须先守后战,方可万全。请行新任总制王宪预处兵食,便宜度虏在目中机会可乘,即密约甘、凉、庄浪等处将官量调延绥、陕西、宁夏三镇游奇兵马,刻期剿捕,一举收功。不可因循玩寇,坐失事机,亦不可轻率寡谋,重贻后患。"上然之。

(世宗朝馆本卷六二·页七上~下)

○嘉靖五年(丙戌)五月癸未(1526.6.10)

提督陕西军务尚书王宪奉旨议处达虏亦卜刺事,言:"亦卜刺去冬拥众围洮城，今春复犯，不一挫衄，患无已时，幸今套虏过河住牧宣大境外，而各路士马分布要害，臣以［已］勒所部勒［备］粮饷，分游奇兵守归德、永宁等堡。因追剿之恐其急奔松潘，亦以［已］责令严加提备，务期全胜。"

疏下兵部，议谓："大军深入，履危蹈险，所当顾虑，且出境征虏，当候冬杪春初，今已入夏，虏地草茂马肥，又恐大雨时作，山溪溢涌，我军进止尤难，愿敕王宪审计，如虏仍犯洮、泯［岷］或迫境上，则相机进剿，不然即候冬春之交大举可也。"

上曰："此事体重大，其令王宪悉心计画，随宜战守，务在万全，不可辄议出境。"

（世宗朝馆本卷六四·页一上～下）

○嘉靖五年（丙戌）六月丁丑（1526.8.3）

番贼二百余骑寇甘沟寨，达虏拥众往牧洮河，时以轻骑入边卤掠，镇守都督郑卿、守备田登、参将王玑、夏钦等各拥众不战，所亡失甚多，提督军务尚书王宪以闻。上责卿等纵寇殃民，俱令戴罪逐虏，事宁之后，论核功罪，以行赏罚。

（世宗朝馆本卷六五·页八下～九上）

○嘉靖十年（辛卯）四月甲子（1531.4.26）

巡按陕西御史方远宜条陈边务：

"一、修垒堑，以便固守。兰州至甘凉俱依山为险，无坛［墙］堑，不可防御。往者，总兵刘文修花马池，而虏不敢窥。宜按其故事，增修垒堑，分布官军，居高临下以御之。

一、筑营堡，以藏案［按］伏。诸边御虏，惟以坚壁［壁］清野为上策，今壁未可为坚也，宜相度要害，增筑巨堡，预藏按伏，以待游兵，而边地居民遇警亦赖以相保。

一、添游兵，以重应援。河南［西］卫所，地广兵分，各守一处，况戍卒屡易，地里不谙，人情不协，皆非兵家之利。乞将沿边军士多选游兵为援，仍以腹里备御之兵填补空缺，其备御班军，每番仍令拨守故地，庶使习其地里，协其人情，可以同心协力以捍外患。

一、演火炮，以备紧用。神枪火枊〔炮〕，中国长技，然我军不能以此取胜者，习不熟耳。乞敕边将，令与弓矢一体演习。

一、保属番，以固藩篱。黄河西北旧有曲先、阿端、罕东、安定四卫，皆西番之人，受我朝封建以为藩篱，近为西海虏所侵，恐其势孤，不能自存，则我之藩篱撒〔撤〕矣。乞敕边臣督率诸番，各令修筑塞堡，以自捍卫，有警则出军救之。"

疏下兵部，复言："曲先、阿端等卫国初授官给印，故我藩篱也。自海贼亦不剌〔刺〕据其地，日肆凌铄，为我内患，故守臣因属番之请，率众筑堡，以抚卫之。兹海贼自〔日〕繁，我兵不能御，恐此番因而生心，窥瞰强弱，或反为彼所用，则岂惟河西之忧，临巩、关中亦无高枕之期。初守臣敬〔苟〕且避事，养成大患，失今不图，后患必深，宜令镇巡计之。他议皆可行。"报可。

（世宗朝馆本卷一二四·页二下～三下）

○嘉靖十年（辛卯）五月庚戌（1531.6.11）

甘肃巡抚赵载奏三事："一抚恤属番，以固藩篱。谓罕东左卫帖木哥、土巴等率众归附，宜量与一官。又，先年赤金〔斤〕蒙古等卫都督赏卜达儿男锁南速等寄住肃州已久，亦宜下敕奖慰。或赐恩赉〔赏〕，或令承袭，或与换敕，以绝土鲁番招致之望。……"

兵部复："抚恤属番事，请下所司勘实奏处。如（其）言。"报可。

（世宗朝馆本卷一二五·页九下～一○上）

○嘉靖十二年（癸巳）二月癸卯（1533.3.25）

先是，小王子部落卜儿孩因内变逃据〔居〕西海，为庄宁边患且二十年，已，惧小王子仇己，请纳款于我，朝廷下守臣勘上方略。无何，虏酋吉囊等拥十余万众屯套内，窥犯延绥、花马池以入京〔凉〕固属，各边戒严，不得间。乃突出四五万骑，乱河西，济袭卜儿孩，大破之。至是，总制尚书唐龙及甘肃镇巡官以状上，且言："卜儿孩既衰败远遁，西海获宁，纳款事不必再议，惟一意审固谋略，加意提备。仍谕〔谕〕属审〔番〕帖木哥，彼或以穷来归，即设计擒献，重加赏赉。"

兵部复如龙议。报可。

（世宗朝馆本卷一四七·页七上～下）

○嘉靖十四年（乙未）五月癸亥（1535.6.3）

致仕都察院右都御史邹昊卒，诏赐祭葬如例。昊，初姓马，后复邹，陕西宁夏人。……以功累升都察院右副都御史，巡抚四川。达贼犯松潘，昊击走之，加俸一级。又以讨平獏蛮普法恶及松潘端竹白等功，升右都御史，荫一子锦衣卫百户。十四年，坐天全土官高继恩等与芦山县民争地仇杀，御史黎龙〔劾〕昊，逮京下狱。今上登极，释，复职。无何辞罢，给驿归。

（世宗朝馆本卷一七五·页一下～二上）

○嘉靖三十四年（乙卯）正月乙丑（1555.2.20）

总督陕西三边侍郎贾应春奏："三十三年秋九月，套虏悉众分犯永昌、西宁等处，守〔官〕军御敌胜之，斩首四十余级。又，岔口生番写尔等族屡犯镇羌等边，总兵王继祖督众掩击其巢，斩首五十九级，夺获牲畜千计。"因列上王继祖与诸将士功，及永昌守备王汝玉失守之罪。

诏赏应春、继祖及甘肃巡抚王诰各银四十两、纻丝二表里，兵备副使孟淮、副总兵曹世忠各二十两、一表里，宥原任游击将军金鉴，赎罪还职，夺汝玉俸三月。

（世宗朝馆本卷四一八·页四上～下）

○嘉靖三十八年（己未）正月甲申（1559.2.18）

巡抚陕西都御史殷学奏："套虏俺答等现驻宁夏山没〔后〕，逼邻固、近〔靖〕、兰、河，宣言欲掠西番，然虏情叵测，本镇兵多选入未〔卫〕，余者单弱难恃，且粮饷匮诎可虑，乞将固原入卫兵马撤回，并将今春轮该入未〔卫〕者暂免付〔赴〕班，而速发饷银以为军资。"

事下兵部，议："入卫兵，不可撤，且〔宜〕于邻近官兵相机调用，倘虏势重大，许暂留更番兵策应，其饷银猝难办发，姑就彼中多方亟取〔处〕。"从之。

（世宗朝馆本卷四六八·页二上）

○嘉靖三十八年（己未）三月乙亥（1559.4.10）

总督陕西三边军务侍郎魏谦吉以俺答拥众盘据西海势将入犯条奏预防七事：

"一、旧规防秋总督驻花马池，巡抚驻固原，今虏势异常，未可执一，当相时进止。若虏寇延庆，巡抚即移驻庆阳，以便防守。若犯庄、宁，则暂驻兰、巩，以壮声援。总督则量贼势缓急，调度策应。

一、河州地势孤悬，先年唯设守备一员，权轻兵寡，宜改设参将，增兵三千人，与洮、河参将分地防守。

一、固原原派修筑延绥西段边军夫并架梁官军共一万余人，今春免赴工所，暂留本镇，听候兰、靖、洮、河有警，调度策应。

一、陕西延、绥二镇地方，虽有城堡崖寨，率皆居民，自守难恃。宜逐一核视，军卫有司地方各令定委专官提调，庶有统纪。

一、陕西延、绥、宁夏、甘肃四镇城堡墩台近多废圮，宜速令修葺，增备器具，瞭举烟火，以便防御。

一、洮、岷、阶、文等处戍卒单弱，宜暂于附近军余及各州县民兵借拨防守。

一、置造火器，宜查各州县城堡原旧有无火器，酌量冲简，分别事势，为之补造给发。以资守御。"

疏下兵部，言："六事俱如所拟。惟河州改设参将非难，而增兵为难，当先议增兵三千于何召补，储饷于何措办，方可施行。今已调集诸路兵西援河州，不若随宜调遣为便。"

上从部议。已，谦吉复奏："前项军数募补已完，堪以改设。其河州守备，宜如前议裁革。"从之。

（世宗朝馆本卷四七〇·页一上～下）

○嘉靖三十八年（己未）四月癸卯（1559.5.8）

巡抚宁夏都御史霍冀言："俺答纠聚套虏，势将西〔南〕犯，本镇兵马单敝，不敷防御，乞擎回入卫游兵，或将在镇休班兵〔军〕马免其番上，更请发太仆寺银三四万两市马。"

兵部议复："入卫游兵，不当议留，本镇既告急，宜令督发该镇轮班游兵入卫，与前班速代，听其回镇应援。太仆寺马价空乏，宜照例于陕西寺苑〔苑马寺〕孳牧马并茶马内取给，及追征桩朋地亩银两买补。"上从部议。

（世宗朝馆本卷四七一·页一上）

○嘉靖三十九年（庚申）二月乙巳（1560.3.5）

总督陕西三边侍郎魏谦吉言："虏酋俺答结连套虏，盘据西海，且逾年累犯庙儿沟等处，近复移营庄、凉，胁诱我属番板撒儿等族，分兵抄劫。臣多方抚谕诸番，亦以祸福顺逆，而檄总兵徐仁等帅副总兵吴征、参将周钦、游击李震等，各分道击之，遇虏于山丹岔口，西宁等处诸番以兵来助，连战斩首虏一百余级。"

疏下兵部议功。诏升谦吉、仁、汝〔如〕霖各俸一级，仍赏银、币。其余功罪，巡按御史查核以闻。

（世宗朝馆本卷四八一·页三上）

○嘉靖四十一年（壬戌）二月甲戌（1562.3.24）

巡按（陕西）御史王好问勘上三十六年虏犯西宁，各守臣失事罪状。诏降庄浪右参将李嵩、甘肃游击将军刘以正〔臣〕、永昌守备虎林〔林虎〕及甘州卫指挥使刘胜等各三级，谪分守西宁卫指挥同知张承恩等充边远军。

（世宗朝馆本卷五〇六·页四下）

○隆庆二年（戊辰）三月壬戌（1568.4.9）

先是，正月中虏三千余骑驻红城子、石棚沟等处，由庄浪飞石崖入犯西宁、河州界，掠熟番灵藏、宗刺等族。寻引还。于是，总督王崇古劾奏西宁参将朱清、河州参将刘需〔濡〕，不凿冰据险，使虏得渡河入庄浪；参将汤鼎、洮岷参将薛奎及总兵刘承业、革任副总兵张弼备御无策，使获利去。

事下兵部，拟诸臣罪状，因言："巡抚石茂华且以忧去，而代者王轮未至，宜促（之）。又请以原任参将李世威代鼎，兴武营协同闻三接代奎，原任参将吴凤代清。"上是之，令趣轮赴任，夺承业俸一月，革鼎、奎任及粥，俱令御史勘奏。

（穆宗朝馆本卷一八·页九上～下）

○ **万历三年（乙亥）四月甲戌（1575.5.15）**

俺答子宾兔住牧西海，役属作儿革、白利等诸番。随令寄信松潘番、汉，以迎佛盖寺为名，屡传衅息。四川抚臣曾省吾、按臣郭庄以闻，谓宜速行陕西总督谕令顺义王俺答严戢宾兔，无得垂涎边境，自败盟好。于是，兵科给事中蔡汝贤奏言："宾兔蚕食诸番，撤我藩篱，逆志固已萌矣。议者不察，犹欲传谕俺答钤制宾兔。夫奄奄病酋，墓木已拱，安能系诸酋之手足耶？且宾兔前抢西宁，已行戒谕，曾莫之忌，可见于前事矣。乞敕该部亟咨该镇，勘破虏情，整搠边备，或先事以伐其谋，或遣谍以携其党，或增兵以扼其隘，或相机以挫其锋，令犯顺者创，胁从者解，狂虏闻之，少知敛戢耳。且虏自称贡以来，所要我者屡变，索锅而与之锅，求市而与之市，增马而与之增，将来边计安知底止！乃若巴蜀之衅，又自焚修之说启也。盖许之建寺，则西藏一路往来自由，听之奉佛，则南北诸番交通无禁。彼黠虏岂真有从善之念哉！其挟诈用术，远交近攻，不独宾兔为然明矣。惟天语叮咛当事诸臣毋蹈往辙，克励新图，无苟取一时之安。重贻他日之悔。"

章下兵部。

（神宗朝馆本卷三七·页二下～三上）

○ **万历五年（丁丑）四月丁丑（1577.5.7）**

升肃州参将姜显宗一级管事，夺兵备副使孙坤俸二月，革原任操守薛如玉回卫差操，以万历四年虏入甘凉抢番住牧，不能防御也。

（神宗朝馆本卷六一·页四下）

○ **万历五年（丁丑）九月己未（1577.10.16）**

俺答投书甘肃军门，乞开茶市。巡按陕西御史李时成言："番以茶为命，若虏得借以制番，番必转而从虏，贻患匪细。"

部复："茶市岂容轻许，但虏王既称迎佛，僧寺必须用茶，难以终拒。

宜行该镇，如虏王请以马易茶，直以官茶无多，原以招番纳马正支，天朝自有法制，谁敢与市。惟量给百数十篦，以示朝廷赏赉（厚待）之恩。"上是其议。

（神宗朝馆本卷六七·页二上～下）

○万历六年（戊寅）四月丁亥（1578.5.12）

先是，俺答之子宾兔率众拨［抢］掠熟番甘藏等族头畜及岷州军马，声言要在旧洮州境外开中市马。至是，兵科都给事中光懋上言："西番以茶为命，国初于西宁、甘州、洮、河诸处立茶司，岁事招番中马，以羁縻之，且以制御北虏。若假茶市以与虏人，我须以茶易虏之马，虏转以茶系番之心，各番所资以为命者既不在我，而其势不得不与虏合。伏乞敕下督抚官留心防御，传谕虏王钤束各酋，速归原巢住牧，仍申明茶市禁例，不许再请。"

部复如议。上曰："这防虏保番事宜，着督抚官悉心举行。如虏人再索茶市，及马市亦停止之。"

（神宗朝馆本卷七四·页一下～二上）

○万历七年（己卯）二月癸巳（1579.3.14）

虏王索开茶市于洮州，以马五百匹易茶，陕西巡按罗应鹤请谕止之。章下兵部。

（神宗朝馆本卷八四·页五下～六上）

○万历九年（辛巳）六月甲寅（1581.7.22）

陕西督抚郜光先等题称："万历八年七月内，西海住牧贡夷丙兔纠众越河掠番，混掳汉人头畜，伤死男妇六名。该镇宣布朝廷恩威，而顺义王俺答等驰〔贻〕书切责，丙兔悔罪，送还原掳汉人并熟番男妇四十九名，愿罚服马牛羊七百匹只，执献作歹夷人火力赤等六名，似应准其照旧市赏，以彰信义。仍行顺义王传谕河套松山诸酋恪守贡市，如有生事作歹者，一体处治。其俺答、卜失兔等，各笃恭顺，应分别叙赉。至罚伏［服］马匹、牛羊，原为伸威，非利所有，乞照宣镇银定台吉事例，分给诸酋。"

兵部复请如议。上曰："虏酋既认罪远徙，执献贼夷，自甘重罚，姑准赦宥，照旧抚赏。火力赤等都饶死，着拿送俺答，以夷法处治。其罚处头畜，亦不必进边，都给与俺答部众人等。俺答约束西〔所〕部，恭顺可嘉，赏银三十两、大红纻丝蟒衣一袭、彩段六表里、布二十匹；卜失兔、不害、切尽黄台吉各赏银二十两、大红狮子纻丝一袭、彩段二表里、布十〔二十〕匹，以示劝奖。馀俱依议。"

（神宗朝馆本卷一一三·页四下～五上）

○ 万历十年（壬午）正月甲申（1582.2.17）

陕西总督高文荐题报："河套诸虏假道西行，虽称仇杀瓦剌，寻抢生番，虏情叵测，当严防范。"

部言："地方官宜多方侦探，相机应变，固不可失彼款顺之心，亦不可堕彼变诈之计。"上是其言。

（神宗朝馆本卷一二○·页七上）

○ 万历十年（壬午）十一月己卯（1582.12.19）

阅视延、宁、甘、固边务，工科左给事中肖彦言："肃州虏众屡掠番人，攻我民寨，伤我官军，岁无宁月。臣目击河西危急之状，有当亟议者。如该镇额兵九万有奇，今不及其半，宜先足兵，兵以射艺火器为能。……肃州连年多故，诸番避居关厢。即今虏中逃回，往往投兵希养。收拾人心，宜施优恤之策。虏时出入肃州、凉、庄、镇、永间，当时拒阻，即以掘墙峒〔恫〕喝。若不渐处图防，将窥我虚实，熟我险易，一旦渝盟，悔将何及？宜备华夷之防。"

部言："该镇边备久弛，是奏皆安边制虏之策，宜行督抚计议以闻。"上可其奏。

（神宗朝馆本卷一三○·页七上～下）

○ 万历十一年（癸未）十二月癸丑（1584.1.17）

兵部复："陕西巡按御史韩应庚、兵科都给事中张鼎思各题称，西番拥兵七千余骑，从八盘岭透黄羊川行走。虎酋阿赤兔等带领精兵，亦由此迎番。庄浪、凉、永之间，杀戮残毁，势必不免。宜行巡按御史查勘具奏。"从之。

（神宗朝馆本卷一四四·页一下）

○万历十二年（甲申）正月己亥（1584.3.3）

下西宁参将王国柱于吏部，副使张登云夺俸，坐虏酋着力兔［兔］等纠西海虏酋领虏八千余骑抢西宁番族，突入境内，杀伤番、汉土人并头畜甚众。为甘肃抚按董尧封等参劾，故究治。

（神宗朝馆本卷一四五·页四下）

○万历十二年（甲申）六月乙丑（1584.7.27）

陕西洮、岷环住番族，向听土官杨臻约束。自俺答迎佛西海，致诸酋恋牧河西，近复蚁聚莽刺，渐逼洮、河，将为内患。巡抚李汶以为言，诏（令）集兵防备〔御〕。

（神宗朝馆本卷一五〇·页四上～下）

○万历十二年（甲申）十月壬戌（1584.11.21）

陕西巡按董子行疏虏酋合谋盘据，内言："各番勾虏，我城堡不固，兵将不习，洮、河、临、巩在在孤危。边地原无积储，大荒之余，士多枵腹。谓宜借力于番，非破格优劳不可，宜练兵、设险、积储以待。"

兵部复："如御史言，行督抚官会议以闻。"诏曰："可。"

（神宗朝馆本卷一五四·页五下）

○万历十三年（乙酉）二月甲辰（1585.3.3）

总督陕西三边兵部右侍郎郜光先等上边计八事："……一、禁盗马，以杜衅端。言虏之掠番，率以窃马为名，宜严禁诸番不许窃虏马，犯者重罚。……"

部复："并如议。"

（神宗朝馆本卷一五八·页二上～下）

○万历十三年（乙酉）十一月辛丑（1585.12.25）

初，兵科都给事中王致祥言："河西五郡本汉建之以断匈奴右臂，昔年有番无虏，自俺答抢番，留孽子丙兔等七枝盘据海西，而套内部落亦以大小松山为巢穴。又，初款之时，止丙兔七枝，今威正等共二十九枝，环甘皆虏矣。将所统士马仅以千计，责之守御，譬以羸羊抟[搏]猛虎也，请增饷数万以俟召募。"诏下彼中督抚议之。至是，抚臣李汶上洮河守御十事：修筑险隘以固边防；驱逐黠虏以纾边患；散还原戍以济急塞；联络战守以杜观望；慎防要堡以固疆圉；收处生番以明哨探；优复土官以作士气；久任兵备以便责成；补给缺饷以资兵食。

兵部题复难其烧荒撤戍更置兵备守备之议。上亦以修筑险隘须酌量缓急，无虚费财力，疲劳军士。而按臣屠叔方条边务六事：属户部者二，曰修屯田、曰实兵饷；属兵部者四，曰议设备、曰厄险要、曰慎互市、曰练招集。其修屯田一事，言："隆庆间，抚臣杨锦议拨军垦荒，收租充饷，大熟可得谷十万石，省发帑银十万两，小熟可得谷五万石，省发帑银五万两。乃继任者徒博恤军之虚名，将垦军议归营操，弃塞上无穷之利，倚内帑有限之财，垦荒初议荡然矣。今议甘肃庄浪迤北通远驿，迤南丰草沃壤，召人开种，疏渠堰，给牛具，以兴复屯政。"

得旨："垦田、筑堰诸务，每年奏报，并于阅视查核，不必载入考成。馀并如议。"

叔方又画图帖说，甘镇者十有二，固镇者十，装潢成帙以进。报闻。

（神宗朝馆本卷一六八·页二上～三上）

○万历十四年（丙戌）八月乙亥（1586.9.25）

兵部题复陕西巡按杨有仁条陈边事：

"一、议处备御都司。查得甘肃原有备御都司四员，统领兰、河、临洮、岷州等卫军士，轮流领班。上班者一住石硖口，一住安远堡，防御番虏；下班者一住临洮，一住巩昌，暂理军装。据议近经阅操，卒多废堕，一以来去之不常，一以彼此之推诿。乞要免其轮番，专在地方管事，其后军士缺少，边务疏虞，各照专管查参，无非专责成以求实效之意，仍应备行该镇督抚会议，以为经久之图。

一、议处备御班军。查得石硖、安远二堡，砂碛不毛，边冲地冷，班军既苦于驰驱，土著又难于召募，倘遇边烽告警，实多疏阔之虞。拟于附近营堡军士内通融摘拨备二百名，责发石硖、安远二堡，常川驻扎，仍令甘山、凉泉等卫所并摘拨过军士营堡，将领自行召补，并听该道验发，每名各给安家。是要害既可以得人，而援急不至于偾事，合行督抚从长酌处。

一、议请发军册。查得甘镇军士，逃亡几半，册籍无存，存者无的实贯址，合将兜底黄册抄誊回镇，透一清查。现在者免其纷扰，逃故者严行清勾。其清到军丁，有人顶名食粮者，即以军丁充补，而以顶名食粮者改作召募，则营伍可以渐充，而边防实有攸赖矣。"

俱依拟行。

（神宗朝馆本卷一七七·页六上～七下）

○万历十四年（丙戌）十一月庚子（1586.12.19）

兵部复："甘肃都抚官尚书郜光先等题防虏事宜。为照河东套虏，枝部繁多，纠众西行，蓄谋叵测，虽曰仇杀瓦刺，其实志掠诸番。使由川底直行，已多震邻之恐；若复经由内地，不免入室之虞。宜多方宣谕设法提防。"上报可。

（神宗朝馆本卷一八〇·页五下）

○万历十四年（丙戌）十一月戊申（1586.12.27）

以甘肃河西失事，夺总兵刘承嗣俸三月，策励立功，仍追论先年俺答迎佛假道西行事。罪当时督臣董世彦、抚臣侯东莱贻害地方，夺其诰命；镇臣王国勋降三级；科臣顾九思纠参。部议以世彦、东莱俱已物故，国勋已经升任，可免议。上以边疆事重，特（命）处之。

（神宗朝馆本卷一八〇·页八上）

○万历十四年（丙戌）十一月己未（1587.1.7）

以西宁失事革三川守备赵世宏、防守西宁卫指挥佥事甘良卿任，世宏仍行提问。

（神宗朝馆本卷一八〇·页一二下）

○万历十五年（丁亥）正月壬寅（1587.2.19）

兵部上言："甘镇地方孤悬天末，番虏错居，兼之流虏日增，西宁失事未已，而肃州告急。今虽渐就敉宁，尚多可患。如庄浪鲁家军夙称骁健，虏素知名，乘时鼓舞，遇警调遣，人乐为用。然须咨三边总督责成该镇抚官，务营伍充实，战守有资，一切剿抚事宜，相机行事。"

得旨□□。

（神宗朝馆本卷一八二·页三下）

○万历十五年（丁亥）二月癸亥（1587.3.12）

兵科都给事中顾九思等奏："今之河西镇孤悬天末，实番虏之要冲。自世宗先朝臣杨一清、杨博等先后经（营），略有端绪。乃款贡以来，人情懈弛，事机坐失，住虏数十种，窃据其中，东虏数十万，环扰其外，饷薄兵疲，虏［势］穷力促，虏日骄，我日挫，是以和自愚也。臣谓各镇自抚，河西自战，昔日河西宜抚，今日河西宜战。无论住虏、流虏，但入内地侵掠，即便剿杀，追逐出境，无以开衅为嫌。有逗遛不追违误大计者，自罹军法。然……一议番族。河西北则虏，南则番，吾以一线之路，横亘其中，使番人无交通北虏之忧，中国坐受茶马之利，所以不令番与虏合也。夫番众受虏患深，怨恨入骨，往往有猛图一逞者，我因而用之，则皆成劲卒，庇则为我用而获安唇齿，弃则为虏用而有害腹背。利害之间，自当深结于番矣。……"

部复如议。

（神宗朝馆本卷一八三·页一下～二上）

○万历十五年（丁亥）四月乙丑（1587.5.13）

巡按陕西御史杨有仁上言："臣奉命巡历西陲，已周一载，于凡边关要害、地势缓急、虏众出没、番情向背、兵之强弱、饷之虚实，自到地方日与诸司道悉心讲求。窃见去岁六月以来，东虏流聚，边报交驰，新春连月风霾、灾异屡见，民生、边计日夕关心剥肤，燃眉拯救无术，臣私心凛凛焉。而洮、河诸处保镇全关虏酋住牧近在境内，兵饷寡弱，祸患易萌，尤不可不为之切虑者。计［总］关中大势计之，西凤譬之堂室，洮河譬之门庭，河西五郡譬之藩篱，藩篱决则室家不支，门庭坏则堂奥不守。今议者欲增兵选将以固河西，盖重藩篱也。藩篱常固而门庭却疏，万一丙兔、克臭连结海上诸虏，托言抢番犯我内地，一旦洮、河失守，以东则临、巩无素练之兵，势难捍御，以臣则五郡当孤悬之势，复断咽喉全关之地，可为寒心。臣查得洮、河地方旧无虏患，止是防番，故当时原额兵额亦不加多。自俺酋迎佛建寺结众住持莽剌川，一以恋水草之丰，一以图诸番之利，久假不归，遂成巢穴。且又招引西海诸酋往来住牧，而洮、河门屏之间遂为腥膻屯聚之所矣。是当日关陕止有三边，而今又增洮、河一边也。要害孤危既与延宁诸镇相埒，而兵卒粮饷一如旧日无事之时，不为议处可乎？今日之所议者有七事焉：一议洮州兵，洮州番虏之冲，而兵不满七百，当增兵也；一议河州营，以沿边二十四关皆贼通行要路，兵不满千，应增也；一议马匹，该卫操马一千一百匹，应给马匹，于茶牧马内太仆寺马价银内动支也；一议军饷，旧洮州召军与家丁共一千一百名，月粮、料草共该银一万三千七百四十两，或于内帑银内，或各边节省银内拨给也；一议重番站，归德去河州八百余里，万山中止是番站六处、马八匹、军八人。若虏变，难于传报内援，当添头目与军也；一议设守备，凳家、大通、弘化寺千观台堡，其地并与边垣可恃堵截逆虏，以操守官卑，应改设守备一员也；一议抚番族。洮、河诸番岁以茶马招之，使勿与虏合。虏强番弱，以番附虏，难制也。"

命下所司。

（神宗朝馆本卷一八五·页一下～二下）

○万历十五年（丁亥）四月庚辰（1587.5.28）

总督陕西兵部尚书郜光先题："甘肃一镇，乃洮、河藩篱。自东虏丙兔遗流窃住西海，每渡河而南，住牧莽剌川一带，逼近洮、河疆境，垂涎番族，睥睨内地，是以洮、河昔年止于防番，今则又防虏矣。当召土著以补所撤之数，每召〔月〕一军给粮一石，每斗折银七分，解送充饷。若岷、河二卫备御班军，仍照原议轮赴河西防戍。其安远、石峡二处都司四员，内二员常住河西防御，二员常住河东催军。河东各卫原额，河西脱伍班军，严行各道清勾之。"

上曰："备御河西班军，既该总督官酌议停当，仍旧行。"

（神宗朝馆本卷一八五·页七下）

○万历十五年（丁亥）七月辛卯（1587.8.7）

暂管协理京营戎政左副都御史魏时亮陈安攘要务十四议："……甘肃摘议：一曰攘虏绥番。……"

上纳其言。戎政边务，下所司复行。

（神宗朝馆本卷一八八·页一下～二上）

○万历十五年（丁亥）九月癸丑（1587.10.28）

兵部复："陕西督抚等题，东虏歹言［酋］黄台吉被番射死，其酋妇扶丧东归，始而禀明经过，昭天朝无外之仁，既而预待严防，示中国有备之义，使各相相安于无事，何至相竞而互伤。……今火落赤等酋盘驻海上，时为窥窃，尤当万分戒严。如按臣所谓无事为有事之图，有事而享无事之利，此诸臣所当惓惓在念者。"上从之。

（神宗朝馆本卷一九〇·页七上～下）

○万历十五年（丁亥）十月丙子（1587.11.20）

兵部复："河南司署郎中事主事陈于阶奉命陕西赈济，陈全陕事宜：……一、练番兵。据题：'番族恨虏日深，心切报复。今欲乘机收养，以备缓急。'先该甘肃督府〔抚〕屡陈操练夷兵，钦依通行，相应再行申饬。然非我族类，其心必异，必统驭得人，操演有法，土番各有攸归，庶免争端，粮饷各有正额，庶免脱伍，斯可收以夷攻夷之效也。"上从其议。

（神宗朝馆本卷一九一·页一二下）

○万历十六年（戊子）十月戊子（1588.11.26）

巡按陕西御史徐大化题："河西于九边为多事，而肃州于河西为最孤。……臣谨以巡阅所得，列为数事以闻焉。一、重关宜建。盖虏入未有不掠番者。倘番折而入虏，不但撤我藩篱，且虞〔直〕为彼向导矣。肃州临城附住番夷，我属夷也。其长安插临城而支族部落安插迤北境外，累中虏患，渐移内境。近以〔已〕招选夷兵，自具粮马，随众操演。第散处水草，调集为难。肃城东门外地基平阜，可建重关，听夷兵男妇保聚其中。且多盖营房，安插新旧家丁，以成犬牙相制之势，置族长以施教化，立保甲以便稽查战守，其有资矣。……"

章下兵部。兵部复请依拟行。

（神宗朝馆本卷二〇四·页二下～三下）

○ 万历十六年（戊子）十一月庚申（1588.12.28）

（兵科给事中张希皋）又谓："套虏岁以甘镇为壑，近闻虏王乞庆哈寓书宣大督臣欲亲送番僧拥众西下。若其行果，无论赏犒之费不资，而窥伺之衅其可再乎！先事图谋，相机操纵，责在督抚而已。"

命兵部酌议以闻。

（神宗朝馆本卷二〇五·页四上）

○ 万历十六年（戊子）十二月庚子（1589.2.6）

兵部题复陕西总督尚书郜光先奏称："虏酋吉囊与庄秃赖各领部众乞求内地过边住牧，及顺义王护送番僧西回，乞讨市赏。恐诸酋合，提备为难，且甘镇孤悬，处处当防。……顺义王送僧之举，恐为假道伐虢之谋。若各镇并力处置得宜，则虏人虽宜入，我有以逸待劳之势。若彼众合谋，声势联络，则甘肃孤危，我有以寡敌众之虞。要之，以抚为体，以堵为用，以守为正，以战为奇，及先时侦探宣谕，临时防抚应援，一切机宜，诚为长虑。应如议申饬。"上是之。

（神宗朝馆本卷二〇六·页一〇上～下）

○ 万历十七年（己丑）正月庚午（1589.3.8）

甘肃巡抚曹子登言："套虏西抢，谋非一日，吉囊为套虏之主，名位与顺义比，其所率部落甚多，亦不减先年顺义之来西也。今部落先由川底而西，只本酋与头目内走。今吉酋不远数千里携帐而来，岂直报仇瓦剌，其抢番不待言矣。且吉酋先行，庄酋尾后，庄酋不肯由水泉暗门，坚求水塘之去，两酋特〔犄〕角，无非报我十五年中剿虏之仇耳。水泉暗门，原系通海大路，顺义王于本门进边，节年以来，通行无阻。今吉囊遣部落行由川底，而自提大众拥逼水泉，若不容其暗门祸速而大，放其暗门祸缓而小。如吉酋出边，庄酋亦由边外而往，照旧行犒，以慰远来。若必不从，在吉囊尚未可加兵，庄酋必乞边而入，又不得不以兵马堵之。一牧于南，一伺于北，水塘百余里原无藩篱，其成败利钝，皆不可逆睹也。"

章下兵部，复："听便宜行事。"

（神宗朝馆本卷二〇七·页七上～下）

○ **万历十七年（己丑）三月己未（1589.4.26）**

兵部复："三边总督郜光先疏其御虏保番恤士事宜，俱如原议。惟西宁失事是我自开衅隙。战备当饬而不可喜功生事，以起兵端。熟番纳款有素，是我所恃为藩篱，故抢番当援，而难于概保生番，以丛夷怨。至于督臣每遇秋防相机巡督，仍侦探虏王西行的息，调度抚防，无拘花马池防秋旧例。"

旨命督抚著实遵行。

（神宗朝馆本卷二〇九·页五上～下）

○ **万历十七年（己丑）四月戊戌（1589.6.4）**

顺义王乞庆哈投书总督郑雒言，乃祖俺答先年迎奉佛僧，今僧物故，欲会各台吉送归，乞照旧额市赏。雒令其从边外行。甘肃巡抚李廷仪言："套虏、瓦剌原有夙仇，纠结虏王已非一日。先年俺答西来假以迎佛，未遂所图。比时借道经行，原有抚赏事例。今乞庆哈假以送佛倾巢而西，无非俺答故智也。但犒赏似难峻绝，而戒备自当加严。开列二款：一议防守，酌虏情众寡地方远近，左行则左应，右行则右应，倘有紧急，不待调遣，速行策救；一议抚赏，俺答经过本镇，先任抚臣预买赏犒等物共用一万四千四百余两。今乞庆哈西来，抚赏止照旧规，固不可峻拒生嫌，亦不可滥予糜费。"

兵部复请如议。

（神宗朝馆本卷二一〇·页六下～七上）

○万历十八年（庚寅）正月乙丑（1590.2.26）

巡抚甘肃李廷仪奏言："十月十二日，套虏吉囊纠合火落赤等指抢生〔土〕番，两路并进侵犯，射死居民，抢掠牲畜。乞敕兵部查议虏酋吉囊等，容臣等差通官诘责。如果认罪，罚服免革市赏；如或不悛，重则问罪兴师，轻则闭关谢绝，以为款虏犯顺者之戒。并行巡按御史分别各官功罪有无隐匿。"

上令兵部议复。

（神宗朝馆本卷二一九·页八下～九上）

○万历十八年（庚寅）四月丙戌（1590.5.18）

陕西督抚梅友松等奏言："虏酋火落赤等纠众逼近归德，所谋移捝工川建寺住牧，为谋叵测。"又称："固、镇、河、挑〔洮〕一带旧无虏患，自俺答遗子丙免〔兔〕后与酋首克臭等恋住，莽刺川遂成巢穴。若火酋再据捝工川，则为关陇腹心之患。因条上御虏诸务。"

部议以固、镇、归德所属虽〔属〕内地，而远处番丛，势甚单弱，捝工川虽属番穴，而密迩河、洮，实我藩篱，宜令该文武官倍常惩饬，仍责火落赤等，谕以大义，令其回巢。如或执迷不晤〔悟〕，内振兵威，外鼓番族，严行驱逐。仍谕令顺义王谨守款约，无听要结。一切战守事宜，督抚官详议行。

得旨："该镇虏情著督抚官相机处置，毋致疏虞。"

（神宗朝馆本卷二二二·页四下～五上）

○万历十八年（庚寅）六月甲申（1590.7.15）

虏酋火落赤等入境攻围旧洮州古尔占堡，四散抢番。洮岷副总兵李联〔继〕芳分兵追逐，陷伏阵亡，督抚臣以闻。

（神宗朝馆本卷二二四·页二下）

○万历十八年（庚寅）六月丁酉（1590.7.28）

大学士申时行等题："近该陕西三边督臣以虏情边患上请及时整饬，下部议复间，随该陕西抚臣揭报本年六月内虏骑入境，攻围旧洮州古尔占堡，我兵渐集，遂四散抢番，洮岷副总兵李继〔联〕芳分兵追逐，陷伏阵亡。夫虏虽入境，城堡无恙，犹为失事之小者，第将官兵寡力分，遂致丧败，损威伤重，殊骇听闻。……先因西宁将官一时偾事，身既不保，虏益见轻，边衅遂开，兵端不息，此西镇虏情之大略也。……拟传帖一道进览，伏惟圣明裁定施行。"

谕兵部："虏酋款贡多年，各边修守防抚，自应安静无虞。近来陕西、甘肃、洮岷等处如何屡报虏寇，屡有损失？是否虏众狂逞，渝盟犯顺，及边备久弛，制御乖方？你部里便行与该镇督抚官查问，虏中作歹是何部落，近日失事是何信地，务要分别顺逆，详核功罪，明白具奏。一应选将练兵、保番御虏机宜都要悉心筹画，著实举行。如战守有备，处置得宜，事宁之日，论功优叙；或其苟且养患，及轻率偾事，必罪不宥。"

（神宗朝馆本卷二二四·页九上～一〇下）

○ **万历十八年（庚寅）七月庚子（1590.7.31）**

总督三边梅友松议边防十二事："一、杜套酋之西逞。一、策虏王之东归。一、急救西宁之危。言该镇地属孤悬，番虏杂伺，且屡经挫败，议以土官指挥鲁光祖量升游击，调用西宁，即统领原兵六百名征操。……一、添设洮河官兵。一、图维更订要约。一、多方离披虏势。言番族苦虏未归，宜约法联束，令互相保，仍听其自筑堡寨，遇警则收敛。……"

户、兵二部议复："如议行"。

（神宗朝馆本卷二二五·页一上～下）

○ **万历十八年（庚寅）七月辛丑（1590.8.1）**

兵科都给事中张希皋疏言："莽、捏二川逼近河、洮，先年丙酋移住莽刺川，不早驱除，已为失策，今火落赤人〔又〕移住捏工矣。丙酋虽故、孽子真台吉在焉，一旦狂逞合谋入犯，殒将复师，计非剪灭此不可。因议可战者五事：广征调，充刍饷，择将领，预耳目，厚赏格。"

命下部，复："如议行。"

（神宗朝馆本卷二二五·页一下～二上）

○万历十八年（庚寅）七月庚申（1590.8.20）

（上）谕辅臣申时行等，令将三边总督梅友松奏报虏情本详看，且诘责各边督抚全不治事，但推诿小官，致边备废弛。又引嘉靖年间失事为证，令时行等将各边事分理，应更置者，督抚官亦勿庇护。于是，时行等回奏言："近日虏情与嘉靖年间不同，今虏方款贡，自宣大至于甘肃不用兵者已二十年。洮州失事，系火落赤作歹，虏王过河抢番，亦系火落赤邀请。今日之计，当晓谕虏王，使无助逆，并革绝火落赤市赏，密图剿处。若一有疏失，边官尽更，使丑虏反得挟以为重矣。"

（神宗朝馆本卷二二五·页五上）

○万历十八年（庚寅）七月乙丑（1590.8.25）

是日，上御门毕，召辅臣时行等见于皇极门暖阁。上出陕西巡抚赵可怀奏报虏情本授时行，曰："朕近览陕西督抚梅友松等所奏，说虏王引兵过河，侵犯内地。这事情如何？"时行等对："近日洮州失事，杀将损军，臣等正切忧虑，伏蒙圣问，臣等敢以略节具陈。洮、河边外都是番族。番族有两样：中茶纳马的是熟番；其余的是生番。先年虏骑不到，只是防备番贼，所以武备单虚，仓卒不能堵遏。如今虏王过河，是被火落赤勾引，多为抢番，又恐中国救护，故声言内犯。然虏情狡诈，不可不防。"上曰："番人也是朕之赤子，番人地方都是祖宗开拓的封疆。督抚官奉有敕书，受朝廷委托，平日所干何事？既不能预先防范，到虏酋过河才来奏报，可见边备废弛。皇祖时，各边失事，督抚官都〔俱〕拿来重处。朝廷自有法度。"

又谕兵部："朕近览陕西督抚奏报虏情本，殊用惕然。朕惟洮、岷乃西镇要害，诸番为中国藩篱，祖宗开拓疆土，经画边备，具有成法。督抚奉敕行事，须常时选择将领，整搠兵马，联属番夷。今虏众猖獗，抢掠番族，侵逼内地，各官平时不能制驭，临时不能堵遏，职守何在？岂不堕悮边事，大负委使？朕已宽其罪罚，姑令策励。其各边武备废弛，亦与西镇相同，今须及时收拾，加意整顿，务要惩创凶逆，保守封疆，毋得狃于贡市，畏避怯懦及虚文搪塞，因循怠玩。如有违悮，宪典具存〔在〕，必不轻宥。你部里传与各边督镇〔抚等〕官知道。……"

（神宗朝馆本卷二二五·页五下～九上）

○ 万历十八年（庚寅）七月己巳（1590.8.29）

兵科给事中薛三才疏言："昨见三边总督梅友松、陕西巡抚赵可怀各具奏虏众越境抢番，谓丑虏本意抢番，因而掠汉，原非欲攻城杀将。其议处叛酋，欲致书虏王，责令瓦、火二酋献逆伏辜，臣窃惑焉。自火酋拥众渡河，住牧归德，复谋建寺捏工川，以内固其窟穴。又日夜教虏王西行，以外树其党与，于此邀赏，于彼肆掠，虽命〔名〕为抢番，实为掠汉，可谓意原不在汉乎？如以即日遁去为解，已得志于我，夫复何待而久驻？既戕杀主将，能无虞大军之蹑其后哉？……方今草盛马肥，诸酋蚁屯塞外，悉兵远去〔出〕，诚非完计，但当饬厉兵马以预战备，联络番族以接声援，暴扬二酋罪恶，榜之边外，永绝其市赏，另议征剿。其有能缚二酋以献，或得其首级者，不拘番虏人等，即以其抚赏赏之。倘二酋畏罪窜伏海上，则按兵息民而徐观其衅。如复要挟市赏，侵轶疆圉，即集兵一大创之。"

诏下部议。

（神宗朝馆本卷二二五·页九上～一〇上）

○ 万历十八年（庚寅）八月庚午（1590.8.30）

陕西督抚奏言："顺义王乞庆哈自伊祖款贡，传之三世，已二十年，朝廷封赏未为不厚。今本王西来，坐视部夷抢掠，继乃纵令火酋过河生事矣。洮州之变，说者谓其有部落在焉，今乃提兵亲自渡河矣。谕之不听，阻之不可，桀骜如是，尚可谓之款贡乎？然本王自仰华寺以至绰逊口渡河，直趋捏工川，皆在番域，非我兵可到，臣等亦难苛责。如有内犯情形，容臣等相机拒堵，必无束手待敌之理。"

上以虏酋合谋抢掠，非一日所酿，如何不早奏闻，犹以未犯内地为辞？令督抚官相机战守，务保无虞。

（神宗朝馆本卷二二六·页一上～下）

○万历十八年（庚寅）九月丙寅（1590.10.25）

以洮河失事论罪，总兵刘承嗣革任随军立功，副总兵原进学降充游击管事，参将邓凤、严唯忠等提门〔问〕，总督梅友松革职为民，巡抚赵可怀冠带闲住，佥事郭宗贤等各降罚有差。

（神宗朝馆本卷二二七·页七上）

○万历十八年（庚寅）十月辛未（1590.10.30）

巡按陕西御史崔景荣以西宁土人纠番抢掠不听抚谕，议练乡兵、保番族二事，言："西宁旧有土官李世显管束土人，自本官阵没〔瘴殁〕，统约乏人，遂至酿乱。宜另选才力土官一员，责令约束。其西宁边外多系熟番，西纳、陇卜等大者一十三族，附庸不可胜计。二百年来，虏不能越天山而窥五郡者，以番众为之屏蔽也。自和款以来，猾虏专为谲谋，肆行抢掠。中国复即以偷马遗患为名，不行保护，遂使支党离心，门庭生寇，土民随而内扰。宜择宿将，假以抚夷职衔，令抚安番族，绝其交通，仍约以有事互相应援。如御虏有功，一体升赏。"

部复。从之。

（神宗朝馆本卷二二八·页一上～下）

○万历十八年（庚寅）十月壬申（1590.10.31）

巡抚四川都御史李尚思疏称："插儿烨虏达已破尔阿坝寨，虏渐逼松潘，臣已檄造火器、甲仗，解贮松潘，及一应修守、盘诘、选将、厉兵、犒番、积饷事务次第举行。仍遣标下游击万鳌将兵协守，参将郭成等各移驻近〔边〕地以便策应。又召天全等土司兵马候警调遣，令三道亲督战守。臣即提兵巡边，居中调庭〔度〕，誓靖边场〔疆〕。"

部复依拟。因言："松潘以此〔北〕，漳腊以南，山势险峻，虏难长驱。其间番寨土达亦多劲悍。若我及时联络，谕以利害，使为犄角，因以精兵骁将，所在设伏，可使匹马不返。是我失利于陇，取偿于蜀也。至狡虏叵测，仍咨西镇督抚，凡二川虏情缓急，俱报四川，以便防御。"

上然之。令该省督抚等官用心防御，务保无虞。

（神宗朝馆本卷二二八·页一下～二上）

○万历十八年（庚寅）十月丙子（1590.11.4）

巡按陕西御史崔景荣奏："虏妇切尽比吉率部众西来，假以看寺念经讲要人命，挟索重赏未遂，统率众掠回夷、西番，杀虏甚众。或言皆原任参将马应时妻弟虎剌力等所引，因劾参将杨潜虏残内地，不能拒堵，失事之后，复不据实以报，罪当重惩。但本官素称战将，一时乏人，相应量降俸级，照旧官事。署甘肃事朱正色委值卧病，似应免究。马应时议论不一，亦乞免勘问。其切尽比吉，宜行督抚诸臣令索回掠去番回，或革市赏，以惩逆虏。"

疏下所司。

（神宗朝馆本卷二二八·页二上～下）

○万历十八年（庚寅）十一月己亥（1590.11.27）

巡抚陕西都御史赵可怀奏："火酋等已移挖工迤南桑脑住牧，用差通丁熟番至扚〔约〕牙卜，将所积建寺木植悉（使）焚烧。且闻此酋欲渐移莽剌与真相台吉同住，恐我兵报复。"

部复言："各边每岁烧荒以绝虏牧，而陕西独无。及今焚木宜厚结番心，并烧其据巢之草，仍密侦虏酋驻牧远近，相机征剿。如机会可乘，番、汉犄角，挖、莽可以俱图。"从之。

（神宗朝馆本卷二二九·页一上）

○万历十八年（庚寅）十一月癸丑（1590.12.11）

经略尚书郑雒奏："火酋据莽、挖二川，皆从甘肃地方借路深入，故流祸至。此往未款之先，套虏抢番，曾此借路，然尚畏惧我兵，不敢肆行抢掠。自顺义款贡以后，曾一借路经行，遂为旧例。近则火、真二酋纠聚群夷，敢为犯顺，以莽、挖二川为巢穴，视洮、河二州为番地，是甘肃之边防，乃流虏必经之门户也。今虏王未归，火酋未惩，套虏又复声言西行，势必经行甘肃，在虏视甘镇为故道，在边将亦视虏行为旧规，年复一年，夷汉杂处。甘肃素称北虏、南番，今则南北俱虏，昔称中汉外夷，今则中外皆夷，及今不图，将大坏不可收拾。臣至兰州即行抚镇等官多方侦探，北来各酋当明白晓谕，不许经行边内。若执迷不从，督兵堵截，风声一布，可以阻续来之胡骑矣。臣复窃计，火酋未创，虏王大部蜂屯海上，必使虏党渐移，则孤雏自困，相机一剿，庶中机宜。故虏自北来者，必力为堵截；其自南归者，须放宽一路，法当勿遏。至套虏将欲移牧海上，臣思与其严拒于临边，不若先声于未动，复行延绥总兵官等传谕套虏，若往西行，不许自暗门经过。倘骄虏不遵戒谕，我一意防剿，虏无后辞。"

该部议复，命如议着实行。

（神宗朝馆本卷二二九·页五上～下）

○ **万历十九年（辛卯）二月乙未（1591.3.23）**

兵部题称："甘镇以一线之路界番虏之间，惟断生番，不使附虏，导熟番使之捍虏，制虏之策，莫善于此。今据经略尚书郑雒招抚被虏诸番。并访僧给札，责成招抚。仍悬赏格购擒火、真诸酋。随有马其撒卜尔加等七族西番告投，老少二千余口，安插旧喜风堡一带。又有宾兔妻投递夷文，将前收红帽西番杂毛扎尔的等共一十四圈上马男子四百有奇、老少男妇八百有奇各安插住牧。及各奖赏外，又委赞画主事梁云龙于河州一带，佥事万世德于西宁一带分给空名札符，招抚未来番族，而河州各番编兵作队者二千余人。梁云龙欲将陈思忠、陈霞等先行记录，各番仍听照旧纳中茶马。其土官杨臻加守备虚衔给札，以示鼓舞。其有拒敌〔虏〕功级照例升赏。此皆以剪虏之羽翼而壮我之藩篱也，合如议施行。但宾兔妻之归我红帽或恐为缓兵之计，先为内间之投，当密周防以图善后。"

得旨："番族渐次收复，各宜抚处得宜，依各纪录通叙。其安插防范事情，着该经略督抚等官斟酌行。"

（神宗朝馆本卷二三二·页一〇上～下）

○ **万历十九年（辛卯）三月癸卯（1591.3.31）**

自俺酋建寺之后，东套二虏借口礼拜迎佛，肆行抢掠。至是，经略郑雒振威堵剿，撦酋遣使认罪，归还所掠，并三娘子俱各回巢出口。经略欲俟其归，复大建旗鼓剿捕火酋，仍将夷寺尽行烧毁，以绝二虏西牧之念。

与南科臣所议毁寺之议见相同，具题以请。从之。

（神宗朝馆本卷二三三·页二下）

○万历十九年（辛卯）三月壬戌（1591.4.19）

兵部题："兵科张应登等摘陈四议：……一曰收复番族，宜固其志。先于葱山、龙洞诸岭设柴塘，加烽堠，司以番首，监以哨兵，且筑堡绰逻以便瞭望。一曰沿边哨探，宜速其报。多选的当夜役，给以兼人之饷，仍同番兵为导，一有声息，随即飞报各该督抚具奏，庶无失事。……"

有旨："防虏处番等事宜，着该经略督抚官查议停当行，陈霞依拟降用。"

（神宗朝馆本卷二三三·页九上～下）

○万历十九年（辛卯）闰三月乙酉（1591.5.12）

总兵尤继先报称："火落赤虽已渡河，其部落可卜列等尚潜住莽剌南山，随遣将领与诸番同剿，斩首一百四十二颗。科臣议厚番兵赏格，并仿卫所之制，量授印俸，按地核族，各立之长，而量籍为兵，岁时犒赏有差。"

部复："亦以保番为御虏要策，宜逐一议处停妥。"从之。

（神宗朝馆本卷二三四·页九下～一〇上）

○万历十九年（辛卯）四月壬寅（1591.5.29）

经略尚书郑雒会巡按御史周盘题称："逆酋火落赤等闻我兵调集声言剿杀，遂踏冰宵遁，其可卜列、宗塔儿等五百余人，以冰开隔在莽剌南山潜住。属番哈六束、韩六等侦报明白，总兵刘［尤］继先同原进学等率番、汉兵于二月十八日驰赴莽剌川，遇贼格斗，斩获首级一百四十三颗，生擒十二名，马、牛、羊约三千余匹。又续报获首级十一颗，生擒二名。虽火酋远奔，元凶未获授首，而恶部诛夷，毡裘亦已落胆。将领尤继先等各宜叙功。文臣如巡抚叶梦熊等各宜优叙。至于番族哈六束、韩六等素称恭顺，屡次剿虏有功，俱应重加升赏，以励后效。其生擒幼虏捝卜歹姑，乞存恤以广仁恩。"

章下部议。

（神宗朝馆本卷二三五·页三上～下）

○万历十九年（辛卯）七月癸酉（1591.8.28）

兵部题："经略尚书郑雒奏称，巡抚叶梦熊叠书谓火酋率众复过黄河，而西宁侦探却称火酋尚巢海脑，两报互异。又据梦熊书称，苗兵已至陕境，必尽诛火酋，因与约日出兵。但西宁及两川布满皆番，番状虏形差别不远，恐将卒邀功，杀番充虏，屠戮无辜。宜经略主河西之兵，仍以万世德为赞画，巡抚主河东之兵，即以梁云龙为监军。两军前驱，必用熟番能辨识生番曾经杀虏者，以为向导，庶成犄角之势，又无玉石之惨。"

着如议行。

（神宗朝馆本卷二三八·页四下～五上）

○万历十九年（辛卯）七月乙亥（1591.8.30）

经略尚书郑雒、陕西巡抚叶梦熊各题称："哨获奸细阿歹完卜领真等，已经解审正法。其有功员役，分别拟奏。乃洮州、西宁二报互异，所据虏王收拾行李约于六月内回巢，火、真住牧海南河脑。若虏王果遣留部落复犯两川，当严兵擐甲以待决战，抚镇二臣于归德临河地方称兵堵截。至于属番剌麻每以往乌思藏为由，经过虏地，私通传泄，务严加抚谕，以固藩篱。"

部复，从之。

（神宗朝馆本卷二三八·页六下）

○万历十九年（辛卯）八月甲午（1591.9.18）

阅视宁夏寺丞周弘禴题："虏酋逆顺未可知，诸部落去不去未可凭，惟宜以市赏牵制之。盖虏西行似在七八月，其开市须待十月，如虏恋市，必不西行，则吾可不縻市赏，非徒为宁镇计，实为甘固谋也。若撦酋前约由扁都口归，五月约由嘉峪关归，今已六月无归志。宜迟〔除〕市赏，而系未动之酋，预收敛而防过轶之寇，张疑兵而遏其必趋之路，分重兵而尾其既退之辙，此备目前之计也。若善后之策有三：来春马弱，虏复远遁，遣众分据二州〔川〕，召生熟二番共为犄角，南联松、茂，北联甘、宁，拓地千里，随议屯种，俟秋高虏至，我险已守，番翼已成，上策也；移督帅〔师〕于洮河，委归德为孤注，修二十四关隘而分兵守之，二川之虏往来弗定，久之虏必疲于奔命而照旧求款，中策也；若虏退议款，虏来议战，往来无定，战款孟浪，下策也；虏且笑中国之无人矣。"

章下兵部。

（神宗朝馆本卷二三九·页二下～三上）

○万历十九年（辛卯）八月丁酉（1591.9.21）

临巩兵备道刘光国同将领出塞招谕，报收过生熟番人部落二万一千三百余名，安插原住牧地方。于是经略郑雒、巡抚叶梦熊奏请熟番则照原额，生番则依定数，一体中马领茶，以示羁縻。如遇虏掠，一面堵截，一面报道发兵应援。今次有功文武各官，宜分别叙录。着依拟行。

西宁分巡肃州等道报招过熟番八万二百〔千〕七十〔百〕余名。经抚题称："熟番复归，生番亦附。番既慕义，虏亦畏威，甚获其利。"

又据各道臣石槚等所酌议安插保护六事："一、渝除往罪；一、番族不得苛绳汉法；一、议升国师，协管生番，货物审听熟番引至城下交易；一、各道审时谐俗，便于番情；一、番僧班著尔等七名升受〔授〕国师。各请敕印〔命〕，或先给剖〔部〕札，责成管理，并加赏赉。议有功文武各官，并应叙录。"诏从之。

（神宗朝馆本卷二三九·页四上～下）

○万历十九年（辛卯）八月乙巳（1591.9.29）

河西新收生番报称，有火落赤达子部落来西宁城打听消息，俱投东关厢住歇，已经各道译息〔审〕是的。经略郑雒奏以厮汗等、札失等包藏祸心，阴图奸孽，宜速行天诛，朵尔只善以中国藩篱之隶，为狡虏盗贼之媒，法当勿赦，其余分别定罪。所密〔审〕报识认生番，应宜重赏。其文武有功官员将吏，照次纪录。从之。

（神宗朝馆本卷二三九·页六下）

○万历十九年（辛卯）八月己未（1591.10.13）

陕西巡茶御史王有功题："庄浪兵备参政胡维新等收复各番，安插照例，中马给茶。仍设法稽查，明示禁令，不许纵虏，尤得善后之虑〔例〕。其有功文武官员、抚夷通事，分别（叙）录。"

部复："报可。"

新收生番密禀火落赤达子随西番七八十骑进境，探听消息。随被番头目认获奸细札失等。……经抚已将生番照例给赏。

（神宗朝馆本卷二三九·页一一下）

○万历十九年（辛卯）十月壬寅（1591.11.25）

兵部以经略尚书郑雒所奏按察使石槚、参将曾光祖等新收番族工巴等一百二十四族〔名〕，各愿中马九百五匹，石槚先升俸一级，各官优叙。从之。

（神宗朝馆本卷二四一·页六下）

○万历十九年（辛卯）十月己未（1591.12.12）

兵部复尚书郑雒、巡抚叶梦熊修内安边条议：

"一、置将官。洮州当虏冲要地，宜于临洮适中处设参将一员，景古城设守备一员，归德、保定站复添守备、防御二员，庶缓急〔防御〕有资，（而）唇齿自固（也）。

一、留班军。旧例临、河之卒往戍甘、凉，今洮、河危急视甘、凉殆甚，合将临、兰、河、岷四卫共兵三千二百二十五名议留本地戍守。

一、募冲锋。……

一、增年例。……

一、修器械。……

一、严番族。……

一、议援兵。……"

上令如议，着实举行。

（神宗朝馆本卷二四一·页一二上～下）

○万历二十一年（癸巳）八月庚寅（1593.9.3）

兵部言："接得抚臣揭报番族头目板日等为虏勾去，因招（之）率众来归，至二百余帐。两次拒虏，各有斩级。夫虏以勾番为猾夏之渐，则我以鼓番为制虏之机。今观我招之则来，虏仇之则杀，是番之未尝不可用，亦未尝不乐为我用明矣。然必保护周而后永坚其效顺之心，升赏信而后常得其敢死之力。近例凡番人斩有虏级，亦照汉人事例升赏。其愿升者，即以土官不支俸例议升。仍严行戒谕官兵，不许妒彼异族，故掩其功；亦不许掠为己有，冒支其赏。如番汉厚力已集，火酋机会可乘，即听便宜举事，期于剿除祸本。"上从之。

（神宗朝馆本卷二六三·页五上）

○万历二十三年（乙未）七月己卯（1595.8.13）

申饬陕西四镇，以甘镇新捷，恐虏乘秋图报复。督抚萧大亨等官当厉兵秣马，鼓舞番族，以备不虞。

（神宗朝馆本卷二八七·页二上）

○万历二十三年（乙未）七月丙申（1595.8.30）

总督陕西三边右都御史李汶上防边十四事：

"……一曰收番族以携虏志。番族利我之茶以蕃生，故抑〔仰〕我而作我侦探，树我藩篱。自海虏住牧两川，诸番畏其劫杀，阳顺阴逆，甘自首鼠。今宜于番部之环我疆圉者，重以结纳，要以盟誓，不论生熟远迩皆推心置腹，使戴我而乐役〔从〕于我。……"

疏上，兵部复议以请悉。从之。

（神宗朝馆本卷二八七·页六上～八上）

○万历二十三年（乙未）十一月庚午（1595.12.2）

西宁兵备副使刘敏宽以西宁地势孤危，永酋新遭创衄，势必报复，条陈善后事宜：

"……一曰增募兵。西宁地方既广，备虏处多，欲增募步兵一千名。

敕户部于零截盐引内量拨二万引，以充月饷。

一曰缉土番。湟中番族性不畏虏，惟当鼓舞而用之。平时为之筑堡、赈恤，有功区别重赏，使番以我为依而乐为我用。"

抚臣以闻，兵部核请。上悉报可。

（神宗朝馆本卷二九一·页二上～下）

○ 万历二十四年（丙申）二月己亥（1596.2.29）

陕西巡抚贾待问题："番人琐尔吉传火落赤、揣库儿要往莽剌川来，从绰逊河等处过河回套。又哨得莽剌川地名舍龙抽藏一带，轻骑往来，采猎游走，群虏围抢熟番拨剌等族。随报抢番达子系真相台吉、满古赤、克臭等枝。我兵潜从便道截于近番之上，地名伙儿沟按伏，复出边，行至沙麻族各扎营待拒守护熟番，当斩获、夺获各虏返回从原路六朳沟回巢。番长哈六卜领众番二十人探听虏情，六卜假以送赏到于真相台吉帐内。真相要其往套，六卜不从，暗行逃回，随将同行番人虎卜害等羁留。随闻真相差板胜恰并散虏来六卜帐内，搬取帐房。河州参将周国柱统兵出关，至哈帐生擒板胜恰。其散虏阿兰夕潜入鸦关札麻儿旧寺，探听我中消息，仍率兵擒获，执换原留虎卜害等，以安番心，以坚内向。夫真酋遣使虽称挟番搬帐，实亦躐我动静，幸被周国柱计擒，则狡虏之谋已伐。所据国柱议'要软二虏，换前拘留之番'是亦一策。第火、真诸酋蟠据莽、挠，睥睨河、洮，实秦陇腹心之患。乃今火酋统部回套，已渡黄河之北，情形似确，尚遗孽子与真相似〔以〕牧故巢。彼真酋者自知火酋之熏焰既已远流，诸番之踪迹亦复涣散，雄心寡助，意在窥我虚实，故假遣使以觇边备，以夺番人，事非泛泛可浸〔漫〕无警觉。乞敕兵部复议。"

章下所司。

（神宗朝馆本卷二九四·页一上～二上）

○ 万历二十四年（丙申）二月癸丑（1596.3.14）

兵部题："叙西宁官军获捷功次。西宁孤亘山南，控扼青海，国初曾于山海置设安定、罕冬〔东〕四卫，抚插归附戎羌，壮我藩篱，故称无虏。自正德四年套酋亦卜剌窜入海濡，残破四卫。而嘉靖末年虏王俺答拥众南牧，党与渐繁。至万历六年，又复挟视豢款，迎佛假道，往来无禁，遂于海南建寺，题额仰华。而永邵卜遂统领部落，主〔坐〕守寺刹，掠番聚丑，负海称雄。而火、真等酋遂渡河南牧，营成三窟。以故两河东西无处无虏，无地无市，要挟不遂，无日无抢。甚则犯西宁，而杀副将李魁，继犯洮州，而杀副使〔将〕李联芳，三犯洮河，而杀游击李芳。致厪廷议，遣大臣经略，断其假道，革其市赏，焚其寺刹，而永、火酋尚尔远窜西脑，遁逃天诛。迄今神人愤恨，靡不欲缚其首，歼其类而甘心焉。乃永酋怙迷负固，仍逞故态，要挟市赏，纠众内窥，幸督抚、道将屡遵庙谟，鼓作番汉，严行侦探。虏方横行，直闯乞榨〔寨〕越关，而不知已堕伏中，我攻其内，番攻其外，夹击摧残，首尾不救，几致只蹄不返。头目把都儿恰即系亲杀李魁之人，地名朵尔峡口，即系李魁殒命之地，且前后两时皆于九月，则又若天道好还之报，前后共计斩首六百八十三颗，而久积不雪之愤，庶少快其一二。此一役也，官军之截战诚为首功，番众之夹击亦为殊绩。而收番以待今日之用者，非经略郑雒乎？当雒之奉命经略也，时多以不战罪雒，而不以收番为雒功，庸知今日之用番，乃前日收番之力，而前日之不战，正收战胜之功于今日也。事肇于数年之前，而收功于数年之后，似应并叙。至于本兵之调度，中台之经画，皆所当优，以壮宣告之猷者也。"

得旨："该镇擒斩首虏六百余级，奇功可嘉！李汶升兵部尚书兼都察院左副都御史，照旧总督，荫一子锦衣卫副千户，世袭；田乐升都察院右都御史兼兵部侍郎，照旧巡抚，原荫儿男升指挥同知，世袭，照新衔给与应得诰命。郑雒收番有功，遇缺起用，原荫儿男升指挥佥事，世袭；达云升署都督同知管事，候大将员缺推用，仍荫一子本卫指挥使，世袭；刘敏宽升职二级，候有积劳，遇边方巡抚员缺推用；朱朝聘、颜守坪各升俸一级；梁云龙、万世德各升俸二级，遇缺超升；龙膺记录推用紫国柱加都司佥书管事；石星调度有功，著加少保，李禛、佘〔余〕立各升俸一级；该司郎中与实授仍加一级升用；其余各赏银、币有差。"

（神宗朝馆本卷二九四·页七上～八上）

○万历二十四年（丙申）四月丁巳（1596.5.17）

兵部复："陕西总督李汶题称，真相等虏自洮州境外抢西番拨剌等族，回至地方［名］野牛川等处住牧。今又纠合昆揣等虏，意欲密抢哈家番人，乘便窥犯内地。又有人在思打令族内窃探谋抢。即会陕西巡抚、道将督发参将周国柱、韩完卜等汉番兵马于本月十四日莽剌川脑与昆都鲁歹、成他卜囊等贼相遇对敌，斩获首虏一百三十六名颗，赶获头牧［畜］约二万有余、夷器无算，兵马保全无失。臣〔切〕照火落赤等虏，自移居海上挟诱顺义西来，大入河、洮，备肆荼毒，一时覆军杀将，全陕大震。数年间薪胆虽殷，聚痡如故。人人扼掔腐〔痛〕心，积辱未释。兹天厌其凶，虽未至〔能〕汛扫两川，亦足以少雪往愤。……"

（神宗朝馆本卷二九六・页九上～下）

○万历二十五年（丁酉）正月乙巳（1597.3.1）

巡抚陕西侍郎贾待问条上洮河防御事宜：

"一、创筑冲边。谓洮河地方打尔加山等处城堡低塌，宜创筑以资防御。

一、鼓舞属番。谓哈六束、哈六卜倾心内附，欲各加职衔以昭激劝。

一、议改将领。谓归德孤悬，将轻兵寡，欲改守备为游击以重事权，增募兵马以壮声势。

一、议复将衔。谓洮州原设副总兵统制阶州参将，及文县、旧洮岷州、西固四守备后改协守为参将，与阶文将官颉颃，威令不行，欲仍改协守以资弹压。"

部复："如议。惟归德改将增兵一事，自万历十年建议，已经停寝。今复议改增设募，宜行该镇督抚熟计长便。"后督抚复言："改设增募事不可以。"从之。

（神宗朝馆本卷三〇六・页二下～三上）

○万历二十五年（丁酉）二月癸亥（1597.3.19）

先是，洮河火酋以三〔二〕千余骑突犯松潘，四川抚按谭希思、王明奏言："松潘一镇在蜀为极边，从来未有虏患者，以临洮足以饱溪壑，吐番足以备捍蔽也。今关中之兵势振矣，势不得不舍彼而趋此。各番之弱者抢掠尽矣，势不得不逾番而内向。蜀之提防有不可一日弛者，条议五事：一、移置阃帅。总镇移驻松潘，协守松潘。副总兵改为游击，移驻建武。一、增修墩堡。一、募兵买马。一、集饷制器。一、留用边需。"

部复，报可。

（神宗朝馆本卷三〇七·页一上）

○**万历二十五年（丁酉）三月乙卯（1597.5.10）**

陕西督抚李汶以番族归降上分处〔处分〕事宜，言："河西属番，祖宗朝领敕纳马，不侵不畔，实为外臣。东起金城，西抵哈密，南番北虏，隔绝不通，犹然汉武断勾〔匈〕奴右臂之故事也。正德初年，套虏亦不剌获罪于主，降附中国，栖迟于甘凉间，引领望救。当时地方官畏虏如虎，不救不纳。虏见我之歉志于招纳，又窥我有归还悉怛谋之意，且深知我无如彼何，遂窃我边垣，经我内地，占处青海，残破五卫。实由处置失策，以致虏之右臂复联，尽河、湟两川混为虏巢，驱两河诸番靡所寄命，甘心为虏之耳目向导，以戕虐于我。顷者，皇威大震，挞〔达〕虏远徙，各番有意内响〔向〕，又自以从虏之久，越趄观望而不敢入。一得招番白旗，消其疑畏之意，西宁、甘州陆续附降者万余人。今当厚抚番之既归者，以动其未归之心。鼓舞番之向我者，以制其夙仇之虏。布恩令而俾之安居，严约束而禁其通虏。所以断匈奴既联之臂，复祖宗预附之羌夷者，端不外此。"

部复，报可。

（神宗朝馆本卷三〇八·页一一下～一二上）

○**万历二十五年（丁酉）四月丙戌（1597.6.10）**

兵部左侍郎李祯言："川陕接界，而松潘向无虏患者，以吐蕃为之屏蔽也。自俺酋西牧，遗孽两川，全陕残扰，迄无宁日。近西镇戒严，舍陇趋蜀，将川上鲜宁谧之期矣。臣阅地图，自北界作儿革迄西至杀鹿塘、毛儿革地方，其间番族为虏所挟者十有八九。是我之藩篱已与虏共，而间道可达内地者多不隔三舍，所幸中有层峦叠嶂，屹然天险。如镇虏堡为漳腊门户，虹桥关为松城咽喉，堡关之外，或岭或岩，皆可据守。守阿玉岭，则虏必不能越出哑际而窥镇虏，守黄胜场，则虏必不敢逾绝塞墩而寇虹桥，以至外而横山子不竟日可抵寡石岩，二十里即达松城镇，尤为要害，皆当亟为防御。请行该抚镇计划以闻。"报可。

（神宗朝馆本卷三○九·页六上）

○万历二十七年（己亥）六月甲午（1599.8.7）

顺义王撦力克初自西海来归，恪守贡市，效顺颇坚，后缘延、宁出兵捣巢，遂怀惊疑〔骇〕，移帐北徙。边臣多方抚谕，业唯唯听命。乃忽调诸台吉西送佛僧，大同抚臣房守士上言："虏情叵测，宜再遣通官出边宣布威信，力阻西行，以杜边衅。如执迷不悟，果有阴助情形，即革其市赏，或捣其巢穴，用示牵制，以彰国威。"

下兵部议。

（神宗朝馆本卷三三六·页六下）

○万历二十九年（辛丑）二月戊子（1601.3.23）

兵部复奏陕西巡按吴楷阅视两河条陈八事："……一、处降番，以固藩篱。收番孤虏，原以作为〔我〕藩篱，要将所收各番头目，如川藏、六卜、黄金、榜什、伍都剌之类，授以冠带，给以半俸，令其管束部落，教之耕植，周其疾困，易马稍从厚报，口虏口赏从优，厉汉人骗索之禁，严夷部约束之条，既可以得番之力，又可以服番之心。……"

命依拟〔议〕行。

（神宗朝馆本卷三五六·页四上～下）

○万历二十九年（辛丑）五月甲子（1601.6.27）

官河西降番头目苦赛拜黄阿太那泥为百户，与百户虚衔者十名，与冠带总旗者十二名，与小旗者一名，令管束降众，随营杀贼。番僧韩罗汉、哈朵济罗汉各授国师，给诰命敕书各一道，印信、图书各一颗。

（神宗朝馆本卷三五九·页八上）

○ **万历三十三年（乙巳）九月癸未（1605.10.23）**

录陕西河、洮等处三次擒斩虏级一百九名颗，收养虏番四千五百一十一名口，及夺获畜器等项功次。巡抚顾其志升左〔右〕副都御史，赏银三十两、大红纻丝三表里；副使袁弘德升职一级，赏银十五两；副总兵等官李宁等五十五员各升赏有差。来降虏番头目铁力塞等十名各授百户；哈童等三十九名各与做冠带，总旗有警，听调随征。仍许中马僧人完冲准授禅师。活虏牙脱恰处决枭示，其幼小男女发营收养，以示宽恤。

（神宗朝馆本卷四一三·页五上～下）

○ **万历三十四年（丙午）十二月辛酉（1607.1.24）**

陕西总督李汶以将离任条议安边五事：

"……一、停番堡。先万历二十四〔三〕年陕西巡抚吕鸣珂题议，河州境外挖工川地方修筑八角堡城，（添设兵将，以保番族，奉有钦依。今查八角堡城）原在境外捏工川之间，距河州二百余里，彼处既无军民村落，且系海虏往来之场。若修筑一堡，设将增兵，则荒漠之地应援为难。今火、真、揣库儿等每以掠番为由，窥伺内地，倘闻与番筑堡，必来阻绝粮道，在工官军未免枵腹，必致意外之虞，议行停止。"

章下兵部，部复："如议。……"

（神宗朝馆本卷四二八·页八上～下）

○ **万历三十五年（丁未）五月癸亥（1607.5.26）**

敕宣大督抚谕顺义部落不得久驻青海，从甘肃巡抚之议也。先是，万历三十年冬，顺义王遣使送小僧往乌思藏，以夷从不多，请涉内地，遂得西逾洮河。嗣后请迎佛僧，欲寻故事，有司难之，而打郎、宰生诸台吉与松海诸部往来，常走边外，佯借甘峻间，以视中国意。甘肃巡抚周盘言：

"顺义王所遣头目打郎台吉等人马三百余名，西迎佛僧，随带之数，动经千余。第东虏先年送佛、（看佛）尚在青海，今又西行，迹其随带繁多，似欲以青海为巢，不复有东归之意。倘来者日多，往〔住〕者不去，集至万众，屯聚海上，将来必至挟赏。挟赏不遂，必与火、永等酋西向为难。河西起衅，实为祸端。宜宣谕虏王，将先后西行诸部落尽数撤回，毋驻青海上。然海虏自强，东虏以僧故自走甘肃外，中国亦无以难也。"久之，卜失兔与诸台吉俱归。而宣大诸边又征以僧，故得顺义力。

（神宗朝馆本卷四三三·页一上～下）

○ 万历三十五年（丁未）六月庚申（1607.7.22）

兵部复议总督陕西徐三畏议甘镇机宜六事：

"一、修险要，以折虏冲。西宁边长千里，自黄河岸起接归德一带，俱有天险可循，宜相形修理，绝番虏之路。

一、创边榨，以固封守。西古〔曲右〕城地方，乃海虏所必由，宜于本堡旧榨及内河口各置木榨，以便修守。

一、筑团庄，以便收敛。凉、永一带，地广民多，每遇虏患，趋避为难，宜于黄羊川、白塔儿湖边永昌撒口，各筑团庄一座，蔡〔祭〕旗、重兴二堡中间，亦应筑小团庄一座，余俱修理，以便军民趋避。

一、增路墩，以保行旅。肃州临水一带，皆系沿边驿递，宜将大路墩台空处添修，使四五〔百〕里得相接应。

一、重将权，以便调遣。西宁海虏声势叵测，一旦有急，唯镇海、碾伯邻近可援，宜将该镇参将改副总兵，将镇海、碾伯二游击俱听节制，有警即行调援。

一、请庙议，以定虏情。言俺酋以迎佛为名，遗种〔道经〕海上，日多一日，窥伺谋犯，初犹惮我兵力，利我款市，又永酋内梗，未至大肆。今睥睨已久，情形非昔，宜乘虏乞款，各照边事量示〔与〕羁縻。

俱依议从之。大约边事俱以修筑、调将为故实，俺虏分部不得与火、永共有青海，利在散，不在款矣。"

（神宗朝馆本卷四三四·页一一上～下）

○万历三十六年（戊申）四月丁巳（1608.5.14）

兵部复甘肃抚官徐三畏等条议冲边紧要四事：

"一、迁移堡兵。谓西宁南北二川俱系冲险要地，必官兵相等〔等互相〕防御，始无偏弱。查北川设有守备，统兵六百名，议将南川防守改设守备，凑足五百名，与北川守备各移临边，创筑一城屯住，就近堵防，委属长便。

一、改移兵将。谓碾伯自筑松边之后，冲险〔要〕比昔稍缓，而沙糖〔塘〕川地方，近日海虏跳梁，乃西宁首冲之地，议将碾伯游击移驻沙糖〔塘〕川威远堡，改为威远游击，领兵一千一百名，仍听西宁副将统属。其碾伯所遗兵，委指挥等官统领操守。以西宁通判移驻碾伯游击衙门，督察收支，提督边工，皆系移缓就急，防边至计。

一、改设守备。谓西大同〔通〕等堡，土汉杂居，最称繁剧，况有通海道路，虏患时有，议将该堡防守改设西大同〔通〕守备，移于丰乐堡住扎防御，统辖连城等九堡，仍听庄浪参将节制，此乃设守〔官〕城〔守〕官〔城〕一劳永逸之计。

一、更调将领。谓安远都司先年原为备松虏而设，今虏已远遁，地属稍缓，而三岔堡则系凉永镇三路交冲之会，议将安远都司改调守备三岔堡地方，统领马步军五百名，训练戍守。其三岔操守改移安远，统领摘剩兵马二百名守御传塘，深为得策。"从之。

（神宗朝馆本卷四四五·页一上～下）

○万历四十二年（甲寅）八月丙戌（1614.9.9）

兵部复巡抚甘肃右佥都御史荆州俊条陈备御黠酋火落赤五款：

"一、复土兵，以资应援。土兵盔甲、马匹、器械，自行置辨〔办〕，无事安耕，有警调援，即古寓兵于农之意。但截杀有功，与官军一例升赏。所夺夷畜径给本人。俟贼寇荡平，听其自便归业。操防等官不必统辖，以免勾呼之扰。至若旧有乡兵，通查附籍，以便责成共守冲边。

……

一、抚属番，以重藩篱，住牧番族系进贡属夷，正宜抚驭，以资协力。其平素顺服张中桑〔素〕思把等族、黄金榜等族、怕剌宛等（族）、柴隆〔阴〕剌麻等族、西纳国师等族，通计六七千人，纪名在官，就彼鼓舞，量给赏犒，主约分把关隘。虏犯某族，则某族应援；虏犯内地，统调拒堵。有功与官军一例升赏。夺获夷畜，尽数赏给。仍每月量给口粮，责其削〔侦〕探虏情驰报，以备防守。

……"

上如议，诏着实举行。

（神宗朝馆本卷五二三·页一下～二下）

○ **天启五年（乙丑）二月乙酉**（1625.3.14）

巡按陕西御史霍鎛上五郡两河情形，言："五郡南北延袤四千余里，守御分，则兵力遂寡，声援阻，则呼吸难通，一不戒，则戎马飘忽而来，饱飏而去，迨我兵既集，而蹂躏已多矣。且以拜佛为名，时从嘉峪关外交结海上诸酋，南北夹攻，患亦不浅，此松虏之情状也。其在海虏，河西则黄台吉肆其吞噬，此虏狡黠强梁，大非松虏可比，近来求款、求封皆非本意，彼盖阳款我以为名，而阴收番以为利，收番以剪我之翼，款我以携番之援，远近交攻，虏得长算，数年之后，番将尽化为虏，而边疆之祸始烈，此海虏之情款也。试以九边大势论，辽阳恃款忘备，遂致陆沉，竭天下以结一战字不可得。宣大、山西专主款者也，则其兵最弱，延宁、固原战款兼用，其兵遂强。至甘肃，则从来专主战，而其兵之强遂甲天下。九边战款得失之大较可睹也。即以两近事论，甘凉专主战者也，其兵最强，西宁以款兼战，兵遂渐弱。至河东，则今日求款，明日求款，一旦蹂躏属番，而我竟不能以一天相加遗，则兵之弱视五郡迥异矣。两河战款得失之大较不又可睹乎。今套虏求款于宁夏，而时并力以犯甘凉，则其款也，虽利我香饵，然实虑宁镇之议其后，不得一意向西耳。如海虏之求款、求封于两河，而各出骑兵以收番族，则其求封、求款也，虽荣我名号，利汉财物，然实虑我兵为番羽翼，而不得肆其蚕食耳。况属番受我正朔，岁纳马万计，以资我武备，番人即吾人，若之何听其日吞日噬，而尚以款为名乎！当指破狡谋，而早为便计。于套虏不禁其款也，第与之约，尔勿犯甘凉，则许尔款如旧例，倘犹然捉哨、掠夜，豕突以逞也，则立裁其赏，伺其入犯，而三方策应，甘镇击其首，固镇乘其后，宁镇捣其虚，当无不得志者。于海虏亦不绝其款也，第与之约，尔勿扰吾属番，则许尔款如旧例，倘犹然阑入抢番，鸱张无忌也，则立裁其赏，伺具扰边而两镇合谋，甘凉击其北，固镇击其南，西庄从中乘敝，当无不得志者。至于两河，前后调去兵马，尤宜速行招补足数，而临营既建大将旗鼓，部下兵马不满二千，宜量增兵马，使能成军，方可壮洮河声势。大司农亦当念西北重地不减关门，将积欠京运钱粮以时给发，使边臣一一凑手。臣意督抚道镇折冲御侮，饶有其略，必能为封疆办此大事，以贻后日无穷之安也。"

疏下该部酌议具复。

（熹宗朝馆本卷五六·页一二上～一三下）

○ 天启七年（丁卯）二月丙午（1627.3.25）

（四川巡抚尹）同皋又题："松潘龙安番倮不时出没大掳，拥众犯边。虽经大创，不可不预为之防。八月间贼番数百从黑谷山突出，建武游击调守松龙，孔全斌率官兵夹攻，杀番贼数人。十月间各番又行出没，全斌率官兵奋勇直前，杀伤数十人。十二月间番贼五六百犯小河，我兵奋勇，打死数番，乃退。三次出犯，皆以不得利而返。今大虏又发书信，要来报仇，松潘最吃紧者在小河。小河原设游击冉天胤，今已调取援黔。合无即以孔全斌调小河游击，遗下建武游击缺，以潘之玉补之，则两地皆得人矣。"

得旨："据奏三摧番虏，具见备御方略。吏士有功的，著案候事宁并叙，移补将领。该部与议复行。"

（熹宗朝馆本卷八一·页一四上～下）

○ 天启七年（丁卯）九月己丑（1627.11.3）

巡按陕西御史袁鲸上言："秦陇以西，岩险鸟道，一夫当关，万人俱废。过此阶文微成番汉杂居，矿徒啸聚。又过此河洲［州］之西即海虏，兰州之北即松虏。海虏兄弟八枝，兵十数万，乞庆台吉、黄台吉最黠。黄酋现住西宁，七月内叛番黄明策为引导，纵横于松山镇。镇间每借市马入城勾连北虏，今且岌岌矣！甘镇兵马减于援辽，京运缓于呼庚，至临洮、靖靖［虏］、洮岷兵粮俱西安、凤翔、平凉额编民运，今欠至一二年。何以称有备无患也？"

（熹宗朝梁本卷天启七年九月·四页上）

俺答汗迎请锁南坚错赴青海；明朝封锁南坚错为"朵儿只唱"

俺答汗求经、僧，建仰华寺，迎请活佛锁南坚错

○ 隆庆六年（壬申）正月丙子（1572.2.2）

北虏顺义王俺答请（给）金字番经及遣剌麻番僧传习经况［咒］。总督尚书王崇右［古］以闻，因言："虏欲事佛戒杀，是即悔过好善之萌。我因明通弊，亦用夏变夷之策，宜顺夷情以维贡市〔事〕。"礼部亦以为可许。上从之。

（穆宗朝馆本卷六五·页六下）

○ 隆庆六年（壬申）十月庚申（1572.11.12）

总督尚书王崇古奏："顺义王俺答纳款之初，即求印信互市。之后累求经、僧，节蒙朝廷允给，既足夸示诸夷，尤可大破夷习。虏王既知得印为荣，必将传示各部落珍重守盟，永修职贡；虏众既知奉佛敬僧，后将痛戒杀戮，自求福果，不敢复事凶残。是朝廷给印、赐经之典，真可感孚虏情，诸转移化导之机，尤足永保贡市。议者乃谓印器不可轻假，佛教原非正道，岂知通变制夷之宜。查祖宗朝敕建弘化阐教寺于洮河，写给金字藏经，封以法王、佛子，差发阐教等王分制西域，无非因俗立教，用夏变夷之典。今虏王乞请鞑靼字番经，以便诵习，似应查给，昭天朝一统之化，其剌麻西番等僧开导虏众，易暴为良，功不在斩获下。宜各授僧录司官，仍给禅衣、僧帽、坐具等物，以忻虏众。庶诸虏感恩遵教，贡盟愈坚，边圉永宁。"

礼部复："从崇古请，惟无经典可给。"

（神宗朝馆本卷六·页五下～六上）

○**万历元年（癸酉）三月己亥（1573.4.20）**

　　颁送番经于虏酋顺义王。从王崇古奏也。

（神宗朝馆本卷一一·页七下）

○**万历元年（癸酉）十一月癸未（1573.11.30）**

　　给虏酋顺义王俺答佛像、番经。赏前传经番僧二人禅衣、坐具、纻丝番僧衣并靴袜。授在虏番僧九人官，仍给禅衣、坐具、僧帽，及给其番官四人彩段二表里、木绵布四匹。礼部复王崇古请也。

（神宗朝馆本卷一九·页三上）

○**万历二年（甲戌）十月甲子（1574.11.6）**

　　山西巡抚方逢时称："虏王年来奉佛诵经，忏悔戒杀，既坚从善之心，当施因俗之治。番僧觉义札〔礼〕巴、都纲班麻等四名及番官马你卜剌出塞传经，颇效勤劳。请量升觉义札〔礼〕巴等各为禅师，（职）在觉义上，都纲班麻等各为觉义，职在都纲上。番官马你卜剌乞量给彩段、木棉等物。"从之。

（神宗朝馆本卷三〇·页六下～七上）

○**万历三年（乙亥）二月乙未（1575.4.6）**

　　顺义王俺答奏讨剌麻番僧。遣通事官一员送原差番僧坚参札巴等四名以往。

（神宗朝馆本卷三五·页一二上）

○**万历三年（乙亥）四月甲戌（1575.5.15）**

　　俺答子宾兔住牧西海，役属作儿革、白利等诸番。随令寄信松潘番、汉，以迎佛盖寺为名，屡传衅息。四川抚臣曾省吾、按臣郭庄以闻。谓："宜速行陕西总督谕令顺义王俺答，严戢宾兔，无得垂涎边境，自败盟好。"于是，兵科给事中蔡汝贤奏言："宾兔蚕食诸番，撤我藩篱，逆志固已萌矣。议者不察，犹欲传谕俺答，钤制宾兔。夫奄奄病酋，墓木已拱，安能系诸酋之手足耶？且宾兔前抢西宁，已行戒谕，曾莫之忌，可见于前事矣。乞敕该部亟咨该镇，勘破虏情，整搠边备，或先事以伐其谋，或遣谍以携其党，或增兵以扼其隘，或相机以挫其锋，令犯顺者创，胁从者解，狂虏闻之，少知敛戢耳。且虏自称贡以来，所要我者屡变，索锅而与之锅，求市而与之市，增马而与之增，将来边计安知底止！乃若巴蜀之衅，又自焚修之说启也。盖许之建寺，则西藏一路往来自由，听之奉佛，则南北诸番交通无禁。彼黠虏岂真有从善之念哉！其挟诈用术，远交近攻，不独宾兔为然明矣。惟天语叮咛当事诸臣毋蹈往辙，克励新图，无苟取一时之安，重贻他日之悔。"

章下兵部。

（神宗朝馆本卷三七·页二下～三上）

○万历三年（乙亥）十月丙子（1575.11.13）

顺义王俺答遣夷使乞佛像、经文、蟒段等物，所盖城寺乞赐城名，镇臣以闻。部复，谓："俺答恪守盟约，禁戢部落，迄今五载，劳委可嘉，所请勿拒也。"上然之，赐城名"归化"。佛经、佛像许该镇量写铸给与。加赏俺答银三十两、大红纻丝蟒衣一袭、彩段八表里。以后若能约束部落，益坚诚顺，每五年加赏一次。

（神宗朝馆本卷四三·页五上）

○万历四年（丙子）二月辛卯（1576.3.27）

命番僧坚参扎把等随带番经归国，仍差通事官管送至宣大军门，转送虏廷。

（神宗朝馆本卷四七·页一四下）

○万历五年（丁丑）三月甲辰（1577.4.4）

俺答欲赴西宁青海寺会番僧设醮，请开大马市、茶市，又求都督金印，以便出入。于是按臣邢玠上疏言："茶市不可开，金印不可与。在宣大宜委曲解谕，以止其来；在甘肃宜励兵秣马，以防其来。阻无已之求，严内外之限。或建佛寺移番僧于俺答本巢，以杜其后；或多间谍、恤熟番以察情分党，而预其防。"其言利害情形甚悉。部复："前岁俺答、丙兔乞建寺西海，朝廷不惜假以美名，助之物料，正思化其悍暴，鼓其恭顺耳。今度其出边设醮，原无他意。如果以建醮求请食物，须随宜发给，以慰其情。请官一节，传谕本酋听贡市完再议。如果恭顺，当具请朝廷授以一官，至各酋原无印信，以理谕免。"

上是部言。

（神宗朝馆本卷六〇·页六上~下）

○**万历五年（丁丑）四月癸亥（1577.4.23）**

顺义王俺答建寺西海岸，以寺额请。赐名"仰华"。

（神宗朝馆本卷六一·页二上）

○**万历五年（丁丑）闰八月丙戌（1577.9.13）**

虏王俺答欲西行迎佛，乞三镇通官会话约誓，摘留头目禁治诸夷，依期贡市，并乞传甘肃、西宁开市卖茶。督臣以闻。兵部尚书王崇古言："今岁春初俺答以书送边寄臣，谓其侄孙套酋切尽黄台（吉），请赴西海迎奉活佛。臣久闻套酋连年抢番，未能得志，欲俺答携众西援，以求报复。但俺答年老，力难远行，臣每作书及议之，宣大督抚各差官通官留之，彼密语通官及作书谢臣，以臣留彼为爱厚。臣固知西行非虏王志〔意〕也。今据督臣所报，志诚忠顺，各镇当随宜抚防，务居重之守，施周恤之恩，俾彼住牧者无或疑惧生变，远行者无致借口烦扰。如或志抢熟番，仍须密谕番族回避，以示恩信。"

命如议行。

（神宗朝馆本卷六六·页一下~二上）

○**万历五年（丁丑）九月己未（1577.10.16）**

俺答投书甘肃军门，乞开茶市。巡按陕西御史李时成言："番以茶为命，若虏得借以制番，番必转而从虏，贻患匪细。"

部复："茶市岂容轻许，但虏王既称迎佛，僧寺必须用茶，难以终拒。宜行该镇，如虏王请以马易茶，直以官茶无多，原以招番纳马正支，天朝自有法制，谁敢与市。惟量给百数十篦，以示朝廷赏赉（厚待）之恩。"

上是其议。

（神宗朝馆本卷六七·页二上～下）

○ **万历六年（戊寅）二月甲辰（1578.3.30）**

乌思藏阐化王男札释藏卜差番僧来西海，见其师（番）僧活佛在西海与顺义王子孙等说法，劝化众达子为善，因托顺义王俺答代贡方物，请敕封。礼部复议："帝王之驭夷狄，每因其有求而制其操纵之术，乘其向化而施以爵赏之恩。今札释藏卜等乃以毡裘之类，知慕天朝封号之荣，化桀骜之群，俾尊中国贡市之约。顺义王俺答能使相率归化，复代贡请，以效款诚，即有苗之格，舞干、越裳之至，重译不是过矣，合无依拟授职赏赉。"

上谓："番僧向化抚虏，恭顺可嘉。"因各授大觉禅师及都纲等职，赐僧帽、袈裟及表里、食茶、彩段有差。

（神宗朝馆本卷七二·页八下）

○ **万历八年（庚辰）十二月辛丑（1581.1.10）**

顺义王俺答纳款归化，因遣夷使请敕赐所盖造寺名，并加西番僧觉义为大觉禅师。从之。

（神宗朝馆本卷一〇七·页一下）

○ **万历九年（辛巳）四月庚申（1581.5.29）**

虏酋俺答请讨番僧，诏前番僧坚参扎巴等往，事完仍回。

（神宗朝馆本卷一一一·页九上）

○ **万历九年（辛巳）九月庚寅（1581.10.26）**

番僧坚参扎巴等四员名，自虏帐传经还。上多其有化道〔导〕属（夷）之功，赏禅衣、坐具及僧服、靴袜等物有差。

（神宗朝馆本卷一一六·页六下）

○万历十四年（丙戌）十一月戊申（1586.12.27）

以甘肃河西失事，夺总兵刘承嗣俸三月，策励立功，仍追论先年俺答迎佛假道西行事。罪当时督臣董世彦、抚臣侯东莱贻害地方，夺其诰命；镇臣王国勋降三级；科臣顾九思纠参。部议以世彦、东莱俱已物故，国勋已经升任，可免议。上以边疆事重，特（命）处之。

（神宗朝馆本卷一八〇·页八上）

○万历二十一年（癸巳）正月戊辰（1593.2.13）

礼部尚书罗万化题："顺义王并忠顺夫人请讨番僧传习经典，无非戒杀之意，督臣代为咨取。今将前项番僧领占班麻等四名，令其随带番经，刻限起程。仍咨总督衙门差人转发房庭，听其事完日送回该镇。"上从之。

（神宗朝馆本卷二五六·页二下）

三世达赖锁南坚错遗书张居正请贡，明朝封授"朵儿只唱"名号及其于漠南蒙古圆寂

○万历七年（己卯）二月辛卯（1579.3.12）

命辅臣居正勉纳贡夷乌思藏僧人锁南坚错等馈物。僧锁南坚错，即虏酋顺义王俺答所称活佛者也。去年虏酋以迎见活佛为名，意图西抢，因教以作善戒杀，阻其西掠，劝之回巢。又因而连合西僧向风请贡，且以番书一纸并压书礼物遗居正。居正上言："臣系辅弼近臣，参预密勿，义不与外夷私通，不敢私受。"上以居正辅理勋猷宣播遐迩，戎狄宾服，宜勉纳所馈，以慰远人向风慕义之诚。

（神宗朝馆本卷八四·页五上～下）

○万历九年（辛巳）五月甲子（1581.6.2）

诏给番僧朵儿只唱与僧徒歹鬼骨儿各敕命、图书。从总督郑雒疏称顺义王俺答陈乞也。

（神宗朝馆本卷一一二·页一下）

○万历十三年（乙酉）十一月丙寅（1586.1.19）

北虏顺义王乞庆哈及西僧答赖等表文、鞍马、弓矢、方物至自边。……俱给赏如例。

（神宗朝馆本卷一六八·页六上）

○万历十五年（丁亥）十月壬戌（1587.11.6）

（前略）剌麻番僧觉义、答赖等各贡马。

（神宗朝馆本卷一九一·页四上）

○万历十五年（丁亥）十月丁卯（1587.11.11）

（前略）番僧答赖准升"朵儿只唱"名号，仍给敕命、图书；僧徒把汉〔漠〕忽同兔等三名各量授都刚〔纲〕，仍各给敕命一道。

（神宗朝馆本卷一九一·页五下）

○万历十六年（戊子）十一月庚申（1588.12.28）

（兵科给事中张希皋）又谓："套虏岁以甘镇为壑，近闻虏王乞庆哈寓书宣大督臣欲亲送番僧拥众西下。若其行果，无论赏犒之费不资，而窥伺之衅其可再乎！先事图谋，相机操纵，责在督抚而已。"

命兵部酌议以闻。

（神宗朝馆本卷二〇五·页四上）

○万历十七年（己丑）四月戊戌（1589.6.4）

顺义王乞庆哈投书总督郑雒言，乃祖俺答先年迎奉佛僧，今僧物故，欲会各台吉送归，乞照旧额市赏。雒令其从边外行。甘肃巡抚李廷仪言："套虏、瓦剌原有夙仇，纠结虏王已非一日。先年俺答西来假以迎佛，未遂所图。比时借道经行，原有抚赏事例。今乞庆哈假以送佛倾巢而西，无非俺答故智也。但犒赏似难峻绝，而戒备自当加严。开列二款：一议防守，酌虏情众寡地方远近，左行则左应，右行则右应，倘有紧急，不待调遣，速行策救；一议抚赏，俺答经过本镇，先任抚臣预买赏犒等物共用一万四千四百余两。今乞庆哈西来，抚赏止照旧规，固不可峻拒生嫌，亦不可滥予糜费。"

兵部复请如议。

（神宗朝馆本卷二一〇·页六下～七上）

国家出版基金项目
"十三五"国家重点图书出版规划项目
"百部好书"扶持项目

明清实录藏族史料类编丛书

名誉主编 ◎ 顾祖成　　主编 ◎ 孔繁秀

明实录藏族史料类编

第二集

孔繁秀　主编

中山大学出版社

·广州·

版权所有 翻印必究

图书在版编目（CIP）数据

明实录藏族史料类编．第二集／孔繁秀主编．—广州：中山大学出版社，2019.10

（明清实录藏族史料类编丛书／孔繁秀主编）

ISBN 978-7-306-06694-7

Ⅰ．①明… Ⅱ．①孔… Ⅲ．①藏族－民族历史－史料－中国－明代 Ⅳ．①K281.4

中国版本图书馆 CIP 数据核字（2019）第 196192 号

MINGSHILU ZANGZU SHILIAO LEIBIAN DIERJI

出 版 人：王天琪
策划编辑：嵇春霞　徐诗荣
责任编辑：徐诗荣
责任校对：廖丽玲
封面设计：林绵华
装帧设计：刘　犇
责任技编：何雅涛
出版发行：中山大学出版社
电　　话：编辑部 020-84110779，84111996，84113349，84111997
发行部 020-84111998，84111981，84111160
地　　址：广州市新港西路135号
邮　　编：510275　　传　真：020-84036565
网　　址：http://www.zsup.com.cn　E-mail: zdcbs@mail.sysu.edu.cn
印 刷 者：常州市金坛古籍印刷厂有限公司
开　　本：787mm×1092mm　1/16
总 印 张：54.5印张
总 字 数：865千字
版次印次：2019年10月第1版　　2019年10月第1次印刷
总 定 价：300.00元（全二集）

如发现本书因印装质量影响阅读，请与出版社发行部联系调换

○《明实录藏族史料类编》编辑委员会

顾　　问：杜建功　扎西次仁
主　　任：欧　珠　刘　凯
委　　员：邹亚军　扎西卓玛　史本林　袁东亚　王沛华　张树庭
　　　　　　顾祖成　索南才让　张宏伟　王斌礼　陈敦山　袁书会
　　　　　　丹　曲　徐　明　孔繁秀

○《明实录藏族史料类编》由西藏民族大学承编

名誉主编：顾祖成
主　　编：孔繁秀
编辑人员：马新杰　冯　云　陈鹏辉　顾浙秦　赵艳萍　张若蓉

目录

朝贡与封赐 / 441

乌思藏摄帝师 /441

帕竹灌顶国师、帕木竹巴万户府、阐化王 /442

大宝法王及其属下 /456

必力工瓦阐教王及其属下 /462

灵藏赞善王及其属下 /469

馆觉护教王及其属下 /478

大乘法王 /482

思达藏辅教王及其属下 /489

大慈法王 /493

俄力思军民元帅府 /496

巴者万户府 /496

仰思多万户府 /496

俺不罗行都指挥使司 /497

辇思寨 /497

札唐 /497

擦力巴 /497

仰卜罗万户府 /498

沙鲁万户府 /498

节竹古寨 /498

三竹节寨 /499

丹萨替里寺 /499

乃宁寺 /499

牛儿宗寨行都指挥使司 /499

着由万户府 /500

加麻 /501

思答节寨 /501

哈里麻寺 /501

朵垄 /502

牙儿加寨 /502

不来朴寺 /502

答隆 /502

些蜡寺 /503

节塘寺 /503

南林叱寺 /504

簇卜寺 /504

萨加寺 /505

桑卜寺 /505

葛丹寺 /505

札失伦卜寺 /506

三世达赖索南坚错 /506

乌思藏其他僧俗首领 /506

长河西鱼通宁远等处 /539

董卜韩胡 /558

达思蛮 /572

朵甘思 /575

朵甘、川陕诸处土司、头人、喇嘛 /580

颁赐寺名、匾额、护敕、度牒等 / 751

整饬朝贡，限定贡期人数，禁约滥送诈冒等 / 755

明季遣喇嘛番僧入辽东侦探、讲款 / 775

明末农民起义军进入阶、文、西宁地区，番民投入义军 / 777

灾异、赈恤、免赋 / 778

附录一　《明史》摘编 / 781

  本纪辑录 /781

  职官志辑录 /796

  食货志辑录 /797

  兵志辑录 /802

  列传辑录 /807

附录二　公元、干支、藏历对照明纪年表 / 834

朝贡与封赐

乌思藏摄帝师

○ 洪武五年（壬子）十二月庚子（1373.1.21）

乌思藏摄帝师喃加巴藏卜等遣使来贡方物。诏赐红绮禅衣及靴帽、钱物有差。

（太祖朝馆本卷七七·页四下）

○ 洪武六年（癸丑）二月癸酉（1373.2.23）

（前略）以摄帝师喃加巴藏卜为炽盛佛宝国师。先是遣员外郎许允德使吐蕃，令各族酋长举故官至京授职，至是喃加巴藏卜以所举故元国公南哥思丹八亦监藏等来朝贡，乞授职名。

省台臣言："来朝者宜与官职，未来者宜勿与。"上曰："我以诚心待人，彼若不诚，曲在彼矣！况此人万里来朝，若俟其再请，岂不负远人归向之心。"遂皆授职名，赐衣帽、钞锭有差。仍遣诏谕朵甘、乌思藏等处曰："我国家受天明命，统驭万方，恩抚善良，武威不服，凡在幅员之内，咸推一视之仁。近者摄帝师喃加巴藏卜以所举乌思藏、朵甘思地面故元国公、司徒、各宣慰司、招讨司、元帅府、万户、千户等官，自远来朝，陈请职名，以安各族。朕嘉其诚达天命，慕义来庭，不劳师旅之征，俱效职方之贡，宜从所请，以绥远人。以摄帝师喃加巴藏卜为炽盛佛宝国师，给赐玉印；南哥思丹八亦监藏等为朵甘、乌思藏武卫诸司等官，镇抚军民，皆给诰印。自今为官者，务遵朝廷之法，抚安一方；为僧者，务敦化导之诚，率民为善，以共乐太平。"初，玉人造赐喃加巴藏卜印既成以进，上观其玉未美亟命工易之，其制兽纽涂金银印池。仍加赐喃加巴藏卜彩段表里二十匹。未几，喃加巴藏卜等辞归，命河州卫镇抚韩加里麻等持敕同至西番，招谕未附土酋。

（太祖朝馆本卷七九·页一上～二上）

○洪武七年（甲寅）四月丁酉（1374.5.13）

炽盛佛宝国师喃加巴藏卜遣僧辇真藏卜等来朝，贡方物。

（太祖朝馆本卷八八·页五下）

○洪武七年（甲寅）十二月壬辰（1375.1.3）

炽盛佛宝国师喃加巴藏卜及朵甘行都指挥同知锁南兀即尔等遣使来朝，奏举土官赏竺监藏等五十六人。诏增置朵甘思宣慰司及招讨等司。招讨司六：曰朵甘思、曰朵甘笼答、曰朵甘丹、曰朵甘仓溏、曰朵甘川、曰磨儿勘。万户府四：曰沙儿可、曰乃竹、曰罗思端、曰列思麻。千户所十七：曰朵甘思、曰剌宗、曰孛里加、曰长河西、曰朵甘思多八参孙等处、曰加巴、曰兆日、曰纳竹、曰伦答、曰沙里可哈思的、曰孛里加思东、曰果由、曰参卜郎、曰剌错牙、曰泄里坝、曰阔侧鲁孙、曰撒里土儿干。改故元伦卜卒曰四族，达鲁花赤为都管，朵甘捕盗司为巡检司。以赏竺监藏等七人为朵甘都指挥司同知，南哥思丹八亦监藏等三人为乌思藏都指挥司同知，星吉监藏等十一人为朵甘宣慰司使，川搠藏卜等八人为朵甘思等六招讨司官，管者藏卜等五人为沙儿可等万户府万户，管卜儿监藏等十八人为朵甘思等一十七千户所千户，速令一人为伦卜卒曰四族都管，监藏令占等三人为朵甘巡检司巡检。遣员外郎许允德赍诏及诰印往赐之。来使哈石监藏等赐衣裘、帽靴遣还。

（太祖朝馆本卷九五·页一上～下）

帕竹灌顶国师、帕木竹巴万户府、阐化王

○洪武五年（壬子）四月丁酉（1372.5.23）

河州卫言："乌思藏帕木竹巴故元灌顶国师章阳沙加，人所信服。今朵甘赏竺监藏与管兀儿相仇杀，朝廷若以章阳沙加招抚之，则朵甘必内

附矣。"

中书省以闻。诏章阳沙加仍灌顶国师之号，遣使赐玉印及彩段表里，俾居报恩寺化导其民。

（太祖朝馆本卷七三·页四下）

○洪武六年（癸丑）正月己巳（1373.2.19）

乌思藏怕木竹巴灌顶国师章阳沙加监藏，遣酋长锁南藏卜以佛像、佛书、舍利来贡。诏置佛寺，赐使者文绮、袭衣有差。

（太祖朝馆本卷七八·页七上）

○洪武七年（甲寅）十二月甲寅（1375.1.25）

乌思藏怕木竹巴辇卜阁吉剌思巴赏竺监藏巴藏卜等遣使进表及方物。先是，命河南卫镇抚韩加里麻同国师喃加巴藏卜持敕至乌思藏招谕未附番酋，并以文绮赐之，至是，来谢。诏赐文绮、禅衣及织金文绮有差。（辇）卜阁是其首僧之尊称也。

（太祖朝馆本卷九五·页三上）

○洪武八年（乙卯）正月庚午（1375.2.10）

诏置……怕木竹巴万户府、乌思藏笼答千户所，设官一十三人。

（太祖朝馆本卷九六·页一下）

○洪武十二年（己未）二月丁巳（1379.3.8）

（前略）怕木竹巴万户府等官遣使贡方物。

（太祖朝馆本卷一二二·页五下）

○洪武二十一年（戊辰）正月己亥（1388.3.2）

怕木竹巴灌顶国师锁南札思巴噫监藏上表称病，举弟吉剌思巴监藏巴藏卜代职，许之。

（太祖朝馆本卷一八八·页三下）

○洪武二十三年（庚午）十二月庚辰（1391.1.27）

西番诸夷……曰灌顶国师吉剌思巴监藏巴藏卜……遣使札撒〔撤〕巴鲁等，表贡方物，贺明年正旦。

（太祖朝馆本卷二〇六·页四下）

○洪武二十七年（甲戌）正月甲子（1394.2.24）

乌思藏灌顶国师吉剌思巴监藏巴藏卜等各遣使来朝，献甲冑、屬缨等物。

（太祖朝馆本卷二三一·页三上）

○永乐四年（丙戌）二月丙寅（1406.2.23）

乌思藏怕木竹巴灌顶国师吉剌思巴监藏巴里藏卜……各遣使贡（方）物。赐赉有差。

（太宗朝馆本卷五一·页一上）

○永乐四年（丙戌）三月壬辰（1406.3.21）

遣使赍诏封乌思藏（怕木竹巴吉剌思巴监藏）巴里藏卜为灌顶国师阐化王，赐螭纽王印、诰命，仍赐白金五百两、绮衣三袭、锦绮五十匹、彩绢百匹、茶二百斤〔引〕。其所隶头目并必力工瓦国师大板的达律师锁南藏卜，颁赐彩币、衣服有差。

（太宗朝馆本卷五二·页三上～下）

○永乐六年（戊子）十二月辛丑（1409.1.13）

乌思藏怕木竹巴灌顶国师阐化王言〔吉〕剌司〔思〕巴监藏巴里藏卜、丹萨替里大剌麻锁南藏卜……各遣使来朝，贡马及方物。赐钞、币、（衣服）有差。

（太宗朝馆本卷八六·页八上～下）

○永乐七年（己丑）二月乙亥（1409.2.16）

赐怕木竹巴灌顶国师阐化王吉剌思巴监藏巴里藏卜使臣果失结等

六十一人钞、帛〔币〕有差。

（太宗朝馆本卷八八·页二上）

○永乐十一年（癸巳）二月己未（1413.3.11）

中官杨三保等使乌思藏等处还。乌思藏怕木竹巴灌顶国师阐化王吉剌思巴监藏巴里藏卜，遣侄札结等与三保偕来朝贡。命礼部复遣中官赍敕赐之锦币，并赐其下头目剌麻有差。

（太宗朝馆本卷一三七·页三上～下）

○永乐十三年（乙未）五月丙辰（1415.6.26）

（前略）赍敕赐乌思藏怕木竹巴灌顶国师阐化王吉剌思巴监藏巴里藏卜彩币。

（太宗朝馆本卷一六四·页一下～二上）

○永乐十四年（丙申）五月辛丑（1416.6.5）

乌思藏怕木竹巴灌顶国师阐化王吉剌思巴监（藏）巴里藏卜……各遣使贡马及方物。赐钞、币等物有差。

（太宗朝馆本卷一七六·页一下）

○永乐十五年（丁酉）十二月甲辰（1418.1.29）

乌思藏怕木竹巴灌顶国师阐化王吉剌思巴监藏巴里藏卜……，遣使公哥乩等贡佛像、舍利并方物。赐钞、币等物。

（太宗朝馆本卷一九五·页二下）

○永乐十七年（己亥）十月癸未（1419.10.30）

遣中官杨三保等赍敕往赐……怕木竹巴灌顶国师阐化王吉剌思巴监藏巴里藏卜……佛像、法器、袈裟、禅衣及绒锦、彩币表里有差。盖答其遣使朝贡之诚也。

（太宗朝馆本卷二一七·页一下）

○永乐二十一年（癸卯）二月乙卯（1423.3.15）

　　乌思藏怕木竹巴灌顶国师阐化王吉剌思巴监藏巴里藏卜遣指挥端岳竹巴……各部大小头目皆遣人贡方物。命礼部赐宴，仍赐端岳竹巴等织金约［纻］丝袭衣及钞、币有差。

（太宗朝馆本卷二五六·页一上）

○永乐二十一年（癸卯）四月己巳（1423.5.28）

　　乌思藏怕木竹巴灌顶国师阐化王吉剌思巴监藏巴里藏卜等使臣端岳竹巴等辞还。遣中官戴兴等赍敕与俱往赐吉剌思巴监藏巴里藏卜等锦绮等物。

（太宗朝馆本卷二五八·页一上）

○宣德二年（丁未）四月辛酉（1427.4.29）

　　遣太监侯显赍敕往乌思藏等处谕怕木竹巴灌顶国师阐化王吉剌思巴监藏巴里藏卜……，各赐之绒绵〔锦〕、纻丝有差。

（宣宗朝馆本卷二七·页二下）

○宣德二年（丁未）十二月丁丑（1428.1.10）

　　宥喃哈监刹死罪。喃哈监刹者，乌思藏怕木竹巴灌顶国师阐化王所遣使也。初，归至西宁，与驿丞子斗争，杀其子。事闻，上以其远人特宥之，遣还。仍敕阐化王谕令改过。

（宣宗朝馆本卷三四·页七上～下）

○宣德四年（己酉）十二月乙未（1430.1.17）

　　乌思藏……大国师释迦也失并大乘法王、辅教王、阐化王使臣锁南领占等五百四十二人贡马及方物。

（宣宗朝馆本卷六〇·页七上）

○宣德五年（庚戌）九月戊申（1430.9.27）

　　命阐化王使臣伴剌麻为都指挥佥事，赐之冠带。

（宣宗朝馆本卷七〇·页五上）

○宣德五年（庚戌）九月癸亥（1430.10.12）

乌思藏阐化王遣来使臣孙竹奏，愿居京自效。命为所镇抚，赐金织袭衣、彩币、钞、布，仍命有司给房屋、器皿等物如例。

（宣宗朝馆本卷七〇·页九上）

○宣德六年（辛亥）十一月癸未（1431.12.26）

（前略）乌思藏怕木竹巴阐化王使臣剌麻藏卜伯……来朝，贡马及方物。

（宣宗朝馆本卷八四·页一二上）

○宣德六年（辛亥）十二月辛丑（1432.1.13）

赐……乌思藏怕木竹巴阐化王使臣剌麻藏卜伯等……白金、彩币、纱罗、䌷绢、金织袭衣等物有差。

（宣宗朝馆本卷八五·页三上～下）

○正统五年（庚申）四月壬午（1440.5.11）

遣禅师葛藏、昆令为正副使，封怕木竹巴灌顶国师吉剌思巳［巴］永耐监藏巳［巴］藏卜嗣其世父为阐化王，赐之诰命、锦绮、梵器、僧服等物，并赐葛藏等道里费。葛藏等复私易茶、彩数万以往，乞官为运送至乌思藏。礼部言茶、彩出境有禁。上以远人特许之，但令其自僦舟车。

（英宗朝馆本卷六六·页四上～下）

○正统五年（庚申）五月庚申（1440.6.18）

行在户部奏："禅师葛藏奉命带剌麻僧徒共二十名赍诰命、敕书往乌思藏封禅［阐］化王等官。给与锣锅、帐房等物并马、骡、犏牛驮载食用。自出境日为始给与本色粮料一月，其余以官库之物折充〔支〕，悉取给于四川布政司及行都司。"从之。

（英宗朝馆本卷六七·页七上）

○正统十年（乙丑）六月乙巳（1445.7.7）

（前略）乌思藏灌顶国师阐化王吉刺思巴永耐监藏巴藏卜遣番僧札实星吉……来朝，贡马及方物。赐宴，并彩币表里有差。命札实星吉等赍敕归赐阐化王等。

（英宗朝馆本卷一三〇·页一下）

○正统十一年（丙寅）六月庚子（1446.6.27）

故阐化王吉刺思把永耐监藏巴藏卜父桑儿结监藏巴藏卜借袭阐化王，命礼部遣官赍敕及彩币等物，同来使绰思恭巴等，往给赐之。

（英宗朝馆本卷一四二·页二下～三上）

○景泰二年（辛未）七月甲辰（1451.8.4）

乌思藏等处灌顶国师阐化王并都指挥佥事冏〔同〕加里坚粲巴藏卜遣番僧刺麻札实新吉等……贡马及方物。赐钞、衣服、彩段等物有差。

（英宗朝馆本卷二〇六·页三上）

○景泰二年（辛未）八月丁丑（1451.9.6）

乌思藏番僧刺麻札实新吉陛辞。命赍敕并彩币表里归赐其阐化王昆葛列思巴永耐坚粲巴藏（卜）。

（英宗朝馆本卷二〇七·页六上）

○景泰三年（壬申）正月辛酉（1452.2.17）

（前略）乌思藏阐化玉［王］遣番僧完卜锁南领占等来朝，贡马及貂鼠皮。赐宴，并彩币表里、钞锭、食茶等物。

（英宗朝馆本卷二一二·页一〇上）

○天顺元年（丁丑）三月癸未（1457.4.13）

乌思藏怕木竹巴灌顶国师阐化王桑尔结坚昝巴藏卜等……来朝，贡马及方物。赐宴，并赐彩币表里等物有差。

（英宗朝馆本卷二七六·页一一下）

○天顺元年（丁丑）九月辛巳（1457.10.8）

遣正使灌顶国师葛藏、副使右觉义桑加巴等，赍敕诰并彩币、僧俗衣帽、铃杵等物，封答苍喃葛坚粲巴藏卜袭为辅教王。以其父喃葛列思巴罗竹坚粲巴藏卜奏年老不能视事故也，仍命葛藏等顺赍敕并彩币、宝石、伞幢等物，赐所经乌思藏等处阐化王昆葛列思巴中耐坚参巴藏卜等，俾其护送使臣，不许下人生事阻滞。

（英宗朝馆本卷二八二·页八下）

○天顺八年（甲申）七月辛巳（1464.9.1）

乌思藏阐化王公加列巴宗念坚粲八藏卜等遣番僧常竹领占等……各来朝，贡马及方物。赐衣服、彩段有差。

（宪宗朝馆本卷七·页七下）

○成化二年（丙戌）五月庚寅（1466.7.2）

乌思藏敢匝等寺寨番僧桑结藏卜等……各来朝，贡马及氆氇等物。赐衣服、彩段表里等物有差。其阐化等王及寨官都指挥等顺贡方物所当得赏赐，付番僧人等领回给与之。

（宪宗朝馆本卷三〇·页九上～下）

○成化四年（戊子）三月乙亥（1468.4.7）

乌思藏……阐化等王遣番僧领占把藏等各来朝，贡马及氆氇、佛像、舍利等物。赐衣服、彩段等物有差。

（宪宗朝馆本卷五二·页四上）

○成化五年（己丑）正月辛巳（1469.2.7）

命灌顶国师阐化王桑儿结坚参叭儿藏卜男公葛列思巴中奈领占坚参巴儿藏卜……各袭其父王爵。

（宪宗朝馆本卷六二·页八下～九上）

○成化十三年（丁酉）三月丙申（1477.5.11）

乌思藏如来大宝法王葛哩麻巴及阐化王昆葛列各遣国师温卜卧些言剡等来朝，贡方物。赐宴，并衣服、彩段等物有差，仍令赍敕并彩段等物回赐其王。

（宪宗朝馆本卷一六四·页四下）

○成化十五年（己亥）八月甲午（1479.8.27）

乌思藏阐化王遣禅师都纲远丹坚参等……各来朝，贡方物。赐彩段、绢、钞有差。

（宪宗朝馆本卷一九三·页一下）

○成化十五年（己亥）闰十月庚午（1479.12.1）

乌思藏……阐化王并牛儿寨行都司指挥佥事班卓儿坚参等，以朝廷遣僧录司觉义绰吉坚参往赐诰敕、礼物，各备佛像等物，遣剌麻掌结等附绰吉坚参入贡。各赐衣服、彩段、（绢）、钞有差。

（宪宗朝馆本卷一九六·页三上～下）

○成化十五年（己亥）十二月辛酉（1480.1.21）

乌思藏阐化王遣剌麻锁南领占乞升国师。命升为禅师，不为例。

（宪宗朝馆本卷一九八·页二下）

○成化十六年（庚子）八月丁丑（1480.10.2）

乌思藏阐化等王所遣进马番人三丹藏卜等奏："先于成化十三年朝贡，行至岷州，因生番切［窃］发，曾承巡抚等官省谕劝化归顺，边境以安。乞照前乌思藏端（岳藏）卜等从洮州来贡例，人给绢四匹、纻丝绫衣各一袭。"

事下礼部，议宜俯顺夷情。从之。

（宪宗朝梁本卷二〇六·页八上）

○成化十七年（辛丑）三月戊子（1481.4.12）

乌思藏阐化王、辅教王各遣番僧失劳乩等来朝，贡马。赐彩段等物有差，仍令赍彩段表里回赐其王。

（宪宗朝馆本卷二一三·页二下）

○成化十八年（壬寅）正月丁酉（1482.2.15）

四川乌思藏阐化王遣使臣星吉等……各来朝，贡氆氇等物。赐宴，并衣服、彩段等物有差。

（宪宗朝馆本卷二二三·页五下）

○成化二十一年（乙巳）四月癸亥（1485.4.26）

乌思藏阐化王遣番僧远丹等来朝，贡氆氇等方物。宴赉如例。时来朝者四百六十二人，四川守臣格以新例，但纳其一百五十六人。礼部言："夷人已在途，难固拒，宜顺夷情概纳之，而准为后两贡之数。"制可。

（宪宗朝馆本卷二六四·页四下）

○成化二十三年（丁未）十月戊寅（1487.10.28）

礼部请量给乌思藏阐化王及辅教王所遣入贡番僧扎失罗竹等口粮、脚力，仍令今后每三年一贡，差人不许过百五十名，仍填写原给勘合，至各该官司比号。如无番王印信番字奏本、咨文及贡期烦数、来人过多者，俱却回，并裁减给赐之数。从之。

（孝宗朝馆本卷四·页一二下）

○弘治元年（戊申）六月辛亥（1488.7.27）

乌思藏阐化王遣番僧绰旺等来朝，贡佛像、马匹等物。赐宴，并彩段、钞锭等物有差。其留住洮州该赏者，亦付给之。

（孝宗朝馆本卷一五·页一〇下）

○弘治元年（戊申）十月辛丑（1488.11.14）

乌思藏阐化王遣番僧丹叭坚参等……来朝，贡氆氇、足力麻等物。

赐宴，并衣服、彩段、钞锭有差。其回赐阐化王表里，令丹叭坚参领回给与。

（孝宗朝馆本卷一九·页三下）

○弘治八年（乙卯）六月己巳（1495.7.9）

乌思藏阐化王贡使锁南短竹等回至扬州广陵驿，遇大乘法王贡使锁南札进北上，相与杀牲饮酒，三日不去，见他使舟至，则以石投之，不容泊。知府唐恺呼其舟人来驿中戒之。锁南短竹等持兵仗拥入驿，恺避去，郡民力格斗，乃免，民为所伤者甚众。巡抚都御史李蕙等以闻。刑部请治通事奈显、伴送百户杨相等罪，仍请榜示沿途驿递，严加禁约。别遣通事谕其王，令各治贡使之罪。从之。

（孝宗朝馆本卷一〇一·页三上～下）

○弘治八年（乙卯）七月丙午（1495.8.15）

四川乌思藏大乘法王、阐化王各遣国师番僧锁南著六竹等来贡。赐彩段、钞锭等物有差〔如例〕。

（孝宗朝馆本卷一〇二·页九下）

○弘治十年（丁巳）十二月壬午（1498.1.7）

初，乌思藏阐化王死，其子班阿吉汪束札巴乞袭封阐化王。上命番僧刺麻参〔叁〕曼答实哩为正使，锁南窝资尔副之，同刺麻札失坚参等十八人，共赍诰敕并赏赐彩段、衣服、食茶等物往封之，行三年至其地。时新王亦已死，其子阿汪札失札巴坚参巴班藏卜即欲受封，并领所赍诰敕诸物。参〔叁〕曼答实哩等不得已授之，遂具谢恩方物并其父原领礼部勘合、印信、图书番本付参〔叁〕曼答实哩等赍回为左验。至四川，巡抚官劾其擅封之罪，逮至京坐斩。至是，屡奏乞贷死。上以为番人不足深治，特免死，发陕西平凉卫充军，副使以下宥之。

（孝宗朝馆本卷一三二·页四下）

○ 正德三年（戊辰）九月壬寅（1508.10.1）

乌思藏……阐化王遣番僧札失坚参等各进贡朝贺。赐彩段等物有差。

（武宗朝馆本卷四二·页二上）

○ 正德四年（己巳）二月辛未（1509.2.27）

乌思藏阐化王遣番僧札失坚参来朝贡。赏彩段、绢、钞有差。

（武宗朝馆本卷四七·页二下）

○ 正德四年（己巳）九月己亥（1509.9.23）

礼部言："乌思藏袭封阐化王阿吉汪束札失札巴坚参巴藏卜及袭职完渴都指挥煖精藏卜进贡方物，及遣人数多出于例外，意图厚赏。今宜准其多者为次年贡数，如例给赏。指挥无年贡者，裁其赏赉之半。其陕西河州卫指挥使王锦等违例起送，俱当究治。"

诏从之，仍令今后违例进贡夷人俱拘留在边，不许滥放，违者治罪。

（武宗朝馆本卷五四·页三上～下）

○ 正德九年（甲戌）九月丁亥（1514.10.15）

乌思藏阐化王遣番僧宗竹坚昝各［及］端岳藏等……各来朝，贡方物、马匹。赐彩币等物有差。

（武宗朝馆本卷一一六·页八上）

○ 正德十二年（丁丑）闰十二月戊戌（1518.2.7）

乌思藏……阐化王遣番僧端竹札失……各贡方物、马匹。各赐宴，并赏彩段等物有差。

（武宗朝馆本卷一五七·页四上）

○ 嘉靖三年（甲申）二月丙申（1524.3.5）

乌思藏阐化王、辅教王直管招讨司、朵耳［甘］宣慰司、长河西、雅州杂道长官司、天前［全］六番招讨司及三十六种大小番司奏请入贡。礼部议："雅州各番入境之地不隶贡职，及称大小番司三十六种不具地方族氏。"诏抚臣核实以闻。

（世宗朝馆本卷三六·页一上）

○嘉靖三十三年（甲寅）五月丁未（1554.6.7）

乌思藏辅教王、阐化王、阐教王、大乘法王、大宝法王各差国师番僧札吧坚参等来朝，贡方物。宴赉如例。

（世宗朝馆本卷四一〇·页二上）

○嘉靖四十年（辛酉）十一月癸丑（1562.1.2）

乌思藏阐化王差剌麻锁南板著……各来朝，贡方物。宴赉有差。以阐化王方物粗恶，不以国师领贡。招讨司宣慰部落不附本司进贡，皆裁其赏。仍申谕边臣，自后各番进贡有违式者，不得验入。

（世宗朝馆本卷五〇三·页三下～四上）

○嘉靖四十二年（癸亥）十月癸丑（1563.10.24）

乌思藏阐化等王请封。上以故事，遣番僧远丹班麻等二十二人为正、副使，以通事序班朱廷对监之。比至中途，班麻等肆为骚扰，不受廷对约束。廷对还白其状。礼部因请自后诸藏请封，即以诰敕付来人赍还，罢番僧勿遣。无已，则下附近藩司，选近边僧人赍赐之。上以为然，令著为例。封诸藏之不遣京寺番僧，自此始也。

（世宗朝馆本卷五二六·页三下）

○万历四年（丙子）三月庚戌（1576.4.15）

四川乌思藏阐化王国师短竹藏卜……各贡还。宴待如例。

（神宗朝馆本卷四八·页八上～下）

○万历四年（丙子）五月乙巳（1576.6.9）

四川乌思藏阐化王差国师短行［竹］藏卜等、番僧藏卜等……各备铜佛、珊瑚、方物赴京进贡。赏银、币如例。

（神宗朝馆本卷五〇·页六上～下）

○万历七年（己卯）二月癸巳（1579.3.14）

赐贡夷乌思藏自称阐化王长男札释藏卜、次男札释坚参、藏僧锁南坚参、星吉藏卜等封授、赏赉有差，并给代乞顺义王俺答之赏。札释藏卜称系阐化王长男，然不知其父何名，袭封何年。又所称与前王通贡年月互异，宜候查核。但以其慕义来王，化虏〔夷〕有功，姑先赏赉，以慰夷情耳。

（神宗朝馆本卷八四·页五下～六上）

○万历十五年（丁亥）十二月戊寅（1588.1.21）

乌思藏阐化王差番僧领真等六百名进方物。给赏如例。

（神宗朝馆本卷一九三·页七上）

○万历十六年（戊子）正月癸巳（1588.2.5）

乌思藏阐化王遣使真朵尔只等千人贡方物。

（神宗朝馆本卷一九四·页一下）

○万历十六年（戊子）正月丙午（1588.2.18）

赐陕西、乌思藏阐化王使者真朵尔只十五人……宴，命临淮侯李言恭待。

（神宗朝馆本卷一九四·页七上）

○万历二十五年（丁酉）八月甲子（1597.9.16）

宴乌思藏阐化王进贡番僧朵尔等一十五名，侯徐文炜待。

（神宗朝馆本卷三一三·页一下）

○万历二十六年（戊戌）九月丙申（1598.10.13）

命侯陈良弼宴待四川、乌思藏四王并长河西宣慰司五起进贡国师畜竹简参等。

（神宗朝馆本卷三二六·页三上）

○ 万历三十九年（辛亥）五月己未（1611.6.30）

颁给乌思藏阐化王贡使坚刬朵尔等十五名各段、绢、银、纱［钞］。

（神宗朝馆本卷四八三·页一一上）

○ 万历四十五年（丁巳）四月戊戌（1617.5.8）

乌思藏阐化王差国师锁南坚参等一千名进献珊瑚、氆氇等物。给赴京并在边番僧各贡（者）赏绢、钞。

（神宗朝馆本卷五五六·页一下）

○ 万历四十六年（戊午）五月戊申（1618.7.12）

乌思藏阐化王差番僧三旦朵儿只等一十五名，进献珊瑚、犀角、氆氇等物。

（神宗朝馆本卷五七〇·页一〇下）

○ 万历四十六年（戊午）六月辛未（1618.8.4）

给赐……乌思藏阐化王等差来使臣国师三旦朵尔各段、绢有差。

（神宗朝馆本卷五七一·页七下～八上）

大宝法王及其属下

○ 洪武七年（甲寅）七月己卯（1374.8.23）

朵甘、乌思藏僧答力麻八剌及故元帝师八思巴之后公哥坚藏（巴藏）卜遣使来朝，请师号。诏以答力麻八剌为灌顶国师，赐玉印海兽纽，俾居咎多桑古鲁寺，给护持十五道，公哥坚藏巴藏卜为圆智妙觉弘教大国师，玉印狮纽。

赐诏曰："佛教兴于西土，善因溥及华夷，虽无律以绳顽，惟仁心而是。则迩来西番入贡有僧公哥坚藏巴藏卜、答力麻八剌，乃昔元八思巴帝师之后，深通奥典，笃志尤坚，化顽愚以从善，起仁心以涤愆，虽曰遥闻，特加尔号，其公哥坚藏巴藏卜为圆智妙觉弘教大国师，答力麻八剌为灌顶国师，统治僧徒，名当时之善，为教中之称首。于戏！寂寞山房，俦青灯而侣影，跏趺盘石，对皓月以忘情，随缘于锡杖、芒鞵，安分于草衣、木食，广施妙利，方契善符。"

（太祖朝馆本卷九一·页三上~下）

○ 洪武九年（丙辰）五月己卯（1376.6.13）

朵甘乌思藏灌顶国师答力麻巴剌遣僧藏卜巴及朵甘都指挥司同知赏竺监藏等遣其子掤兀儿监藏等各进表，贡方物，谢颁印及赏赐恩也。

（太祖朝馆本卷一○六·页三上）

○ 洪武十二年（己未）正月丙申（1379.2.15）

朵甘乌思藏灌顶国师答力麻巴敕［剌］，遣酋长汝奴藏卜等，表贡方物。赐衣服、绮帛有差。

（太祖朝馆本卷一二二·页三下）

○ 洪武十二年（己未）二月丁巳（1379.3.8）

朵甘、乌思藏灌顶国师答力麻巴剌……官遣使贡方物。

（太祖朝馆本卷一二二·页五下）

○ 永乐四年（丙戌）五月辛卯（1406.5.19）

赐尚师哈立麻使臣……宴。

（太宗朝馆本卷五四·页一下）

○ 永乐四年（丙戌）十二月戊子（1407.1.11）

遣驸马都尉沐昕迎尚师哈立麻。先是，命中官侯显等往乌思藏征哈立麻。至是，显遣人驰奏已入境，故遣昕迎之。

（太宗朝馆本卷六二·页一下）

○ 永乐五年（丙戌）三月丁巳（1407.4.10）

封尚师哈立麻为万行具足十方最胜圆觉妙智慧善普应佑国演教如来大

宝法王西天大善自在佛，领天下释教；赐印、诰及金、银、钞、彩币、织金珠袈娑［裟］、金银器皿、鞍马。命其徒孛隆逋瓦桑儿加领真为灌顶圆修净慧大国师，高日瓦领禅伯为灌顶通悟弘济大国师，果栾罗葛罗监藏己［巴］里藏卜为灌顶弘智净戒大国师，皆赐印、诰、银、钞、彩币等物。宴于华盖殿。

（太宗朝馆本卷六五·页一上～下）

○永乐七年（己丑）二月庚辰（1409.2.21）

如来大宝法王哈立麻遣其徒辍藏等来朝。赐之钞、币。

（太宗朝馆本卷八八·页五下）

○永乐八年（庚寅）正月甲午（1410.3.2）

如来大宝法王哈立麻……各遣使来朝。赐钞、币、衣服等物。

（太宗朝馆本卷一〇〇·页三上）

○永乐九年（辛卯）四月乙未（1411.4.27）

如来大宝法王哈立麻……各遣使进马。赐钞及彩币。

（太宗朝馆本卷一一五·页一下）

○永乐十年（壬辰）五月丙戌（1412.6.11）

如来大宝法王哈立麻遣其徒杨班丹等贡方物。赐钞、币有差。

（太宗朝馆本卷一二八·页一下）

○永乐十一年（癸巳）二月己未（1413.3.11）

命哈立麻寺绰思吉监藏为灌顶圆通妙济国师，簇尔卜掌寺端竹斡薛儿巴里藏卜为灌顶净慈通慧国师。俱赐诰、印及彩币表里。

（太宗朝馆本卷一三七·页三上～下）

○永乐十六年（戊戌）正月戊午（1418.2.12）

如来大宝法王哈立麻遣使贡马。赐之钞、币。

（太宗朝馆本卷一九六·页一下）

○宣德元年（丙午）三月己亥（1426.4.12）

（前略）哈立麻番人锁南监藏……贡马。

（宣宗朝馆本卷一五·页三上）

○宣德元年（丙午）三月乙卯（1426.4.28）

赐……哈立麻番人锁南坚藏……钞、彩币表里、袭衣有差。仍给彩币付扎思巴等归赐锁南坚藏、星吉儿坚藏等，且酬所贡马值。

（宣宗朝馆本卷一五·页一一下）

○宣德元年（丙午）四月甲子（1426.5.7）

（前略）乌思藏葛里麻番僧着由……贡马。

（宣宗朝馆本卷一六·页一上）

○宣德元年（丙午）四月甲申（1426.5.27）

赐如来大宝法王等使臣指挥使公哥肌等……金织文绮、袭衣等物有差。

（宣宗朝馆本卷一六·页一一上～下）

○宣德四年（己酉）十二月己亥（1430.1.21）

（前略）乌思藏合［哈］立麻尚师等来朝，贡马及方物。

（宣宗朝馆本卷六〇·页八上）

○宣德五年（庚戌）正月癸亥（1430.2.14）

赐……乌思藏哈立麻尚师……钞、彩币表里、纻丝等衣、靴袜有差。

（宣宗朝馆本卷六一·页九上）

○正统元年（乙丑）五月癸酉（1436.5.23）

乌思藏大宝法王遣剌麻锁南札等来朝，贡马及方物。赐宴，并赐彩币（等物）有差。

（英宗朝馆本卷一七·页四下）

○正统七年（壬戌）八月乙卯（1442.10.1）

乌思藏大宝法王哈立麻等遣剌麻锁南札等贡马及方物。赐彩币、表里有差。仍命锁南札赍敕并金织纻丝表里等物，归赐哈立麻。

（英宗朝馆本卷九五·页八上）

○正统九年（甲子）十月戊申（1444.11.12）

乌思藏大宝法王遣剌麻锁南杰等献马及佛像、舍利等物。赐之彩币。

（英宗朝馆本卷一二二·页二上）

○正统十年（乙丑）四月辛亥（1445.5.14）

乌思藏大宝法王遣剌麻锁南屯祝等贡舍利、氆氇等物。赐彩币等物有差。

（英宗朝馆本卷一二八·页三上）

○正统十年（乙丑）六月乙巳（1445.7.7）

（前略）西番尚师哈立麻巴遣番僧锁南泥麻……来朝，贡马及方物。赐宴，并彩币表里有差。

（英宗朝馆本卷一三〇·页一下）

○成化十年（甲午）四月庚午（1474.5.1）

乌思藏如来大宝法王葛哩麻巴奏，成化五年遣人朝贡，蒙回赐彩段表里等物过厚，欲遣其徒进贡谢恩。礼部议拟取旨，诏许遣四五人来京。

（宪宗朝馆本卷一二七·页五下）

○成化十三年（丁酉）三月丙申（1477.5.11）

乌思藏如来大宝法王葛哩麻巴及阐化王昆葛列各遣国师温卜卧些言剉等来朝，贡方物。赐宴，并衣服、彩段等物有差，仍令赍敕并彩段等物回赐其王。

（宪宗朝馆本卷一六四·页四下）

○弘治八年（乙卯）十二月甲戌（1496.1.10）

乌思藏大宝法王葛哩麻巴遣国师札失藏卜领占等来贡，因为番僧桑儿结俄些儿等六人请袭其师原职。许之。回赐法王及宴赐札失藏卜领占等各如例。

（孝宗朝馆本卷一〇七·页九上）

○弘治十三年（庚申）三月庚申（1500.4.4）

乌思藏大宝法王遣番僧锁南坚参等及瞿昙、三竹等寺禅师番僧桑尔加端竹等各来贡。赐宴，并彩币、钞、绢等物。礼部以乌思藏一岁两贡，非旧例，请减节其赏。从之。

（孝宗朝馆本卷一六〇·页二上）

○正德元年（丙寅）十一月戊戌（1506.12.7）

乌思藏大宝法王遣僧徒畜吉叭藏卜等贡氆氇方物，来朝。赐宴，赏衣服、彩段等物，仍令赍敕并彩段表里等物回赐大宝法王及留边诸僧。

（武宗朝馆本卷一九·页六下～七上）

○嘉靖二十四年（乙巳）五月己卯（1545.6.26）

乌思藏辅教（王）、大宝法王、阐教（王）、大乘法王各差国师坚剉等入贡。宴赏如例。

（世宗朝馆本卷二九九·页三下）

○嘉靖三十三年（甲寅）五月丁未（1554.6.7）

乌思藏辅教王、阐化王、阐教王、大乘法王、大宝法王各差国师番僧札吧坚参等来朝，贡方物。宴赉如例。

（世宗朝馆本卷四一〇·页二上）

○万历四年（丙子）三月壬戌（1576.4.27）

乌思藏大宝法王差国师喃哈镇［锁］南等贡铜佛等物。赏赉如例。

（神宗朝馆本卷四八·页一三上）

○万历四年（丙子）五月乙巳（1576.6.9）

　　四川、乌思藏阐化王差国师短行［竹］藏卜等、番僧藏卜等……各备铜佛、珊瑚、方物赴京进贡。赏银、币如例。

（神宗朝馆本卷五〇·页六上～下）

○万历二十六年（戊戌）九月丙申（1598.10.13）

　　命侯陈良弼宴待四川、乌思藏四王并长河西宣慰司五起进贡国师畜竹简参等。

（神宗朝馆本卷三二六·页三上）

○万历三十八年（庚戌）十二月己亥（1611.2.10）

　　四川、乌思藏阐教、辅教、大乘、大宝、长河西等处遣番徒蓄竹坚参等及年久未贡杂道长官司遣番徒叱吧坚剉等各备珊瑚、方物来贡。赐宴赉如例。

（神宗朝馆本卷四七八·页四上）

必力工瓦阐教王及其属下

○洪武二十四年（辛未）正月己丑（1391.2.5）

　　乌思藏必力公尚师辇卜阁搠思吉结卜遣使坚敦〔郭〕真等，以所获故元云南行省银印来献，及黑胜等寺僧吉剌思巴星吉等遣喃哥等，来贡马及方物。诏赐使者文绮衣各一袭、钞二十五锭。

（太祖朝馆本卷二〇七·页一上）

○永乐元年（癸未）正月庚辰（1403.1.24）

　　（前略）梁耳［朵甘］、乌思藏必力工瓦等国师并土官遣人来朝，贡马及方物。赐赉有差。

（太宗朝馆本卷一六·页一上～下）

○永乐元年（癸未）正月己丑（1403.2.2）

赐朵甘、乌思藏必力工瓦等国师及其土官白金三百七十五两、钞千二百五十五锭、彩币四十二表里。

（太宗朝馆本卷一六·页二上）

○永乐元年（癸未）二月壬子（1403.2.25）

赐……乌思藏必力工瓦等国师所遣人，宴于天禧寺。

（太宗朝馆本卷一七·页二上）

○永乐四年（丙戌）二月丙寅（1406.2.23）

乌思藏……必力工瓦国师端竹监藏等各遣使贡（方）物。赐赉有差。

（太宗朝馆本卷五一·页一上）

○永乐七年（己丑）二月甲戌（1409.2.15）

必力工瓦国师端行［竹］监藏并都指挥使札巴里监藏……各遣使贡马及方物。悉赐钞、币、袭衣。

（太宗朝馆本卷八八·页一下）

○永乐七年（己丑）闰四月丁巳（1409.5.29）

赐肃王楧书曰："得奏必力工瓦国师等馈方物，令长史司受以俟命，已见忠实不欺之美。昔春秋致谨外交，所以防微杜渐。今既以相馈，宜姑受之，后来亦宜拒绝，庶免小人谗间，而贤弟永保令名于无穷矣。"

（太宗朝馆本卷九一·页二上）

○永乐十一年（癸巳）二月己未（1413.3.11）

中官杨三保等使乌思藏等处还。乌思藏怕木竹巴灌顶国师阐化王吉剌思巴监藏巴里藏卜，遣侄札结等与三保偕来朝贡。命礼部复遣中官赍敕赐之锦币，并赐其下头目剌麻有差。时……必力工瓦国师端竹监藏俱遣人贡方物，亦赐锦绮、彩币等物。

（太宗朝馆本卷一三七·页三上～下）

○永乐十一年（癸巳）五月丙戌（1413.6.6）

　　封领真巴儿吉监藏为必力工瓦阐教王，南渴烈思巴为思达藏辅教王，俱赐印、诰、彩币。

（太宗朝馆本卷一四〇·页二上）

○永乐十四年（丙申）五月辛丑（1416.6.5）

　　乌思藏……必力工瓦阐教王领真巴儿吉监藏各遣使贡马及方物。赐钞、币等物有差。

（太宗朝馆本卷一七六·页一下）

○永乐十六年（戊戌）三月丁巳（1418.4.12）

　　必力工瓦阐教王领真巴儿吉监藏，遣使汪速他贡方物。命汪速他为千户，赐之诰命。

（太宗朝馆本卷一九八·页二上～下）

○永乐二十一年（癸卯）二月乙卯（1423.3.15）

　　乌思藏怕木竹巴灌顶国师阐化王吉剌思巴监藏巴里藏卜遣指挥端岳竹巴、必力工瓦阐教王领真巴儿吉监藏遣使汪束监粲……贡方物。命礼部赐宴，仍赐端岳竹巴等织金约〔纻〕丝袭衣及钞、币有差。

（太宗朝馆本卷二五六·页一上）

○宣德元年（丙午）十月壬申（1426.11.11）

　　赐……必力工瓦都指挥佥事朵而只搭儿诰命。

（宣宗朝馆本卷二二·页五上）

○宣德五年（庚戌）正月甲子（1430.2.15）

　　乌思藏必力工瓦等处剌麻高僧南〔高〕哥监藏……来朝，贡马。

（宣宗朝馆本卷六二·页一上）

○宣德五年（庚戌）四月壬午（1430.5.4）

乌思藏阐教王头目朵令遣来锁扎失思奏，愿居京自效。命为所镇抚，赐冠带、金织袭衣、彩币、钞、布，仍命有司给房屋、器皿等物如例。

（宣宗朝馆本卷六五·页六上）

○宣德五年（庚戌）五月庚戌（1430.6.1）

命故必力工瓦阐教王领真巴儿监藏之子绰儿加监巴领占袭爵。

（宣宗朝馆本卷六六·页三下～四上）

○宣德五年（庚戌）十二月戊寅（1430.12.26）

赐乌思藏必立〔力〕工瓦番僧剌麻桑竹阿些儿等彩币表里、纻丝、绢布、袭衣等物有差。

（宣宗朝馆本卷七三·页一下）

○宣德八年（癸丑）十二月甲寅（1434.1.15）

（前略）乌思藏必力工瓦完卜管着儿监藏等来朝，贡马。

（宣宗朝馆本卷一〇七·页五下）

○宣德八年（癸丑）十二月戊辰（1434.1.29）

赐……乌思藏必力工瓦完卜管着儿监藏等钞、彩币表里有差。

（宣宗朝馆本卷一〇七·页八上）

○成化四年（戊子）三月乙亥（1468.4.7）

乌思藏阐教王遣番僧楚芹坚剉等……各来朝，贡马及氆氇、佛像、舍利等物。赐衣服、彩段等物有差。

（宪宗朝馆本卷五二·页四上）

○成化十三年（丁酉）十一月辛卯（1478.1.1）

乌思藏阐教王遣剌麻番僧领占朵儿只等……各来朝，贡马及方物。赐衣服、彩段等物有差。

（宪宗朝馆本卷一七二·页七下）

○成化十七年（辛丑）五月丁丑（1481.5.31）

　　四川乌思藏阐教王遣剌麻温卜班丹捨剌等……各来朝，贡马及盔甲等物。赐彩段、绢、钞有差。

（宪宗朝馆本卷二一五·页一下）

○弘治五年（壬子）五月壬申（1492.5.28）

　　乌思藏阐教王遣番僧来贡，一从洮州路，一从四川路。礼部议谓："乌思藏例该三年一贡。今来自洮州者，是弘治四年该贡之数；其来自四川者，请准作七年贡数，至七年免来。其回赐王彩段表里及给赐二起番僧纻丝、食茶等物，并请如例。"从之。

（孝宗朝馆本卷六三·页一上）

○弘治十年（丁巳）正月己巳（1497.2.28）

　　乌思藏阐教王遣番僧著吾等……来贡。赐宴，并彩段、衣服等物如例。

（孝宗朝馆本卷一二一·页四下）

○弘治十七年（甲子）十一月戊戌（1504.12.17）

　　乌思藏……阐教等王各遣人来贡。赐宴，并彩段、衣服等物有差。

（孝宗朝馆本卷二一八·页七下）

○正德元年（丙寅）九月戊戌（1506.10.8）

　　乌思藏阐教王差禅师族秤伯等贡方物。赐宴，并彩币、钞锭等物有差。

（武宗朝馆本卷一七·页一一上）

○正德三年（戊辰）七月辛亥（1508.8.11）

　　乌思藏阐教王遣番僧头目坚昝札掛等并王子遣番僧你麻藏卜等各贡马及佛像等物。赏彩段、衣服有差。

（武宗朝馆本卷四〇·页四上）

○正德九年（甲戌）八月己亥（1514.8.28）

乌思藏阐教王遣禅师昆各札失等……各来朝，贡氆氇、盔、刀等物。赐彩段、钞锭如例。

（武宗朝馆本卷一一五·页二下）

○嘉靖四年（乙酉）八月戊申（1525.9.8）

乌思藏阐教王遣国师捨〔拾〕剌班丹等……各贡方物。

（世宗朝馆本卷五四·页四下～五上）

○嘉靖十五年（丙申）正月庚午（1536.2.5）

乌思藏辅教、阐教、大乘各王差国师短竹札失等、长河西鱼通宁远等处军民宣慰使司差寨官桑呆短竹等各进贡，凡四千一百七十余人。诏以人数逾额，如例减赏，并下四川巡按御史逮治都布按三司官违例验进之罪。

（世宗朝馆本卷一八三·页二上）

○嘉靖十八年（己亥）六月辛丑（1539.6.20）

乌思藏阐教等王差国师短竹札失等贡方物，袭职。宴赏如例。

（世宗朝馆本卷二二五·页一下）

○嘉靖二十四年（乙巳）五月己卯（1545.6.26）

乌思藏辅教（王）、大宝法王、阐教王、大乘法王各差国师坚剉等入贡。宴赏如例。

（世宗朝馆本卷二九九·页三下）

○嘉靖三十三年（甲寅）五月丁未（1554.6.7）

乌思藏辅教王、阐化王、阐教王、大乘法王、大宝法王各差国师番僧札吧坚参等来朝，贡方物。宴赉如例。

（世宗朝馆本卷四一〇·页二上）

○万历二十二年（甲午）三月甲午（1594.5.5）

乌思藏阐教等王遣国师番徒畜竹坚参等四十员名进贡。宴赏如例。

（神宗朝馆本卷二七一·页五下）

○万历二十六年（戊戌）九月丙申（1598.10.13）

　　命侯陈良弼宴待四川乌思藏四王并长河西宣慰司五起进贡国师畜竹简参等。

（神宗朝馆本卷三二六·页三上）

○万历二十六年（戊戌）九月壬寅（1598.10.19）

　　宴四川阐教等王，遣太宁侯陈良弼待。

（神宗朝馆本卷三二六·页三上）

○万历三十年（壬寅）六月癸巳（1602.7.21）

　　宴四川阐教等王进贡番僧蓄竹坚参等四十名，命侯常胤绪待。

（神宗朝馆本卷三七三·页二上）

○万历三十八年（庚戌）十二月己亥（1611.2.10）

　　四川、乌思藏阐教、辅教、大乘、大宝、长河西等处遣番徒蓄竹坚参等及年久未贡杂道长官司遣番徒叱吧坚刬等各备珊瑚、方物来贡。赐宴赍如例。

（神宗朝馆本卷四七八·页四上）

○万历三十九年（辛亥）三月壬寅（1611.4.14）

　　宴乌思藏阐教、辅教等八员入贡国师番徒蓄竹坚参等四十五名。

（神宗朝馆本卷四八一·页一下）

○天启元年（辛酉）五月癸卯（1621.6.21）

　　乌思藏阐教王等及长河西宣慰使司等各贡方物如例。

（熹宗朝馆本卷一〇·页二上）

灵藏赞善王及其属下

○永乐四年（丙戌）二月辛巳（1406.3.10）

赐馆觉、灵藏等处使臣端竹藏卜等银、钞、彩币、袭衣。

（太宗朝馆本卷五一·页三下）

○永乐四年（丙戌）三月壬寅（1406.3.31）

遣使命灵藏著思巴儿监藏为灵藏灌顶国师……各赐诰命、袭衣、锦绮。

（太宗朝馆本卷五二·页五下～六上）

○永乐五年（丁亥）三月丁卯（1407.4.20）

封灵藏灌顶国师者〔着〕思巴儿监藏为替〔赞〕善王，国师号悉如故，俱赐金印、诰命。

（太宗朝馆本卷六五·页二上～下）

○永乐八年（庚寅）正月甲午（1410.3.2）

（前略）赞善王吉刺思巴监藏巴里藏卜等各遣使来朝。赐钞、币、衣服等物。

（太宗朝馆本卷一〇〇·页三上）

○永乐十一年（癸巳）二月己未（1413.3.11）

中官杨三保等使乌思藏等处还。乌思藏怕木竹巴灌顶国师阐化王吉刺思巴监藏巴里藏卜，遣侄札结等与三保偕来朝贡。……时灵藏灌顶国师赞善王著思巴儿监藏、管觉灌顶国师护教王宗巴斡〔幹〕即南哥巴藏卜、必力工瓦国师端竹监藏俱遣人贡方物，亦赐锦绮、彩币等物。

（太宗朝馆本卷一三七·页三上～下）

○永乐二十年（壬寅）三月辛酉（1422.3.26）

灵藏赞善王吉刺〔剌〕思巴监藏巴藏卜，遣使汝奴星吉贡马。赐之钞、币。

（太宗朝馆本卷二四七·页一上～下）

○永乐二十一年（癸卯）二月乙卯（1423.3.15）

乌思藏怕木竹巴灌顶国师阐化王吉剌思巴监藏巴里藏卜遣指挥端岳竹巴……灵藏赞善王吉剌思巴监藏巴藏卜遣使汝奴星吉等及灌顶弘善太［大］国师释迦也失并各部大小头目皆遣人贡方物。命礼部赐宴，仍赐端岳竹巴等织金约［纻］丝袭衣及钞、币有差。

（太宗朝馆本卷二五六·页一上）

○洪熙元年（乙巳）正月甲午（1425.2.11）

（前略）馆觉灵藏（等）处护教王巴里藏卜等遣使贡马。赐钞币表里有差。

（仁宗朝馆本卷六下·页八上）

○宣德元年（丙午）三月己亥（1426.4.12）

（前略）灵藏番僧沙加藏并灵藏赞善王子钻［锁］南坚藏、都指挥桑儿结藏子星吉儿坚藏遣剌麻领占扎思巴等贡马。

（宣宗朝馆本卷一五·页三上）

○宣德元年（丙午）三月乙卯（1426.4.28）

赐……灵藏番僧沙加藏、赞善王子锁南坚藏、都指挥桑儿结藏子里［星］吉儿监藏等所遣剌麻领占扎思巴等钞、彩币表里、袭衣有差。仍给彩币付扎思巴等归赐锁南坚藏、星吉儿坚藏等，且酬所贡马值。

（宣宗朝馆本卷一五·页一一下）

○宣德元年（丙午）四月甲子（1426.5.7）

（前略）灵藏番僧绰巴藏札乱星吉等贡马。

（宣宗朝馆本卷一六·页一上）

○宣德元年（丙午）四月己卯（1426.5.22）

赐……灵藏番僧绰巴藏札乱星吉等钞币表里、袭衣有差。

（宣宗朝馆本卷一六·页九下）

○ 宣德五年（庚戌）正月甲子（1430.2.15）

（前略）灵藏都指挥桑尔结监藏……来朝，贡马。

（宣宗朝馆本卷六二·页一上）

○ 宣德五年（庚戌）二月己卯（1430.3.2）

赐……灵藏都指挥桑尔结监藏……钞、彩币表里有差。

（宣宗朝馆本卷六三·页二下～三上）

○ 宣德五年（庚戌）三月丙辰（1430.4.8）

灵藏赞善王喃葛监藏巴藏卜遣僧人捨剌藏卜……贡马及方物。

（宣宗朝馆本卷六四·页六下～七上）

○ 宣德五年（庚戌）四月壬申（1430.4.24）

赐灵藏等处僧捨剌藏卜……钞、彩币表里及金织纻丝袭衣、僧衣有差。

（宣宗朝馆本卷六五·页一上）

○ 宣德五年（庚戌）八月辛巳（1430.8.31）

（前略）灵藏赞善王喃葛监藏巴藏卜遣副千户汝奴星吉等贡马及方物。

（宣宗朝馆本卷六九·页三下）

○ 宣德五年（庚戌）八月癸巳（1430.9.12）

赐……灵藏赞善王所遣副千户汝奴星吉……钞、彩币表里、金织纻丝袭衣有差。

（宣宗朝馆本卷六九·页七上）

○ 宣德八年（癸丑）三月癸未（1433.4.19）

（前略）灵藏赞善王喃哥儿坚藏遣番使且汪、都元帅汝奴监藏、都指挥阿尔结等遣头目锁南领占等来朝，贡马。

（宣宗朝馆本卷一〇〇·页一一下）

○宣德八年（癸丑）四月壬寅（1433.5.8）

赐……灵藏赞善王喃哥儿监藏所遣番使且汪、头目锁南领占等钞、币、绢、布及金织袭衣等物有差。仍命且汪等赍敕及文绮赐喃哥儿监藏等。

（宣宗朝馆本卷一〇一·页七下～八上）

○宣德八年（癸丑）八月己酉（1433.9.12）

灵藏赞善王遣番人札失监藏来朝……皆奏愿居京自效。命为副千户（所）镇抚等官，赐金织袭衣、彩币、银、钞、绵〔绢〕布、鞍马。仍命有司给房屋、器物如例。

（宣宗朝馆本卷一〇四·页九下）

○正统六年（辛酉）二月甲申（1441.3.9）

（前略）灵藏管缠南恰儿监藏遣使臣永禄儿监藏俱来朝，贡马及方物。赐宴，并赐彩币等物有差。

（英宗朝馆本卷七六·页八下）

○正统六年（辛酉）四月辛卯（1441.5.15）

敕谕灵藏灌顶国师赞善王喃葛监藏及朵甘卫都指挥使司大小头目人等曰："昔我皇曾祖太宗文皇帝临御之日，念尔喃葛监藏父祖远处西徼，能忠事朝廷，特封尔叔着思巴监藏为灵藏灌顶国师赞善王。逮我皇考宣宗章皇帝嗣位之初，俾尔袭封王爵已有年矣。今尔遣永隆监藏、锁南端竹前来朝贡，并奏现今年老，欲令长子班丹监剉嗣封赞善王，次子巴思恭藏卜为都指挥。盖帝王为治无间远迩，推恩锡命，必徇舆情。今授班丹监剉为都指挥使，代父管本都司事，巴思恭藏卜为指挥佥事，协赞兄管束本处人民。如果尔喃葛监藏年老，必欲尔长子袭封王爵，则尔与众人复共奏来，朕不尔吝。"

（英宗朝馆本卷七八·页八上～下）

○ 正统十年（乙丑）六月乙巳（1445.7.7）

（前略）灵藏灌顶国师赞善王喃葛监藏巴藏卜遣番僧幹［斡］些儿、乌思藏灌顶国师阐化王吉剌思巴永耐监藏巴藏卜遣番僧札实星吉……来朝，贡马及方物。赐宴，并彩币表里有差。命札实吉星等赍敕归赐阐化王等。

（英宗朝馆本卷一三〇·页一下）

○ 正统十年（乙丑）六月庚申（1445.7.22）

敕谕灵藏灌顶国师赞善王喃葛监藏巴藏卜侄班丹监剉曰："尔灵藏地方邈在西域，尔叔南葛监藏巴藏卜封袭王爵，化导一方，恭修职贡，于兹有年。今尔叔奏称年老不能管事，尔班丹监剉乃其亲侄，克承梵教，恪守毗尼，多人信服，请代其职。特允其请，命正使禅师锁南藏卜、副使剌麻札什班丹等同指挥幹些儿藏卜赍捧敕谕、诰命，封尔班丹监剉为灵藏灌顶国师赞善王，代尔叔掌管印章，抚治番人。并颁赐尔锦段表里、僧帽、袈裟、法器等件。尔尚益坚乃心，益懋乃行，广布［宣］佛教，化导群迷，俾尔一方之人咸起为善之心，永享太平之福，庶克振尔宗风，亦不负朝廷宠命。尔惟钦哉。"

（英宗朝馆本卷一三〇·页四下～五上）

○ 正统十四年（己巳）七月丁亥（1449.7.28）

（前略）灵藏赞善王总菩冎地方加儿等四寺剌麻偏竹朵儿只等、护教王地方蒙儿等二寺番僧春孟等来朝，贡佛像、舍利、盔甲及方物。赐钞、币等物如例。

（英宗朝馆本卷一八〇·页二下）

○ 成化三年（丁亥）正月辛未（1467.2.8）

乌思藏灵藏赞善王遣番僧桑节藏卜等……各来朝，贡马并佛像、铁甲等物。赐衣服、彩段等物有差。

（宪宗朝馆本卷三八·页一下）

○ 成化三年（丁亥）二月壬戌（1467.3.31）

（前略）灵藏地方番僧乐瓦藏卜等……各来朝，贡马并佛像等物。赐彩段等物有差。

（宪宗朝馆本卷三九·页一三下）

○ 成化六年（庚寅）四月乙丑（1470.5.17）

西番国师都纲剌麻（班）著尔藏卜等，使灵藏封赞善王还，各贡马。赐宴，并赐袭衣、彩段等物有差。

（宪宗朝馆本卷七八·页四下～五上）

○ 成化十二年（丙申）八月戊寅（1476.8.26）

乌思藏赞善王班丹坚千遣藏日等寺寨都纲剌麻番僧头目族成等来朝，贡氆氇等物。赐衣服、彩段、食茶等物有差。

（宪宗朝馆本卷一五六·页二上）

○ 成化十七年（辛丑）四月丁巳（1481.5.11）

陕西洮州灵藏灌顶国师赞善王下眼节端哑、札纲〔纳〕寺剌麻番僧章牙札巴等……各来朝，贡马及方物。赐衣服、彩段等物有差。

（宪宗朝馆本卷二一四·页五下）

○ 成化二十一年（乙巳）三月甲午（1485.3.28）

陕西洮州灵藏赞善王遣番僧展洋札巴等……各来朝，贡马及铜像、盔甲等物。赐宴，并彩段、绢、钞有差。

（宪宗朝馆本卷二六三·页六下）

○ 弘治元年（戊申）正月癸卯（1488.1.21）

（前略）灵藏赞善王遣番僧远丹陆竹等来朝谢恩，并贡佛像、马、驼、方物。赐衣服、彩段、钞锭有差。

（孝宗朝馆本卷九·页二上）

○弘治三年（庚戌）十一月甲辰（1491.1.6）

　　灵藏赞善王遣番僧领占等……贡佛像、方物。赐宴，并彩段、衣服等物有差。

（孝宗朝馆本卷四五·页六下）

○弘治九年（丙辰）六月甲申（1496.7.18）

　　西番赞善王遣番僧札掛星吉、灵藏赞善王遣番僧端竹等来贡。赐宴，并彩段、衣服等物如例。

（孝宗朝馆本卷一一四·页二下）

○弘治十六年（癸亥）九月辛卯（1503.10.17）

　　西番故灵藏寺赞善王（喃葛坚粲巴藏卜）之弟端竹坚昝遣番僧阿完等来贡，因请袭职。从之。回赐端竹坚昝彩段等物。赐阿完等宴，并彩段表里、衣服有差。

（孝宗朝馆本卷二〇三·页八上）

○正德二年（丁卯）闰正月壬子（1507.2.19）

　　故灵藏赞善王弟端竹坚昝遣使臣番僧剌麻星吉等来朝，贡方物、马匹。赐钞锭、彩段等物有差。

（武宗朝馆本卷二二·页五上～下）

○正德二年（丁卯）闰正月癸酉（1507.3.12）

　　故灵藏赞善王喃葛坚粲巴藏卜之弟端竹坚昝乞袭兄爵。许之。

（武宗朝馆本卷二二·页一一下～一二上）

○正德二年（丁卯）八月乙亥（1507.9.10）

　　遣大慈恩寺都纲札巴也失充正使，大能仁寺都纲锁南短竹充副使，赍诰敕、赏物，往封灵藏赞善王端竹坚昝，以其徒剌麻十人与俱。而差来使臣剌麻星吉等复奏："远赍赏赐，徒从稀少，不便防护，乞更容徒二十人以行。"

礼部复奏。上以其累请，仍添与十人。

（武宗朝馆本卷二九·页一下～二上）

○正德五年（庚午）三月辛未（1510.4.23）

（前略）灵藏赞善王端竹坚昝差使臣贡马及方物。赐彩段、衣物有差。

（武宗朝馆本卷六一·页六上）

○正德七年（壬申）十二月丙午（1513.1.12）

大慈恩寺僧三竹班丹往灵藏封赞善王回，诏升一级。

（武宗朝馆本卷九五·页一下）

○正德九年（甲戌）正月己丑（1514.2.19）

（前略）灵藏赞善王端竹坚参、剌麻赏竹巴等赍保勘承袭番文，各来京贡马匹、渗金佛、氆氇方物。赐彩段等物有差。

（武宗朝馆本卷一〇八·页一一下）

○嘉靖十六年（丁酉）正月丙午（1537.3.7）

灵藏赞善王端竹坚昝遣番僧札失藏等……各贡马及方物。宴赍如例。

（世宗朝馆本卷一九六·页八上）

○嘉靖十六年（戊申）六月辛未（1548.8.1）

灵藏赞善王端岳坚昝差番僧锁南窝些儿等来贡马及方物。宴赍如例。

（世宗朝馆本卷三三七·页七上）

○隆庆六年（壬申）九月癸巳（1572.10.16）

陕西外夷灵藏赞善王端岳坚昝差使臣并番僧等，凡到京及留边共一百三十五人，贡马匹、舍利、盔甲、刀剑、氆氇、毾毲等物。如例给赏段、绢、钞锭，行茶马司关给食茶，仍赐番王彩段表里。

（神宗朝馆本卷五·页五下）

○隆庆六年（壬申）十月戊午（1572.11.10）

灵藏赞善王差你麻坚昝等一百三十五名，贡方物、马匹。如例给赏表里银五百四十两。

（神宗朝馆本卷六·页三下）

○隆庆六年（壬申）十月丁卯（1572.11.19）

（前略）陕西灵藏赞善等七寺，各差都纲头目番僧共五十四名，赴京进贡方物。以穆宗皇帝山陵甫毕，赐筵宴不作乐，给赏如例。

（神宗朝馆本卷六·页九下）

○万历五年（丁丑）十二月甲午（1578.1.19）

（前略）外夷灵藏赞善王端岳坚昝遣使著巴答等各赴京进贡。赐宴如例。

（神宗朝馆本卷七〇·页三下）

○万历十年（壬午）十二月甲午（1583.1.3）

（前略）灵藏族番僧领真俄竹等进贡至。赐宴赏如例。

（神宗朝馆本卷一三一·页五上）

○万历二十二年（甲午）四月庚午（1594.6.10）

灵藏赞善王差番僧锁南瓦秀等二十名进贡。各赏给之。

（神宗朝馆本卷二七二·页五上）

○万历三十二年（甲辰）四月壬寅（1604.5.20）

宴灵藏赞善王进贡使臣锁南瓦秀等十九名，永康侯徐文炜待。

（神宗朝馆本卷三九五·页四下）

○万历三十九年（辛亥）五月癸丑（1611.6.24）

宴灵藏赞善王贡使藏卜坚昝［昝］等十七员。

（神宗朝馆本卷四八三·页一〇下）

○万历四十四年（丙辰）二月庚午（1616.4.15）

灵藏赞善王遣使臣坚参藏卜等二十名进贡。

（神宗朝馆本卷五四二·页六下）

○天启元年（辛酉）二月丁未（1621.2.25）

灵藏赞善王端岳坚昝遣使臣番僧进马匹、方物。赏赉如例。

（熹宗朝馆本卷六·页六上）

○天启六年（丙寅）七月丁酉（1626.9.17）

陕西外夷灵藏赞善王端岳坚咎［昝］遣使进贡方物。赏赉如例。

（熹宗朝馆本卷七四·页一六下）

馆觉护教王及其属下

○永乐四年（丙戌）二月辛巳（1406.3.10）

赐馆觉、灵藏等处使臣端竹藏卜等银、钞、彩币、袭衣。

（太宗朝馆本卷五一·页三下）

○永乐四年（丙戌）三月壬寅（1406.3.31）

命馆觉宗巴斡即南哥巴藏卜为馆觉灌顶国师，陇答头目结失古加之子巴鲁为陇答卫指挥使。赐诰命、银、币。

（太宗朝馆本卷五二·页五下～六上）

○永乐五年（丁亥）二月壬子（1407.4.5）

馆觉灌顶国师宗巴斡［斡］即南哥巴藏卜及札思木都指挥使撒力加监藏等，遣札思巴儿监藏等六十一人贡马。赐札思巴儿监藏等钞一〔二〕千二百锭、白金五百两、彩币九十五表里及纻丝、䌷绢衣有差。

（太宗朝馆本卷六四·页二下～三上）

○永乐五年（丁亥）三月丁卯（1407.4.20）

封馆觉灌顶国师宗巴斡即南哥巴藏卜为获［护］教王……

（太宗朝馆本卷六五·页二上～下）

○永乐六年（戊子）四月丁未（1408.5.24）

馆觉灌顶国师护教王宗巴斡即南哥藏卜遣其徒端竹巴等贡方物。赐端竹巴白金三十两、钞八十锭、彩币三表里、茶三十斤。赐其从人钞、币及茶有差。

（太宗朝馆本卷七八·页三下）

○永乐九年（辛卯）四月乙未（1411.4.27）

如来大宝法王哈立麻及馆觉护教王宗巴斡［斡］即南哥巴藏卜等各遣使进马。赐钞及彩币。

（太宗朝馆本卷一一五·页一下）

○永乐十一年（癸巳）二月己未（1413.3.11）

中官杨三保等使乌思藏等处还。乌思藏怕木竹巴灌顶国师阐化王吉剌思巴监藏巴里藏卜，遣侄札结等与三保偕来朝贡。……时灵藏灌顶国师赞善王著思巴儿监藏、管觉灌顶国师护教王宗巴斡即南哥巴藏卜……俱遣人贡方物，亦赐锦绮、彩币等物。

（太宗朝馆本卷一三七·页三上～下）

○永乐十四年（丙申）五月辛丑（1416.6.5）

乌思藏……（馆觉灌顶国师护教王斡些儿吉剌思巴藏卜）……各遣使贡马及方物。赐钞、币等物有差。

（太宗朝馆本卷一七六·页一下）

○永乐二十二年（甲辰）十二月庚午（1425.1.18）

（前略）馆觉剌笼番僧沙加端竹等贡马。赐之钞、币。

（仁宗朝馆本卷五下·页一〇上）

○洪熙元年（乙巳）正月甲午（1425.2.11）

（前略）馆觉、灵藏（等）处护教王巴里藏卜等遣使贡马。赐钞币表里有差。

（仁宗朝馆本卷六下·页八上）

○宣德元年（丙午）三月己亥（1426.4.12）

（前略）哈立麻番人锁南坚藏、管觉番僧公哥坚藏……遣剌麻领占扎思巴等贡马。

（宣宗朝馆本卷一五·页三上）

○宣德元年（丙午）三月乙卯（1426.4.28）

赐……管觉番僧公哥坚藏……所遣剌麻领占扎思巴等钞、彩币表里、袭衣有差。

（宣宗朝馆本卷一五·页一一下）

○宣德四年（己酉）四月戊寅（1429.5.5）

（前略）乌思藏管觉护教主［王］幹［斡］些儿吉剌思巴八藏卜遣僧人什占千等来朝，贡马。

（宣宗朝馆本卷五三·页四上）

○宣德四年（己酉）四月乙未（1429.5.22）

赐乌思藏管觉护教王使臣番僧什占千等……钞、彩币表里及纻丝袭衣有差。

（宣宗朝馆本卷五三·页一一上）

○正统十四年（己巳）七月丁亥（1449.7.28）

（前略）护教王地方蒙儿等二寺番僧春孟等来朝，贡佛像、舍利、盔甲及方物。赐钞、币等物如例。

（英宗朝馆本卷一八○·页二下）

○嘉靖二十二年（癸卯）六月辛卯（1543.7.19）

乌思藏护教王、朵甘思宣慰、招讨等司各遣使朝贡。赐宴有差。

（世宗朝馆本卷二七五·页六上）

○嘉靖三十五年（丙辰）九月戊寅（1556.10.25）

（前略）乌思藏护教王遣国师锁南冷〔领〕直［真］等各贡方物。宴赍如例。

（世宗朝馆本卷四三九·页五下）

○嘉靖四十年（辛酉）十一月癸丑（1562.1.2）

（前略）护教王差国师班丹监参等……各来朝，贡方物。宴赍有差。

（世宗朝馆本卷五〇三·页三下～四上）

○万历四年（丙子）五月丙申（1576.5.31）

四川乌思藏护教主［王］差国师喃哈星吉等、番僧刬吉等各贡珊瑚、方物。给赏如例。

（神宗朝馆本卷五〇·页三上）

○万历十二年（甲申）八月丙午（1584.9.6）

乌思藏获［护］教王番徒喃哈坚参等五起进贡。

（神宗朝馆本卷一五二·页一下）

○万历二十一年（癸巳）五月丙辰（1593.6.1）

四川都指挥使司起送乌思藏护教王并董卜韩胡宣慰使司别思寨安抚司及朵甘思直管招讨司宣慰使司，各差国师进贡方物。

（神宗朝馆本卷二六〇·页二上）

○万历二十一年（癸巳）六月丙戌（1593.7.1）

宴赏四川入贡乌思藏护教王、朵甘思阿喃坚参等三十名。

（神宗朝馆本卷二六一·页二上～下）

○万历四十一年（癸丑）二月乙巳（1613.4.6）

赐乌思藏护教主［王］、董卜韩胡宣慰司、别思寨安抚司、朵甘司［思］宣慰司直〔兼〕管招讨司国师阿折孟等三十名织金文绮、钞锭有差。

（神宗朝馆本卷五〇五·页五上～下）

○万历四十六年（戊午）四月丙辰（1618.5.21）

命伯赵世新宴乌思藏护教主［王］遣国师番僧徒阿折结等三十名。

（神宗朝馆本卷五六八·页七上）

○天启六年（丙寅）八月丙辰（1626.10.6）

四川乌思藏护教王……进贡方物。

（熹宗朝馆本卷七五·页一一下～一二上）

大乘法王

○永乐十年（壬辰）十二月丙寅（1413.1.17）

乌思藏尚师昆泽思巴来朝，先遣人进舍利、佛像。

（太宗朝馆本卷一三五·页二上）

○永乐十一年（癸巳）二月戊午（1413.3.10）

尚思［师］昆泽思巴入见。赐藏经、银、钞、彩币、鞍马、茶、米等物。

（太宗朝馆本卷一三七·页三上）

○永乐十一年（癸巳）五月辛巳（1413.6.1）

命尚师昆泽思巴为万竹［行］圆融妙法最胜真如慧智弘慈广济护国宣教正觉大乘法王西天上善金刚普应大光明佛，领天下释教。赐诰、印并袈裟、幡幢、鞍马、伞盖、法器等物。

（太宗朝馆本卷一四〇·页一下）

○永乐十三年（乙未）正月丙午（1415.2.16）

正觉大乘法王昆泽思巴遣使贡马。赐之彩币等物。

（太宗朝馆本卷一六〇·页一下）

○永乐十五年（丁酉）二月戊午（1417.2.17）

遣内官乔来喜〔善〕等赍佛像、佛经、金银法器、彩币等物往乌思藏，赐正觉大乘法王昆泽思巴。

（太宗朝馆本卷一八五·页一上）

○永乐二十年（壬寅）闰十二月癸酉（1423.2.1）

正觉大乘法王昆泽思巴等遣国师班丹札等三百十四人朝贡。命礼部赐宴。

（太宗朝馆本卷二五四·页二上）

○洪熙元年（乙巳）十二月甲午（1426.2.6）

（前略）乌思藏大乘法王昆泽思巴遣使臣桑结巴等贡马及方物。

上谕行在礼部臣曰："正旦朝会，远夷俱集。凡宴赐皆宜丰厚，毋简于礼。"

（宣宗朝馆本卷一二·页一二上）

○宣德元年（丙午）正月己未（1426.3.3）

赐……乌思藏使臣桑结巴等钞、币、袭衣、靴袜有差。

（宣宗朝馆本卷一三·页一一上）

○宣德元年（丙午）正月癸亥（1426.3.7）

乌思藏大乘法王昆泽思巴遣国师班丹札思巴、净觉慈济大国师班丹扎失……贡马及方物，贺万寿圣节。

（宣宗朝馆本卷一三·页一二下）

○宣德元年（丙午）二月戊辰（1426.3.12）

赐……乌思藏国师班丹札思巴、净觉慈济大国师班丹札失等四百四十一人钞、文绮、袭衣有差。

（宣宗朝馆本卷一四·页一下）

○宣德元年（丙午）九月壬寅（1426.10.12）

（前略）乌思藏大乘法王毘［昆］泽思巴遣国师阿木葛……来朝，贡马及方物。

（宣宗朝馆本卷二一·页四上）

○宣德四年（己酉）十二月乙未（1430.1.17）

乌思藏……大乘法王、辅教王、阐化王使臣锁南领占等五百四十二人贡马及方物。

（宣宗朝馆本卷六〇·页七上）

○宣德五年（庚戌）正月乙丑（1430.2.16）

（前略）赐乌思藏……大乘法王使臣锁南领占等五百四十二人……钞、彩币表里、绢、布、胡椒等物有差。

（宣宗朝馆本卷六二·页一上）

○成化四年（戊子）五月庚辰（1468.6.11）

礼部奏："洮州起送藏撒下大乘法王完卜遣番僧葛竹瓦班绰等来朝，贡马及方物。查无番王印信文书，且从洮州入境，其赏赐亦宜从洮州例。葛竹瓦班绰等乃自陈所居地方远过乌思藏二十余程，在途五年之上方至京师，及称进马数多，乞给全赏。"礼部复请以各僧到京者，仍各赐僧衣一袭，以慰远人之意。从之。

（宪宗朝馆本卷五四·页七下～八上）

○成化十年（甲午）十一月壬申（1474.12.29）

（前略）乌思藏大乘法王遣番僧都纲剌瓦藏卜等各来朝，贡马及佛像等物。赐宴，并彩段等物有差。

（宪宗朝馆本卷一三五·页五下）

○成化十七年（辛丑）七月庚子（1481.8.22）

四川乌思藏如来大乘法王遣都纲头目独蜗儿坚灿等来朝，贡方物。赐衣服、彩段等物有差，仍命赍敕并彩段表里回赐其王。

（宪宗朝馆本卷二一七·页四下～五上）

○弘治元年（戊申）正月癸卯（1488.1.21）

乌思藏西天桑加瓦如来大乘法王遣禅师蛇纳藏并各寺寨番僧、瞿云［昙］寺西天佛子大国师班卓儿藏卜遣禅师桑尔加端竹等……来朝谢恩，并贡佛像、马、驼、方物。赐衣服、彩段、钞锭有差，仍命领赐法王、佛子彩段归给之。

（孝宗朝馆本卷九·页二上）

○弘治三年（庚戌）正月丙子（1490.2.12）

近例乌思藏番僧三年一贡，令四川布政司比号相同，并有番王印信、番字奏启，方许。其法王卒，止用本处僧徒袭职，不由廷授。至是，辅教王遣番僧锁巴等，保送大乘法王袭职入贡，乃欲自洮州而入。洮州守备官据例阻回，以其事闻。

下礼部议，谓："有前例，宜行洮州守备官，于锁巴内令四五人赍执勘合，前往四川布政司比号。果系原降辅教王处勘合，字号相同，本司宜即差人具奏，并给与印信文书，仍令回至洮州，守备官再行审验。其大乘法王处所差者，许令入贡，然不许其奏请袭职。若辅教王处所差者，准作弘治三年一贡，沿途量起人夫护送方物至京。如其字号不同，及有诈冒别情，宜从四川镇巡官并洮州守备官径自奏闻，以凭区处。"从之。

（孝宗朝馆本卷三四·页六上～下）

○弘治八年（乙卯）七月丙午（1495.8.15）

四川乌思藏大乘法王、阐化王各遣国师番僧锁南著六竹等来贡。赐彩段、钞锭等物有差〔如例〕。

（孝宗朝馆本卷一〇二·页九下）

○弘治八年（乙卯）十月戊辰（1495.11.5）

乌思藏大乘法王陆竹坚参巴藏卜遣番僧札乩藏卜等来贡……赐宴，并彩段、衣服有差。

（孝宗朝馆本卷一〇五·页五上）

○弘治十七年（甲子）十一月戊戌（1504.12.17）

乌思藏大乘法王并护教、辅教、阐教等王各遣人来贡。赐宴，并彩段、衣服等物有差。

（孝宗朝馆本卷二一八·页七下）

○正德三年（戊辰）九月壬寅（1508.10.1）

乌思藏……大乘法王遣番僧锁南以失……各进贡朝贺。赐彩段等物有差。

（武宗朝馆本卷四二·页二上）

○正德五年（庚午）三月癸未（1510.5.5）

乌思藏大乘法王差剌麻绰吉我些儿等八百人从陕西河州卫入贡。礼部以其违例，宜减赏，及究河州卫指挥使徐经不行审验之罪。上命巡按御史逮经治之。仍令是后宜加审验，不许重冒起送。

（武宗朝馆本卷六一·页八上）

○正德九年（甲戌）正月己丑（1514.2.19）

乌思藏萨释迦巴故大乘法王洛竹坚参巴藏卜侄完卜锁南坚参巴尔藏卜，差使臣班蓝端竹（巴、洛竹）列思巴求袭职……各来京贡马匹、渗金佛、氆氇方物。赐彩段等物有差。

（武宗朝馆本卷一〇八·页一一下）

○正德十年（乙亥）二月甲午（1515.2.19）

番僧完卜锁南坚参巴尔藏卜遣人朝贡，乞袭封大乘法王。许之。

（武宗朝馆本卷一二一·页三下）

○正德十三年（戊寅）正月壬子（1518.2.21）

乌思藏大乘法王差使臣锁南札失等来朝，贡方物。赐宴，（给）赏如例。

（武宗朝馆本卷一五八·页七下）

○正德十六年（辛巳）七月乙丑（1521.8.17）

（前略）乌思藏大乘法王差番僧失劳陆竹等……俱入贡方物。诏赐文绮、靴袜有差。

（世宗朝馆本卷四·页一五下）

○嘉靖十五年（丙申）正月庚午（1536.2.5）

乌思藏辅教、阐教、大乘各王差国师短竹札失等、长河西鱼通宁远等处军民宣慰使司差寨官桑呆短竹等各进贡，凡四千一百七十余人。诏以人数逾额，如例减赏，并下四川巡按御史逮治都布按三司官违例验进之罪。

（世宗朝馆本卷一八三·页二上）

○嘉靖二十四年（乙巳）五月己卯（1545.6.26）

乌思藏辅教、大宝法王、阐教、大乘法王各差国师坚剉等入贡。宴赏如例。

（世宗朝馆本卷二九九·页三下）

○嘉靖三十三年（甲寅）五月丁未（1554.6.7）

乌思藏辅教王、阐化王、阐教王、大乘法王、大宝法王各差国师番僧札吧坚参等来朝，贡方物。宴赉如例。

（世宗朝馆本卷四一〇·页二上）

○万历二年（甲戌）四月乙丑（1574.5.11）

宴赏乌思藏大乘法王并法藏等六寺、鲁班等七寺差来进贡国师乌竹笑等、剌麻番僧相竹领占、领上端木等如例。

（神宗朝馆本卷二四·页六上）

○万历十年（壬午）六月乙巳（1582.7.8）

乌思藏辅教王、大乘法王差国王［师］札失班旺修、藏卜坚参各以铜佛、珊瑚等物入贡。赏段、钞有差。

（神宗朝馆本卷一二五·页五下）

○万历十三年（乙酉）十二月辛巳（1586.2.3）

乌思藏大乘法王及长河宣慰使司番僧吧蜡领真等入贡，例赏约九千三百两有奇。工部以节慎库空虚，议移之四川藩司。番僧诉于礼部，引万历六年奉旨事例为言。诏仍于工部给之。

（神宗朝馆本卷一六九·页四上）

○万历二十六年（戊戌）九月丙申（1598.10.13）

命侯陈良弼宴待四川乌思藏四王并长河西宣慰司五起进贡国师畜竹简参等。

（神宗朝馆本卷三二六·页三上）

○万历三十八年（庚戌）十二月己亥（1611.2.10）

四川乌思藏阐教、辅教、大乘、大宝、长河西等处遣番徒蓄竹坚参等及年久未贡杂道长官司遣番徒叱吧坚剉等各备珊瑚、方物来贡。赐宴赉如例。

（神宗朝馆本卷四七八·页四上）

思达藏辅教王及其属下

○ 永乐十一年（癸巳）五月丙戌（1413.6.6）

封领真巴儿吉监藏为必力工瓦阐教王，南渴烈思巴为思达藏辅教王，俱赐印、诰、彩币。

（太宗朝馆本卷一四〇·页二上）

○ 永乐二十一年（癸卯）二月乙卯（1423.3.15）

乌思藏怕木竹巴灌顶国师阐化王吉剌思巴监藏巴里藏卜遣指挥端岳竹巴……思达藏辅教王喃渴烈思巴遣使结摄端竹监藏……贡方物。命礼部赐宴，仍赐端岳竹巴等织金约〔纻〕丝袭衣及钞、币有差。

（太宗朝馆本卷二五六·页一上）

○ 宣德四年（己酉）十二月乙未（1430.1.17）

乌思藏……大国师释迦也失并大乘法王、辅教王、阐化王使臣锁南领占等五百四十二人贡马及方物。

（宣宗朝馆本卷六〇·页七上）

○ 景泰七年（丙子）四月庚戌（1456.5.15）

（前略）四川乌思藏达沧辅教等王喃恰勒巴罗〔罢〕骨监〔革〕千伯等遣剌麻来朝，贡马。赐钞、帛〔币〕等物。

（英宗朝馆本卷二六五·页一下）

○ 天顺八年（甲申）十二月戊戌（1465.1.16）

乌思藏辅教王喃葛坚参巴藏卜遣番僧领占禄竹等来朝，贡氆氇等物。赐衣服、彩段等物如例。

（宪宗朝馆本卷一二·页七下）

○ 成化五年（己丑）三月乙未（1469.4.22）

乌思藏辅教王下萨藏等寺番僧锁南伦竹等来朝，贡马及佛像等物。赐彩段、钞锭有差。

（宪宗朝馆本卷六五·页二上）

○成化五年（己丑）四月庚午（1469.5.27）

乌思藏答藏王南渴坚粲遣番僧南伦竹等由陕西洮州入贡。至是，连章乞如四川入贡例赏赐。奏下礼部，以乌思藏经陕西入者赐例从轻，若从所请，恐乖禁例，失信外夷。合量加到京番僧衣一袭、钞五十锭、茶五十斤；存留番僧有马者，纻丝一匹、茶二十斤。移文彼处镇守等官，省令各夷今后务遵敕书榜例，不得仍前故违。从之。

（宪宗朝馆本卷六六·页五下）

○成化十五年（己亥）正月甲戌（1479.2.8）

四川乌思藏辅教王南渴坚粲巴藏卜遣都纲沙加星吉等三百六十三人来朝，贡镪氇、方物。宴赉如例。辅教王乞升沙加星吉等职，不允。沙加星吉等乞将赐赉物于湖广荆州境内市茶，人六十斤。许之。

（宪宗朝馆本卷一八六·页二上）

○成化十五年（己亥）闰十月庚午（1479.12.1）

乌思藏辅教王……以朝廷遣僧录司觉义绰吉坚参往赐诰敕、礼物，各备佛像等物，遣剌麻掌结等附绰吉坚参入贡。各赐衣服、彩段、（绢）、钞有差。

（宪宗朝馆本卷一九六·页三上～下）

○成化十七年（辛丑）三月戊子（1481.4.12）

乌思藏阐化王、辅教王各遣番僧失劳肌等来朝，贡马。赐彩段等物有差，仍令赍彩段表里回赐其王。

（宪宗朝馆本卷二一三·页二下）

○成化二十三年（丁未）十月戊寅（1487.10.28）

礼部请量给乌思藏阐化王及辅教王所遣入贡番僧扎失罗竹等口粮、脚力，仍令今后每三年一贡，差人不许过百五十名，仍填写原给勘合，至各该官司比号。如无番王印信番字奏本、咨文及贡期烦数、来人过多者，俱却回，并裁减给赐之数。从之。

（孝宗朝馆本卷四·页一二下）

○弘治三年（庚戌）正月丙子（1490.2.12）

近例乌思藏番僧三年一贡，令四川布政司比号相同，并有番王印信、番字奏启，方许。其法王卒，止用本处僧徒袭职，不由廷授。至是，辅教王遣番僧锁巴等，保送大乘法王袭职入贡，乃欲自洮州而入。洮州守备官据例阻回，以其事闻。

下礼部议，谓："有前例，宜行洮州守备官，于锁巴内令四五人赍执勘合，前往四川布政司比号。果系原降辅教王处勘合，字号相同，本司宜即差人具奏，并给与印信文书，仍令回至洮州，守备官再行审验。其大乘法王处所差者，许令入贡，然不许其奏请袭职。若辅教王处所差者，准作弘治三年一贡，沿途量起人夫护送方物至京。如其字号不同，及有诈冒别情，宜从四川镇巡官并洮州守备官径自奏闻，以凭区处。"从之。

（孝宗朝馆本卷三四·页六上～下）

○弘治十七年（甲子）十一月戊戌（1504.12.17）

乌思藏大乘法王并护教、辅教、阐教等王各遣人来贡。赐宴，并彩段、衣服等物有差。

（孝宗朝馆本卷二一八·页七下）

○正德三年（戊辰）九月壬寅（1508.10.1）

乌思藏辅教王遣番僧札失藏卜……各进贡朝贺。赐彩段等物有差。

（武宗朝馆本卷四二·页二上）

○正德九年（甲戌）八月己亥（1514.8.28）

乌思藏……辅教王遣禅师镇［锁］南班丹等各来朝，贡氆氇、盔、刀等物。赐彩段、钞锭如例。

（武宗朝馆本卷一一五·页二下）

○嘉靖三年（甲申）二月丙申（1524.3.5）

乌思藏阐化王、辅教王直管招讨司、朵甘宣慰司、长河西、雅州、杂道长官司、天前[全]六番招讨司及三十六种大小番司奏请入贡。礼部议："雅州各番入境之地不隶贡职，及称大小番司三十六种不具地方族氏。"诏抚臣核实以闻。

（世宗朝馆本卷三六·页一上）

○嘉靖十四年（乙未）九月甲申（1535.10.22）

乌思藏转[辅]教等王并长河西鱼通宁远宣慰使司各遣国师、寨官人等来朝，贡方物。赏赉有差。

（世宗朝馆本卷一七九·页四上）

○嘉靖十五年（丙申）正月庚午（1536.2.5）

乌思藏辅教、阐教、大乘各王差国师短竹札失等、长河西鱼通宁远等处军民宣慰使司差寨官桑呆短竹等各进贡，凡四千一百七十余人。诏以人数逾额，如例减赏，并下四川巡按御史逮治都布按三司官违例验进之罪。

（世宗朝馆本卷一八三·页二上）

○嘉靖二十四年（乙巳）二月丁酉（1545.3.16）

乌思藏辅教（等）王差使臣国师番僧坚剉等入贡。宴赏如例。

（世宗朝馆本卷二九六·页一上）

○嘉靖二十四年（乙巳）五月己卯（1545.6.26）

乌思藏辅教、大宝法王、阐教、大乘法王各差国师坚剉等入贡。宴赏如例。

（世宗朝馆本卷二九九·页三下）

○万历十年（壬午）六月乙巳（1582.7.8）

乌思藏辅教王、大乘法王差国王[师]札失班旺修、藏卜坚参各以铜佛、珊瑚等物入贡。赏段、钞有差。

（神宗朝馆本卷一二五·页五下）

○万历十七年（己丑）七月丙寅（1589.8.31）

宴乌思藏辅教等王遣来入贡国师琐喃远丹等四十员名如例。

（神宗朝馆本卷二一三·页七上～下）

○万历二十二年（甲午）二月辛未（1594.4.12）

乌思藏辅教等（王）及长河等司差国师喇嘛藏等三十二名进贡。各赏给，并回赐四王。

（神宗朝馆本卷二七〇·页六上）

○万历二十六年（戊戌）九月丙申（1598.10.13）

命侯陈良弼宴待四川乌思藏四王并长河西宣慰司五起进贡国师畜竹简参等。

（神宗朝馆本卷三二六·页三上）

○万历三十八年（庚戌）十二月己亥（1611.2.10）

四川、乌思藏阐教、辅教、大乘、大宝、长河西等处遣番徒蓄竹坚参等及年久未贡杂道长官司遣番徒叱吧坚刬等各备珊瑚、方物来贡。赐宴赍如例。

（神宗朝馆本卷四七八·页四上）

○万历三十九年（辛亥）三月壬寅（1611.4.14）

宴乌思藏阐教、辅教等八员入贡国师番徒蓄行坚参等四十五名。

（神宗朝馆本卷四八一·页一下）

大慈法王

○永乐十二年（甲午）十二月癸巳（1415.2.3）

乌思藏尚师释迦也失来朝。

（太宗朝馆本卷一五九·页三上）

○永乐十三年（乙未）四月庚午（1415.5.11）

　　命尚司［师］释迦也失为妙觉圆通慧慈普应辅国显教灌顶弘善西天佛子大国师，赐之诰命。

　　　　　　　　　　　　　　　　　　（太宗朝馆本卷一六三·页一上）

○永乐十四年（丙申）五月辛丑（1416.6.5）

　　妙觉圆通慧慈辅［普］应辅国显教灌顶弘善西天佛子大国师释迦地［也］失辞归。御制赞赐之，并赐佛像、佛经、法器、衣服、文绮、金银器皿。

　　　　　　　　　　　　　　　　　　（太宗朝馆本卷一七六·页一下）

○永乐十五年（丁酉）二月戊午（1417.2.17）

　　乌思藏大国师释迦也失遣人贡马。赐佛像、法器、彩币等物。

　　　　　　　　　　　　　　　　　　（太宗朝馆本卷一八五·页一上）

○永乐十七年（己亥）十月癸未（1419.10.30）

　　遣中官杨三保等赍敕往赐……灌顶弘善西天佛子大国师释迦也矢［失］等佛像、法器、袈裟、禅衣及绒锦、彩币表里有差。盖答其遣使朝贡之诚也。

　　　　　　　　　　　　　　　　　　（太宗朝馆本卷二一七·页一下）

○永乐二十一年（癸卯）二月乙卯（1423.3.15）

　　乌思藏怕木竹巴灌顶国师阐化王吉剌思巴监藏巴里藏卜遣指挥端岳竹巴……灌顶弘善太［大］国师释迦也失并各部大小头目皆遣人贡方物。命礼部赐宴，仍赐端岳竹巴等织金约［纻］丝袭衣及钞、币有差。

　　　　　　　　　　　　　　　　　　（太宗朝馆本卷二五六·页一上）

○宣德四年（己酉）十二月乙未（1430.1.17）

　　乌思藏……大国师释迦也失并大乘法王、辅教王、阐化王使臣锁南领占等五百四十二人贡马及方物。

　　　　　　　　　　　　　　　　　　（宣宗朝馆本卷六〇·页七上）

○宣德五年（庚戌）正月乙丑（1430.2.16）

（前略）赐乌思藏……大国师释迦也失并大乘法王使臣锁南领占等五百四十二人……钞、彩币表里、绢、布、胡椒等物有差。

（宣宗朝馆本卷六二·页一上）

○宣德五年（庚戌）八月乙亥（1430.8.25）

（前略）乌思藏大国师释迦也失之徒养答儿等贡马。

（宣宗朝馆本卷六九·页二上～下）

○宣德六年（辛亥）二月辛亥（1431.3.29）

乌思藏大国师释迦也失之徒剌麻罗卓促密等来朝，贡方物。

（宣宗朝馆本卷七六·页九下）

○宣德六年（辛亥）三月庚午（1431.4.17）

赐乌思藏剌麻罗卓促密等彩币表里、绢、布有差。

（宣宗朝馆本卷七七·页三下）

○宣德九年（甲寅）六月庚申（1434.7.20）

遣成国公朱勇、礼部尚书胡濙持节封释迦也失为万行妙明真如上胜清净般若弘照普应辅国显教至善大慈法王西天正觉如来自在大圆通佛。

（宣宗朝馆本卷一一一·页三上）

○正统二年（丁巳）十月辛酉（1437.11.2）

（前略）乌思藏大慈法王释迦也失徒弟禅师领占等各来朝，贡驼、马及方物。赐彩币等物有差。

（英宗朝馆本卷三五·页二上～下）

○正统十一年（丙寅）七月乙酉（1446.8.11）

乌思藏大慈法王徒杲竺呱简参藏卜……贡马及方物。赐宴，并钞、彩段、僧衣等物有差。

（英宗朝馆本卷一四三·页六上）

俄力思军民元帅府

○洪武十四年（辛酉）十二月乙卯（1381.12.20）

僧宗泐还自西域。俄力思军民元帅府……遣使随宗泐来朝，表〔奉〕贡方物。

（太祖朝馆本卷一四〇·页五上）

○洪武十五年（壬戌）二月乙丑（1382.2.28）

俄力思军民元帅府……遣使奉表贡方物。

（太祖朝馆本卷一四二·页三下）

巴者万户府

○洪武十四年（辛酉）十二月乙卯（1381.12.20）

僧宗泐还自西域……巴者万户府遣使随宗泐来朝，表〔奉〕贡方物。

（太祖朝馆本卷一四〇·页五上）

○洪武十五年（壬戌）二月乙丑（1382.2.28）

（前略）巴者万户府遣使奉表贡方物。

（太祖朝馆本卷一四二·页三下）

仰思多万户府

○洪武十五年（壬戌）二月丙寅（1382.3.1）

（前略）仰思多万户公哥怕遣镇抚汝奴藏卜、僧哈麻剌来朝，贡兜罗帽、铁骊绵等物。诏赐汝奴藏卜等文绮、袭衣、钞有差及乌茶二百斤，僧哈麻剌等文绮及禅衣各一袭。

（太祖朝馆本卷一四二·页四上～下）

○洪武二十三年（庚午）十二月庚辰（1391.1.27）

西番诸夷……曰灌顶国师吉剌思巴监藏巴藏卜……曰仰思多前司徒公

哥巴思……遣使札撒〔撤〕巴鲁等，表贡方物，贺明年正旦。

（太祖朝馆本卷二〇六·页四下）

俺不罗行都指挥使司

○洪武二十三年（庚午）十二月庚辰（1391.1.27）

西番诸夷……曰灌顶国师吉剌思巴监藏巴藏卜、曰乌思藏卫俺不罗行都指挥使司……遣使札撒〔撤〕巴鲁等，表贡方物，贺明年正旦。

（太祖朝馆本卷二〇六·页四下）

辇思寨

○洪武二十三年（庚午）十二月庚辰（1391.1.27）

西番诸夷……曰灌顶国师吉剌思巴监藏巴藏卜……曰辇思寨官喃儿加……遣使札撒〔撤〕巴鲁等，表贡方物，贺明年正旦。

（太祖朝馆本卷二〇六·页四下）

札唐

○洪武二十三年（庚午）十二月庚辰（1391.1.27）

西番诸夷……曰灌顶国师吉剌思巴监藏巴藏卜……曰札唐千户端竹藏卜……遣使札撒〔撤〕巴鲁等，表贡方物，贺明年正旦。

（太祖朝馆本卷二〇六·页四下）

擦力巴

○洪武二十三年（庚午）十二月庚辰（1391.1.27）

西番诸夷……曰灌顶国师吉剌思巴监藏巴藏卜……曰啞力巴辇卜阁……遣使札撒〔撤〕巴鲁等，表贡方物，贺明年正旦。

（太祖朝馆本卷二〇六·页四下）

○永乐六年（戊子）十二月辛丑（1409.1.13）

乌思藏……摄公堂剌麻擦力巴俄即儿藏卜、擦力巴都指挥葛谛藏卜、都指挥吞竹监藏……各遣使来朝，贡马及方物。赐钞、币、（衣服）有差。

（太宗朝馆本卷八六·页八上～下）

仰卜罗万户府

○洪武三十年（丁丑）正月辛未（1397.2.15）

乌思藏都指挥司灌顶国师……各遣使贡方物。诏赐……乌思藏都指挥仰卜罗……银各一百两、文绮、帛各二匹，并赐其使人衣、钞有差。

（太祖朝馆本卷二四九·页三上～下）

沙鲁万户府

○洪武三十年（丁丑）正月辛未（1397.2.15）

乌思藏都指挥司灌顶国师……各遣使贡方物。诏赐……沙鲁万户列思巴端竹、都指挥答里巴远毋尔监卒银各一百两、文绮、帛各二匹，并赐其使人衣、钞有差。

（太祖朝馆本卷二四九·页三上～下）

节竹古寨

○永乐六年（戊子）十二月辛丑（1409.1.13）

乌思藏……节竹古塞［寨］官卓札……各遣使来朝，贡马及方物。赐钞、币、（衣服）有差。

（太宗朝馆本卷八六·页八上～下）

三竹节寨

○ 永乐六年（戊子）十二月辛丑（1409.1.13）

乌思藏……三竹节塞［寨］官桑里结失夹（札）……各遣使来朝，贡马及方物。赐钞、币、（衣服）有差。

（太宗朝馆本卷八六·页八上～下）

丹萨替里寺

○ 永乐六年（戊子）十二月辛丑（1409.1.13）

乌思藏怕木竹巴灌顶国师阐化王言［吉］剌司［思］巴监藏巴里藏卜、丹萨替里大剌麻锁南藏卜……各遣使来朝，贡马及方物。赐钞、币、（衣服）有差。

（太宗朝馆本卷八六·页八上～下）

乃宁寺

○ 永乐六年（戊子）十二月辛丑（1409.1.13）

乌思藏……乃宁寺剌麻令真监藏等各遣使来朝，贡马及方物。赐钞、币、（衣服）有差。

（太宗朝馆本卷八六·页八上～下）

牛儿宗寨行都指挥使司

○ 永乐六年（戊子）十二月辛丑（1409.1.13）

乌思藏……牛儿宗塞［寨］官喃哥藏卜、军官板竹儿藏卜、剌思巴促儿加……各遣使来朝，贡马及方物。赐钞、币、（衣服）有差。

（太宗朝馆本卷八六·页八上～下）

○宣德元年（丙午）十月壬申（1426.11.11）

赐……牛儿宗寨行都司指挥佥事喃葛绰儿……诰命。

（宣宗朝馆本卷二二·页五上）

○成化十五年（己亥）闰十月庚午（1479.12.1）

（前略）牛儿寨行都司指挥佥事班卓儿坚参等，以朝廷遣僧录司觉义绰吉坚参往赐诰敕、礼物，各备佛像等物，遣剌麻掌结等附绰吉坚参入贡。各赐衣服、彩段、（绢）、钞有差。

（宪宗朝馆本卷一九六·页三上～下）

○成化二十一年（乙巳）十一月甲戌（1486.1.3）

礼部奏："四川起送乌思藏如来大宝法王、国师并牛耳寨寨官进贡、谢恩、招抚、袭替各项共一千四百七十员名。除回赐国[法]王等官并到京番僧外，其存留在边者，若一例赏之，共该彩段一千四百七十表里、纻丝僧衣二千九百二十二袭件，折绢一万一百六十四匹、钞一十四万七千绽、食茶八万八千二百斤，其数太滥。除法王、国师及正贡来京者照例给赏，其余在边一千八名，欲量以该赏衣二件共折彩段一表里与之。食茶令四川茶马司照数给散。"从之。

（宪宗朝馆本卷二七二·页六上）

着由万户府

○永乐七年（己丑）二月甲戌（1409.2.15）

（前略）着由万户搠巴星吉冲[卫]阿儿的占、剌麻赏巴儿监藏……各遣使贡马及方物。悉赐钞、币、袭衣。

（太宗朝馆本卷八八·页一下）

加麻

○永乐七年（己丑）二月甲戌（1409.2.15）

（前略）加麻都指挥佥事挩里吉朵尔只……各遣使贡马及方物。悉赐钞、币、袭衣。

（太宗朝馆本卷八八·页一下）

思答节寨

○永乐七年（己丑）二月甲戌（1409.2.15）

（前略）思答节寨官三夺儿三竹朵尔只各遣使贡马及方物。悉赐钞、币、袭衣。

（太宗朝馆本卷八八·页一下）

哈里麻寺

○永乐二十二年（甲辰）十二月庚午（1425.1.18）

乌思藏葛里麻寺剌麻三竹朵尔只……贡马。赐之钞、币。

（仁宗朝馆本卷五下·页一○上）

○洪熙元年（乙巳）二月壬寅（1425.2.19）

乌思藏哈里麻等寺剌麻高僧葛竹瓦沙加藏卜等五十九人来朝，贡（马）。赐（钞）币表里有差。

（仁宗朝馆本卷七上·页三上）

○宣德元年（丙午）四月甲子（1426.5.7）

（前略）乌思藏葛里麻番僧着由……贡马。

（宣宗朝馆本卷一六·页一上）

朵垄

○宣德元年（丙午）十月壬申（1426.11.11）

赐……朵垄指挥佥事锁南监剉……诰命。

（宣宗朝馆本卷二二·页五上）

牙儿加寨

○宣德五年（庚戌）三月丙辰（1430.4.8）

（前略）乌思藏牙儿加寨官结年遣头目管卜儿加等贡马及方物。

（宣宗朝馆本卷六四·页六下～七上）

○宣德五年（庚戌）四月壬申（1430.4.24）

赐……乌思藏牙儿加寨头目管卜儿加等钞、彩币表里及金织纻丝袭衣、僧衣有差。

（宣宗朝馆本卷六五·页一上）

不来朴寺

○正统十一年（丙寅）六月癸丑（1446.7.10）

乌思藏等处不来朴等寺番僧剌麻亦失藏并奉使乌思藏回剌麻锁南监赞等，各贡佛像及方物。赐宴，并彩币、袭衣。

（英宗朝馆本卷一四二·页六上）

答隆

○正统十一年（丙寅）十二月戊午（1447.1.11）

（前略）乌思藏答隆地面剌麻泥麻札失、想初领占等各遣人贡马、驼、方物。赐宴及彩币等物有差。

（英宗朝馆本卷一四八·页七下）

○ 正统十二年（丁卯）正月己卯（1447.2.1）

乌思藏答隆地面剌麻赏初坚剉巴藏卜等遣番僧奏称："宣德年间，遣来使臣国师哈力麻、指挥必力工等三百余人，分住于丹的寺等处，被达贼阻杀，至今未回，乞遣军马，开通道路护送。"上从之。仍谕礼部："宣德年间，乌思藏来朝使臣亦有在河州居住年久，家业已成，不愿回者。今若一概逼迫出境，恐致失所。其领[令]镇守西宁都指挥佥事汪清同该卫官体勘现在人数并各人实情。其愿回者量拨人马护送出境，听其自回。仍严戒饬护送人在途不许生事扰害，有失远人之心。"

（英宗朝馆本卷一四九·页三上～下）

些蜡寺

○ 景泰二年（辛未）六月辛未（1451.7.2）

（前略）乌思藏些蜡寺绰吉监粲各遣人来朝，贡马。赐僧衣、钞、币、食茶。

（英宗朝馆本卷二〇五·页四下）

节塘寺

○ 景泰四年（癸酉）二月庚子（1453.3.22）

（前略）乌思藏节塘寺剌麻番僧锁南川著尔等来朝，贡马。赐宴，并彩币表里等物有差。

（英宗朝馆本卷二二六·页五上～下）

○ 景泰七年（丙子）九月甲戌（1456.10.6）

（前略）乌思藏嗟堂等寺番僧土官金事朱真……来朝，贡马及方物。赐宴，并彩段表里等物有差。

（英宗朝馆本卷二七〇·页三上）

○成化十二年（丙申）正月辛未（1476.2.21）

乌思藏结当等（寺）番僧失劳端竹等……各来朝，贡马及氆氇、盔甲等物。赐衣服、彩段等物有差。

（宪宗朝馆本卷一四九·页三下）

南林吒寺

○景泰四年（癸酉）三月丁卯（1453.4.18）

（前略）乌思藏南林吒［叱］等寺剌麻番僧班丹领占来朝，贡马。赐宴，并彩币等物有差。

（英宗朝馆本卷二二七·页六下～七上）

○景泰六年（乙亥）闰六月丙辰（1455.7.26）

乌思藏南林叱寺剌麻（族）克矣失贡舍利。赐宴，并彩币等物。

（英宗朝馆本卷二五五·页四上）

○天顺元年（丁丑）六月甲午（1457.6.23）

乌思藏南连查等寺剌麻番僧庵配等来朝，贡氆氇等物。赐宴，并彩币、衣服有差。

（英宗朝馆本卷二七九·页一上～下）

○成化二年（丙戌）八月己未（1466.9.29）

乌思藏……南林吒［叱］等寺剌麻番僧头目汪匹巴等各贡氆氇方物。赐衣服、彩段、食茶等物有差。

（宪宗朝馆本卷三三·页一〇下）

簇卜寺

○天顺三年（己卯）正月戊戌（1459.2.17）

（前略）乌思藏并朵甘宣慰使司等处簇卜等寺剌麻头目舍人观畜等来

朝，贡马及珊瑚、氆氇等物。赐宴，并彩币表里、袭衣等物有差。

（英宗朝馆本卷二九九·页三上～下）

萨加寺

○ 天顺四年（庚辰）六月癸亥（1460.7.6）

乌思藏地方萨加等寺都纲剌麻番僧锁南言千等……贡马及方物。赐彩币等物有差。

（英宗朝馆本卷三一六·页三下）

○ 成化元年（乙酉）五月丁巳（1465.6.4）

乌思藏瓦西、撒加等寺寨番僧阿旺札思巴等……各来朝，贡方物。赐衣服、彩段等物有差。

（宪宗朝馆本卷一七·页二下）

桑卜寺

○ 成化二年（丙戌）八月己未（1466.9.29）

乌思藏桑卜等番［寺］剌麻番僧岷各伯等……各贡氆氇方物。赐衣服、彩段、食茶等物有差。

（宪宗朝馆本卷三三·页一〇下）

葛丹寺

○ 成化六年（庚寅）十一月辛丑（1470.12.19）

（前略）乌思藏葛丹等寺寨番僧头目人等温葛坚参等……各来朝，贡马及方物。赐衣服、彩段等物有差。

（宪宗朝馆本卷八五·页六下）

札失伦卜寺

○成化十六年（庚子）五月丙申（1480.6.24）

（前略）乌思藏札失伦卜等寺番僧端药藏卜等各来朝，贡马。赐衣服、彩段等物有差。

（宪宗朝馆本卷二〇三·页三上）

三世达赖索南坚错

○万历十三年（乙酉）十一月丙寅（1586.1.19）

北虏顺义王乞庆哈及西僧答赖等表文、鞍马、弓矢、方物至自边。……俱给赏如例。

（神宗朝馆本卷一六八·页六上）

○万历十五年（丁亥）十月壬戌（1587.11.6）

（前略）刺麻番僧觉义、答赖等各贡马。

（神宗朝馆本卷一九一·页四上）

乌思藏其他僧俗首领

○洪武七年（甲寅）十一月乙丑（1374.12.7）

乌思藏土酋思纳儿党瓦勘卜遣僧搠南巴尔加瓦等七人来朝，贡方物。诏赐钞及文绮、禅衣。

（太祖朝馆本卷九四·页三下～四上）

○洪武十一年（戊午）八月壬戌（1378.9.14）

乌思藏故元赏司巴司徒公哥札［列］思监藏巴藏卜等遣酋长阿由来朝，贡方物。

（太祖朝馆本卷一一九·页四上）

○洪武十四年（辛酉）十一月丁未（1381.12.12）

朵甘乌思藏灌顶国师答力麻己［巴］剌及都指挥使班竹儿藏卜等，遣使表贡方物。

（太祖朝馆本卷一四〇·页二下）

○洪武十九年（丙寅）十二月己酉（1387.1.17）

（前略）乌思藏等遣卫镇抚班竹儿藏卜等贡方物。

（太祖朝馆本卷一七九·页八下）

○洪武二十年（丁卯）十二月庚午（1388.2.2）

（前略）乌思藏、朵甘二都指挥使司都指挥搠干尔坚藏等，各遣使阿迦耶等来朝，上表，贡方物、马匹、镔铁剑及金塔、佛经之属，贺明年正旦。

（太祖朝馆本卷一八七·页六上）

○洪武二十七年（甲戌）二月己亥（1394.3.31）

（前略）朵甘、乌思藏皆遣使入贡。

（太祖朝馆本卷二三一·页七上）

○洪武二十九年（丙子）十二月己酉（1397.1.24）

乌思藏都指挥答里巴等遣僧琐南里监藏、卫镇抚班竹儿藏卜等，贡剑及甲胄等物。

（太祖朝馆本卷二四八·页四上）

○洪武三十年（丁丑）正月辛未（1397.2.15）

乌思藏都指挥（使）司、灌顶国师……各遣使贡方物。诏赐灌顶国师……银各一百五十两、文绮、帛各十，虮列工国师察里巴、乌思藏都指挥仰卜罗、沙鲁万户列思巴端竹、都指挥答里远毋尔监卒银各一百两、文绮、帛各二匹，并赐其使人衣、钞有差。

（太祖朝馆本卷二四九·页三上～下）

○永乐四年（丙戌）六月壬戌（1406.6.19）

（前略）乌思藏剌麻领卜赤札思巴啰噉思等来朝，贡马。赐之钞、币。

（太宗朝馆本卷五五·页一上～下）

○永乐五年（丁亥）四月壬辰（1407.5.15）

大西番陀安（土）官速康部及剌麻匝各瓦遣头目剌〔剌〕伯及剌〔剌〕古瓦如寨头目各塔等……来朝，贡马。赐钞、币有差。

（太宗朝馆本卷六六·页一下～二上）

○永乐五年（丁亥）十月乙巳（1407.11.24）

灌顶圆通善慧大国师哈剌〔剌〕思巴啰葛萝司〔思〕遣其徒著失夹等来朝，献舍利、佛像及马。赐白金、钞、币。

（太宗朝馆本卷七二·页五下）

○永乐十年（壬辰）三月辛卯（1412.4.17）

赐乌思藏僧官丹竹领占等钞及禅衣等物。

（太宗朝馆本卷一二六·页二上～下）

○永乐十三年（乙未）十二月丁亥（1416.1.23）

（前略）乌思藏大国师渴尊巴、完卜汪束监藏、结失查巳［巴］遣人贡马。俱赐钞、币。

（太宗朝馆本卷一七一·页二下）

○永乐二十二年（甲辰）三月戊戌（1424.4.21）

乌思藏僧加必什络……贡马。赐加必什络钞五十锭、彩币二表里……

（太宗朝馆本卷二六九·页三下）

○永乐二十二年（甲辰）十二月丁卯（1425.1.15）

陕西洮州卫及乌思藏、西宁卫土僧剌麻福景等来朝，贡马。赐之钞、币。

（仁宗朝馆本卷五下·页九上）

○ 洪熙元年（乙巳）九月己酉（1425.10.24）

乌思藏番僧札锁等来朝，贡马。

（宣宗朝馆本卷九·页四下）

○ 洪熙元年（乙巳）九月辛酉（1425.11.5）

赐乌思藏番僧札锁……钞、纻丝、纱罗、绢有差。

（宣宗朝馆本卷九·页一五下）

○ 宣德元年（丙午）正月辛亥（1426.2.23）

乌思藏番僧捨加札思巴等贡马。

（宣宗朝馆本卷一三·页五上）

○ 宣德元年（丙午）正月癸亥（1426.3.7）

赐……乌思藏番僧捨加札思巴等钞、彩币表里及罗绢、袭衣、靴袜有差。

（宣宗朝馆本卷一三·页一二下）

○ 宣德元年（丙午）三月庚子（1426.4.13）

（前略）乌思藏番僧着竹……来朝，贡马。

（宣宗朝馆本卷一五·页四上～下）

○ 宣德元年（丙午）三月丙辰（1426.4.29）

赐……乌思藏番僧著行……钞、彩币表里、袭衣有差。

（宣宗朝馆本卷一五·页一二下）

○ 宣德元年（丙午）四月丁丑（1426.5.20）

（前略）乌思藏番人汪藏等贡马及方物。

（宣宗朝馆本卷一六·页七上）

○ 宣德元年（丙午）四月庚寅（1426.6.2）

赐……乌思藏番人汪藏等钞、彩币表里有差。

（宣宗朝馆本卷一六·页一二下）

○ 宣德元年（丙午）九月丁未（1426.10.17）

（前略）乌思藏僧盏宗……来朝，贡马。

（宣宗朝馆本卷二一·页五下～六上）

○ 宣德元年（丙午）十月壬戌（1426.11.1）

赐……乌思藏国师阿木葛……银钞、彩币表里、纱罗、绫绢、文绮袭衣有差。

（宣宗朝馆本卷二二·页一上）

○ 宣德元年（丙午）十月戊辰（1426.11.7）

赐……乌思藏僧盏宗……钞、彩币表里、袭衣、靴袜有差。

（宣宗朝馆本卷二二·页三上一下）

○ 宣德元年（丙午）十一月丁酉（1426.12.6）

（前略）乌思藏番僧剌麻绰力加等来朝，贡马。

（宣宗朝馆本卷二二·页一三上）

○ 宣德元年（丙午）十一月甲寅（1426.12.23）

（前略）乌思藏番僧剌麻绰力加等钞、币、帛有差。

（宣宗朝馆本卷二二·页一五上～下）

○ 宣德元年（丙午）十一月丁巳（1426.12.26）

（前略）乌思藏番僧剌麻监藏来朝，贡马。

（宣宗朝馆本卷二二·页一六上）

○ 宣德元年（丙午）十二月乙丑（1427.1.3）

乌思藏番僧札章等来朝，贡马。

（宣宗朝馆本卷二三·页三上）

○宣德元年（丙午）十二月乙亥（1427.1.13）

　　赐……乌思藏番僧剌麻监藏……钞、币有差。

　　　　　　　　　　　　　　　　（宣宗朝馆本卷二三·页六下）

○宣德元年（丙午）十二月丁丑（1427.1.15）

　　乌思藏番僧章结等来朝，贡马。

　　　　　　　　　　　　　　（宣宗朝馆本卷二三·页七下～八上）

○宣德元年（丙午）十二月丙戌（1427.1.24）

　　（前略）乌思藏番僧汝奴星吉……贡驼、马及羊。

　　　　　　　　　　　　　　　　（宣宗朝馆本卷二三·页一〇下）

○宣德二年（丁未）正月戊申（1427.2.15）

　　赐……乌思藏番僧章结等钞、彩币表里有差。

　　　　　　　　　　　　　　　　（宣宗朝本卷二四·页七上）

○宣德二年（丁未）正月癸丑（1427.2.20）

　　赐……乌思藏番僧汝奴星吉……钞、彩币表里有差。

　　　　　　　　　　　　　　（宣宗朝馆本卷二四·页八下～九下）

○宣德二年（丁未）二月庚申（1427.2.27）

　　（前略）乌思藏剌麻番僧散节星吉……贡马及方物。

　　　　　　　　　　　　　　　（宣宗朝馆本卷二五·页一上～下）

○宣德二年（丁未）二月丙子（1427.3.15）

　　赐……乌思藏剌麻番僧散节星吉……钞、彩币表里有差。

　　　　　　　　　　　　　　　　（宣宗朝馆本卷二五·页六下）

○宣德二年（丁未）八月己巳（1427.9.4）

　　乌思藏剌麻锁南相竹等来朝，贡马。

　　　　　　　　　　　　　　　　（宣宗朝馆本卷三〇·页四下）

○宣德二年（丁未）八月癸未（1427.9.18）

赐……乌思藏剌麻锁南相竹等钞、彩币表里有差。

（宣宗朝馆本卷三〇·页八下～九上）

○宣德二年（丁未）十二月丙子（1428.1.9）

（前略）乌思藏禅师罗兀剌遣剌麻远丹……贡马及方物。

（宣宗朝馆本卷三四·页七上）

○宣德三年（戊申）正月庚子（1428.2.2）

赐……乌思藏剌麻远丹等钞、彩币表里、纻丝袭衣、靴袜有差。

（宣宗朝馆本卷三五·页四下～五上）

○宣德三年（戊申）十月乙酉（1428.11.13）

（前略）乌思藏剌麻高僧答哩麻星吉等来朝，贡马。

（宣宗朝馆本卷四七·页九上）

○宣德三年（戊申）十月戊子（1428.11.16）

乌思藏番僧剌麻巴节等来朝，贡马及方物。

（宣宗朝馆本卷四七·页一〇上）

○宣德三年（戊申）十月丙申（1428.11.24）

（前略）乌思藏等处高僧朵儿只藏卜来朝，贡马。

（宣宗朝馆本卷四七·页一一上）

○宣德三年（戊申）十月己亥（1428.11.27）

赐……乌思藏剌麻答哩星吉、巴节等及西番僧纳立巴等钞、彩币表里、纻丝袭衣、靴袜有差。

（宣宗朝馆本卷四七·页一二上）

○宣德三年（戊申）十月乙巳（1428.12.3）

乌思藏及剌卜等簇番僧札宗等来朝，贡马。

（宣宗朝馆本卷四七·页一三上）

○ 宣德三年（戊申）十一月壬子（1428.12.10）

赐乌思藏等处高僧朵儿只藏卜等四百五十六人彩币表里有差。

（宣宗朝馆本卷四八·页一下～二上）

○ 宣德三年（戊申）十一月乙卯（1428.12.13）

乌思藏花言城等簇刺麻簇头南哈亦什、土官百户札巴星吉、马巴簇番僧宗竹札等来朝，贡马。

（宣宗朝馆本卷四八·页二上）

○ 宣德三年（戊申）十一月甲子（1428.12.22）

赐乌思藏及剌卜等簇番僧扎宗等钞、彩币表里有差。

（宣宗朝馆本卷四八·页三下）

○ 宣德三年（戊申）十一月乙亥（1429.1.2）

赐……乌思藏花言城等簇刺麻簇头南哈亦什、土官百户扎巴星吉、马巴簇番僧宗竹札等三百二十一人钞、彩币表里、金织纻丝袭衣、靴袜有差。

（宣宗朝馆本卷四八·页七上）

○ 宣德三年（戊申）十二月乙未（1429.1.22）

（前略）乌思藏剌麻落丹等来朝，贡马。

（宣宗朝馆本卷四九·页三下）

○ 宣德三年（戊申）十二月丁酉（1429.1.24）

（前略）乌思藏番僧着即监藏等来朝，贡马。

（宣宗朝馆本卷四九·页五下）

○ 宣德四年（己酉）正月戊辰（1429.2.24）

赐……乌思藏剌麻落丹、番僧着即坚藏等钞、彩币、纻丝袭衣、靴袜有差。

（宣宗朝馆本卷五〇·页四上～下）

○宣德五年（庚戌）正月己巳（1430.2.20）

（前略）乌思藏剌麻着失工藏等来朝，贡马。

（宣宗朝馆本卷六二·页六上）

○宣德五年（庚戌）二月己卯（1430.3.2）

赐……乌思藏僧南哥监藏……钞、彩币表里有差。

（宣宗朝馆本卷六三·页二下～三上）

○宣德五年（庚戌）二月己丑（1430.3.12）

赐……乌思藏剌麻着失工藏等钞、彩币表里有差。

（宣宗朝馆本卷六三·页六下）

○宣德五年（庚戌）八月癸巳（1430.9.12）

赐……乌思藏番人养答儿等……钞、彩币表里、金织纻丝袭衣有差。

（宣宗朝馆本卷六九·页七上）

○宣德六年（辛亥）三月庚午（1431.4.17）

赐乌思藏剌麻罗卓促密等彩币表里、绢、布有差。

（宣宗朝馆本卷七七·页三下）

○宣德六年（辛亥）十一月癸未（1431.12.26）

（前略）乌思藏……僧人星吉领占等来朝，贡马及方物。

（宣宗朝馆本卷八四·页一二上）

○宣德六年（辛亥）十二月庚戌（1432.1.22）

（前略）乌思藏剌麻沙节捨严等来朝，贡马。

（宣宗朝馆本卷八五·页七下～八上）

○宣德七年（壬子）正月戊寅（1432.2.19）

赐……乌思藏剌麻沙节捨严等钞、彩币表里、纻丝袭衣有差。

（宣宗朝馆本卷八六·页三上～下）

○ 宣德七年（壬子）正月己卯（1432.2.20）

乌思藏束藏剌麻锁南藏卜等来朝，贡马。

（宣宗朝馆本卷八六·页四上）

○ 宣德七年（壬子）二月乙未（1432.3.7）

赐……乌思藏束藏剌麻锁南藏卜等彩币表里等物有差。

（宣宗朝馆本卷八七·页二上）

○ 宣德八年（癸丑）十月丁丑（1433.12.9）

（前略）乌思藏国师乃尔丹答、你麻结的等来朝，贡马。

（宣宗朝馆本卷一〇六·页一三下）

○ 宣德八年（癸丑）十一月乙酉（1433.12.17）

赐……乌思藏国师乃尔丹答、你麻结的……钞、彩币表里及纻丝袭衣等物有差。

（宣宗朝馆本卷一〇七·页二上）

○ 宣德九年（甲寅）正月丙申（1434.2.26）

（前略）乌思藏剌麻朵只监藏等来朝，贡马。

（宣宗朝馆本卷一〇八·页二上）

○ 宣德九年（甲寅）二月甲寅（1434.3.16）

赐乌思藏剌麻朵只监藏……钞、币及纻丝袭衣有差。

（宣宗朝馆本卷一〇八·页六下）

○ 宣德九年（甲寅）十月甲子（1434.11.21）

（前略）乌思藏剌麻锁南札思等来朝，贡马。

（宣宗朝馆本卷一一三·页八下）

○ 宣德九年（甲寅）十一月戊寅（1434.12.5）

乌思藏剌麻锁竹乩……来朝，贡马。

（宣宗朝馆本卷一一四·页一下）

○宣德九年（甲寅）十一月乙未（1434.12.22）

赐……乌思藏剌麻锁竹凯……钞、币、绢、布及纻丝袭衣等物有差。

（宣宗朝馆本卷一一四·页三下～四上）

○宣德九年（甲寅）十一月戊戌（1434.12.25）

赐乌思藏剌麻锁南札思……钞、币及僧衣等物有差。

（宣宗朝馆本卷一一四·页四下～五上）

○正统元年（乙丑）四月丁巳（1436.5.7）

乌思藏剌麻锁南札等……遣人贡马及方物。赐彩币等物有差。

（英宗朝馆本卷一六·页七上）

○正统二年（丁巳）五月乙未（1437.6.9）

镇守河州都指挥同知刘永奏："乌思藏等处使臣，自宣德间入贡，以道梗（寓）河州。彼既羁留异土，此亦虚费边储，乞为发遣。"

上敕永令与番使共筹可否。如道途可通，宜以兵卫其出境，毋乖朝廷绥怀远人之意。

（英宗朝馆本卷三〇·页三下）

○正统四年（己未）十月庚辰（1439.11.11）

（前略）乌思藏遣指挥端岳竹巴等俱来朝贡马及方物。赐彩币等物有差。

（英宗朝馆本卷六〇·页二上）

○正统四年（己未）十二月丙申（1440.1.26）

乌思藏指挥端岳竹巴等陛辞。命赍敕及彩币等物归赐其灌顶国师吉剌思巴永耐坚藏巴藏卜，并赐乌思藏三崖结吉寺住持班丹札等、宣慰司经历、指挥、寨官、管事人、千户、戒师等织金文绮、彩绢有差。

（英宗朝馆本卷六二·页八上）

○ 正统五年（庚申）五月丙寅（1440.6.24）

（前略）乌思藏铁禅等寺剌麻远丹坚错等俱来朝，贡马、驼、佛像、铜塔、舍利。赐彩币等物有差。

（英宗朝馆本卷六七·页七下～八上）

○ 正统五年（庚申）六月乙未（1440.7.23）

（前略）乌思藏剌麻远丹监错、工加祝〔税〕六等俱来朝，贡马并佛像、舍利、硼砂等物。赐彩币、袭衣、钞、绢有差。

（英宗朝馆本卷六八·页九下）

○ 正统五年（庚申）七月辛酉（1440.8.18）

（前略）乌思藏剌麻锁南兀等俱来朝，贡驼、马及方物。赐宴，并赐彩币、袭衣等物有差。

（英宗朝馆本卷六九·页一一下）

○ 正统五年（庚申）八月辛巳（1440.9.7）

（前略）乌思藏剌麻锁南兀些儿等俱来朝，贡马及方物。赐彩币、袭衣等物有差。

（英宗朝馆本卷七〇·页四下）

○ 正统七年（壬戌）八月乙未（1442.9.11）

命乌思藏剌麻远丹坚剉、老呕藏卜等为都纲，赐敕护持。

（英宗朝馆本卷九五·页二上～下）

○ 正统七年（壬戌）八月丁巳（1442.10.3）

（前略）乌思藏禅师乐藏遣剌麻星吉藏等贡马及方物。赐钞、彩段表里、袭衣、靴袜有差。

（英宗朝馆本卷九五·页八下）

○正统九年（甲子）五月乙卯（1444.5.23）

（前略）乌思藏剌麻加八僧宜等……俱来朝，贡马。赐宴及彩币表里等物有差。

（英宗朝馆本卷一一六·页二下～三上）

○正统十年（乙丑）五月壬辰（1445.6.24）

（前略）乌思藏大善国师加八言千等遣头目阿松等贡马。赐彩币有差。

（英宗朝馆本卷一二九·页六上）

○正统十年（乙丑）六月壬戌（1445.7.24）

乌思藏番僧甘不瓦等遣僧徒锁南吾节……俱来朝，贡象、马、银器等物。赐宴，并彩段表里等物有差。

（英宗朝馆本卷一三〇·页七上）

○正统十一年（丙寅）五月壬申（1446.5.30）

（前略）乌思藏禅师葛藏、剌麻札实端竹、普应禅师领占……贡马、驼及方物。赐彩币表里、纻丝袭衣有差。

（英宗朝馆本卷一四一·页二上）

○正统十一年（丙寅）九月甲戌（1446.9.29）

（前略）乌思藏剌麻表殊言千等来朝，贡马及金银器皿、土锦、氆氇、刀甲等物。赐宴，并彩币表里等物有差。

（英宗朝馆本卷一四五·页三上）

○正统十一年（丙寅）十一月甲申（1446.12.8）

（前略）乌思藏等处番僧剌麻三旦令占……来朝，贡马及方物。赐宴及彩币表里、钞、绢有差。

（英宗朝馆本卷一四七·页六下）

○ 正统十一年（丙寅）十二月丁未（1446.12.31）

（前略）乌思藏绰尔只赏竹尔监簇黑班藏卜遣刺麻桑你［尔］加札失思等来朝，贡马、驼、方物。赐宴及彩币等物有差。

（英宗朝馆本卷一四八·页五上～下）

○ 正统十二年（丁卯）二月丙申（1447.2.18）

升乌思藏头目札失坚剉藏卜为都指挥佥事。

（英宗朝馆本卷一五〇·页二上）

○ 正统十二年（丁卯）闰四月己巳（1447.5.22）

（前略）乌思藏高僧绰你麻等来朝，贡驼、马、玉石诸物。赐宴及纻丝袭衣、彩币表里、绢、布等物有差。

（英宗朝馆本卷一五三·页一下）

○ 正统十二年（丁卯）六月己丑（1447.8.10）

（前略）乌思藏里歪甘霖等寺番僧刺麻沙加思那……来朝，贡马及铁甲等物。赐宴，并彩币表里有差。

（英宗朝馆本卷一五五·页七上）

○ 正统十二年（丁卯）九月丙辰（1447.11.5）

（前略）乌思藏刺麻着实加等贡马。赐宴，并钞、币有差。

（英宗朝馆本卷一五八·页九下）

○ 正统十二年（丁卯）十月甲子（1447.11.13）

（前略）乌思藏番僧着失加……贡马。赐钞、彩币表里有差。

（英宗朝馆本卷一五九·页二上～下）

○ 正统十二年（丁卯）十二月己未（1448.1.7）

（前略）乌思藏刺麻覃玘等贡马及方物。赐宴，并彩币有差。

（英宗朝馆本卷一六一·页一下）

○正统十三年（戊辰）三月己酉（1448.4.26）

（前略）乌思藏番僧剌麻锁南管著〔者〕……来朝，贡马。赐宴，并钞、币有差。

（英宗朝馆本卷一六四·页七下）

○正统十三年（戊辰）四月辛未（1448.5.18）

（前略）乌思藏普应禅师领占遣番僧孙竹札失等贡马、驼及方物。赐宴，并彩币、钞等物有差。

（英宗朝馆本卷一六五·页四下～五上）

○正统十三年（戊辰）五月戊子（1448.6.4）

（前略）乌思藏等处剌麻锁南巴绰尔甲等贡马、驼、玉石、氆氇、佛像、舍利等物。赐宴，并彩币、钞锭有差。

（英宗朝馆本卷一六六·页一上～下）

○正统十三年（戊辰）六月丁卯（1448.7.13）

（前略）四川乌思藏剌麻昆各卧则绰儿……来朝，贡马、驼及方物。赐宴，并钞、彩币表里等物有差。

（英宗朝馆本卷一六七·页四上）

○正统十三年（戊辰）六月丁丑（1448.7.23）

（前略）乌思藏番僧札巴藏卜等贡马。赐钞、彩币表里有差。

（英宗朝馆本卷一六七·页六下）

○正统十三年（戊辰）八月乙卯（1448.8.30）

（前略）乌思藏番僧班竹儿星吉来朝，贡马及氆氇等物。赐彩币有差。

（英宗朝馆本卷一六九·页一下）

○正统十三年（戊辰）十月丁丑（1448.11.20）

（前略）乌思藏温卜让伯等……来朝，贡马。赐宴，并钞、币等物有差。

（英宗朝馆本卷一七一·页六下）

○正统十三年（戊辰）十二月庚辰（1449.1.22）

（前略）乌思藏剌麻喃结藏卜……来朝，贡马、驼、黄鹰、铁甲、刀剑、貂鼠皮、佛像、舍利等物。赐宴，并彩币表里、袭衣、钞有差。

（英宗朝馆本卷一七三·页一〇下）

○正统十四年（己巳）二月己卯（1449.3.22）

四川乌思藏剌麻足都伯等……来朝，贡马及方物。赐钞、彩币表里有差。

（英宗朝馆本卷一七五·页一三下）

○正统十四年（己巳）四月己未（1449.5.1）

（前略）四川乌思藏麦思奔等番僧剌麻倚什藏等来朝，贡马、方物。赐宴，并赐纻丝袭衣、彩段表里等物。

（英宗朝馆本卷一七七·页四下）

○正统十四年（己巳）五月甲午（1449.6.5）

（前略）乌思藏番僧乍叭剌监参……各来朝，贡马及佛像等物。赐宴，并彩币表里等物有差。

（英宗朝馆本卷一七八·页六下）

○正统十四年（己巳）六月辛酉（1449.7.2）

（前略）乌思藏星吉官等寺剌麻锁南伯……俱来朝，贡马及方物。赐宴及彩币表里等物有差。

（英宗朝馆本卷一七九·页五下）

○正统十四年（己巳）六月丙子（1449.7.17）

乌思藏领绰等寺番僧剌麻颜千……贡渗金铜佛、舍利、珊瑚、氆氇、铁甲等物。赐宴及彩币表里。

（英宗朝馆本卷一七九·页一三下）

○正统十四年（己巳）八月甲戌（1449.9.13）

乌思藏那南等寺都纲朵儿只坚参……来朝，贡马及方物。赐彩段、绢、纱、僧衣、靴袜有差。

（英宗朝馆本卷一八一·页一八下～一九上）

○景泰元年（庚午）四月丙子（1450.5.13）

（前略）乌思藏剌麻官著姜察各贡金银器皿、象、马、氆氇等方物。赐宴，并赐彩币、衣服有差。

（英宗朝馆本卷一九一·页二上～下）

○景泰元年（庚午）四月戊戌（1450.6.4）

乌思藏贡堂川阔宁等寺番僧都纲（剌）麻阿立押革、番僧桑亚的古罗古罗等贡氆氇、（铁）甲、佛像、舍利子。赐宴，并赐彩币等物。

（英宗朝馆本卷一九一·页二〇下）

○景泰元年（庚午）五月丁未（1450.6.13）

有番僧三人游方四川，道遇乌思藏进贡僧，遂与俱来贡。事觉，刑部言其当赎杖还俗，但恐阻外夷归向之心，命俱释之。

（英宗朝馆本卷一九二·页四上）

○景泰元年（庚午）五月辛亥（1450.6.17）

四川、乌思藏剌麻阿立押革等……长河西、鱼通、宁远等处番僧喃哈领占等来朝，贡马及方物。赐宴，并彩币表里等物。

（英宗朝馆本卷一九二·页八上）

○景泰元年（庚午）五月辛未（1450.7.7）

四川、乌思藏等处番僧混各星卜卓叱、都纲星吉藏卜等来朝，贡马及方物。赐宴，并钞、彩币表里等物。

（英宗朝馆本卷一九二·页二〇下）

○景泰三年（壬申）三月辛丑（1452.3.28）

（前略）乌思藏等处番僧公葛卒陆等来朝，贡马及方物等。赐宴，并衣服、（彩币）等物有差。

（英宗朝馆本卷二一四·页四上）

○景泰三年（壬申）闰九月庚申（1452.10.13）

（前略）乌思藏剌麻番僧锁南藏卜等来朝，贡马、骡、方物。赐宴及衣服、钞、币等物有差。

（英宗朝馆本卷二二一·页一上）

○景泰三年（壬申）闰九月丁卯（1452.10.20）

乌思藏妙印禅师辨觉冷真朵鲁只并尔能司指挥佥事畜吉坚粲、剌麻锁南藏卜……来朝，贡马、驼方物。俱宴赐之。

（英宗朝馆本卷二二一·页五下）

○景泰三年（壬申）十月丁未（1452.11.29）

（前略）乌思藏等处番僧剌麻簇克也失等来朝，贡马及方物。赐彩〔钞〕币等物有差。

（英宗朝馆本卷二二二·页六上）

○景泰四年（癸酉）正月己卯（1453.3.1）

四川天全六番招讨使司署招讨事高崧遣舍人高升……来朝，贡马。赐彩段表里等物有差。

（英宗朝馆本卷二二五·页一二上～下）

○景泰四年（癸酉）四月丙午（1453.5.27）

（前略）乌思藏地方剌麻番僧领占言千来朝，贡马及方物。赐宴及彩币表里等物有差。

（英宗朝馆本卷二二八·页一〇上～下）

○景泰四年（癸酉）五月己巳（1453.6.19）

　　乌思藏尊胜等寺剌麻观音朵鲁只等来朝，贡佛像、舍利、方物。赐茶、钞等物有差。

（英宗朝馆本卷二二九·页五上）

○景泰四年（癸酉）六月丙申（1453.7.16）

　　乌思藏剌麻番僧矣失言千等贡方物，赐彩币等物有差。

（英宗朝馆本卷二三〇·页五下）

○景泰四年（癸酉）七月甲申（1453.9.2）

　　（前略）乌思藏剌麻番僧绰札等来朝，贡马。赐彩币、钞锭有差。

（英宗朝馆本卷二三一·页一五下）

○景泰四年（癸酉）十二月乙未（1454.1.11）

　　（前略）乌思藏及董卜韩胡番僧列巴坚昝等来朝，贡马及方物。赐宴及彩币等物如例。

（英宗朝馆本卷二三六·页四下）

○景泰五年（甲戌）二月丙申（1454.3.13）

　　赐……四川乌思藏剌麻番僧矣失言千等宴并彩币表里等物有差。

（英宗朝馆本卷二三八·页四下）

○景泰五年（甲戌）八月庚寅（1454.9.3）

　　（前略）乌思藏番僧乐竹星佶［吉］等……来朝，贡马及方物。赐钞、彩币表里等物有差。

（英宗朝馆本卷二四四·页五上～下）

○景泰五年（甲戌）八月戊申（1454.9.21）

　　（前略）乌思藏番僧桑儿结星吉等贡方物。赐钞、彩币表里等物。

（英宗朝馆本卷二四四·页一一下）

○景泰六年（乙亥）正月乙丑（1455.2.5）

乌思藏地面果加等寺剌麻番僧班麻坚等来朝，贡甲、氆氇等物。赐宴及彩币表里、食茶、钞锭有差。

（英宗朝馆本卷二四九·页四下～五上）

○景泰七年（丙子）三月壬午（1456.4.17）

（前略）乌思藏等地方番僧容农坚迁等……（来）朝，贡马及方物。赐钞、币。

（英宗朝馆本卷二六四·页三上～下）

○景泰七年（丙子）七月壬申（1456.8.5）

乌思藏剌麻坚千星吉……来朝，贡方物。赐钞、彩币表里有差。

（英宗朝馆本卷二八六·页一上～下）

○景泰七年（丙子）八月癸卯（1456.9.5）

（前略）乌思藏剌麻沙甲等俱来朝，贡马。赐宴，并彩币表里、纻丝袭衣有差。

（英宗朝馆本卷二六九·页二下）

○景泰七年（丙子）八月丁巳（1456.9.19）

四川、乌思藏土官番僧绰思加等贡马。赐钞、彩币表里等物。

（英宗朝馆本卷二六九·页六上）

○景泰七年（丙子）九月甲戌（1456.10.6）

四川长河西鱼通宁远等处军民宣慰使司土官并乌思藏嗟堂等寺番僧土官金事朱真、董卜韩胡等处土官查思把等来朝，贡马及方物。赐宴，并彩段表里等物有差。

（英宗朝馆本卷二七〇·页三上）

○天顺元年（丁丑）二月甲寅（1457.3.15）

（前略）乌思藏白当等寺禅师喇麻班竹领占等来朝，贡马、驼、方物。赐宴，并钞、币等物如例。

（英宗朝馆本卷二七五·页一二下～一三上）

○天顺元年（丁丑）七月戊辰（1457.7.27）

四川、乌思藏刺麻木牙、温卜言粲等……俱来朝，贡马及方物。赐钞、彩币表里、袭衣有差。

（英宗朝馆本卷二八〇·页四下）

○天顺元年（丁丑）九月丁丑（1457.10.4）

乌思藏等处刺麻番僧温卜圆全等来朝，贡马及方物。赐宴，并彩段表里等物有差。

（英宗朝馆本卷二八二·页六下）

○天顺元年（丁丑）十月丙申（1457.10.23）

（前略）乌思藏刺麻番僧罗落旺平等来朝，贡马及方物。赐宴，并织金纻丝袭衣、彩段、绢、钞有差。

（英宗朝馆本卷二八三·页二上）

○天顺元年（丁丑）十二月戊戌（1457.12.24）

（前略）乌思藏番僧坚昝绰竹等贡马并方物、铜塔、佛像。

（英宗朝馆本卷二八五·页二下）

○天顺二年（丁丑）正月癸未（1458.2.7）

乌思藏等处刺麻番僧藏完等……来朝，贡铜佛、方物。赐宴，并彩币表里等物有差。

（英宗朝馆本卷二八六·页七上）

○天顺二年（丁丑）二月乙未（1458.2.19）

（前略）乌思藏铁占令等寺剌麻番僧瓦秀歪等各来朝，贡马及方物。赐宴，并赐彩币表里有差。

（英宗朝馆本卷二八七·页三下～四上）

○天顺二年（丁丑）三月壬子（1458.5.7）

（前略）乌思藏剌嘛三禄等来朝，贡马及方物。赐宴，并钞、币等物。

（英宗朝馆本卷二八九·页七上）

○天顺二年（丁丑）四月乙丑（1458.5.20）

（前略）乌思藏剌麻番僧章乩札等来朝，贡马及佛像、舍利。赐钞。

（英宗朝馆本卷二九〇·页二下）

○天顺二年（丁丑）八月己巳（1458.9.21）

（前略）乌思藏地面番僧都纲锁南领占等奉表及方物来朝。赐宴，并衣服、彩币等物有差。

（英宗朝馆本卷二九四·页三下）

○天顺二年（丁丑）十二月乙丑（1459.1.15）

乌思藏番僧南剌师等献佛像等物。赐宴及彩币有差。

（英宗朝馆本卷二九八·页二下）

○天顺三年（己卯）正月戊戌（1459.2.17）

（前略）乌思藏并朵甘宣慰使司等处簇卜等寺剌麻头目舍人观畜等来朝，贡马及珊瑚、镨氇等物。赐宴，并彩币表里、袭衣等物有差。

（英宗朝馆本卷二九九·页三上～下）

○天顺三年（己卯）五月庚寅（1459.6.9）

（前略）乌思藏等处番僧桑加藏卜等……贡马及方物。赐宴，并彩段等物有差。

（英宗朝馆本卷三〇三·页二下）

○天顺三年（己卯）七月辛卯（1459.8.9）

（前略）四川、乌思藏禅师尔桑儿结朵儿只等俱来朝，贡马及方物。赐钞、彩币表里、纻丝袭衣等物有差。

（英宗朝馆本卷三〇五·页三下）

○天顺三年（己卯）十月丙子（1459.11.22）

（前略）乌思藏剌麻番僧锁南坚参……来朝，贡马、象及金银器皿等物。赐宴，并钞、币有差。

（英宗朝馆本卷三〇八·页七下）

○天顺四年（庚辰）三月辛丑（1460.4.15）

乌思藏等地方里仁等寺番僧洛般等来朝，贡铜物［佛］及方物。赐彩币等物有差。

（英宗朝馆本卷三一三·页六上）

○天顺四年（庚辰）五月乙未（1460.6.8）

乌思藏并董卜韩胡地方番僧头目姑儿迦斡〔幹〕等……贡马及方物。赐宴，并彩币等物有差。

（英宗朝馆本卷三一五·页四上）

○天顺四年（庚辰）八月乙巳（1460.8.17）

四川长河西并乌思藏剌麻官绰蒙等来朝，贡方物。赐宴，并彩币表里、纻丝袭衣等物。

（英宗朝馆本卷三一八·页一上～下）

○天顺四年（庚辰）九月癸巳（1460.10.4）

（前略）乌思藏剌麻番僧坚千伯等来朝，贡马及方物。赐宴，并彩段表里等物有差。

（英宗朝馆本卷三一九·页六下）

○ 天顺四年（庚辰）十月壬子（1460.10.23）

（前略）乌思藏刺麻卓结言千等来朝，贡马、驼及方物。赐宴，并金织纻丝袭衣、彩段表里、绢、布等物有差。

（英宗朝馆本卷三二〇·页二下）

○ 天顺五年（辛巳）二月甲午（1461.4.3）

（前略）乌思藏遣刺麻扎思巴坚粲等……俱来朝，贡马及金银器皿、方物。赐宴及彩币等物有差。

（英宗朝馆本卷三二五·页三下）

○ 天顺五年（辛巳）三月甲子（1461.5.3）

（前略）乌思藏地方番僧刺麻新吉藏卜等来朝，贡马及方物。赐宴，并彩币表里等物有差。

（英宗朝馆本卷三二六·页五下）

○ 天顺五年（辛巳）四月己丑（1461.5.28）

乌思藏麦朋〔用〕等寺都纲刺麻番僧也失言千等来朝，贡氆氇、方物。赐宴及彩币表里、钞锭等物有差。

（英宗朝馆本卷三二七·页五上）

○ 天顺五年（辛巳）六月乙未（1461.8.2）

四川、乌思藏地方刺麻头目官卓朵鲁只等来朝，贡方物。赐钞、彩币表里、纻丝僧衣等物。

（英宗朝馆本卷三二九·页六下）

○ 天顺五年（辛巳）八月庚午（1461.9.6）

乌思藏刺麻温卜阿蒙葛等来朝，贡方物。赐钞、彩币表里、纻丝袭衣等物。

（英宗朝馆本卷三三一·页一下）

○天顺五年（辛巳）九月癸丑（1461.10.19）

（前略）乌思藏等处剌麻番僧野失坚粲等来朝，贡马及方物。赐宴，并金织袭衣、彩段、绢、钞有差。

（英宗朝馆本卷三三二·页二下）

○天顺六年（壬午）二月庚寅（1462.3.25）

（前略）乌思藏剌麻僧人锁南桑尔加等……各来朝，贡马、驼、海青、兔、鹃、土豹方物。赐宴，并彩币表里（等物）有差。

（英宗朝馆本卷三三七·页五上～下）

○天顺六年（壬午）四月癸未（1462.5.17）

（前略）乌思藏番僧温卜余纳朵日等……来朝，贡马及方物。赐钞、币如例。

（英宗朝馆本卷三三九·页三下）

○天顺六年（壬午）五月丙申（1462.5.30）

（前略）四川、乌思藏地面剌麻（旺）聘星吉等俱来朝，贡马及方物。赐宴，并彩币表里、纻丝袭衣等物有差。

（英宗朝馆本卷三四〇·页一上）

○天顺六年（壬午）五月乙卯（1462.6.18）

（前略）四川、乌思藏剌麻沙甲等俱来朝，贡马及方物。赐钞、彩币表里等物有差。

（英宗朝馆本卷三四〇·页四上）

○天顺六年（壬午）七月丁巳（1462.8.19）

（前略）四川、乌思藏番僧卓吉言千等俱来朝，贡马及方物。赐钞、彩币表里有差。

（英宗朝馆本卷三四二·页六下）

○天顺六年（壬午）八月辛巳（1462.9.12）

（前略）乌思藏地方都纲剌麻番僧以失藏卜等奉表贡马及方物。赐宴及彩币等物有差。

（英宗朝馆本卷三四三·页三上）

○天顺六年（壬午）八月庚寅（1462.9.21）

乌思藏地方都纲剌麻番僧朵日言千等……贡马及方物。赐彩币等物有差。

（英宗朝馆本卷三四三·页四下）

○天顺六年（壬午）十一月戊申（1462.12.8）

乌思藏剌麻官绰领占藏卜……贡马。赐彩币等物。

（英宗朝馆本卷三四六·页三上）

○天顺七年（癸未）四月辛未（1463.4.30）

（前略）（乌思）藏、朵甘卫番官星吉藏卜等……贡马及方物。赐宴，并彩币等物有差。

（英宗朝馆本卷三五一·页四下）

○天顺七年（癸未）六月癸亥（1463.6.21）

四川、乌思藏地方番僧绰令等来朝，贡方物。赐钞、彩币表里、纻丝袭衣等物。

（英宗朝馆本卷三五三·页一下）

○天顺七年（癸未）六月己卯（1463.7.7）

四川、乌思藏剌麻锁南坚参等……俱来朝，贡马及方物。赐钞、彩币表里、纻丝袭衣有差。

（英宗朝馆本卷三五三·页四下）

○天顺七年（癸未）七月戊申（1463.8.5）

四川、乌思藏剌麻番僧朵只言千等……俱来朝，贡马及方物。赐钞、彩币表里、纻丝袭衣等物有差。

（英宗朝馆本卷三五四·页四下）

○天顺七年（癸未）七月壬子（1463.8.9）

四川、乌思藏剌麻叱捨言千等来朝，贡方物。赐钞、彩币表里、纻丝袭衣等物。

（英宗朝馆本卷三五四·页六下）

○天顺七年（癸未）闰七月癸亥（1463.8.20）

（前略）乌思藏剌麻番僧锁南坚参等来朝，各贡马、驼、方物。赐宴，并赐彩币等物。

（英宗朝馆本卷三五五·页三下）

○天顺七年（癸未）八月戊申（1463.10.4）

乌思藏地方剌麻僧人等沙加星吉等贡方物。赐彩币等物有差。

（英宗朝馆本卷三五六·页四上）

○天顺七年（癸未）九月辛酉（1463.10.17）

（前略）乌思藏剌麻番僧罗旦藏卜等来朝，贡马及方物。赐宴，并金织袭衣、彩币表里等物有差。

（英宗朝馆本卷三五七·页一上）

○天顺七年（癸未）十月庚寅（1463.11.15）

（前略）乌思藏街舟〔丹〕等寺剌麻番僧簇生领占等来朝，贡马及方物。赐宴，并金织袭衣、彩币等物有差。

（英宗朝馆本卷三五八·页二上）

○天顺七年（癸未）十二月己酉（1464.2.2）

（前略）乌思藏剌麻闰内伯……来朝，贡马及佛像、貂鼠皮、氆氇、香。赐彩币等物。

（英宗朝馆本卷三六〇·页五下）

○天顺八年（甲申）正月丁卯（1464.2.20）

（前略）四川、乌思藏剌麻陆竹巴母等俱来朝，贡马及方物。赐（钞）、彩币表里、纻丝袭衣等物有差。

（英宗朝馆本卷三六一·页二下～三上）

○天顺八年（甲申）六月乙酉（1464.7.7）

乌思藏剌麻（番）僧桑儿结巴等来朝，贡氆氇、铁力麻等物。赐衣服、彩段等物有差。

（宪宗朝馆本卷六·页一上）

○天顺八年（甲申）十月壬午（1464.11.1）

乌思藏眦剌等寺番僧长逐等……各贡方物。赐彩段、衣、茶等物有差。

（宪宗朝馆本卷一〇·页一上）

○成化元年（乙酉）正月戊辰（1465.2.15）

乌思藏哩〔嘿〕斡〔幹〕革你丹等寺剌麻番僧锁南斡即儿等……各来朝，贡马及方物。赐宴，并衣服、彩段等物有差。

（宪宗朝馆本卷一三·页五上）

○成化元年（乙酉）三月丙寅（1465.4.14）

乌思藏乌〔乌思〕宗等寺寨番僧足都伯等、着丹高日等寺寨禅师星吉藏卜等、川各林等寺寨番僧畜藏等各来朝，贡氆氇等物。赐衣服、彩段等物有差。

（宪宗朝馆本卷一五·页五上）

○成化元年（乙酉）九月戊申（1465.9.23）

乌思藏表善等寺寨番僧札巴伯等、乌塔等寺寨番僧领占宗明等……各来朝，贡马及方物。赐衣服、彩段等物有差。

（宪宗朝馆本卷二一·页一上～下）

○成化元年（乙酉）十月戊戌（1465.11.12）

命乌思藏故（都）指挥佥事巴哈思家儿家子卓嵬袭其父原职，给敕谕，照旧抚御番夷。

（宪宗朝馆本卷二二·页七上）

○成化元年（乙酉）十一月辛未（1465.12.15）

乌思藏白当等寺寨番僧赏初领古〔占〕等……各来朝，贡马及方物。赐衣服、彩段等物有差。

（宪宗朝馆本卷二三·页六下）

○成化元年（乙酉）十二月乙未（1466.1.8）

乌思藏令仓等寺寨番僧着木温等……各来朝，贡马及方物。赐衣服、彩段等物有差。

（宪宗朝馆本卷二四·页六上）

○成化二年（丙戌）正月庚午（1466.2.12）

乌思藏桑思加等寺番僧温卜着白等……各来朝，贡马及方物。赐彩段表里等物有差。

（宪宗朝馆本卷二五·页一四下～一五上）

○成化二年（丙戌）三月己酉（1466.3.23）

乌思藏川轲〔柯〕林等寺寨番僧人等温卜捨剌言千等……各来朝，贡马及方物。赐衣服、彩段等物有差。

（宪宗朝馆本卷二七·页二下）

○成化二年（丙戌）五月庚寅（1466.7.2）

乌思藏敢匝等寺寨番僧桑结藏卜等、乌塔等寺寨番僧沙加领占等……各来朝，贡马及氆氇等物。赐衣服、彩段表里等物有差。其阐化等王及寨官都指挥等顺贡方物所当得赏赐，付番僧人等领回给与之。

（宪宗朝馆本卷三〇·页九上～下）

○成化三年（丁亥）二月壬子（1467.3.21）

大慈恩寺灌顶净修弘治〔智〕国师结列领占蒙遣剌麻著旦领占等，乌思藏公干回，各贡氆氇等物。以彩段、钞贯等物给赐之。

（宪宗朝馆本卷三九·页九下～一〇上）

○成化三年（丁亥）十二月庚申（1468.1.23）

乌思藏剌观等寺寨番僧头目畜吉星吉等……各来朝，贡马及氆氇、盔甲等物。赐衣服、彩段等物有差。

（宪宗朝馆本卷四九·页一〇上）

○成化四年（戊子）四月乙未（1468.4.27）

乌思藏番僧三竹藏卜等……各来朝，贡马及氆氇、佛像、明甲等物。赐彩段、钞锭等物有差。

（宪宗朝馆本卷五三·页三上）

○成化四年（戊子）五月丙子（1468.6.7）

（前略）乌思藏眉公等寺番僧领下车等……各来朝，贡马及氆氇、明甲等物。赐衣服、彩段等物有差。

（宪宗朝馆本卷五四·页六上）

○成化六年（庚寅）二月甲戌（1470.3.27）

乌思藏把尔丹撒失地面番僧锁南监卒等……各来朝，贡马并佛像、氆氇、盔甲等物。赐彩段表里等物有差。

（宪宗朝馆本卷七六·页八下）

○成化六年（庚寅）四月甲戌（1470.5.26）

（前略）乌思藏地面番僧吉笼乐竹巴等各来朝，贡马及氆氇、刀甲等物。赐宴，并彩段、绢、钞等物有差。

（宪宗朝馆本卷七八·页七上～下）

○成化十年（甲午）二月甲戌（1474.3.6）

乌思藏答都寺佑善禅师锁南坚粲，以朝廷颁赐诰印升职事，欲遣其徒诣阙谢恩并贡方物。

事下礼部，尚书邹幹等言："旧有敕乌思藏三年一朝贡，而禅师不得径遣，但夷人之情亦宜俯顺，取旨裁决。"诏令五、七人来，不为例。

（宪宗朝馆本卷一二五·页五下）

○成化十二年（丙申）十一月辛酉（1476.12.7）

（前略）乌思藏番僧撒节藏卜等……各来朝，贡驼、马及盔甲等物。赐衣服、彩段等物有差。

（宪宗朝馆本卷一五九·页六上）

○成化十四年（戊戌）六月戊戌（1478.7.7）

（前略）乌思藏都纲剌麻番僧也失藏卜等……各来朝，贡马、驼、方物。赐宴，并袭衣、彩段等物有差。

（宪宗朝馆本卷一七九·页二下～三上）

○成化十八年（壬寅）五月乙未（1482.6.13）

四川乌思藏禅师锁南坚参遣其徒朵儿只星吉等来朝，贡方物。赐宴，并彩段、绢、纱［钞］有差。

（宪宗朝馆本卷二二七·页八上）

○弘治二年（己酉）十二月癸巳（1489.12.31）

礼部奏："乌思藏番僧三竹等进贡，不赍原降勘合，又不经边关验送，请却其方物，并罪边关及沿途之失于盘验者。"

诏以番僧既到京，姑纳其贡，（给赏）遣之。

（孝宗朝馆本卷三三·页二下）

○弘治四年（辛亥）七月丁亥（1491.8.17）

（前略）四川、乌思藏番僧著雄坚参等来朝，贡佛像、马匹。赐宴，并衣服、彩段等物有差。

（孝宗朝馆本卷五三·页三上～下）

○ 弘治六年（癸丑）正月甲午（1493.2.14）

四川、乌思藏崇化禅师旺札思叭及日高等寺番僧朵儿只等……来朝，贡佛像、马匹。赐宴，并彩段等物有差。

（孝宗朝馆本卷七一·页六下）

○ 弘治八年（乙卯）六月戊午（1495.6.28）

乌思藏番僧桑节巴丹……各来贡。赐宴及彩段等物有差。

（孝宗朝馆本卷一〇一·页二上）

○ 弘治十一年（戊午）十二月丙午（1499.1.26）

乌思藏番僧三竹札失等来贡。赐宴，并彩段等物如例。

（孝宗朝馆本卷一四五·页八上）

○ 弘治十二年（己未）十二月己丑（1500.1.4）

乌思藏遣禅师桑儿结吒巴等来贡，并为日莫等寺番僧喃哈星吉藏卜等五人请各袭其师禅师、都纲等职。从之。

（孝宗朝馆本卷一五七·页三下）

○ 正德二年（丁卯）正月己亥（1507.2.6）

命朵甘卫都指挥佥事阿卓孙星吉藏……乌思藏都指挥佥事昝卜巴孙叁〔参〕呆〔保〕藏、朵陇指挥佥事锁南坚剉孙锁南卧些儿、正千户思东剌瓦儿结孙也舍坚剉各袭其曾祖、祖原职。

（武宗朝馆本卷二一·页五下）

○ 嘉靖十七年（戊戌）三月甲申（1538.4.9）

（前略）乌思藏、朵甘思直管招讨司寨官领占朵日等……各朝贡，诏各给赏如例。

（世宗朝馆本卷二一〇·页一下）

○万历二年（甲戌）四月乙丑（1574.5.11）

　　宴赏乌思藏大乘法王并法藏等六寺、鲁班等七寺差来进贡国师乌竹笑等、刺麻番僧相竹领占、领上端木等如例。

（神宗朝馆本卷二四·页六上）

○万历六年（戊寅）十一月乙亥（1578.12.26）

　　四川、乌思藏法王遣锁喃元旦一十六员进贡。宴如例。

（神宗朝馆本卷八一·页五下）

○万历十六年（戊子）十一月己未（1588.12.27）

　　礼部题："……四川乌思藏国师番徒阿南坚参等各致方物贡贺，如例赐宴。"

　　上命临惟［淮］侯李言恭、尚书朱赓待。

（神宗朝馆本卷二〇五·页二下）

○万历十六年（戊子）十一月癸酉（1589.1.10）

　　四川、乌思藏及安抚、宣慰使各遣国僧［师］阿喃坚参等（一）十四人……进贡方物。

（神宗朝馆本卷二〇五·页六上～下）

○万历十七年（己丑）七月庚申（1589.8.25）

　　乌思藏……各遣人贡方物。赏赉如例。

（神宗朝馆本卷二一三·页三下）

○万历三十二年（甲辰）七月辛酉（1604.8.7）

　　宴乌思藏进贡番僧呵喃坚参等三十名，永康侯徐文炜待。

（神宗朝馆本卷三九八·页三下）

○万历四十年（壬子）二月己巳（1612.3.6）

　　宴……乌思藏番人如例。

（神宗朝馆本卷四九二·页一下）

○万历四十年（壬子）十二月戊申（1613.2.8）

宴乌思藏番僧如例。

（神宗朝馆本卷五〇三·页一二下）

○崇祯三年（庚午）四月壬戌（1630.5.24）

乌思藏僧来贡。

（思宗朝嘉本卷三·页七下）

长河西鱼通宁远等处

○洪武十五年（壬戌）七月乙卯（1382.8.17）

故元四川分省左丞瓦剌蒙遣理问高惟善等，自西番打煎炉长河西来朝，上故元所授银印。诏赐文绮四匹，帛如之，钞二十锭，衣一袭。

（太祖朝馆本卷一四六·页四上）

○洪武十五年（壬戌）七月辛酉（1382.8.23）

命行人钟顺送故元来朝理问高惟善还西番。

（太祖朝馆本卷一四六·页四上）

○洪武十六年（癸亥）三月乙卯（1383.4.14）

西番打煎炉长河西土官故元右丞剌瓦蒙，复遣理问高惟善及其侄万户若剌来朝，贡马及方物。诏赐钞锭、衣服有差。

（太祖朝馆本卷一五三·页二上）

○洪武十六年（癸亥）三月壬戌（1383.4.21）

西番打煎炉长河西僧答儿八坚千来朝。赐僧衣一袭。

（太祖朝馆本卷一五三·页二下）

○洪武十七年（甲子）四月乙酉（1384.5.8）

长河西军民安抚使剌瓦蒙等来朝，贡方物。诏赐冠带、袭衣及钞锭、绮帛有差。

（太祖朝馆本卷一六一·页八下）

○洪武十七年（甲子）六月戊子（1384.7.10）

遣使赐长河西千户若剌等九十七人绵布各二匹。

（太祖朝馆本卷一六二·页五上）

○洪武十九年（丙寅）五月甲申（1386.6.26）

是月，长河西军民安抚司土官油笼思卜等来朝，贡马。诏赐文绮六匹、钞十五锭、衣一袭。

（太祖朝馆本卷一七八·页二下）

○洪武三十一年（戊寅）正月癸酉（1398.2.12）

四川长河西安抚等司土官僧吉藏卜等来朝。赐宴于东角门。

（太祖朝馆本卷二五六·页二上）

○洪武三十一年（戊寅）正月丙子（1398.2.15）

是月，长河西军民安抚司土官千户油笼思卜等来朝。赐文绮、袭衣、钞锭（有差）。

（太祖朝馆本卷二五六·页二下）

○永乐四年（丙戌）六月壬戌（1406.6.19）

长河西哈萨铁寺……来朝，贡马。赐之钞、币。

（太宗朝馆本卷五五·页一上～下）

○永乐八年（庚寅）十一月丁丑（1410.12.10）

赐……长河西灌顶国师绰思吉领禅巴藏卜……宴。

（太宗朝馆本卷一一○·页二上）

○永乐九年（辛卯）正月庚午（1411.2.1）

赐……四川长河西剌麻长巴监藏……宴。

（太宗朝馆本卷一一二·页二上）

○永乐二十一年（癸卯）七月辛巳（1423.8.8）

四川长河西、鱼通、宁远宣慰使喃哩等二十四人来朝，贡马。赐钞、币有差。

（太宗朝馆本卷二六一·页一上）

○宣德元年（丙午）五月戊戌（1426.6.10）

四川长河西、鱼通、宁远等处番僧禅师桑者朵儿只……来朝，贡马。

（宣宗朝馆本卷一七·页四下）

○宣德元年（丙午）五月丁巳（1426.6.29）

赐四川长河西、鱼通、宁远等处番僧禅师桑者朵儿只等一百五十六人……钞、金织彩币表里、罗、绮、绢、布、袭衣有差。

（宣宗朝馆本卷一七·页一一下）

○宣德二年（丁未）九月乙未（1427.9.30）

四川长河西、鱼通、宁远等处宣慰使喃哩哥遣番僧阿松界等来朝，贡马。

（宣宗朝馆本卷三一·页二上）

○宣德二年（丁未）九月己酉（1427.10.14）

赐四川长河西鱼通宁远等处宣慰司番僧阿松界等钞、彩币表里有差。

（宣宗朝馆本卷三一·页九下～一〇上）

○宣德三年（戊申）六月戊子（1428.7.19）

四川长河西鱼通宁远军民宣慰司剌麻冷真星吉……贡马及方物。

（宣宗朝馆本卷四四·页一下）

○宣德三年（戊申）六月丁酉（1428.7.28）

赐……长河西鱼通宁远等处军民宣慰司剌麻冷真星吉等……钞、彩币表里有差。

（宣宗朝馆本卷四四·页三下）

○宣德四年（己酉）二月辛巳（1429.3.9）

四川长河西、鱼通、宁远等处剌麻初刻令伯等来朝，贡马及方物。

（宣宗朝馆本卷五一·页二上）

○宣德四年（己酉）二月丁酉（1429.3.25）

赐……四川长河西、鱼通、宁远等处剌麻初刻令伯……钞、彩币表里及纻丝表里（袭衣）有差。

（宣宗朝馆本卷五一·页八上）

○宣德四年（己酉）五月癸丑（1429.6.9）

（前略）四川长河西、鱼通、宁远等处剌麻问卜雪能藏……来朝，贡马及金银器皿。

（宣宗朝馆本卷五四·页二下）

○宣德四年（己酉）五月癸亥（1429.6.19）

赐四川长河西鱼通宁远宣慰司喇嘛问卜雪能藏、杂道长官司土官长官安伯……钞、彩币表里有差。

（宣宗朝馆本卷五四·页五上）

○宣德四年（己酉）九月己未（1429.10.13）

（前略）四川长河西、鱼通、宁远等处灌顶弘慈妙济国师绰思吉遣其徒领占巴藏卜来朝，贡马。

（宣宗朝馆本卷五八·页七上）

○宣德四年（己酉）九月戊辰（1429.10.22）

赐……四川长河西、鱼通、宁远等处僧领占巴藏卜等钞、彩币、绢及金织纻丝袭衣有差。

（宣宗朝馆本卷五八·页一〇上）

○宣德五年（庚戌）正月庚申（1430.2.11）

赐四川长河西鱼通宁远等处军民宣慰司把事短竹伯……纱、彩币表里、靴袜有差。

（宣宗朝馆本卷六一·页四下）

○宣德六年（辛亥）三月丙子（1431.4.23）

四川长河西、鱼通、宁远等处剌麻金得伯等来朝，贡马。

（宣宗朝馆本卷七七·页五下）

○宣德六年（辛亥）三月丁亥（1431.5.4）

赐四川长河西、鱼通、宁远等处剌麻金得伯等钞、彩币表里有差。

（宣宗朝馆本卷七七·页九下）

○宣德六年（辛亥）七月丙戌（1431.8.31）

四川长河西、鱼通、宁远等处国师朵儿只监粲遣剌麻温卜卓思吉……来朝，贡马。

（宣宗朝馆本卷八一·页八下）

○宣德六年（辛亥）八月戊戌（1431.9.12）

赐四川长河西、鱼通、宁远等处剌麻温卜卓思吉……钞、彩币表里有差。

（宣宗朝馆本卷八二·页二下）

○宣德七年（壬子）四月壬寅（1432.5.13）

四川长河西、鱼通、宁远等处剌麻查朵、番僧精客引占……贡马及方物。

（宣宗朝馆本卷八九·页四上）

○宣德七年（壬子）四月戊申（1432.5.19）

　　四川长河西、鱼通、宁远等处剌麻番僧出知星吉等来朝，贡马及方物。

（宣宗朝馆本卷八九·页五下）

○宣德七年（壬子）四月丙辰（1432.5.27）

　　赐四川长河西、鱼通、宁远等处剌麻查朵、番僧精客引占……钞、彩币表里、绢帛有差。

（宣宗朝馆本卷八九·页九下）

○宣德七年（壬子）五月癸亥（1432.6.3）

　　赐……四川盐井卫把事卜禄台……长河西、鱼通、宁远等处番僧出知星吉……钞、彩币表里、绢布有差。

（宣宗朝馆本卷九〇·页一下）

○宣德七年（壬子）五月癸未（1432.6.23）

　　四川长河西、鱼通、宁远等处禅师桑者朵儿只……来朝，贡马。

（宣宗朝馆本卷九〇·页五下）

○宣德七年（壬子）六月乙巳（1432.7.15）

　　赐……四川长河西、鱼通、宁远等处禅师桑者朵儿只等……银钞、纻丝、纱罗、绢布及金织袭衣有差。

（宣宗朝馆本卷九一·页六下）

○宣德九年（甲寅）二月壬子（1434.3.14）

　　四川长河西鱼通宁远等处军民宣慰司禅师净智、领占星吉、剌麻领占坚迁、著藏初刻、令伯罗藏、朵罗迁班别儿、都纲吒思巴藏卜、温都儿坚藏……来朝，贡马。

（宣宗朝馆本卷一〇八·页五下～六上）

○宣德九年（甲寅）二月甲戌（1434.4.5）

赐……四川长河西鱼通宁远等处军民宣慰司禅师净智、领占星吉、剌麻领占坚迁、著藏初刻、令伯罗藏、朵罗迁班别儿、都纲吒思巴藏卜、温都儿坚藏……钞及彩币、金织纻丝袭衣、绢布有差。

（宣宗朝馆本卷一〇八·页一三下）

○宣德九年（甲寅）十月乙卯（1434.11.12）

四川长河西、鱼通、宁远等处番僧剌麻班丹葛剌等来朝，贡方物。

（宣宗朝馆本卷一一三·页三下）

○宣德九年（甲寅）十月庚申（1434.11.17）

赐四川长河西、鱼通、宁远等处番僧剌麻班丹葛剌等钞、币、绢布及纻丝袭衣有差。

（宣宗朝馆本卷一一三·页七下）

○正统元年（乙丑）正月甲申（1436.2.4）

（前略）四川长河西鱼通宁远等处军民宣慰使司番僧结失坚敦巴俱来朝，贡马及方物。赐宴，并赐彩币等物有差。

（英宗朝馆本卷一三·页六上）

○正统元年（乙丑）六月丙申（1436.6.15）

四川长河西高剌麻番僧罗葛啰藏卜等赴京朝贡。赐之敕曰："尔能敬承天道，恭事朝廷，忠顺可嘉。今特颁敕护持尔修行，其附近卫所官员军民人等毋得侵扰，违者不宥。"

（英宗朝馆本卷一八·页一上）

○正统二年（丁巳）二月壬戌（1437.3.8）

四川长河西鱼通宁远等宣慰使司……俱遣人贡马。赐钞如例。

（英宗朝馆本卷二七·页一下～二上）

○ 正统二年（丁巳）二月辛巳（1437.3.27）

　　命四川长河西鱼通宁远等处军民宣慰使司故宣慰使喃哩子加八僧宜袭职。

（英宗朝馆本卷二七·页八上）

○ 正统三年（戊午）六月戊辰（1438.7.7）

　　四川长河西鱼通宁远宣慰司杂道、岩州二长官司土官安白等七人、剌麻国师簇克林巴徒弟远旦坚钱等四人、番僧三结冷等十七人来朝，贡马。赐钞、彩币等物有差。

（英宗朝馆本卷四三·页六下）

○ 正统四年（己未）六月甲辰（1439.8.7）

　　（前略）四川长河西、鱼通、宁远等处尊胜等寺国师簇克林遣剌麻也失朵儿只……俱来朝，贡马及方物。赐彩币表里等物。

（英宗朝馆本卷五六·页九上～下）

○ 正统五年（庚申）五月己酉（1440.6.7）

　　（前略）四川长河西鱼通宁远等处军民宣慰使司高日等寺番僧绰思恭俱来朝，贡马及佛像、舍利子。赐钞、币等物有差。

（英宗朝馆本卷六七·页三下）

○ 正统五年（庚申）六月丁亥（1440.7.15）

　　命长河西鱼通宁远故灌顶国师完卜绰丹剌卓儿巴藏卜袭国师，赐之诰命。

（英宗朝馆本卷六八·页五下）

○ 正统五年（庚申）六月乙未（1440.7.23）

　　四川长河西鱼通宁远宣慰司剌麻绰吉坚参遣温卜三竺监参……俱来朝，贡马并佛像、舍利、硼砂等物。赐彩币、袭衣、钞、绢有差。

（英宗朝馆本卷六八·页九下）

○ 正统五年（庚申）七月丙午（1440.8.3）

四川长河西、鱼通、宁远等处剌麻锁南官着林木……俱来朝，贡象、马及金银、方物。赐彩币等物有差。

（英宗朝馆本卷六九·页七上）

○ 正统六年（辛酉）正月乙卯（1441.2.8）

四川长河西鱼通宁远军民宣慰使司本卜鲁奈国等寺剌麻僧宜言千……来朝，贡马及方物。赐彩币等物有差。

（英宗朝馆本卷七五·页六上）

○ 正统七年（壬戌）四月丁巳（1442.6.5）

（前略）长河西鱼通宁远宣慰司番僧剌麻贾思巴藏卜等来朝，贡马及佛像、璎珞。

（英宗朝馆本卷九一·页六下）

○ 正统七年（壬戌）六月辛卯（1442.7.9）

四川长河西鱼通宁远等处宣慰使司剌麻贾思巴等贡马。赐彩段表里、衣服、靴袜（等物）有差。

（英宗朝馆本卷九三·页一下）

○ 正统七年（壬戌）八月丁巳（1442.10.3）

四川长河西鱼通宁远等处军民宣慰使司清修翊善国师簇克林巴遣剌麻绰思恭等……贡马及方物。赐钞、彩段表里、袭衣、靴袜有差。

（英宗朝馆本卷九五·页八下）

○ 正统七年（壬戌）九月己卯（1442.10.25）

四川长河西鱼通宁远等处宣慰使司本卜岗廉能寺剌麻礤杰让乌、答什寺剌麻畜吒、宁藏寺剌麻锁南伯等来朝，贡马及方物。赐彩段表里并僧衣、钞有差。

（英宗朝馆本卷九六·页六上）

○正统七年（壬戌）十二月丁未（1443.1.21）

（前略）四川长河西鱼通宁远等宣慰司麻赛寺番僧剌麻擢吉藏卜、陕西凉州卫庄严等寺剌麻锁南巴著思吉坚祐……来朝，贡马及方物。赐宴，并彩币等物有差。

（英宗朝馆本卷九九·页八上）

○正统八年（癸亥）六月癸丑（1443.7.26）

（前略）四川长河西鱼通宁远宣慰使司宣慰使加思八僧宜并能骨等寺番僧促及藏卜、松潘番僧剌麻答儿麻细来朝贡马。赐彩段、绢、钞有差。

（英宗朝馆本卷一〇五·页一三上）

○正统八年（癸亥）八月甲午（1443.9.5）

长河西鱼通宁远宣慰司国师绰丹剌卓儿巴藏卜等来朝，贡（马及）方物。赐宴，并赐彩币等物有差。

（英宗朝馆本卷一〇七·页三下～四上）

○正统八年（癸亥）十月壬辰（1443.11.2）

四川长河西鱼通宁远宣慰司高日寺剌麻答儿麻星哈遣人……贡马。赐彩币等物有差。

（英宗朝馆本卷一〇九·页三下）

○正统十年（乙丑）五月壬辰（1445.6.24）

（前略）长河西、鱼通、宁远等处宣慰使加思八僧宜并乌思藏吉耳剌麻来朝，等遣头目阿松等贡马。赐彩币有差。

（英宗朝馆本卷一二九·页六上）

○正统十年（乙丑）六月辛亥（1445.7.13）

（前略）长河西鱼通宁远等处军民宣慰使司剌马［麻］贾都甲……来朝，贡马、驼等物。赐宴，并彩币表里、钞锭有差。

（英宗朝馆本卷一三〇·页二下）

○正统十年（乙丑）六月庚申（1445.7.22）

四川长河西鱼通宁远等处军民宣慰使司……来朝，贡象、马及方物。赐宴，并彩币表里、袭衣、靴袜、钞锭等物有差。

（英宗朝馆本卷一三〇·页四下～五上）

○正统十一年（丙寅）四月丁卯（1446.5.25）

四川长河西鱼通宁远宣慰司佛觉王地面通寺院刺麻长足遣其徒彻刺藏……俱来朝，贡马及佛像、舍利。赐宴，并彩币等物有差。

（英宗朝馆本卷一四〇·页七下）

○正统十一年（丙寅）七月乙酉（1446.8.11）

（前略）长河西、鱼通、宁远等处刺麻腊嚩札思巴等贡马及方物。赐宴，并钞、彩段、僧衣等物有差。

（英宗朝馆本卷一四三·页六上）

○正统十一年（丙寅）十二月丁未（1446.12.31）

（前略）四川长河西目牙地方土官舍人纳蒙伯……来朝，贡马、驼、方物。赐宴及彩币等物有差。

（英宗朝馆本卷一四八·页五上～下）

○正统十三年（戊辰）三月己酉（1448.4.26）

四川长河西鱼通宁远宣慰司……来朝，贡马。赐宴，并钞、币有差。

（英宗朝馆本卷一六四·页七下）

○正统十四年（己巳）六月辛酉（1449.7.2）

（前略）长河西尊胜等寺番僧思漫刺藏、乌思藏星吉官等寺刺麻锁南伯、碉门天全六番诏讨使司杂黑、清凉寺番僧刺麻札巴斡些儿等俱来朝，贡马及方物。赐宴及彩币表里等物有差。

（英宗朝馆本卷一七九·页五下）

○正统十四年（己巳）六月丙子（1449.7.17）

（前略）长河西、鱼通、宁远等处甘藏等寺都纲剌麻桑剌结藏卜等贡渗金铜佛、舍利、珊瑚、氇氌、铁甲等物。赐宴及彩币表里。

（英宗朝馆本卷一七九·页一三下）

○正统十四年（己巳）八月甲戌（1449.9.13）

（前略）长河西鱼（通）开化寺番僧剌麻铁纳星曷……来朝，贡马及方物。赐彩段、绢、钞、僧衣、靴袜有差。

（英宗朝馆本卷一八一·页一八下～一九上）

○正统十四年（己巳）九月丙申（1449.10.5）

（前略）四川长河西鱼通宁远等处军民宣慰使司剌麻达答等来朝，贡马及方物。赐钞、彩币表里有差。

（英宗朝馆本卷一八三·页一四下）

○景泰元年（庚午）五月辛亥（1450.6.17）

（前略）长河西、鱼通、宁远等处番僧喃哈领占等来朝，贡马及方物。赐宴，并彩币表里等物。

（英宗朝馆本卷一九二·页八上）

○景泰二年（辛未）六月庚辰（1451.7.11）

四川长河西、鱼通、宁远等处甘藏寺清修翊善大国师初克林巴等遣人贡铜佛、马匹及方物。赐钞、币等物。

（英宗朝馆本卷二〇五·页一〇上）

○景泰二年（辛未）九月甲子（1451.10.23）

四川长河西、鱼通、宁远等处护教（王）、赞善王遣番僧绰思吉坚参等来朝，贡马及方物。赐宴、钞、彩币表里、纻丝袭衣等物有差。

（英宗朝馆本卷二〇八·页一〇下）

○景泰三年（壬申）八月甲戌（1452.8.28）

（前略）董卜韩胡宣慰司及长河西、鱼通、宁远等处札木领占等寺都纲剌麻番僧南葛领占等来朝，贡象、马及方物。赐宴，并彩币表里、绢、布等物有差。

（英宗朝馆本卷二一九·页六上）

○景泰四年（癸酉）三月丁卯（1453.4.18）

四川长河西鱼通宁远军民宣慰司宣慰使哈思叭坚千遣把事漂儿刚……来朝，贡马。赐宴，并彩币等物有差。

（英宗朝馆本卷二二七·页六下～七上）

○景泰五年（甲戌）八月戊申（1454.9.21）

四川长河西乌思藏番僧朵儿结星吉等贡方物。赐钞、彩币表里等物。

（英宗朝馆本卷二四四·页一一下）

○景泰七年（丙子）九月甲戌（1456.10.6）

四川长河西鱼通宁远等处军民宣慰使司土官等来朝，贡马及方物。赐宴，并彩段表里等物有差。

（英宗朝馆本卷二七〇·页三上）

○天顺四年（庚辰）八月乙巳（1460.8.17）

四川长河西并乌思藏剌麻官绰蒙等来朝，贡方物。赐宴，并彩币表里、纻丝袭衣等物。

（英宗朝馆本卷三一八·页一上～下）

○天顺四年（庚辰）闰十一月丙寅（1461.1.5）

安庆府奏："爪哇国使臣及长河西番僧共止同安驿，酗酒相斗，番僧被杀者六人。"礼部言："本驿官吏不时发遣，伴送行人金文等不能约束，请执鞫之。其爪哇使臣在法宜治，但远夷入贡，既已回还，难拘常制，宜敕其国王惩治。"从之。

（英宗朝馆本卷三二二·页五上）

○天顺五年（辛巳）二月甲午（1461.4.3）

（前略）长河西鱼通宁远宣慰司千户札思巴等……俱来朝，贡马及金银器皿、方物。赐宴及彩币等物有差。

（英宗朝馆本卷三二五·页三下）

○成化三年（丁亥）八月庚申（1467.9.25）

四川长河西鱼通宁远等处军民宣慰使司杂道长官司穿云等寺（寨）番僧畜吉星宜……各来朝，贡马及佛像、氆氇、铁甲等物。赐宴，并赐彩段表里等物有差。

（宪宗朝馆本卷四五·页一〇上）

○成化四年（戊子）五月丙子（1468.6.7）

四川长河西鱼通宁远等处军民宣慰使司康牙等寨头目人等南各等……各来朝，贡马及氆氇、明甲等物。赐衣服、彩段等物有差。

（宪宗朝馆本卷五四·页六上）

○成化五年（己丑）十二月壬申（1470.1.24）

四川长河西鱼通宁远等处军民宣慰使司杂道长官司卧剌等寨寺土官番僧人等汪束等贡氆氇等物。赐宴，并彩段、钞锭有差。

（宪宗朝馆本卷七四·页五上～下）

○成化六年（庚寅）十一月辛丑（1470.12.19）

四川长河西鱼通宁远军民宣慰使司坚葛节等寺寨都纲头目人等巴旦言千等……各来朝，贡马及方物。赐衣服、彩段等物有差。

（宪宗朝馆本卷八五·页六下）

○成化七年（辛卯）二月丙寅（1471.3.14）

四川长河西鱼通宁远等处军民宣慰使司坚葛节等寺寨都纲头目人等巴旦言千等各来朝，贡氆氇等物。赐彩段、钞、绢有差。

（宪宗朝馆本卷八八·页四下）

○成化九年（癸巳）四月庚寅（1473.5.26）

　　四川长河西鱼通宁远等处军民宣慰使司功加等寨头目班兰藏等各来朝，贡氆氇等物。赐彩段、绢、钞等物有差。

（宪宗朝馆本卷一一五·页九下）

○成化十二年（丙申）四月癸巳（1476.5.13）

　　（前略）长河西鱼通宁远等处军民宣慰使司番僧让达等、陕西岷州卫好地平等簇番人七乩等……各来朝，贡氆氇、盔甲等物。赐衣服、彩段等物有差。

（宪宗朝馆本卷一五二·页六上）

○成化十五年（己亥）七月壬午（1479.8.15）

　　四川长河西鱼通本部儿思刚等处哈思牒等寨头目端竹己［巴］等各来朝，贡方物。赐宴，并彩段、绢、钞有差。

（宪宗朝馆本卷一九二·页四下）

○成化十六年（庚子）十月戊辰（1480.11.23）

　　（前略）长河西鱼通宁远等处杂道长官司甘藏等寺寨净条［修］禅师头目捨刺星吉等各来朝，贡佛像、氆氇等物。赐宴，并彩段等物有差。

（宪宗朝馆本卷二〇八·页八上）

○成化十七年（辛丑）五月己亥（1481.6.22）

　　四川长河西鱼通本部儿思刚等处灌顶弘慈妙济大国师绰丹刺卓儿巴藏卜并哈思牒等寺寨千户番僧汪束等各来朝，贡方物。赐彩段表里等物有差。

（宪宗朝馆本卷二一五·页五上）

○成化十八年（壬寅）正月丁酉（1482.2.15）

　　（前略）长河西鱼通宁远宣慰司岩州长官司寨官郎葛汪聘等……各来朝，贡氆氇等物。赐宴，并衣服、彩段等物有差。

（宪宗朝馆本卷二二三·页五下）

○成化十九年（癸卯）八月癸未（1483.9.24）

长河西灌顶国师札思八坚粲遣番僧奴日领真等一千八百人进贡，四川巡抚守臣劾其违例。事下礼部，议："宜俯顺夷情，止许五百人入贡。仍令所司谕札思八坚粲既为国师，岁宜与各寺寨轮贡，数止百人。"从之。

（宪宗朝馆本卷二四三·页一二上）

○成化二十一年（乙巳）正月己亥（1485.2.1）

四川长河西灌顶国师札思叭坚粲遣番僧剌麻奴日领真等……各来朝，贡氆氇等物。赐宴，并衣服、彩段等物有差。

（宪宗朝馆本卷二六一·页一上）

○成化二十二年（丙午）四月癸卯（1486.5.31）

（前略）四川长河西宣杂等寨寨官头目温目等各来朝，贡马及佛像、氆氇等物。赐彩段、绢、钞有差。

（宪宗朝馆本卷二七七·页八下）

○弘治元年（戊申）正月壬子（1488.1.30）

四川长河西鱼通宁远等宣慰使司征塞〔基〕等寨都纲头目札巴言千等……来朝，贡氆氇等物。赐衣服、彩段、钞锭有差。

（孝宗朝馆本卷九·页三上～下）

○弘治二年（己酉）二月辛亥（1489.3.24）

长河西宣慰司番僧绰思吉领占把藏卜等七百人，冒称乌思藏所遣朝贡到京。礼部译得其情，请量减赏赐，以示薄责之意。从之。

（孝宗朝馆本卷二三·页九上）

○弘治二年（己酉）七月庚辰（1489.8.20）

长河西番僧领占星吉等各请袭授其师都纲之职。从之。

（孝宗朝馆本卷二八·页一三下）

○弘治六年（癸丑）九月丁未（1493.10.25）

四川长河西鱼通宁远等处军民宣慰使司煖巴等寨都纲沙剌言千等……来朝，贡佛像、马匹。赐宴，并彩段、钞锭有差。

（孝宗朝馆本卷八〇·页三下～四上）

○弘治七年（甲寅）四月戊寅（1494.5.24）

四川长河西古墩地面尊胜等寺寨清修翊善大国师怕思巴领占巴藏卜遣禅师领占星吉等……来朝，贡方物。赐宴，并衣服、彩段等物有差。

（孝宗朝馆本卷八七·页三下）

○弘治八年（乙卯）十二月乙卯（1495.12.22）

四川长河西鱼通宁远宣慰使司土官宣慰使观卜巴以袭职遣使贡方物谢恩。赐彩段、衣服如例。

（孝宗朝馆本卷一〇七·页三上）

○弘治十二年（己未）二月己酉（1499.3.30）

乌思藏并长河西杂道长官司……各来贡。各赐宴，并彩段等物有差。

（孝宗朝馆本卷一四七·页七下）

○弘治十四年（己未）七月戊辰（1501.8.5）

长河西剌思岗地方番僧朵鲁只等各来贡。赐宴，并彩段、衣服等物如例。

（孝宗朝馆本卷一七六·页一四上）

○弘治十四年（己未）八月乙丑（1501.10.1）

长河西剌思岗地方番僧桑呆禄来贡，请袭其故师清修翊善大国师怕思巴领占巴藏卜之职。从之。赐宴，并彩段等物如例。

（孝宗朝馆本卷一七八·页六下～七上）

○弘治十七年（甲子）十一月乙巳（1504.12.24）

四川长河西鱼通宁远等处宣慰使司遣番僧剌麻吒失藏等来贡，赐宴，并彩段、衣服等物有差。

（孝宗朝馆本卷二一八·页九上）

○正德三年（戊辰）九月壬寅（1508.10.1）

（前略）长河西等处护国师印拔思巴藏卜遣都纲剌瓦藏卜等各进贡朝贺。赐彩段等物有差。

（武宗朝馆本卷四二·页二上）

○嘉靖三年（甲申）二月丙申（1524.3.5）

乌思藏阐化王、辅教王、直管招讨司、朵甘宣慰司、长河西、雅州、杂道长官司、天前［全］六番招讨司及三十六种大小番司奏请入贡。礼部议："雅州各番入境之地不隶贡职，及称大小番司三十六种不具地方族氏。"诏抚臣核实以闻。

（世宗朝馆本卷三六·页一上）

○嘉靖四年（乙酉）八月戊申（1525.9.8）

（前略）长河西鱼迩［通］宁远等宣慰使司遣禅师都纲札失星吉等、长宁安抚司遣头目番僧方保等……各贡方物。

（世宗朝馆本卷五四·页四下～五上）

○嘉靖四年（乙酉）十月己酉（1525.11.8）

礼部言："乌思藏、长河西、长宁安抚司各入贡。番僧过例额者九百四十三人，并应减赏。"

诏以各番既经边臣验入，听给全赏，自后毋得额外过多。

（世宗朝馆本卷五六·页八上）

○嘉靖十四年（乙未）九月甲申（1535.10.22）

乌思藏转［辅］教等王并长河西鱼通宁远宣慰使司各遣国师、寨官人等来朝，贡方物。赏赉有差。

（世宗朝馆本卷一七九·页四上）

○嘉靖十五年（丙申）正月庚午（1536.2.5）

（前略）长河西鱼通宁远等处军民宣慰使司差寨官桑呆短竹等各进贡，凡四千一百七十余人。诏以人数逾额，如例减赏，并下四川巡按御史逮治都布按三司官违例验进之罪。

（世宗朝馆本卷一八三·页二上）

○嘉靖二十二年（癸卯）五月己酉（1543.6.7）

四川董卜韩湖［胡］、长河西鱼通宁远宣慰等司差国师领直藏卜等来朝，贡马及方物。赐宴，给赏如例。

（世宗朝馆本卷二七四·页一下～二上）

○万历四年（丙子）三月庚戌（1576.4.15）

（前略）长河西、鱼通、宁远等处国师罗撒坚剉等……各贡还。宴待如例。

（神宗朝馆本卷四八·页八上～下）

○万历四年（丙子）五月乙巳（1576.6.9）

（前略）长河西鱼通宁远等处军民宣慰使司差国师罗撒坚剉等、番僧恭卜等各备铜佛、珊瑚、方物赴京进贡。赏银、币如例。

（神宗朝馆本卷五〇·页六上～下）

○万历十七年（己丑）七月庚申（1589.8.25）

（前略）长河西鱼通宁远等处宣慰司各遣人贡方物。赏赉如例。

（神宗朝馆本卷二一三·页三下）

○万历十七年（己丑）九月庚申（1589.10.24）

先是，万历十三年长西河等司进贡国师以病归，未领买茶勘合，归而诸番日以争茶斗，至刻木为信乃已。至是，贡夷求两度勘合，且请浮于额。礼部言："茶禁甚严，不可多鬻。十七年勘合照例给予，所请十三年勘合，止补其半，以俟后来更给。"报可。

（神宗朝馆本卷二一五·页四下）

○万历二十二年（甲午）二月辛未（1594.4.12）

乌思藏辅教等（王）及长河等司差国师喇嘛藏等三十二名进贡。各赏给，并回赐四王。

（神宗朝馆本卷二七〇·页六上）

○万历二十六年（戊戌）九月丙申（1598.10.13）

命侯陈良弼宴待四川乌思藏四王并长河西宣慰司五起进贡国师畜竹简参等。

（神宗朝馆本卷三二六·页三上）

董卜韩胡

○永乐十六年（戊戌）九月己巳（1418.10.21）

董卜韩胡宣慰使喃葛遣头目襄儿结等贡方物，谢恩，且请佛像、藏经。悉以赐之，仍赐锦绮、彩帛。

（太宗朝馆本卷二〇四·页一下～二上）

○永乐二十一年（癸卯）八月丁卯（1423.9.23）

四川董卜韩胡宣慰使喃葛遣头目也失言千等贡马及方物。赐劳之，遣（还）。

（太宗朝馆本卷二六二·页三上）

○永乐二十一年（癸卯）十一月丙午（1423.12.31）

（前略）四川董北［卜］韩朝［胡］宣慰使喃葛头目也失言千辞还，各赐钞、币有差。

（太宗朝馆本卷二六五·页二下）

○ 宣德五年（庚戌）九月壬子（1430.10.1）

四川董卜韩胡宣慰使喃噶遣子奔卜剌麻贾思叭僧结等来朝，贡马及方物。

（宣宗朝馆本卷七〇·页七上）

○ 宣德五年（庚戌）十月己巳（1430.10.18）

赐四川董卜韩胡宣慰使喃葛所遣子奔卜剌麻贾思叭僧结等彩币表里、纻丝袭衣等物有差。

时喃葛奏乞致事，请以长子领僧众，次子治民人。上从之。遣镇抚沈羽等赍敕及文锦、彩币、金织纻丝袭衣往赐喃葛。命其长子班丹也失为剌麻，次子克罗俄监粲代为宣慰使。

（宣宗朝馆本卷七一·页一上）

○ 正统二年（丁巳）十一月辛亥（1437.12.22）

董卜韩胡宣慰使喃葛、松潘番道商捌等令剌麻撒力瓦也失等来朝，贡马及方物。赐彩币等物有差。

（英宗朝馆本卷三六·页六上）

○ 正统三年（戊午）正月丙申（1438.2.5）

遣敕赐董卜韩胡宣慰使司致仕宣慰使喃葛等文锦、彩币表里及其子宣慰使克罗俄坚粲诰命、冠带。

（英宗朝馆本卷三八·页三上）

○ 正统五年（庚申）三月丙辰（1440.4.15）

四川董卜韩胡宣慰使司遣头目阿儿结等来朝，贡马。赐宴，并赐彩币等物有差。

（英宗朝馆本卷六五·页五下）

○ 正统六年（辛酉）七月己酉（1441.8.1）

敕四川都布按三司曰："今得董卜韩胡宣慰使克罗俄监粲奏，其所进语录、经文已贮成都府兴福寺；马二百一匹欲从保县前来，被杂谷瓦及谷敦之人伐树寨[塞]路，不容经过，乞差原管进马沈镇抚男羽等往彼接取。此事虚实虽未可知，第夷远来朝贡，不可为小人所阻，敕至，尔等即遣羽等，或增选一二人同其差来人前去接取。就访察杂谷瓦及谷敦之人果不遵礼法，阻绝道路，即令谕以祸福利害，不许生事启衅。如彼执迷不从，尔等同议停当，奏来区处，不可视以为常，有失远人归向之心。尤须严饬所遣，毋得纤毫有所需索，搅扰番夷，取罪非轻。尔等其钦承朕命毋忽。"

（英宗朝馆本卷八一·页八下）

○ 正统七年（壬戌）六月丁巳（1442.8.4）

四川董卜韩胡宣慰使司番僧剌麻端谷禄坚迁等辞归，命赍敕及锦段表里归赐其土官喃葛等。

（英宗朝馆本卷九三·页六下～七上）

○ 正统七年（壬戌）七月戊寅（1442.8.25）

四川董卜韩胡宣慰使克罗俄监粲奏请开通杂谷瓦等处道路，求伴送军人、谙晓通事及起站马脚力文书。上敕四川三司勘实所言，回奏定夺。遂赐克罗俄监粲及其父、其妻、其头目襄结儿等绒锦、彩币表里有差。

（英宗朝馆本卷九四·页五下）

○ 正统七年（壬戌）八月己丑（1442.9.5）

四川董卜韩胡宣慰使克罗俄监粲遣使乞封王爵，上不允。第升镇国将军都指挥同知，掌宣慰司使，给之诰命。

（英宗朝馆本卷九五·页一上）

○ 正统七年（壬戌）八月乙未（1442.9.11）

敕谕四川都司、布政司、按察司官曰："董卜韩胡遣剌麻端竹监粲等朝贡，奏已[以]后进贡或令从威州古敦地方，或令从杂谷瓦普东来。缘董卜韩胡归化年久，屡来朝贡，其往还必有故道。但未知何者为便，尔等须体实计议其无妨碍之处,奏来处置。"

(英宗朝馆本卷九五·页二上~下)

○正统八年(癸亥)十月癸未(1443.10.24)

四川董卜韩胡宣慰司、别思寨安抚司、尊胜等寺国师簇克林巴等各遣人贡马。赐钞、绢如例。

(英宗朝馆本卷一〇九·页二上)

○正统九年(甲子)闰七月庚子(1444.9.5)

四川董卜韩胡宣慰使司招出止〔正〕乌〔马〕地生番土官剌麻番僧也失朵儿只叭藏卜等贡方物。赐彩币、袭衣有差。

(英宗朝馆本卷一一九·页八下)

○正统九年(甲子)八月甲寅(1444.9.19)

(前略)董卜韩胡宣慰使司剌麻头目也失朵儿只叭藏卜等俱来朝,贡马。赐宴,并赐钞、彩币表里、纻丝袭衣有差。

(英宗朝馆本卷一二〇·页三下)

○正统十二年(丁卯)六月己丑(1447.8.10)

(前略)董卜韩胡宣慰司剌麻罗孤纳思等来朝,贡马及铁甲等物。赐宴,并彩币表里有差。

(英宗朝馆本卷一五五·页七上)

○正统十二年(丁卯)十二月壬申(1448.1.20)

命董卜韩胡头目远丹藏卜为别思寨安抚司安抚,仍隶四川都司。先是,安抚饶蛤〔蛤〕以罪废,远丹藏卜署司事。至是,佥都御史寇深等奏其为番人信服,宜任安抚,故有是命。

(英宗朝馆本卷一六一·页四上)

○景泰二年(辛未)十二月乙酉(1452.1.12)

(前略)董卜韩胡宣慰使司遣都纲奢纳监粲等来朝,贡马及方物。赐宴，并彩币表里等物有差。

（英宗朝馆本卷二一一·页八上）

○景泰三年（壬申）正月辛亥（1452.2.7）

四川……董卜韩胡西天普日藏等寺刺麻公加言千吧藏卜等来朝，贡马及方物。赐宴及彩币表里、钞、绢有差。

（英宗朝馆本卷二一二·页四下）

○景泰三年（壬申）二月丁亥（1452.3.14）

敕谕董卜韩胡宣慰司都指挥同知克罗俄监粲："尔能敬顺天道，尊事朝廷，遣人远来朝贡，具见忠诚。今特升尔为都指挥使，仍掌董卜韩胡宣慰使司事，以示嘉赏。尔宜益励臣节，保守境土，仍将向者所抢杂谷并达思蛮人民地方退还各人，令其照章管束，庶几释憾取和，永息争竞之风，共享太平之福。"

（英宗朝馆本卷二一三·页八上～下）

○景泰三年（壬申）三月庚戌（1452.4.6）

（前略）四川董卜韩胡宣慰使司遣番僧刺麻公加思念卜……来朝，贡马及方物。赐宴，并彩币等物有差。

（英宗朝馆本卷二一四·页七上）

○景泰三年（壬申）八月甲戌（1452.8.28）

（前略）董卜韩胡宣慰司及长河西、鱼通、宁远等处札木领占等寺都纲刺麻番僧南葛领占等来朝，贡象、马及方物。赐宴，并彩币表里、绢、布等物有差。

（英宗朝馆本卷二一九·页六上）

○景泰三年（壬申）闰九月丁卯（1452.10.20）

（前略）董卜韩胡宣慰司生番头目领占德正等来朝，贡马、驼、方物。俱宴赐之。

（英宗朝馆本卷二二一·页五下）

○景泰四年（癸酉）二月庚子（1453.3.22）

（前略）董卜韩胡宣慰使司温卜刺麻……来朝，贡马。赐宴，并彩币表里等物有差。

（英宗朝馆本卷二二六·页五上～下）

○景泰四年（癸酉）四月丙午（1453.5.27）

董卜韩胡宣慰司并乌思藏地方刺麻番僧领占言千来朝，贡马及方物。赐宴及彩币表里等物有差。

（英宗朝馆本卷二二八·页一〇上～下）

○景泰四年（癸酉）九月己未（1453.10.7）

董卜韩胡宣慰司都纲刺麻阿儿夜吒等贡马及氆氇、舍利等物。赐宴，并彩币表里有差。

（英宗朝馆本卷二三三·页二上～下）

○景泰四年（癸酉）十二月乙未（1454.1.11）

（前略）董卜韩胡番僧列巴坚昝等来朝，贡马及方物。赐宴及彩币等物如例。

（英宗朝馆本卷二三六·页四下）

○景泰五年（甲戌）八月乙未（1454.9.8）

四川董卜韩胡宣慰使司都指挥使克罗俄监粲遣刺麻领占瓒竹等贡方物。赐钞、彩币表里、（纻丝袭衣等物。仍命领占瓒竹赍彩币表里）归赐克罗俄监粲及其妻。

（英宗朝馆本卷二四四·页五下～六上）

○景泰六年（乙亥）九月壬午（1455.10.20）

兵部奏："董卜韩胡都指挥使克罗俄监粲进番文一道，言辞悖逆，语涉妄诞。且侍郎罗绮等先奏，克罗俄监粲已死。今详此奏，所列官衔亦与常时所奏不同，疑有行［奸］伪，宜令绮等严为边备，及遣人体实以闻。"

从之。

（英宗朝馆本卷二五八·页二上～下）

○景泰七年（丙子）三月壬午（1456.4.17）

四川董卜韩胡宣慰司并乌思藏等地方番僧容农坚迁等……（来）朝，贡马及方物。赐钞、币。

（英宗朝馆本卷二六四·页三上～下）

○景泰七年（丙子）九月甲戌(1456.10.6)

四川长河西鱼通宁远等处军民宣慰使司土官并乌思藏嗟堂等寺番僧土官佥事朱真、董卜韩胡等处土官查思把等来朝，贡马及方物。赐宴，并彩段表里等物有差。

（英宗朝馆本卷二七〇·页三上）

○天顺元年（丁丑）七月癸未（1457.8.11）

四川董卜韩胡宣慰使司遣番僧沙加阿些儿等……来朝，贡方物。赐钞、彩币表里、袭衣有差。

（英宗朝馆本卷二八〇·页一五上）

○天顺元年（丁丑）八月癸卯（1457.8.31）

四川董卜韩胡宣慰使司剌麻也失罗等……来朝，贡马及方物。赐钞、彩币表里有差。

（英宗朝馆本卷二八一·页五上～下）

○天顺元年（丁丑）九月甲戌（1457.10.1）

兵部奏："董卜韩胡宣慰使司掌司事都指挥同知札巴坚粲藏卜上章乞封王爵，赐金印。于理难从，宜增其秩为都指挥使。"从之。

（英宗朝馆本卷二八二·页五下）

○ 天顺元年（丁丑）十月丙申（1457.10.23）

（前略）董卜韩胡宣慰使司业镇等寺剌麻番僧拾纳坚迁……来朝，贡马及方物。赐宴，并织金纻丝袭衣、彩段、绢、钞有差。

（英宗朝馆本卷二八三·页二上）

○ 天顺六年（壬午）正月丁巳（1462.2.20）

（前略）董卜韩胡宣慰司等处竹龙寺剌麻番僧远丹言千等、陕西岷州卫大崇教等寺国师剌麻番僧锁南领占等贡马及氆氇、佛像等物。赐宴及彩币表里等物有差。

（英宗朝馆本卷三三六·页六下）

○ 天顺六年（壬午）九月丁巳（1462.10.18）

（前略）董卜韩胡宣慰使司那卜林等寺剌麻番僧足都伯等来朝，贡马及盔甲、佩刀等方物。命礼部官于午门外给赐金织袭衣并彩段等物。

（英宗朝馆本卷三四四·页七下）

○ 成化元年（乙酉）五月丁巳（1465.6.4）

（前略）董卜韩胡宣慰使司极乐等寺寨番僧根绰藏等……各来朝，贡方物。赐衣服、彩段等物有差。

（宪宗朝馆本卷一七·页二下）

○ 成化三年（丁亥）八月庚申（1467.9.25）

（前略）董卜韩胡宣慰使司领占令等寺寨番僧札思巴等、感藏等寺寨番僧绰思吉言千等……各来朝，贡马及佛像、氆氇、铁甲等物。赐宴，并赐彩段表里等物有差。

（宪宗朝馆本卷四五·页一〇上）

○ 成化九年（癸巳）七月己未（1473.8.23）

命董卜韩胡宣慰使司都指挥使喃哩结者思八言千巴藏卜子绰吾结言千仍袭都指挥同知。

（宪宗朝馆本卷一一八·页七上）

○成化十二年（丙申）正月辛未（1476.2.21）

（前略）董卜韩胡宣慰使司抹坡等寨番僧阿儿结等……各来朝，贡马及氆氇、盔甲等物。赐衣服、彩段等物有差。

（宪宗朝馆本卷一四九·页三下）

○成化十二年（丙申）三月丙午（1476.3.27）

（前略）董卜韩胡宣慰使司遣番僧桑儿结星吉等……各来朝，贡马及氆氇、盔甲等物。赐衣服、彩段等物有差。

（宪宗朝馆本卷一五一·页一上）

○成化十四年（戊戌）六月戊戌（1478.7.7）

（前略）董卜韩胡宣慰司弥陀寺番僧剌瓦札思巴等各来朝，贡马、驼、方物。赐宴，并袭衣、彩段等物有差。

（宪宗朝馆本卷一七九·页二下～三上）

○成化十八年（壬寅）正月丁酉（1482.2.15）

（前略）董卜韩胡宣慰使司大兴教寺番僧温卜容中言千巴藏卜等、德霭等寺寨番僧札思巴等各来朝，贡氆氇等物。赐宴，并衣服、彩段等物有差。

（宪宗朝馆本卷二二三·页五下）

○成化十八年（壬寅）四月己未（1482.5.8）

四川董卜韩胡宣慰使司遣宣作寨番僧舍剌藏等……各来朝，贡氆氇、盔甲等方物。赐宴，并衣服、彩段等物有差。

（宪宗朝馆本卷二二六·页五下）

○弘治七年（甲寅）六月甲戌（1494.7.19）

四川董卜韩胡宣慰使司遣番僧国师镇［锁］南札叭等……来朝，贡方物。赐宴，并彩段、衣服等物有差。其札失藏卜等，请袭其师切旺坚参禅师都纲之职。从之。

（孝宗朝馆本卷八九·页六上）

○弘治九年（丙辰）十二月辛卯（1497.1.21）

四川董卜韩胡宣慰使司署事舍人喃呆遣国师、禅师、都纲、剌麻、番僧沙剌藏等来贡，乞袭职。从之。回赐喃呆锦段等物，赐沙剌藏等宴，并彩段、衣服有差。

（孝宗朝馆本卷一二〇·页四下）

○弘治十二年（己未）二月戊午（1499.4.8）

董卜韩胡宣慰使司……各来贡。赐宴，并彩段、衣服等物有差。

（孝宗朝馆本卷一四七·页一一上）

○弘治十三年（庚申）二月庚寅（1500.3.5）

四川董卜韩胡宣慰使司番僧昆各藏卜……各来贡，乞袭职。从之。赐宴，并衣服、彩段等物有差。

（孝宗朝馆本卷一五九·页二上）

○弘治十五年（壬戌）十一月丙戌（1502.12.16）

四川董卜韩胡宣慰使司加渴瓦寺番僧那洛思〔落恩〕等……各来贡。赐彩段、帽〔绢〕、钞等物如例。

（孝宗朝馆本卷一九三·页三上～下）

○弘治十六年（癸亥）八月丁未（1503.9.3）

四川董卜韩胡宣慰使司宣慰使喃呆等各遣国师沙剌藏卜并番僧容弄儿言千等来贡，请袭职诰命。从之。命赐回〔回赐〕喃呆等并其妻锦段等物，赐沙剌藏卜等宴，并彩段、衣服等物有差。

（孝宗朝馆本卷二〇二·页五下～六上）

○正德三年（戊辰）二月戊子（1508.3.21）

给诰敕于董卜韩胡宣慰使司灌顶圆通妙济国师札失短竹等共六道。

（武宗朝馆本卷三五·页六上）

○正德五年（庚午）六月丙申（1510.7.17）

董卜韩胡宣慰使司加渴瓦寺都纲番僧哽滕领占等来朝，贡（方物）。赐宴及赏彩段表里、绢、钞有差。

（武宗朝馆本卷六四·页五下）

○正德六年（辛未）三月丁巳（1511.4.4）

四川董卜韩胡宣慰使司遣国师昆各儿藏来朝，贡方物。赐宴，并赏彩段、绢、钞有差。

（武宗朝馆本卷七三·页二上）

○正德八年（癸酉）三月乙未（1513.5.1）

（前略）董卜韩胡宣慰使司加渴瓦寺番僧贾思巴领占等并新招抚管下陆寺番僧领占罗络〔洛〕思等各贡氆氇、珊瑚等物，并赐宴，给赏有差。

（武宗朝馆本卷九八·页五上）

○嘉靖二年（癸未）三月壬戌（1523.4.6）

四川董卜韩胡宣慰使司加渴瓦寺都纲那洛思坚粲等入贡方物。

（世宗朝馆本卷二四·页八上）

○嘉靖二年（癸未）闰四月甲子（1523.6.7）

四川董卜韩胡宣慰司起送番僧捨利卜等一千七百余人入贡。礼部奏："弘治以前入贡番僧多不过千人，今数增至倍，日甚一日。若复照例给赏，恐将来愈不可继，请量裁其赏赐三分之一。仍行抚按官查提起送官吏治罪。"

上从之，命自今进贡人数，悉如弘治以前例行。

（世宗朝馆本卷二六·页八下）

○嘉靖五年（丙戌）四月癸丑（1526.5.11）

礼部奏："董卜韩胡宣慰使司加渴瓦寺遣都纲番僧七揹等入贡，共七百六十四名，内六百四十二名系原贡额数，给与全赏，余量减折绢二匹。"从之。

（世宗朝馆本卷六三·页一上）

○ 嘉靖五年（丙戌）四月壬申（1526.5.30）

进贡夷人四川加渴瓦寺番僧都纲七揩等，乞将应赏衣段折给银两。上初不许，已而请之至再，部臣以闻。

得旨："今次暂准折银，后来者但照先例给赏。通事人员敢有通同乞请无厌者，奏来重治。"

（世宗朝馆本卷六三·页七上）

○ 嘉靖七年（戊子）十一月癸丑（1528.12.26）

董卜韩胡宣慰司宣慰使容中短竹等差国师摄次藏卜等进贡方物。给赏如例。

（世宗朝馆本卷九五·页五下）

○ 嘉靖七年（戊子）十二月丙子（1529.1.18）

董卜韩胡宣慰司番僧入贡。诏以例赏折银给之。

（世宗朝馆本卷九六·页二下）

○ 嘉靖八年（己丑）正月辛酉（1529.3.4）

命四川董卜韩胡宣抚使司进贡番僧锁南藏卜等十四人各袭授都纲职事。

（世宗朝馆本卷九七·页九上）

○ 嘉靖十二年（癸巳）十二月壬申（1533.12.19）

董卜韩胡宣慰使司加可〔渴〕瓦寺都纲番僧人等来朝，贡方物。赐宴赉如例。

（世宗朝馆本卷一五七·页一上）

○嘉靖二十一年（壬寅）七月丁巳（1542.8.19）

董卜韩胡宣慰使司加渴瓦等〔寺〕差都纲番僧懒革儿坚灿等来朝，贡方物。宴赍如例。

（世宗朝馆本卷二六四·页五下）

○嘉靖二十二年（癸卯）五月己酉（1543.6.7）

四川董卜韩湖〔胡〕、长河西鱼通宁远宣慰等司差国师领直藏卜等来朝，贡马及方物。赐宴，给赏如例。

（世宗朝馆本卷二七四·页一下～二上）

○嘉靖三十五年（丙辰）九月戊寅（1556.10.25）

四川董卜韩胡宣慰使司遣国师领占札什等、别思寨安抚司遣禅师吊瓦〔丸〕容中等……各贡方物。宴赍如例。

（世宗朝馆本卷四三九·页五下）

○嘉靖四十年（辛酉）四月戊申（1561.5.2）

四川董卜韩胡宣慰司差国师札什坚参等、别思寨安抚司差禅师捨蜡藏卜等……各来朝，贡方物。宴赍有差。

（世宗朝馆本卷四九五·页五下）

○隆庆二年（戊辰）十月甲午（1568.11.7）

四川董卜韩胡宣慰司国师捨纳也舍等十人……各进方物称贡。赏赉如例。余一百九人行四川守臣一体抚赏。

（穆宗朝馆本卷二五·页七上）

○万历四年（丙子）五月甲辰（1576.6.8）

（前略）又董卜韩胡宣慰使国师喃呆扣思叭……各备珊瑚、方物进贡。赏给如例。

（神宗朝馆本卷五〇·页六上）

○万历四年（丙子）七月丁巳（1576.8.20）

（前略）四川董卜韩胡宣慰司加渴瓦寺都纲番僧领占藏等各进贡。宴待如常。

（神宗朝馆本卷五二·页一七下）

○万历七年（己卯）六月乙亥（1579.6.24）

董卜韩胡宣慰使司加渴瓦寺等赴京进贡。赐给如例。

（神宗朝馆本卷八八·页一上）

○万历十一年（癸未）四月戊寅（1583.6.16）

四川起送董卜韩胡宣慰使司加渴瓦寺差来都纲头目那麻强灿等贡珊瑚等物。恩赏如例。

（神宗朝馆本卷一三六·页八下）

○万历二十一年（癸巳）五月丙辰（1593.6.1）

四川都指挥使司起送乌思藏护教王并董卜韩胡宣慰使司、别思寨安抚司及朵甘思直管招讨司宣慰使司各差国师进贡方物。

（神宗朝馆本卷二六〇·页二上）

○万历三十八年（庚戌）十一月丙辰（1610.12.29）

（前略）董卜韩胡宣慰使司加渴瓦寺都纲头目那麻思结等各备方物、马匹入贡。赐宴赉如例。

（神宗朝馆本卷四七七·页四下）

○万历四十一年（癸丑）二月乙巳（1613.4.6）

赐乌思藏护教主〔王〕、董卜韩胡宣慰司、别思寨安抚司、朵甘司〔思〕宣慰司直〔兼〕管招讨司国师阿折孟等三十名织金文绮、钞锭有差。

（神宗朝馆本卷五〇五·页五上～下）

○天启六年（丙寅）八月丙辰（1626.10.6）

（前略）董卜韩胡宣慰使司等进贡方物。

（熹宗朝馆本卷七五·页一一下～一二上）

达思蛮

○洪熙元年（乙巳）三月辛卯（1425.4.9）

（前略）达思蛮长官司各遣人贡马。赐之钞、币有差。

（仁宗朝馆本卷八下·页二下）

○景泰二年（辛未）二月壬辰（1451.3.25）

（前略）达思蛮长官司故土官达思剌男乃儿只监粲遣番僧朵肉藏……来朝，贡马及方物。赐宴，并纻丝袭衣、彩段表里、绢、钞有差。

（英宗朝馆本卷二〇一·页一八下）

○弘治二年（己酉）十月戊申（1489.11.16）

（前略）达司蛮长官司番僧要别等各来朝，（贡）氆氇、铁刀等物。赐宴，并衣服、彩段等物有差。

（孝宗朝馆本卷三一·页一二下）

○弘治十二年（己未）二月戊午（1499.4.8）

（前略）四川达思蛮长官司……各来贡。赐宴，并綵段、衣服等物有差。

（孝宗朝馆本卷一四七·页一一上）

○正德元年（丙寅）二月乙卯（1506.2.27）

达思蛮长官司遣头目番僧贾舍、僧吉等各贡氆氇等物。赐宴，赏彩段、绢、钞有差。

（武宗朝馆本卷一〇·页二上～下）

○正德四年（己巳）四月甲子（1509.4.21）

（前略）四川达思蛮长官司遣番僧镇［锁］郎藏卜等各来贡。赐宴，给赏有差。

（武宗朝馆本卷四九·页一下）

○正德八年（癸酉）四月丙午（1513.5.12）

达思蛮长官司并剌麻番僧贾舍僧古〔吉〕等、蓬勺沙哈等寨头目三伽思等来朝，贡方物。赐宴，并赏彩段、钞锭有差。

（武宗朝馆本卷九九·页二下）

○正德十四年（辛酉）十一月丁巳（1519.12.18）

达思蛮长官司剌麻番僧耿勺监藏等贡方物。赐彩段、钞锭等物有差。

（武宗朝馆本卷一八〇·页二下）

○嘉靖二年（癸未）十一月丙申（1524.1.5）

礼部言："达思蛮长官司差来进贡并庆贺登极，人员多至四百余名，乞行限制禁约，每贡限百人，（多）者革去赏赐，并究起送官治罪。"报可。

（世宗朝馆本卷三三·页七下）

○嘉靖二年（癸未）十二月壬戌（1524.1.31）

宴……达思蛮长官司差来都纲番僧贾舍监藏等三百一十二人。

（世宗朝馆本卷三四·页九上）

○嘉靖五年（丙戌）七月甲辰（1526.8.30）

达思蛮长官司遣都纲番僧沙加藏等四百三十八人来贡。礼部以其贡使视额数过多，请减半给赏。从之。

（世宗朝馆本卷六六·页一〇下）

○嘉靖九年（庚寅）十一月戊申（1530.12.11）

四川达恩［思］蛮长官司番僧野舍僧吉等备方物来贡。给赏如例。

（世宗朝梁本卷一一九·页一七下～一八上）

○嘉靖二十九年（庚戌）四月甲寅（1550.5.6）

　　四川达思蛮长官司都纲头目番僧郎哈监藏等贡方物。宴赉如例。

（世宗朝馆本卷三五九·页四上）

○隆庆六年（壬申）九月壬辰（1572.10.15）

　　四川达思蛮长官司差都纲头目及番僧等，凡到京及留边共四百三十四人，贡珊瑚等物。给赏段、绢、银、钞有差。

（神宗朝馆本卷五·页五下）

○隆庆六年（壬申）十月丁卯（1572.11.19）

　　四川达思蛮长官司、陕西灵藏赞善等七寺，各差都纲头目番僧共五十四名，赴京进贡方物。以穆宗皇帝山陵甫毕，赐筵宴不作乐，给赏如例。

（神宗朝馆本卷六·页九下）

○万历十四年（丙戌）八月戊子（1586.10.8）

　　四川达思蛮长官司都纲头目四名赴京进贡。宴赏如例。

（神宗朝馆本卷一七七·页一一上）

○万历十八年（庚寅）八月甲午（1590.9.23）

　　四川达思蛮长官司都纲头目番僧加兰藏等四名赴京进贡。宴赏如例。

（神宗朝馆本卷二二六·页五上）

○万历二十三年（乙未）十二月辛丑（1596.1.2）

　　宴达思蛮长官司进贡番僧南哈坚藏等四名，侯吴继爵待。

（神宗朝馆本卷二九二·页一上～下）

○万历三十七年（己酉）正月庚子（1609.2.21）

　　达思蛮长官司都纲头目山查坚藏等备方物进贡。赐宴，赏改［段］、钞有差。

（神宗朝馆本卷四五四·页五下）

○万历四十年（壬子）正月癸丑（1612.2.19）

四川达思蛮番僧甲杀坚藏等四百三十八名贡献方物。给赏如例。

（神宗朝馆本卷四九一・页八上）

○万历四十二年（甲寅）十一月己巳（1614.12.21）

赏给达思蛮长官司进贡番僧阿豆坚藏等四百三十八名各折绢银两。

（神宗朝馆本卷五二六・页五上）

○天启二年（壬戌）十二月甲子（1623.1.3）

四川达思蛮长官司进贡方物，赴内府交收。

（熹宗朝馆本卷二九・页二上）

朵甘思

○正统十四年（己巳）七月丁亥（1449.7.28）

朵甘思宣慰司剌麻武些……来朝，贡佛像、舍利、盔甲及方物。赐钞、币等物如例。

（英宗朝馆本卷一八○・页二下）

○正统十四年（己巳）九月戊寅（1449.9.17）

令……朵甘思宣慰司宣慰使汪束藏卜子完卜绰思吉札巴袭为指挥佥事。

（英宗朝馆本卷一八二・页一上～下）

○景泰二年（辛未）六月辛未（1451.7.2）

四川朵甘思宣慰司宣慰使绰思吉吒思吧……各遣人来朝，贡马。赐僧衣、钞、币、食茶。

（英宗朝馆本卷二○五・页四下）

○天顺二年（丁丑）三月己亥（1458.4.24）

命故四川朵甘思宣慰使绰思吉札思巴从子银敦札叭袭职。

（英宗朝馆本卷二八九·页二下）

○天顺三年（己卯）正月戊戌（1459.2.17）

（前略）乌思藏并朵甘宣慰使司等处簇卜等寺剌麻头目舍人观畜等来朝，贡马及珊瑚、氆氇等物。赐宴，并彩币表里、袭衣等物有差。

（英宗朝馆本卷二九九·页三上～下）

○天顺七年（癸未）九月庚辰（1463.11.5）

给朵甘思宣慰使司宣慰使银敦札叭（以）诰命。

（英宗朝馆本卷三五七·页四下）

○成化六年（庚寅）七月壬寅（1470.8.22）

四川朵甘思宣慰使司都指挥佥事、镇抚、都纲、番僧人等卓嵬等来朝，贡方物。赐宴，并衣服、彩段、食茶等物有差。

（宪宗朝馆本卷八一·页八下）

○成化十二年（丙申）三月丙午（1476.3.27）

四川朵甘思宣慰使司遣都指挥阿叱……各来朝，贡马及氆氇、盔甲等物。赐衣服、彩段等物有差。

（宪宗朝馆本卷一五一·页一上）

○成化二十一年（乙巳）闰四月壬寅（1485.6.4）

朵甘思宣慰司以道远不能如新例一年一贡，乞如乌思藏例三年一贡。礼部请顺夷情。从之。

（宪宗朝馆本卷二六五·页五下）

○弘治元年（戊申）十月辛丑（1488.11.14）

（前略）朵甘思宣慰使司遣禅师剌麻头目阿达等来朝，贡氆氇、足力麻等物。赐宴,并衣服、彩段、钞锭有差。

(孝宗朝馆本卷一九·页三下)

○弘治六年(癸丑)正月辛卯(1493.2.11)

四川朵甘思直管招讨司袭职番舍阿答儿等来贡。赐宴,并彩段、衣服等物如例。

(孝宗朝馆本卷七一·页五上)

○弘治六年(癸丑)五月丁亥(1493.6.7)

四川朵甘思宣慰使司寨官头目答儿坚粲等来贡马匹、方物。赐彩段表里、衣服有差。

(孝宗朝馆本卷七五·页一九上)

○弘治六年(癸丑)六月壬午(1493.8.1)

(前略)四川朵甘思宣慰使司寨官头目答儿坚粲等来朝,贡方物。赐宴,并彩段等物有差。

(孝宗朝馆本卷七七·页六上)

○弘治十年(丁巳)九月乙卯(1497.10.12)

四川朵甘思直管招讨司土官番僧阿答儿等并新招抚朵日、龙角等寨头目朵思札叭等……各来贡。赐宴,并彩段、绢、钞等物有差。

(孝宗朝馆本卷一二九·页三上~下)

○弘治十三年(庚申)四月己酉(1500.5.23)

乌思藏朵甘思宣慰使司……各遣使来贡。赐宴,并彩段、衣服等物如例。

(孝宗朝馆本卷一六一·页一〇上)

○弘治十七年(甲子)九月庚寅(1504.10.10)

四川朵甘思宣慰司……各遣番僧来贡。赐彩段、绢、钞等物如例。

(孝宗朝馆本卷二一六·页一下)

○ 正德四年（己巳）十二月戊子（1510.1.10）

　　命朵甘思宣慰使司副使答儿麻坚粲孙锁南叫、列思麻（万户府）万户刺麻监藏重孙扳麻藏俱袭其祖职。

（武宗朝馆本卷五八·页一上）

○ 嘉靖十二年（癸巳）八月丙戌（1533.9.4）

　　四川乌思藏、朵甘（思）番僧七领札夫［失］等千余人来贡。礼部以旧例每贡不过百人，今数太多，该边并三司等官胧朦起送，通属有罪。七领札失等应薄示惩戒，其到京者，每名量减茶十斤，存留者每名量减绢二匹、茶十斤。仍行巡按御史逮治验放官罪，以戒来者。从之。

（世宗朝馆本卷一五三·页四上）

○ 嘉靖十七年（戊戌）三月甲申（1538.4.9）

　　（前略）朵甘思直管招讨司寨官领占朵日等……各朝贡，诏各给赏如例。

（世宗朝馆本卷二一〇·页一下）

○ 嘉靖二十二年（癸卯）六月辛卯（1543.7.19）

　　（前略）朵甘思宣慰、招讨等司各遣使朝贡。赐宴有差。

（世宗朝馆本卷二七五·页六上）

○ 嘉靖三十五年（丙辰）九月戊寅（1556.10.25）

　　（前略）朵甘思宣慰使司遣寨官札失卧紫等、直管招讨司遣国师咀叭坚剉等、乌思藏护教王遣国师锁南冷〔领〕直［真］等各贡方物。宴赉如例。

（世宗朝馆本卷四三九·页五下）

○ 嘉靖四十年（辛酉）四月戊申（1561.5.2）

　　（前略）朵甘思宣慰司差禅师那儿藏等各来朝，贡方物。宴赉有差。

（世宗朝馆本卷四九五·页五下）

○ 嘉靖四十年（辛酉）十一月癸丑（1562.1.2）

乌思藏阐化王差剌麻锁南板著等、护教王差国师班丹监参等、朵甘思直管招讨司差国师捨蜡藏卜等各来朝，贡方物。宴赉有差。以阐化王方物粗恶，不以国师领贡。招讨司宣慰部落不附本司进贡，皆裁其赏。仍申谕边臣，自后各番进贡有违式者，不得验入。

（世宗朝馆本卷五〇三·页三下～四上）

○ 隆庆六年（壬申）四月癸未（1572.6.8）

四川乌思藏、垛〔朵〕甘思宣慰使司番僧剌麻温等入贡方物。赏赉如例。

（穆宗朝馆本卷六九·页九上）

○ 隆庆六年（壬申）六月丁卯（1572.7.22）

赏四川乌思藏、朵甘思宣慰使司等处差来禅师剌麻温、番僧阿儿等衣、币、段共折给银四百五十二两。

（神宗朝馆本卷二·页一二上～下）

○ 隆庆六年（壬申）六月丁丑（1572.8.1）

（前略）朵甘思宣慰司番僧剌麻温等二起，共一十六人进贡。俱赏赉如例。

（神宗朝馆本卷二·页二三上～下）

○ 万历四年（丙子）五月甲辰（1576.6.8）

四川朵甘思宣慰使司国师喃哈孟、剌麻温等及番僧锁南领占等……各备珊瑚、方物进贡。赏给如例。

（神宗朝馆本卷五〇·页六上）

○ 万历九年（辛巳）四月癸丑（1581.5.22）

乌思藏、朵甘思宣慰等司国师喃哈孟、剌麻温等进贡方物。宴赉如例。

（神宗朝馆本卷一一一·页六下）

○万历十六年（戊子）十一月癸酉（1589.1.10）

（前略）朵甘思招讨司并宣慰使司各遣国僧［师］喃哈孟等（一）十六人，进贡方物。

（神宗朝馆本卷二〇五·页六下）

○万历二十一年（癸巳）五月丙辰（1593.6.1）

四川都指挥使司起送乌思藏护教王并董卜韩胡宣慰使司、别思寨安抚司及朵甘思直管招讨司宣慰使司各差国师进贡方物。

（神宗朝馆本卷二六〇·页二上）

○万历二十一年（癸巳）六月丙戌（1593.7.1）

宴赏四川入贡乌思藏护教王、朵甘思阿喃坚参等三十名。

（神宗朝馆本卷二六一·页二上～下）

○万历四十一年（癸丑）二月乙巳（1613.4.6）

赐乌思藏护教主［王］、董卜韩胡宣慰司、别思寨安抚司、朵甘司［思］宣慰司直［兼］管招讨司国师阿折孟等三十名织金文绮、钞锭有差。

（神宗朝馆本卷五〇五·页五上～下）

朵甘、川陕诸处土司、头人、喇嘛

○洪武五年（壬子）二月壬辰（1372.3.19）

河州卫指挥使司佥事朵儿只、汪家奴来朝，贡名马、蕃犬。诏赐文绮、袭衣。

（太祖朝馆本卷七二·页二下）

○洪武五年（壬子）二月壬寅（1372.3.29）

西蕃十八族千户包完卜乩等来朝，贡马。诏赐文绮、衣服、靴袜有差。

（太祖朝馆本卷七二·页三下）

○洪武七年（甲寅）正月壬午（1374.2.27）

赐河州卫指挥同知何琐南普等三人白金各二〔五〕百五十两。

（太祖朝馆本卷八七·页三下）

○洪武七年（甲寅）五月壬午（1374.6.27）

四川茂州陇木头、静州、岳希蓬、汶山、汶川及寒水巡检司、威州宝宁等县土官同茂州权知州杨者七等入朝，贡马。

（太祖朝馆本卷八九·页二下）

○洪武七年（甲寅）七月己卯（1374.8.23）

初，西番兆日之地旧有造蒲萄酒户三百五十家，至是，其酋长勘卜监藏、罗古罗思、喃哥监藏等以所造酒来献。

（太祖朝馆本卷九一·页三上～下）

○洪武十二年（己未）二月甲子（1379.3.15）

赐西番僧邻真锁南等六人米三十石。

（太祖朝馆本卷一二二·页五下～六上）

○洪武十二年（己未）七月戊申（1379.8.26）

河州卫指挥同知何锁南普、镇抚刘温各携其家属来朝。敕中书省臣曰："君子贵守信而行义。今何锁南普自归附以来，信义甚坚，前遣使乌思藏宣布朕命，远涉万里，不惮勤劳。及归，所言皆称朕意。今与刘温各以家属来朝，宜加礼待，其赐何锁南普米、麦各三十石，刘温米十石，麦如之。"

（太祖朝馆本卷一二五·页四下～五上）

○洪武十三年（庚申）四月乙酉（1380.5.29）

西番红堤峪族酋长亦卜藏卜等来朝。赐文绮有差。

（太祖朝馆本卷一三一·页一下）

○洪武十三年（庚申）九月辛亥（1380.6.24）

西番酋长张督设蛒〔略〕占藏等来降，贡马三十匹。

（太祖朝馆本卷一三一·页七上）

○洪武十四年（辛酉）正月丙午（1381.2.14）

诏赐西宁卫指挥佥事朵儿只失结等文绮十四匹、钞一百二十四锭。

（太祖朝馆本卷一三五·页二下）

○洪武十五年（壬戌）二月戊午（1382.2.21）

松潘安抚司酋长占藏先结等来朝，贡马一百三匹。诏赐文绮、钞有差。

（太祖朝馆本卷一四二·页二下）

○洪武十六年（癸亥）三月乙卯（1383.4.14）

西番打煎炉长河西土官故元右丞剌瓦蒙，复遣理问高惟善及其侄万户若剌来朝，贡马及方物。诏赐钞锭、衣服有差。

（太祖朝馆本卷一五三·页二上）

○洪武十七年（甲子）三月己未（1384.4.12）

青海酋长失剌巴等七人、西番酋长朵里只约等三人来归。诏赐文绮、钞锭有差。

（太祖朝馆本卷一六〇·页一〇下）

○洪武十八年（乙丑）十二月丁未（1386.1.20）

西番僧人参旦藏卜输马七百八十二匹于河州卫。

（太祖朝馆本卷一七六·页四下）

○洪武十九年（丙寅）十二月戊申（1387.1.16）

四川松潘安抚司土官薛继贤贡马二十二匹。

（太祖朝馆本卷一七九·页八上）

〇洪武二十一年（戊辰）二月己未（1388.3.22）

四川天全六番招讨司副招讨杨藏卜……来朝，进马。诏赐文绮、钞锭。

（太祖朝馆本卷一八八·页六下）

〇洪武二十一年（戊辰）十月癸亥（1388.11.21）

给赐和［河］州卫进马番僧喃加兰［监］藏钞二百锭。

（太祖朝馆本卷一九四·页二下）

〇洪武二十一年（戊辰）十二月庚午（1389.1.27）

朵甘都指挥搠斡〔幹〕尔监藏遣酋长监藏卜等来贡马。诏赐衣服、钞锭有差。

（太祖朝馆本卷一九四·页六下）

〇洪武二十三年（庚午）三月乙丑（1390.3.18）

以临洮僧己什领占为尚师，赐以钞锭。其从僧三十六人，俱赐有差。

（太祖朝馆本卷二〇〇·页五上）

〇洪武二十三年（庚午）五月甲辰（1390.6.25）

天全六番招讨使杨藏卜遣使贡马。赐以钞锭及文绮三十匹，帛如之。

（太祖朝馆本卷二〇二·页三下）

〇洪武二十三年（庚午）十二月己巳（1391.1.16）

四川松潘军民指挥司所属十长官司，各遣子贡马。

（太祖朝馆本卷二〇六·页三下）

〇洪武二十四年（辛未）二月庚申（1391.3.8）

（前略）天全六番招讨使高敬严……来朝，贡马及方物。各赐绮帛、钞锭。

（太祖朝馆本卷二〇七·页四上～下）

○洪武二十六年（癸酉）二月壬寅（1393.4.8）

西宁番僧三剌贡马。先是，三剌为书招降罕东诸部，又创佛刹于碾白南川，以居其众，至是始来朝，因请护持及寺额。上赐名曰"瞿昙寺"，敕曰："自有佛以来，见佛者无不瞻仰，虽凶戾愚顽者，亦为之敬信。化恶为善，佛之愿力有如是耶！今番僧三剌生居西土，踵佛之道，广结人缘，辑金帛以创佛刹，比者来朝京师，朕嘉其向善慕义之诚，特赐敕护持。诸人不许扰害，听其自在修行，违者罪之，故敕。"

（太祖朝馆本卷二二五·页三下～四上）

○洪武二十六年（癸酉）八月戊子（1393.9.21）

西番思曩日等族来归，进马百三十匹。命给金铜信符，并赐文绮、袭衣。

（太祖朝馆本卷二二九·页五上）

○洪武二十六年（癸酉）十二月己亥（1394.1.30）

（前略）松潘军民指挥使司指挥使牟力结、陕西河州卫番僧纲辇占班各贡马。俱赐以绮帛及钞。

（太祖朝馆本卷二三〇·页六上～下）

○洪武二十七年（甲戌）二月癸未（1394.3.15）

四川天全六番招讨使高敬严遣使贡马。诏赐以文绮、钞锭。

（太祖朝馆本卷二三一·页五下）

○洪武二十七年（甲戌）二月己亥（1394.3.31）

（前略）朵甘、乌思藏皆遣使入贡。

（太祖朝馆本卷二三一·页七上）

○洪武二十七年（甲戌）四月庚辰（1394.5.11）

更定蕃国朝贡仪。是时，四夷朝贡……其西南夷隶四川者，军民府凡六，乌蒙、乌撒、芒部、邛部、普安、东川；安抚司一，曰金筑；……

招讨司三，曰天全六番、长河西；长官司凡三十，卢山……阿昔亦簇、占藏先结簇、蜡匝簇、北定簇、祁命簇、阿昔洞簇、勒都簇、班班簇、者多簇、麦匝簇、……岳希蓬、陇木头、静州；府四，德昌、马湖、建昌、会川；州十九……黎溪、会理、威龙、普济；卫一，曰建昌。……西域之部也〔七〕……朵甘、沙州、乌思藏、撒立畏兀儿……上以旧仪颇烦，故复命更定之。凡蕃国王来朝，先遣礼部官劳于会同馆。明日各服其国服，如尝赐朝服者，则服朝服，于奉天殿朝见，行八拜礼毕，即诣文华殿朝皇太子，行四拜礼。见亲王亦如之，亲王立受后答二拜。其从官随蕃王班后行礼。凡遇宴会，蕃王班次居侯伯之下。其蕃国使臣及土官朝贺，皆如常朝仪。

（太祖朝馆本卷二三二·页五下～六上）

○洪武二十七年（甲戌）十二月乙亥（1395.1.1）

朵甘都指挥搠幹〔幹〕尔监藏等，遣其侄班丹藏卜等来朝，贡马。

（太祖朝馆本卷二三五·页五下）

○洪武三十年（丁丑）二月甲辰（1397.3.20）

西番瞿昙寺僧参〔三〕剌来朝，贡马。

（太祖朝馆本卷二五〇·页七上）

○洪武三十五年（壬午）十二月癸亥（1403.1.7）

西宁卫土官卫镇抚李南哥进马，赐钞二百锭、彩币十表里。

（太宗朝馆本卷一五·页六上）

○永乐元年（癸未）四月丁卯（1403.5.11）

河州、洮州番族朝贡，命礼部定赏例。礼部议奏："河州卫必里千户所千户，每员银六十两、彩币六表里、钞百锭；曾授金符头目亲来朝贡者，银五十两、彩币五表里、钞七十锭、纻丝衣一袭；遣人朝贡者，银四十两、彩币四表里、钞五十锭；中途死者，官归其丧，赏赐付抚安〔按〕官给之，所遣使每人银十两、彩币二表里、钞三十锭；未授金符头目亲来朝贡者，银四十两、彩币四表里、钞五十锭、纻丝衣一袭；附贡者，银三十两、彩币三表里、钞四十锭；付抚安［按］官给赏，其抚安［按］千户每员赏钞七十锭、彩币四表里；旗军人等，人赏钞五十锭、彩币二表里。"

（太宗朝馆本卷一九·页六上）

○永乐元年（癸未）十二月庚寅（1404.1.29）

西宁卫土官指挥李南哥率把沙等十簇番酋却约思等，及河州番酋米卜等来朝，贡马。赐银、钞、彩币有差。

（太宗朝馆本卷二六·页五上）

○永乐元年（癸未）十二月壬辰（1404.1.31）

赐西宁卫来朝土官指挥李南哥等纻丝衣各一袭，从人绢衣。

（太宗朝馆本卷二六·页五下）

○永乐二年（甲申）十二月庚辰（1405.1.13）

四川天全六番招讨使高敬让来朝，贡方物贺立皇太子，且遣其子虎入国子监受学。赐虎钞、衣裳［裳］等物。

（太宗朝馆本卷三七·页二上）

○永乐三年（乙酉）三月戊申（1405.4.11）

叠州刺儿冈簇头目南哈倚实遣人来朝贡马。赐之钞币。仍命南哈倚实统治叠州之众。

（太宗朝馆本卷四〇·页三上）

○永乐三年（乙酉）十二月甲戌（1406.1.2）

叠州头目谷奴坚昝等十人来朝。赐钞币、袭衣。

（太宗朝馆本卷四九·页二上）

○永乐三年（乙酉）十二月戊子（1406.1.16）

（前略）西番马儿藏等簇……遣人贡方物，贺明年正旦。

（太宗朝馆本卷四九·页四上）

○永乐四年（丙戌）三月壬寅（1406.3.31）

遣使……授札思木头目撒〔撤〕力加监藏为朵甘卫行都司都指挥使，切禄奔、薛儿加俱为都指挥同知。各赐诰命、袭衣、锦绮。

命……陇答头目结失古加之子巴鲁为陇答卫指挥使。赐诰命、银、币。

（太宗朝馆本卷五二·页五下～六上）

○永乐四年（丙戌）九月壬戌（1406.10.17）

鸡鸣寺番僧端行［竹］领占、洮州卫千户赵诚，奉命往八郎等簇招谕眼即多咂簇、马儿咂簇、思囊日簇、潘官簇、哈伦簇头目桑耳结巴、阿思巴等来朝，贡马。赐钞、币有差。

（太宗朝馆本卷五九·页二下）

○永乐四年（丙戌）十一月庚午（1406.12.24）

西番的牙簇剌麻札巴朵只、川匝簇头目米纳肖弟烟剌班、作巴簇头目七汪、迟匝簇头目锁南坚藏侄沙札乱、里峪簇头目落容别、番藏簇头目乌思巴、牙卜匝簇头目官着藏卜侄专竹札、左约簇头目朵只节男、剌麻札率众来朝，贡方物。赐白金、钞、币、袭衣有差。

（太宗朝馆本卷六一·页二上）

○永乐五年（丁亥）三月丁卯（1407.4.20）

命馆觉头目南葛监藏、阿屑领占俱为朵甘行都指挥使司都指挥使，阿卓南葛领占及灵藏头目锁南幹［斡］屑为都指挥金事、玉隆监藏、沙加藏卜、王［玉］隆星吉为都指挥金事，且汪加为卫镇抚。赐都指挥使撒力加监藏、都指挥同知奔薛儿加、陇答卫指挥使巴鲁亦印、诰、白金、彩币、袭衣及茶各有差。南葛监藏者，剌［刺］兀监藏之子也。剌［刺］兀监藏，洪武中率先朝贡，授朵甘卫都指挥使。及卒，以弟著思巴儿监藏暂领其职。至是，南葛监藏并诸头目亦各遣人来朝，贡马，故有是命。

（太宗朝馆本卷六五·页二上～下）

○永乐五年（丁亥）十月戊戌（1407.11.17）

（前略）西宁瞿晏［昙］寺僧班丹藏卜来朝，贡马。悉赐钞、币。

（太宗朝馆本卷七二·页四下）

○永乐五年（丁亥）十一月癸亥（1407.12.12）

西宁卫僧（结）摄摄剌查等贡马及方物。赐之钞、币有差。

（太宗朝馆本卷七三·页二下）

○永乐五年（丁亥）十二月辛巳（1407.12.30）

净修三藏国师耳亦赤、净戒三藏国师八儿思……各遣人贡马。赐钞、币有差。

（太宗朝馆本卷七四·页一上）

○永乐五年（丁亥）十二月戊申（1408.1.26）

四川天全六番招讨司故百夫长姜珏之子宗等贡马及方物。赐钞、币有差。

（太宗朝梁本卷五四·页九下）

○永乐六年（戊子）正月甲戌（1408.2.21）

西番隆奔、卜哑簇头目锁南监藏等来朝，贡马。赐钞、币、袭衣。

（太宗朝馆本卷七五·页三上）

○永乐六年（戊子）七月壬戌（1408.8.7）

西宁等卫僧班丹藏卜等来朝……贡方物。赐白金、钞、币有差。

（太宗朝馆本卷八一·页七下）

○永乐七年（己丑）二月戊寅（1409.2.19）

陕西必里等卫剌麻失查剌等遣其徒革失令真札等贡马。赐钞、币、僧衣。

（太宗朝馆本卷八八·页五上）

○永乐七年（己丑）四月壬辰（1409.5.4）

四川盐井卫招致西番纳巴河头目道士舍剌占拆〔折〕、蚁麻缠丹等二十一人来朝，贡马。赐之钞、币。

（太宗朝馆本卷九〇·页三下）

○永乐七年（己丑）九月甲申（1409.10.23）

西宁卫指挥佥事李英、百户张显及西番把沙等一百一簇头目却约思等来朝，贡马。赐钞、币、袭衣有差。

（太宗朝馆本卷九六·页四上）

○永乐七年（己丑）十二月癸卯（1410.1.10）

西番陇答卫指挥巴禄等遣镇抚端竹监藏、必里等卫千户朵儿只及川卜等千户完旦〔且〕加思等贡马。赐钞、币、袭衣。

（太宗朝馆本卷九九·页一上）

○永乐七年（己丑）十二月戊申（1410.1.15）

洮州卫火把等簇头目南剌约思等来朝，贡马。赐钞、币、袭衣。

（太宗朝馆本卷九九·页一上）

○永乐九年（辛卯）五月丁卯（1411.5.29）

四川天全六番招讨司百夫长江〔姜〕宗同母谢氏及黑戎头目南科叔、剌麻也奢言千来朝。……悉赐钞、币。

（太宗朝馆本卷一一五·页四下）

○永乐九年（辛卯）八月丁未（1411.9.6）

四川天全六番招讨高敬让贡马。赐之钞、币。

（太宗朝馆本卷一一八·页二下）

○永乐九年（辛卯）十月癸丑（1411.11.11）

土番酋长多即来朝，贡马。多即，番首班竹之子，班竹世修职贡，多即继之，至是来朝。上命为簇首，统阿目等十簇。

（太宗朝馆本卷一二〇·页三下）

○永乐九年（辛卯）十一月戊寅（1411.12.6）

洮州棚牙、火把等簇头目喃剌〔剌〕约思等贡马。赐之钞、币。

（太宗朝馆本卷一二一·页五下）

○永乐十一年（癸巳）正月癸卯（1413.2.23）

净修三藏国师耳亦赤之子耳亦奴等贡马。赐钞、币、袭衣。

（太宗朝馆本卷一三六·页四上）

○永乐十一年（癸巳）四月乙亥（1413.5.26）

陕西河州卫指挥玉〔王〕钰等进马。赐马钞八百锭、彩币四表里。

（太宗朝馆本卷一三九·页三上）

○永乐十二年（甲午）五月癸巳（1414.6.8）

四川天全六番招讨司招讨高敬让遣子虎贡马。敬让尝遣虎入国学读书，以丁母忧去，至是服阕还监，皇太子命礼部赐予如例。

（太宗朝馆本卷一五一·页三上）

○永乐十二年（甲午）闰九月壬戌（1414.11.4）

勒木瓦诸寨头目纳木等来朝贡马，言其地蛮民无所统属，乞授职以抚辑之，遂命纳木等俱（为）百夫长，俾领诸寨隶四川盐井卫。

（太宗朝馆本卷一五六·页二上～下）

○永乐十二年（甲午）十二月丙子（1415.1.17）

西番占藏先结簇、山洞簇、蛤〔蜡〕匝簇、思曩儿簇、白马路簇、阿昔洞簇、者多簇、比〔北〕定簇、牟力劫簇、班班簇、包藏簇、阿昔洞簇、祈命簇、麦匝簇、勒都簇十五长官司，俱遣人来朝，贡马。赐钞、币、袭衣。

（太宗朝馆本卷一五九·页一下）

○永乐十四年（丙申）十月丁亥（1416.11.18）

叠州等处僧宗竹星吉等来朝，贡马。赐之钞、币。

（太宗朝馆本卷一八一·页二下）

○永乐十四年（丙申）十一月戊戌（1416.11.29）

四川天全六番招讨使司副招讨杨钦来朝，贡马。赐钞、币，遣还。

（太宗朝馆本卷一八二·页一下）

○永乐十五年（丁酉）五月戊戌（1417.5.28）

遣［迤］西七簪簇番僧沙节乩等率众来朝，贡马及方物。悉赐衣〔钞〕、币。

（太宗朝馆本卷一八八·页一下）

○永乐十六年（戊戌）正月己未（1418.2.13）

西宁卫隆奔等簇扎省吉省、吉儿迦等及洮州卫著藏簇头目失加谛等来朝，贡马。命扎省吉省、吉儿迦二人为指挥佥事，可鲁窝〔阿〕、失加谛等六人为正千户，你〔仰〕麻儿迦等十四人为副千户。赐诰敕、冠带、衣、币有差。

（太宗朝馆本卷一九六·页一下～二上）

○永乐十七年（己亥）二月甲午（1419.3.15）

西宁卫昂藏簇头目班麻来朝。命为正千户，赐诰及冠带、袭衣。

（太宗朝馆本卷二○九·页一下）

○永乐十七年（己亥）十月丁酉（1419.11.13）

西宁卫所属隆奔、巴哇、嘉儿即、申冲、申〔中〕藏、革咂、果迷卜、章咂、西纳、隆卜、把沙十一簇指挥、千、百户来朝，贡马。赐之钞、币。

（太宗朝馆本卷二一七·页二上～下）

○永乐十七年（己亥）十月庚子（1419.11.16）

　　西宁卫土官都指挥佥事李英来朝贡马。赐之钞、币。

（太宗朝馆本卷二一七·页二下）

○永乐十八年（庚子）正月乙巳（1420.1.20）

　　叠州升朵等九簇头目哈卜等来归，请授职，三年一贡。从之，命哈卜为千户，余为百户，各赐诰敕、冠带、衣币。

（太宗朝馆本卷二二〇·页一下）

○永乐十八年（庚子）闰正月己卯（1420.2.23）

　　四川松潘番僧远丹监参等来朝，贡马。

（太宗朝馆本卷二二一·页一上）

○永乐十九年（辛丑）正月丁丑（1421.2.15）

　　天全六番招讨使司副招讨杨钦等来朝，贡马及方物。赐钞、币遣还。

（太宗朝馆本卷二三三·页二下）

○永乐二十一年（癸卯）二月戊辰（1423.3.28）

　　陕西文县守御军民千户所番人狱昔等贡马。赐狱昔等三人各钞四十锭、彩币一表里、绢衣一袭。

（太宗朝馆本卷二五六·页一下）

○永乐二十一年（癸卯）二月庚辰（1423.4.9）

　　陕西秦州卫土官番僧囊吉占钻等五十七人来朝，贡马。赐钞千六百五十锭、彩币三十五表里及纻丝番僧衣九袭、纻丝衣十袭、绢衣十四袭。

（太宗朝馆本卷二五六·页二上～下）

○永乐二十一年（癸卯）七月戊子（1423.8.15）

　　洮州番僧着失藏卜等遣人贡马。赐钞币、衣服。

（太宗朝馆本卷二六一·页一下）

○永乐二十一年（癸卯）七月己丑（1423.8.16）

四川鲁思蛮塞［寨］番僧南甲八等来朝，贡马。(人）赐钞五十锭、彩币一表里、衣（一）袭。

（太宗朝馆本卷二六一·页一下）

○永乐二十一年（癸卯）十一月己亥（1423.12.24）

灌顶净觉弘济大同［国］师班丹藏卜等遣人贡马。命礼部宴赉［赍］之。

（太宗朝馆本卷二六五·页二下）

○永乐二十一年（癸卯）十二月丙寅（1424.1.20）

（前略）岷州卫番僧坚藏曼即〔郎〕等来朝，贡马。命礼部宴赉［赍］之。

（太宗朝馆本卷二六六·页一下）

○永乐二十二年（甲辰）正月己丑（1424.2.12）

岷州卫番僧失劳坚昝……来朝，贡马。赐之钞、币。

（太宗朝馆本卷二六七·页二上）

○永乐二十二年（甲辰）正月辛卯（1424.2.14）

（前略）陕西岷州卫东岔弯等簇（簇）首番僧、(番）人哈牟少等各遣人贡马。赐钞、币有差。

（太宗朝馆本卷二六七·页二上）

○永乐二十二年（甲辰）正月辛丑（1424.2.24）

陕西麻藏等簇番僧多只札等来朝，进马。赐多只札等一百二十人，各钞五十锭、彩币一表里、纻丝衣一袭；赐其从僧亦藏等七十九人，各钞四十锭、绢二匹、绢衣一袭。

（太宗朝馆本卷二六七·页二下）

○永乐二十二年（甲辰）二月辛亥（1424.3.5）

岷州卫番僧长觉等来朝，贡马。赐之钞、币。

（太宗朝馆本卷二六八·页一上）

○永乐二十二年（甲辰）三月乙未（1424.4.18）

西番杂拱隔〔格〕僧人头目沙剌瓦札等十一人来朝，进马。赐钞、币有差。

（太宗朝馆本卷二六九·页三上）

○永乐二十二年（甲辰）三月戊戌（1424.4.21）

（前略）陕西文县千户所番僧尹巴等贡马。赐……尹巴等十人各钞四十锭，彩币一表里。

（太宗朝馆本卷二六九·页三下）

○永乐二十二年（甲辰）十一月乙未（1424.12.14）

陕西必里等卫禅师罗卓星吉等及黑章哑簇剌麻失加等贡马。赐之钞、币。

（仁宗朝馆本卷四下·页六上）

○永乐二十二年（甲辰）十二月丁卯（1425.1.15）

陕西洮州卫及乌思藏、西宁卫土僧剌麻福景等来朝，贡马。赐之钞、币。

（仁宗朝馆本卷五下·页九上）

○永乐二十二年（甲辰）十二月庚午（1425.1.18）

（前略）陇答卫镇抚三竹藏……贡马。赐之钞、币。

（仁宗朝馆本卷五下·页一〇上）

○洪熙元年（乙巳）正月甲午（1425.2.11）

必里卫慈善弘智国师失剌〔剌〕查等……遣使贡马。赐钞币表里有差。

（仁宗朝馆本卷六下·页八上）

○洪熙元年（乙巳）二月乙卯（1425.3.4）

洮州等卫火把等簇国师班丹星吉等二十二人……贡马。赐钞币表里有差。

（仁宗朝馆本卷七上·页五下）

○洪熙元年（乙巳）二月癸亥（1425.3.12）

（前略）陕西朵咂簇剌麻朵耳只星言［吉］等贡马及方物。赐衣、钞、彩币表里有差。

（仁宗朝馆本卷七下·页三上）

○洪熙元年（乙巳）三月辛卯（1425.4.9）

四川伽木隆之地妙智通悟国师朵儿只监藏……各遣人贡马。赐之钞、币有差。

（仁宗朝馆本卷八下·页二下）

○洪熙元年（乙巳）七月己丑（1425.8.5）

赐番僧大国师板的达、僧官、喇嘛、高僧、僧人班丹端竹等三百二十六人白金有差。

（宣宗朝馆本卷四·页五下～六上）

○洪熙元年（乙巳）十一月辛酉（1426.1.4）

必里卫土官都指挥佥事康寿等来朝，贡马。

（宣宗朝馆本卷一一·页九下）

○洪熙元年（乙巳）十一月乙丑（1426.1.8）

赐四川盐井卫土官副千户绰甲母沔麦等钞、彩币表里有差。

（宣宗朝馆本卷一一·页一二下）

○洪熙元年（乙巳）十二月丁丑（1426.1.20）

陕西西宁卫大国师三丹藏卜遣剌麻绰失吉罗罗等贡马。

（宣宗朝馆本卷一二·页四下）

○洪熙元年（乙巳）十二月己卯（1426.1.22）

赐……必里卫土官都指挥佥事康寿等钞、彩币表里有差。

（宣宗朝馆本卷一二·页四下～五上）

○洪熙元年（乙巳）十二月癸巳（1426.2.5）

赐……陕西西宁卫大国师三丹藏卜所遣剌麻绰失吉罗罗等钞、彩币表里、靴袜有差。仍赐三丹藏卜钞、币。

（宣宗朝馆本卷一二·页一一下～一二上）

○洪熙元年（乙巳）十二月甲午（1426.2.6）

（前略）四川松潘祈命族番僧勺失结林证……贡马及方物。上谕行在礼部臣曰："正旦朝会，远夷俱集。凡宴赐皆宜丰厚，毋简于礼。"

（宣宗朝馆本卷一二·页一二上）

○宣德元年（丙午）正月壬寅（1426.2.14）

四川天全六番招讨司土官高敬让子凤等来朝，贡马。

（宣宗朝馆本卷一三·页二上）

○宣德元年（丙午）正月戊午（1426.3.2）

赐……四川天全六番招讨司土官舍人高凤……钞、彩币表里有差。

（宣宗朝馆本卷一三·页九下）

○宣德元年（丙午）正月癸亥（1426.3.7）

（前略）四川直龙等簇番僧出思吉监藏、天全六番招讨司招讨杨钦等贡马及方物，贺万寿圣节。

（宣宗朝馆本卷一三·页一二下）

○宣德元年（丙午）二月戊辰（1426.3.12）

赐……天全六番（招讨司）招讨杨钦、直龙等簇番僧出思吉监藏、乌思藏国师班丹札思巴、净觉慈济大国师班丹札失等四百四十一人钞、文绮袭衣有差。

（宣宗朝馆本卷一四·页一下）

○宣德元年（丙午）二月戊寅（1426.3.22）

陕西洮州卫剌麻番僧班丹坚昝……来朝，贡马。

（宣宗朝馆本卷一四·页四下～五上）

○宣德元年（丙午）三月戊戌（1426.4.11）

陕西洮州卫着藏簇故土官正千户些的子昝秀乩等贡马。

（宣宗朝馆本卷一五·页二下）

○宣德元年（丙午）三月壬寅（1426.4.15）

赐陕西洮州卫等处剌麻番僧班丹坚昝……钞、彩币表里、袭衣有差。

（宣宗朝馆本卷一五·页六下）

○宣德元年（丙午）三月乙卯（1426.4.28）

赐陕西洮州卫故土官舍人昝秀乩……钞、彩币表里、袭衣有差。

（宣宗朝馆本卷一五·页一一下）

○宣德元年（丙午）三月丙辰（1426.4.29）

赐……河州卫头目兀鲁思等钞、彩币表里、袭衣有差。

（宣宗朝馆本卷一五·页一二下）

○宣德元年（丙午）四月甲子（1426.5.7）

陕西洮州卫指挥后广……灵藏番僧绰巴藏札乩星吉等贡马。

（宣宗朝馆本卷一六·页一上）

○宣德元年（丙午）四月戊辰（1426.5.11）

（前略）松藩［潘］等处番僧刺麻圆旦儿监参等贡马。

（宣宗朝馆本卷一六·页四下）

○宣德元年（丙午）四月己卯（1426.5.22）

陕西临洮卫国师端竹领占等来朝，贡马。

赐陕西洮州卫指挥后广……钞币表里、袭衣有差。

（宣宗朝馆本卷一六·页九下）

○宣德元年（丙午）四月辛巳（1426.5.24）

赐……松潘等处番僧圆旦儿监参……钞、彩币表里、袭衣有差。

（宣宗朝馆本卷一六·页一〇上）

○宣德元年（丙午）四月壬辰（1426.6.4）

（前略）陕西河州卫番僧监藏领占等贡马。

（宣宗朝馆本卷一六·页一三下）

○宣德元年（丙午）五月庚戌（1426.6.22）

赐……陕西河州卫番僧监藏领占等钞、彩币表里有差。

（宣宗朝馆本卷一七·页九下）

○宣德元年（丙午）九月丁未（1426.10.17）

（前略）陕西洮州僧人札失坚昝……来朝，贡马。

（宣宗朝馆本卷二一·页五下～六上）

○宣德元年（丙午）九月癸丑（1426.10.23）

西宁番僧刺麻绰思吉领占等来朝，贡马。

（宣宗朝馆本卷二一·页九下）

○宣德元年（丙午）十月丁卯（1426.11.6）

（前略）陕西洮州等卫番僧刺麻沙则落等来朝，贡马及金银器。

（宣宗朝馆本卷二二·页二下）

○ 宣德元年（丙午）十月戊辰（1426.11.7）

赐……陕西洮州僧扎失坚昝……钞、彩币表里、袭衣、靴袜有差。

（宣宗朝馆本卷二二·页三上～下）

○ 宣德元年（丙午）十月己巳（1426.11.8）

赐……西宁番僧剌麻绰思吉领占等钞、彩币表里、袭衣、靴袜有差。

（宣宗朝馆本卷二二·页三下～四上）

○ 宣德元年（丙午）十月丁丑（1426.11.16）

西宁卫国师马尔藏、临洮卫都纲已失坚藏、河州卫都纲剌麻亦失藏卜、宁夏卫番僧勺思吉巴、僧会张耳力……来朝，贡马。

（宣宗朝馆本卷二二·页七上）

○ 宣德元年（丙午）十月癸未（1426.11.22）

赐……陕西洮州等卫番僧剌麻沙则落……钞、文锦、彩币表里有差。

（宣宗朝馆本卷二二·页九上～下）

○ 宣德元年（丙午）十月乙酉（1426.11.24）

（前略）洮州卫剌麻失罗竹来朝，贡马及方物。

（宣宗朝馆本卷二二·页一〇上）

○ 宣德元年（丙午）十月戊子（1426.11.27）

陕西河州卫番僧剌麻加瓦藏卜等来朝，贡马。

（宣宗朝馆本卷二二·页一〇下）

○ 宣德元年（丙午）十月己丑（1426.11.28）

赐西宁卫国师马尔藏、临洮卫都纲已失坚藏等二百六十九人，河州卫都纲剌麻亦失藏卜、宁夏卫番僧勺思吉巴、僧会张耳力等一百四十五人……钞、彩币表里、袭衣、靴袜有差。

（宣宗朝馆本卷二二·页一〇下～一一上）

○宣德元年（丙午）十一月辛卯（1426.11.30）

（前略）西番国师锁南监藏、西宁卫番僧都纲可惠等来朝，贡马。

（宣宗朝馆本卷二二·页一一上）

○宣德元年（丙午）十一月丁酉（1426.12.6）

陕西洮州卫剌麻吒巴藏卜……来朝，贡马。

（宣宗朝馆本卷二二·页一三上）

○宣德元年（丙午）十一月甲寅（1426.12.23）

赐……乌思藏番僧剌麻绰力加等钞、币、帛有差。

（宣宗朝馆本卷二二·页一五上～下）

○宣德元年（丙午）十一月丁巳（1426.12.26）

陕西岷州卫番僧剌麻三丹乩……来朝，贡马。

（宣宗朝馆本卷二二·页一六上）

○宣德元年（丙午）十二月癸亥（1427.1.1）

陕西岷州卫国师端岳监藏……贡马。

（宣宗朝馆本卷二三·页二上）

○宣德元年（丙午）十二月乙亥（1427.1.13）

陕西河州卫千户长吉帖木等来朝，贡马。

赐陕西岷州卫国师端岳监藏、番僧剌麻三丹乩……钞、币有差。

（宣宗朝馆本卷二三·页六下）

○宣德元年（丙午）十二月庚辰（1427.1.18）

赐乌思藏番僧札章……钞、币有差。

（宣宗朝馆本卷二三·页八上）

○宣德元年（丙午）十二月辛巳（1427.1.19）

　　陕西岷州卫等处剌麻班丹领占等来朝，贡马。

（宣宗朝馆本卷二三·页八上）

○宣德二年（丁未）正月戊申（1427.2.15）

　　赐陕西巴哇等簇指挥佥事锁南儿监藏、河州卫千户长吉帖木、岷州卫等处剌麻班丹领占等二百五人……钞、彩币表里有差。

（宣宗朝馆本卷二四·页七上）

○宣德二年（丁未）正月庚戌（1427.2.17）

　　赐四川……思曩儿［日］等十四簇长官舍人勺亚……钞、彩币表里有差。

（宣宗朝馆本卷二四·页七上～下）

○宣德二年（丁未）正月辛亥（1427.2.18）

　　四川麻儿咂簇顺化剌麻着八让卜遣头目通事完卜……来朝，贡马。着八让卜，盖初招谕归顺也。

（宣宗朝馆本卷二四·页七下）

○宣德二年（丁未）正月丁巳（1427.2.24）

　　赐……陕西洮州卫思曩日等簇番僧亦什星吉……钞、彩币表里有差。

（宣宗朝馆本卷二四·页一〇下～一一上）

○宣德二年（丁未）正月戊午（1427.2.25）

　　（前略）陕西洮州等卫土官百户剌麻失宁卜肖〔宁〕……贡金银器皿、羊、马。

（宣宗朝馆本卷二四·页一一上）

○宣德二年（丁未）二月庚申（1427.2.27）

　　陕西岷州卫番僧领占藏……贡马及方物。

（宣宗朝馆本卷二五·页一上～下）

○宣德二年（丁未）二月壬戌（1427.3.1）

（前略）四川天全六番招讨司土官杨钦……陕西洮州卫著藏、火把等簇土官百户永鲁札、剌麻朵儿只星吉等来朝，贡马。

（宣宗朝馆本卷二五·页一下）

○宣德二年（丁未）二月庚午（1427.3.9）

（前略）岷州卫叠州花言城等簇剌麻喃哈亦失、秦州卫番僧哈里……贡马及方物。

（宣宗朝馆本卷二五·页四下～五上）

○宣德二年（丁未）二月甲戌（1427.3.13）

赐四川麻儿咂簇顺化剌麻著巴让卜所遣头目通事完卜……钞、彩币表里、袭衣有差。

（宣宗朝馆本卷二五·页五下）

○宣德二年（丁未）二月乙亥（1427.3.14）

赐……陕西洮州等卫土官百户剌麻失宁卜肖〔宁〕……钞、彩币表里、纻丝袭衣有差。

（宣宗朝馆本卷二五·页六上）

○宣德二年（丁未）二月丙子（1427.3.15）

赐陕西岷州卫番僧领占藏……钞、彩币表里有差。

（宣宗朝馆本卷二五·页六下）

○宣德二年（丁未）二月丁丑（1427.3.16）

赐……四川天全六番招讨司土官杨钦……陕西洮州卫著藏、火把等簇土官百户永鲁札、剌麻朵儿只星吉等钞、彩币、文锦、绢布有差。

（宣宗朝馆本卷二五·页六下～七上）

○宣德二年（丁未）二月癸未（1427.3.22）

赐……岷州卫叠州花言城等簇剌麻喃哈亦失、秦州卫番僧哈里……钞、彩币表里有差。

（宣宗朝馆本卷二五·页九上）

○宣德二年（丁未）三月戊戌（1427.4.6）

（前略）陕西临洮等处剌麻番僧班丹坚昝……来朝，贡马。

（宣宗朝馆本卷二六·页四下）

○宣德二年（丁未）三月辛亥（1427.4.19）

赐……陕西临洮等处番僧班丹坚昝……钞、彩币表里、袭衣有差。

（宣宗朝馆本卷二六·页一一上）

○宣德二年（丁未）四月乙亥（1427.5.13）

（前略）陕西凉州卫僧完卜耳禄等来朝，贡马。

（宣宗朝馆本卷二七·页一〇上）

○宣德二年四月丙戌（1427.5.24）

赐……陕西凉州卫僧完卜耳禄……钞、彩币表里有差。

（宣宗朝馆本卷二七·页一三上）

○宣德二年（丁未）五月丙午（1427.6.13）

（前略）伽木隆番僧释夏监藏等来朝，贡马。

（宣宗朝馆本卷二八·页五上～下）

○宣德二年（丁未）六月乙丑（1427.7.2）

赐……伽木隆番僧释夏监藏等钞及彩币表里，仍给马值钞、币。

（宣宗朝馆本卷二八·页九下）

○宣德二年（丁未）六月丁卯（1427.7.4）

陕西洮州卫僧福景……来朝，贡马及方物。

（宣宗朝馆本卷二八·页一〇上）

○宣德二年（丁未）六月丙子（1427.7.13）

陕西洮州卫剌麻扳丹札来朝，贡马。

（宣宗朝馆本卷二八·页一二下）

○宣德二年（丁未）六月壬午（1427.7.19）

赐陕西临洮［洮州］卫僧福景等……钞、币有差。

（宣宗朝馆本卷二八·页一五上）

○宣德二年（丁未）七月戊子（1427.7.25）

赐洮州卫剌麻扳丹札等钞、彩币表里有差。

（宣宗朝馆本卷二九·页一上）

○宣德二年（丁未）八月戊寅（1427.9.13）

（前略）天全六番招讨司土僧印中等来朝，贡方物。

（宣宗朝馆本卷三〇·页七上）

○宣德二年（丁未）九月癸巳（1427.9.28）

赐……天全六番招讨司土僧印中……钞有差。

（宣宗朝馆本卷三一·页二上）

○宣德二年（丁未）九月乙巳（1427.10.10）

（前略）陕西洮州番僧亦升藏卜等来朝，贡马。

（宣宗朝馆本卷三一·页八上～九上）

○宣德二年（丁未）九月癸丑（1427.10.18）

赐……陕西洮州番僧亦什藏卜等钞、彩币表里、金织袭衣。

（宣宗朝馆本卷三一·页一〇上～下）

○宣德二年（丁未）十月丁丑（1427.11.11）

陕西西宁卫净觉弘济大国师三丹藏卜以修完寺宇，差剌麻完卜捕黑般等进马，谢恩。

（宣宗朝馆本卷三二·页七上～下）

○宣德二年（丁未）十一月戊戌（1427.12.2）

（前略）陕西岷州卫番僧喃哈监藏等来朝，贡马。

（宣宗朝馆本卷三三·页五下）

○宣德二年（丁未）十一月乙巳（1427.12.9）

陕西洮州卫僧纲司都纲管著〔者〕藏卜等来朝，贡马。

（宣宗朝馆本卷三三·页一一上）

○宣德二年（丁未）十一月壬子（1427.12.16）

陕西岷州卫叠州出麻等簇番僧头目失劳星吉来朝，贡马。

（宣宗朝馆本卷三三·页一一下）

○宣德二年（丁未）十一月癸丑（1427.12.17）

赐……陕西岷州卫番僧喃哈监藏等钞、彩币表里、绢、靴袜有差。

（宣宗朝馆本卷三三·页一一下）

○宣德二年（丁未）十二月辛酉（1427.12.25）

赐……陕西洮州卫僧纲司都纲管著〔者〕藏卜、叠州番僧头目失劳星吉等八十人银钞、彩币表里、纱罗绫绸绢有差。

（宣宗朝馆本卷三四·页三下）

○宣德二年（丁未）十二月癸亥（1427.12.27）

陕西临洮府普觉妙济国师领占藏卜遣僧札石监藏……贡马。

（宣宗朝馆本卷三四·页四上）

○宣德二年（丁未）十二月丁卯（1427.12.31）

陕西岷州等卫国师班丹领占遣剌麻失劳乩、西宁卫大国师三丹藏卜遣其徒失剌监藏及叠州升朵簇故千户恰卜子板的肖〔梢〕、昝吾等簇番僧簇头本卜节等贡马。

（宣宗朝馆本卷三四·页四下）

○宣德二年（丁未）十二月癸酉（1428.1.6）

赐……临洮府僧札石监藏等……钞、彩币、袭衣、靴袜有差。

（宣宗朝馆本卷三四·页六上）

○宣德二年（丁未）十二月丙子（1428.1.9）

陕西河州卫国师端竹领占遣其徒锁南领占……贡马及方物。

（宣宗朝馆本卷三四·页七上）

○宣德三年（戊申）正月丁酉（1428.1.30）

赐陕西岷州卫剌麻失劳乩、西宁卫剌麻失剌监藏及叠州升朵簇故千户恰卜子板的肖、昝吾等簇番僧簇头本卜节等钞、彩币表里、袭衣、绢、布有差。

（宣宗朝馆本卷三五·页三下）

○宣德三年（戊申）正月庚子（1428.2.2）

赐陕西河州卫剌麻锁南领占……钞、彩币表里、纻丝袭衣、靴袜有差。

（宣宗朝馆本卷三五·页四下～五上）

○宣德三年（戊申）二月丁丑（1428.3.10）

遣都指挥陈通等赍敕往西番赐弘妙广济大国师吒思巴儿监藏……金织袈裟、禅衣、白金、文绮表里及纻丝袭衣有差。

（宣宗朝馆本卷三七·页六上）

○宣德三年（戊申）四月癸亥（1428.4.25）

陕西河州卫故土官都指挥佥事康寿孙济等来朝，贡马。

（宣宗朝馆本卷四一·页七下～八上）

○宣德三年（戊申）六月戊子（1428.7.19）

（前略）邛部长官等司土官长官阿乔遣把事李侍乔……贡马及方物。

（宣宗朝馆本卷四四·页一下）

○宣德三年（戊申）六月丁酉（1428.7.28）

赐……邛部长官司把事李侍乔等……钞、彩币表里有差。

（宣宗朝馆本卷四四·页三下）

○宣德三年（戊申）八月乙巳（1428.10.4）

四川松潘等处军民指挥司祈命等簇刺麻勺失结林证等来朝，贡马。

（宣宗朝馆本卷四六·页一一上）

○宣德三年（戊申）九月丁丑（1428.11.5）

四川松潘等处军民指挥司麦匝等簇长官司故副长官子勒卦、蛤〔蜡〕匝簇长官司故土官子若儿节、牟力劫簇长官司故土官孙观著召、阿昔洞簇长官司故副长官子合〔答〕儿者、祈命簇长官司故土官弟巴少、白马路簇长官司故土官子霍则、勒都簇长官司故土官子川操、北定簇长官司故土官侄那儿卜等贡马。

（宣宗朝馆本卷四七·页六上～下）

○宣德三年（戊申）九月戊寅（1428.11.6）

赐……四川松潘等处军民指挥司祈命等簇刺麻勺失结林证等钞、彩币表里有差。

（宣宗朝馆本卷四七·页六下）

○宣德三年（戊申）十月甲申（1428.11.12）

（前略）西藏番僧纳立巴等来朝，贡方物。

（宣宗朝馆本卷四七·页八上）

○宣德三年（戊申）十月丁亥（1428.11.15）

赐四川麦匝、（蛤〔蜡〕匝）、牟力劫、阿昔洞等簇长官司长官舍人勒卦、若儿节、观著召、合〔答〕儿者等及祈命、白马路、勒都、北定等簇土官舍人巴少、霍则、川操、那儿卜等钞、彩币表里、纻丝袭衣、靴袜有差。

（宣宗朝馆本卷四七·页九下～一〇上）

○宣德三年（戊申）十月己丑（1428.11.17）

陕西行都司土官都指挥佥事鲁失加遣头目禄禄进马，且奏："即尔加簇剌麻锁南黑巴、头目绰束卜儿加等二百三十七帐，男妇一千一百六十五人，旧逃往苦薛等处，今皆招抚复业。"

（宣宗朝馆本卷四七·页一〇上）

○宣德三年（戊申）十一月壬子（1428.12.10）

（前略）陕西阶州阿目等簇剌麻纳麻坚昝等来朝，贡马。

（宣宗朝馆本卷四八·页一下～二上）

○宣德三年（戊申）十一月丙辰（1428.12.14）

陕西岷州卫剌答等簇生番头目官着肖等、洮州卫哈伦簇土官百户结禄等来朝，贡马。

（宣宗朝馆本卷四八·页二上）

○宣德三年（戊申）十一月丁巳（1428.12.15）

陕西洮州卫朵咂簇番僧札巴星吉等来朝，贡马。

（宣宗朝馆本卷四八·页二下）

○宣德三年（戊申）十一月庚申（1428.12.18）

（前略）陕西岷州卫班藏等簇剌麻烟丹乜等来朝，贡马。

（宣宗朝馆本卷四八·页三上）

○宣德三年（戊申）十一月戊辰（1428.12.26）

陕西岷州卫好地平等簇番僧容中等贡马。

（宣宗朝馆本卷四八·页四下）

○宣德三年（戊申）十一月甲戌（1429.1.1）

赐阶州阿目等簇剌麻纳麻坚昝等钞、彩币表里有差。

（宣宗朝馆本卷四八·页六下）

○宣德三年（戊申）十一月乙亥（1429.1.2）

陕西阶州利簇剌麻番僧阿竹等来朝，贡马。

赐陕西岷州卫剌答等簇生番头目官着肖、洮州卫哈伦、朵咂等簇土官百户结禄、番僧札巴星吉……三百二十一人钞、彩币表里、金织纻丝袭衣、靴袜有差。

（宣宗朝馆本卷四八·页六下～七上）

○宣德三年（戊申）十一月丙子（1429.1.3）

陕西西宁卫章咂簇土官指挥佥事切帖儿加、巩昌府僧纲司禅师锁南巴遣剌麻工葛坚赞、岷州卫刀札等簇番僧头目南哈谷中等来朝，贡马。

（宣宗朝馆本卷四八·页七上～下）

○宣德三年（戊申）十一月丁丑（1429.1.4）

赐陕西班藏等簇剌麻烟丹乜等钞、彩币表里、纻丝袭衣、靴袜有差。

（宣宗朝馆本卷四八·页八下）

○宣德三年（戊申）十二月辛巳（1429.1.8）

（前略）陕西岷州卫头卜等簇番僧领占星吉、河州卫故土官千户宗思义子敬等来朝，贡马。

（宣宗朝馆本卷四九·页一上）

○宣德三年（戊申）十二月癸未（1429.1.10）

赐陕西岷州卫好地平等簇番僧容中、秦州卫阶州利簇剌麻番僧阿竹等钞、彩币表里有差。

（宣宗朝馆本卷四九·页一下）

○宣德三年（戊申）十二月己丑（1429.1.16）

（前略）陕西西宁卫即尔加簇剌麻头目锁南黑巴、绰束卜儿加遣头目禄禄等来朝，贡马。

（宣宗朝馆本卷四九·页二上）

○宣德三年（戊申）十二月乙未（1429.1.22）

陕西岷州卫剌麻扎卦〔封〕速南……来朝，贡马。

赐陕西岷州卫刀札等簇番僧头目南哈谷中、领占星吉等……西宁卫章哑簇土官指挥佥事切帖儿加、巩昌府僧纲司剌麻工葛坚赞等钞、彩币表里有差。

（宣宗朝馆本卷四九·页三下）

○宣德三年（戊申）十二月丁酉（1429.1.24）

陕西岷州卫这多等簇番僧头目丹卜监藏……来朝，贡马。

（宣宗朝馆本卷四九·页五上～下）

○宣德三年（戊申）十二月己亥（1429.1.26）

陕西河州卫番僧思曼兰监参等来朝，贡马。

（宣宗朝馆本卷四九·页五下）

○宣德三年（戊申）十二月辛丑（1429.1.28）

陕西西宁卫等处剌麻绰受等……来朝，贡马及银器、方物。

（宣宗朝馆本卷四九·页六上）

○宣德四年（己酉）正月庚申（1429.2.16）

陕西秦州卫番僧管着札白、西固城东岔弯等簇生番僧头目喃哥畏则等来朝，贡马。

（宣宗朝馆本卷五〇·页一下）

○宣德四年（己酉）正月乙丑（1429.2.21）

赐……陕西即尔加簇剌麻锁南黑巴、绰束卜儿加所遣头目禄禄等钞、彩币表里、绢布有差。

（宣宗朝馆本卷五〇·页三上）

○宣德四年（己酉）正月丁卯（1429.2.23）

叠州剌麻南葛也夫［失］来朝，奏："岷、叠二州连接，请于其界忙渴儿之地创建佛寺，且乞职名。"

上谓尚书胡濙曰："创寺劳扰边民，勿听。职名，姑俟再来，可赐赍而遣之。"

（宣宗朝馆本卷五〇·页四上）

○宣德四年（己酉）正月戊辰（1429.2.24）

赐陕西岷州卫剌麻札卦〔封〕速南……钞、彩币、纻丝袭衣、靴袜有差。

（宣宗朝馆本卷五〇·页四上～下）

○宣德四年（己酉）正月乙亥（1429.3.3）

赐岷州卫叠州这多等簇番僧丹卜监藏等一百三十六人、四川盐井卫土官舍人麦佐、把事抄撒等……钞、彩币表里、金织文绮袭衣等物有差。

（宣宗朝馆本卷五〇·页六上～下）

○宣德四年（己酉）正月丙子（1429.3.4）

赐……陕西河州卫番僧思曼兰监参、西宁卫等处剌麻绰受等、秦州卫番僧管着札白、西固城东岔弯等簇生番僧喃哥畏则……钞、彩币表里、纻丝袭衣等物有差。

（宣宗朝馆本卷五〇·页六下）

○宣德四年（己酉）二月甲申（1429.3.12）

陕西临洮剌麻也失藏卜、西域番僧纳儿载……贡马及方物。

（宣宗朝馆本卷五一·页三上）

○宣德四年（己酉）二月甲午（1429.3.22）

陕西行都司土官都指挥佥事鲁失加……四川天全六番招讨司僧禧旼〔取〕等贡驼、马及方物。

（宣宗朝馆本卷五一·页五下）

○宣德四年（己酉）二月丁酉（1429.3.25）

赐……陕西临洮剌麻也失藏卜……钞、彩币表里及纻丝表里（袭衣）有差。

（宣宗朝馆本卷五一·页八上）

○宣德四年（己酉）三月甲寅（1429.4.11）

赐陕西行都司土官都指挥佥事鲁失加、四川天全六番招讨司僧禧旼〔取〕……钞、彩币表里及金织袭衣有差。

（宣宗朝馆本卷五二·页四上～下）

○宣德四年（己酉）三月庚午（1429.4.27）

四川威州兀惹寨番僧剌麻罗如藏等来朝，贡马。

（宣宗朝馆本卷五二·页九上～下）

○宣德四年（己酉）四月戊寅（1429.5.5）

四川茂州汝奉川寨番僧燕旦儿监藏、威州鲁思蛮等寨番僧鲁客……来朝，贡马。

赐四川威州兀惹寨剌麻番僧罗如藏等银钞、彩币表里有差。

（宣宗朝馆本卷五三·页四上）

○ 宣德四年（己酉）四月乙未（1429.5.22）

　　赐……四川茂州汝奉川寨番僧燕旦儿监藏、威州鲁思蛮等寨番僧鲁客等钞、彩币表里及纻丝袭衣有差。

（宣宗朝馆本卷五三·页一一上）

○ 宣德四年（己酉）四月癸卯（1429.5.30）

　　（前略）陕西秦安县番僧也失领占等贡马。

（宣宗朝馆本卷五三·页一二下）

○ 宣德四年（己酉）五月己未（1429.6.15）

　　赐……陕西秦安县番僧也失领占等钞、彩币表里有差。

（宣宗朝馆本卷五四·页四上）

○ 宣德四年（己酉）五月辛酉（1429.6.17）

　　陕西洮州卫古尔占等簇剌麻高僧捨那藏卜……来朝，贡马。

（宣宗朝馆本卷五四·页四下）

○ 宣德四年（己酉）六月己卯（1429.7.5）

　　四川伽木隆等处妙智通悟国师朵儿只监藏遣剌麻温卜释麻监藏等贡马及方物。

（宣宗朝馆本卷五五·页一下）

○ 宣德四年（己酉）六月庚辰（1429.7.6）

　　四川威州番僧剌麻引占等来朝，贡马。

（宣宗朝馆本卷五五·页一下）

○ 宣德四年（己酉）六月甲申（1429.7.10）

　　赐陕西洮州卫古尔占簇剌麻高僧捨那藏卜……钞、彩币、绢有差。

（宣宗朝馆本卷五五·页三下）

○宣德四年（己酉）六月壬辰（1429.7.18）

赐四川伽木隆等处僧温卜释麻监藏、剌麻引占等钞、彩币表里有差。

（宣宗朝馆本卷五五·页五上）

○宣德四年（己酉）六月庚子（1429.7.26）

四川杂谷安抚司番僧失剌江藏、剌麻严藏等来朝，贡方物。

（宣宗朝馆本卷五五·页七下）

○宣德四年（己酉）七月辛亥（1429.8.6）

四川盐井卫故土官副千户阿抄子阿昔并工谷〔各〕西番头目各坐等贡马。

（宣宗朝馆本卷五六·页二下）

○宣德四年（己酉）七月戊午（1429.8.13）

赐四川杂谷安抚司故土官孙阿惹、番僧失剌江藏、剌麻严藏……钞、彩币表里有差。

（宣宗朝馆本卷五六·页五上）

○宣德四年（己酉）七月辛酉（1429.8.16）

赐四川盐井卫故土官舍人阿昔及工谷〔各〕西番头目各坐等钞、彩币表里有差。

（宣宗朝馆本卷五六·页五下）

○宣德四年（己酉）九月己巳（1429.10.23）

陕西西宁卫灌顶弘教翊善国师列藏等贡马。

（宣宗朝馆本卷五八·页一〇下）

○宣德四年（己酉）十月丙戌（1429.11.9）

赐陕西西宁卫灌顶弘教翊善国师列藏等钞、彩币表里有差。

（宣宗朝馆本卷五九·页六上）

○ 宣德四年（己酉）十一月乙巳（1429.11.28）

陕西河州卫捨藏等簇剌麻赏木藏卜来朝，贡马。

（宣宗朝馆本卷五九·页八下）

○ 宣德四年（己酉）十一月戊午（1429.12.11）

赐陕西河州卫捨藏等簇剌麻赏木藏卜等钞、彩币、绢有差。

（宣宗朝馆本卷五九·页一三上）

○ 宣德四年（己酉）十一月辛未（1429.12.24）

西番把沙等簇大国师仑奔完卜失儿监藏及申冲等簇指挥佥事星斤奔等来朝，贡马。

（宣宗朝馆本卷五九·页一五上～下）

○ 宣德四年（己酉）十二月戊寅（1429.12.31）

（前略）陕西岷州卫禅师剌麻高僧沙加等来朝，贡马。

（宣宗朝馆本卷六〇·页二上）

○ 宣德四年（己酉）十二月癸未（1430.1.5）

赐西番把沙等簇大国师仑奔完卜失儿监藏及申冲等簇指挥佥事星斤奔等钞、币、帛、靴袜有差。

（宣宗朝馆本卷六〇·页三下）

○ 宣德四年（己酉）十二月甲申（1430.1.6）

赐……陕西岷州卫禅师沙加等九十一人钞、币、帛、靴袜有差。

（宣宗朝馆本卷六〇·页三下～四上）

○ 宣德四年（己酉）十二月丁亥（1430.1.9）

陕西岷州等处剌麻阿南答等来朝，贡马。

（宣宗朝馆本卷六〇·页四下）

○宣德四年（己酉）十二月甲午（1430.1.16）

四川天全六番招讨司土官招讨使杨钦……陕西西宁卫禅师领占星吉、岷州卫高僧文瑜等来朝，贡马。

（宣宗朝馆本卷六〇·页七上）

○宣德五年（庚戌）正月丙辰（1430.2.7）

陕西河州卫剌麻札思巴失捻……来朝，贡马。

（宣宗朝馆本卷六一·页三下）

○宣德五年（庚戌）正月戊午（1430.2.9）

（前略）陕西洮州卫七占等簇剌麻番僧藏卜领占……来朝，贡马及金银器皿、方物。

（宣宗朝馆本卷六一·页四下）

○宣德五年（庚戌）正月庚申（1430.2.11）

赐……岷州等处剌麻阿南答等钞、彩币表里、靴袜有差。

（宣宗朝馆本卷六一·页四下）

○宣德五年（庚戌）正月辛酉（1430.2.12）

赐……天全六番招讨司土官招讨杨钦……陕西西宁等卫禅师领占星吉、岷州卫僧文瑜等钞、彩币表里及绢有差。

（宣宗朝馆本卷六一·页五上）

○宣德五年（庚戌）正月甲子（1430.2.15）

（前略）陕西宁夏剌麻僧人耳力……来朝，贡马。

（宣宗朝馆本卷六二·页一上）

○宣德五年（庚戌）正月己巳（1430.2.20）

赐陕西河州卫剌麻札思巴失捻……钞、彩币表里等物有差。

（宣宗朝馆本卷六二·页六上）

○ 宣德五年（庚戌）二月癸酉（1430.2.24）

陕西文县黎平簇番僧新吉汪〔江〕秀、上丹堡等簇番僧多只尖尖等来朝，贡马。

（宣宗朝馆本卷六三·页一上）

○ 宣德五年（庚戌）二月乙亥（1430.2.26）

赐……陕西洮州卫七占等簇剌麻藏卜领占……钞、彩币表里及绢、胖袄有差。

（宣宗朝馆本卷六三·页一下）

○ 宣德五年（庚戌）二月丙子（1430.2.27）

陕西洮州卫故土官百户永鲁札子宗札、必尔即簇故土官百户搠牙子禄牙等来朝，贡马。

（宣宗朝馆本卷六三·页一下）

○ 宣德五年（庚戌）二月丁丑（1430.2.28）

陕西洮州卫火把等簇国师板丹星吉、岷州卫剌麻札失监藏……来朝，贡马。

（宣宗朝馆本卷六三·页二上）

○ 宣德五年（庚戌）二月辛卯（1430.3.14）

赐陕西洮州卫故土官百户永鲁札子宗札、必尔即簇故土官百户搠牙子禄牙等钞、彩币表里有差。

（宣宗朝馆本卷六三·页六下）

○ 宣德五年（庚戌）二月壬辰（1430.3.15）

赐陕西洮州卫火把等簇国师板丹星吉、岷州卫剌麻扎失监藏……钞、纻丝、彩币表里有差。

（宣宗朝馆本卷六三·页七上～下）

○ 宣德五年（庚戌）三月庚戌（1430.4.2）

（前略）四川八郎安抚司土官安抚阿性子阿儿结、牟力劫等簇土官长官观仲少等遣其徒剌麻乐觉先结等来朝，贡马及方物。

（宣宗朝馆本卷六四·页二下）

○ 宣德五年（庚戌）三月壬戌（1430.4.14）

（前略）陕西岷州卫苟家平等簇番僧、簇头各各乩、恭各藏等贡马。

（宣宗朝馆本卷六四·页九上）

○ 宣德五年（庚戌）三月丙寅（1430.4.18）

赐……四川八郎等安抚司土官舍人阿儿结、牟力劫等簇剌麻乐觉先结……钞、彩币表里有差。

（宣宗朝馆本卷六四·页一〇下）

○ 宣德五年（庚戌）三月己巳（1430.4.21）

四川威州剌麻伽瓦藏卜等来朝，贡马。

（宣宗朝馆本卷六四·页一三下）

○ 宣德五年（庚戌）四月丙子（1430.4.28）

赐……陕西岷州卫苟家平等簇番僧、簇头各各乩、番僧恭各藏等……钞、彩币表里有差。

（宣宗朝馆本卷六五·页三上）

○ 宣德五年（庚戌）五月癸丑（1430.6.4）

四川松潘祈命簇禅师出儿轮等来朝，贡马。

（宣宗朝馆本卷六六·页四下）

○ 宣德五年（庚戌）五月癸亥（1430.6.14）

赐四川松潘祈命簇禅师出儿轮等钞、彩币表里、袭衣有差。

（宣宗朝馆本卷六六·页九上）

○ 宣德五年（庚戌）八月癸巳（1430.9.12）

赐……四川思囊儿、金牌等簇土官阿思等钞、彩币表里、金织纻丝袭衣有差。

（宣宗朝馆本卷六九·页七上）

○ 宣德五年（庚戌）十二月辛卯（1431.1.8）

（前略）岷州卫剌麻坚束扎等来朝，贡马。

（宣宗朝馆本卷七三·页九上）

○ 宣德六年（辛亥）正月辛巳（1431.2.27）

赐……岷州卫剌麻坚束扎等……白金、彩币表里、纱罗、绫绢有差。

（宣宗朝馆本卷七五·页三下）

○ 宣德六年（辛亥）二月己亥（1431.3.17）

（前略）陕西巩昌府剌麻高僧工葛坚赞等进马及方物，贺万寿圣节。

（宣宗朝馆本卷七六·页三下）

○ 宣德六年（辛亥）二月丁未（1431.3.25）

赐……陕西巩昌府剌麻工葛坚赞等钞、彩币表里、金织袭衣有差。

（宣宗朝馆本卷七六·页八上～下）

○ 宣德六年（辛亥）三月庚午（1431.4.17）

陕西西宁卫国师锁南儿监藏遣禅师赏束班丹等来朝，贡马。

（宣宗朝馆本卷七七·页三下）

○ 宣德六年（辛亥）三月甲申（1431.5.1）

赐……陕西西宁卫禅师赏束班丹等……钞、彩币表里有差。

（宣宗朝馆本卷七七·页九上）

○宣德六年（辛亥）七月癸未（1431.8.28）

赐……四川保县番僧剌麻南甲八等钞、彩币、绢、布有差。

（宣宗朝馆本卷八一·页七下）

○宣德六年（辛亥）十一月癸亥（1431.12.6）

（前略）陕西西宁卫妙善通慧国师伊儿吉遣剌麻坚都昝卜等贡马及方物，贺皇太子千秋节。

（宣宗朝馆本卷八四·页七下）

○宣德六年（辛亥）十一月辛未（1431.12.14）

西宁卫灌顶真修妙慧国师札思巴监参遣剌麻也失监剉等来朝，贡马。

（宣宗朝馆本卷八四·页一○下）

○宣德六年（辛亥）十一月戊寅（1431.12.21）

赐……陕西西宁卫剌麻坚都昝卜等钞、彩币、绢布、袭衣有差。

（宣宗朝馆本卷八四·页一一下）

○宣德六年（辛亥）十一月丁亥（1431.12.30）

赐西宁卫剌麻也失监剉等钞、彩币表里有差。

（宣宗朝馆本卷八四·页一三下）

○宣德六年（辛亥）十二月乙未（1432.1.7）

陕西西宁卫禅师金钻古鲁领占、完卜捨剌藏卜等来朝，贡马。

（宣宗朝馆本卷八五·页一下）

○宣德六年（辛亥）十二月丁未（1432.1.19）

赐陕西西宁卫禅师钻古鲁领占、完卜捨剌藏卜等……钞、彩币表里、袭衣等物有差。

（宣宗朝馆本卷八五·页五上）

○宣德六年（辛亥）十二月庚戌（1432.1.22）

（前略）陕西岷州卫剌麻官著星吉……来朝，贡马。

（宣宗朝馆本卷八五·页七下～八上）

○宣德六年（辛亥）十二月壬子（1432.1.24）

陕西岷州卫剌麻高僧锁南钻竹等来朝，贡马。

（宣宗朝馆本卷八五·页八下）

○宣德七年（壬子）正月戊寅（1432.2.19）

赐……陕西岷州卫僧锁南钻竹、剌麻官著星吉……钞、彩币表里、纻丝袭衣有差。

（宣宗朝馆本卷八六·页三上）

○宣德七年（壬子）正月癸未（1432.2.24）

陕西文县阳汤、速南等簇番僧令占伯、药中尖尖等来朝，贡马。

（宣宗朝馆本卷八六·页五下～六上）

○宣德七年（壬子）二月丁酉（1432.3.9）

赐陕西文县阳汤、速南等簇番僧令占伯、药中尖尖等钞、彩币表里等物有差。

（宣宗朝馆本卷八七·页二下）

○宣德七年（壬子）三月甲子（1432.4.5）

四川盐井卫土官副千户绰甲子阿白等来朝，贡马。

（宣宗朝馆本卷八八·页五下）

○宣德七年（壬子）三月戊辰（1432.4.9）

陕西行都司土官都指挥佥事李文遣百户薛帖失加等、洮州卫土官指挥同知苏霖等来朝，（贡）驼、马。

（宣宗朝馆本卷八八·页六上～下）

○宣德七年（壬子）三月乙亥（1432.4.16）

赐四川盐井卫土官舍人阿白……钞、锦绮、彩币表里有差。

（宣宗朝馆本卷八八·页八上）

○宣德七年（壬子）三月丙子（1432.4.17）

赐陕西洮州卫土官指挥同知苏霖等钞、彩币表里有差。

（宣宗朝馆本卷八八·页八下）

○宣德七年（壬子）四月壬寅（1432.5.13）

（前略）杂谷安抚司番僧计纳藏汝、奉州番僧温不容但监藏……贡马及方物。

（宣宗朝馆本卷八九·页四上）

○宣德七年（壬子）四月乙巳（1432.5.16）

（前略）四川盐井卫土官千户八的抄遣把事卜禄台……来朝，贡马。

（宣宗朝馆本卷八九·页五上）

○宣德七年（壬子）四月丙辰（1432.5.27）

赐……杂谷安抚司番僧计纳藏汝、奉州番僧温不容但监藏……钞、彩币表里、绢帛有差。

（宣宗朝馆本卷八九·页九下）

○宣德七年（壬子）五月癸亥（1432.6.3）

赐……四川盐井卫把事卜禄台……长河西、鱼通、宁远等处番僧出知星吉……钞、彩币表里、绢布有差。

（宣宗朝馆本卷九〇·页一下）

○宣德七年（壬子）十月己亥（1432.11.6）

陕西西宁卫大国师锁南儿监参等遣禅师裸古藏卜等来朝，贡马。

（宣宗朝馆本卷九六·页二下）

○宣德七年（壬子）十月戊申（1432.11.15）

陕西巩昌卫土官都指挥佥事汪寿等贡马。

（宣宗朝馆本卷九六·页四下）

○宣德七年（壬子）十一月己未（1432.11.26）

赐陕西巩昌卫土官都指挥佥事汪寿、西宁卫大国师锁南儿监参及禅师裸古藏卜等钞、彩币、绢有差。

（宣宗朝馆本卷九六·页六上）

○宣德七年（壬子）十二月庚寅（1432.12.27）

（前略）陕西西宁卫灌顶真修妙应国师札思巴监参……来朝，贡马及方物。

（宣宗朝馆本卷九七·页一下）

○宣德七年（壬子）十二月癸巳（1432.12.30）

陕西洮州卫剌麻坚东钻竹、锁南藏卜等来朝，贡马。

（宣宗朝馆本卷九七·页二上）

○宣德七年（壬子）十二月丙申（1433.1.2）

陕西必里卫故国师裸罗星吉侄完卜扎思巴捨剌……来朝，贡马。

（宣宗朝馆本卷九七·页二下）

○宣德七年（壬子）十二月甲辰（1433.1.10）

赐陕西西宁卫国师札思巴监参、洮州卫剌麻坚东钻竹、锁南藏卜等钞、彩币表里、绢帛等物有差。

（宣宗朝馆本卷九七·页五上）

○宣德七年（壬子）十二月丙午（1433.1.12）

赐必里卫故国师裸罗星吉侄完卜扎思巴捨剌……钞、彩币表里有差。

（宣宗朝馆本卷九七·页五下）

○宣德七年（壬子）十二月庚戌（1433.1.16）

（前略）四川叠溪等长官司长官郁伯失结、郁即长官司故土官长官舍人翁押乎遣通事姚小、天全六番招讨使司土官百夫长杨城……来朝，贡马。

（宣宗朝馆本卷九七·页七下）

○宣德七年（壬子）十二月辛亥（1433.1.17）

（前略）西番贾藏番〔僧〕人仓阿儿来朝，贡马。

（宣宗朝馆本卷九七·页八上）

○宣德八年（癸丑）正月癸亥（1433.1.29）

（前略）陕西阶州千户所番僧锁南朵儿只等来朝，贡马。

（宣宗朝馆本卷九八·页一下）

○宣德八年（癸丑）正月庚午（1433.2.5）

（前略）陕西文县东峰、四头平等簇番僧多只札等来朝，贡马。

（宣宗朝馆本卷九八·页三上～下）

○宣德八年（癸丑）正月壬申（1433.2.7）

赐……四川叠溪长官司长官郁伯失结、郁即长官司通事姚小、天全六番招讨司土官百夫长杨诚……钞、币有差。

（宣宗朝馆本卷九八·页四上～下）

○宣德八年（癸丑）正月甲戌（1433.2.9）

赐……西番贾藏番〔僧〕人仓阿儿等钞、彩币表里有差。

（宣宗朝馆本卷九八·页五上～下）

○宣德八年（癸丑）正月戊寅（1433.2.13）

赐……陕西阶州千户所番僧锁南朵儿只等钞、彩币表里有差。

（宣宗朝馆本卷九八·页六上～下）

○宣德八年（癸丑）二月辛卯（1433.2.26）

（前略）陕西阶州恶呱等簇番僧剌麻乌巴剌宗失等贡马及方物。

（宣宗朝馆本卷九九·页二上）

○宣德八年（癸丑）二月己亥（1433.3.6）

赐……陕西文县东峰、四头平等簇番僧多只札等钞、彩币表里有差。

（宣宗朝馆本卷九九·页三上～下）

○宣德八年（癸丑）二月癸卯（1433.3.10）

赐……陕西阶州恶呱等簇番僧剌麻乌巴剌宗失等钞、彩币、绢布及金织纻丝袭衣、绢衣有差。

（宣宗朝馆本卷九九·页四下）

○宣德八年（癸丑）三月甲戌（1433.4.10）

四川八郎安抚司、麻儿匝安抚司及思囊儿、金牌等十四簇朝贡之使陛辞。令赍敕还谕其土官，俾约束所辖，安分循理，毋复作过，以取罪愆。

（宣宗朝馆本卷一〇〇·页八上）

○宣德八年（癸丑）三月癸未（1433.4.19）

（前略）四川盐井卫马剌长官司等衙门土官副长官阿你遣舍人阿别、着藏簇土官百户朵儿只秀遣舍人昝卜……来朝，贡马。

（宣宗朝馆本卷一〇〇·页一一下）

○宣德八年（癸丑）四月壬寅（1433.5.8）

赐四川盐井卫马剌长官司舍人阿别……钞、币、绢、布及金织袭衣等物有差。

（宣宗朝馆本卷一〇一·页七下～八上）

○宣德八年（癸丑）四月己酉（1433.5.15）

四川汶川县番僧娑南令正等来朝，贡马。

（宣宗朝馆本卷一〇一·页一〇上）

○宣德八年（癸丑）五月丙辰（1433.5.22）

（前略）四川威州妙智通悟国师之徒剌麻温卜加瓦藏……来朝，贡马及方物。

（宣宗朝馆本卷一○二·页二上）

○宣德八年（癸丑）五月壬戌（1433.5.28）

赐……四川汶川县番僧娑南令正等钞、彩币表里有差。

（宣宗朝馆本卷一○二·页三上）

○宣德八年（癸丑）五月辛未（1433.6.6）

赐……四川威州剌麻番僧温卜加瓦藏……钞、彩币表里及纻丝袭衣有差。

（宣宗朝馆本卷一○二·页四下）

○宣德八年（癸丑）六月壬辰（1433.6.27）

四川杂道长官司长官安白侄甲失伯、番僧剌麻偏那朵儿来朝，贡物［马］及方物。

（宣宗朝馆本卷一○三·页三下）

○宣德八年（癸丑）六月己亥（1433.7.4）

赐……杂道长官司土官舍人安甲失伯、番僧剌麻偏那朵儿等钞、彩币表里及纻丝袭衣有差。

（宣宗朝馆本卷一○三·页五上）

○宣德八年（癸丑）六月甲辰（1433.7.9）

（前略）陕西临洮府剌麻那噜补藏卜等来朝，贡马。

（宣宗朝馆本卷一○三·页六上）

○宣德八年（癸丑）七月甲子（1433.7.29）

赐……陕西临洮府剌麻那鲁补藏卜……钞、丝［彩］币、绵布及纻丝袭衣有差。

（宣宗朝馆本卷一〇三·页九下）

○宣德八年（癸丑）闰八月丙子（1433.10.9）

（前略）陕西洮州卫奄藏等簇剌麻高僧亦什藏卜等来朝，贡金银器皿、象、马、方物。

（宣宗朝馆本卷一〇五·页七下）

○宣德八年（癸丑）九月壬辰（1433.10.25）

赐陕西洮州卫奄藏等簇剌麻亦什藏卜……钞、彩币表里及纻丝袭衣有差。

（宣宗朝馆本卷一〇六·页二下~三上）

○宣德八年（癸丑）十二月甲寅（1434.1.15）

西宁卫剌麻领真星吉来朝，贡马。

（宣宗朝馆本卷一〇七·页五下）

○宣德八年（癸丑）十二月乙丑（1434.1.26）

陕西岷州卫剌麻札挂坚藏等来朝，贡马。

（宣宗朝馆本卷一〇七·页七下）

○宣德八年（癸丑）十二月甲戌（1434.2.4）

（前略）萝卜山国师乃尔丹之徒完卜革剌藏卜等来朝，贡马及方物。

（宣宗朝馆本卷一〇七·页一〇下）

○宣德九年（甲寅）正月庚寅（1434.2.20）

陕西西宁卫禅师锁南藏卜遣其徒剌麻三丹领占等来朝，贡马。

（宣宗朝馆本卷一〇八·页一下）

○宣德九年（甲寅）正月丙申（1434.2.26）

陕西岷州卫剌麻班卒星吉……来朝，贡马。

（宣宗朝馆本卷一○八·页二上）

○宣德九年（甲寅）正月乙巳（1434.3.7）

陕西岷州卫都纲道斌、国师沙加令、剌麻辛巴星吉、朵只锁竹、锁南瓦丹……来朝，贡马。

（宣宗朝馆本卷一○八·页四上）

○宣德九年（甲寅）二月庚戌（1434.3.12）

赐……陕西岷州卫剌麻札掛坚藏、萝卜山僧完卜革剌藏卜……钞、绢布及纻丝袭衣有差。

（宣宗朝馆本卷一○八·页五上～下）

○宣德九年（甲寅）二月壬子（1434.3.14）

（前略）陕西洮州等卫剌麻速南坚藏、陆儿藏卜、甘州卫高僧锁南领占等来朝，贡马。

（宣宗朝馆本卷一○八·页五下～六上）

○宣德九年（甲寅）二月甲寅（1434.3.16）

赐……陕西岷州卫剌麻班卒星吉、西宁卫剌麻三丹领占……钞、币及纻丝袭衣有差。

（宣宗朝馆本卷一○八·页六下）

○宣德九年（甲寅）二月壬申（1434.4.3）

赐……陕西岷州卫国师沙加令，剌麻朵只锁竹、辛巴星吉、锁南瓦丹，都纲道斌……钞、币及纻丝袭衣有差。

（宣宗朝馆本卷一○八·页一二上）

○宣德九年（甲寅）二月甲戌（1434.4.5）

赐……陕西洮州等卫剌麻速南坚藏、陆儿藏卜、甘州卫高僧锁南领占等……钞及彩币、金织纻丝袭衣、绢布有差。

（宣宗朝馆本卷一〇八·页一三下）

○宣德九年（甲寅）三月丁亥（1434.4.18）

陕西岷州卫剌麻高僧札藏、牟乐干等来朝，贡马。

（宣宗朝馆本卷一〇九·页四下）

○宣德九年（甲寅）三月丙申（1434.4.27）

赐……陕西岷州卫剌麻高僧札藏、牟乐干等钞、币有差。

（宣宗朝馆本卷一〇九·页七上）

○宣德九年（甲寅）三月癸卯（1434.5.4）

陕西洮州卫临藏江剌麻速南藏卜、岷州卫剌麻札藏等来朝，贡马。

（宣宗朝馆本卷一〇九·页一〇上）

○宣德九年（甲寅）四月庚戌（1434.5.11）

赐……陕西洮州等卫剌麻速南藏卜、札藏等钞、币、绢、布及纻丝袭衣有差。

（宣宗朝馆本卷一一〇·页一上）

○宣德九年（甲寅）六月辛酉（1434.7.21）

（前略）四川盐井卫土官千户八的抄子八如非、西番仆士得剌麻速纳藏等来朝，贡金银器皿、象、马等方物。

（宣宗朝馆本卷一一一·页四上～下）

○宣德九年（甲寅）七月庚辰（1434.8.9）

赐……四川盐井卫土官舍人八如非、西番仆士得剌麻速纳藏……钞、币有差。

（宣宗朝馆本卷一一一·页八上）

○宣德九年（甲寅）九月戊寅（1434.10.6）

四川汶川县番僧温卜燕旦监藏等来朝，贡马。

（宣宗朝馆本卷一一二·页一〇下）

○宣德九年（甲寅）九月庚辰（1434.10.8）

（前略）四川伽木隆国师释夏监藏遣番僧温卜索南外息等来朝，贡马。

（宣宗朝 馆本卷一一二·页一一下）

○宣德九年（甲寅）九月壬午（1434.10.10）

赐……四川汶川县番僧温卜燕旦监藏等钞、币有差。

（宣宗朝馆本卷一一二·页一一下～一二上）

○宣德九年（甲寅）十月丁巳（1434.11.14）

赐……四川伽木隆番僧温卜索南外息等钞、彩币、绢及金织袭衣等物有差。

（宣宗朝馆本卷一一三·页六上）

○宣德九年（甲寅）十月甲子（1434.11.21）

陕西西宁卫剌麻湛藏……来朝，贡马。

（宣宗朝馆本卷一一三·页八下）

○宣德九年（甲寅）十一月丙子（1434.12.3）

陕西叠州升朵簇土官千户板的失绰等贡马。

（宣宗朝馆本卷一一四·页一上）

○宣德九年（甲寅）十一月戊寅（1434.12.5）

（前略）陕西岷州卫高僧班官藏卜等来朝，贡马。

（宣宗朝馆本卷一一四·页一下）

○宣德九年（甲寅）十一月丁亥（1434.12.14）

陕西洮州卫国师领占藏卜遣其徒公哥藏卜等来朝，贡马。

（宣宗朝馆本卷一一四·页二下）

○宣德九年（甲寅）十一月甲午（1434.12.21）

陕西西宁卫国师锁南儿坚参遣禅师锁南领真、完卜剌麻刬真坚藏等来朝，贡马。

（宣宗朝馆本卷一一四·页三下）

○宣德九年（甲寅）十一月乙未（1434.12.22）

赐……陕西高僧班官藏卜、叠州升朵簇土官千户板的失绰钞、币、绢、布及纻丝袭衣等物有差。

（宣宗朝馆本卷一一四·页三下～四上）

○宣德九年（甲寅）十一月戊戌（1434.12.25）

赐……陕西西宁卫剌麻湛藏、洮州卫僧公哥藏卜等钞、币及僧衣等物有差。

（宣宗朝馆本卷一一四·页四下～五上）

○宣德九年（甲寅）十一月壬寅（1434.12.29）

赐陕西临洮卫土官都督佥事赵安、巩昌卫土官百户洪春……陕西西宁卫禅师锁南领真、完卜剌麻刬真坚藏等钞、币、绢、布及纻丝袭衣等物有差。

（宣宗朝馆本卷一一四·页六上）

○宣德九年（甲寅）十二月乙巳（1435.1.1）

陕西西宁卫国师绰思星吉遣剌麻锁南星吉、巴哇簇头目完卜捨剌竹等来朝，贡马。

（宣宗朝馆本卷一一五·页一上）

○宣德九年（甲寅）十二月丙辰（1435.1.12）

赐……陕西西宁卫剌麻锁南星吉、巴哇簇头目完卜捨剌竹等钞、币、绢、布有差。

（宣宗朝馆本卷一一五·页四下）

○宣德九年（甲寅）十二月乙丑（1435.1.21）

　　陕西西宁卫巴沙等簇国师、禅师贾锁、西纳等簇指挥列即答儿遣头目完卜札思巴监藏及土鞑金刚保等来朝，贡马。

（宣宗朝馆本卷一一五·页八下）

○宣德十年（乙卯）正月丙戌（1435.2.1）

　　火把等簇土官千户男只巴肖者、番僧领占乩等俱来朝，贡马及方物。赐彩币等物有差。

（英宗朝馆本卷一·页一〇上）

○宣德十年（乙卯）正月己丑（1435.2.14）

　　迤北达子抢阿孙、川卜簇火儿藏剌麻加尾星吉等来归，贡马。赐衣服、彩段等物，命有司给与房屋、器皿，安插居住。

（英宗朝馆本卷一·页一一下）

○宣德十年（乙卯）二月癸卯（1435.2.28）

　　（前略）卓禄簇番僧官卓舍敢等来朝，贡马。赐币彩[彩币]等物。

（英宗朝馆本卷二·页二下）

○宣德十年（乙卯）二月丙寅（1435.3.23）

　　（前略）隆觉寺剌麻高僧远丹藏卜等来朝，贡马。赐彩币等物有差。

（英宗朝馆本卷二·页一一下）

○宣德十年（乙卯）四月癸亥（1435.5.19）

　　四川别思、阿容等寨寨首多儿者等……遣人来朝，贡马。赐彩币等物有差。

（英宗朝馆本卷四·页六上）

○宣德十年（乙卯）五月己亥（1435.6.24）

　　敕掌西宁卫都指挥佥事穆肃及其所属番民曰："尔等三年一次来京贡马，当在今岁；朕重念尔处人民艰窘，特缓其期，可待正统三年（戊午一并交收；尔等其体朕爱恤之心，各安生业。"

（英宗朝馆本卷五·页八下）

○宣德十年（乙卯）七月丁酉（1435.8.21）

（前略）天全六番故招讨使男高凤来朝，贡马。赐彩币等物。

（英宗朝馆本卷七·页一〇上）

○宣德十年（乙卯）十月乙丑（1435.11.17）

四川乾藏寺灌顶弘慈妙济国师遣番僧贡马。赐彩币等物。

（英宗朝馆本卷一〇·页八上）

○宣德十年（乙卯）十二月丁未（1435.12.29）

命四川天全六番招讨使司故招讨高敬让子凤署天全六番招讨使司事。先是，敬让为事下狱死，至是，凤乞袭父职。上念其祖有抚安夷人之功，故命之。

（英宗朝馆本卷一二·页三上）

○宣德十年（乙卯）十二月甲子（1436.1.15）

（前略）四川天全六番招讨司副招讨杨显昭……所遣土人各来朝，贡马及方物。赐彩币等物有差。

（英宗朝馆本卷一二·页六下）

○正统元年（乙丑）三月丙申（1436.4.16）

（前略）四川山后寨番僧剌麻令正窝谢等……西番巴沙等簇大国师贾索等俱遣人贡马及方物。赐彩币等物有差。

（英宗朝馆本卷一五·页一四上）

○正统元年（乙丑）四月丁巳（1436.5.7）

命天全六番招讨使司故百夫长杨铭、孙威、高显端弟显彰俱袭职。

（英宗朝馆本卷一六·页七上～下）

○正统元年（乙丑）七月甲寅（1436.9.1）

遣中官阮至等赍敕往赐净觉慈济大国师绰竹藏卜金印、诰命，弘慈广善国师镇[锁]南巴藏卜银印、诰命及袈裟等物。

（英宗朝馆本卷二〇·页五上）

○正统元年（乙丑）十一月辛丑（1436.12.17）

陕西岷州卫大崇教寺大国师绰竹藏卜等、宁夏卫僧会司剌麻恩你等、西番把沙等簇、瞿昙等寺国师贾索等俱遣人贡马。赐彩币等物有差。

（英宗朝馆本卷二四·页二下）

○正统元年（乙丑）十二月丙寅（1437.1.11）

以加儿即簇妙慈通慧大国师打巴尔监藏年老，命其侄完卜散丹星吉代为国师，署掌大国师印，管束所部番民。

（英宗朝馆本卷二五·页二上）

○正统二年（丁巳）正月戊申（1437.2.22）

（前略）长河军民宣慰使司剌麻查朵等来朝，贡马及方物。赐宴，并彩币等物有差。

（英宗朝馆本卷二六·页四下）

○正统二年（丁巳）二月丁丑（1437.3.23）

（前略）陕西洮州卫番僧剌麻失劳藏卜等贡珍珠及马。赐宴，并彩币等物有差。

（英宗朝馆本卷二七·页七上）

○正统二年（丁巳）二月戊寅（1437.3.24）

临洮卫番僧完卜札巴坚藏等贡马及佛像、舍利。

（英宗朝馆本卷二七·页七下）

○正统二年（丁巳）四月丙戌（1437.5.31）

（前略）四川盐井卫土官男剌马佐并招抚至西番头目摆都塔他等来朝，

贡马及方物。赐宴，并彩币等物有差。

（英宗朝馆本卷二九·页九上）

○ 正统二年（丁巳）十二月乙丑（1438.1.5）

（前略）陕西岷州卫剌麻番僧镌竹落木等俱来朝，贡马、驼及方物。赐宴，并彩币等物有差。

（英宗朝馆本卷三七·页七上）

○ 正统二年（丁巳）十二月己卯（1438.1.19）

陕西凉州卫番僧札巴坚昝、国师锁南坚参……贡马、驼。赐彩币等物有差。

赐叠州陇卜、革耶等簇土官副千户南葛坚藏，引领吹麻头目陆牙等四十四人及来降人罗卜般藏、巴沙二簇头目安班等十四人钞、纻丝袭衣、靴袜各有差。命安班等于叠州居住。

（英宗朝馆本卷三七·页八上~下）

○ 正统三年（戊午）正月己丑（1438.1.29）

（前略）四川叠州等处六十一族番人米牙肖等各来朝，贡马及貂鼠皮。赐宴，并赐（钞）、币、袭衣等物有差。

（英宗朝馆本卷三八·页一下）

○ 正统三年（戊午）正月壬寅（1438.2.11）

（前略）陕西秦州卫黎牙簇番僧多尔只荤占等俱来朝，贡马。赐彩币等物有差。

（英宗朝馆本卷三八·页四下）

○ 正统三年（戊午）二月壬戌（1438.3.3）

陕西西宁瞿昙等寺剌麻桑里结肖等来朝，累请赐敕护持，又求职事、封号、寺额。不从。

（英宗朝馆本卷三九·页二下）

○正统三年（戊午）三月乙巳（1438.4.15）

松潘卫祈命等簇禅师绰领、四川署天全六番招讨使司事高凤弟常……俱来朝，贡马。赐彩币等物有差。

（英宗朝馆本卷四〇·页七上）

○正统三年（戊午）五月甲辰（1438.6.13）

（前略）四川盐井卫通事刺麻他等俱来朝，贡马。赐钞锭、彩币表里有差。

（英宗朝馆本卷四二·页五下）

○正统三年（戊午）十二月癸亥（1438.12.29）

（前略）松潘白马路长官司土官舍人兴布遣舍人岑玘等俱来朝，贡马。赐彩币等物有差。

（英宗朝馆本卷四九·页三下）

○正统四年（己未）正月癸巳（1439.1.28）

陇卜簇副千户南葛坚藏招致叠州生番相的等一十七簇羌民烟丹监藏等五十二人来归，并叠州刺彰等十四簇头目除节等俱来朝，贡马。赐彩币等物有差。

（英宗朝馆本卷五〇·页三上）

○正统四年（己未）闰二月甲申（1439.3.20）

命……四川天全六番招讨使司故招讨使高敬让子凤俱袭职。

（英宗朝馆本卷五二·页二上）

○正统四年（己未）闰二月戊戌（1439.4.3）

四川生番随渠等八百二十九寨寨首曲吾巴等各遣番僧雍仲等来朝，贡马。赐币有差。初，出禅寨首搠低巴等赍书松潘守将赵得言："欲朝贡被生番阻路不通，乞为开通道路。"得以闻于朝。有旨令得措置。得遣其麾下千户鲁明等往抚谕。生番皆向化，遂相率来朝贡云。

（英宗朝馆本卷五二·页七上）

○正统四年（己未）三月壬申（1439.5.7）

（前略）陕西叠州卫番僧剌麻葛失监藏……俱来朝，贡马及方物。赐彩币、钞、绢等物有差。

（英宗朝馆本卷五三·页一一上）

○正统四年（己未）四月乙酉（1439.5.20）

伽木隆地面已故国师朵儿只监藏徒弟温卜什夏坚藏……各遣人来朝，贡马及方物。赐彩币、绢、钞有差。

（英宗朝馆本卷五四·页三上）

○正统四年（己未）五月庚戌（1439.6.14）

（前略）叠州番簇烟丹监藏……俱来朝，贡马及方物。赐彩币、钞锭有差。

（英宗朝馆本卷五五·页一下）

○正统四年（己未）五月辛未（1439.7.5）

赐叠州陇卜簇千户喃葛监藏冠带。

（英宗朝馆本卷五五·页七上）

○正统四年（己未）十二月乙酉（1440.1.15）

（前略）陕西凉州卫庄严寺番僧失剌省吉、甘州左卫僧纲司旧任都纲沙加捨念、剌麻锁南监参、僧人真巴捨〔捻〕念等俱来朝，贡马。赐织金袭衣、彩币等物有差。

（英宗朝馆本卷六二·页六上）

○正统四年（己未）十二月己亥（1440.1.29）

（前略）陕西临洮府番僧剌麻著吉藏卜、四川番僧寨首林占王疋、陕西凉州番僧曷萨室哩、临洮府剌麻班麻坚参等俱来朝，贡马及铜佛像、舍利子。赐彩币等物有差。

（英宗朝馆本卷六二·页九下）

○ 正统五年（庚申）二月己卯（1440.3.9）

行在礼部奏："比者，陕西文县守御军民千户所土番百户阿章赴京朝贡，本部已照往岁岷州等卫招出叠州罕班等簇头目及土官贡马事例具奏赏钞；今阿章自陈，乞照西番簇头戎者等，加赐彩段、袭衣等物。"

上曰："远人尚〔向〕化，宜加意抚绥，俾之德所，自然边境宁谧。尔礼部即查永乐年间招出生番人等事例，及将阿章等招抚始末，奏闻区处。"

（英宗朝馆本卷六四·页二下）

○ 正统五年（庚申）二月癸未（1440.3.13）

陕西岷州卫剌麻领占端竹……四川杂谷安抚司安抚阿漂孙朵儿思加遣把事温卜加思八藏卜等俱来朝，贡马及佛像等物。赐彩币表里有差。

（英宗朝馆本卷六四·页四上～下）

○ 正统五年（庚申）三月癸丑（1440.4.12）

陕西临洮府宝塔寺剌麻绰吉朵儿只……俱来朝，贡马、驼、青鼠皮等物。赐彩币等物有差。

（英宗朝馆本卷六五·页四下～五上）

○ 正统五年（庚申）三月乙卯（1440.4.14）

敕镇守河州卫都指挥同知刘永曰："得奏言乌思藏等处番使已遣人护送回还，至西宁札木地方散于丹的寺〔字〕等簇寄住。内灵藏指挥软奴巴先居河州时尝娶妻本卫，因怀眷恋，窥黄河冰冻，复潜逃来。又诱温速里民王搔儿言往陕西都司告给俸粮。虑其纠合诸番，将为边患，敕至，尔等即用心体复。若番使仍在彼处安分守己，听其暂住。俟道通即遣之回，并审软奴巴。若止因恋妻逃来，亦可就彼安插。彼处不可，即同其妻差人送京。如有窒碍，亦量度事情计议停当，具奏处置。"

（英宗朝馆本卷六五·页五上～下）

○ 正统六年（辛酉）正月壬戌（1441.2.15）

（前略）陕西岷州卫番僧纲司广福寺剌麻锁南屋即等俱来朝，贡马。赐彩段表里有差。

（英宗朝馆本卷七五·页一〇上）

○ 正统六年（辛酉）二月己巳（1441.2.22）

（前略）陕西阶州孔提峪、阿木等簇生番头目巴肖等……俱来朝〔来朝，贡马〕。赐钞、绢有差。

（英宗朝馆本卷七六·页一下）

○ 正统六年（辛酉）二月壬午（1441.3.7）

（前略）四川杂谷安抚司土官舍人定日思〔恩〕伽遣番僧剌麻徧出，并招致角木脚等四塞［寨］生番剌麻八当僧结等来朝，贡马。赐宴，并赐彩币等物有差。

（英宗朝馆本卷七六·页七上～下）

○ 正统六年（辛酉）三月庚戌（1441.4.4）

赐……四川杂谷安抚司番僧徧出等、西番夷人永隆监藏等钞、彩段表里、绢匹、衣服、靴袜有差。

（英宗朝馆本卷七七·页四上）

○ 正统六年（辛酉）三月壬戌（1441.4.16）

（前略）松潘等处番僧绰领等俱来朝，贡马及方物。赐彩币等物有差。

（英宗朝馆本卷七七·页七下）

○ 正统六年（辛酉）四月癸酉（1441.4.27）

陕西临洮府正觉寺番僧完卜剌麻三丹领占等、四川松潘等处番僧禅师绰领等俱来朝，贡铜塔及马。赐钞、彩段表里、纻丝袭衣、靴袜有差。

（英宗朝馆本卷七八·页四上）

○正统六年（辛酉）五月甲辰（1441.5.28）

净戒弘慈国师商巴罗只儿监藏、番僧盼波彦等……俱来朝，贡马。赐彩币等物有差。

（英宗朝馆本卷七九·页三下）

○正统六年（辛酉）六月壬申（1441.6.25）

命故必里卫指挥佥事俺奔子汪束袭职。

（英宗朝馆本卷八〇·页二下）

○正统六年（辛酉）八月壬申（1441.8.24）

四川盐井卫土官千户剌苴白遣把事白要、申藏簇禅师永隆攀等遣剌麻锁南加等来朝，贡马。赐钞。

（英宗朝馆本卷八二·页二下）

○正统六年（辛酉）十一月己未（1441.12.9）

（前略）盐井卫土官舍人八［男］八剌麻等贡马及方物。赐绢、钞如例。

（英宗朝馆本卷八五·页一四下）

○正统六年（辛酉）闰十一月乙丑（1441.12.15）

陕西临洮府僧纲司宝塔等寺都纲剌麻已什三丹等贡马及佛像、铜塔、舍利。赐钞、币等物。

（英宗朝馆本卷八六·页一上）

○正统六年（辛酉）闰十一月戊辰（1441.12.18）

赐……四川盐井卫已故土官千户八的抄孙男八剌麻……钞锭、彩币表里有差。

（英宗朝馆本卷八六·页一下～二上）

○正统六年（辛酉）十二月丁未（1442.1.26）

（前略）陕西甘州剌麻班丹领占等……来朝，贡马及方物。赐彩币、袭衣等物有差。

（英宗朝馆本卷八七·页五上）

○正统七年（壬戌）正月丙子（1442.2.24）

赐……陕西秦州卫番人簇头坚同等彩币、钞、绢等物有差。

（英宗朝馆本卷八八·页三上～下）

○正统七年（壬戌）正月丁丑（1442.2.25）

（前略）陕西河州卫普应禅师领占遣剌麻亦失干等……来朝，贡马。赐彩币等物有差。

（英宗朝馆本卷八八·页三下）

○正统七年（壬戌）正月辛卯（1442.3.11）

（前略）四川八郎安抚司等二十一簇土官阿性等遣侄火把交舍等、……陕西岷州卫西番都纲拾剌监参等、秦州卫土官百户宗识〔诸〕识宜及招来〔徕〕古当、答牙等簇番人烟丹准中藏者乩等……贡马及方物。赐彩币等物有差。

（英宗朝馆本卷八八·页一〇下）

○正统七年（壬戌）二月壬辰（1442.3.12）

（前略）四川盐井卫遣把事克的、马剌长官司遣把事阿弥佛觉、隔立麻寺剌麻番僧心吉伯等……贡马及方物。赐彩币等物有差。

（英宗朝馆本卷八九·页一上）

○正统七年（壬戌）三月戊子（1442.5.7）

赐迤西来归人完卜失加纻丝袭衣、布、钞、房屋、器皿。

（英宗朝馆本卷九〇·页一一下）

○正统七年（壬戌）四月丁巳（1442.6.5）

四川伽木隆地面番僧奴肉〔玉〕思……来朝，贡马及佛像、璎珞。陕西河州卫普应禅师剌麻领占遣人贡驼。

（英宗朝馆本卷九一·页六下）

○正统七年（壬戌）七月癸亥（1442.8.10）

（前略）四川天全六番招讨司招讨高凤遣土官高恺等各贡象、马及方物。赐彩段表里、布、钞有差。

（英宗朝馆本卷九四·页二上）

○正统七年（壬戌）十月丙辰（1442.12.1）

（前略）陕西西宁瞿昙寺大国师喃葛藏卜贡马、驼。

（英宗朝馆本卷九七·页一〇下）

○正统七年（壬戌）十一月戊午（1442.12.3）

陕西岷州大崇教等寺国师沙加等献镀金佛像、古铜塔、舍利及马。赐之彩币。

（英宗朝馆本卷九八·页二下）

○正统七年（壬戌）十二月癸巳（1443.1.7）

（前略）临洮府安积寺剌麻领占巴、河州卫白塔寺剌麻锁南藏卜等、景云寺剌麻绰吉汪速等来朝，贡马及方物。赐彩币等物有差。

（英宗朝馆本卷九九·页三上）

○正统八年（癸亥）二月己丑（1443.3.4）

（前略）陕西大慈恩等寺剌麻也失锁南等来朝，贡佛像、舍利及马。赐彩币等物有差。

（英宗朝馆本卷一〇一·页二上）

○ 正统八年（癸亥）二月壬辰（1443.3.7）

（前略）陕西岷州外夷窄底等十三簇番僧簇头速南落竹……来朝，贡马及方物。赐彩币等物有差。

（英宗朝馆本卷一〇一·页三上～下）

○ 正统八年（癸亥）三月丙辰（1443.3.31）

陕西岷州卫剌麻烟〔目〕丹坚眷等贡马及方物。赐彩段、衣服、靴袜有差。

（英宗朝馆本卷一〇二·页一下）

○ 正统八年（癸亥）七月丁卯（1443.8.9）

陕西岷州卫东撒簇剌麻札失坚剉……四川盐井卫土官千户剌马非……贡马及方物。赐彩币、绢、布有差。

（英宗朝馆本卷一〇六·页五上～下）

○ 正统八年（癸亥）十二月己丑（1443.12.29）

陕西岷州卫卧龙寺等番僧绰给札等贡马及佛像、舍利子。赐彩币等物。

（英宗朝馆本卷一一一·页二下～三上）

○ 正统八年（癸亥）十二月辛卯（1443.12.31）

（前略）陕西临洮府宝塔正觉寺剌麻三竹藏卜、圆觉寺剌麻札巴舍剌等贡马及貂鼠皮、佛像、舍利子。赐（彩）币、钞锭。

（英宗朝馆本卷一一一·页三下）

○ 正统八年（癸亥）十二月乙未（1444.1.4）

（前略）陕西宁夏等卫报恩等寺剌麻耳卜等各贡马。赐彩币、钞锭〔表里〕。

（英宗朝馆本卷一一一·页四下）

○正统八年（癸亥）十二月丁酉（1444.1.6）

陕西河州卫普冈寺禅师札失巴、宁夏卫报恩等寺剌麻撦剌星吉等贡佛像、舍利子。赐彩币等物。

（英宗朝馆本卷一一一·页五上）

○正统八年（癸亥）十二月戊申（1444.1.17）

四川盐井卫通事余撒贡马。赐彩币等物。

（英宗朝馆本卷一一一·页八上～下）

○正统八年（癸亥）十二月庚戌（1444.1.19）

（前略）陕西河州等卫普冈等寺剌麻锁南尔监藏等各贡马、驼、玉石及貂鼠皮、佛像、舍利子。赐宴，并赐彩币、袭衣等物有差。

（英宗朝馆本卷一一一·页八下）

○正统九年（甲子）二月壬寅（1444.3.11）

（前略）陕西宁夏卫石佛寺番僧耳徒等来朝，贡驼、马。赐彩段等物有差。

（英宗朝馆本卷一一三·页七下）

○正统九年（甲子）六月丙申（1444.7.3）

命四川布政司给赏盐井卫土官千户剌黑马非等白金、彩段有差。以靖远伯王骥陈其自愿从征也。

（英宗朝馆本卷一一七·页六上～下）

○正统九年（甲子）十月丁巳（1444.11.21）

（前略）岷州番僧著即尖昝……来朝，贡羊、马及佛像、舍利。赐彩币有差。

（英宗朝馆本卷一二二·页三上～下）

○正统九年（甲子）十一月辛巳（1444.12.15）

（前略）西宁卫千户哈成来朝，贡马、驼、鹰、犬等物。赐宴及彩币表里等物有差。

（英宗朝馆本卷一二三·页一下）

○正统九年（甲子）十二月庚戌（1445.1.13）

（前略）陕西凉州卫庄严寺剌麻哈萨室哩等来朝，贡马及佛像、舍利。俱赐宴，并彩币等物有差。

（英宗朝馆本卷一二四·页二上）

○正统九年（甲子）十二月戊辰（1445.1.31）

（前略）陕西凉州卫广善等寺剌麻绰失吉〔言〕坚参等来朝，贡马、驼及方物。赐宴，并彩币等物有差。

（英宗朝馆本卷一二四·页九下）

○正统九年（甲子）十二月壬申（1445.2.4）

（前略）陕西文县罗葛等族寨首番道石革等、汤汤等族剌麻寨首塔儿麻坚藏等……各遣人贡金银器皿及方物。赐宴，并彩币等物有差。

（英宗朝馆本卷一二四·页一〇上～下）

○正统十年（乙丑）正月癸卯（1445.3.7）

（前略）陕西土番毛工添夕等簇寨首工哈藏、岷州卫弘教寺剌麻撒丹监咎〔昝〕……俱贡马及方物。赐宴，并钞、彩段、绢布、衣服等物有差。

（英宗朝馆本卷一二五·页九上～下）

○正统十年（乙丑）二月丁未（1445.3.11）

（前略）陕西岷州卫报恩等寺剌麻修忠……来朝，贡马及方物。赐钞、币等物。

（英宗朝馆本卷一二六·页一上）

○ 正统十年（乙丑）二月丙寅（1445.3.30）

思曩日地面金牌头目阿思观遣侄阿失、黑水生番首目答儿遣侄革各达儿来贡，回还。俱以其地邻松潘，赐敕奖之。

（英宗朝馆本卷一二六·页七下）

○ 正统十年（乙丑）七月癸酉（1445.8.4）

（前略）四川天全六番招讨使司土僧昌云、陕西岷州卫剌麻端竹等来朝，贡马及方物。赐彩币表里有差。

（英宗朝馆本卷一三一·页一上）

○ 正统十年（乙丑）七月癸未（1445.8.14）

四川盐井卫土官千户剌麻非等来朝，贡马。赐宴及彩币表里等物有差。

（英宗朝馆本卷一三一·页四下）

○ 正统十年（乙丑）八月戊午（1445.9.18）

四川伽木隆等处地面多补等寨生番僧温卜贬出、嘉定州开化寺土番僧占朵儿……来朝，贡马及明铁甲。赐钞、币等物。

（英宗朝馆本卷一三二·页七上）

○ 正统十年（乙丑）九月庚辰（1445.10.10）

（前略）岷州卫僧纲司剌麻喃节札石等……贡马。赐彩币等物有差。

（英宗朝馆本卷一三三·页三下）

○ 正统十年（乙丑）九月丁酉（1445.10.27）

四川行都司越巂卫印布长官司土官领阿寿遣把事李阿得、盐井卫番僧迷羊〔年〕卜……陕西甘州剌麻卓吉捨念等来朝，贡马及方物。赐彩币等物有差。

（英宗朝馆本卷一三三·页一〇上）

○ 正统十年（乙丑）十月丙午（1445.11.5）

陕西临洮府正觉寺番僧剌麻也失端竹等贡马。赐彩币等物。

（英宗朝馆本卷一三四·页三上）

○ 正统十年（乙丑）十二月庚戌（1446.1.8）

（前略）陕西巩昌府天竺寺番僧领占扎巴、临洮府僧纲司番僧锁南藏卜、河州等卫罗汉等寺禅师剌麻人等结瓦端竹星吉、庄浪卫僧纲司番僧哕纳室俚等俱来朝，贡马。赐彩币表里诸物有差。

（英宗朝馆本卷一三六·页四上～下）

○ 正统十一年（丙寅）正月壬辰（1446.2.19）

陕西永昌等卫金川等寺剌麻赏思巴藏卜……来朝，贡马及方物。赐彩段表里等物有差。

（英宗朝馆本卷一三七·页六下）

○ 正统十一年（丙寅）二月甲辰（1446.3.3）

陕西岷州卫剌麻那儿卜……来朝，贡马及方物。赐纻丝表里等物有差。

（英宗朝馆本卷一三八·页三上）

○ 正统十一年（丙寅）二月丙辰（1446.3.15）

（前略）陕西凉州卫剌麻也失藏卜、靖虏卫剌麻桑迦班丹、河州卫剌麻赏术〔木〕班丹、临洮府剌麻端岳肖、临洮卫剌麻坚参亦失、西宁卫剌麻僧徒络绎等来朝，贡（马）及方物。赐宴，并彩币表里等物有差。

（英宗朝馆本卷一三八·页四下）

○ 正统十一年（丙寅）三月己巳（1446.3.28）

（前略）四川松潘卫剌麻锁南札……陕西西宁卫剌麻班丹领占、洮州卫剌麻领占朵儿只等来朝，贡马及方物。赐宴，并彩币、钞等物有差。

（英宗朝馆本卷一三九·页一上）

○正统十一年（丙寅）四月丁巳（1446.5.15）

陕西……石佛寺剌麻札失领占、四川……万福寺土僧本松来朝，贡马、驼、方物。赐彩币等物有差。

（英宗朝馆本卷一四〇·页四下）

○正统十一年（丙寅）五月乙酉（1446.6.12）

（前略）陕西西宁卫剌麻桑儿结领占等……贡马。赐彩币表里等物有差。

（英宗朝馆本卷一四一·页六下）

○正统十一年（丙寅）七月壬申（1446.7.29）

陕西河州卫番僧剌麻领占遣其徒亦失领占等……贡马、驼及方物。赐钞、彩币表里、袭衣有差。

（英宗朝馆本卷一四三·页三上）

○正统十二年（丁卯）正月辛未（1447.1.24）

（前略）四川目牙地面都指挥佥事思东哈儿蒙老疾，命其子朵忙扑剌代之。

（英宗朝馆本卷一四九·页一上）

○正统十二年（丁卯）正月丁丑（1447.1.30）

四川杂谷安抚司加撒等寨向化番僧加藏等来朝，贡马及明铁甲。赐宴，并彩币、僧衣等物。

（英宗朝馆本卷一四九·页二下）

○正统十二年（丁卯）二月己亥（1447.2.21）

命目牙地面都指挥佥事思东哈儿蒙子朵忙扑剌袭职。

（英宗朝馆本卷一五〇·页三上）

○正统十二年（丁卯）二月辛丑（1447.2.23）

四川松潘卫白马路长官司头目吉笑等贡马。赐以彩币。

（英宗朝馆本卷一五〇·页三下～四上）

○正统十二年（丁卯）二月癸卯（1447.2.25）

陕西岷州卫石崖寺剌麻桑札……贡马及佛像、舍利子。赐钞、币有差。

（英宗朝馆本卷一五〇·页四上～下）

○正统十二年（丁卯）二月乙卯（1447.3.9）

命赏番僧赏初坚剉巴藏卜彩币八表里，以其贡马及玉石数多也。

（英宗朝馆本卷一五〇·页八下）

○正统十二年（丁卯）三月丁亥（1447.4.10）

陕西岷州卫剌麻桑结札……来朝，贡方物。赐以钞、币。

（英宗朝馆本卷一五一·页七下）

○正统十二年（丁卯）四月丙午（1447.4.29）

命故沙州卫指挥使乃剌卜花子昆藏思加、指挥同知彻米彻子结果坚、正千户哈立麻思子葛渴、副千户奔思加子那南等九人俱袭职。

（英宗朝馆本卷一五二·页五下）

○正统十二年（丁卯）四月庚申（1447.5.13）

陕西巩昌府安定县崇福寺剌麻也失端竹、岷州卫广福寺剌麻吒什钻竹等来朝，贡马及方物。赐彩币表里等物有差。

（英宗朝馆本卷一五二·页一〇上）

○正统十二年（丁卯）闰四月辛巳（1447.6.3）

（前略）四川盐井卫故土官千户剌马非、舍人剌马白……陕西宁夏卫僧官司弥陀寺剌麻勺思吉领占等来朝，贡马及方物。赐彩币并钞有差。

（英宗朝馆本卷一五三·页四下）

○ 正统十二年（丁卯）五月癸卯（1447.6.25）

（前略）四川杂谷安抚司番僧南哥藏、陕西宁夏卫番僧纲司弥陀寺剌麻勺思吉领占……俱来朝，贡马及方物。赐钞、彩币表里等物有差。

（英宗朝馆本卷一五四·页三下）

○ 正统十二年（丁卯）五月戊午（1447.7.10）

四川杂谷安抚司木西儿等寨番僧剌麻三伽其……来朝，贡马及方物。赐宴，并彩币表里等物有差。

（英宗朝馆本卷一五四·页七下）

○ 正统十二年（丁卯）六月己丑（1447.8.10）

（前略）四川杂谷安抚司土官日思吉及垛布等簇长完卜赏初等、董卜韩胡宣慰司剌麻罗孤纳思等……来朝，贡马及铁甲等物。赐宴，并彩币表里有差。

（英宗朝馆本卷一五五·页七上）

○ 正统十二年（丁卯）九月丙辰（1447.11.5）

陕西西宁等卫弘通等寺剌麻锁南儿加……乌思藏剌麻着实加等贡马。赐宴，并钞、币有差。

（英宗朝馆本卷一五八·页九下）

正统十二年（丁卯）十月辛巳（1447.11.30）

四川叠溪等寨番首戈八折、陕西洮州卫番僧领占乩、西宁卫剌麻锁南儿加等贡马及方物。赐彩币表里等物。

（英宗朝馆本卷一五九·页六下）

○ 正统十二年（丁卯）十二月乙丑（1448.1.13）

四川长宁安抚司土官安抚剌麻儿遣其子游竹来朝，贡蛮口、铠甲及马。先是，官军捕董敏，长宁诸寨惊疑，攻围城堡，指挥佥事庞瑄与战，败之。至是，始来谢罪。上命赐宴，并彩币。

（英宗朝馆本卷一六一·页二下）

○正统十三年（戊辰）正月庚子（1448.2.17）

陕西瞿昙寺大国师喃葛藏卜、巩昌府妙华寺剌麻札巴领占、洮州卫圆成寺番僧桑丹星吉、四川山［松］潘卫丕地等寨番僧捨劳先结等各来朝，贡舍利、马、驼及方物。赐宴，并彩币表里等物有差。

（英宗朝馆本卷一六二·页三下）

○正统十三年（戊辰）二月丁丑（1448.3.25）

陕西华林寺剌麻神庆、洮州番僧镇南札失等贡马及铜塔、世［舍］利。赐彩币表里有差。

（英宗朝馆本卷一六三·页七下～八上）

○正统十三年（戊辰）三月甲辰（1448.4.21）

陕西岷州卫胜安寺番僧远（丹）巴、四川芒儿者安抚司土官弟先结藏、嘉定州大邑县开化寺（番）僧桑向加星吉等来朝，贡马。赐宴，并钞、币。

（英宗朝馆本卷一六四·页六上）

○正统十三年（戊辰）三月己酉（1448.4.26）

（前略）陕西阶州阿木簇簇头弟爵纳、洮州卫答谷沟簇番僧藏卜领占等来朝，贡马。赐宴，并钞、币有差。

（英宗朝馆本卷一六四·页七下）

○正统十三年（戊辰）四月辛酉（1448.5.8）

陕西岷州卫剌麻瑞〔端〕岳钴〔错〕竹等、洮州卫剌麻领占藏卜、临洮府剌麻神庆、四川芒儿者安抚司土官多儿者少等遣弟先结……来朝，贡马及方物。赐彩币表里有差。

（英宗朝馆本卷一六五·页二上～下）

○正统十三年（戊辰）四月辛未（1448.5.18）

陕西岷州卫剌麻领占巴、秦州卫番僧桑儿结领占……贡马、驼及方物。赐宴，并彩币、钞等物有差。

（英宗朝馆本卷一六五·页四下～五上）

○正统十三年（戊辰）五月癸巳（1448.6.9）

金川演化禅师雍仲监粲遣番僧什纳监藏，并招出格梵等寺向化番僧朵儿思加、岷州卫法藏寺剌麻捨劳藏卜……贡铁甲并马、氆氇、佛像等物。赐钞锭、彩币有差。

（英宗朝馆本卷一六六·页二下～三上）

○正统十三年（戊辰）六月丁卯（1448.7.13）

（前略）陕西山丹卫剌麻也失等来朝，贡马、驼及方物。赐宴，并钞、彩币表里等物有差。

（英宗朝馆本卷一六七·页四上）

○正统十三年（戊辰）七月己亥（1448.8.14）

剌麻绰尔甲等陛辞。命赍敕并纻丝表里归赐其剌麻甘卜瓦，嘉其恪效勤诚也。

（英宗朝馆本卷一六八·页四下）

○正统十三年（戊辰）八月乙卯（1448.8.30）

（前略）陕西岷州剌麻锁南坚剉……来朝，贡马及氆氇等物。赐彩币有差。

（英宗朝馆本卷一六九·页一下）

○正统十三年（戊辰）九月壬辰（1448.10.6）

陕西宁夏卫石空寺剌麻高僧耳昔、肃州卫吉祥寺剌麻星吉巴、河州卫显清寺剌麻朵儿只藏卜等来朝，贡马及佛像、舍利。赐宴，并彩币表里等物有差。

（英宗朝馆本卷一七〇·页三下）

○ 正统十三年（戊辰）十月丁丑（1448.11.20）

四川杂谷安抚司番僧南哥藏等……来朝，贡马。赐宴，并钞、币等物有差。

（英宗朝馆本卷一七一·页六下）

○ 正统十三年（戊辰）十一月辛卯（1448.12.4）

陕西弘觉等五寺国师札思巴锁南等遣剌麻领占藏卜等、弘庆等六寺、申冲等二簇剌麻锁南札西巴等来朝，贡佛像、舍利、铜塔、驼、马。赐以钞、币。

（英宗朝馆本卷一七二·页四上）

○ 正统十三年（戊辰）十一月己亥（1448.12.12）

陕西岷州卫大崇教寺番僧也失札巴……来朝，贡马。赐之钞、币。

（英宗朝馆本卷一七二·页六上）

○ 正统十三年（戊辰）十一月丙午（1448.12.19）

礼部奏："四川杂谷安抚司番僧南葛藏等来朝，贡刀剑、铁甲。稽旧例番僧入贡人赐钞六十锭、彩段〔币〕二表里、折衣彩段四表里、靴袜各一双。今南葛藏系近边番僧，刀剑、铁甲又非贵重之物，前例赏赐过厚，宜赐南葛藏等钞人四十锭、彩段〔币〕一表里、折衣彩段一表里、靴袜各一双。"南葛藏以旧例为言，不肯拜赐。上命罢其赏赐及下程，令住会同馆，毋擅出。

（英宗朝馆本卷一七二·页八下）

○ 正统十三年（戊辰）十一月辛亥（1448.12.24）

陕西香德寺国师锁南札思遣完卜捨剌星吉、革哑簇完卜锁南藏卜……来朝，贡马。赐之钞、币。

（英宗朝馆本卷一七二·页一〇上）

○正统十三年（戊辰）十二月甲寅（1448.12.27）

陕西西宁卫瞿昙等寺大国师喃葛藏卜等遣禅师桑儿加黑、净觉等十一寺剌麻捨念藏卜及革咂簇完卜锁南藏卜、临洮府宝塔寺番僧坚藏领占等来朝，贡马、驼。赐宴，并钞、币。

赐西宁卫隆奔等簇广慧普应国师捨剌札思诰命，弘庆等寺弘化禅师锁南札思巴、持善禅师札思巴藏卜、善智禅师喃恰儿监眷敕命。从礼部尚书胡濙奏请也。

（英宗朝馆本卷一七三·页一上）

○正统十三年（戊辰）十二月戊辰（1449.1.10）

西宁卫隆卜等簇禅师喃哈儿监眷等、宁夏卫报恩等寺都纲耳布等、河州卫报恩寺番僧札巴坚藏、临洮府圆通等寺番僧竹麻巴等、巩昌府寿圣寺番僧明朗等、平凉府开城县圆光寺番僧谨敦藏卜、岷州等府卫大崇教等寺番僧公葛坚参、剌麻速南藏卜、忍巴星吉等、平凉府景云寺番僧绰吉罗竹等……来朝，贡马及降香、佛像、舍利等物。赐彩币表里、钞锭有差。

（英宗朝馆本卷一七三·页五下～六上）

○正统十三年（戊辰）十二月庚辰（1449.1.22）

（前略）四川思南柯等寨招出向化生番班撒儿等来朝，贡马、驼、黄鹰、铁甲、刀剑、貂鼠皮、佛像、舍利等物。赐宴，并彩币表里、袭衣、钞有差。

（英宗朝馆本卷一七三·页一〇下）

○正统十四年（己巳）正月己丑（1449.1.31）

（前略）陕西西宁等府卫弘觉等寺番僧桑儿迦朵儿只、寿圣寺番僧藏卜也失等来朝，贡马及貂鼠皮、佛像、舍利。赐宴，并彩币、袭衣等物。

（英宗朝馆本卷一七四·页二下）

○正统十四年（己巳）二月丙寅（1449.3.9）

陕西洮州剌麻领占坚眷等……来朝，贡马及方物。赐钞、彩币有差。

（英宗朝馆本卷一七五·页六上～下）

○ 正统十四年（己巳）二月壬申（1449.3.15）

四川麻儿匝安抚司土官着八让卜遣侄林卜塔儿……陕西岷州卫剌麻札巴坚藏、丹堡、答牙等簇番僧入奴先结、双奔簇剌麻失剌先吉等来朝，贡马及方物。赐钞、彩币表里有差。

（英宗朝馆本卷一七五·页九上～下）

○ 正统十四年（己巳）二月己卯（1449.3.22）

（前略）陕西乩藏簇头目先吉奔等来朝，贡马及方物。赐钞、彩币表里有差。

（英宗朝馆本卷一七五·页一三下）

○ 正统十四年（己巳）三月丙戌（1448.3.29）

（前略）陕西临洮府宝塔寺番僧锁南亦失……来朝，贡马及方物。赐彩段、绢、钞有差。

（英宗朝馆本卷一七六·页二下）

○ 正统十四年（己巳）五月甲午（1449.6.5）

四川甘藏寺番僧剌麻捨剌星吉……尊胜寺番僧思漫剌藏等各来朝，贡马及佛像等物。赐宴，并彩币表里等物有差。

（英宗朝馆本卷一七八·页六下）

○ 正统十四年（己巳）六月辛酉（1449.7.2）

（前略）碉门天全六番招讨使司杂黑、清凉寺番僧剌麻札巴斡些儿等俱来朝，贡马及方物。赐宴及彩币表里等物有差。

（英宗朝馆本卷一七九·页五下）

○ 正统十四年（己巳）九月戊寅（1449.9.17）

令故列思麻万户府万户剌麻坚藏卜子完卜绰思吉坚粲袭为指挥佥事……

（英宗朝馆本卷一八二·页一上～下）

○景泰元年（丙午）二月丙戌（1450.3.24）

　　四川天全六番招讨司土官招讨使高凤遣人贡马。赐钞。

（英宗朝馆本卷一八九·页八下）

○景泰二年（辛未）三月丙寅（1451.4.28）

　　四川威州土官舍人王永遣人来朝，贡马。赐彩币及钞。

（英宗朝馆本卷二〇二·页九下）

○景泰二年（辛未）四月甲午（1451.5.26）

　　命故四川天全六番招讨使高凤子崧、副招讨杨显昭子恺袭职。

（英宗朝馆本卷二〇三·页八上）

○景泰二年（辛未）五月辛酉（1451.6.22）

　　四川盐井卫土官千户剌马白遣把事哭儿撒、陕西岷州卫朝定等寺剌麻端竹监藏等来朝，贡马及舍利、佛像。赐钞、彩币表里有差。

（英宗朝馆本卷二〇四·页一二下）

○景泰二年（辛未）六月丁丑（1451.7.8）

　　赏四川行都司盐井卫中千户所土官副千户剌苴白等一十六名钞、绢布有差。以杀番贼功也。

（英宗朝馆本卷二〇五·页九上）

○景泰三年（壬申）正月辛亥（1452.2.7）

　　四川天全六番招讨司土官舍人把事王荣……来朝，贡马及方物。赐宴及彩币表里、钞、绢有差。

（英宗朝馆本卷二一二·页四下）

○景泰三年（壬申）五月丁巳（1452.6.12）

　　四川盐井卫番僧朵儿只星吉等来朝，贡马。赐钞、彩币表里等物有差。

（英宗朝馆本卷二一六·页一六下）

○景泰三年（壬申）六月癸酉（1452.6.28）

陕西宁夏卫番僧纲司副都纲勺思吉坚参……来朝，贡马。赐僧衣、彩段、钞有差。

（英宗朝馆本卷二一七·页四上）

○景泰四年（癸酉）正月己卯（1453.3.1）

四川天全六番招讨使司署招讨事高松遣舍人高升……来朝，贡马。赐彩段表里等物有差。

（英宗朝馆本卷二二五·页一二上～下）

○景泰四年（癸酉）二月庚子（1453.3.22）

赐四川松潘卫指挥佥事周刚并千、百户人等彩币、布、钞有差。以阿思贡招抚番人功也。

（英宗朝馆本卷二二六·页五上～下）

○景泰四年（癸酉）三月己巳（1453.4.20）

陕西岷州卫大崇教寺剌麻完卜锁南领占……各来朝，贡马及方物。赐彩币表里、绢、布等物有差。

（英宗朝馆本卷二二七·页七上～下）

○景泰四年（癸酉）六月壬辰（1453.7.12）

四川行都司盐井卫土官剌速伯遣把事与撒等贡马。赐钞有差。

（英宗朝馆本卷二三〇·页四上）

○景泰四年（癸酉）十二月壬寅（1454.1.18）

四川天全六番招讨使司署招讨使事高松……来朝，贡马。赐钞并彩币等物。

（英宗朝馆本卷二三六·页六上～下）

○景泰五年（甲戌）三月丙寅（1454.4.12）

（前略）陕西岷州大崇教寺国师锁南藏卜等各遣人来朝，贡马及方物。

赐彩币等物有差。

（英宗朝馆本卷二三九·页八下）

○景泰五年（甲戌）四月甲辰（1454.5.20）

陕西岷州大崇教寺国师锁南藏卜遣番僧领占班丹……来朝，贡马。赐彩币、钞锭有差。

（英宗朝馆本卷二四〇·页五下）

○景泰五年（甲戌）八月庚寅（1454.9.3）

四川行都司盐井卫中千户所土官副千户剌苴白遣舍人贾河等……来朝，贡马及方物。赐钞、彩币表里等物有差。

（英宗朝馆本卷二四四·页五上~下）

○景泰六年（乙亥）八月庚申（1455.9.28）

岷州卫番僧纲司大国师绰竹藏卜遣剌麻达〔速〕南领占贡马。赐钞、彩币等物有差。

（英宗朝馆本卷二五七·页四下~五上）

○景泰七年（丙子）正月丁酉（1456.3.3）

四川威州旧州里王〔土〕官巡检董敏侄董伯山等来朝，贡马。赐钞锭有差。

（英宗朝馆本卷二六二·页六上）

○景泰七年（丙子）三月甲戌（1456.4.9）

（前略）陕西岷州卫大崇教寺弘慈广善国师锁南藏卜各遣人来朝，贡马。赐宴及钞、帛〔币〕。

（英宗朝馆本卷二六四·页二上）

○景泰八年（丁丑）正月辛未（1457.1.31）

（前略）陕西西宁卫净宁等寺剌麻僧人班竹儿藏卜等、四川松潘卫思曩儿等簇土官番人著儿者等各来朝，贡马及方物。赐宴，并赐彩币表里等物有差。

（英宗朝馆本卷二七三·页一〇上）

○ 天顺元年（丁丑）十月己未（1457.11.15）

四川天全六番招讨使高崧遣副招讨杨恺……来朝，贡马及方物。赐彩段表里等物有差。

（英宗朝馆本卷二八三·页六上～下）

○ 天顺元年（丁丑）十二月戊戌（1457.12.24）

陕西西宁卫剌麻札思巴藏卜……贡马并方物、铜塔、佛像。

（英宗朝馆本卷二八五·页二下）

○ 天顺二年（丁丑）正月癸未（1458.2.7）

（前略）西宁弘觉等寺国师札思巴镇［锁］南等、四川盐井卫土官副千户剌苴白遣舍人白儿非等来朝，贡铜佛、方物。赐宴，并彩币表里等物有差。

（英宗朝馆本卷二八六·页七上）

○ 天顺二年（丁丑）二月乙未（1458.2.19）

（前略）四川盐井卫土官把事阿那他等、西宁卫弘觉寺国师剌麻札思巴锁南等……各来朝，贡马及方物。赐宴，并赐彩币表里有差。

（英宗朝馆本卷二八七·页三下～四上）

○ 天顺二年（丁丑）四月乙丑（1458.5.20）

四川长宁安抚司安抚剌麻儿遣侄男同卓列等十三寨寨首达思蛮等……来朝，贡马及佛像、舍利。赐钞。

（英宗朝馆本卷二九〇·页二下）

○ 天顺二年（丁丑）四月癸未（1458.6.7）

四川天全六番招讨司官舍戴铭、岷州卫番僧剌麻烟丹禄竹等……来朝，贡马。赐钞。

（英宗朝馆本卷二九〇·页六下）

○天顺三年（己卯）二月丁丑（1459.3.28）

赐灌顶清心戒行国师班卓儿藏卜、净戒禅师班丹札思巴等诰命及镀金银印、袈裟等物。

陕西河州卫普纲寺禅师札失巴等、西宁慈利寺剌麻锁南等、西宁弘觉寺剌麻领真藏卜来朝，贡马及佛像、舍利。赐宴及彩币表里等物有差。

（英宗朝馆本卷三〇〇·页七下～八上）

○天顺三年（己卯）三月庚寅（1459.4.10）

（前略）四川盐井卫后千户所土官副千户卜阿佐遣舍人约鲁些等并陕西河州卫普纲等寺禅师札失巴等各来朝，贡马及方物。赐宴，并彩币表里等物有差。

（英宗朝馆本卷三〇一·页四上）

○天顺三年（己卯）四月癸亥（1459.5.13）

（前略）陕西岷州卫大崇教寺番僧监藏领占等来朝，贡马。赐钞、币有差。

（英宗朝馆本卷三〇二·页三上）

○天顺三年（己卯）五月庚寅（1459.6.9）

（前略）陕西岷州卫大崇教寺大国师锁南领占遣剌麻著乩领占等贡马及方物。赐宴，并彩段等物有差。

（英宗朝馆本卷三〇三·页二下）

○天顺三年（己卯）六月丙辰（1459.7.5）

四川茂州卫卜儿等寨寨首只多儿等来朝，贡明甲、腰刀、镙礁。赐彩币、钞、绢有差。

（英宗朝馆本卷三〇四·页一下）

○天顺三年（己卯）十二月辛酉（1460.1.6）

（前略）岷州番僧指密舍捏等各来朝，贡马及方物。赐彩币表里等物。

（英宗朝馆本卷三一〇·页四上）

○天顺四年（庚辰）正月丁未（1460.2.21）

（前略）陕西甘州隆教寺剌麻朵儿只罗古罗等、西宁西域〔城〕寺番僧领占班竹儿等、岷州法藏寺番僧锁南领占等、四川松潘等处番人川科等……各来朝，贡马及方物。赐宴，并彩币表里等物有差。

（英宗朝馆本卷三一一·页八上～下）

○天顺四年（庚辰）三月丁酉（1460.4.11）

（前略）四川双马赛［寨］番人苍蒲儿等来朝，贡马。赐宴、（彩币）有差。

（英宗朝馆本卷三一三·页五上）

○天顺四年（庚辰）四月丙寅（1460.5.10）

陕西洮州卫匾都等簇番僧坚昝星吉、西宁弘觉寺完卜剌麻捨麻幹即尔等来朝，贡马及方物。赐钞锭、彩币。

（英宗朝馆本卷三一四·页四下）

○天顺四年（庚辰）四月辛未（1460.5.15）

（前略）天全六番招讨司土官舍人张雄、松潘等处双马等寨番人聂加……来朝，贡马及方物。赐以钞、币。

（英宗朝馆本卷三一四·页六上）

○天顺四年（庚辰）五月甲申（1460.5.28）

（前略）陕西岷州高地平等簇番僧头目苍者他等……贡犀牛、象、马、方物。赐宴，并彩币等物有差。

（英宗朝馆本卷三一五·页二下）

○天顺四年（庚辰）五月甲午（1460.6.7）

给弘化寺禅师剌麻领占等廪米月六斗。

（英宗朝馆本卷三一五·页四上）

○天顺四年（庚辰）六月癸丑（1460.6.26）

陕西岷州卫大崇教等寺剌麻番僧尖旨端竹等贡马及方物。赐彩币等物有差。

（英宗朝馆本卷三一六·页一下）

○天顺四年（庚辰）八月癸亥（1460.9.4）

陕西岷州卫番僧着札巴等……来朝，贡马及方物。赐钞、彩币表里有差。

（英宗朝馆本卷三一八·页五上）

○天顺四年（庚辰）十一月庚辰（1460.11.20）

陕西西宁番僧剌麻罗呐室哩等贡舍利、青盐。赐彩币等物。

（英宗朝馆本卷三二一·页二下）

○天顺五年（辛巳）正月戊申（1461.2.16）

（前略）四川天全六番招讨使司把事何伯春等……各来朝，贡马及方物。赐宴，并彩币表里等物有差。

（英宗朝馆本卷三二四·页一下）

○天顺五年（辛巳）二月丁酉（1461.4.6）

陕西岷州卫石崖等寺番僧丹班端竹等、西宁卫丹的寺剌麻领占竹等……俱来朝，贡马、驼及方物。各赐宴，并彩币等物有差。

（英宗朝馆本卷三二五·页四下）

○天顺五年（辛巳）三月丙辰（1461.4.25）

陕西岷州卫高崖寺番僧锁南乩等……来朝，贡马及方物。赐宴，并赐彩币表里等物有差。

（英宗朝馆本卷二三〇·页四上）

○天顺五年（辛巳）十二月壬申（1462.1.6）

（前略）西宁番僧绰失是［吉］坚粲等贡马及方物。赐彩币等物。

（英宗朝馆本卷三三五·页二上）

○天顺六年（壬午）正月丁巳（1462.2.20）

（前略）四川盐井等卫土官剌马贤等……陕西岷州卫大崇教等寺国师剌麻番僧锁南领占等贡马及氆氇、佛像等物。赐宴及彩币表里等物有差。

（英宗朝馆本卷三三六·页六下～七上）

○天顺六年（壬午）二月庚寅（1462.3.25）

（前略）陕西西宁卫宽〔弘〕觉等寺完卜剌麻干丹藏卜等……四川盐井卫马剌长官司土官副长官敬男阿胜等各来朝贡马、驼、海青、兔、鹘、土豹、方物。赐宴，并彩币表里（等物）有差。

（英宗朝馆本卷三三七·页五上～下）

○天顺六年（壬午）四月癸未（1462.5.17）

（前略）陕西岷州等卫弘教等寺番僧尖昝端万等来朝，贡马及方物。赐钞、币如例。

（英宗朝馆本卷三三九·页三下）

○天顺六年（壬午）五月乙卯（1462.6.18）

陕西岷州卫番僧札掛禄竹等……四川乌思藏剌麻沙甲等俱来朝，贡马及方物。赐钞、彩币表里等物有差。

（英宗朝馆本卷三四〇·页四上）

○天顺六年（壬午）十月壬午（1462.11.12）

（前略）开花〔化〕莔朋等寺剌麻番僧桑儿结星吉等来朝，贡马及方物。赐宴，并金织袭衣、彩段、绢、钞有差。

（英宗朝馆本卷三四五·页四下）

○天顺六年（壬午）十一月戊申（1462.12.8）

（前略）临洮府番僧朵儿只领占等贡马。赐彩币等物。

（英宗朝馆本卷三四六·页三上）

○天顺六年（壬午）十二月乙酉（1463.1.14）

（前略）四川天全六番招讨司、阿角寨安抚司、芒儿者安抚司、阿昔洞长官司、祈命簇长官司、叠溪长官司……贡金银器皿及马。赐彩币等物。

（英宗朝馆本卷三四七·页六上）

○天顺七年（癸未）正月壬寅（1463.1.31）

（前略）陕西岷州等卫拱卜等寺番僧速南官等来朝，贡马、驼及方物。赐钞、币等物有差。

（英宗朝馆本卷三四八·页一下）

○天顺七年（癸未）二月己巳（1463.2.27）

陕西岷州等卫拱卜等寺剌麻番僧速南等……俱来朝，贡马、驼、方物。赐宴及彩币表里、袭衣等物有差。

（英宗朝馆本卷三四九·页二下～三上）

○天顺七年（癸未）三月辛亥（1463.4.10）

陕西河州弘化寺番僧三竹乱等来朝，贡佛像、马匹。赐钞、币如例。

（英宗朝馆本卷三五〇·页五上）

○天顺七年（癸未）五月丁巳（1463.6.15）

（前略）陕西岷州卫番僧吾思领占等俱来朝，贡马及方物。赐钞、彩币表里有差。

（英宗朝馆本卷三五二·页五上）

○天顺七年（癸未）六月己卯（1463.7.7）

（前略）陕西岷州卫番僧加巴等俱来朝，贡马及方物。赐钞、彩币表里、纻丝袭衣有差。

（英宗朝馆本卷三五三·页四下）

○天顺七年（癸未）七月丙午（1463.8.3）

西番大渡河关寨故镇抚阿撒子朵儿只奔……俱来朝，贡马。赐宴，并彩币表里等物有差。

（英宗朝馆本卷三五四·页四上～下）

○天顺七年（癸未）八月壬辰（1463.9.18）

（前略）阿吉簇国师贾思巴斡节儿等遣番僧朵儿只省迦等贡马。赐彩币等物有差。

（英宗朝馆本卷三五六·页一下）

○天顺七年（癸未）十一月丙寅（1463.12.21）

洮州卫番僧三竹亦失等贡马及佛像等物。赐彩币。

（英宗朝馆本卷三五九·页二上）

○天顺七年（癸未）十二月己酉（1464.2.2）

（前略）陕西大崇教寺番僧坚的札失……来朝，贡马及佛像、貂鼠皮、氆氇、香。赐彩币等物。

（英宗朝馆本卷三六〇·页五下）

○天顺八年（甲申）正月丁卯（1464.2.20）

（前略）陕西岷州卫番僧禄竹札石……俱来朝，贡马及方物。赐（钞）、彩币表里、纻丝袭衣等物有差。

（英宗朝馆本卷三六一·页二下～三上）

○天顺八年（甲申）七月辛巳（1464.9.1）

（前略）陕西赵［洮］州卫札龙簇番僧札失端竹等各来朝，贡马及方物。赐衣服、彩段有差。

（宪宗朝馆本卷七·页七下）

○天顺八年（甲申）十月壬午（1464.11.1）

（前略）洮州陆圆等处番僧领占坚作等、岷州剌答等簇簇头番人坚东等各贡方物。赐彩段、衣、茶等物有差。

（宪宗朝馆本卷一〇·页一上）

○天顺八年（甲申）十一月甲戌（1464.12.23）

陕西洮州卫立落等簇番僧沙加领占等贡马。赐衣服、彩段等物有差。

（宪宗朝馆本卷一一·页一一上）

○成化元年（乙酉）正月戊辰（1465.2.15）

（前略）陕西岷州卫法藏等寺番僧坚参星吉等、洮州等卫大崇教等寺番僧藏卜短竹等、西宁如来等寺番僧板丹札失等各来朝，贡马及方物。赐宴，并衣服、彩段等物有差。

（宪宗朝馆本卷一三·页五上）

○成化元年（乙酉）五月丁巳（1465.6.4）

（前略）岷州卫剌答等族番人永竹官等各来朝，贡方物。赐衣服、彩段等物有差。

（宪宗朝馆本卷一七·页二下）

○成化元年（乙酉）七月丁未（1465.7.24）

陕西洮州卫大崇教寺番僧参竹藏卜、岷州卫剌答等簇番僧领占藏卜、赏哈等簇番僧人乩丹端竹等各贡马及方物。赐衣服、彩段等物有差。

（宪宗朝馆本卷一九·页一上）

○成化元年（乙酉）八月癸未（1465.8.29）

（前略）四川六番招讨司土官杨恺各遣头目人等来朝，贡马及方物。赐衣服、彩段等物有差。

（宪宗朝馆本卷二〇·页三上）

○成化元年（乙酉）九月戊申（1465.9.23）

（前略）陕西洮州卫落藏等簇番僧领占班足尔等、岷州卫赏哈等簇番人札顺等各来朝，贡马及方物。赐衣服、彩段等物有差。

（宪宗朝馆本卷二一·页一上～下）

○成化元年（乙酉）十一月辛未（1465.12.15）

（前略）岷州卫巴离〔难〕等旌〔簇〕番人捏剌节等各来朝，贡马及方物。赐衣服、彩段等物有差。

（宪宗朝馆本卷二三·页六下）

○成化元年（乙酉）十二月乙未（1466.1.8）

（前略）陕西西宁卫静宁等寺番僧捨剌省吉等、岷州卫占藏等簇番人千卜等、好地平等簇番人这答等各来朝，贡马及方物。赐衣服、彩段等物有差。

（宪宗朝馆本卷二四·页六上）

○成化二年（丙戌）正月庚午（1466.2.12）

（前略）陕西岷州卫青石山〔寺〕等簇番人春班等、伍平等簇番人官卓等、西宁等卫静宁等寺并占藏等簇剌麻人等捨剌省吉等各来朝，贡马及方物。赐彩段表里等物有差。

（宪宗朝馆本卷二五·页一四下～一五上）

○成化二年（丙戌）二月庚寅（1466.3.4）

陕西临洮卫正觉等寺番僧巴什端竹等、岷州等卫朝定等寺番僧锁南藏卜等、剌答等簇番人相竹等、葛偏等簇番僧簇头官卓汪秀等各来朝，贡马并佛像等物。赐衣服、彩段等物有差。

（宪宗朝馆本卷二六·页五上～下）

○成化二年（丙戌）三月己酉（1466.3.23）

（前略）陕西岷州卫郭秀等簇簇头番人坚的等各来朝，贡马及方物。赐衣服、彩段等物有差。

（宪宗朝馆本卷二七·页二下）

○成化二年（丙戌）三月壬戌（1466.4.5）

陕西河州卫番僧工哥端竹、临洮等卫龙喜等寺番僧工哥、剌即等簇剌麻番僧簇头札石端竹等来朝，贡马及方物。赐衣服、彩段等物有差。

（宪宗朝馆本卷二七·页八上）

○成化二年（丙戌）闰三月乙未（1466.5.8）

洮州卫陆圆等簇番僧伦竹领占等各来朝，贡方物〔马并方物〕。赐衣服、彩段等物有差。

（宪宗朝馆本卷二八·页五下）

○成化二年（丙戌）四月丁巳（1466.5.30）

岷州卫朝定等寺剌麻番僧烟丹领占等、大崇教等寺、上石多等簇剌麻番僧人等亦什乩等并昭慈等寺、西卜等簇番僧人等禄竹藏卜等来朝，各贡马及盔甲等物。赐衣服、彩段等物有差。

（宪宗朝馆本卷二九·页五下）

○成化二年（丙戌）五月庚寅（1466.7.2）

（前略）洮州大崇教等寺番僧板丹坚咎等各来朝，贡马及氆氇等物。赐衣服、彩段表里等物有差。

（宪宗朝馆本卷三〇·页九上～下）

○成化二年（丙戌）五月戊戌（1466.7.10）

陕西岷州卫烟剌西鹊簇番人陆节办等、节藏等簇番人米牙肖等各来朝，贡马及明铁甲。赐彩段等物有差。

（宪宗朝馆本卷三〇·页一三下～一四上）

○成化二年（丙戌）六月丙辰（1466.7.28）

四川茂州卫梭板等寨寨首落落丝〔彩〕等、陕西岷州卫板藏等簇番人节木等、卜麻等簇番人节中等来朝，贡马及盔甲。赐衣服、彩段等物有差。

（宪宗朝馆本卷三一·页七上）

○成化二年（丙戌）九月乙亥（1466.10.15）

命故四川天全六番招讨使高崧子文林袭职。

（宪宗朝馆本卷三四·页二上）

○成化二年（丙戌）十月辛酉（1466.11.30）

四川威州保县金川等寺剌麻番僧锁南藏卜等来朝，贡马并氆氇等物。赐彩段表里等物有差。

（宪宗朝馆本卷三五·页七下）

○成化二年（丙戌）十一月癸未（1466.12.22）

礼部奏："巡抚四川都御史汪浩等奏，新招朵甘宣慰使司地方头目来朝，乞定与年限，请如乌思藏例，三年一贡。"从之。

（宪宗朝馆本卷三六·页四下～五上）

○成化二年（丙戌）十一月辛卯（1466.12.30）

陕西岷州卫大崇教寺剌麻番僧边爵撒节等、栗中簇簇头番人朵只乩〔叱〕等各来朝，贡马及佛像等物。赐彩段表里等物有差。

（宪宗朝馆本卷三六·页六下～七上）

○成化二年（丙戌）十二月辛亥（1467.1.19）

陕西秦州卫阶州抚引来降番僧人等汪修尖眷等来朝，贡马。赐彩段等物有差。

（宪宗朝馆本卷三七·页六上）

○成化二年（丙戌）十二月丙辰（1467.1.24）

陕西洮州卫上院大崇教寺番僧三竹赤什等、岷州卫大崇教寺番僧班卓坚参等、多纳簇簇头番人七古等各来朝，贡马并佛像等物。赐彩段表里等物有差。

（宪宗朝馆本卷三七·页八下～九上）

○成化三年（丁亥）正月辛未（1467.2.8）

（前略）陕西洮州等卫大崇教等寺板藏等簇番僧领占汪等、岷州等卫瓦隆等寺古尔占等簇番僧领占干则等、洮州著落等簇番僧三竹、秦州等卫簇头番人札石威阿崖等各来朝，贡马并佛像、铁甲等物。赐衣服、彩段等物有差。

（宪宗朝馆本卷三八·页一下）

○成化三年（丁亥）二月庚申（1467.3.29）

陕西文县守御军民千户所土番百户头目马麟等……来朝，贡马。赐彩段等物有差。

（宪宗朝馆本卷三九·页一二下）

○成化三年（丁亥）二月壬戌（1467.3.31）

陕西岷州卫西宁沟簇头番人星吉乩等、灵藏地方番僧乐瓦藏卜等、四川松潘、叠溪守御所番僧江粲〔杰〕等各来朝，贡马并佛像等物。赐彩段等物有差。

（宪宗朝馆本卷三九·页一三下）

○成化三年（丁亥）三月庚午（1467.4.8）

陕西文州军民千户所土番头目阿儿结等来朝，贡马。礼部以所贡马少，请给半赏，既而阿儿结恳乞全给。有旨加赐彩段一表里，以慰夷情。

（宪宗朝馆本卷四〇·页五上～下）

○成化三年（丁亥）三月甲午（1467.5.2）

陕西河州卫弘化寺番僧工哥端竹等、岷州卫弘觉寺番僧三竹乩藏等、博谷、剌捞等簇番人勇胖等、剌答等簇簇头番人谷竹官等各来朝，贡物〔马〕及佛像等物。赐彩段、钞锭有差。

（宪宗朝馆本卷四〇·页一五上）

○成化三年（丁亥）四月癸卯（1467.5.11）

陕西岷州卫土番下节藏等簇簇头番人节陆地〔他〕等并四川朵甘宣慰使司观龙等寨头目人等马哈孟等来朝，各贡马及明甲、氆氇等物。赐宴，并袭衣、彩段、食茶等物有差。

（宪宗朝馆本卷四一·页四下）

○成化三年（丁亥）四月甲子（1467.6.1）

陕西岷州卫外夷上答剌簇簇头番人豁节等、阿秀等簇簇头番人错安等并秦州卫阶州抚降番人东竹坚昝等各来朝，贡马及明甲等物。上命赐彩段、绢、钞等物有差。

（宪宗朝馆本卷四一·页一三上）

○成化三年（丁亥）七月癸巳（1467.8.29）

（前略）天全六番招讨司舍人杨朝等各来朝，贡马。赐彩段、钞锭有差。

（宪宗朝馆本卷四四·页一三上～下）

○成化三年（丁亥）八月庚申（1467.9.25）

（前略）陕西岷州卫圆觉等寺番僧班丹札石等、著咂等簇簇头番人坚东肖等、巴藏等簇簇头番人捏捏等各来朝，贡马及佛像、氆氇、铁甲等物。赐宴，并赐彩段表里等物有差。

（宪宗朝馆本卷四五·页一〇上）

○成化三年（丁亥）十一月庚午（1467.12.4）

陕西岷州卫落藏等簇簇头番人欢竹等、出牙等簇簇头番人札答等各来朝，贡马及明甲等物。赐彩段表里等物有差。

（宪宗朝馆本卷四八·页三下）

○成化三年（丁亥）十二月庚申（1468.1.23）

（前略）陕西岷州卫憨班等簇簇头番人失落肖等各来朝，贡马及氆氇、盔甲等物。赐衣服、彩段等物有差。

（宪宗朝馆本卷四九·页一〇上）

○成化四年（戊子）四月乙未（1468.4.27）

（前略）陕西河州弘化寺番僧工哥端竹等、洮州藏撒寺下番僧板著等、岷州添郭等簇簇头番人撒剌等各来朝，贡马及氆氇、佛像、明甲等物。赐彩段、钞锭等物有差。

（宪宗朝馆本卷五三·页三上）

○成化四年（戊子）四月庚戌（1468.5.12）

升西番剌旺藏卜为都指挥佥事，因其遣使入贡求请也。

（宪宗朝馆本卷五三·页七上）

○成化四年（戊子）五月丙子（1468.6.7）

（前略）陕西岷州卫商哈簇番僧氘丹端竹等、官郭等簇番人朵友等各来朝，贡马及氆氇、明甲等物。赐衣服、彩段等物有差。

（宪宗朝馆本卷五四·页六上）

○成化四年（戊子）六月壬寅（1468.7.3）

陕西岷州卫占藏等簇簇头番人千卜等、芭篱等簇簇头番人捏剌节等各来朝，贡马及明甲。赐彩段、钞锭等物有差。

（宪宗朝馆本卷五五·页三上～下）

○ 成化四年（戊子）十月壬寅（1468.10.31）

魏野龙加麻剌麻都纲著思吉坚参等三十九族来朝，贡方物。又，管民万户舍人阿哈来朝，贡方物。自称其祖合丹思叭所辖地方十七，其印犹元至正间所授。乞换印袭职，开设衙门。

（事下）礼部会议，以（为）远人贡献，固慕义而来，而换印袭职、开设衙门，则夷情边务所系，事虽［难］遥制。宜移文四川镇守等官，遣官出境，勘其地方与何地相邻，原系何人管辖，自洪武至今百有余年，何今日方来贡献，合丹思叭既有前元符印授以万户，国初何不归附，即今阿哈与合丹思叭是何亲属，缘何才要换印袭职，所袭是何职事，所设是何衙门，都纲著思吉坚参既于正统间授职，何二十余年不来贡献而与阿哈同来；或是近边军民旧与乌思藏及长河西、鱼通、宁远等番僧混同来贡，近因有禁例不得似前滥进冒赏，遂搜寻前元旧印引诈冒生番又开一路进贡，以为冒赏之阶。务令勘议明白回奏，不得徇私不实，以启滥放之弊，亦不得非理沮抑，以失远人之心。从之。

（宪宗朝馆本卷五九·页四上～下）

○ 成化四年（戊子）十月甲辰（1468.11.2）

陕西岷州卫剌答等簇番人相中等、铁立等簇番人烟班等、恶由等簇番人豁陆等、西卜等簇番人尖班等各来朝，贡马及明甲。赐彩段、钞锭有差。

（宪宗朝馆本卷五九·页五上）

○ 成化四年（戊子）十月丁未（1468.11.5）

（前略）四川天全六番招讨使（司）头目舍人柳智等各来朝，贡马。赐彩段、钞锭有差。

（宪宗朝馆本卷五九·页六上）

○成化五年（己丑）正月癸未（1469.2.9）

（前略）天全六番招讨使司招诏[讨]使高文林遣舍人高玉明等……各来朝，贡象、马并金银器皿。赐宴，并衣服、彩段等物有差。

（宪宗朝馆本卷六二·页九下）

○成化五年（己丑）闰二月辛酉（1469.3.19）

陕西岷州卫拱卜等寺剌麻番僧坚的札藏卜、剌丹等来朝，贡马并佛像等物。赐彩段等物有差。

（宪宗朝馆本卷六四·页二下）

○成化五年（己丑）七月丙戌（1469.8.11）

四川都布按三司奏："保县僻在极边，永乐五年间设杂谷安抚司，授以印章，俾安抚本司。旧维州等处番寨凡有进贡，从保县以达。后与董卜韩胡宣慰司仇杀，旧维州等处俱为夺占，贡路隔绝。今杂谷舍人耿着思吉集众复取旧地，遣番僧朵儿监藏等来贡马、甲等物。因久不通，无年贡例，未敢发遣。"

礼部言："朝廷抚驭四夷，来则不拒，况杂谷宣抚司系先年间开设，亦累曾进贡，虽隔绝年久，然能输诚纳贡，较之为恶作耗者不同，乞许其来贡。以后仍令遵守三年一贡之例。"从之。

（宪宗朝馆本卷六九·页二上～下）

○成化六年（庚寅）二月甲戌（1470.3.27）

（前略）洮州卫牙杓等簇番僧锁南札等、岷州卫剌节等簇头（目）番人七答节等各来朝，贡马并佛像、氆氇、盔甲等物。赐彩段表里等物有差。

（宪宗朝馆本卷七六·页八下）

○成化六年（庚寅）三月丁未（1470.4.29）

陕西洮州等卫奔古等簇番人笼[龙]卜节等、苦牙等簇番人永额等、他藏等簇番人阿安等各来朝，贡马及盔甲等物。赐衣服、彩段等物有差。

（宪宗朝馆本卷七七·页一四上）

○ 成化六年（庚寅）四月甲戌（1470.5.26）

四川松潘杂谷安抚司番僧朵儿监藏、陕西灵藏地面番僧结节……各来朝，贡马及氆氇、刀甲等物。赐宴，并彩段、绢、钞等物有差。

（宪宗朝馆本卷七八·页七上～下）

○ 成化六年（庚寅）五月乙未（1470.6.16）

陕西岷州卫憨班等簇番人坚的肖等、龙都卜等簇番人勇竹官等、洮州卫禄光等簇番僧领占三竹等各来朝，贡马及盔甲、佛像等物。赐彩段、钞锭有差。

（宪宗朝馆本卷七九·页八下）

○ 成化六年（庚寅）十一月辛丑（1470.12.19）

四川长河西、鱼通、宁远军民宣慰使司坚葛节等寺寨都纲头目人等巴旦言千等……长宁安抚司并韩胡桥等寺寨安抚坤卜等……陕西文县守御千户所外皮等簇簇头番人札巴汪秀等各来朝，贡马及方物。赐衣服、彩段等物有差。

（宪宗朝馆本卷八五·页六下）

○ 成化七年（辛卯）正月庚子（1471.2.16）

陕西西宁卫丹德寺番僧领占竹等、岷州卫朝定等寺番僧乩丹等、西固城千户所栗中等簇簇头番人怕剌肖等各来朝，贡马并佛像等物。赐彩段、宝钞等物有差。

（宪宗朝馆本卷八七·页八下）

○ 成化七年（辛卯）二月戊申（1471.2.24）

陕西西固城长陵山等簇番僧番人仓〔官〕者〔卓〕尖尖等、各卜等簇番僧番人官卓等、文县土番簇头剌麻肖等各来朝，贡马及明甲等物。赐彩段、钞、绢有差。

（宪宗朝馆本卷八八·页一上）

○成化七年（辛卯）三月壬寅（1471.4.19）

陕西岷州卫西固城军民千户所靖卜等簇番僧七答等、庙儿垭等簇番僧七竹吉等各来朝，贡马及盔甲等物。赐彩段表里等物有差。

（宪宗朝馆本卷八九·页一○下）

○成化七年（辛卯）四月戊辰（1471.5.15）

陕西你被、麻谷等簇番人革革等、熬儿等簇番人阿出等、上笆篱等簇番僧番人汪吉节等俱以招抚来朝，各贡马及铜佛等物。赐宴，并彩段、绢、钞有差。

（宪宗朝馆本卷九○·页七上）

○成化七年（辛卯）五月辛卯（1471.6.7）

陕西阶州等处燕子等簇番人桑儿吉领占等、折石等簇番人札石吉等，俱以招抚来朝，贡马。赐彩段、钞、绢等物有差。

（宪宗朝馆本卷九一·页四上～下）

○成化七年（辛卯）十二月庚寅（1472.2.1）

陕西岷州卫大崇教寺番僧瓦秀札石等、西宁卫普法等寺番僧锁南儿坚剉等、瞿县等寺番僧领占藏卜等各来朝，贡马及佛像等物。赐宴，并赐彩段、绢、钞有差。

（宪宗朝馆本卷九九·页一五下）

○成化十年（甲午）十月戊申（1474.12.5）

陕西洮州卫札失官寺禅师桑节藏卜等来朝，贡马及佛像等物。赐衣服、彩段等物有差。

（宪宗朝馆本卷一三四·页七上）

○成化十年（甲午）十一月壬申（1474.12.29）

陕西显庆、弘化、舍藏等寺番僧汪束藏卜等……各来朝，贡马及佛像等物。赐宴，并彩段等物有差。

（宪宗朝馆本卷一三五·页五下）

○成化十年（甲午）十二月甲申（1475.1.10）

礼部奏："陕西岷州等卫指挥使安英等，违例起送大崇教等寺番僧入贡数多，宜行所司执问。"

上曰："安英等姑宥之不问，今后如例行之。"

（宪宗朝馆本卷一三六·页一下）

○成化十一年（乙未）正月丙子（1475.3.3）

（前略）西宁等寺番僧也失藏卜等、洮州番僧班丹创［札］失等各来朝，贡驼、马及方物。赐宴，并彩段等物有差。

（宪宗朝馆本卷一三七·页四下）

○成化十一年（乙未）二月壬午（1475.3.9）

西宁等处圆觉等寺番僧攀的藏卜、番人板的官等各来朝，贡马、驼并佛像等物。赐彩段、绢、钞等物有差。

（宪宗朝馆本卷一三八·页一下）

○成化十一年（乙未）三月戊寅（1475.5.4）

陕西岷州外夷苽哑等簇番人桼〔柴〕竹窝邪等、赏哈等簇番人六安等、隆教等寺番僧鲁谷思宁卜等各来朝，贡马。赐彩段等物有差。

（宪宗朝馆本卷一三九·页七下）

○成化十一年（乙未）五月丁巳（1475.6.12）

礼部言："陕西洮州卫奏送番人，驼笼等簇二百一十七人，也尔古等簇二百八人，纳郎等簇二百五十八人，各贡马及方物，违例冒滥。然既来不可拒，宜依常例给赐。"从之。

（宪宗朝馆本卷一四一·页三上～下）

○成化十一年（乙未）五月丁丑（1475.7.2）

番僧戒巴僧革等一百三十七名，贡马及方物。礼部奏准依例人赏钞二十锭、绢二匹，折衣纻丝一表里、绢二匹，每马给钞三百锭、纻丝一匹。各僧言："本地与岷州西固城等处俱是生番，今赐例不及于彼。乞各僧［增］一表里，减绢二匹。"

礼部复奏。从之。

（宪宗朝馆本卷一四一·页七上）

○成化十一年（乙未）七月甲寅（1475.8.8）

岷州卫七笼等簇簇头番人卜都等、憨班等簇簇头番人官巴等、罗家等簇簇头番人戎巴僧革等、洮州卫哈谷等簇簇头番人喃着等、鹊中等簇簇头番人郭由等、四川威州金川等寺剌麻番僧阿结藏卜等各来朝，贡马及氆氇、佛像等物。赐彩段、钞、绢有差。

（宪宗朝馆本卷一四三·页二上）

○成化十二年（丙申）正月辛未（1476.2.21）

（前略）岷州卫占藏等簇番人谷奴札等、札着等簇番人川官等各来朝，贡马及氆氇、盔甲等物。赐衣服、彩段等物有差。

（宪宗朝馆本卷一四九·页三下）

○成化十二年（丙申）三月丙午（1476.3.27）

（前略）陕西洮州卫札来等簇番人札答等、岷州卫节藏等簇番人板宗等、念班等簇番人朵只肖等、多吉等簇番人迁卜等、寨中等簇番人七竹尖等各来朝，贡马及氆氇、盔甲等物。赐衣服、彩段等物有差。

（宪宗朝馆本卷一五一·页一上）

○成化十二年（丙申）四月癸巳（1476.5.13）

四川朵甘宣慰使司番僧温卜官竹星吉等……陕西岷州卫好地平等簇番人七虯等、青石山等簇番人虯受等各来朝，贡氆氇、盔甲等物。赐衣服、彩段等物有差。

（宪宗朝馆本卷一五二·页六上）

○成化十二年（丙申）六月庚寅（1476.7.9）

陕西洮州卫奔古等簇番人米纳秀等、岷州卫铁占等簇番人哥哥等、上苞篱等簇番人取古等各来朝，贡马及盔甲等物。赐彩段、绢、钞有差。

（宪宗朝馆本卷一五四·页五下～六上）

○ 成化十二年（丙申）九月戊午（1476.10.5）

　　陕西岷州等卫折石等簇番人答刺少等、铁城等簇番人均藏少等、鲁卜庄等簇番人七少等、熬儿等簇番人憨少等各来朝，贡马及盔甲等物。赐彩段、绢、钞有差。

（宪宗朝馆本卷一五七·页一〇上～下）

○ 成化十二年（丙申）十月戊戌（1476.11.14）

　　陕西秦州孔提谷、潨平等簇番人札肖等、燕子等簇簇头七肖等、北林等簇番人喃刺节等各来朝，贡盔甲等物。赐彩段、绢、钞有差。

（宪宗朝馆本卷一五八·页八下）

○ 成化十二年（丙申）十一月辛酉（1476.12.7）

　　西宁瞿昙寺禅师桑尔加端竹等……尖占等簇番人七肖等、边卜等簇番人米牙肖等各来朝，贡驼、马及盔甲等物。赐衣服、彩段等物有差。

（宪宗朝馆本卷一五九·页六上）

○ 成化十三年（丁酉）正月壬戌（1477.2.6）

　　西番静宁等寺番僧锁南你麻……各来朝，贡马。赐宴，并衣服、彩段等物有差。

（宪宗朝馆本卷一六一·页三上）

○ 成化十三年（丁酉）正月丙寅（1477.2.10）

　　洛脱等簇头目朵而只加奏所进方物多，而赐数未〔不〕足。事下礼部，请移文巡抚陕西都御史余子俊勘实给与。从之。

（宪宗朝馆本卷一六一·页三下）

○成化十三年（丁酉）二月乙未（1477.3.11）

陕西西宁延寿寺番僧斡即尔等、札当等寺番僧相著等各来朝，贡马、驼。赐彩段、绢、钞等物有差。

（宪宗朝馆本卷一六二·页五上）

○成化十三年（丁酉）十一月辛卯（1478.1.1）

（前略）洮州卫他笼等簇簇头番人喃剌节等各来朝，贡马及方物。赐衣服、彩段等物有差。

（宪宗朝馆本卷一七二·页七下）

○成化十四年（戊戌）二月辛丑（1478.3.12）

陕西河州卫舒藏仰思多等处理仁寺番僧速札思巴坚藏等各来朝，贡马及氆氇等物。赐衣服、彩段、食茶等物有差。

（宪宗朝馆本卷一七五·页二下）

○成化十四年（戊戌）三月乙酉（1478.4.25）

岷州土番七笼等簇簇头迷东等来朝，贡马及盔甲。赐彩段、钞、绢有差。

（宪宗朝馆本卷一七六·页一〇上）

○成化十五年（己亥）正月丁丑（1479.2.11）

陕西岷州上答剌等簇生番簇头伦班牙等、郭秀等簇生番簇头把多纳等、车藏等簇生番簇头陆节秀等各来朝，贡马及盔甲等物。赐宴，并彩段、绢、钞有差。

（宪宗朝馆本卷一八六·页二上～下）

○成化十五年（己亥）五月己卯（1479.6.13）

陕西洮州卫哈尔占等簇生番簇头喃奔等、岷州卫汤哈〔合〕等簇生番簇头呵古安等各来朝，贡马及盔甲等物。赐彩段、绢、钞有差。

（宪宗朝馆本卷一九〇·页七下）

○成化十五年（己亥）五月壬午（1479.6.16）

四川长宁安抚司土官坤卜、杂谷安抚司署印舍人耿著思吉各遣番人来朝，贡马及盔甲等物。赐彩段、绢、钞有差。

（宪宗朝馆本卷一九〇·页八上）

○成化十五年（己亥）十一月辛卯（1479.12.22）

陕西岷州卫憨班等簇番人官巴等、官郭等簇番人板的节等、多藏等簇番人七古陆等各来朝，贡马及盔甲等物。赐宴，并彩段、绢、钞有差。

（宪宗朝馆本卷一九七·页二上）

○成化十五年（己亥）十二月辛酉（1480.1.21）

瞿昙寺禅师剌麻桑尔加端竹等并商州等簇番人着的等各来朝，贡马及盔甲。赐宴，并彩段、绢、钞有差。

（宪宗朝馆本卷一九八·页二下）

○成化十六年（庚子）正月辛丑（1480.3.1）

陕西凉州卫菩提等寺番僧都纲南葛藏卜等、洮州卫下答剌等簇生番簇头米牙忽等各来朝，贡马、驼、甲胄等物。赐衣服、彩段等物有差。

（宪宗朝馆本卷一九九·页三下）

○成化十六年（庚子）三月癸卯（1480.5.2）

陕西西宁弘觉等寺灌顶真修妙应国师领真喃尔加遣番僧班丹坚剉……岷州卫大崇教寺番僧着藏领占等、洮州卫潘多等簇番人板的肖等、也尔古等簇番人札牟肖等、驼笼等簇番人喃奔等各来朝，贡驼、马、甲胄等物。赐宴，并衣服、彩段等物有差。

（宪宗朝馆本卷二〇一·页六上～下）

○成化十六年（庚子）五月丙申（1480.6.24）

陕西山外克栾卜簇火儿仓殊胜寺番僧札思巴先吉等……各来朝，贡马。赐衣服、彩段等物有差。

（宪宗朝馆本卷二〇三·页三上）

○成化十六年（庚子）五月丁未（1480.7.5）

四川保县金川寺演化禅师班丹藏卜遣番僧领占藏入贡，因奏往年四川布政司所给茶不堪用，乞如旧例给与彩段表里。礼部复奏。命仍折茶，令巡按御史同布政司官监放。如不堪用，参奏治之。

（宪宗朝馆本卷二〇三·页四下～五上）

○成化十六年（庚子）十月戊辰（1480.11.23）

四川松潘恰列等寺剌麻多惹等……各来朝，贡佛像、氆氇等物。赐宴，并彩段等物有差。

（宪宗朝馆本卷二〇八·页八上）

○成化十六年（庚子）十一月戊戌（1480.12.23）

秦州卫外夷孔提谷、答牙等簇簇头番人初王乩等、恶力等簇簇头番人铁陆等各来朝，贡马及盔甲等物。赐宴，并彩段、绢、钞有差。

（宪宗朝馆本卷二〇九·页六下）

○成化十七年（辛丑）二月乙丑（1481.3.20）

陕西河州弘化寺番僧星吉札失等、岷州湫日等簇及青石山等簇簇头番人岳古等各来朝，贡马及盔甲等物。赐彩段、钞、绢有差。

（宪宗朝馆本卷二一二·页五上）

○成化十七年（辛丑）四月丁巳（1481.5.11）

（前略）河州山外隆卜簇土尔干沟正宗寺番僧札思巴坚剉等，并捨藏族清修戒定国师也失尔坚藏等各来朝，贡马及方物。赐衣服、彩段等物有差。

（宪宗朝馆本卷二一四·页五下）

○成化十七年（辛丑）五月丁丑（1481.5.31）

（前略）陕西岷州车剌等簇簇头番人列古等各来朝，贡马及盔甲等物。赐彩段、绢、钞有差。

（宪宗朝馆本卷二一五·页一下）

○成化十七年（辛丑）八月甲寅（1481.9.5）

　　陕西岷州各卜等簇番人亦希藏等、赏哈等簇番人失捏乃丹等各来朝，贡马并盔甲等物。赐彩段、钞、绢（等物）有差。

（宪宗朝馆本卷二一八·页三上）

○成化十八年（壬寅）二月戊午（1482.3.8）

　　陕西撒藏寺番僧撒节等、法藏寺番僧速南等、弘教寺番僧领占乩等、永安寺番僧领占尖昝等各来朝，贡马及佛塔、舍利等物。赐宴，并彩段、绢、钞有差。

（宪宗朝馆本卷二二四·页四上）

○成化十八年（壬寅）三月甲申（1482.4.3）

　　陕西朝定寺番僧端竹藏卜等、石崖寺番僧领卜端竹等各来朝，贡马及佛塔、舍利等物。赐彩段、绢、钞有差。

（宪宗朝馆本卷二二五·页五上）

○成化十八年（壬寅）四月己未（1482.5.8）

　　（前略）陕西洮州他笼等族番人沙剌肖等各来朝，贡镔鲁、盔甲等方物。赐宴，并衣服、彩段等物有差。

（宪宗朝馆本卷二二六·页五下）

○成化十八年（壬寅）七月己巳（1482.7.17）

　　朵甘卫都指挥使蓝葛监藏死，命其子公葛坚粲巴藏卜袭职。其入贡番僧又言："本境求请有时与女直不同，恳求旧敕。"许之。

（宪宗朝馆本卷二二九·页一上）

○成化十八年（壬寅）闰八月戊辰（1482.9.14）

　　陕西岷州外夷剌章等簇番人陆秀等、答石等簇番人札石革等、哈古等簇番人昝卜等各来朝，贡马及盔甲等物。赐宴，并彩段、绢、钞有差。

（宪宗朝馆本卷二三一·页一上～下）

○成化十九年（癸卯）正月壬戌（1483.3.7）

　　陕西西宁静宁等寺妙胜慧济灌顶大国师锁南领占等、完卜剌麻番僧锁南巴藏等并岷州卫边爵等簇番人捏古等、洮州卫阿着等簇番人札卜节等各来朝，贡马、驼及佛像、盔甲等物。赐宴，并彩段、绢、钞有差。

（宪宗朝馆本卷二三六·页三下）

○成化十九年（癸卯）三月庚子（1483.4.14）

　　陕西文县氊哈等大五簇生番簇头圭哈等各来朝，贡马并盔甲等物。赐彩段、绢、钞有差。

（宪宗朝馆本卷二三八·页二下）

○成化十九年（癸卯）六月戊寅（1483.7.21）

　　四川杂谷安抚司的唐等寺寨番僧贾舍藏等、陕西洮州奔古尔著等簇簇头番人七禄年肖等、榆树等簇簇头番人七乱肖等各来朝，贡马及氆氇、盔甲等物。赐彩段、绢、钞有差。

（宪宗朝馆本卷二四一·页四下）

○成化十九年（癸卯）九月壬寅（1483.10.13）

　　四川木瓦等赛〔寨〕遣舍人头目令孟等、西番安定王领真斡郎〔即〕遣国师朵尔只领真等各来朝，贡马、驼及珊瑚、氆氇等物。赐宴，并衣服、彩段等物有差。

（宪宗朝馆本卷二四四·页四下）

○成化十九年（癸卯）十二月己卯（1484.1.18）

　　洮州外夷札来等簇番人头目郭些儿等、卜立等簇番人潹班等、凉州卫庄严等寺番僧作巴藏等各来朝，贡马及盔甲等物。赐彩段、绢、钞有差。

（宪宗朝馆本卷二四七·页四下）

○成化二十年（甲辰）五月丙午（1484.6.13）

　　陕西岷州大崇教寺番僧失劳尖卒等、多朹等簇簇头番人卜肖等、河州洪[弘]化寺番僧喃葛札失等、洮州札纳等簇番人你卜秀等各来朝，贡佛像、（马）、驼、盔甲等物。赐彩段、绢、钞有差。

（宪宗朝馆本卷二五二·页七上）

○成化二十一年（乙巳）正月辛卯（1485.1.24）

陕西柏林、七古等簇簇头番人剌节牙等、的卜哈等簇簇头番人肉〔玉〕剌肖等、巴沙峪垆等簇生番簇头焦禄般剌等各来朝，贡马及盔甲等物。赐宴，并彩段、绢、钞有差。

（宪宗朝馆本卷二六〇·页一八上）

○成化二十一年（乙巳）正月己亥（1485.2.1）

（前略）金川寺演化禅师班丹藏卜遣番僧增客藏卜等各来朝，贡氆氇等物。赐宴，并衣服、彩段等物有差。

（宪宗朝馆本卷二六一·页一上）

○成化二十一年（乙巳）二月甲寅（1485.2.16）

陕西岷州外夷憨班等簇簇头番人亦麻窝斜等、千官等簇簇头番人札古肖等、撒藏寺番僧札挂速南等、拱卜寺番僧瓦剌藏卜等各来朝，贡马并佛像、盔甲等物。赐彩段、绢、钞有差。

（宪宗朝馆本卷二六二·页一上～下）

○成化二十一年（乙巳）三月甲申（1485.3.18）

四川朵甘宣慰使司三呆札叭并新招抚五蜡等寨生番头目三竹等各来朝，贡珊瑚、氆氇等方物。赐宴，并衣服、彩段等物有差。

（宪宗朝馆本卷二六三·页一上）

○成化二十一年（乙巳）三月甲午（1485.3.28）

陕西洮州……尖占等簇簇头番人喃剌盼等各来朝，贡马及铜像、盔甲等物。赐宴，并彩段、绢、钞有差。

（宪宗朝馆本卷二六三·页六下）

○成化二十一年（乙巳）闰四月壬寅（1485.6.4）

　　陕西岷州撒藏寺番僧锁南班丹等、河州弘化寺番僧星吉札失等各来朝，贡马及氆氇、佛像等物。赐彩段、钞锭有差。

（宪宗朝馆本卷二六五·页五下）

○成化二十一年（乙巳）十二月己卯（1486.1.7）

　　四川汶川县上草坡、白儿等寨番人更竹他等、陕西洮州卫车禄等簇番人板的肖等各来朝，贡氆氇、盔甲等物。赐宴，并彩段、绢、钞有差。

（宪宗朝馆本卷二七三·页一上）

○成化二十二年（丙午）三月甲子（1486.4.22）

　　西番迭力等簇簇头七驴等、木沙等簇番人锁南藏等各来朝，贡马及盔甲等物。赐宴，并彩段、绢、钞有差。

（宪宗朝馆本卷二七六·页七上～下）

○成化二十二年（丙午）四月癸卯（1486.5.31）

　　陕西土番麦鹅等簇番僧朵只尖藏、哈者等簇生番玉巴等……各来朝，贡马及佛像、氆氇等物。赐彩段、绢、钞有差。

（宪宗朝馆本卷二七七·页八下）

○成化二十二年（丙午）六月丁酉（1486.7.24）

　　陕西外夷生番籛哈等簇簇头圭哈等、博谷等簇簇头阿鹅等各来朝，贡马及盔、刀等物。赐宴，并彩段、钞锭有差。

（宪宗朝馆本卷二七九·页九上～下）

○成化二十二年（丙午）十月甲戌（1486.10.29）

　　陕西岷州外夷昔藏等簇簇头番人札答等、洮州外夷他笼等簇番人朵只怕等各来朝，贡马及盔甲等物。赐宴，并彩段、绢、钞有差。

（宪宗朝馆本卷二八三·页一上）

○成化二十三年（丁未）三月癸卯（1487.3.27）

陕西岷州弘济寺番僧端竹尖答等、河州普纲寺番僧汪束〔东〕班丹等、洮州哈尔占等簇番人陆节秀等各来朝，贡马及佛像、盔甲等物。赐宴，并彩段、绢、钞有差。

（宪宗朝馆本卷二八八·页一上）

○成化二十三年（丁未）四月壬午（1487.5.5）

陕西岷州大隆善护国寺国师番僧绰肖藏卜等、陕西拱卜寺番僧乩六等各来朝，贡马及佛像、舍利等物。赐彩段、绢、钞有差。

（宪宗朝馆本卷二八九·页五下）

○成化二十三年（丁未）八月庚午（1487.8.21）

四川茂州卫长宁安抚司遣番人多日藏等来朝，贡马及牌甲、氆氇等物。赐彩段、绢、钞有差。

（宪宗朝馆本卷二九三·页二上）

○成化二十三年（丁未）八月己卯（1487.8.30）

陕西洮州外夷吉古等族番人剌麻肖等、奔古尔着等簇番人哈只等各来朝，贡马及盔甲等物。赐彩段、绢、钞各有差。

（宪宗朝馆本卷二九三·页三下）

○弘治元年（戊申）正月壬子（1488.1.30）

（前略）杂谷安抚司伽克等寺寨遣剌麻番僧头目松思吉等及西番桑人等族生番族头仓汪肖等来朝，贡氆氇等物。赐衣服、彩段、钞锭有差。

（孝宗朝馆本卷九·页三上～下）

○弘治元年（戊申）十月庚戌（1488.11.23）

陕西西番讲堂、永宁、鲁班、羊圈、广善等五寺剌麻僧剌瓦札等来贡。赐宴，并彩段、钞锭等物有差。

（孝宗朝梁本卷一九·页一二上）

○弘治元年（戊申）十一月癸未（1488.12.26）

陕西洮州卫青石山等族番人南都等，清沙坡等族札吉等，札纳、柏林、七占等族陆节等来朝，贡盔甲、马匹等物。赐宴，并彩段、钞锭有差。

（孝宗朝馆本卷二〇·页九上）

○弘治二年（己酉）正月辛巳（1489.2.22）

陕西外夷各卜等族番人亦希藏等，草坡等族番僧百麻坚藏等，驼笼、也尔古的、卜哈等族番人扳麻节〔郎〕等来朝，各贡佛像、盔甲、马匹等物。赐宴，并衣服、彩段有差。

（孝宗朝馆本卷二二·页五上）

○弘治二年（己酉）三月己巳（1489.4.11）

陕西大亦辖等族番人审〔容〕中果等、阿着等族番人板节〔郎〕等、车剌等族番人札古等来朝，贡马及盔甲等物。赐衣服、彩段等物有差。

（孝宗朝馆本卷二四·页三上～下）

○弘治二年（己酉）十月戊申（1489.11.16）

四川杂道长官司都纲番僧奴日蒙等……达司蛮长官司番僧要别等各来朝，（贡）氆氇、铁刀等物。赐宴，并衣服、彩段等物有差。

（孝宗朝馆本卷三一·页一二下）

○弘治二年（己酉）十一月乙卯（1489.11.23）

陕西外夷苽唖等族番人容中锅等、答牙等族番人初王乩等、失〔尖〕占等族番人你卜秀等来朝，贡盔甲、马匹。赐宴，并彩段、钞锭有差。

（孝宗朝馆本卷三二·页一上）

○弘治二年（己酉）十二月癸巳（1489.12.31）

令瞿县寺番僧完卜工葛领占袭其叔班卓儿藏卜灌顶国师职，仍赐之诰命，俾抚其众。

（孝宗朝馆本卷三三·页二下）

○弘治三年（庚戌）三月丙辰（1490.3.24）

免四川思囊日等安抚长官司一十六处明年朝觐，以守臣言地方灾伤故也。

（孝宗朝馆本卷三六·页一下～二上）

○弘治三年（庚戌）三月壬戌（1490.3.30）

陕西外夷术［木］沙、骆驼巷、七笼等族番人吉多肖、沙卜等来朝，贡马匹、盔甲等物。赐彩段、钞锭有差。

（孝宗朝馆本卷三六·页六上）

○弘治三年（庚戌）九月癸丑（1490.9.17）

四川松潘卫白马路长官司……各遣通使（等）来贡。赐彩定钞［段、钞锭］有差。

（孝宗朝馆本卷四二·页一下～二上）

○弘治三年（庚戌）十一月甲辰（1491.1.6）

（前略）金川等寺演化禅师班丹藏卜差剌麻番僧锁郎监藏等贡佛像、方物。赐宴，并彩段、衣服等物有差。

（孝宗朝馆本卷四五·页六下）

○弘治四年（辛亥）二月庚戌（1491.3.13）

四川杂谷安抚司遣剌麻番僧头目郎哈僧吉等并陕西外夷车陆、哈古、哈笼等族番人火竹等，各贡氆氇、盔甲、马匹等物。赐衣服、彩段、钞锭有差。

（孝宗朝馆本卷四八·页二上）

○弘治四年（辛亥）四月癸酉（1491.6.4）

命故协守松潘署都指挥佥事邹伦之子庆袭原职指挥同知茂州卫管事。

（孝宗朝馆本卷五〇·页五下）

○弘治四年（辛亥）七月丁亥（1491.8.17）

陕西岷州卫大崇教事［寺］下院天竺寺番僧都纲锁南朵儿只等……来朝，贡佛像、马匹。赐宴，并衣服、彩段等物有差。

（孝宗朝馆本卷五三·页三上～下）

○弘治五年（壬子）四月癸卯（1492.4.29）

西宁卫静宁寺番僧完卜锁南巴藏等、外夷好地平等族番人南哥容中等来朝，贡佛像、方物。赐宴，并衣服、彩段等物有差。

（孝宗朝馆本卷六二·页一上）

○弘治五年（壬子）八月甲辰（1492.8.28）

陕西罗家族番人豁捏来贡。赐彩段等物如例。

（孝宗朝馆本卷六六·页一下）

○弘治六年（癸丑）正月甲午（1493.2.14）

（前略）陕西卧龙等寺番僧剌麻桑节远丹等来朝，贡佛像、马匹。赐宴，并彩段等物有差。

（孝宗朝馆本卷七一·页六下）

○弘治六年（癸丑）九月丁未（1493.10.25）

（前略）四川长河西鱼通宁远等处军民宣慰使司煖巴等寨都纲沙剌言千等、四川威州保县金川等寺演化禅师遣剌麻番僧来朝，贡佛像、马匹。赐宴，并彩段、钞锭有差。

（孝宗朝馆本卷八〇·页三下～四上）

○弘治六年（癸丑）十月辛巳（1493.11.28）

陕西外夷榆树、札纳、纳郎、氊哈哈者四族番人札节玉巴等来朝，贡方物。赐彩段、钞、绢有差。

（孝宗朝馆本卷八一·页五下）

○弘治七年（甲寅）四月戊寅（1494.5.24）

（前略）西番大崇教等寺番僧剌麻失劳等来朝，贡方物。赐宴，并衣服、彩段等物有差。

（孝宗朝馆本卷八七·页三下）

○弘治七年（甲寅）六月甲戌（1494.7.19）

（前略）松潘商巴寺番僧罗儿星吉等来朝，贡方物。赐宴，并彩段、衣服等物有差。其札失藏卜等，请袭其师切旺坚参禅师都纲之职。从之。

（孝宗朝馆本卷八九·页六上）

○弘治七年（甲寅）八月乙酉（1494.9.28）

陕西外夷札来、多杓、答石等族番人俺奔等来朝，贡方物。赐彩段、钞、绢等物有差。

（孝宗朝馆本卷九一·页九上）

○弘治八年（乙卯）二月丙寅（1495.3.8）

陕西庄浪卫红城子堡番僧叁丹令占、西番僧纲司都纲剌麻鲁班、法藏等寺番僧禄竹坚剉等来贡。赐宴，并彩段等物有差。

（孝宗朝馆本卷九七·页三下）

○弘治八年（乙卯）三月庚戌（1495.4.21）

陕西岷州法藏等寺剌麻番僧班剌亦失、洮州著落等族番僧领占札失并红城子堡番僧（叁）丹令占等来贡。赐宴，并彩段、绢、钞等物如例。

（孝宗朝馆本卷九八·页一一上）

○弘治八年（乙卯）六月戊午（1495.6.28）

（前略）岷州卫红觉寺番僧剌麻撒节札及千官阿著等族番人豁木秀节陆等各来贡。赐宴及彩段等物有差。

（孝宗朝馆本卷一○一·页二上）

○弘治八年（乙卯）八月丙寅（1495.9.4）

四川杂道长官司遣寨主头目刺达并陕西木沙等族番人头目七肒官等来贡。赐彩段、钞锭等物如例。

（孝宗朝馆本卷一〇三·页四下）

○弘治八年（乙卯）十二月壬子（1495.12.19）

陕西崔工、驼笼等族番人节肒尖札等来（朝）贡。赐彩段、衣服等物如例。

（孝宗朝馆本卷一〇七·页一上）

○弘治九年（丙辰）二月庚戌（1496.2.15）

陕西招慈、西多等寺番僧剌麻端竹领占来贡。赐彩段、衣服有差。

（孝宗朝馆本卷一〇九·页二下）

○弘治九年（丙辰）闰三月辛亥（1496.4.16）

陕西大崇教、朝定及三竹等寺剌麻番僧禄竹班丹、星吉尖昝等各来贡。赐宴及彩段等物如例。

（孝宗朝馆本卷一一一·页一下）

○弘治九年（丙辰）四月辛巳（1496.5.16）

陕西迭力、青石山、这多等族番人卜纳招臧等来贡。赐彩段表里有差。

（孝宗朝馆本卷一一二·页一下）

○弘治九年（丙辰）六月甲辰（1496.8.7）

陕西车禄、东路、各卜、苾哑、西〔昔〕藏等族番人扳的肖、亦希臧札答等各来贡。赐彩段表里有差。

（孝宗朝馆本卷一一四·页九上）

○弘治九年（丙辰）九月癸酉（1496.11.4）

四川长宁安抚司头目舍人番僧王泰儿等来贡。赐彩段表里等物有差。

（孝宗朝馆本卷一一七·页七上）

○弘治九年（丙辰）十二月辛卯（1497.1.21）

陕西罗家、尖占、哈古等族番寺〔人〕头目岳仲肖节安等来贡。赐彩段表里等物如例。

（孝宗朝馆本卷一二〇·页四下）

○弘治十年（丁巳）五月癸卯（1497.6.2）

陕西奔古、桑人等族番人头目南刺他刺麻肖〔南刺肖〕等来贡。赐彩段表里有差。

（孝宗朝馆本卷一二五·页一上）

○弘治十年（丁巳）五月庚戌（1497.6.9）

陕西西番讲堂、永宁、鲁班、羊圈、广善等五寺刺麻（番）僧刺瓦札巴等来贡。赐宴，并彩段、钞锭等物有差。

（孝宗朝馆本卷一二五·页二下）

○弘治十年（丁巳）六月壬午（1497.7.11）

四川威州保县金川等寺演化禅师郎哈监藏遣刺麻番僧贾思叭等、茂州加渴瓦寺番僧刺麻三蓝等来贡。赐宴，并彩段、茶、绢等物有差。

（孝宗朝馆本卷一二六·页四下）

○弘治十年（丁巳）七月壬戌（1497.8.20）

陕西外夷答牙、他笼等族番人初王〔生〕乩朵只怕等来贡。赐彩段、绢、钞等物有差。

（孝宗朝馆本卷一二七·页六上）

○弘治十年（丁巳）九月乙卯（1497.10.12）

四川……杂道长官司番僧容中答等各来贡。赐宴，并彩段、绢、钞等物有差。

（孝宗朝馆本卷一二九·页三上～下）

○弘治十年（丁巳）十二月辛未（1497.12.27）

陕西上丹堡、草坡等族番人索剌汪秀等来贡。赐彩段、绢、钞等物如例。

（孝宗朝馆本卷一三二·页一上）

○弘治十一年（戊午）七月甲辰（1498.7.28）

陕西博峪等族生番族头阿鹅等来贡。赐彩段、钞、绢等物有差。

（孝宗朝馆本卷一三九·页一下）

○弘治十一年（戊午）九月丙申（1498.9.18）

陕西答石等族生番族头札石革等并东峰等族番僧乩丹札等各来贡。赐彩段、绢、钞等物如例。

（孝宗朝馆本卷一四一·页一下）

○弘治十二年（己未）二月己酉（1499.3.30）

（前略）静宁等寺、金川等寺、竹林等族番僧、番人三竹札失、远旦伯、班著尔坚参、锁郎监藏、捏自等各来贡。各赐宴，并彩段等物有差。

（孝宗朝馆本卷一四七·页七下）

○弘治十三年（庚申）二月庚寅（1500.3.5）

（前略）文〔汶〕川县加渴瓦等寺番僧三蓝等各来贡，乞袭职。从之。赐宴，并衣服、彩段等物有差。

（孝宗朝馆本卷一五九·页二上）

○弘治十三年（庚申）三月丁卯（1500.4.11）

陕西王家山等族番人石落肖等、札郎等族番人头目曾巴等、札纳等族管巴陆节等、答肉等族多由等、车刺等族板的他等，并显教寺番僧远丹坚刬等、三竹、瞿县等寺番僧班剌相竹等、金川寺番僧锁郎坚藏等各来贡。

赐彩段、钞锭等物有差。

（孝宗朝馆本卷一六〇·页四下）

○弘治十三年（庚申）四月己酉（1500.5.23）

（前略）杂谷安抚司及直管招讨司各遣使来贡。赐宴，并彩段、衣服等物如例。

（孝宗朝馆本卷一六一·页一〇上）

○弘治十三年（庚申）五月丁卯（1500.6.10）

四川韩胡碉等塞〔寨〕番僧寨首来贡。赐衣服、绢、钞等物有差。

（孝宗朝馆本卷一六二·页八上）

○弘治十四年（己未）三月庚戌（1501.3.20）

陕西鲁班、讲堂、永宁等寺，并宝〔保〕净、赞令等寺剌麻番僧札石藏卜并殷巴尖昝、藏卜尖昝等各来贡。赐宴，并彩段、衣服等物有差。

（孝宗朝馆本卷一七二·页一下）

○弘治十四年（己未）七月己未（1501.7.27）

陕西阿木等族番人端乩〔的〕等各来贡。赐彩段、绢、布等物有差。

（孝宗朝馆本卷一七六·页七上）

○弘治十四年（己未）闰七月戊寅（1501.8.15）

陕西木舍等大小九族番人头目七乩管及车禄等、（札来）等族头目些多尔藏等各来贡。赐彩段、衣服等物如例。

（孝宗朝馆本卷一七七·页一上）

○弘治十五年（壬戌）三月庚辰（1502.4.14）

四川天全六番招讨使司等处土官各遣人来朝觐。赐彩段、锭钞等物如命〔例〕。

（孝宗朝馆本卷一八五·页二下）

○弘治十五年（壬戌）三月戊子（1502.4.22）

陕西瞿云［昙］寺都纲尼麻藏卜等、庄浪大通等寺并哈者、七笼、氆（哈）等族、郭由、哈［答］石等族番僧、番人失剌藏卜、卓牙圭哈等各来贡。赐彩段表里等物有差。

（孝宗朝馆本卷一八五·页五下）

○弘治十六年（癸亥）六月己亥（1503.6.27）

四川松潘卫白马路长官司进马过期。照例减赏之半。

（孝宗朝馆本卷二〇〇·页一上）

○弘治十六年（癸亥）六月丁未（1503.7.5）

陕西大亦辖及林家山、青石山、苤哑、撒里、鹞子平等族并撒藏等寺番人（番）僧官卓禄竹坚剉并居居中卜、拨拨均藏、少秋秋等各来贡。赐彩段、钞锭等物如例。

（孝宗朝馆本卷二〇〇·页五上）

○弘治十七年（甲子）九月庚寅（1504.10.10）

四川……长宁安抚司及杂谷安抚司各遣番僧来贡。赐彩段、绢、钞等物如例。

（孝宗朝馆本卷二一六·页一下）

○弘治十七年（甲子）十一月壬辰（1504.12.11）

陕西大通等寺番僧那尔卜等来贡。赐宴，并彩段、衣服等物如例。

（孝宗朝馆本卷二一八·页四上）

○弘治十八年（乙丑）四月庚申（1505.5.8）

四川天全六番招讨司……各遣人来贡。赐绢、钞等物有差。

（孝宗朝馆本卷二二三·页一下）

○弘治十八年（乙丑）四月甲子（1505.5.12）

陕西栗子庄大族番人尖仲等来贡。赐彩段、钞锭等物有差。

（孝宗朝馆本卷二二三·页三下）

○弘治十八年（乙丑）七月丁未（1505.8.23）

答牙等族番人刺麻肖等贡盔、刀。赐彩段表里、绢、钞有差。

（武宗朝馆本卷三·页一二上）

○弘治十八年（乙丑）十一月辛丑（1505.12.15）

敖儿大等族番人木肖等贡刀、铠、方物。赐宴，并彩段、缯、钞如例。

（武宗朝馆本卷七·页一〇上）

○正德元年（丙寅）四月丙子（1506.5.19）

刺章等族番人失劳饥等贡马匹、盔甲等物。赐宴，并钞锭、彩段有差。

（武宗朝馆本卷一二·页一二上）

○正德元年（丙寅）十月丙午（1506.10.16）

边爵等族番人捹古等贡马匹、盔甲等物。赐宴，赏彩段、钞锭各有差。

（武宗朝馆本卷一八·页一上）

○正德元年（丙寅）十一月辛丑（1506.12.10）

利族等大三族番人族头仓卜肖等各贡盔、刀，来朝。赐宴，赏彩段、绢、纱有差。

（武宗朝馆本卷一九·页七上）

○正德二年（丁卯）正月己亥（1507.2.6）

命朵甘卫都指挥佥事阿卓孙星吉藏……各袭其曾祖、祖原职。

（武宗朝馆本卷二一·页五下）

○正德二年（丁卯）二月甲午（1507.4.2）

札纳等族番人头目陆尔节等贡马及盔甲等物。赐宴，赏彩段等物有差。

（武宗朝馆本卷二三·页七上）

○正德二年（丁卯）五月癸卯（1507.6.10）

　　车禄等族番人头目坚墩陆竹等备马匹、盔、刀遣人入贡。给赏彩段、绢、纱［钞］如例。

（武宗朝馆本卷二六·页一上）

○正德二年（丁卯）五月癸丑（1507.6.20）

　　四川越巂邛部长官司长官领阿福入贡马匹。给赏钞、绢如例。

（武宗朝馆本卷二六·页三上）

○正德二年（丁卯）七月壬寅（1507.8.8）

　　韩胡碉等寨寺番僧寨首小和尚等各来朝，贡方物。赐宴及钞锭、彩段等物有差。

（武宗朝馆本卷二八·页一上）

○正德二年（丁卯）八月丁亥（1507.9.22）

　　四川天全六番招讨使司土官招讨使高勋遣舍把高文璧等贡马，谢受职恩。赐宴，赏宝钞、彩段、马价如例。

（武宗朝馆本卷二九·页五上～下）

○正德二年（丁卯）八月己亥（1507.10.4）

　　南哈及阿著等族番人居藏少并札节等各贡马及盔甲等物。赐宴，并彩段、宝钞如例。

（武宗朝馆本卷二九·页八上）

○正德二年（丁卯）九月丙午（1507.10.11）

　　韩胡碉寨恰列寺番僧领占朵儿只遣其弟小和尚来朝，因请令袭其职事。许之。

（武宗朝馆本卷三〇·页二下～三上）

○正德二年（丁卯）十月乙亥（1507.11.9）

　　各卜等族番人亦希藏等贡马及盔甲。赐宴，给赏有差。

（武宗朝馆本卷三一·页一下）

○ 正德二年（丁卯）十二月乙未（1508.1.28）

　　大通等寺番僧那尔卜等来朝，贡佛像、驼、马等物。赐宴及彩段、衣物有差。

（武宗朝馆本卷三三·页七下）

○ 正德三年（戊辰）正月甲子（1508.2.26）

　　四川这多等族番人班的等贡马及盔甲。各赐宴，并彩段、钞锭有差。

（武宗朝馆本卷三四·页七上）

○ 正德三年（戊辰）二月戊子（1508.3.21）

　　静宁等寺番僧族岑星吉等、加石等族番人南仲肖等各来朝，贡佛像、驼、马。赐宴，并彩段、缯、钞有差。

（武宗朝馆本卷三五·页六上）

○ 正德三年（戊辰）三月戊戌（1508.3.31）

　　大亦辖等族番人容中锅等来朝，贡马及盔甲等物。赐宴，并彩段、绢、钞如例。

（武宗朝馆本卷三六·页一上）

○ 正德三年（戊辰）八月庚寅（1508.9.19）

　　陕西番僧禄竹班丹等入贡方物、马匹。给赏彩段有差。

（武宗朝馆本卷四一·页七下）

○ 正德三年（戊辰）十月壬午（1508.11.10）

　　四川杂谷安抚司并抚回上草坡寺部等寨番僧头目进贡方物。赐彩段、衣服有差。

（武宗朝馆本卷四三·页五下）

○ 正德三年（戊辰）十月庚寅（1508.11.18）

　　寨平等族番人奔卜沙等贡马及方物。赐彩段、衣物有差。

（武宗朝馆本卷四三·页八上）

○ 正德四年（己巳）正月甲寅（1509.2.10）

曾卜庄大旌〔族〕番人革秀等以腰刀来贡。赐钞锭、段匹如例。

（武宗朝馆本卷四六·页五上）

○ 正德四年（己巳）二月癸亥（1509.2.19）

四川威州打刺儿寨头目用中蓬乞授职，修贡。镇巡等官以闻。礼部议复，上令照例三年一贡。

（武宗朝馆本卷四七·页一上）

○ 正德四年（己巳）四月甲子（1509.4.21）

（前略）大通等寺番僧那尔卜等……各来贡。赐宴，给赏有差。

（武宗朝馆本卷四九·页一下）

○ 正德四年（己巳）五月癸巳（1509.5.20）

阿木等族番人端乩等来朝，贡马及方物。赐宴及赏彩段、绢、钞等物如例。

（武宗朝馆本卷五〇·页二上）

○ 正德四年（己巳）六月己卯（1509.7.5）

哈多、他笼大小等族番人巴吉朵日怕等，博峪等族番人阿鹅等各贡马及盔、刀、方物。赐彩段、钞、绢有差。

（武宗朝馆本卷五一·页八上）

○ 正德四年（己巳）九月庚子（1509.9.24）

弘化等寺番僧都纲锁南藏卜等来朝，贡佛像、马、驼等方物。赐彩段、钞锭有差。

（武宗朝馆本卷五四·页三下）

○ 正德五年（庚午）五月甲申（1510.7.5）

奔古等族番人喃刺他等及骆驼巷等族番人恶巴等各贡马及方物。赐宴，赏彩段、绢、钞如例。

（武宗朝馆本卷六三·页八上）

○ 正德五年（庚午）十一月丙子（1510.12.24）

苤哑、多杓等族番人居藏少、七古〔右〕等贡马及方物……各赐彩段、衣物有差。

（武宗朝馆本卷六九·页一二上～下）

○ 正德五年（庚午）十二月戊戌（1511.1.15）

永宁等寺剌麻番僧札石烟丹等来朝，贡马并佛像、方物。赐宴，赏彩段、衣服、绢帛有差。

（武宗朝馆本卷七〇·页四上）

○ 正德六年（辛未）元月庚申（1511.2.6）

陕西癉哈等族番人圭哈等、永宁寺番僧札石烟丹等各来朝，贡马、盔、刀方物。赐宴，并赏彩段、宝钞等物有差。

（武宗朝馆本卷七一·页二上）

○ 正德六年（辛未）正月辛巳（1511.2.27）

陕西利族〔旋〕等族番人仓卜肖等来朝，贡腰刀。赐宴，并（赏）彩段、宝钞、绢（等）物如例。

（武宗朝馆本卷七一·页七下）

○ 正德六年（辛未）三月壬子（1511.3.30）

罗家族番人药〔乐〕仲肖等来朝，贡方物。赐宴，并赏彩段、绢、钞有差。

（武宗朝馆本卷七三·页一上）

○ 正德六年（辛未）四月丙申（1511.5.13）

大崇教等寺剌麻番僧官卜尖肴等来朝，贡马及方物。赐宴，并赏彩段表里、绢、钞有差。

（武宗朝馆本卷七四·页四下）

○正德六年（辛未）五月辛未（1511.6.17）

　　撒藏等寺都纲番僧禄竹坚刬等、法藏等寺剌麻番僧札掛尖昝等各贡马匹、方物。赐彩段、钞锭有差。

（武宗朝馆本卷七五・页五下）

○正德七年（壬申）三月庚午（1512.4.11）

　　命陕西岷州大崇教寺番僧札巴坚参袭灌顶净觉佑善大国师。

（武宗朝馆本卷八五・页九下）

○正德七年（壬申）十二月壬寅（1513.1.8）

　　大亦辖等族番人容中郭等来朝，贡马及刀、铠。赐彩段、钞锭等物有差。

（武宗朝馆本卷九五・页一上～下）

○正德八年（癸酉）三月乙未（1513.5.1）

　　四川杂谷安抚司番僧都纲锁郎藏卜等、旧招抚克州等寨寨首宋〔朱〕思结等、抚回上草坡寺十三寨寨首郎锁〔锁郎〕巴等、新招抚大八棱碉、锁么等五十五寺寨寨首贾僧结等……各贡氆氇、珊瑚等物。并赐宴给赏有差。

（武宗朝馆本卷九八・页五上）

○正德八年（癸酉）五月癸酉（1513.6.8）

　　陕西好地平等族番人弄班受等来朝，贡马及盔、刀等物。赐宴，并赏彩段、绢、钞如例。

（武宗朝馆本卷一〇〇・页二下）

○正德八年（癸酉）六月己未（1513.7.24）

　　崔工等族番人千卜六等各贡马及盔甲、腰刀。赐宴，并彩段、绢、钞有差。

（武宗朝馆本卷一〇一・页六下）

○ 正德八年（癸酉）七月庚午（1513.8.4）

四川金川寺演化禅师耿哈监藏等差刺麻番僧七秤等贡氆氇等物。赐宴，并赏彩段、绢、钞有差。

（武宗朝馆本卷一〇二·页一上）

○ 正德八年（癸酉）八月庚戌（1513.9.13）

陕西南哈等族番人札吉牙等贡马及刀、铠。赐宴，并彩段等物有差。

（武宗朝馆本卷一〇三·页四下）

○ 正德八年（癸酉）十一月乙亥（1513.12.7）

陕西堡等族番人禄禄等及博峪等族番人阿鹅等各来朝，贡马。给赏彩段等物有差。

（武宗朝馆本卷一〇六·页四上）

○ 正德九年（甲戌）正月己丑（1514.2.19）

大通寺番僧速南坚藏等并寨平族番人著受等来朝，贡方物。各赐彩段等物有差。

（武宗朝馆本卷一〇八·页一一下）

○ 正德九年（甲戌）正月癸巳（1514.2.23）

（前略）西多四寺刺麻番僧失劳禄竹等、石堐寺刺麻番僧札石领占等、大通寺番僧速南坚藏等各来贡。赐宴，给赏如例。

（武宗朝馆本卷一〇八·页一三下）

○ 正德九年（甲戌）五月壬申（1514.6.2）

陕西敖儿大族番人木肖〔禾肃〕等来朝。赐宴，并赏彩段、绢、钞有差。

（武宗朝馆本卷一一二·页二下）

○ 正德十年（乙亥）闰四月己未（1515.5.15）

分守松潘副总兵吴坤奏送韩胡碉番僧纳麻思结等赴京贡方物，并补正德五年至七年贡。下礼部,议:"故事,松潘等处番僧(朝)贡,岁不过五十人,补贡又有之禁例。今坤所奏送至二百五十人,且干补贡之禁。若概阻之,恐孤向化之心。若与全赏,则无以遏将来之弊。请止给初来贡者七人全赏,其存留二百四十二人,杀其赏之半,并治坤违例之罪。"

诏如议,坤姑宥之。

（武宗朝馆本卷一二四·页一上～下）

○ 正德十年（乙亥）五月乙未（1515.6.20）

松潘大悲寺僧徒远丹领占、岷州大崇教寺剌麻番僧官著肖等贡方物。赐宴,赏彩段、衣服有差。

苁哑等族番人居藏少等贡方物。赐宴,并赏彩段、衣服有差。

（武宗朝馆本卷一二五·页一上～二上）

○ 正德十年（乙亥）五月乙卯（1515.7.10）

孔提峪、哈者等族番人族头玉巴等贡方物。赐宴,并赏彩段、衣服有差。

（武宗朝馆本卷一二五·页八上）

○ 正德十年（乙亥）七月壬辰（1515.8.16）

天全六番招讨使应袭舍人杨世仁贡马。赐彩段、钞锭有差。随命世仁嗣为副招讨。

（武宗朝馆本卷一二七·页一下）

○ 正德十一年（丙子）三月丁亥（1516.4.7）

四川杂谷安抚司番僧锁郎巴等……各贡氆氇、腰刀等物。赐宴,并赏彩段、绢、钞有差。

（武宗朝馆本卷一三五·页二下）

○ 正德十一年（丙子）三月丙申（1516.4.16）

陕西岷州法藏等寺番僧班剌著秀等、阶州阿木等族番人安巴等来贡画佛、舍利、腰刀等物。赐宴,并赏彩段、钞、绢有差。

（武宗朝馆本卷一三五·页四下）

○正德十一年（丙子）七月丁亥（1516.8.5）

迭力等族番人伦班等来朝贡。赐宴，并赏彩段、绢、钞有差。

（武宗朝馆本卷一三九·页二下）

○正德十二年（丁丑）四月戊午（1517.5.3）

（前略）林家山等族族头番人额古等各来贡。俱赐宴，给赏如例。

（武宗朝馆本卷一四八·页三上）

○正德十二年（丁丑）五月庚子（1517.6.14）

陕西博峪等旋［族］番人阿鹅等、各卜等旋［族］番人木列等各来朝，贡方物。赐宴，给赏如例。

（武宗朝馆本卷一四九·页八上～下）

○正德十二年（丁丑）七月乙酉（1517.7.29）

陕西上笆篱等族番人豁牙等来朝，贡马匹、盔、刀等物。赐宴，并赏彩段如例。

（武宗朝馆本卷一五一·页三上）

○正德十二年（丁丑）八月乙丑（1517.9.7）

重兴寺国师都纲完卜坚赞列巴等并番僧管著藏等贡方物。赐宴，给赏如例。

（武宗朝馆本卷一五二·页七下）

○正德十三年（戊寅）正月癸亥（1518.3.4）

陕西好地平并石峪族番人戎占少等、四川长宁（安）抚司番僧方保等各来朝，贡马匹、方物。宴赐〔赐宴，给赏〕如例。

（武宗朝馆本卷一五八·页一二下～一三上）

○正德十四年（辛酉）八月壬申（1519.9.4）

阿堡等族番人哑吉等来朝，贡马及方物。赐宴，并赏彩币、绢、钞有差。

（武宗朝馆本卷一七七·页六上）

○ 正德十四年（辛酉）十一月丁未（1519.12.8）

昔藏等族番人米牙乱等贡马及方物。赐彩段、钞贯等物有差。

（武宗朝馆本卷一八〇·页二上）

○ 正德十五年（庚辰）二月癸亥（1520.2.22）

（前略）杂谷安抚司遣都纲番僧则坑藏卜等各来贡。赐宴，并赏彩币、金织衣等如例。

（武宗朝馆本卷一八三·页一下）

○ 正德十五年（庚辰）三月辛丑（1520.3.31）

（前略）金川寺演化禅师遣番僧刺麻曾称藏卜等……各来朝贡。赐宴，并赏彩币、金织衣等有差。

（武宗朝馆本卷一八四·页三上～下）

○ 正德十五年（庚辰）四月甲戌（1520.5.3）

陕西竹林及巴哑等旋[族]番人南哈尖藏等贡马及佛像等物。赏彩币、缯、钞如例。

（武宗朝馆本卷一八五·页二上）

○ 正德十五年（庚辰）五月甲寅（1520.6.12）

陕西番僧撒节远丹等各备马匹、方物来朝。赐宴，给赏彩段等物有差。

（武宗朝馆本卷一八六·页三下）

○ 正德十五年（庚辰）七月壬寅（1520.7.30）

陕西昭慈等寺番僧及答牙、阿木等族番人各来朝，贡马及方物。赐宴，赏彩段、钞、绢等物各有差。

（武宗朝馆本卷一八八·页五下）

○ 正德十五年（庚辰）闰八月壬子（1520.10.8）

长宁安抚司番僧寨首方保等贡方物。赐宴，并赏彩段、绢、钞有差。

（武宗朝馆本卷一九〇·页二上）

○ 正德十五年（庚辰）十二月己丑（1521.1.13）

打喇儿寨冠带头目用中蓬遣部下番僧头目伽革儿藏卜等贡方物。给赏如例。

（武宗朝馆本卷一九四·页一下）

○ 正德十六年（辛巳）二月甲申（1521.3.9）

陕西河州弘化寺番僧著巴藏卜、文县癉哈、罗家、答石等族生番族头圭哈及番僧番人札藏等以渗金铜佛、铜塔、佛像、马、犬、盔、刀来贡。

（武宗朝馆本卷一九六·页一上）

○ 正德十六年（辛巳）七月乙丑（1521.8.17）

（前略）弘化寺番僧著巴藏卜等……俱入贡方物。诏赐文绮、靴袜有差。

（世宗朝馆本卷四·页一五下）

○ 嘉靖元年（壬午）四月壬午（1522.5.1）

静宁等寺番僧完卜锁南端竹等、葛偏等大小十族番人来朝，各贡方物。赐宴，并彩币、钞锭有差。

（世宗朝馆本卷一三·页二上）

○ 嘉靖元年（壬午）四月乙未（1522.5.14）

苊咂等族番人斜窝等来贡马及方物。

（世宗朝馆本卷一三·页五下）

○ 嘉靖元年（壬午）五月丁巳（1522.6.5）

陕西敖儿等大陆族番人石落肃［肖］等来朝，进贡腰刀。钦赏段、绢、钞锭有差。

（世宗朝馆本卷一四·页三下）

○嘉靖元年（壬午）五月甲子（1522.6.12）

陕西阶州敖儿等大陆族番人石落肃［肖］等进贡腰刀。赏彩段、绢、钞有差。

（世宗朝馆本卷一四·页七上）

○嘉靖元年（壬午）六月庚寅（1522.7.8）

锋铁城等族番人中中等进铜佛塔等物。赏彩段、钞锭如例。

（世宗朝馆本卷一五·页三下）

○嘉靖元年（壬午）七月辛酉（1522.8.8）

桑人等大小一十三族番人板的肖等、大亦辖等大（小）一十四族番人恶巴等来贡物［马］及方物。赐彩币、绢、钞有差。

（世宗朝馆本卷一六·页六下）

○嘉靖元年（壬午）九月癸丑（1522.9.29）

命杂谷安抚司故安抚同知职事格兜伽子旺伽就彼袭职。从巡抚四川都御史勘奏也。

（世宗朝馆本卷一八·页二下）

○嘉靖元年（壬午）十二月癸未（1522.12.28）

西夷博峪等族及生番族头阿鹅等来朝贡。

（世宗朝馆本卷二一·页四上）

○嘉靖二年（癸未）正月戊午（1523.2.1）

林家山大小六十九族番人居居等、好地平大五十五族番人月斜等各贡方物、马匹。

（世宗朝馆本卷二二·页六上）

○嘉靖二年（癸未）二月壬午（1523.2.25）

寨平等九〔大九〕族番人纳节（等）来朝，贡马并方物。给赏彩段、绢、钞及马价有差。

（世宗朝馆本卷二三·页四下）

○嘉靖三年（甲申）二月丙申（1524.3.5）

（前略）朵甘宣慰司、长河西、雅州、杂道长官司、天前〔全〕六番招讨司及三十六种大小番司奏请入贡。礼部议："雅州各番入境之地不隶贡职，及称大小番司三十六种不具地方族氏。"诏抚臣核实以闻。

（世宗朝馆本卷三六·页一上）

○嘉靖三年（甲申）四月癸丑（1524.5.21）

严教寺番僧完卜锁南列思巴等、普纲寺番僧喃吟〔哈〕失宁卜等、苟家平大一十四族夷人乩吉等各来贡马及方物。

（世宗朝馆本卷三八·页一一下）

○嘉靖三年（甲申）七月乙亥（1524.8.11）

陕西答石、瘴哈、答牙诸番族番人咱（革）各等〔等各〕以方物进贡。赐彩币、绢、纱如例。

（世宗朝馆本卷四一·页四上）

○嘉靖四年（乙酉）二月己亥（1525.3.3）

觉革〔华〕等寺番僧完卜锁南藏卜等以方物来贡。赐赉如例〔赐段绢、鞋袜有差〕。

（世宗朝馆本卷四八·页五上）

○嘉靖四年（乙酉）八月己丑（1525.8.20）

陕西外夷博峪等十七簇〔族〕番人啌〔哈〕班等一百九十七人，上巴篱等族番人阿鹅等一百三十人来贡马及方物。各宴赉有差。

（世宗朝馆本卷五四·页二上）

○嘉靖四年（乙酉）八月庚子（1525.8.31）

四川越巂卫邛部长官司署印妻〔正妻〕宅〔安〕氏革哨〔咱〕，遣人贡马。各赐绢、钞有差。

（世宗朝馆本卷五四·页三下）

709

○嘉靖四年（乙酉）八月戊申（1525.9.8）

（前略）长宁安抚司遣头目番僧方保等各贡方物。

（世宗朝馆本卷五四·页四下～五上）

○嘉靖四年（乙酉）十二月辛卯（1525.12.20）

四川打喇儿寨头目用中蓬差番僧伽革儿藏卜等来贺即位，贡方物。赐宴赏如例。

（世宗朝馆本卷五八·页一上）

○嘉靖五年（丙戌）二月癸酉（1526.4.1）

四川摩多等六寺、只朴等六寨都纲七揩坚剉、番僧何达儿等入贡方物。

（世宗朝馆本卷六一·页五上）

○嘉靖五年（丙戌）五月甲申（1526.6.11）

锋铁城番人七儿少等贡方物，给赏如例。

（世宗朝馆本卷六四·页一下）

○嘉靖五年（丙戌）六月乙卯（1526.7.12）

陕西岷州大崇教寺剌麻班丹尖参等来朝，贡马。给赐如例。

（世宗朝馆本卷六五·页二上）

○嘉靖五年（丙戌）七月己亥（1526.8.25）

撒藏等寺剌麻番人禄竹速南等十五人、敖儿等族番人石落肖等二百六十人各以画佛、马匹、甲胄等物来贡。宴赉如例。

（世宗朝馆本卷六六·页七下）

○嘉靖五年（丙戌）七月甲辰（1526.8.30）

上笆篱、笮哑等二十二族番人啈〔哈〕班等二百八十六人各以方物来贡。

（世宗朝馆本卷六六·页一〇下）

○ 嘉靖五年（丙戌）八月己巳（1526.9.24）

笕咂等族番人焦吉等各贡方物，马匹。给赏如例。

（世宗朝馆本卷六七・页三下）

○ 嘉靖五年（丙戌）十二月己巳（1527.1.22）

（前略）寨平等族番人密竹等来朝，贡马。俱赏赉如例。

（世宗朝馆本卷七一・页一一下）

○ 嘉靖六年（丁亥）五月壬辰（1527.6.14）

西番阿木等族安巴等各贡刀。宴赐如例。

（世宗朝馆本卷七六・页八上）

○ 嘉靖七年（戊子）正月丁酉（1528.2.14）

西夷答牙答［等］族番人纳麻肖等二十六人来朝，贡方物、马匹。给赏如例。

（世宗朝馆本卷八四・页九上～下）

○ 嘉靖七年（戊子）三月戊子（1528.4.5）

车剌等族番人板肖等来朝，贡马。赐赉如例。

（世宗朝馆本卷八六・页六上）

○ 嘉靖七年（戊子）七月庚寅（1528.8.5）

天全六番招讨司土官招讨使高继先〔光〕遣土舍高继业来朝，贡马。给赏如例。

（世宗朝馆本卷九〇・页一三上）

○ 嘉靖七年（戊子）闰十月乙亥（1528.11.18）

陕西河州卫奏送应袭番僧藏卜洛竹至京。礼部言其无三司会奏明文及开具化导番僧［夷］实迹，于旧例有违。上特许洛竹袭授灌顶大国师，令移文该卫，自后起送番僧，务遵旧制行。

（世宗朝馆本卷九四・页四上～下）

○嘉靖七年（戊子）十一月己酉（1528.12.22）

陕西上笆篱等簇番人浡班等来朝，贡马及盔甲、腰刀等物。给赏如例。

（世宗朝馆本卷九五·页四下）

○嘉靖八年（己丑）十二月庚午（1530.1.7）

陕西笮哑等族番人窝斜〔叙〕等来贡马及方物。宴赏如例。

（世宗朝馆本卷一〇八·页三下）

○嘉靖九年（庚寅）四月己卯（1530.5.16）

陕西寨平等族番人哑额等来朝，贡方物。给赏如例。

（世宗朝馆本卷一一二·页九上）

○嘉靖九年（庚寅）九月壬辰（1530.9.26）

阿术〔木〕等族番人安巴等来贡方物。给赐如例。

（世宗朝馆本卷一一七·页二上）

○嘉靖九年（庚寅）十一月戊戌（1530.12.1）

陕西七龙〔笼〕等族番人豁剌削等来贡方物。给赏如例。

（世宗朝梁本卷一一九·页一三上）

○嘉靖十一年（壬辰）四月丙午（1532.6.1）

林家山等十四族番人及讲堂等寺番僧皆来贡方物。宴赉如例。

（世宗朝馆本卷一三七·页七下～八上）

○嘉靖十一年（壬辰）五月癸亥（1532.6.18）

陕西岷州等处番族、讲堂等寺剌麻番僧绿竹札石等、大崇教等寺剌麻番僧班丹尖咎等、法藏等寺剌麻番僧绿竹尖制等各来朝，贡马及土〔方〕物。宴赏如例。

（世宗朝馆本卷一三八·页五下）

○嘉靖十二年（癸巳）三月辛酉（1533.4.12）

陕西如来等寺番僧锁南板丹等贡马、驼诸物。四川长宁安抚司番僧寨首方保等贡马。各赏赉〔宴赏〕如例。

（世宗朝馆本卷一四八·页四上）

○嘉靖十三年（甲午）六月丙申（1534.7.11）

陕西榆树等族番人郭乩等一百五十一人来朝，贡马。给赏如例。

（世宗朝馆本卷一六四·页一上）

○嘉靖十四年（乙未）七月丙子（1535.8.15）

（前略）陕西夷大〔人〕亦辖等族番人仍占等各来朝，贡马。赏赉如例。

（世宗朝馆本卷一七七·页三上）

○嘉靖十五年（丙申）三月癸酉（1536.4.8）

苏哑等族番人焦吉等二百八十余人来朝，贡马并盔甲、腰刀。给赏如例。

（世宗朝馆本卷一八五·页六上）

○嘉靖十五年（丙申）十二月丁未（1537.1.7）

四川杂谷安抚司遣都纲番僧叶儿监藏等进贡，多至一千二百六十四人。礼部以为违例，请给赏至京十五人及留边百五十人如例，余皆裁半，仍敕所司以后不许违例起送。从之。

（世宗朝馆本卷一九四·页一二下）

○嘉靖十六年（丁酉）八月丁卯（1537.9.24）

（前略）长宁安抚司及韩胡碉恰列寺遣番僧头目波纳等、越巂卫邛部长官司署印土妇安氏遣通把李芳等来贡方物及马。赐宴赏如例。

（世宗朝馆本卷二〇三·页五下）

○嘉靖十七年（戊戌）三月甲申（1538.4.9）

（前略）陕西博峪等族番人阿鹅等、阿水［木］等族番人安己［巴］等各朝贡，诏各给赏如例。

（世宗朝馆本卷二一〇·页一下）

○嘉靖十八年（己亥）六月戊申（1539.6.27）

苴哑等族番人焦吉等入贡。宴赏如例。

（世宗朝馆本卷二二五·页三下）

○嘉靖十九年（庚子）三月壬子（1540.4.26）

杂谷安抚司差都纲剌麻头目番僧定日藏等来朝，贡方物。宴赏有差。内逾贡额至一千一百九名，诏颁赏递减，起送官员参治。

（世宗朝馆本卷二三五·页四下）

○嘉靖十九年（庚子）五月乙未（1540.6.8）

四川剌麻寨首番僧音巴盐藏等贡方物。宴赏如例。

（世宗朝馆本卷二三七·页一上）

○嘉靖十九年（庚子）七月壬辰（1540.8.4）

陕西巴哑等族番人巴店林成、各卜等族番人安章等来朝，贡马及方物。宴赏如例。

（世宗朝馆本卷二三九·页一上）

○嘉靖十九年（庚子）十二月壬戌（1541.1.1）

四川韩胡碉恰列寺番僧头目纳空等、长宁安抚司差番僧头目波纳等各进贡方物。赐宴给赏如例。

（世宗朝馆本卷二四四·页一上～下）

○嘉靖二十年（辛丑）七月戊子（1541.7.26）

大青石山等族及上笆篱等族番人甲禄、㳒班等来贡马及方物。宴赉如例。

（世宗朝馆本卷二五一·页一上）

○嘉靖二十年（辛丑）十二月己未（1541.12.24）

林家山等族并大亦辖等族番人禄吉著颠等来贡马及方物。宴赉如例。

（世宗朝馆本卷二五六·页三下）

○嘉靖二十一年（壬寅）三月辛巳（1542.3.16）

阿木等族番人安巴等、寨平等族番人呃捱等各来贡方物。宴赉如例。

（世宗朝馆本卷二五九·页一上）

○嘉靖二十一年（壬寅）六月癸未（1542.7.16）

氊哈、答石等族番人圭哈等来朝，贡马及方物。宴赉如例。

（世宗朝馆本卷二六三·页二上）

○嘉靖二十二年（癸卯）正月己巳（1543.2.27）

（前略）陕西答牙等二族番人各来朝，贡马及方物。赐宴，给赏如例。

（世宗朝馆本卷二七〇·页六下）

○嘉靖二十二年（癸卯）六月庚子（1543.7.28）

陕西车禄等族头目札节等、哈尔占族番人约子等、慧济扯巴寺番僧马你完卜等、招慈等六寺番僧恶行等各贡马及方物。宴赏如例。

（世宗朝馆本卷二七五·页六下）

○嘉靖二十二年（癸卯）七月丙辰（1543.8.13）

陕西好地平等族番人多巴等、巴呃等族番人巴颠林成等各来朝，贡马及方物。宴赉如例。

（世宗朝馆本卷二七六·页二下）

○嘉靖二十二年（癸卯）八月丁酉（1543.9.23）

陕西敖儿等六大族番人石落肖等、利族等三大族番人著肖等各来朝贡。赐宴，给赏如例。

（世宗朝馆本卷二七七·页四上）

○嘉靖二十二年（癸卯）九月丁巳（1543.10.13）

陕西迭力等族番人官着他等贡马及方物。赐宴，及［给］赏如例。

（世宗朝馆本卷二七八·页三上）

○嘉靖二十三年（甲辰）二月癸未（1544.3.7）

（前略）天全六番招讨等司及陕西苟家平等族番人各贡方物。给赏有差。

（世宗朝馆本卷二八三·页三上）

○嘉靖二十三年（甲辰）五月辛亥（1544.6.3）

（前略）法藏等寺番僧章巴宁卜等、长宁安抚司头目番僧波纳等、韩胡碉恰列寺头目番僧纳乞等各来朝，贡方物。宴赉如例。

（世宗朝馆本卷二八六·页四上～下）

○嘉靖二十三年（甲辰）六月癸酉（1544.6.25）

陕西锋铁城等族番人七儿肖等、骆驼巷等族番人班卜等、青石山等族番人甲禄等各入贡，给赏如例。

（世宗朝馆本卷二八七·页一上）

○嘉靖二十三年（甲辰）七月癸丑（1544.8.4）

陕山［西］青石山等族番人甲禄等入贡。给赏如例。

（世宗朝馆本卷二八八·页三下）

○嘉靖二十四年（乙巳）五月庚午（1545.6.17）

杂谷安抚司差都网［纲］剌麻头目耿勺定日等入贡。宴赏如例。

（世宗朝馆本卷二九九·页二下）

○嘉靖二十六年（丁未）正月丁丑（1547.2.14）

上笆篱、青石山、锋铁城等族番人湋班、札禄、七儿少等……各来贡马及方物。宴赉如例。

（世宗朝馆本卷三一九·页三下）

○嘉靖十六年（戊申）六月辛亥（1548.7.12）

四川长宁安抚司差番僧头目尹石短竹等，又韩胡碉恰列寺差番僧头目纳乞等各来贡方物。赐宴赉如例。

（世宗朝馆本卷三三七·页五上）

○嘉靖二十八年（己酉）九月辛巳（1549.10.5）

陕西桑人等族番人节木肖等贡马及方物。宴赏如例。

（世宗朝馆本卷三五二·页二下）

○嘉靖二十八年（己酉）十二月辛酉（1550.1.13）

陕西苟家平、锋铁城等族番人七巴等进马及方物。宴赏如例。

（世宗朝馆本卷三五五·页四下）

○嘉靖二十九年（庚戌）正月丙戌（1550.2.7）

陕西苟家平、锋铁城等族番人七巴等三百余人入贡。给赏有差。

（世宗朝馆本卷三五六·页二上）

○嘉靖二十九年（庚戌）三月壬辰（1550.4.14）

陕西大青石山等族番人札禄等入贡。给赏如例。

（世宗朝馆本卷三五八·页四下）

○嘉靖三十年（辛亥）正月庚寅（1551.2.6）

亦辖、寨平等族番人七名［古］、落嘉石等族番人戎肖等各贡马及方物。宴赉如例。

（世宗朝馆本卷三六九·页一上）

○嘉靖三十一年（壬子）三月辛亥（1552.4.22）

陕西笮哑等族番人焦吉等贡马及方物。给赏如例。

（世宗朝馆本卷三八三·页五上）

○嘉靖三十一年（壬子）八月丙子（1552.9.14）

陕西驼笼等族番人头目（剌卜等、木沙等大小一十七族番人头目）章哈节结初等、阿木等（大小一十七）族番人头目安巴等各贡马及方物。给赏如例。

（世宗朝馆本卷三八八·页五上）

○嘉靖三十三年（甲寅）四月甲戌（1554.5.5）

陕西口口平、林家山等族番人咱爱亦竹秀等、柏林、七占等族番人阿剌等各来朝，贡马及方物。宴赉如例。

（世宗朝馆本卷四〇九·页二上）

○嘉靖三十三年（甲寅）七月己亥（1554.7.29）

金川寺演化禅师差都纲头目番僧阿藏等来朝，贡方物。宴赉如例。

（世宗朝馆本卷四一二·页一上）

○嘉靖三十四年（乙卯）三月癸丑（1555.4.9）

陕西好地平、笮哑等族番人章乩、焦吉等贡马及盔甲、腰刀等物。赐宴，费〔赉〕赏如例。

（世宗朝馆本卷四二〇·页三下）

○嘉靖三十四年（乙卯）闰十一月丙子（1555.12.28）

陕西车冈等族番人节禄等来朝，贡方物。宴赏如例。

（世宗朝馆本卷四二九·页三上）

○嘉靖三十五年（丙辰）二月乙巳（1556.3.26）

陕西卜大〔天〕、青石山等族番人曾巴竹吉少等入贡。宴赉如例。

（世宗朝馆本卷四三二·页三下）

○嘉靖三十五年（丙辰）五月戊寅（1556.6.27）

四川……叠溪长官等司各遣头目周顶等来朝贡。以过期，给半赏。

（世宗朝馆本卷四三五·页四下）

○嘉靖三十五年（丙辰）十二月戊戌（1557.1.13）

陕西苟家平等族番人棍谷等贡马。宴赉如例。

（世宗朝馆本卷四四二·页二下）

○嘉靖三十六年（丁巳）九月壬子（1557.9.24）

长宁安抚司并韩胡碉恰列等〔寺〕各差都纲头目麻儿列等入贡。宴赉如例。

（世宗朝馆本卷四五一·页二下）

○嘉靖三十七年（戊午）五月乙卯（1558.5.25）

好地平等族番人禄谷等、豁卜等各贡马及方物，来朝贺。宴赉如例。

（世宗朝馆本卷四五九·页二上）

○嘉靖三十七年（戊午）六月壬午（1558.6.21）

陕西阶〔外〕文〔夷〕鹞子坪、哈西等族番人盔列、已〔巴〕哑等族番人巴店林成等、草坡等族番人官卓札石等各来朝，贡马及方物。宴赉如例。

（世宗朝馆本卷四六〇·页四上）

○嘉靖三十七年（戊午）闰七月丙子（1558.8.14）

慧济扯已〔巴〕寺禅师相初坚昝等、杂谷安抚司番僧拔出监藏等各来朝，贡马及方物。以入边人多，诏所司量赏，并治其滥送边臣罪。

（世宗朝馆本卷四六二·页一上）

○嘉靖三十七年（戊午）十二月辛亥（1559.1.16）

四川越旧〔巂〕卫邛部长官司土官领柏差人贡马。给赏如例。

（世宗朝馆本卷四六七·页三上）

○嘉靖三十七年（戊午）十二月庚申（1559.1.25）

　　甘州弘仁寺法缘清净剌麻番僧罗谷领真等进贡方物。宴赏如例。

（世宗朝馆本卷四六七·页四上）

○嘉靖四十年（辛酉）二月壬子（1561.3.7）

　　陕西杂谷安抚司护印土舍格兜恩巴差都纲头目来朝，贡方物。宴赏如例。

（世宗朝馆本卷四九三·页五上）

○嘉靖四十年（辛酉）四月丙午（1561.4.30）

　　初，四川威州保县金川寺番僧每三年一贡，例用五百五十人，其来已久。至嘉靖三十六年，礼部据会典中所载永乐初例，裁其四百人。至是复当贡期，该寺演化禅师遣都纲番僧郎哈等仍五百五十人来贡，执称："自永乐间敕本寺贡方物一百五十分，其都纲莽葛剌等寨方物共五百五十分，俱认守各山界隘口，又系旧数，原非后来增添，势难减革。乞准如旧。"守臣以闻，只令郎哈等百五十人入京，余四百人留境上待命。礼部请以会典额内百五十人给全赏，余四百人既称各有认守地方，亦准给赏，于中各减绢二匹。诏可。

（世宗朝馆本卷四九五·页四上～下）

○嘉靖四十一年（壬戌）八月己卯（1562.9.25）

　　（前略）四川茂州岳希蓬长官司、马湖府沐川长官司土舍悦承宗……各遣人贡马及方物。给赏有差。

（世宗朝馆本卷五一二·页三下）

○嘉靖四十一年（壬戌）九月癸未（1562.9.29）

　　（前略）大崇教等七寺剌麻番僧札巴南节等各入贡。宴赉如例。

（世宗朝馆本卷五一三·页一上）

○嘉靖四十二年（癸亥）四月甲寅（1563.4.28）

　　巴咂等族夷人巴店林成等入贡。宴赏〔赉〕如例。

（世宗朝馆本卷五二〇·页一下）

○嘉靖四十二年（癸亥）九月癸卯（1563.10.14）

　　哈尔占吉、车禄、博峪等族番人纳子等朝贡方物。宴赏如例。

（世宗朝馆本卷五二五·页三下）

○嘉靖四十三年（甲子）八月辛未（1564.9.6）

　　好地平寨等族番人黑木少等来朝，贡马。宴赉如例。

（世宗朝馆本卷五三七·页一下）

○嘉靖四十四年（乙丑）六月丁丑（1565.7.9）

　　崇隆、鲁班等寺剌麻番僧速南尖昝等及哈多等族番人剌麻省〔肖〕等来贡马及方物。宴赏如例。

（世宗朝馆本卷五四七·页一上）

○嘉靖四十四年（乙丑）九月戊申（1565.10.8）

　　（前略）笼纳郎等族番人剌卜失等各来朝贡，贺圣节。宴赏如例。

（世宗朝馆本卷五五〇·页三上）

○隆庆元年（丁卯）正月己卯（1567.3.3）

　　洮、岷等处番族、法藏等寺剌麻番僧及加渴瓦寺都纲领占罗洛思等各进贡方物。给赏如例，俱免宴。

（穆宗朝馆本卷三·页一一上）

○隆庆元年（丁卯）三月丙辰（1567.4.9）

　　陕西博峪等族番人姚革等进贡方物。给赏如例。

（穆宗朝馆本卷六·页一上）

○隆庆元年（丁卯）六月辛亥（1567.8.2）

陕西柏林、七占、他宠［笼］、哈古等族番人剌卜等进贡方物、马匹。给赏如例。

（穆宗朝馆本卷九·页一五上）

○隆庆二年（戊辰）正月丙寅（1568.2.13）

四川越巂等卫长官司遣土目李春等来朝，贡马。宴赏如例。

（穆宗朝馆本卷一六·页五下）

○隆庆二年（戊辰）正月丁丑（1568.2.24）

西番鲁班等七寺剌麻番僧札石领占等三十余人贡马及方物。宴赉如例。

（穆宗朝馆本卷一六·页一二上）

○隆庆二年（戊辰）三月己巳（1568.4.16）

陕西崇隆等六寺剌麻番僧共卜尖昝等三十余人进马及方物。宴赉如例。

（穆宗朝馆本卷一八·页一二下）

○隆庆二年（戊辰）五月丙辰（1568.6.2）

四川叠溪、郁即二长官司遣人贡马。赏赉如例。

（穆宗朝馆本卷二〇·页五上）

○隆庆二年（戊辰）五月壬戌（1568.6.8）

命四川叠溪长官司土官郁伯什袭职。

（穆宗朝馆本卷二〇·页六下）

○隆庆二年（戊辰）七月己酉（1568.7.25）

陕西鹞子坪等族番人盔列等二百余人来（朝），贡马及方物。赏赉如例。

（穆宗朝馆本卷二二·页一下）

○隆庆二年（戊辰）十月壬午（1568.10.26）

　　陕西嘉石、草坡等族番戎肖等来朝，进贡马及方物。给赏如例。

（穆宗朝馆本卷二五·页二上）

○隆庆二年（戊辰）十月乙酉（1568.10.29）

　　四川威州都纲头目安朋等来朝，贡方物。给赏如例。

（穆宗朝馆本卷二五·页二下～三上）

○隆庆二年（戊辰）十月辛卯（1568.11.4）

　　陕西弘仁寺剌麻番僧领真锁南来朝，进马及方物。赏赉如例。

（穆宗朝馆本卷二五·页五上）

○隆庆二年（戊辰）十月甲午（1568.11.7）

　　四川……别思寨安抚司番僧札巴领真等八人各进方物称贡。赏赉如例。余一百九人行四川守臣一体抚赏。

（穆宗朝馆本卷二五·页七上）

○隆庆二年（戊辰）十一月己未（1568.12.2）

　　升[陕]西各卜等族番人曾巴等来朝，进马及方物。赏赉如例。

（穆宗朝馆本卷二六·页五上）

○隆庆四年（庚午）四月甲辰（1570.5.11）

　　博峪等族番人阿鹅等入贡。宴赏如例。

（穆宗朝馆本卷四四·页二下）

○隆庆四年（庚午）四月癸丑（1570.5.20）

　　好地平等族番人郝卜等入贡。宴赏如例。

（穆宗朝馆本卷四四·页七下）

○隆庆四年（庚午）十月癸亥（1570.11.26）

答牙等族番人纳麻郎等入贡。宴赏如例。

（穆宗朝馆本卷五〇·页一三上）

○隆庆四年（庚午）十二月癸丑（1571.1.15）

茂州卫韩朝〔胡〕碉恰列寺都纲头目纳乞等入贡。宴赏如例。

（穆宗朝馆本卷五二·页六上）

○隆庆四年（庚午）十二月甲寅（1571.1.16）

慧济扯巴寺禅师剌麻番僧锁南昝〔坚〕坚〔昝〕等、法藏等寺番僧相竹领占等、鲁班等寺番僧星吉札等、车禄等族番人札节等各入贡方物。宴赏如例。

（穆宗朝馆本卷五二·页六下）

○隆庆五年（辛未）正月乙亥（1571.2.6）

陕西鲁班等寺、四川韩胡碉恰列寺番僧星吉札等七十七人贡方物。宴赉如例。

（穆宗朝馆本卷五三·页二上～下）

○隆庆五年（辛未）二月壬子（1571.3.15）

洮、岷等处番僧番人锁南坚昝等进贡方物、马匹。给赏如例。

（穆宗朝馆本卷五四·页一一上）

○隆庆五年（辛未）四月戊戌（1571.4.30）

（前略）四川天全六番招讨司、邛部长官司各遣官族赵忠信、通把高登等来朝，贡马。给赏如例。

（穆宗朝馆本卷五六·页三上）

○隆庆五年（辛未）五月丙子（1571.6.7）

陕西崇隆等六寺剌麻番僧共卜尖昝等三十人进贡方物、马匹。赏赉如例。

（穆宗朝馆本卷五七·页四下）

○隆庆五年（辛未）八月戊午（1571.9.17）

陕西多杓等二十七族番人板官等三百三十七人进贡方物马匹。给赏如例。

（穆宗朝馆本卷六〇·页八下～九上）

○隆庆六年（壬申）三月辛亥（1572.5.7）

陕西亦辖等族番人木竹等一百八十二人各来朝，贡马及方物。赏赉如例。

（穆宗朝馆本卷六八·页一三下）

○隆庆六年（壬申）四月戊辰（1572.5.24）

陕西各卜等族番人曾巴等一百七十七人贡马及方物。赏赉如例。

（穆宗朝馆本卷六九·页四下）

○隆庆六年（壬申）六月戊寅（1572.8.2）

陕西骆驼巷等族番人进贡。

（神宗朝馆本卷二·页二三下）

○隆庆六年（壬申）十月庚辰（1572.12.2）

陕西答石、氇哈等族番人贡马匹、腰刀。给赏段、绢、钞锭、银两如例。

（神宗朝馆本卷六·页一九下）

○隆庆六年（壬申）十一月甲辰（1572.12.26）

赏四川加渴瓦寺头目人等七百六十四名段、绢、银、钞有差。

（神宗朝馆本卷七·页九下）

○万历元年（癸酉）二月壬戌（1573.3.14）

四川金川寺渲[演]化禅师差都纲头目二百七十五人进贡珊瑚等物。宴赏如例。

（神宗朝馆本卷一〇·页三下）

○万历元年（癸酉）三月辛巳（1573.4.2）

宴……四川金川寺都纲头目等人。

（神宗朝馆本卷一一·页一上）

○万历元年（癸酉）四月乙卯（1573.5.6）

四川金川寺演化禅师差都纲头目进贡珊瑚等物。赏彩段表里、绢、纱[钞]、银两如例。

（神宗朝馆本卷一二·页四上）

○万历元年（癸酉）九月戊子（1573.10.6）

四川长宁安抚司差番僧被只等三百人，贡珊瑚等方物。给赏绢、钞如例。

（神宗朝馆本卷一七·页三上）

○万历元年（癸酉）十月辛亥（1573.10.29）

赏四川长宁安抚司进贡夷人段、绢、银、钞如例。

（神宗朝馆本卷一八·页二上）

○万历二年（甲戌）八月乙丑（1574.9.8）

陕西崇隆等六寺剌麻番僧共卜尖眘等、四川杂谷安抚司（差）都纲头目番僧更哈监藏进贡。宴赏如例。

（神宗朝馆本卷二八·页九上）

○万历二年（甲戌）十一月甲午（1574.12.6）

四川韩胡䂵恰列寺差番僧头目板地卜等各进贡方物。给赏绢、钞如例。

（神宗朝馆本卷三一·页五上）

○万历二年（甲戌）十二月乙卯（1574.12.27）

（前略）四川韩胡碉恰列寺头目番僧板地卜等朝贡。宴赏如例。

（神宗朝馆本卷三二·页七上）

○万历三年（乙亥）八月丁卯（1575.9.5）

陕西慧济扯巴寺差番僧八名……俱赴京进贡。赐宴赏如例。

（神宗朝馆本卷四一·页一上）

○万历三年（乙亥）十月辛巳（1575.11.18）

陕西起送崔工、迷力二族番人，四川起送金川寺演化禅师，俱差人入贡。赐钞、绢如例。

（神宗朝馆本卷四三·页六下）

○万历三年（乙亥）十月戊子（1575.11.25）

陕西柏林、七占等族番人剌卜等，他笼、哈古等族番人脑秀等各遣人入贡。赏给如例。

（神宗朝馆本卷四三·页八下）

○万历三年（乙亥）十二月辛巳（1576.1.17）

（前略）四川归化番僧进贡。著彰武伯杨炳待宴。

（神宗朝馆本卷四五·页八上）

○万历三年（乙亥）十二月己丑（1576.1.25）

（前略）弘化寺番僧锁南星吉等各入贡。宴待如例。

（神宗朝馆本卷四五·页一〇上）

○万历四年（丙子）正月壬寅（1576.2.7）

弘化寺番僧锁南星吉等贡马、驼、番犬、铜佛、舍利、酥油等方物。

（神宗朝馆本卷四六·页一下）

○万历四年（丙子）正月己酉（1576.2.14）

河州卫弘化寺番僧锁南星吉等五名来贡马、驼、犬只、方物。赏给如例。

大崇教等七寺刺麻番僧札掛那节等贡马匹、画佛、酥油、杵立麻。

（神宗朝馆本卷四六·页七上）

○万历四年（丙子）正月乙卯（1576.2.20）

陕西大崇教等七寺刺麻番僧札掛那节等三十五名，以马匹、方物进贡。赏绢、钞、银两如例。

（神宗朝馆本卷四六·页一〇上）

○万历四年（丙子）正月丁巳（1576.2.22）

陕西……大崇教等七寺刺麻番僧札掛那节三十五名进贡。宴待如例。

（神宗朝馆本卷四六·页一二下）

○万历四年（丙子）正月甲子（1576.2.29）

四川威州原抚归化打喇儿寨，差都纲头目安儿加等，贡珊瑚等物。陕西苴咂等族番人焦吉等贡马匹、盔甲、腰刀。各赐赉如例。

（神宗朝馆本卷四六·页一六下）

○万历四年（丙子）二月甲戌（1576.3.10）

陕西河州卫弘化寺番僧占羊管著等五名、岷州卫大崇教等七寺刺麻番僧札掛那节等三十五名各备方物进贡。赏银、币如例。

（神宗朝馆本卷四七·页五下）

○万历四年（丙子）九月壬辰（1576.9.24）

陕西敖儿等族番人札石禄等、四川加渴瓦寺都纲头目领占藏等各备腰刀、珊瑚等物入贡。命赏赉如例。

（神宗朝馆本卷五四·页一下）

○万历五年（丁丑）二月癸未（1577.3.14）

陕西法藏等寺剌麻僧相竹令占等进献方物。赏赉如例。

（神宗朝馆本卷五九·页九上）

○万历五年（丁丑）四月戊寅（1577.5.8）

陕西番族上笆篱、锋铁城等进贡马匹。给赏如例。

（神宗朝馆本卷六一·页四下）

○万历五年（丁丑）闰八月己丑（1577.9.16）

洮、岷边外生番氆藏率众来降，愿岁纳马匹中茶。按臣以闻，许之。

（神宗朝馆本卷六六·页三上）

○万历五年（丁丑）九月庚申（1577.10.17）

陕西木沙、札未〔来〕等族番人章哈尔节等赴京进贡。给赏如例。

（神宗朝馆本卷六七·页二下）

○万历六年（戊寅）十一月庚午（1578.12.21）

陕西苟家平番人七巴等共一百八十二名，各备马匹赴京进贡。赏银如例。

（神宗朝馆本卷八一·页四下）

○万历七年（己卯）正月丙寅（1579.2.15）

宴陕西进贡剌麻番僧如例。

（神宗朝馆本卷八三·页三下）

○万历七年（己卯）七月戊申（1579.7.27）

陕西好地平等族番人共二百四十三名，备马刀、盔甲等物，赴京进贡。给赏银、币如例。

（神宗朝馆本卷八九·页二上）

○万历七年（己卯）八月丙子（1579.8.24）

　　陕西苤哑等族番人二百四十二名进贡。给赏如例。

（神宗朝馆本卷九〇·页一下）

○万历七年（己卯）十一月甲子（1579.12.10）

　　四川杂谷安抚司都纲头目更哈监藏等赴京进贡。给赏如例。

（神宗朝馆本卷九三·页三上）

○万历七年（己卯）十一月丁卯（1579.12.13）

　　四川杂谷安抚司差都纲头目一千二百七十四名，各备珊瑚等物进贡。给赏如例。

（神宗朝馆本卷九三·页三下）

○万历八年（庚辰）三月甲子（1580.4.8）

　　四川长宁安抚司并韩胡碉恰列等［寺］各差头目赴京进贡。如例宴赏之。

（神宗朝馆本卷九七·页九上）

○万历八年（庚辰）四月乙未（1580.5.9）

　　番僧札石尖卒等三十五人贡马并方物。宴赏如例。

（神宗朝馆本卷九八·页六上）

○万历八年（庚辰）闰四月己亥（1580.5.13）

　　陕西法藏等六寺剌麻僧等三十名，各备马匹、方物赴京进贡。赏给如例。

（神宗朝馆本卷九九·页一下）

○万历八年（庚辰）五月癸未（1580.6.26）

　　四川金川寺演化禅师差都纲等赴京进贡。宴赏如例。

（神宗朝馆本卷一〇〇·页三上）

○万历八年（庚辰）十月辛亥（1580.12.21）

　　陕西他笼、哈古等族番人各备马匹、盔甲等物赴京进贡。各赏给如例。

（神宗朝馆本卷一○五·页三下）

○万历八年（庚辰）十二月戊戌（1581.1.7）

　　陕西柏林、七占等族番人进献马匹、方物。给赏绢、钞如例。

（神宗朝馆本卷一○七·页一上）

○万历八年（庚辰）十二月辛酉（1581.1.30）

　　陕西慧济寺番僧并哈尔占、吉古、车禄等族各备马匹、方物进贡。给赏如例。

（神宗朝馆本卷一○七·页七下）

○万历九年（辛巳）八月丁酉（1581.9.3）

　　陕西都指挥使司奏，起送阿木等族番人仓列等七十七名赴京进贡。诏赏赐如例。

（神宗朝馆本卷一一五·页一下～二上）

○万历十年（壬午）二月壬子（1582.3.17）

　　陕西番木竹镇纳的〔乩〕楚乐堌等进贡方物。赏赐如例。

（神宗朝馆本卷一二一·页六下）

○万历十年（壬午）三月庚午（1582.4.4）

　　陕西番七巴、冉家蛮等进贡马匹、盔甲、腰刀。给赏有差。

（神宗朝馆本卷一二二·页六上）

○万历十年（壬午）四月庚子（1582.5.4）

　　陕西番木沙等族章哈尔节等各进贡方物。给赏有差。

（神宗朝馆本卷一二三·页三下）

○万历十年（壬午）五月戊辰（1582.6.1）

宴剌麻番僧速南班班等。

（神宗朝馆本卷一二四·页五上）

○万历十年（壬午）五月己卯（1582.6.12）

给赏陕西泯［岷］州卫大崇教寺七寺番僧速南班班等及阶州卫山峒等族狗儿等各有差。

（神宗朝馆本卷一二四·页七上）

○万历十年（壬午）十月癸卯（1582.11.13）

陕西利族等族番人枪卜肖等入贡。给赏如例。

（神宗朝馆本卷一二九·页三上）

○万历十年（壬午）十一月乙卯（1582.11.25）

陕西番答牙、骆驼巷族纳麻节等入贡。给赏如例。

（神宗朝馆本卷一三〇·页一上）

○万历十年（壬午）十二月甲午（1583.1.3）

（前略）陕西弘化寺……进贡至。赐宴赏如例。

（神宗朝馆本卷一三一·页五上）

○万历十一年（癸未）四月辛未（1583.6.9）

弘化寺番僧札实藏等来贡方物。给赏如例。

（神宗朝馆本卷一三六·页六下～七上）

○万历十一年（癸未）六月庚午（1583.8.7）

各卜、上笆篱等族番人曾把淹中等贡马及盔甲、腰刀。给赏如例。

（神宗朝馆本卷一三八·页五上）

○万历十一年（癸未）十月丁巳（1583.11.22）

　　陕西博峪等族到京番人阿鹅等备腰刀进贡。给赏如例。

（神宗朝馆本卷一四二·页三上）

○万历十二年（甲申）七月丙戌（1584.8.17）

　　嘉石、草坡等族番人戎肖等贡马、银塔、铜佛，来朝。

（神宗朝馆本卷一五一·页三下）

○万历十二年（甲申）七月庚子（1584.8.31）

　　亦辖等族番人竹木〔木竹〕等、留边番人立足等贡方物。

（神宗朝馆本卷一五一·页六下）

○万历十二年（甲申）八月甲辰（1584.9.4）

　　鹞子坪、巴哑等族番人来朝，贡方物。

（神宗朝馆本卷一五二·页一上）

○万历十二年（甲申）十月壬子（1584.11.11）

　　宴入贡剌麻番僧共卜尖昝等。

（神宗朝馆本卷一五四·页三上）

○万历十三年（乙酉）二月甲辰（1585.3.3）

　　好地坪番族郝卜羊家保等贡马及方物。给赏如例。

（神宗朝馆本卷一五八·页二上）

○万历十三年（乙酉）三月庚寅（1585.4.18）

　　苴哑等番族千不少等……贡马并方物。给赏如例。

（神宗朝馆本卷一五九·页四下）

○万历十三年（乙酉）五月辛巳（1585.6.8）

　　杂谷安抚司头目藏伽等、法藏等六寺番僧相竹领占等各进贡珊瑚、氆氇、盔甲、画轴诸方物。赏给彩段、绢匹有差。

（神宗朝馆本卷一六一·页二下）

○万历十三年（乙酉）七月癸酉（1585.7.30）

命伯杨炳宴普观寺进贡番僧十有二人于礼部。

（神宗朝馆本卷一六三·页一上）

○万历十三年（乙酉）十二月庚午（1586.1.23）

命彰武伯炳宴陕西大崇教等七寺进贡番僧速南班班等三十有五人于礼部。

（神宗朝馆本卷一六九·页三上）

○万历十四年（丙戌）正月庚戌（1586.3.4）

陕西慧济扯把等寺番僧马你完卜等八名赴京进贡。宴赉如例。

（神宗朝馆本卷一七〇·页四下）

○万历十四年（丙戌）正月丁巳（1586.3.11）

番僧马你完卜共九百一名，进贡马并铜佛、铜塔等物到京。译审无碍，给赏如例。

（神宗朝馆本卷一七〇·页八下）

○万历十五年（丁亥）正月己酉（1587.2.26）

陕西鲁班等七寺剌麻番僧札石尖卒等二十五名赴京进贡。赐筵宴如例。

（神宗朝馆本卷一八二·页五上）

○万历十五年（丁亥）十月癸酉（1587.11.17）

四川杂谷安抚司都纲番僧板伽监藏等贡方物，给赏如例。

（神宗朝馆本卷一九一·页一〇下）

○万历十五年（丁亥）十月丁丑（1587.11.21）

柏林、七占等族番人进贡马匹、盔甲、腰刀等物。

（神宗朝馆本卷一九一·页一三下）

○万历十六年（戊子）正月丙午（1588.2.18）

赐陕西……崇隆等寺剌麻（番）僧共卜失眷等二十九人宴，命临淮侯李言恭待。

（神宗朝馆本卷一九四·页七上）

○万历十六年（戊子）三月丁酉（1588.4.9）

陕西起送法藏等六寺番僧相竹领占等三十人、好地坪等族番人郝百等二百四十七人、寨坪等族番人羊加保等一百二十七人，各贡方物如例。赏彩币、银、钞有差。

（神宗朝馆本卷一九六·页八下）

○万历十六年（戊子）闰六月癸巳（1588.8.3）

礼部奏："四川起送韩胡碉哈列等寺僧目多惹等至京及存留在边共四百三十八人，进方物。"

（神宗朝馆本卷二〇〇·页五上）

○万历十六年（戊子）闰六月辛丑（1588.8.11）

宴韩胡碉哈列等寺贡僧，命临淮侯李言恭待。

（神宗朝馆本卷二〇〇·页八下）

○万历十七年（己丑）五月庚申（1589.6.26）

宴陕西大崇教等寺剌麻僧三十五名。

（神宗朝馆本卷二一一·页五上）

○万历十七年（己丑）五月甲子（1589.6.30）

宴剌麻进贡僧速南班班等三十五名如例。

（神宗朝馆本卷二一一·页五下～六上）

○万历十七年（己丑）六月丙戌（1589.7.22）

宴赐加渴瓦寺入贡番僧加舍领占等三员名……如例。

（神宗朝馆本卷二一二·页四下）

○万历十八年（庚寅）四月戊寅（1590.5.10）

　　陕西鲁班等七寺剌麻番僧领占瓦丹等三十四名赴京进贡。宴赏如例。

（神宗朝馆本卷二二二·页二上）

○万历十八年（庚寅）五月辛酉（1590.6.22）

　　陕西慧济扯把等寺番僧马尔完卜等八名进贡。宴赏如例。

（神宗朝馆本卷二二三·页五上）

○万历十九年（辛卯）正月壬子（1591.2.8）

　　陕西崇隆等六寺剌麻番僧共卜尖〔失〕等三十名赴京进贡。筵宴如例，仍着临淮侯李言恭待。

（神宗朝馆本卷二三一·页四上）

○万历十九年（辛卯）闰三月甲申（1591.5.11）

　　陕西法藏等六寺剌麻番僧……各入贡。俱着临淮侯李言恭待。

（神宗朝馆本卷二三四·页九下）

○万历二十年（壬辰）三月甲子（1592.4.15）

　　宴四川杂谷安抚司进贡都纲头目番僧申思坚藏等八名。赏赉如例。

（神宗朝馆本卷二四六·页一下）

○万历二十年（壬辰）十月丁未（1592.11.24）

　　宴四川进贡番僧，命侯吴继爵待。

（神宗朝馆本卷二五三·页五下）

○万历二十一年（癸巳）八月乙巳（1593.9.18）

　　陕西敖儿等族番人札世〔也〕禄等八十七名入贡。宴赏如例。

（神宗朝馆本卷二六三·页一二上）

○万历二十一年（癸巳）十一月戊辰（1593.12.10）

　　四川长宁安抚司都纲番僧板地儿歪等来贡方物。宴待，并关给在边番僧贡赏如例。

（神宗朝馆本卷二六六·页四下）

○万历二十一年（癸巳）十二月丁巳（1594.1.28）

赏陕西他笼、哈古〔右〕等族贡番恼秀等一百三十六名绢、银、钞、币如例。

（神宗朝馆本卷二六八·页四上）

○万历二十二年（甲午）六月乙卯（1594.7.25）

四川金川等寺都纲头目窝熟监藏等四员名、陕西崇隆等六寺剌麻番僧共卜尖眷等二十九名各进贡。给赏、伴送如例。

（神宗朝馆本卷二七四·页二下）

○万历二十三年（乙未）三月庚子（1595.5.6）

四川韩胡碉哈列寺都纲僧目多惹等四名来贡。照例赐宴，命伯费甲金待。

（神宗朝馆本卷二八三·页一一上）

○万历二十四年（丙申）正月戊子（1596.2.18）

陕西嘉石〔召〕、草坡等族番人戎肖等进献马匹、铜塔等物。赏给段、绢、钞锭如例。

（神宗朝馆本卷二九三·页一○上）

○万历二十四年（丙申）三月戊寅（1596.4.8）

命王学礼宴待慧济扯把等寺番僧马尔完卜等八名。

（神宗朝馆本卷二九五·页六上）

○万历二十四年（丙申）六月庚申（1596.7.19）

陕西法藏等六寺剌麻番僧尼竹札石等三十名进贡方物、马匹。各赏给衣、马价等物。

（神宗朝馆本卷二九八·页六下）

○万历二十四年（丙申）七月己巳（1596.7.28）

　　命内府收杂谷安抚司各寺都纲头目彻吉丹班藏等补贡方物。

（神宗朝馆本卷二九九·页四上）

○万历二十四年（丙申）七月癸酉（1596.8.1）

　　赐四川杂谷安抚司都纲头目番僧彻吉等宴，以侯徐文炜待。

（神宗朝馆本卷二九九·页五上）

○万历二十四年（丙申）八月乙巳（1596.9.2）

　　准土番照例给文起送入贡。

（神宗朝馆本卷三〇〇·页七上）

○万历二十五年（丁酉）正月壬寅（1597.2.26）

　　陕西敖儿等族番人札世禄等进献方物。赐绢、钞如例。

（神宗朝馆本卷三〇六·页二上）

○万历二十五年（丁酉）二月辛巳（1597.4.6）

　　宴四川打喇儿寨进贡番僧必儿卜等四名、陕西大崇教等七寺剌麻僧速南九毋等三十五名，俱侯陈良弼待。

（神宗朝馆本卷三〇七·页八上）

○万历二十五年（丁酉）二月己丑（1597.4.14）

　　阿木等族番人安巴等十四名进献马匹、方物。各赏给马价、绢匹、钞锭。

（神宗朝馆本卷三〇七·页九下）

○万历二十五年（丁酉）六月丙子（1597.7.30）

　　陕西木沙、札来等族番人章合〔哈〕尔节等二十六名进献方物、马匹。给赏如例。

（神宗朝馆本卷三一一·页三下）

○ 万历二十五年（丁酉）六月庚辰（1597.8.3）

　　陕西鲁班等七寺番僧令治速南等三十五名进贡。宴赏如例。

（神宗朝馆本卷三一一・页四下）

○ 万历二十五年（丁酉）七月戊戌（1597.8.21）

　　陕西鲁班等七寺剌麻番僧令治速南等三十五名赴京进贡。赐宴如例。

（神宗朝馆本卷三一二・页九上）

○ 万历二十五年（丁酉）九月丁未（1597.10.29）

　　四川加渴瓦寺都纲番僧查麻领占等六名进珊瑚等物。给赏如例。

（神宗朝馆本卷三一四・页五下）

○ 万历二十五年（丁酉）十二月辛酉（1598.1.11）

　　陕西弘化寺番僧统诸坚错等六名进铜佛、舍利等物。给赏如例。

（神宗朝馆本卷三一七・页一下）

○ 万历二十六年（戊戌）正月丙申（1598.2.15）

　　赏陕西林家山、赤〔亦〕辖、苟家坪等族进贡番人各彩段、绢匹、钞锭。

（神宗朝馆本卷三一八・页二下）

○ 万历二十六年（戊戌）七月丁酉（1598.8.15）

　　陕西博峪、答石、氆哈等族番人阿鹅等进贡方物。各赏给如例。

（神宗朝馆本卷三二四・页四上）

○ 万历二十六年（戊戌）八月癸亥（1598.9.10）

　　好地坪、锋铁城等族番人郝卜等朝贡。赏赉如例。

（神宗朝馆本卷三二五・页三下）

○ 万历二十六年（戊戌）十一月丙午（1598.12.22）

　　陕西上芭篱、寨坪、苴哑等族番人渰竹等进贡方物、马匹。给赏如例。

（神宗朝馆本卷三二八·页五上）

○ **万历二十八年（庚子）三月癸酉（1600.5.12）**

奔古、阿著等族番人竹〔行〕节等献马匹、盔甲等物。命各关赏钞、绢。

（神宗朝馆本卷三四五·页一三下）

○ **万历二十八年（庚子）五月癸卯（1600.6.11）**

阿木等大七族番人安巴等贡方物。各赏段、绢、靴袜。

（神宗朝馆本卷三四七·页二下）

○ **万历二十八年（庚子）五月辛未（1600.7.9）**

宴陕西慧济扯把寺追〔进〕贡番僧马作〔你〕完卜等，命侯陈良弼待。

（神宗朝馆本卷三四七·页一一上～下）

○ **万历二十八年（庚子）九月己巳（1600.11.4）**

四川加渴瓦等〔寺〕番僧桑藏等八名赴京进贡。筵赏如例。

（神宗朝馆本卷三五一·页八下）

○ **万历二十九年（辛丑）四月戊子（1601.5.22）**

陕西青石山、亦〔赤〕辖等族番人木竹等进贡盔甲、马匹。关给到京并在边番人二百八十六名各贡赏。

（神宗朝馆本卷三五六·页六上）

○ **万历三十一年（癸卯）六月丙戌（1603.7.9）**

四川新〔杂〕谷安抚司差都纲番僧仰羊坚藏等八名贡珊瑚、左髻等方物。各赏给绢、钞、食茶。

（神宗朝馆本卷三八五·页一上）

○万历三十二年（甲辰）二月丙午（1604.3.25）

　　驼笼、奔古、阿著等族番人竹节永肖等四百三十一名，各贡马匹、方物。给赏银锭、段匹。

（神宗朝馆本卷三九三·页六下）

○万历三十三年（乙巳）四月甲寅（1605.5.27）

　　宴韩胡碉恰列寺进贡番僧多惹等四十七名，命泰宁侯陈良弼待。

（神宗朝馆本卷四〇八·页四上）

○万历三十三年（乙巳）四月丁卯（1605.6.9）

　　颁给陕西青石山、苟家碑、亦辖等族进贡番人七十名各绢、钞、靴袜。

（神宗朝馆本卷四〇八·页七上）

○万历三十三年（乙巳）五月辛丑（1605.7.13）

　　给长宁安抚司进贡番僧被只等三百名例赏食茶、绢、钞。

（神宗朝馆本卷四〇九·页一〇下）

○万历三十三年（乙巳）六月庚午（1605.8.11）

　　陕西嘉石、草坡〔革波〕等族番人戎肖等二十六名进贡马匹、铜塔等物。赏给伴送如例。

（神宗朝馆本卷四一〇·页一三下）

○万历三十三年（乙巳）八月己巳（1605.10.9）

　　崇隆等六寺剌麻番僧共卜尖昝等三十名贡献方物、马匹。与宴赏如例。

（神宗朝馆本卷四一二·页一〇下）

○万历三十三年（乙巳）九月癸酉（1605.10.13）

　　给赐陕西鹞子坪等族进贡番人盔列等三十一名各段、绢、银、钞如例〔有差〕。

（神宗朝馆本卷四一三·页一上）

○万历三十六年（戊申）正月乙卯（1608.3.13）

　　陕西奔古、他笼等族番人竹节恼秀等四百二十五名贡马匹、方物。各给币、钞如例。

（神宗朝馆本卷四四二·页六下）

○万历三十六年（戊申）二月庚申（1608.3.18）

　　上笆篱、寨平等族番人㳘中等二百四十四名贡马匹、方物。各赏绢、钞如例。

（神宗朝馆本卷四四三·页一下）

○万历三十六年（戊申）四月辛酉（1608.5.18）

　　宴大崇教等七寺进贡番僧工卜三竹等三十名。

（神宗朝馆本卷四四五·页二下）

○万历三十六年（戊申）五月乙巳（1608.7.1）

　　陕西柏林、七占等族番人刺卜板的肖等二百三名进贡方物、马匹。给赏如例。

（神宗朝馆本卷四四六·页四下）

○万历三十六年（戊申）七月庚子（1608.10.25）

　　陕西驼笼、纳郎等族番人永肖等一百五十六名进献盔甲、马匹。各赏给钞、币如例。

（神宗朝馆本卷四四八·页四下）

○万历三十七年（己酉）四月乙亥（1609.5.27）

　　韩胡碉哈利寺差番僧勺阿太等备方物进贡。赐宴赏有差。

（神宗朝馆本卷四五七·页九上）

○万历三十七年（己酉）九月己丑（1609.10.8）

　　答石、氊哈等族番人札石革等贡方物。赐宴赏有差。

（神宗朝馆本卷四六二·页三下）

○万历三十八年（庚戌）二月戊申（1610.2.24）

四川杂谷安抚司都纲头目板第坚藏等贡方物。赐宴及段、绢、银、钞有差。

（神宗朝馆本卷四六七·页一上）

○万历三十八年（庚戌）三月壬午（1610.3.30）

四川长宁安抚司都纲头目一舍思等以方物进贡。赐宴赏如例。

（神宗朝馆本卷四六八·页四下）

○万历三十八年（庚戌）五月癸亥（1610.7.9）

金川寺演化禅师坚藏利差都纲头目用茧〔坚〕藏等贡方物。赐宴及赍段、绢、银、钱有差。

（神宗朝馆本卷四七一·页五上）

○万历三十八年（庚戌）十一月丙辰（1610.12.29）

鲁班等七寺剌麻番僧边爵尖卒等……各备方物、马匹入贡。赐宴赍如例。

（神宗朝馆本卷四七七·页四下）

○万历三十九年（辛亥）二月丁丑（1611.3.20）

四川杂谷长官司差禅师叱吧坚剉等五名赴京进盔甲、氆氇等物。给赏靴袜、绢、钞。

（神宗朝馆本卷四八〇·页二上）

○万历三十九年（辛亥）六月癸酉（1611.7.14）

陕西柏林、七占等族番人板的肖等二百三名，进献盔甲、腰刀。准进收，赏给纱〔钞〕、绢。

（神宗朝馆本卷四八四·页一上）

○万历三十九年（辛亥）七月戊午（1611.8.28）

赏驼龙、纳郎等族进贡番人阿六肖〔育〕等十五名，各给段、绢、银、钞。

（神宗朝馆本卷四八五·页七下）

○万历四十年（壬子）四月癸未（1612.5.19）

宴四川番僧如例。

（神宗朝馆本卷四九四·页六上）

○万历四十一年（癸丑）四月乙卯（1613.6.15）

宴金川等寺进贡番僧占时坚藏等四人。

（神宗朝馆本卷五〇七·页六下）

○万历四十一年（癸丑）十一月丙子（1614.1.2）

四川打喇儿寨番僧差头目雨木六等二百五十名各献珊瑚、氆氇，补进三十七年、四十年分贡，倍给绢、钞、食茶。

（神宗朝馆本卷五一四·页四下～五上）

○万历四十二年（甲寅）三月辛未（1614.4.27）

鲁班等七寺番僧札挂星吉等三十五名进献马匹、方物。赏给绢匹、折段银两。

（神宗朝馆本卷五一八·页三上）

○万历四十二年（甲寅）八月乙酉（1614.9.8）

他笼、哈古等族番人恼秀等一百五十名进献方物、马匹。各进收〔赐筵宴〕，赏给伴送如例。

（神宗朝馆本卷五二三·页一上）

○万历四十二年（甲寅）十月辛巳（1614.11.3）

宴崇隆等〔寺〕进贡番僧六竹烟丹等三十三名。

（神宗朝馆本卷五二五·页一上）

○万历四十三年（乙卯）四月壬寅（1615.5.23）

折给陕西法藏寺〔等〕六寺进贡番僧工哈冬竹等三十名，各赏段匹、银两。

（神宗朝馆本卷五三一·页一〇下）

○万历四十三年（乙卯）闰八月壬子（1615.9.30）

宴西番夷人，遣侯徐应坤待。

（神宗朝馆本卷五三六·页三下）

○万历四十三年（乙卯）闰八月壬申（1615.10.20）

宴喇嘛番僧，遣公朱纯臣待。

（神宗朝馆本卷五三六·页一〇上）

○万历四十三年（乙卯）九月庚辰（1615.10.28）

陕西大崇教等七寺番僧班竹速南等三十五名赴京进献方物、马匹。准进收，宴赏如例。

（神宗朝馆本卷五三七·页三下）

○万历四十四年（丙辰）五月壬申（1616.6.16）

演教寺袭职番僧班著尔领真一名及元旦剌思巴等四名进贡。

（神宗朝馆本卷五四五·页一上）

○万历四十四年（丙辰）五月乙未（1616.7.9）

四川杂谷安抚司遣番僧都纲革〔并〕什〔付〕思等进贡。

（神宗朝馆本卷五四五·页六上）

○万历四十四年（丙辰）七月丙戌（1616.8.29）

苈哑、锋铁等族遣千卜少、焦吉巴等进贡。

（神宗朝馆本卷五四七·页五下）

○万历四十四年（丙辰）七月戊戌（1616.9.10）

上苞篱、好地坪、塞［寨］平诸番族进贡。

（神宗朝馆本卷五四七·页九上）

○万历四十四年（丙辰）十月丁卯（1616.12.8）

各卜诸族遣曾巴等二十八名进贡。

（神宗朝馆本卷五五〇·页六下）

○万历四十五年（丁巳）五月甲申（1617.6.23）

陕西山峒峪、答利等族番人纳麻节等一百四十三名各贡腰刀。准进收，赏给如例。

（神宗朝馆本卷五五七·页九下）

○万历四十五年（丁巳）九月乙亥（1617.10.12）

宴鲁班等七寺进贡番僧札掛吉星等三十二名。

（神宗朝馆本卷五六一·页四上）

○万历四十五年（丁巳）十月癸巳（1617.10.30）

崇隆等六寺番僧速南车札等三十名进贡方物、马匹。各折给马价段匹银两。

（神宗朝馆本卷五六二·页一上）

○万历四十五年（丁巳）十一月乙丑（1617.12.1）

金川寺、加渴瓦寺番僧容中出等十名进献珊瑚、氆氇等物。给赴京并留边贡僧各赏给绢、钞。

（神宗朝馆本卷五六三·页四上～下）

○万历四十六年（戊午）六月己未（1618.7.23）

番人哈行等进贡方物。

（神宗朝馆本卷五七一·页一上）

○万历四十六年（戊午）六月丁丑（1618.8.10）

颁给陕西驼笼、纳郎等族番人永肖等各贡赏折段银两。

（神宗朝馆本卷五七一·页九上）

○万历四十六年（戊午）八月甲子（1618.9.26）

赏给番僧工哈冬竹等段匹、银两有差。

（神宗朝馆本卷五七三·页四下）

○万历四十六年（戊午）八月庚午（1618.10.2）

赏赐番人戎肖等段、绢有差。

（神宗朝馆本卷五七三·页八上）

○万历四十六年（戊午）八月辛巳（1618.10.13）

命伯赵世新陪宴剌麻番僧。

（神宗朝馆本卷五七三·页一〇上）

○万历四十六年（戊午）九月乙未（1618.10.27）

番僧马你完卜等八人进贡。上命照例给与应得赏赐。

（神宗朝馆本卷五七四·页六上）

○万历四十七年（己未）七月戊戌（1619.8.26）

陕西大崇教七寺番僧哈咱札石等三十五名表贡方物。各赐宴，赏彩币有差。

（神宗朝馆本卷五八四·页一七上）

○万历四十七年（己未）七月丁未（1619.9.4）

陕西亦辖族番人木竹等、苟坪等族番人七巴等五十六名来朝，表贡方物。各赐宴，赏彩币有差。

（神宗朝馆本卷五八四·页二六上）

○万历四十七年（己未）十月戊辰（1619.11.24）

　　西番楚乩等二十四名入贡来朝。各赐宴，赏彩币等物有差。

（神宗朝馆本卷五八七·页四下）

○万历四十七年（己未）十二月戊午（1620.1.13）

　　西番阿鹅等二十三名来朝，表贡方物。各赐宴，赏彩币等物有差。

（神宗朝馆本卷五八九·页八上）

○万历四十八年（庚申）三月丁酉（1620.4.21）

　　博峪等族番人多尺肖等一百七十四人来朝，贡方物。赏赉有差。

（神宗朝馆本卷五九二·页八上）

○万历四十八年（庚申）六月庚午（1620.7.23）

　　长宁安抚司差头目番僧更八等来朝，贡方物。宴赏如例。

（神宗朝馆本卷五九五·页八下）

○天启三年（癸亥）二月壬午（1623.3.22）

　　番人安把札世禄等各备方物进贡。赏给如例。

（熹宗朝馆本卷三一·页一九上）

○天启三年（癸亥）九月辛亥（1623.10.17）

　　陕西好地平等族番人郝卜等贡马匹、盔甲、腰刀。赏赉如例。

（熹宗朝馆本卷三八·页二六上）

○天启三年（癸亥）十一月甲戌（1624.1.8）

　　陕西寨平等族番人羊加保等贡马。赏赉如例。

（熹宗朝馆本卷四一·页一〇下）

○天启三年（癸亥）十二月己亥（1624.2.2）

　　陕西鲁班等七寺剌麻番僧林镇桑卜等进贡方物。赏赉如例。

（熹宗朝馆本卷四二·页一八上）

○天启三年（癸亥）十二月癸卯（1624.2.6）

陕西上巴篱等族番人及锋铁城等族番人焦吉巴等进贡马匹、盔甲、腰刀。赏赉如例。

（熹宗朝馆本卷四二·页一九下～二〇上）

○天启四年（甲子）正月癸酉（1624.3.7）

上笆篱等族番人湸中等贡马及方物。

（熹宗朝梁本卷三八·页六上）

○天启四年（甲子）二月戊子（1624.3.22）

亦辖等族番人竹木等贡方物。

（熹宗朝梁本卷三九·页三下）

○天启四年（甲子）三月己卯（1624.5.12）

慧济扯包［巴］寺等族番僧马你完卜郎札巴贡方物。

（熹宗朝梁本卷四〇·页八下）

○天启五年（乙丑）二月丁未（1625.4.5）

遣兵部郎中董象恒赍敕命、图书，颁给西僧喇嘛王桑吉叭藏等。

（熹宗朝馆本卷五六·页二六下）

○天启五年（乙丑）十月壬辰（1625.11.16）

陕西法藏等六寺喇嘛番僧速南路丹等二十九名各备马匹、方物赴京进贡。赏赉如例。

（熹宗朝馆本卷六四·页一二上）

○天启五年（乙丑）十二月戊戌（1626.1.21）

大崇教等七寺剌麻番僧怕挂札石等备马匹、方物赴京进贡。赏赉如例。

（熹宗朝馆本卷六六·页二四下）

○天启六年（丙寅）正月辛未（1626.2.23）

陕西岷州卫起送番人郭由等族著木剌的等及剌章等族存的豁剌等各来朝，贡马匹、盔甲。宴贺［赏］如例。

（熹宗朝馆本卷六七·页二〇下）

颁赐寺名、匾额、护敕、度牒等

○ 洪武二十六年（癸酉）二月壬寅（1393.4.8）

西宁番僧三剌贡马。先是，三剌为书招降罕东诸部，又创佛刹于碾白南川，以居其众，至是始来朝，因请护持及寺额。上赐名曰"瞿昙寺"，敕曰："自有佛以来，见佛者无不瞻仰，虽凶戾愚顽者，亦为之敬信。化恶为善，佛之愿力有如是耶！今番僧三剌生居西土，踵佛之道，广结人缘，辑金帛以创佛刹，比者来朝京师，朕嘉其向善慕义之诚，特赐敕护持。诸人不许扰害，听其自在修行，违者罪之，故敕。"

（太祖朝馆本卷二二五·页三上～四上）

○ 洪武二十七年（甲戌）正月丙午（1394.2.6）

西宁卫镇抚李喃哥等建佛刹于其地，以居番僧，来请寺额。赐名曰"宁番寺"。

（太祖朝馆本卷二三一·页一下）

○ 永乐十五年（丁酉）六月甲午（1417.7.23）

赐西宁等处僧吒吧儿监藏等图书、护敕。

（太宗朝馆本卷一九〇·页一上）

○ 永乐十六年（戊戌）三月丙辰（1418.4.11）

给赐西宁僧领占朵儿只等九十三人度牒。

（太宗朝馆本卷一九八·页二上）

○ 永乐十六年（戊戌）十月戊子（1418.11.9）

赐西宁僧答儿麻、阿难达〔陀〕等十三人图书。给高僧叱失省吉等三十九人护敕。

（太宗朝馆本卷二〇五·页一下）

○ 正统元年（乙丑）六月壬子（1436.7.1）

敕谕剌麻（也）失班丹，赐以"精勤善行"图书。

（英宗朝馆本卷一八·页六下）

○ 正统三年（戊午）二月壬戌（1438.3.3）

陕西西宁瞿昙等寺剌麻桑里结肖等来朝，累请赐敕护持，又求职事、封号、寺额。不从。

（英宗朝馆本卷三九·页二下）

○ 正统五年（庚申）八月乙亥（1440.9.1）

乌思藏剌麻三竹藏卜等奏："求布施大寺院食茶五万斤，刊印板的达语录、祖师秘诀，及于番、汉地面往来游方修行并勘合护持。"上不允。

（英宗朝馆本卷七〇·页二下～三上）

○ 正统六年（辛酉）四月癸未（1441.5.7）

铸降松潘卫僧纲司印并护持敕给都纲桑儿者先结，令于本处建寺管束番僧。时总兵官都督同知李安奏，本僧劝化番人，曾为向导及通报军情有功，请量加慰劳，故有是命。

（英宗朝馆本卷七八·页七上）

○ 正统七年（壬戌）八月辛亥（1442.9.27）

敕谕河州、西宁等处官员军民人等曰："朕惟佛氏之道以空寂为（宗），以普度为用，西土之人久事崇信。今以黑城子厂房地赐大慈法王释迦也失盖造佛寺，赐名弘化，颁敕护特［持］。本寺田地、山场、园林、财产、孳畜之类，所在官军人等不许侵占骚扰侮慢。若非本寺原有田地、山场等项，亦不许因而侵占扰害。军民敢有不遵命者，必论之以法。"

（英宗朝馆本卷九五·页七上）

○ 正统八年（癸亥）二月戊申（1443.3.23）

命度……西番诸寺行童一万四千三百人。

（英宗朝馆本卷一〇一·页八下）

○ 正统八年（癸亥）四月庚子（1443.5.14）

剌麻绰失吉监粲于陕西广善寺修行，赐敕谕并图书，其文曰："广宣慈化。"

（英宗朝馆本卷一〇三·页六上）

○ 正统八年（癸亥）八月乙酉（1443.8.27）

敕谕长河西地面因果寺高僧簇克林藏卜曰："尔能敬顺天道，恭事朝廷，尊崇佛教，化人为善，忠诚可嘉。今特颁敕护持，听尔于汉人、西番各寺院自行［在］修行，尤宜严谨戒律，用阐宗风，以广慈化，俾人有所起敬，庶副朝廷眷待之意，钦哉。"

（英宗朝馆本卷一〇七·页一上）

○ 正统九年（甲子）十月乙丑（1444.11.29）

颁释道大藏经典于天下寺观。

（英宗朝馆本卷一二二·页五下）

○ 正统十三年（戊辰）五月丁酉（1448.6.13）

礼部奏，乌思藏灌顶国师赞善王遣人奏保番僧绰吉坚粲为灌顶弘慈妙觉大国师，及求大藏经并护持敕。上从之。寻赐绰吉坚粲诰命及镀金银印、僧帽、袈裟。

（英宗朝馆本卷一六六·页三上）

○ 天顺四年（庚辰）五月辛丑（1460.6.14）

敕河州西宁镇守内外官员人等曰："朕惟佛氏之兴，其来已远，西土之人率多崇信。其教以空寂为宗，以慈悲为用，阴皇度，翊化导群迷，良足嘉尚。河州弘化寺颁赐金字华严经六部并仪从等物及大慈法王等写完金字经二〔三〕藏、朱墨字语录经一〔二〕藏，安置于内。今特赐敕护持。

尔河州、西宁镇守内外官员并诸色人等，各宜尊崇虔敬，不许私借观玩，轻慢亵渎，致有损坏遗失。敢有不遵朕命，治之以法。尔等其慎之，毋忽。"

（英宗朝馆本卷三一五·页五上～下）

○ 成化十八年（壬寅）二月辛丑（1482.2.19）

陕西庄浪卫大通寺番僧札失丹班建寺于本寺东南隅，簇克林坚剉建寺于本地西北隅，因来朝贡，乞赐名。诏赐东南隅寺曰"显教"，西北隅寺曰"宣化"。

（宪宗朝馆本卷二二四·页一上）

○ 成化十八年（壬寅）七月壬申（1482.7.20）

陕西番僧三丹星吉等乞寺额，不许，以礼部议寺额太滥故也。

（宪宗朝馆本卷二二九·页三上）

○ 成化二十一年（乙巳）十二月癸卯（1486.1.31）

剌麻国师札思巴宗奈奏乞度番僧。礼部欲遵成化二年例，以三千四百名数度之。上命礼部遣官督僧录司验其果系番人者给度，毋容冒滥。

（宪宗朝馆本卷二七三·页六下）

○ 正德五年（庚午）十月庚寅（1510.11.8）

准给番僧度牒三万，汉僧、道士各五千。时上习番教，欲广度习其教者，命印度牒若干。所司度不可净，因如数摹印，然竟贮于文华殿，而实未尝用也。

（武宗朝馆本卷六八·页三上）

○ 正德十年（乙亥）五月己丑（1515.6.14）

陕西弘化显庆寺灌顶大国师锁南藏卜，以其师星吉藏卜旧赐山场地亩奏乞护敕。礼部驳奏，且请绳以法。特命给之，不为例。

（武宗朝馆本卷一二五·页一上）

整饬朝贡，限定贡期人数，禁约滥送诈冒等

○ 正统五年（庚申）八月戊子（1440.9.14）

命陕西都司、布政司各处镇守总兵官并各卫府，今后遇有剌麻番僧人等进贡，免其赴京，将所进马辨验，就彼给军骑操，具奏给赏。从行在礼部奏请也。

（英宗朝馆本卷七〇·页六上）

○ 正统七年（壬戌）十月癸巳（1442.11.8）

敕四川都布按三司曰："比来朝贡番僧剌麻，其中多有本地俗人及边境逃逸无籍之人诈冒番僧名目投托跟随者，尔三司全不审实，即便起送，以致络绎道途〔路〕，紊烦官府，劳费军民。继今来者，必审其果系本地番僧，方听赴京，然多亦不许过三五人，其假托诈冒者，拘留所在，奏闻处治。所贡方物、马匹，贵重上等者照例送来，寻常中下者，就彼收牧以给边用。其回日所带出关食茶，人止许二百斤。夫远人固当怀柔，国家军民尤宜矜恤。况其或假朝贡之名，经营己私，亦须节制。尔等皆朝廷简任，宜体朕心，酌量审处，开诚晓谕，使彼知朝廷欲彼此相安，用图长久之意。切不可纵令下人托此欺侮凌辱，有失远人之心。"

（英宗朝馆本卷九七·页二下～三上）

○ 正统九年（甲子）二月壬午（1444.2.20）

敕甘肃总兵官宁远伯任礼、参赞军务佥都御史曹翼等及陕西行都司曰："近者，西宁等处番僧剌麻来朝贡者甚众，缘途军民供给烦劳，况道路辽远，彼亦跋涉不易。自今至者，惟远方化外之人如例起送，余留尔处照旧管待听候。所进之马就彼给军骑操，方物俱贮官库，第具数来闻，用

价[偿]其值。凡彼情有欲言，尔等研实即为条陈，听候处置，庶彼此两便。尔等仍善抚谕，无失朝廷怀柔之意。"

（英宗朝馆本卷一一三·页一上）

○ 正统九年（甲子）三月丁丑（1444.4.15）

镇守陕西都督同知郑铭、右都御史陈镒奏送孔提峪、西吴等簇清修禅师宗诸识宜招抚各簇来降番人管著[者]藏卜等二百三十七名诣京朝贡。上命赐彩段表里有差。因谓礼部臣曰："来降番人既多，边将宜量遣来京。今一概送至，缘途军民供给疲困。此铭、镒处置乖方所致，其移文令其后勿复尔。"

（英宗朝馆本卷一一四·页一二下～一三上）

○ 正统十年（乙丑）三月乙未（1445.4.28）

礼部尚书胡濙等奏："四川都司承差伍守初伴送番僧剌麻星吉等赴京进贡，验其批文无星吉之名。究其所以，未经四川都司起送，乃潜自跟随国师朝贡。兹又告乞支应下程，请俱送法司治罪。"

上曰："俱宥不问，番僧还与下程。"

（英宗朝馆本卷一二七·页七上～下）

○ 正统十年（乙丑）七月癸未（1445.8.14）

敕陕西都布按三司查审番僧进贡的实，但系逃军、逃民诈冒，即收候具奏区处。

（英宗朝馆本卷一三一·页四下）

○ 正统十二年（丁卯）正月己卯（1447.2.1）

乌思藏答隆地面剌麻赏初坚剉巴藏卜等遣番僧奏称："宣德年间，遣来使臣国师哈力麻、指挥必力工等三百余人，分住于丹的寺等处，被达贼阻杀，至今未回，乞遣军马，开通道路护送。"

上从之。仍谕礼部："宣德年间，乌思藏来朝使臣亦有在河州居住年久，家业已成，不愿回者。今若一概逼迫出境，恐致失所。其领[令]镇守西宁都指挥佥事汪清同该卫官体勘现在人数并各人实情。其愿回者量拨人马护送出境，听其自回。仍严戒饬护送人在途不许生事扰害，有失远人之心。"

（英宗朝馆本卷一四九·页三上～下）

○ 正统十二年（丁卯）二月庚子（1447.2.22）

参赞甘肃军务右副都御史曹翼奏："甘肃地临极边，旧制外夷使臣朝贡，就彼筵宴，用度不敷，靠损军民。"

礼部议："今后使臣宜量其多寡，寡则宴于甘肃，多则宴于陕西布政司。"从之。

（英宗朝馆本卷一五〇·页三下）

○ 正统十二年（丁卯）九月癸巳（1447.10.13）

镇守西宁都指挥汪清等奏："奉旨取番僧赏初坚刬巴藏卜，已死，及原留河州居住国师、剌麻、使臣人等二百五十七人，今止余一百六十二人，欲便发回，缘各僧生拗惊疑不肯行，现在西宁等地自在游方化缘，宜听其便。"从之。

（英宗朝馆本卷一五八·页二上～下）

○ 正统十四年（己巳）四月辛亥（1449.4.23）

四川左布政使侯轼〔轨〕等奏："比奉敕：'自今番僧朝贡，其远方者，遣人送来，其近边者，每次不得过三四人，余则量馆待之，以礼遣回。所进马与方物，上等者送京，粗恶之物贮彼官库，中、下、小马给彼边境官军。具数以闻，用给酬赏。'臣等切思各僧生长番地，语言不通，止凭通事传译，虑有交结，以近作远，无由讥察。况其所进皆不过舍利、佛像、氆氇、茜草等物、中下羸弱等马。其意盖假进贡之名，潜带金银，候回日市买私茶等货。以此缘〔沿〕途多用船车、人力，运送连年累月，络绎道路。所司非惟疲于供亿，抑且罹其凌虐。乞敕今后番僧进贡虽称远方者，亦如近边者例，量发数人送其贡物上马赴京，其余方物、马匹悉收官库及拨边军骑操，余人悉礼待遣回。候年终本司类进原贮方物，其该给赏赐者，转达该部关领回司，行取原遣番僧到司领给。"

事下礼部，尚书胡濙等议，以为番僧远近不同，难以一概遣回。其方物例该御前奏进，不宜收贮外库。轸〔轨〕等所言难允。上然之。

（英宗朝馆本卷一七七·页一上～下）

○ 景泰二年（辛未）十二月庚午（1451.12.28）

敕镇守松潘左侍郎罗绮曰："得董卜韩胡宣慰使司奏，欲于旧威州保县地方开通道路，出境进贡。朕惟山川阻险，天所以限华夷也，既非旧路，岂可轻启夷人侵犯之心。况内官陈涓等曩已奏其不可，尔今即同会〔会同〕涓及金都御史李匡等计议，或别有可令往来之路，相度以闻。"

（英宗朝馆本卷二一一·页三上～下）

○ 景泰七年（丙子）三月壬申（1456.4.7）

礼部奏："陕西岷州卫卧龙寺番僧端竹招出生番簇头官著坚藏等来朝贡马。旧例每人赐钞二十锭、彩段一表里、纻丝衣一袭、靴袜一双，所贡中等马每匹钞三百锭、纻丝一匹。臣等以为太重，宜稍损之。今赐簇头每人彩段二表里，番人每人彩段一表里，俱不与衣服、靴袜，中等马每匹止钞三百锭。"从之。

（英宗朝馆本卷二六四·页一下）

○ 天顺四年（庚辰）九月甲申（1460.9.25）

四川三司奏："比奉敕番僧人等朝贡京师者，不得过十人，余悉留彼伺候。缘本处迩年荒旱，若悉留所余番僧伺候，动经数月，疲于供亿。宜准正统（年）间例，以礼宴待，发回各地方伺候为便。"从之。

（英宗朝馆本卷三一九·页四上）

○ 成化元年（乙酉）九月戊辰（1465.10.13）

定乌思藏番僧三年一贡例。礼部奏："宣德、正统间，番僧入贡，不过三四十人。景泰间，起数渐多，然亦不过三百人。天顺间，遂至二三千人。及今前后络绎不绝，赏赐不资，而后来者又不可量，且其野性暴横奸诈。今乌思藏剌麻蜡叭言千等来朝，贡方物，乞降之敕谕，使三年一贡。"

上从其请，因蜡叭言千等归，敕谕阐化王曰："尔父祖以来，世修职贡。洪武年间，三年一贡，来朝不过三四十人，往来道途亦守礼法。近年以来，增加渐多，络绎不绝，恃朝廷柔远之意，所至骚扰。察其所以，多有四川等处不逞之徒，买求印信，冒作番僧，贪图财利，坏尔声名。尔居遐僻，何由得知？兹特敕谕尔，今后仍照洪武旧例，三年一贡，自成化三年为始。所遣之人必须本类，不许过多。所给文书，钤以王印，其余国师、禅师等印，皆不许行。惟袭替谢恩者不在三年之限。仍戒来人，毋得夹带投托之人。朝廷已敕经过关隘官司盘诘辨验，如有伪冒，就便拿问。如此，则事有定规，人无冒滥，庶不失尔敬事朝廷之意。"

（宪宗朝馆本卷二一·页四下～五下）

○成化二年（丙戌）十一月癸未（1466.12.22）

礼部奏："巡抚四川都御史汪浩等奏，新招朵甘宣慰使司地方头目来朝，乞定与年限，请如乌思藏例，三年一贡。"从之。

（宪宗朝馆本卷三六·页四下～五上）

○成化三年（丁亥）二月己亥（1467.3.8）

先是，乌思藏等处番僧朝贡数多，敕镇守洮州指挥汪钊，选游僧三人，赍敕往谕灵藏赞善王禁约诈冒。至是还，礼部请每僧量赏彩段等物，以酬其劳。从之。

（宪宗朝馆本卷三九·页三上）

○成化三年（丁亥）二月壬子（1467.3.21）

乌思藏木目等寺番僧三丹坚昝等来朝，贡佛像、马匹等物。礼部奏其故违三年一贡之限，辄由它道以来，所给彩段等物宜减常例，以示戒。从之。

（宪宗朝馆本卷三九·页九下～一〇上）

○成化三年（丁亥）五月丙子（1467.6.13）

命陕西镇守巡抚、巡按及都布按三司等官详议番僧进贡事宜。先是，陕西按察司副使郑安言："进贡番僧，其自乌思藏来者，大率三分之一，余皆洮、岷近境寺僧、番民诡名希赏。所进羸马辄获厚值，本以羁縻之而益致寇攘。彼得吾所赐彩币，制为脑包、战袍以抗拒官军，是虚国费而为盗资也。今宜有以限节之。"

事下礼部会官议："请行陕西镇巡等官计议，定与年限、人数及存留起送若干名，及凡赏与宝钞、食茶、布褐等件〔物〕，审于夷情事体有无相当，一一议处，经久利便，具奏以闻。"从之。

（宪宗朝馆本卷四二·页三上～下）

○成化三年（丁亥）七月辛巳（1467.8.17）

命礼部移文西宁、洮河镇守、守备等官，凡番夷进贡，务将年貌、簇分及所贡物一一审核开报，勿令冒名作弊。从监察御史胡深奏也。

（宪宗朝馆本卷四四·页八上～下）

○成化四年（戊子）三月戊辰（1468.3.31）

礼部奏："长河西、鱼通、宁远等处头目剌麻番僧南合并乌思藏阐教王遣剌麻领卜车等，违例朝贡，巡抚四川右副都御史汪浩失于禁止，宜降敕切责及责都布按三司罪状。以后乌思藏番僧人等进贡，务遵原定三年一次限期、额数，审有番王印信文凭，方许存留起送。其国师、禅师关文不得徇情滥收，所进方物仍须封记。及长河西、鱼通、宁远等处每年亦须量数放入。务在抚驭开谕得宜，毋得因而激变生患。"从之。

（宪宗朝馆本卷五二·页二上～下）

○成化五年（己丑）七月丁酉（1469.8.22）

四川都司奏："乌思藏赞善王等遣舍人阿别等，率各寺寨番僧一百三十二起，不依年例入贡，兼无番王正印文书，今已量留十数名在被〔彼〕守视方物，余皆遣回。乞定议令各照年例进贡，或（令）各具印信文书会同进贡。"

礼部言："乌思藏地方广远，番王数多。若令各照年例进贡，则往来频繁，驿递不息；若令会同进贡，则地方有远近，难以齐一。宜令各王各具印信文书于应贡年分，陆续来贡，不许人数过多，仍请敕各番王知会，令其永远遵守。所贡方物既至，宜令四川三司遣人省谕，准作成化六年分进贡，起送赴京，或以礼发遣，令其依限前来。务在处置得宜，以尽怀柔之意。"从之。

（宪宗朝馆本卷六九·页四下）

○ 成化六年（庚寅）四月乙丑（1470.5.17）

工部奏："四夷朝贡人数日增，岁造衣币，赏赉不敷。"上命礼部议减各夷（人）入贡之数，尚书邹干等具例以闻。上曰："其移文各边，今如已定年数入贡，不得违越。"干等以乌思藏原无定立则例，议请乌思藏赞善、阐教、阐化、辅教四王三年一贡。每王遣使百人，多不过百五十人，由四川路入。国师以下不许贡。其长河西、董卜韩胡二处，一年一贡，或二年一贡，遣人不许过百。松、茂州地方住坐番僧，每年亦许三五十人来贡。其附近乌思藏地方，入贡年例如乌思藏，亦不许（过）五六十人。乞行四川镇守等官，俱要委官审辨有印信文字者，方许放入。仍乞降敕各番王谕以番僧入贡定数，至期各王将番僧姓名及所贡方物各具印信番文，以凭验入。"从之。

（宪宗朝馆本卷七八·页四下～五上）

○ 成化六年（庚寅）五月乙未（1470.6.16）

礼部言："乌思藏等处番僧进贡至者数多，赏赐彩段（动数千计，官库所贮不敷关用。今议得乌思藏等处进贡人员，其赴京者，如例给与，其存留者，人该给一表里，宜折与生绢四匹，仍将数内二匹折与茶三十斤。四川松潘、杂谷等处安抚司进贡人等，其赴京者，如例给与，其存留者该三表里，宜给与本色一表里，内一表里折与生绢四匹，一表里折茶一百斤。如夷人情偏，事有窒碍，归期另行斟酌具奏。）"从之。

（宪宗朝馆本卷七九·页九上）

○成化八年（壬辰）六月辛卯（1472.7.31）

礼部言："今年陕西岷［岷］、洮等卫所奏送各簇番人共四千二百有奇。除给与马值不计，凡赏彩段八千五百二〔四〕十四〔二〕表里、生绢八千五百二十余匹、钞二十九万八千三百余锭，滥费无已。正统、天顺年间，各番进贡岁不过三五百人。成化初年，因岷［岷］、洮等处滥以熟番作生番冒送，已立定例，生番许二年一贡，每大簇四五人，小簇一二人赴京，余悉令回。成化六年，因按察司副使邓本端妄自招抚来贡，又复冒滥。本部复申例约束。今副使吴玘等不能严饬武备以守边方，惟通番人以纾近患，宜降敕切责，俾遵前例。若夷情难以阻抑，亦须别白往时何以来少之故，奏闻裁处。"诏可。

（宪宗朝馆本卷一〇五·页六下～七上）

○成化十七年（辛丑）九月辛卯（1481.10.12）

给乌思藏诸番王及长河西鱼通宁远等宣慰司敕书、勘合。礼部奏："乌思藏地方在长河西之西，长河西在松潘、越巂之南，三处地界相连，易于混淆，难以辨别。乌思藏大乘法王、阐化、辅教、赞善番王，旧例三年差人一朝贡。彼因道险少来，而长河西番僧往往伪作印信番书，以冒赏赐。乞立为定制。除大乘法王无地土外，阐教等四王，人各赐敕一道、勘合二十道。该贡之年，道经四川、陕西，比号既同，仍有王印奏本，方许放入。其长河西鱼通宁远等处、朵干［甘］及董卜韩胡诸宣慰司，亦各给勘合六十道。其入贡道经四川，比号验放一如例。若该贡之年偶值道梗不通，后不许补贡。其四川松、茂州土着［著］番僧来朝者，边官亦照例验放，不许过多。"从之。

（宪宗朝馆本卷二一九·页四下）

○成化十八年（壬寅）二月甲寅（1482.3.4）

礼部奏："乌思藏番王进贡定期必以三年，定数僧不过一百五十。近赞善王连二次已差僧四百一十三人，今又以请封、请袭差一千五百五十七人，俱非倒［例］，宜尽阻回。但念化外远夷，乞量准其请封、请袭各一百五十人，仍准其三百人为成化二十年并二十三年两贡之数。毋得再至所司，亦宜以礼省谕其退回者。"从之。

（宪宗朝馆本卷二二四・页三上～下）

○ 成化十九年（癸卯）八月癸未（1483.9.24）

长河西灌顶国师札思八坚粲遣番僧奴日领真等一千八百人进贡，四川巡抚守臣劾其违例。

事下礼部，议："宜俯顺夷情，止许五百人入贡。仍令所司谕札思八坚粲既为国师，岁宜与各寺寨轮贡，数止百人。"从之。

（宪宗朝馆本卷二四三・页一二上）

○ 成化二十一年（乙巳）六月壬寅（1485.8.3）

灵藏赞善王数遣番僧入贡。礼部言其违例，赏宜从减，仍请移文赞善王使知之。诏可。

（宪宗朝馆本卷二六七・页五上）

○ 成化二十一年（乙巳）十一月甲戌（1486.1.3）

礼部奏："四川起送乌思藏如来大宝法王、国师并牛耳寨寨官进贡、谢恩、招抚、袭替各项共一千四百七十员名。除回赐国[法]王等官并到京番僧外，其存留在边者，若一例赏之，共该彩段一千四百七十表里、纻丝僧衣二千九百二十二袭件、折绢一万一百六十四匹、钞一十四万七千绽、食茶八万八千二百斤，其数太滥。除法王、国师及正贡来京者照例给赏，其余在边一千八名，欲量以该赏衣二件共折彩段一表里与之。食茶令四川茶马司照数给散。"从之。

（宪宗朝馆本卷二七二・页六上）

○ 成化二十二年（丙午）四月癸巳（1486.5.21）

礼部臣奏："长河西鱼通宁远等处宣慰使司，以黎州大渡河寇发，连年不能进贡，至是来补三贡，贡内开有新招抚名色。缘补贡无例，番方亦无新招抚者。此四川都布按三司等官失于查究阻回。今已觉举奏闻，宜宥其罪。而三贡方物俱宜受之，以俯顺夷情。其各赏赐，别当斟酌请给。"

从之。

既而拟奏正赏并折衣绢，通减四匹。各番复奏乞加赏。有旨："每人加生熟绢各一匹。今后令彼务依年例定数来贡，毋得违越。"

（宪宗朝馆本卷二七七·页五上～下）

○成化二十三年（丁未）十月丁卯（1487.10.17）

礼部疏："上传升大慈恩等寺法王、佛子、国师等职四百三十七人，及剌麻人等共七百八十九人，光禄寺日供应下程并月米，及随从、馆夫、军校动以千计。多诱中国军民子弟，收以为徒。请一切禁革，命法王、佛子降国师，国师降禅师，禅师降都纲，自讲经以下革职为僧，各遣回本土、本寺或边境居住。仍追夺诰敕、印信、仪仗，并应还官物件。内降职留为大慈恩等寺住持者五人，革职留随住者十人。集汉人习学番教者，不拘有无官职度牒，俱发回原卫有司当差。如隐冒乡贯自首改正者，许换与度牒。"

（孝宗朝馆本卷四·页一下～二上）

○成化二十三年（丁未）十月戊寅（1487.10.28）

礼部请量给乌思藏阐化王及辅教王所遣入贡番僧扎失罗竹等口粮、脚力，仍令今后每三年一贡，差人不许过百五十名，仍填写原给勘合，至各该官司比号。如无番王印信番字奏本、咨文及贡期烦数、来人过多者，俱却回，并裁减给赐之数。从之。

（孝宗朝馆本卷四·页一二下）

○弘治元年（戊申）正月丁巳（1488.2.4）

礼部言："成化中，以乌思藏番僧入贡烦数劳费中国，其中又多有近边番人冒名来贡者，本部尝奏准请给阐化、辅教等王勘合各二十道，俾三年一贡，每贡不许过百五十人，俱从四川正路赴布政司，比号相同，方许入贡。今所差国师畲思加藏卜等从四川路来者，系年例该贡之数，并其所称新招抚寨主五十人，俱准来贡。其别差番僧也舍星吉等从姚[洮]州路来者，乃诈冒之徒，例不可许。"从之。

（孝宗朝馆本卷九·页五下）

○弘治二年（己酉）二月辛亥（1489.3.24）

长河西宣慰司番僧绰思吉领占把藏卜等七百人，冒称乌思藏所遣朝贡到京。礼部译得其情，请量减赏赐，以示薄责之意。从之。

（孝宗朝馆本卷二三·页九上）

○弘治二年（己酉）十二月癸巳（1489.12.31）

礼部奏："乌思藏番僧三竹等进贡，不赍原降勘合，又不经边关验送，请却其方物，并罪边关及沿途之失于盘验者。"

诏以番僧既到京，姑纳其贡，（给赏）遣之。

（孝宗朝馆本卷三三·页二下）

○弘治三年（庚戌）正月丙子（1490.2.12）

近例乌思藏番僧三年一贡，令四川布政司比号相同，并有番王印信、番字奏启，方许。其法王卒，止用本处僧徒袭职，不由廷授。至是，辅教王遣番僧锁巴等，保送大乘法王袭职入贡，乃欲自洮州而入。洮州守备官据例阻回，以其事闻。

下礼部议，谓："有前例，宜行洮州守备官，于锁巴内令四五人赍执勘合，前往四川布政司比号。果系原降辅教王处勘合，字号相同，本司宜即差人具奏，并给与印信文书，仍令回至洮州，守备官再行审验。其大乘法王处所差者，许令入贡，然不许其奏请袭职。若辅教王处所差者，准作弘治三年一贡，沿途量起人夫护送方物至京。如其字号不同，及有诈冒别情，宜从四川镇巡官并洮州守备官径自奏闻，以凭区处。"从之。

（孝宗朝馆本卷三四·页六上～下）

○弘治四年（辛亥）二月庚午（1491.4.2）

乌思藏番僧麦南三竹桑节答儿，冒称辅教王所遣使，来京朝贡。礼部议奏："自河西至京师，毋虑数千里，麦南三竹等不由驿递传送，沿途关隘何以得过？是必有中国人与之交通，乞下法司根究其情。"从之。

（孝宗朝馆本卷四八·页一〇上）

○弘治八年（乙卯）五月己酉（1495.6.19）

西番著落族番僧领占札石来贡，奏乞如诸番番人例给赏。上以番人、番僧朝贡，先年各定有赏例，不可改，命大通事杨铭谕之，不许再奏扰。

（孝宗朝馆本卷一〇〇·页六下）

○弘治十二年（己未）九月丙子（1499.10.23）

礼部以乌思藏并长河西宣慰使司各遣人来贡，一时至者凡二〔三〕千八百余人，俱应给赏，所费不赀，请行四川镇巡等官，以后不许滥送，务查先年敕旨及本部勘合事例。有碍者径自阻回，无碍者奏请定夺。其今次滥起送官吏，请令巡按监察御史逮问。从之。

（孝宗朝馆本卷一五四·页八上）

○正德四年（己巳）九月己亥（1509.9.23）

礼部言："乌思藏袭封阐化王阿吉汪束札失札巴坚参巴藏卜〔阿吉汪束札巴坚参巴藏卜〕及袭职完渴都指挥煖精藏卜进贡方物，及遣人数多出于例外，意图厚赏。今宜准其多者为次年贡数，如例给赏。指挥无年贡者，裁其赏赍之半。其陕西河州卫指挥使王锦等违例起送，俱当究治。"

诏从之，仍令今后违例进贡夷人俱拘留在边，不许滥放，违者治罪。

（武宗朝馆本卷五四·页三上～下）

○正德五年（庚午）三月癸未（1510.5.5）

乌思藏大乘法王差剌麻绰吉我些儿等八百人从陕西河州卫入贡。礼部以其违例，宜减赏，及究河州卫指挥使徐经不行审验之罪。

上命巡按御史逮经治之。仍令是后宜加审验，不许重冒起送。

（武宗朝馆本卷六一·页八上）

○正德十年（乙亥）五月戊戌（1515.6.23）

礼部尚书刘春奏："西番俗信佛教，故我祖宗以来，承前代之旧，设立乌思藏诸司，阐化、阐教诸王，以至陕西洮、岷、四川松潘诸寺，令化导夷人，许其朝贡。然每贡止许数人，贡期亦有定限。比年各夷避〔僻〕远，莫辨真伪。至有逃移军匠人等，习学番语，私自祝发，辄来朝贡，希求赏赐。又或多创寺宇，奏乞名额，即为敕赐，朝贡（希求）不绝。以故营建日增，朝贡愈广。此皆借民财以充宴赏，继继不已，虽神输鬼运，其何能应无穷之用哉！乞酌为定例，严其限期，每寺给勘合十道，陕西、四川等处兵备仍给勘合底簿。每当贡期，比号相同，方许其送，其人数不得过多。自后再不得滥自营造。则远夷知戒，民财可省。"

诏："显庆等二寺及洪福寺以后番僧来贡者，赏赐视宝净诸寺例。余如所议行之。"

（武宗朝馆本卷一二五·页三上～下）

○ 正德十五年（庚辰）四月辛酉（1520.4.20）

四川署都指挥佥事廉瑛〔英〕起送杂谷安抚司来贡者过旧额，多至千年〔余〕，赏费数倍。礼部言："不为之处，恐四夷无忌，益长贪饕，乞行彼处御史逮瑛〔英〕问。"从之。

（武宗朝馆本卷一八五·页一上）

○ 正德十六年（辛巳）四月辛亥（1521.6.4）

四川威州保县金川寺剌麻（番）僧曾称藏卜等并新旧招抚番僧共五百一十名，各具方物来贡。旧制金川寺三年一贡，每贡不过一百五十人。弘治以来，僧以希赏增多，朝廷止照旧额给与全赏，其余每人裁去绢二匹。至正德间，全赏者或增至三百余名，费不赀矣。至是，礼部请如弘治年事例给赏，而治四川都指挥佥事廉瑛〔英〕违制起送之罪。

得旨："廉瑛〔英〕姑免究，以后来贡人员务照旧额。"

（世宗朝馆本卷一·页二八下～二九上）

○ 正德十六年（辛巳）十月辛丑（1521.11.21）

四川茂州卫韩胡碉恰列寺番僧寨（首）小和尚等来朝，贡方物。礼部奏："其年岁与所赍原降敕谕不合，盖小和尚已故，子撒儿革替名来朝。四川镇守总兵张杰不能验实起送，且来朝者过旧额，俱属违法，乞逮治。"

上曰："杰姑宥之。自今令各边皆审实，不得过多，不及贡者亦不必补。"

（世宗朝馆本卷七·页五上～下）

○嘉靖元年（壬午）十一月戊申（1522.11.23）

礼部条奏议处土官朝觐五事：

"一曰定赏例。请自今土官遣人至京，若弟侄及男进马四匹以上及方物重者，赏钞、币以衙门品级高下为差。其进马一二匹及方物轻者，与杂职同赏。若通事、把事、头目等，止以马匹、方物多寡为差。凡进香、茶、白蜡每杠〔扛〕五十五斤由布政司传〔转〕送者，所赏生绢照数递加，违例者罢其赏。

二曰革宿弊。言近年各土官宣抚等司差来人数太多，皆非旧额，所赍降香重不过七八斤，而冒廪饩及绢钞之赏，至有伪造印信、私增批文者。自今请申明故事，凡违例者，所在有司遏使勿入。其非布政司真印批文，沿途不得资给。即越赴京师，皆还其贡物，罢其赏赐廪饩。或奇〔官〕民附和为奸者，以〔从〕重论。

三曰处进马。言先朝土官进马就所在布政司辨验，易银贮库，以备买马，今容美宣抚等司贡马至京，往来骚扰，亦非旧制。自今有犯者，皆罢绝之。

四曰明进收。言顷者湖广忠建宣抚司等土官遣把事进香，鸿胪寺遽引赴内府交收。即有违例，概得给赏。自今土官遣人至京，鸿胪寺既引见上其奏，仍赴本部验进方物，庶有所稽考。

五曰防欺伪。言各土官职事原有等级间或诈伪得赏赐，归则以恐喝〔吓〕夷众。中国自有纪纲，不可堕其欺伪〔侮〕。宜令吏、兵二部将已袭授土官职名查报本部，未袭者行巡抚亟为奏补，以安夷民。"

上皆允行之。

（世宗朝馆本卷二〇·页三上～下）

○嘉靖二年（癸未）闰四月甲子（1523.6.7）

四川董卜韩胡宣慰司起送番僧捨利卜等一千七百余人入贡。礼部奏："弘治以前入贡番僧多不过千人，今数增至倍，日甚一日。若复照例给赏，恐将来愈不可继，请量裁其赏赐三分之一。仍行抚按官查提起送官吏治罪。"

上从之，命自今进贡人数，悉如弘治以前例行。

（世宗朝馆本卷二六·页八下）

○嘉靖二年（癸未）十一月丙申（1524.1.5）

礼部言："达思蛮长官司差来进贡并庆贺登极，人员多至四百余名，乞行限制禁约，每贡限百人，（多）者革去赏赐，并究起送官治罪。"报可。

（世宗朝馆本卷三三·页七下）

○嘉靖三年（甲申）六月己亥（1524.7.6）

杂谷安抚司等处起送都纲剌麻头目番僧引旦藏等贡贺，抵京者一百六十七人，其存留境上者一千二百五十六人。礼部言："其人数比先朝时多至十五，其中必有诡增之弊。当裁其赏以示戒。"

上从之。仍命行各处镇巡官，凡起送番僧、番人，必会审验实，从与名数，不得过多。

（世宗朝馆本卷四〇·页二下）

○嘉靖三年（甲申）六月庚戌（1524.7.17）

以洮州卫指挥武贤违例起送进贡番僧端竹札失等、分巡守备官不得[为]督勘，命巡抚逮问武贤，并按究分巡等官之不觉察者。

（世宗朝馆本卷四〇·页五上）

○嘉靖四年（乙酉）十月己酉（1525.11.8）

礼部言："乌思藏、长河西、长宁安抚司各入贡。番僧过例额者九百四十三人，并应减赏。"

诏以各番既经边臣验入，听给全赏，自后毋得额外过多。

（世宗朝馆本卷五六·页八上）

○嘉靖五年（丙戌）七月甲辰（1526.8.30）

达思蛮长官司遣都纲番僧沙加藏等四百三十八人来贡。礼部以其贡使视额数过多，请减半给赏。从之。

（世宗朝馆本卷六六·页一〇下）

○嘉靖十年（辛卯）七月壬申（1531.9.1）

礼部上言："西蜀番僧来贡人数添增太多，赏赐冒滥，请以所进方物退还。仍行巡抚官查提起送官吏不遵旧制，交通贿赂情弊问拟具奏。今后（该）贡人数，不许过六百名，著为令。"从之。

（世宗朝馆本卷一二八·页七下）

○嘉靖十二年（癸巳）八月丙戌（1533.9.4）

四川乌思藏、朵甘（思）番僧七领札夫［失］等千余人来贡。礼部以旧例每贡不过百人，今数太多，该边并三司等官胧朦起送，通属有罪。七领札失等应薄示惩戒，其到京者，每名量减茶十斤，存留者每名量减绢二匹、茶十斤。仍行巡按御史逮治验放官罪，以戒来者。从之。

（世宗朝馆本卷一五三·页四上）

○嘉靖十五年（丙申）正月庚午（1536.2.5）

乌思藏辅教、阐教、大乘各王差国师短竹札失等、长河西鱼通宁远等处军民宣慰使司差寨官桑呆短竹等各进贡，凡四千一百七十余人。诏以人数逾额，如例减赏，并下四川巡按御史逮治都布按三司官违例验进之罪。

（世宗朝馆本卷一八三·页二上）

○嘉靖十五年（丙申）十二月丁未（1537.1.7）

四川杂谷安抚司遣都纲番僧叶儿监藏等进贡，多至一千二百六十四人。礼部以为违例，请给赏至京十五人及留边百五十人如例，余皆裁半，仍敕所司以后不许违例起送。从之。

（世宗朝馆本卷一九四·页一二下）

○嘉靖十九年（庚子）三月壬子（1540.4.26）

杂谷安抚司差都纲刺麻头目番僧定日藏等来朝，贡方物。宴赏有差。内逾贡额至一千一百九名，诏颁赏递减，起送官员参治。

（世宗朝馆本卷二三五·页四下）

○ 嘉靖三十年（辛亥）七月丙申（1551.8.11）

　　董卜韩胡宣慰使司加渴瓦寺差都纲头目容中五些儿入贡，宴赉有差。始误［该］夷应贡者，例不过百五十人，至是乃有五百人，而以招抚为名者，复二百六十人，溢故额远甚。礼部申明旧例，请以百五（十）人为额数，给全赏，其余半给之。自后以例外至者，诫关吏无入。报可。

（世宗朝馆本卷三七五·页二下）

○ 嘉靖三十七年（戊午）闰七月丙子（1558.8.14）

　　慧济扯已［巴］寺禅师相初坚昝等、杂谷安抚司番僧拔出监藏等各来朝，贡马及方物。以入边人多，诏所司量赏，并治其滥送边臣罪。

（世宗朝馆本卷四六二·页一上）

○ 嘉靖四十年（辛酉）十一月癸丑（1562.1.2）

　　乌思藏阐化王差剌麻锁南板著等、护教王差国师班丹监参等、朵甘思直管招讨司差国师捨蜡藏卜等各来朝，贡方物。宴赉有差。以阐化王方物粗恶，不以国师领贡。招讨司宣慰部落不附本司进贡，皆裁其赏。仍申谕边臣，自后各番进贡有违式者，不得验入。

（世宗朝馆本卷五〇三·页三下～四上）

○ 嘉靖四十三年（甲子）十二月甲申（1565.1.17）

　　诏："自今边臣起送番僧入贡，悉遵成化、弘治故事，限数入边。如有违例滥送者，罪之。"时番僧蛇牙藏等入贡至一千一百余人，礼部以人多，请量给赏，而严各边传送之禁。因有是命。

（世宗朝馆本卷五四一·页五上）

○ 隆庆三年（己巳）闰六月辛酉（1569.8.1）

　　以番僧违例进贡，坐起送官罪，讨［夺］四川三司赏［掌］印官署都指挥佥事槐寅等俸各二月。

（穆宗朝馆本卷三四·页六下）

○隆庆三年（己巳）七月庚辰（1569.8.20）

工部言："入贡番僧，给赉太滥。请如先朝故事，酌议定数，以省浮费。"报可。

（穆宗朝馆本卷三五·页二上）

○万历六年（戊寅）十一月癸丑（1578.12.4）

礼部题："各夷年例进贡，惟西番人数甚众，其赏赐甚厚。然而发去支茶勘合及支半赏咨文，恐伴送人员串同夷人别有洗改情弊，及至回文到日，则彼已冒支。事属外夷，类从宽处，故将前项勘合、咨文转行兵部，别发公差顺赉，其预防之计为甚周矣。而法外之奸尚有四者：一曰指称营干关银。每一次支银恐吓各番，指称为伊打点，坐取夷人重贿。一曰沉匿公文。先是题准将折衣等项银两关送主客司，同各夷僧并伴送人等当面封记，备写数目，用印钤盖。乃奸巧百出，尽将前文藏匿。彼处巡抚衙门且不知有本部咨文，况得查其银数哉。一曰营干支茶勘合。本部既将前勘合转行兵部发与公差人员矣。此辈知之，转买勘合在手，百计刁难，务足其欲而后与夷人。夷人得此，一可以遂其洗改之弊，一可以免其守候之苦，是以宁捐重费而不惜也。一曰营干半赏咨文。夫夷人于银两、食茶不无预支克减之弊，而半赏数内尤可侵渔，此辈将前勘合巧计转购，高索重价，夷人就中更有他利，且听彼之为伊出力，而甘心与之。凡此者以朝廷优厚之典、夷人应得之物，使奸人得以展转局骗，上损国体，亦轻外夷，其为关系良匪细故。"

得旨："依拟着实清查厘革，务令远人得沾实惠。"

（神宗朝馆本卷八一·页二下～三上）

○万历十二年（甲申）九月戊戌（1584.10.28）

陕西都司李芳奏："番僧进贡，印信模糊，著抚按作速奏换。"下礼部知之。

（神宗朝馆本卷一五三·页八上）

○万历三十二年（甲辰）七月己未（1604.8.5）

礼部奏入贡番人昔藏等，贡籍不载。诏却回贡物，仍量与赏赐，慰其远来之意。

（神宗朝馆本卷三九八·页二下）

○万历三十三年（乙巳）六月戊辰（1605.8.9）

陕西文县千户所掌印指挥马继宾奏鹞子坪、把哑等一十四族番人告进年例方物。上下其疏于所司，因谕："前已颁布章疏，字式不许细小，以滋奸弊，何得不遵，还著再行申饬。"于是，礼科给事中肖近高疏请严加罚治，以惩违玩。且言："迩来章奏，深文者多诡致其情，务华者多漫衍其词，殊非对君之体。乞敕礼部并行禁谕。"

上悉从所议。夺继宾俸三月。

（神宗朝馆本卷四一〇·页一三上～下）

○万历三十四年（丙午）五月丁酉（1606.7.4）

加杂谷安抚司贡番口粮。时计番口共一千二百七十四人，旧额赏本不薄，至是番酋请益。枢臣肖大亨言："该司北抵黄毛鞑虏，东抵孟梁诸寨，历年恶番狂逞，皆赖率众救援。原与长宁（加）渴瓦寺等司不同，而食粮反居其下，宜其有是请也。兹议以后每十二人给粮一分，每分八斗，俱于该边附余银、米内支给。"从之。

（神宗朝馆本卷四二一·页七下～八上）

○万历三十七年（己酉）四月丙寅（1609.5.18）

议复乌思藏等八番入贡。先是，四川巡按御史以番人混冒，方物滥恶，所奉敕书洗补可疑，而通使岁诱为奸，于是尽革乌思藏大乘、大宝、长河西、护教、董卜等八番，而止存阐教、辅教二番。抚按乔璧星等复言："各藏主皆以不得贡为辱，呶呶苦辨［辩］，实滋疑畏。但令贡有定期，人有定数，物有定品，印信有定据，毋失祖宗羁縻之意，而十番不至于阻化。"礼部复上之。

（神宗朝馆本卷四五七·页四下）

○万历四十年（壬子）五月壬寅（1612.6.7）

礼部主事高继元言："……查西番贡例，每千人止起送八人，今三卫、女直、回夷独不可仿而行之乎？……"

（神宗朝馆本卷四九五·页四下～六上）

明季遣喇嘛番僧入辽东侦探、讲款

○ 天启六年（丙寅）闰六月乙丑（1626.8.16）

蓟辽总督阎鸣泰疏言："夷狄之人闻中国之有圣人，重译来朝，此盛世之风也。目今关门，王、李二喇嘛出入虏巢，玩弄夷虏于股掌。而在夷地者如古〔右〕什喇嘛、朗素喇嘛等，靡不搏心内向，屡效忠谋。盖夷狄之族敬佛一如敬天，畏僧甚于畏法。而若辈亦闻有密咒幻术，足以摄之。虏酋一见喇嘛必拜，必亲听其摩顶受记，则不胜喜。王、李二喇嘛虽曰番僧，犹是华种，夷狄敬服已自如此，况真喇嘛乎？乞该部将番僧解发臣衙门，如道术果有可用，何惜片席之地容此比丘。如止是行脚庸流，即驱逐出境。"诏许之。

（熹宗朝馆本卷七三·页二三上～二四下）

○ 天启六年（丙寅）十月壬子（1626.12.1）

辽东巡抚袁崇焕遣喇嘛僧锁南等入奴侦探情形，具疏上闻，且言："臣欲乘奴子争立，乘机进剿，但钱粮器械乞敕该部预为料理，其方略机宜仍恳皇上裁酌施行。"

上嘉其忠猷，仍谕整备戎行，一应钱粮器械，该部预处具复。

（熹宗朝馆本卷七七·页八上～下）

○ 天启六年（丙寅）十二月辛亥（1627.1.29）

初，辽抚袁崇焕以奴死，虏信未的，奏遣喇嘛僧李锁南以烧纸为名往侦之，至是还言："渡三岔河河冰忽合，自西连东，如桥而渡，奴以为神，供亿一如内地。酋四子待以客礼。令僧阅其兵马、器械，并抢杪花夷人以示威，仍具参、貂、玄狐、雕鞍，差夷答谢。"既而，又奏："自宁远败后旋报死亡，只据回乡之口，未敢遽信。幸而厂臣主持于内，镇守内臣、经督、镇道诸臣具有方略，且谋算周详，而喇嘛僧慧足当机，定能制变，故能往能返。奴死的耗与奴子情形，我已备得，尚复何求，不谓其慑服皇上天威，遣使谢吊，我既先往以为间，其来也正可因而间之。此则臣从同事诸臣之后，定不遗余力者，谨以一往一还情形上闻。"

得旨："据奏喇嘛僧往还奴中，情形甚悉，皆厂臣斟酌机权，主持于内，镇督经臣协谋于外，故能使奉使得人，夷情坐得，朕甚嘉焉。夷使同来，正烦筹策。抚则速遣之，驯则徐间之，无厌之求慎无轻许，有备之迹须使明知。严婉互用，操纵兼施，勿挑其怒，勿堕其狡。夷在无急款以失中国之体，夷去无弛防以启窥伺之端。战守在我，叛服听之。该抚还会同镇守内臣及经臣、督臣、顺天抚臣酌议妥确具奏。"

（熹宗朝馆本卷七九·页一一下～一二上）

○崇祯元年（戊辰）五月丁亥（1628.6.28）

插汉贵英哈为虎墩兔憨婿，狡猾善用兵。既死新平堡，其妻兀浪哈大率众自得胜路入犯，自洪赐、镇川等堡拆墙入，忽报插汉至孤店三十里，初不传〔得〕烽，以王喇嘛僧止战也。急收保倚北关为营，遂围大同。虎墩兔屯海子滩，代王同士民力守。乃分屯四营，流掠浑源、怀仁、桑干河、玉龙洞二百余里，遣人至总督张晓所胁赏。晓遣西僧王哈〔喇〕嘛往谕。时苦旱乏水草，援兵渐集，乃退。

（思宗朝嘉本卷一·页一一下）

注：馆本明实录迄熹宗，影印本崇祯实录系据嘉业堂旧藏抄本补印。

○崇祯元年（戊辰）六月丙辰（1628.7.27）

（前略）兵部尚书王在晋曰："大同爇掠，宜以按臣勘报，不烦旗尉。"上曰："疆事伏〔仗〕一哈〔喇〕嘛僧讲款，不将轻我中国哉！"刘鸿训曰："讲款权也。"

（思宗朝嘉本卷一·页一五上）

明末农民起义军进入阶、文、西宁地区,番民投入义军

○崇祯九年(丙子)正月壬申(1636.3.3)

兵科给事中常自裕上言:"流寇数十万,最强无过闯王。彼多番、汉降丁,坚甲铁骑,兵有纪律,其锋甚锐。……"

(思宗朝嘉本卷九·页一下)

○崇祯十一年(戊寅)三月甲戌(1638.4.24)

四川寇走阶、文间,总督孙传庭令总兵曹变蛟截剿,自趋鄂县策应,工科给事中吴宇英劾其纵寇入蜀。不问。

(思宗朝嘉本卷一一·页四上)

○崇祯十六年(癸未)十二月乙丑(1644.1.14)

李自成驰檄山西,兵号百万,刻期欲平燕晋,遂陷甘州。先是,凤翔、兰州开门迎贼,因渡河,庄浪、凉州二卫降。巡抚甘肃右副都御史林日瑞以副总兵郭天吉四千骑守峡口而败,遂围甘州,乘夜雪登城,日瑞及总兵马爌、副总兵郭天吉、同知蓝台等并死之,杀居民四万七千余人。西宁卫尚坚守不降,明年二月诈降,杀伪官贺锦、鲁文彬。

(思宗朝嘉本卷一六·页二五上)

灾异、赈恤、免赋

○ 宣德三年（戊申）二月辛未（1428.3.4）

守河州卫都指挥佥事刘永奏："河州官军及使臣往来，月用粮料七千余石，每岁西安等府运粮供给。今皆折钞，本卫缺粮。"

又奏："河州所属地方多是土軷、番人，比年天旱薄收，所欠洪熙元年至宣德二年粮一万六千八百四十一石，乞赐蠲免。"

上谕行在户部臣曰："边卫粮储为急，其速遣官往陕西经理，别运粮给之。边民素贫，岁又不熟[熟]，所欠粮俱免征。"

（宣宗朝馆本卷三七·页三上）

○ 宣德十年（乙卯）三月丁酉（1435.4.23）

掌西宁卫事都指挥佥事穆肃奏："西纳、隆奔、卜哑、申藏、革哑、章哑、巴哇六簇告去岁荒歉，今春乏种，臣欲上闻区处，恐后农时，辄于官仓给与谷种三百石有奇，请伏专擅之罪。"

上以事出权宜，特宥其罪。

（英宗朝馆本卷三·页八下）

○ 正统三年（戊午）七月甲申（1438.7.23）

陕西……平凉、巩昌、临洮诸府、秦州、河州、岷州、金州诸卫所属各奏："自夏迄秋，雨雹大作，霜降不时，伤害禾稼。"

上命行在户部遣官复视，以闻。

（英宗朝馆本卷四四·页二上）

○ 正统七年（壬戌）四月辛丑（1442.5.20）

镇守陕西都督同知郑铭奏："阿剌谷等簇负马一千七百余匹，俱贫乏无征，况在赦例，乞为蠲免。"从之。

（英宗朝馆本卷九一·页三下）

○ 成化六年（庚寅）八月己酉（1470.8.29）

免陕西临洮府属县并巩昌等五卫去年税粮八万一千石有奇。以灾伤故也。

（宪宗朝馆本卷八二·页二上）

○ 成化十九年（癸卯）六月戊辰（1483.7.11）

四川茂州地震。

（宪宗朝馆本卷二四一·页一下）

○ 成化二十一年（乙巳）正月辛亥（1485.2.13）

都察院右都御史朱英奏："陕西民饥甚于他所，近虽遣官赍银赈济，但彼无粮可籴。凡牛具、种子悉无所措，深为可忧。臣先任巡抚提督甘凉卫所，收积预备仓粮本计二十万石，积今年久，数必倍前。又闻河西甘凉米价甚贱，饥者多欲就食，而守边者拘例阻格［隔］，莫能往。其西宁、洮、河等处则多耕牛，彼所急惟茶、布、罗段之类。乞敕户部议令侍郎李衍等稽核粮数，委司府官会甘肃巡抚等官，量于河西借支，内凉州一万五千石、庄浪一万石运西安、凤翔二府，西宁五千石运临、巩二府，甘州二万石运平凉、庆阳二府。仍再发官银收买绵布、罗段，或以官茶于洮、河、西宁召商贸易牛畜，分送灾甚之地，庶几饥民获济。"

上嘉纳，令所司知之。

（宪宗朝馆本卷二六一·页四上～下）

○ 弘治元年（戊申）八月壬寅（1488.9.16）

四川汶、茂二州地震，仆黄头等六寨碉房三十七户，人口有压死者。

（孝宗朝馆本卷一七·页二下～三上）

○弘治八年（乙卯）七月乙酉（1495.7.25）

　　陕西洮州卫雨雪冰［雹］杀禾，暴水至，人畜多漂溺死者。

（孝宗朝馆本卷一〇二·页一下）

○弘治八年（乙卯）七月丙戌（1495.7.26）

　　甘肃西宁等处大雨雹，杀禾及孳畜。

（孝宗朝馆本卷一〇二·页一下）

○弘治十一年（戊午）六月辛卯（1498.7.15）

　　免陕西临洮、巩昌、延安、庆阳四府并所属州、县正官明年朝觐，以镇巡等官言地方灾伤，兼番贼出没故也。

（孝宗朝馆本卷一三八·页三下）

○正德六年（辛未）十二月戊子（1511.12.31）

　　免肃州、凉州、庄浪、古浪四卫所，镇番、永昌、山丹、高台、镇夷五卫所暨甘州五卫黑河迤西田粮有差，以兵、旱相仍也。

（武宗朝馆本卷八二·页六下）

○嘉靖元年（壬午）五月辛亥（1522.5.30）

　　户部言："陕西自洮州抵岷州冷地峪地方被虏残破，请赐恤。"

　　上是其议，令巡抚官查勘赈济。先年拖欠并今岁应免税粮照数蠲免，务使人沾实惠。

（世宗朝馆本卷一四·页二下）

○万历十八年（庚寅）六月丙子（1590.7.7）

　　陕西甘肃、临洮诸处地震，坏城郭庐舍，压死人畜无算。

（神宗朝馆本卷二二四·页一下）

附录一 《明史》摘编①

本纪辑录

○ 太祖

洪武二年夏四月乙亥，徐达下巩昌。丁丑，冯胜至临洮，李思齐降。乙酉，徐达袭破元豫王于西宁〔安〕。

三年夏四月乙丑，徐达大破扩廓帖木儿于沈儿峪，尽降其众。

五月己丑，徐达取兴元，分遣邓愈招谕吐蕃。辛亥，徐达下兴元。邓愈克河州。

十一月丙申，大封功臣。……封李文忠曹国公，冯胜宋国公，邓愈卫国公。

四年夏四月丙戌，傅友德克阶州，文、隆、绵三州相继下。

六月戊戌，明昇将丁世贞破文州，守将朱显忠死之。

五年六月戊寅，冯胜克甘肃，追败元兵于瓜、沙州。

十二月庚子，邓愈为征西将军，征吐蕃。

是年，……乌斯藏……入贡。

七年是年，……乌斯藏……入贡。

八年夏四月丁巳，免……临洮、平凉……河州被灾田租。

九年八月己酉，西番朵儿只巴寇罕东，河州指挥宁正击走之。

是年，……乌斯藏……入贡。

十年夏四月己酉，邓愈为征西将军，沐英为副将军，率师讨吐蕃，大破之。

---

① 本摘编底本为（清）张廷玉等《明史》（乾隆四年武英殿本，上海古籍出版社、上海书店1986年影印版）。

冬十月戊午，封沐英西平侯。

十一月癸未，卫国公邓愈卒。

十一年十一月庚午，征西将军西平侯沐英率都督蓝玉、王弼讨西番。

是年，……朵甘、乌斯藏……入贡。

十二年春正月甲申，洮州十八族番叛，命沐英移兵讨之。丙申，丁玉平松州蛮。

二月戊戌，李文忠督理河、岷、临、巩军事。

九月己亥，沐英大破西番，擒其部长三副使。

（冬）十一月甲午，沐英班师，封仇成、蓝玉等十二人为侯。

十四年是年，……朵甘、乌斯藏入贡。

（卷二·本纪第二·太祖二　第7789～7791页①）

十五年是年，……乌斯藏……入贡。

十六年是年，……西番、打箭炉……入贡。

二十年九月是月，城西宁。

是年，……朵甘、乌斯藏入贡。

二十三年二月戊申，蓝玉讨平西番叛蛮。

二十五年夏四月癸丑，建昌卫指挥月鲁帖木儿叛，指挥鲁毅败之。戊寅，都督聂纬、徐司马、瞿能讨月鲁帖木儿，俟蓝玉还，并听节制。

五月辛巳，蓝玉至罕东，寇遁，遂趋建昌。

秋七月癸未，指挥瞿能败月鲁帖木儿于双狼寨。

十一月甲午，蓝玉擒月鲁帖木儿，诛之，召玉还。

二十七年春正月辛酉，李景隆为平羌将军，镇甘肃。

秋八月丙戌，阶、文军乱，都督宁正为平羌将军讨之。

是年，乌斯藏……朵甘……入贡。

二十八年春正月丙午，阶、文寇平，宁正以兵从秦王樉征洮州叛番。

二十九年是年，……乌斯藏入贡。

三十年六月己酉，驸马都尉欧阳伦有罪赐死。

---

① 此处所注为上海古籍出版社、上海书店1986年影印版《明史》页码，下同。

是年，……乌斯藏、泥八剌入贡。

（卷三·本纪第三·太祖三　第7791～7793页）

○ 成祖

永乐元年春正月丁酉，宋晟为平羌将军，镇甘肃。

二月乙丑，遣使征尚师哈立麻于乌斯藏。

五年三月丁巳，封尚师哈立麻为大宝法王。

八年秋七月丁卯，西宁侯宋琥镇甘肃。

（卷六·本纪第六·成祖二　第7795～7796页）

十二年是年，泥八剌国沙的新葛来朝，封为王。……乌斯藏入贡。

十六年是年，……泥八剌……入贡。

二十二年春正月丙戌，征……西宁、巩昌、洮、岷各卫兵，期三月会北京及宣府。

（卷七·本纪第七·成祖三　第7797～7798页）

○ 宣宗

洪熙元年是年，……乌斯藏……入贡。

宣德元年是年，……乌斯藏入贡。

二年秋七月辛丑，命都督同知陈怀充总兵官，帅师讨松潘蛮。

三年春正月丙申，陈怀平松潘蛮。

六年冬十月甲辰，陈怀平松潘蛮。

七年六月癸丑，罢中官入番市马。

夏四月壬寅，募商中盐输粟入边。

九年冬十月丙辰，都督方政讨平松潘叛蛮。甲子，罢陕西市马。

（卷九·本纪第九·宣宗　第7799～7800页）

○ 英宗前纪

正统元年是年，……乌斯藏……入贡。

四年冬十二月丁丑，都督同知李安充总兵官，佥都御史王翱参赞军务，讨松潘祈命簇叛番。

五年夏四月丙戌，祈命簇番降。

是年，……乌斯藏入贡。

六年春正月乙卯，以庄浪地屡震，躬祀郊庙，遣使祭西方岳镇。

七年是年，……乌斯藏入贡。

九年是年，……乌斯藏……入贡。

十年是年，……乌斯藏入贡。

十一年是年，……乌斯藏入贡。

（卷十·本纪第十·英宗前纪　第7801页）

○景帝

正统十四年是年，……乌斯藏……入贡。

景泰三年是年，……乌斯藏入贡。

七年是年，……乌斯藏入贡。

（卷十一·本纪第十一·景帝　第7802～7803页）

○英宗后纪

天顺元年是年，……乌斯藏入贡。

二年是年，……乌斯藏……入贡。

四年是年，……乌斯藏入贡。

六年是年，……乌斯藏……入贡。

七年是年，……乌斯藏入贡。

（卷十二·本纪第十二·英宗后纪　第7803～7804页）

○宪宗

天顺八年是年，……乌斯藏入贡。

成化元年是年，……乌斯藏入贡。

二年是年，……乌斯藏……入贡。

三年是年，……乌斯藏入贡。

四年是年，……乌斯藏……入贡。

五年是年冬，……乌斯藏……入贡。

六年是年，……乌斯藏入贡。

十年是年，……乌斯藏……入贡。

（卷十三·本纪第十三·宪宗一　第7804～7805页）

十二年是年，……乌斯藏入贡。

十三年十一月，张瓒破松潘叠溪苗。

是年，……乌斯藏……入贡。

十四年是年，……乌斯藏……入贡。

十五年是年，……乌斯藏入贡。

十七年是年，……乌斯藏入贡。

十八年是年，……乌斯藏入贡。

二十一年是冬，小王子犯兰州、庄浪、镇番、凉州。

是年，……乌斯藏入贡。

二十二年秋七月，小王子犯甘州，指挥姚英等战死。

（卷十四·本纪第十四·宪宗二　第7805页）

○ **孝宗**

成化二十三年冬十月丁卯，革法王、佛子、国师、真人封号。

是年，……乌斯藏……入贡。

弘治元年三月乙亥，小王子寇兰州，都指挥廖斌击败之。八月乙巳，小王子犯山丹、永昌。

是年，……乌斯藏入贡。

五年是年，……乌斯藏……入贡。

六年是年，……乌斯藏……入贡。

七年十二月己卯，赈甘、凉被兵军民，给牛种。

八年是年，……乌斯藏入贡。

九年是年，……乌斯藏入贡。

十年是年，……乌斯藏入贡。

十一年是年，……乌斯藏入贡。

十二年是年，……乌斯藏……入贡。

十三年是年，……乌斯藏入贡。

十七年是年，……乌斯藏入贡。

（卷十五・本纪第十五・孝宗　第 7806～7807 页）

○ 武宗

弘治十八年冬十月丙辰，小王子犯甘州。

正德元年是年，……乌斯藏入贡。

三年是年，……乌斯藏入贡。

五年六月庚子，帝自号大庆法王，所司铸印以进。

是年，……乌斯藏入贡。

九年是年，……乌斯藏入贡。

十二年是年，……乌斯藏入贡。

十六年三月丙寅，帝崩于豹房，年三十有一。遗诏……放豹房番僧及教坊司乐人。

（卷十六・本纪第十六・武宗　第 7807～7809 页）

○ 世宗

正德十六年秋七月丁巳，小王子犯庄浪，指挥刘爵御却之。

嘉靖四年春正月丙寅，西海卜儿孩犯甘肃，总兵官姜奭击败之。

十四年是年，乌斯藏入贡。

十五年夏四月是月，吉囊犯甘、凉，总兵官姜奭击败之。

是年，……乌斯藏入贡。

二十年是春，吉囊寇兰州，参将郑东战死。

（卷十七・本纪第十七・世宗一　第 7809～7810 页）

二十二年是年，……乌斯藏入贡。

二十四年是年，……乌斯藏入贡。

二十五年春三月戊辰，四川白草番乱。

二十六年夏四月乙巳，巡抚四川都御史张时彻、副总兵何卿讨平白草叛番。

三十三年是年，……乌斯藏入贡。

三十七年秋八月己未，吉能犯永昌、凉州，围甘州。

四十年是年，乌斯藏入贡。

四十三年是年，西番……入贡。

（卷十八·本纪第十八·世宗二　第7811～7812页）

○ 穆宗

隆庆四年十一月丁丑，俺答乞封。

五年三月乙丑，封俺答为顺义王。

六月甲寅，顺义王俺答贡马，告庙受贺。

（卷十九·本纪第十九·穆宗　第7813页）

○ 神宗

万历四年是年，……乌斯藏……入贡。

六年是年，乌斯藏入贡。

七年是年，乌斯藏入贡。

九年是年，……乌斯藏入贡。

十年是年，……乌斯藏入贡。

十二年是年，……乌斯藏入贡。

十三年六月是月，四川松、茂番作乱。

是年，……乌斯藏入贡。

十四年六月癸未，松茂番平。

十五年是年，……乌斯藏入贡。

十六年五月，四川建昌番作乱，讨平之。

九月是月，青海部长他不囊犯西宁，杀副将李魁。

是年，乌斯藏入贡。

十七年是年，……乌斯藏入贡。

十八年六月甲申，青海部长火落赤犯旧洮州，副总兵李联芳败没。

秋七月己巳，兵部尚书郑雒经略陕西四镇及山西、宣、大边务。

是月，火落赤再犯河州、临洮，总兵官刘承嗣败绩。

八月癸酉，停撦力克市赏。

冬十月戊寅，赈临洮被兵军民。

十九年二月乙酉，总兵官尤继先败火落赤余众于莽剌川。

五月壬午，四川四哨番作乱，巡抚都御史李尚思讨平之。

二十一年是年，乌斯藏入贡。

二十二年是年，……乌斯藏入贡。

二十四年三月是月，火落赤犯洮河，总兵官刘綎破走之。

（卷二十·本纪第二十·神宗一　第7813～7814页）

二十六年是年，乌斯藏入贡。

三十年闰（二）月戊午，河州黄河竭。

三十二年是年，……乌斯藏入贡。

三十八年是年，……乌斯藏入贡。

四十一年是年，……乌斯藏入贡。

四十五年是年，……乌斯藏入贡。

四十六年是年，……乌斯藏入贡。

（卷二十一·本纪第二十一·神宗二　第7815～7818页）

○熹宗

天启元年是年，……乌斯藏入贡。

五年是年，……乌斯藏入贡。

六年是年，……乌斯藏……入贡。

（卷二十二·本纪第二十二·熹宗　第7817页）

○庄烈帝

崇祯三年是年，乌斯藏入贡。

四年十一月丙戌，太监李奇茂监视陕西茶马，……群臣合疏谏，不听。

十年冬十月丙申，（李）自成自七盘关入西川。

（卷二十三·本纪第二十三·庄烈帝一　第7818～7819页）

十一年三月是月，李自成自洮州出番地，总兵官曹变蛟追破之，复入塞，走西和、礼县。

（卷二十四·本纪第二十四·庄烈帝二　第7819页）

地理志辑录

○ 陕西

陕西，禹贡雍、梁二州之域。元置陕西等处行中书省。治奉元路。又置甘肃等处行中书省。治甘州路。洪武二年四月置陕西等处行中书省。治西安府。三年十二月置西安都卫。与行中书省同治。八年十月改都卫为陕西都指挥使司。九年六月改行中书省为承宣布政使司。

（卷四十二·志第十八·地理三　第7888页）

礼州西南。元礼店文州军民元帅府，属吐蕃宣慰司。洪武四年十一月置礼店千户所。十一年属岷州卫。十五年改属秦州卫。成化九年十二月置礼县于所城，属州。故城在东。洪武四年移于今治。东南有西汉水。西南有岷峨山，岷江出焉，东南流入阶州界合于西汉水。又西有潆水镇、南有板桥山二巡检司。

阶州元属巩昌总帅府。洪武四年降为县，属府。十年六月复为州。旧城在东南坻龙冈上。今城，洪武五年所置。北有白水江。东北有犀牛江，即西汉水也。又西北有羌水，下流合白水江。又东有七防关巡检司。西北距府八百里。领县一。

文州东南。元文州。至元九年十月置，属吐蕃宣慰司。洪武四年降为县，属府。十年六月改属州。二十三年三月省。成化九年十二月复置，仍属州。东南有青唐岭，路入四川龙安府。东有白水，西有黑水，流合焉。又北有羌水，一名太白水。东有文县守御千户所，本文州番汉千户所，洪武四年四月置。二十三年改文县守御军民千户所。成化九年更今名。又东有玉垒关。西北有临江关。

……

临洮府元临洮府，属巩昌总帅府。泰定元年九月改为临洮路。洪武二年九月仍为府。领州二，县三。南距布政司千二百六十里。

狄道倚。西南有家常山，与西倾山相接。北有马寒山，浩尾河出于其北，阿干河出于其南，俱东流入大河。又西南有洮河，自洮州卫流入。又东有东峪河，南有邦金川，皆流会洮河。北有摩云岭巡检司。又北有打壁峪关，有结河关。南有南关，有下衬关，有八角关，十八盘关。西有三岔关，有分水岭关。

渭源府东，少南。西有南谷山，渭水所出。又有鸟鼠山，渭水所经，东至华阴县入大河。又西有分水岭，东流者入渭，西流者入洮，上有分水岭关巡检司。又西南有五竹山，清源河出焉，迳县东南入渭。

兰州元属巩昌总帅府。洪武二年九月降为县，来属。成化十三年九月复为州。建文元年，肃王府自甘州卫迁此。南有皋兰山。北滨大河，所谓金城河也，湟水自西，洮水、阿干河俱自南，先后流入焉。又西南有漓水，合于洮水。北有金城关，下有镇远浮桥，有河桥巡检司。西北有京玉关，南有阿干镇关。西南有凤林关。南距府二百十里。领县一。

……

河州元河州路，属吐蕃宣慰司。洪武四年正月置河州卫，属西安都卫。六年正月置河州府，属陕西行中书省。七年七月置西安行都卫于此，领河州、朵甘、乌斯藏三卫。八年十月改行都卫为陕西行都指挥使司。九年十二月，行都指挥使司废，卫属陕西都指挥使司。十年分卫为左右。十二年七月，府废，改左卫于洮州，升右卫为军民指挥使司。成化九年十二月置州，属府，改军民指挥使司为卫。西南有雪山，与洮州界。西北有小积石山，上有关。大河自塞外大积石山东北流，径此，又径榆林卫北，折而南，与山西中流分界，至潼关卫北，折而东，入河南界，回环陕西境四千余里。南有大夏河，即漓水也，亦曰白石川。又西北有积石州，元属吐蕃宣慰司，洪武四年正月改置积石州千户所。西南有贵德州，元属吐蕃宣慰司，洪武八年正月改置归德守御千户所。又南有宁河县，东北有安乡县，元俱属河州路，洪武三年废，六年复置。十二年复废。又东南有定羌巡检司。东北距府百八十里。

洮州卫元洮州，属吐蕃宣慰司，洪武四年正月置洮州军民千户所，属河州卫。十二年二月升为洮州卫军民指挥使司，属陕西都司。西南有西倾山，桓水出焉，下流为白水江，又漒川亦出焉，一名洮水。又北有石岭山，上有石岭关。东有黑松岭，上有松岭关。又东有黑石关、三岔关、高楼关，北有羊撒关。西南有新桥关、洮州关。东南有旧桥关。南距布政司千六百七十里。

岷州卫元岷州，以旧祐川县地置，属吐蕃宣慰司。洪武四年正月置岷州千户所，属河州卫。十一年七月升为卫，属陕西都司。十五年四月升军民指挥使司。嘉靖二十四年又置州，改军民指挥使司为卫。四十年闰五月，州废，仍置军民指挥使司。洪武二十四年建岷王府。二十六年迁云南。北有岷山，洮河经其下。南有白水，一名临江。又东有石关，东北有铁州，元属吐蕃宣慰司。洪武四年正月置铁城千户所，属河州卫，后废。领所一。南距布政司千五百五十里。

西固城守御军民千户所卫南。本西固城千户所，洪武七年三月置，属巩昌府。十五年四月改置，来属。南有白水。北有化石关。西北有平定关。

（卷四十二·志第十八·地理三　第7889页）

陕西行都指挥使司元甘肃等处行中书省，治甘州路。洪武五年十一月置甘肃卫。二十五年罢。二十六年，陕西行都指挥使司自庄浪徙置于此。领卫十二，守御千户所四。距布政司二千六百四十五里。

（卷四十二·志第十八·地理三　第7889～7890页）

凉州卫元西凉州，属永昌路。洪武九年十月置卫，属陕西都司，后来属。南有天梯山，三岔河出焉。东南有洪池岭。又东北有白亭海，有潴野泽。又西有土弥干川，即五涧水也，亦出天梯山，下流合于三岔河。又东有杂木口关。又有凉州土卫，洪武七年十月置。西北距行都司五百里。

镇番卫，本临河，洪武中，以小河滩城置。三十年正月更名。建文中罢。永乐元年六月复置。西有黑河，即张掖河下流也。又东有三岔河，南有小河。西有盐池。西南有黑山关。西距行都司五百五十里。

庄浪卫，洪武五年十一月以永昌地置。十二年正月置陕西行都指挥使司于卫城。二十六年，行都司徙于甘州。建文中，改卫为守御千户所。洪武三十五年十月复改所为卫，属陕西都司，后来属。东有大松山。其北有小松山。西有分水岭，南出者为庄浪河，北出者为古浪河。又南有大通河，与庄浪河合，北流经卫西，入于沙漠。北距行都司九百四十里。

西宁卫元西宁州，直隶甘肃行省。洪武初废。六年正月置卫。宣德七年十一月升军民指挥使司，属陕西都司，后来属。西南有小积石山，与河州接界。东南有峡口山，亦曰湟峡。南有大河，自西域流入，迴环于陕西、山西、河南、山东四布政司，及南直隶之地，几至万里，至淮安府清河县，南合长淮，又东至安东县南入于海。又北有湟水，即苏木连河也，东入大河。又西南有赐支河，又城北有西宁河，皆流入大河。又西北有浩亹水，西南有宗哥川，俱流合于湟水。又西有西海，亦名卑禾羌海，俗呼青海。西北有赤海。又有乌海盐池。东南有绥远关。西北距行都司千三百五十里。

碾伯守御千户所，本碾北地。洪武十一年三月置庄浪分卫。七月改置碾北卫，后废，而徙西宁卫右千户所于此。成化中更名。南有碾伯河。西北距行都司千二百三十里。

　　沙州卫元沙州路，属甘肃行省。洪武初废。永乐元年置卫。正统间废。南有鸣沙山。东南有三危山。又东有龙勒山，又有渥洼水。西有瓜州，元属沙州路，洪武初废。东距行都司千三百六十里。

　　……

　　古浪守御千户所，正统三年六月以庄浪卫地置。古浪河在东。又南有古浪关。东有石峡关。东南距行都司六百四十里。

（卷四十二·志第十八·地理三　第7890页）

○四川

　　四川，禹贡梁、荆二州之域。元置四川等处行中书省。治成都路。又置罗罗蒙庆等处宣慰司，治建昌路。属云南行中书省。洪武四年六月平明昇。七月置四川等处行中书省。九月置成都都卫。与行中书省同治。八年十月改都卫为四川都指挥使司。领招讨司一，宣慰司二，安抚司五，长官司二十二及诸卫所。九年六月改行中书省为承宣布政使司。领府十三。直隶州六，宣抚司一，安抚司一，属州十五，县百十一，长官司十六。西至威茂。与西番界。……

（卷四十三·志第十九·地理四　第7890页）

　　茂州元治汶山县，属陕西行省吐蕃宣慰司。洪武中省县入州。十六年复置县，后复省。南有岷山，即陇山之南首也。汶江自松潘卫流入，经山下，又东经州城西，东南流，迴环于四川、湖广、江西三布政司及南直隶之地，入于海，几七千余里。南有鸡宗关、东有积水关、北有魏磨关三巡检司。又南有七星关，又有雁门关。东有桃坪关。北有实大关。西北有黄崖关，有汶山长官司，又南有静川长官司，东南有陇木头长官司，西南有岳希蓬长官司，俱洪武七年五月置，属重庆卫。又北有长宁堡，本长宁安抚司，宣德中，平历日诸蛮置，属松潘卫。正统元年二月改属叠溪所。八年六月改属茂州卫。后废为堡。东南距府五百五十里。领县一。

　　汶川州西南。北有七盘山。西有玉轮江，即汶江也，有汶川长官司，洪武七年五月置。西有寒水关巡检司。又南有彻底关。

　　威州元以州治保宁县省入。明玉珍复置县。洪武二十年五月复省县入州。旧治在西北凤坪里，宣德三年六月迁于保子冈河西。十年六月又迁于保子冈河东千户所城内。东南有定廉山，盐溪出焉。又西南有雪山，亦曰西山。北有汶江，西北有赤水，北有平谷水，俱流入焉。东有通化县，洪武三年省。西北有保子关、彻底关。西南有镇夷关。东南距府四百五十里。领县一。

（卷四十三·志第十九·地理四　第7890页）

雅州元属陕西行省吐蕃宣慰司。洪武四年以州治严道县省入，直隶布政司。东有蔡山，一名周公山，其下有经水，一名周公水。又东南有荣水，一名长濆河，又有小溪，一名百丈河，至州界，俱合流于青衣江。北有金鸡关。东北有金沙关。东北距布政司四百五十里。领县三。

名山州东北。洪武十年省入州。十三年十一月复置。东北有百丈山，旁有百丈县，元属州，洪武中省。西有蒙山。南有青衣江。

荣经州西南。明玉珍省入严道县。洪武中复置。东北有铜山。东有邛崃山，与黎州所界，上有九折坂。西有大关山，邛崃关在焉。北有长濆河，南有周公水，并流入州界。西北有紫眼关，地接西番。又有碉门砦，亦曰和川镇，元置碉门安抚司。洪武五年设碉门百户所于此，其地与天全界。

芦山州西北。元曰泸山，后省。洪武六年十二月复置，改为芦山。东有卢山，青衣水出焉。南有三江渡，其水经多功峡，下流入平羌江。西北有临关，旧曰灵关，正统初更名。有临关巡检司。又南有飞仙关。

……

天全六番招讨司元六番招讨司。洪武六年十二月改置，直隶四川布政司。二十一年二月改隶都司。东有多功山。南有和水，一名始阳河，亦名多功河，流入雅州青衣江。又西番境内有可跋海，其下流合云南样备水，流入交趾。又禁门关、紫石关亦俱在司西。又东有善所、张所、泥山、天全、思经、乐蔼、始阳、乐屋、在城、灵关凡十百户所。东距布政司五百五十里。

松潘卫元松州，属云南行省。洪武初，因之。十二年四月兼置松州卫。十三年八月罢卫。未几，复置卫。二十年正月罢州，改卫为松潘等处军民指挥使司，属四川都司。嘉靖四十二年罢军民司，止为卫。东有雪栏山，上有关。南有红花山。西北有甘松岭。又北有大、小分水岭。西有岷江，自陕西洮州卫流经此，亦曰潘州河。又东有涪江，出小分水岭，东南流入小河所界。北有潘州卫，洪武中，以故潘州置。二十年省入。又西有镇夷关，永乐四年七月置。有西北有流沙关。又东有望山、雪栏、风洞、黑松林、三舍、小关子关。南有西宁、归化、安化、新塘、北定、浦江六关。又有平夷关，万历十四年置。又南为镇平关。又西北有漳腊堡，洪武十一年置。领千户所一，长官司十六，安抚司五。东南距布政司七百六十里。

　　小河守御千户所宣德四年正月置。北有师家山，一名文山，山麓有文山关。南有小河。即涪水也，东流入龙安府界，有铁索桥跨其上。

　　　　占藏先结簇长官司

　　　　蜡匝簇长官司

　　　　白马路簇长官司

　　　　山洞簇长官司

　　　　阿昔洞簇长官司

　　　　北定簇长官司

　　　　麦匝簇长官司

　　　　者多簇长官司

　　　　牟力结簇长官司

　　　　班班簇长官司

　　　　祈命簇长官司

　　　　勒都簇长官司

　　　　包藏先结簇长官司以上十三司，俱洪武十四年正月置。

　　　　阿用簇长官司宣德十年五月置。

　　　　潘斡寨长官司正统五年七月置。

　　　　别思寨长官司宣德十年五月置。

　　　　八郎安抚司永乐十五年二月置。

　　　　麻儿匝安抚司宣德二年三月，以阿乐地置。

　　　　阿角寨安抚司

　　　　芒儿者安抚司二司，俱正统五年七月置。

　　　　思曩日安抚司正统十一年七月置。

　　叠溪守御军民千户所　本叠溪右千户所，洪武十一年以古翼州置，属茂州卫。二十五年改置，直隶都司。南有排栅山。西有汶江，南有黑水流合焉，谓之翼水。又南有南桥、中桥、彻底三关，北有永镇桥关、镇平关，西有叠溪桥关，东有小关，俱洪武十一年置。领长官司二。东南距布政司五百八十里。

叠溪长官司所城北。

郁即长官司所城西。俱永乐元年正月置。

黎州守御军民千户所 本黎州长官司，洪武九年七月置。十一年六月升安抚司，直隶布政司。万历二十四年降为千户所，直隶都司。东北有圣钟山，下有黎州，元属陕西行省吐蕃宣慰司。洪武五年省州治汉源县入州。永乐后废。西北有飞越山，两面皆接生羌界。西南有大田山，东麓为大田坝，万历二十四年立黎州土千户所于此。又东有冲天山。南有避瘴山。西北又有笋筤山。南有大渡河，即古若水。洪武十五年六月置大渡河守御千户所，后徙司城西北隅，又西南有汉水，源出飞越山之仙人洞，亦曰流沙河，下流至试剑山，入大渡河。河南即清溪关，与建昌行都司界。西有黑崖关，洪武十六年置。又有椒子关，路通长河西等处。东北距布政司六百九十里。

（卷四十三·志第十九·地理四 第7892页）

○ 云南

云南，禹贡梁州徼外。元置云南等处行中书省。治中庆路。洪武十五年二月癸丑平云南，置云南都指挥使司。乙卯置云南等处承宣布政使司。同治云南府。领府五十八，州七十五，县五十五，蛮部六。后领府十九，御夷府二，州四十，御夷州三，县三十，宣慰司八，宣抚司四，安抚司五，长官司三十三，御夷长官司二。……西至千崖，与西番界。

（卷四十六·志第二十二·地理七 第7901页）

丽江军民府 元丽江路宣抚司。洪武十五年三月为府。三十年十一月升军民府。领州四。东南距布政司千二百四十里。

……

永宁府 元永宁州，属丽江路。洪武十五年三月属北胜府。十七年属鹤庆府。二十九年改属澜沧卫。永乐四年四月升为府。金沙江在西。又东有泸沽湖，周三百里，中有三岛。又东南有鲁窟海子，在干木山下，下流入四川盐井卫之打冲河。又北有勒汲河，自吐蕃流入，亦东流入打冲河。又南有罗易江，自蒗蕖州流入，注于泸沽湖。领长官司四。东南距布政司千四百五十里。

剌次和长官司府东北。

革甸长官司府西北。

香罗甸长官司府西。

瓦鲁之长官司府北。四司，俱永乐四年四月置。

（卷四十六·志第二十二·地理七　第7903页）

职官志辑录

○茶马司

茶马司，大使一人，正九品，副使一人，从九品。掌市马之事。洪武中，置洮州、秦州、河州三茶马司，设司令、司丞。十五年改设大使、副使各一人。寻罢洮州茶马司，以河州茶马司兼领之。三十年改秦州茶马司为西宁茶马司。又洪武中，置四川永宁茶马司，后革，复置雅州碉门茶马司。

（卷七五·志第五十一·职官四　第7977页）

○土官

宣慰使司，宣慰使一人，从三品，同知一人，正四品，副使一人，从四品，佥事一人，正五品。经历司，经历一人，从七品，都事一人，正八品。

宣抚司，宣抚使一人，从四品，同知一人，正五品，副使一人，从五品，佥事一人，正六品。经历司，经历一人，从八品，知事一人，正九品，照磨一人，从九品。

安抚司，安抚使一人，从五品，同知一人，正六品，副使一人，从六品，佥事一人，正七品，其属吏目一人，从九品。

招讨司，招讨使一人，从五品，副招讨使一人，正六品，其属吏目一人，从九品。

长官司，长官一人，正六品，副长官一人，从七品，其属，吏目一人，未入续。

军民府、土州、土县，设官如府州县。

（卷七六·志第五十二·职官五　第7978页）

食货志辑录

○ 盐法

陕西灵州有大小盐池，又有漳县盐井、西和盐井。洪武时，岁办盐，西和十三万一千五百斤有奇，漳县五十一万五千六百斤有奇，灵州二百八十六万七千四百斤有奇。弘治时同。万历时，三处共办千二百五十三万七千六百余斤。盐行陕西之巩昌、临洮二府及河州。岁解宁夏、延绥、固原饷银三万六千余两。

有明盐法，莫善于开中。……召商输粮而与之盐，谓之开中。其后各行省边境，多召商中盐以为军储。盐法边计，相辅而行。

正统三年，宁夏总兵官史昭以边军缺马，而延庆、平凉官吏军民多养马，乃奏请纳马中盐。上马一匹与盐百引，次马八十引。既而定边诸卫递增二十引。其后河州中纳者，上马二十五引，中减五引；松潘中纳者，上马三十五引，中减十〔五〕引。久之，复如初制。中马之始，验马乃掣盐，既而纳银于官以市马，银入布政司，宗禄、屯粮、修边、赈济展转支销，银尽而马不至，而边储亦自此告匮矣。

（卷八十·志第五十六·食货四　第7987页）

○ 茶法

番人嗜乳酪，不得茶则困以病。故唐宋以来，行以茶易马法，用制羌、戎，而明制尤密。有官茶、有商茶，皆贮边易马。官茶间征课钞，商茶输课略如盐制。

初，太祖令商人于产茶地买茶，纳钱请引。引茶百斤，输钱二百，不及引曰畸零，别置由帖给之。无由、引及茶引相离者，人得告捕。置茶局批验所，称较茶引不相当，即为私茶。凡犯私茶者，与私盐同罪。私茶出境，与关隘不讥者，并论死。后又定茶引一道，输钱千，照茶百斤；茶由一道，输钱六百，照茶六百〔十〕斤。既，又令纳钞，每由引一道，纳钞一贯。

洪武初，定令：凡卖茶之地，令宣课司三十取一。四年，户部言："陕西汉中、金州、石泉、汉阴、平利、西乡诸县，茶园四十五顷，茶八十六万余株。四川巴茶三百十五顷〔户〕，茶二百三十八万余株。宜定令每十株官取其一。无主茶园，令军士薅采，十取其一〔八〕，以易番马。"从之。于是诸产茶地设茶课司，定税额，陕西二万六千斤有奇，四川一百万斤。设茶马司于秦、洮、河、雅诸州，自碉门、黎、雅抵朵甘、乌斯藏，行茶之地五千余里。山后归德诸州，西方诸部落，无不以马售者。

碉门、永宁、筠、连所产茶，名曰剪刀麄叶，惟西番用之，而商贩未尝出境。四川茶盐都转运使言："宜别立茶局，征其税，易红缨、毡衫、米、布、椒、蜡以资国用。而居民所收之茶，依江南给引贩卖法，公私两便。"于是永宁、成都、筠、连皆设茶局矣。

川人故以茶易毛布、毛缨诸物以偿茶课。自定课额，立仓收贮，专用以市马，民不敢私采，课额每亏，民多赔纳。四川布政司以为言，乃听民采摘，与番易货。又诏天全六番司民，免其徭役，专令蒸乌茶易马。

初制，长河西等番商以马入雅州易茶，由四川岩州卫入黎州始达。茶马司定价，马一匹，茶千八百斤，于碉门茶课司给之。番商往复迂远，而给茶太多。岩州卫以为言，请置茶马司于岩州，而改贮碉门茶于其地，且验马高下以为茶数。诏茶马司仍归，而定上马一匹，给茶百二十斤，中七十斤，驹五十斤。

三十年改设秦州茶马司于西宁，敕右军都督曰："近者私茶出境，互市者少，马日贵而茶日贱，启番人玩侮之心。檄秦、蜀二府，发都司军官于松潘、碉门、黎、雅、河州、临洮及入西番关口外，巡禁私茶之出境者。"又遣驸马都尉谢达谕蜀王椿曰："国家榷茶，本资易马。边吏失讥，私贩出境，惟易红缨杂物，使番人坐收其利，而马入中国者少，岂所以制戎狄哉！尔其谕布政司、都司，严为防禁，毋致失利。"

当是时，帝绸缪边防，用茶易马，固番人心，且以强中国。尝谓户部尚书郁新："用陕西汉中茶三百万斤，可得马三万匹，四川松、茂茶如之。贩鬻之禁，不可不严。"以故遣金都御史邓文铿〔鉴〕等察川、陕私茶；驸马都尉欧阳伦以私茶坐死。又制金牌信符，命曹国公李景隆赍入番，与诸番要约，篆文上曰"皇帝圣旨"，左曰"合当差发"，右曰"不信者斩"。凡四十一面：洮州火把藏、思囊日等族，牌四面，纳马三千五十四；河州必里卫西番二十六〔九〕族，牌二十一面，纳马七千七百五匹；西宁曲先、阿端、罕东、安定四卫，巴哇、申中、申藏等族，牌十六面，纳马三千五十匹。下号金牌降诸番，上号藏内府以为契，三岁一遣官合符。其通道有二，一出河州，一出碉门，运茶五十余万斤，获马万三千八百匹。太祖之驭番如此。

永乐中，帝怀柔远人，递增茶斤。由是市马者多，而茶不足。茶禁亦稍弛，多私出境。碉门茶马司至用茶八万余斤，仅易马七十匹，又多瘦损。乃申严茶禁，设洮州茶马司，又设甘肃茶马司于陕西行都司地。十三年特遣三御史巡督陕西茶马。

太祖之禁私茶也，自三月至九月，月遣行人四员，巡视河州、临洮、碉门、黎、雅。半年以内，遣二十四员，往来旁午。宣德十年，乃定三月一遣。自永乐时停止金牌信符，至是复给。未几，番人为北狄所侵掠，徙居内地，金牌散失。而茶司亦以茶少，止以汉中茶易马，且不给金牌，听其以马入贡而已。

先是，洪武末，置成都、重庆、保宁、播州茶仓四所，令商人纳米中茶。宣德中，定官茶百斤，加耗什一。中茶者，自遣人赴甘州、西宁，而支盐于淮、浙以偿费。商人恃文凭恣私贩，官课数年不完。正统初，都御史罗亨信言其弊，乃罢运茶支盐例，令官运如故，以京官总理之。

景泰中，罢遣行人。成化三年命御史巡茶陕西。番人不乐御史，马至日少。乃取回御史，仍遣行人，且令按察司巡察。已而巡察不专，兵部言其害，乃复遣御史，岁一更，著为令。又以岁饥待赈，复令商纳粟中茶，且令茶百斤折银五钱。商课折色自此始。

弘治三年，御史李鸾言："茶马司所积渐少，各边马耗，而陕西诸郡岁稔，无事易粟。请于西宁、河西、洮州三茶马司召商中茶，每引不过百斤，每商不过三十引，官收其十之四，余者始令货卖，可得茶四十万斤，易马四千匹，数足而止。"从之。十二年，御史王宪又言："自中茶禁开，遂令私茶莫遏，而易马不利。请停粮茶之例。异时，或兵荒，乃更图之。"部覆从其请。四川茶课司旧征数十万斤易马。永乐以后，番马悉由陕西道，川茶多浥烂。乃令以三分为率，一分收本色，二分折银，粮茶停二年。延绥饥，复召商纳粮草，中四百万斤。寻以御史王绍言，复禁止。并罢正额外召商开中之例。

十六年取回御史，以督理马政都御史杨一清兼理之。一清复议开中，言："召商买茶，官贸其三之一，每岁茶五六十万斤，可得马万匹。"帝从所请。正德元年，一清又建议，商人不愿领价者，以半与商，令自卖。遂著为例永行焉。一清又言金牌信符之制当复，且请复设巡茶御史兼理马政。乃复遣御史，而金牌以久废，卒不能复。后武宗宠番僧，许西域人例外带私茶。自是茶法遂坏。

番人之市马也，不能辨权衡，止订篦中马。篦大，则官亏其值；小，则商病其繁。十年，巡茶御史王汝舟约〔酌〕为中制，每千斤为三百三十篦。

嘉靖三年，御史陈讲以商茶低伪，悉征黑茶，地产有限，乃第茶为上中二品，印烙篦上，书商名而考之。旋定四川茶引五万道，二万六千道为腹引，二万四千道为边引。芽茶引三钱，叶茶引二钱。中茶至八十万斤而止，不得太滥。

十五年，御史刘良卿言："律例：'私茶出境与关隘失察者，并凌迟处死。'盖西陲藩篱，莫切于诸番。番人恃茶以生，故严法以禁之，易马以酬之，以制番人之死命，壮中国之藩篱，断匈奴之右臂，非可以常法论也。洪武初例，民间蓄茶不得过一月之用。弘治中，召商中茶，或以备赈，或以储边，然未尝禁内地之民使不得食茶也。今减通番之罪，止于充军，禁内地之茶，使不得食，又使商私课茶，悉聚于三茶马司。夫茶司与番为邻，私贩易通，而禁复严于内郡，是驱民为私贩而授之资也。以故大奸阑出而漏网，小民负升斗而罹法。今计三茶马司所贮，洮河足三年，西宁足二年，而商、私、课茶又日益增，积久腐烂而无所用。茶法之弊如此。番地多马而无所市，吾茶有禁而不得通，其势必相求，而制之之机在我。今茶司居民，窃易番马以待商贩，岁无虚日，及官易时，而马反耗矣。请敕三茶马司，止留二年之用，每年易马当发若干。正茶之外，分毫毋得夹带。令茶价踊贵，番人受制，良马将不可胜用。且多开商茶，通行内地，官榷其半以备军饷，而河、兰、阶、岷诸近蕃地，禁卖如故，更重通番之刑如律例。洮、岷、河责边备道，临洮、兰州责陇右分巡，西宁责兵备，各选官防守。失察者以罢软论。"奏上，报可。于是茶法稍饬矣。

御史刘崙、总督尚书王以旂等，请复给诸番金牌信符。兵部议，番族变诈不常，北狄抄掠无已，金牌亟给亟失，殊损国体。番人纳马，意在得茶，严私贩之禁，则番人自顺，虽不给金牌，马可集也。若私贩盛行，吾无以系其心制其命，虽给金牌，马亦不至。乃定议发勘合予之。

其后陕西岁饥，茶户无所资，颇逋课额。三十六年，户部以全陕灾震，边饷告急，国用大绌，上言："先时，正额茶易马之外，多开中以佐公家，有至五百万斤者。近者御史刘良卿亦开百万，后止开正额八十万斤，并课茶、私茶通计仅九十余万。宜下巡茶御史议，召商多中。"御史杨美益言："岁祲民贫，即正额尚多亏损，安有赢羡。今第宜守每年九十万斤招番易马之规。凡通内地以息私贩，增开中以备赈荒，悉从停罢，毋使与马分利。"户部以帑藏方匮，请如弘治六年例，易马外仍开百万斤，召纳边镇以备军饷。诏从之。末年，御史潘一桂言："增中商茶，颇壅滞，宜裁剪十四五。"又言："松潘与洮、河近，私茶往往阑出，宜停松潘引目，申严入番之禁。"皆报可。

四川茶引之分边、腹也，边茶少而易行，腹茶多而常滞。隆庆三年裁引万二千，以三万引属黎、雅，四千引属松潘诸边，四千引留内地，税银共万四千余两，解部济边以为常。

五年令甘州倣洮河、西宁事例，岁以六月开中，两月内中马八百匹。立赏罚例，商引一二年销完者罚〔赏〕有差，逾三年者罪之，没其附带茶。

万历五年，俺答款塞，请开茶市。御史李时成言："番以茶为命。北狄若得，借以制番，番必从狄，贻患匪细。部议给百余篦，而勿许其市易。自刘良卿弛内地之禁，杨美益以为非，其后复禁止。十三年，以西安、凤翔、汉中不与番邻，开其禁，招商给引，抽十三入官，余听自卖。御史锺化民以私茶之阑出多也，请分任责成。陕之汉中，关南道督之，府佐一人专驻鱼渡坝；川之保宁，川北道督之，府佐一人专驻鸡猴坝。率州、县官兵防守。"从之。

中茶易马，惟汉中、保宁，而湖南产茶，其值贱，商人率越境私贩，中汉中、保宁者，仅一二十引。茶户欲办本课，辄私贩出边，番族利私茶之贱，因不肯纳马。二十三年，御史李楠请禁湖茶，言："湖茶行，茶法、马政两弊，宜令巡茶御史召商给引，愿报汉、兴、保、夔者，准中。越境下湖南者，禁止。且湖南多假茶，食之刺口破腹，番人亦受其害。"既而御史徐侨言："汉、川茶少而值高，湖南茶多而值下。湖茶之行，无妨汉中。汉茶味甘而薄，湖茶味苦，于酥酪为宜，亦利番也。但宜立法严核，以遏假茶。"户部折衷其议，以汉茶为主，湖茶佐之。各商中引，先给汉、川毕，乃给湖南。如汉引不足，则补以湖引。报可。

二十九年，陕西巡按御史毕三才言："课茶征输，岁有定额。先因茶多余积，园户解纳艰难，以此改折。令〔今〕商人绝迹，五司茶空。请令汉中五州县仍输本色，每岁招商中五百引，可得马一千九百余匹。"部议，西宁、河、洮、岷、甘、庄浪六茶司共易马九千六百匹，著为令。天启时，增中马二千四百匹。

明初严禁私贩，久而奸弊日生。洎乎末造，商人正引之外，多给赏由票，使得私行。番人上驷尽入奸商，茶司所市者乃其中下也。番得茶，叛服自由，而将吏又以私马窜番马，冒支上茶。茶法、马政、边防于是俱坏矣。

（卷八十·志第五十六·食货四　第7988～7989页）

兵志辑录

○卫所

初，洪武二十六年定天下都司卫所，共计都司十有七，留守司一，内外卫三百二十九，守御千户所六十五。及成祖在位二十余年，多所增改，其后措置不一。今区别其名于左，以资考镜。

五军都督府所属卫所
　　右军都督府
　　　　在外
　　　　　　四川都司
　　　　　　　　茂州卫
　　　　　　　　松潘军民指挥使司
　　　　　　　　岩州卫革

青川千户所

　　威州千户所

　　大渡河千户所

陕西都司

　　临洮卫

　　巩昌卫

　　西宁卫后属行都司

　　凉州卫后属行都司

　　庄浪卫后属行都司

　　兰州卫

　　岷州军民指挥使司

　　洮州卫

　　河州军民指挥使司

　　永昌卫后属行都司

（卷九十·志第六十六·兵二　第8018页）

　　后定天下都司卫所，共计都司二十一，留守司二，内外卫四百九十三，守御屯田群牧千户所三百五十九，仪卫司三十三，自仪卫司以下，旧无，后以次渐添设。宣慰使司二，招讨使司二，宣抚司六，安抚司十六，长官司七十，原五十九。番边都司卫所等四百七。后作四百六十三。

　　五军都督府所属卫所

　　　　右军都督府

　　　　在外

　　　　　　陕西都司旧有阶州卫、沙州卫、……后俱革。

　　　　　　　　巩昌卫

　　　　　　　　临洮卫

　　　　　　　　兰州卫

　　　　　　　　岷州卫旧军民指挥使司，嘉靖二十四年添设岷州，四十年革。后存卫。

　　　　　　　　河州卫旧军民指挥使司

洮州卫

礼店前千户所以下各所旧设

文县千户所

阶州千户所旧属秦州卫。嘉靖二十二年改属都司

西固成〔城〕千户所

归德千户所

陕西行都司洪武十二年添设

永昌卫

凉州卫

庄浪卫

西宁卫以上旧属陕西都司

古浪千户所

四川都司

茂州卫

松潘卫旧为军民指挥使司，后改。

青川千户所

保宁千户所

威州千户所

雅州千户所

大渡河千户所

叠溪千户所

小河千户所

土官

天全六番招讨使司属都司

陇木头长官司

静州长官司

岳希蓬长官司以上属茂州卫

占藏先结簇长官司

蜡匝簇长官司

白马路簇长官司

山洞簇长官司

阿昔洞簇长官司

北定簇长官司

麦匝簇长官司

者多簇长官司

牟力结簇长官司

班班簇长官司

祈命簇长官司

勒都簇长官司

色〔包〕藏簇长官司

阿思簇长官司

思曩儿簇长官司

阿用簇长官司

潘幹〔斡〕寨长官司

八郎安抚司

阿角寨安抚司

麻儿匝安抚司

芒儿者安抚司以上俱属松潘卫

叠溪长官司

郁即长官司以上属叠溪千户所

四川行都司旧无，后设。旧有建昌前卫，后革。

建昌打冲河中前千户所

（卷九十·志第六十六·兵二　第8018～8019页）

西番即古吐番。洪武初，遣人诏谕，又令各族举旧有官职者至京，授以国师及都指挥、宣慰使、元帅、招讨等官，俾因俗以治。自是番僧有封灌顶国师及赞善、阐化等王，大乘、大宝法王者，俱给印诰，传以为信，所设有都指挥使司、指挥司。

都指挥使司二

乌斯藏都指挥使司

朵甘卫都指挥使司
指挥使司一
　陇答卫指挥使司
宣慰使司三
　朵甘宣慰使司
　董卜韩胡宣慰使司
　长河西鱼通宁远宣慰使司
招讨司六
　朵甘思招讨司
　朵甘陇答招讨司
　朵甘丹招讨司
　朵甘仓溏招讨司
　朵甘川招讨司
　磨儿勘招讨司
万户府四
　沙儿可万户府
　乃竹万户府
　罗思端万户府
　别思麻万户府
千户所十七
　朵甘思千户所
　剌宗千户所
　孛里加千户所
　长河西千户所
　多八三孙千户所
　加八千户所
　兆日千户所
　纳竹千户所
　伦答千户所
　果由千户所

沙里可哈忽的千户所

孛里加思千户所

撒里土儿千户所

参卜郎千户所

剌错牙千户所

泄里坝千户所

润则鲁孙千户所

（卷九十·志第六十六·兵二 第8020页）

列传辑录

○ 松潘卫

松潘，古氐羌地。西汉置护羌校尉于此。唐初置松州都督，广德初，陷于吐蕃。宋时，吐蕃将潘罗支领之，名潘州。元置吐蕃宣慰司。

洪武十二年命平羌将军御史大夫丁玉定其地，敕之曰："松潘僻在万山，接西戎之境，朕岂欲穷兵远讨，但羌戎屡寇边，征之不获已也。今捷至，知松州已克，徐将资粮于容州，进取潘州。若尽三州之地，则叠州不须穷兵，自当来服。须择士勇者守纳都、叠溪路，其驿道无阻遏者，不可守也。来降诸戎长，必遣入朝，朕亲抚谕之。"遂并潘州于松州，置松州卫指挥使司。丁玉遣宁州卫指挥高显城其地。十三年，帝以松州卫远在山谷，屯种不给，馈饷为难，命罢之。未几，指挥耿忠经略其地，奏言松州为番蜀要害地，不可罢，命复置。

十四年置松潘等处安抚司，以龙州知州薛文胜为安抚使，秩从五品。又置十三族长官司，秩正七品：曰勒都，曰阿昔洞，曰北定，曰牟力结，曰蛤匝，曰祈命，曰山洞，曰麦匝，曰者多，曰占藏先结，曰包藏先结，曰班班，曰白马路。其后复隶松潘者，长官司四，曰阿思，曰思囊儿，曰阿用，曰潘斡寨；安抚司四，曰八郎，曰阿角寨，曰麻儿匝，曰芒儿者，后又以思曩日安抚司附焉。诸长官司每三年入贡，赏赐如例。十五年，占藏先结等土酋来朝，贡马一百三匹，诏赐绮钞有差。十六年，耿忠言："臣所辖松潘等处安抚司属各长官司，宜以其户口之数，量其民力，岁令纳马置驿，而籍其民充驿夫，供徭役。"从之。既而松潘羌民作乱，官兵讨平之。甃松州及叠溪城。十七年，松潘八积族老虎等寨蛮乱。官兵击破之，获马一百二十，犏牛三百，牦牛五百九十。景川侯曹震请择良马贡京师，余给军，其犏牛、牦牛非中国所畜，令易粮饷犒军，从之。十八年，松州羌反。成都卫指挥成信等率兵攻其牟力等寨，破之。兵还，又遇贼三千人于道，复击败之，追至乞剌河乃还。

二十年改松州卫为松潘等处军民指挥使司，改松潘安抚司为龙州。二十一年，朵贡生番则路、南向等引草地生番千余人寇潘州阿昔洞长官司，杀伤人口。指挥周助率马步军讨之，番寇率众迎战，千户刘德破之，斩首三十四级，获马三十余匹。贼溃，渡河四十余里，复收败卒屯聚。指挥周能追击之，斩首一百三十余级，获马六十余匹，溺死甚众，群番远遁。二十六年，西番思曩日等族来归，进马百三十四，命给金铜信符并赐文绮袭衣。

宣德二年，麻儿匝顺化，喇嘛著八让卜来归。置麻儿匝安抚司，以喇嘛著八让卜为安抚。麻儿匝在阿乐地，去松潘七百余里。初，著八让卜时侵掠边民及遮八郎安抚司朝贡路。松潘卫指挥吴玙遣人招之，因遣其侄完卜来贡献，言其地广民众，过于八郎，请置宣抚司以辖之。帝命置安抚，遣敕谕之。

四川巡按等奏松潘卫所辖阿用等寨蛮寇，拥众万余，伤败官军，请讨之。帝意边将必有激之者。既四川都司奏至，言并非番寇，实由千户钱宏因调发松潘官军往征交阯，众惮行，宏诡言番寇至，当追捕，冀免调。又领军突入麦匝诸族，逼取牛马，致番人忿怨。复以大军将致讨慑之，番众惊溃，约黑水生番为乱。帝命逮宏等，而责诸司怠玩边务，亟捕诸伤官军者。遣都指挥金事蒋贵往，同松潘卫指挥吴玙招抚番寇，令调附近诸卫军二万人以行。时贼围松潘、叠溪、茂州，断索桥，官军与战皆败，出掠绵竹诸县，官署民居皆被焚毁，镇抚侯琏死之。蜀王遣护卫官校七千人来援，命都督陈怀与指挥蒋贵等合师亟讨之，而枭宏于松潘以徇，并窜诸将之贪淫玩寇者。三年，陈怀等率诸军屡败贼于圪答坝、叶棠关，夺永镇等桥，复叠溪，抚定祁命等十族，又招降渴卓等二十余寨，松潘平。

八年，八部［郎］安抚司及思曩儿十四族朝贡之使陛辞，令赍敕还谕其土官，俾约束所辖蛮民安分循理，毋作过以取罪戾。九年敕指挥佥事方政、蒋贵等抚剿松潘。政等至，榜谕祸福，威、茂诸卫俱听命，惟松潘、叠溪所辖任昌、巴猪、黑虎等寨梗化。政令指挥赵得、官聚等以次进兵，平龙溪等三十七寨，班师还。命蒋贵佩征蛮将军印，镇守松潘。十年，贵奏，比因番人不靖，松潘、叠溪诸处仓粮，支销殆尽，别无储积。帝命户部于四川岁运之数，量益二分给之。

正统三年，岩州长官司让达作乱，侵杂道诸边，杂道长官安白诉于朝。帝命四川三司往谕之，皆归服。四年，松潘指挥赵得奏："祁命族番寇商巴作乱，官军捕擒之。其弟小商巴复聚浦江、新塘等关，据险劫掠，乞发大军剿除。"帝命李安充总兵官，王翱参赞军务，调成都左卫官军及松潘土兵，合二万人征之。已，翱知商巴为都指挥赵谅所陷，乃按诛谅而释商巴等，事遂已。

九年，松潘指挥佥事王杲奏："比者，黑虎等寨番蛮攻围椒园、松溪等关堡，杀伤官民。欲行擒剿，恐各寨惊疑，应谕能擒贼者重赏之。"报可。十五〔十〕年，黑虎寨贼首多儿太伏诛。初，多儿太掠茂州境，为官军所获，诫而释之。未几，复纠诸寨入掠。帝命序班祁全往谕诸寨，擒多儿太至京，枭其首。十一年以寇深为佥都御史，提督松潘兵备。时松潘皆已向化，惟歪地骨鹿族二十寨不服，命督高广、王杲等剿之。设思曩日安抚司，以阿思观为之使，隶松潘卫。先是，阿思观父端葛，洪武中归顺，给金牌抚番，至阿思观又能招抚，故有是命。

景泰三年，镇守松潘刑部左侍郎罗琦等奏："雪儿卜寨贼首卓时芳〔卓劳〕等，烟崇寨贼首阿儿结等，累年纠合于安儿关劫掠。臣会师抵其巢穴，斩首不计其数，生擒卓时芳、阿儿结等，枭斩于市。"七年，提督松潘罗绮复奏："松潘土番王永习性凶犷，尝杀其土官高茂林男妇五百余口，及故土官董敏子伯浩等二十余人。今又纠合番蛮，攻劫地方。臣与指挥周贵等统领官军，直抵桑坪，已将永等诛灭，边境肃清。"降敕褒赏。天顺五年，番众入龙安、石泉等处，扰粮道。六年敕松潘总兵许贵曰："叙州蛮贼出没为患，比松潘尤甚，其驰往会剿。"贵闻命，会兵叙州，追讨昔乖件、莫洞、都夜三寨，分兵两哨，克硬寨四十余，斩首一千一百余级。

成化二年，镇守太监阁礼奏："松、茂、叠溪所辖白草坝等寨，番羌聚众五百人，越龙州境剽掠。白草番者，唐吐蕃赞普遗种，上下凡十八寨。部曲素强，恃其险阻，往往剽夺为患。"四年，礼复奏："白草诸番拥众寇安县、石泉诸处，因各军俱调征山都掌蛮，致指挥匡璟备御不谨。"命副总兵卢能剿之。能遣指挥阎斌巡边至庙子沟，番贼三百突至，杀伤相当。斌以失机逮治。九年，巡抚夏埙奏："黑虎寨贼首夜合等劫攻关堡，左参将宰用、兵备副使沈琮督兵驰诣松溪堡败之，斩获夜合等三十六级。"松潘指挥佥事尧彧奏："臣与兵备沈琮分剿白马路水土、茹儿等番寨，大克之。"

弘治二年，松潘番寇杀伤平夷堡官军，命逮指挥以下各官治之。三年免思曩日安抚等十六族明年朝觐，以守臣言其地方灾伤也。七年，松潘空心寨番贼犯边，都指挥佥事李镐败之。十三年，番贼入犯松潘坝州坡抵〔底〕关，势益獗。命逮指挥汤〔杨〕纲等，而敕巡抚张瓒调汉、土官兵五万，由东南二路分剿，破白羊岭、鹅饮溪等三十一寨，斩四百余级。商巴等二十六族皆纳款。十四年复攻黄头、青水诸寨，前后杀获男妇七百余人，赭其碉房九百，坠崖死者不可胜计，诸番稍靖。

正德元年，巡抚刘洪奏："祈命族八长官司所摄番众多至三十寨，少亦二十余寨，环布松潘两河。其土官已故子孙，自应承袭。今宜察勘，有原降印信者，方许袭。"报可。十六年，松潘卫熟番八大禳等作乱，同知杜钦平之。

嘉靖五年命都督佥事何卿镇守松潘。时黑虎五寨及乌都、鹁鸽诸番叛，卿次第平之，降者日至。卿有威望，在镇十七年，松潘以宁。二十三年以北警召卿入卫，继之者李爵、高冈凤，末几皆为巡抚劾罢。二十六年复命卿往镇。时白草番乱，卿会巡抚张时彻讨擒渠恶数人，俘斩九百七十余级，克营寨四十七，毁碉房四千八百，获马牛器械储积无算。终嘉靖世，松潘镇号得人，边境安堵焉。

初，龙州薛文胜于洪武六年来降，命仍知龙州。既置松潘安抚司，命文胜为安抚使。既置松州卫，仍以松潘为龙州。宣德九〔七〕年升龙州为宣抚司，以土知州薛忠义为宣抚使。龙州者，汉阴平道也。宋景定间，临邛进士薛严来守是州，捍卫有功，得世袭。自文胜归附，其部长李仁广、王祥皆输粮饷有功，亦得世袭，及宣德中，以征松潘功，升州为宣抚使，仁广为副使，祥为佥事，各统兵五百世守白马、白草、木瓜番地。

至嘉靖四十四年，宣抚薛兆乾与副使李蕃相仇讦，兆乾率众围执蕃父子，殴杀之。抚按檄兵备佥事赵教勘其事。兆乾惧，与母陈氏及诸左右纠白草番众数千人，分据各关隘拒命，绝松潘饷道。胁佥事王华，不从，屠其家。居民被焚掠者无算。是年春，与官军战，不利，求救于上下十八族番蛮，皆不应。兆乾率其家属奔至石坝，官军追及之，就擒。四十五年，兆乾伏诛，籍其家，母及其党二十二人皆以同谋论斩，余党悉平。遂改龙州宣抚司为龙安府，设立流官如马湖，而割保宁之江油、成都之石泉二县分隶之。

万历八年，雪山国师喇嘛等四十八寨，勾北边部落为寇，围漳腊，守备张良贤破之。犯镇房，百户杜世仁力战，城得全，世仁死焉。又犯制台，良贤复击之，追至思答弄，连战大破之，火落赤之侄小王子死焉。十九年，巡按李化龙言："松潘为四川屏蔽，叠、茂为松潘咽喉。番戎作梗，松潘力不能支，宜移四川总兵于松潘以备防御。"是时叠、茂诸番众纠结为乱，镇巡官率兵剿之，俘馘八首余级，番寇亦斩其部长黑卜、白什等，献功赎罪。而松坪诸恶屯据大雪山顶，诸将卒搜讨，亦有斩获。以捷闻，遂设平武县于龙安府。

松潘以孤城介绝域，寄一线馈运路于龙州，制守为难。洪武时欲弃者数，以形胜扼险，不可罢，乃内修屯务，外辑羌戎，因俗拊循，择人为理，番众相安者垂四十余年。及宣德初，调兵启衅，致动干戈，自是置镇建牙，宿重兵以资弹压，亦时服时叛。自漳腊以北即为大荒，斯筹边者之所亟图也。

（卷三百十一·列传第一百九十九·四川土司　第 8652～8653 页）

○天全六番招讨司

天全，古氐羌地。五代孟蜀时，置碉门、黎、雅、长河西、鱼通、宁远六军安抚司，宋因之，隶雅州。元置六安抚司，属吐蕃等处宣慰司，后改六番招讨，又分置天全招讨司。明初并为天全六番招讨司，隶四川都司。

洪武六年，天全六番招讨使高英遣子敬严等来朝，贡方物。帝赐以文绮袭衣。以英为正招讨，杨藏卜为副招讨，秩从五品，每三岁入贡，赐予甚厚。二十一年，杨藏卜来朝，言茶户向与西番贸易，岁收其课。近在官收买，额遂亏，乞从民便，许之。先是，高敬严袭招讨使，偕杨藏卜奏请简土民为兵，以守边境，诏许之。敬严等遂招选土民，教以战阵，得马步卒千余人。至是藏卜来朝，奏其事，诏更天全六番招讨司为武职，令戍守边界，控制西番。三十一年，帝谕左都督徐增寿曰："曩因碉门拒长河西口，道路险隘，以致往来跋涉艰难，市马数少。今闻有路自碉门出枯木任伤〔场〕径抵长河西口，通杂道长官司，道路平坦，往来径直，可即檄所司开拓，以便往来。"

永乐二年，高敬让来朝，并贺立皇太子，且遣其子虎入国子学，赐虎衣衾等物。十年，敬让遣子虎贡马。初，虎入国学读书，以丁母忧去，至是服阕还监，皇太子命礼部赐予如例。

宣德五年，六番招讨司奏："旧额岁办乌茶五万斤，二年一次，运付碉门茶马司易马。今户部令再办芽茶二千二百斤，山深地瘠，艰于采办，乞减其数。"帝令免乌茶，只办芽茶。十年命高凤署天全六番招讨司事。先是，敬让以罪下狱死。至是，其子凤乞袭父职。帝念其祖有抚绥功，命暂理招讨事。正统四年命凤袭。

正德十五年，招讨高文林父子称兵乱，副招讨杨世仁亦助恶。命四川抚按官讨之。初，文林等与芦山县民争田构衅，知县处置失宜，致叛乱。逾年，讨斩文林，擒其子继恩，择其宗人承袭。

初，天全招讨司治碉门城，元之碉门安抚司也，在雅州境。明初，宣慰余思聪、王德贵归附，始降司为州，设雅州千户所，而设碉门百户，近天全六番之界。又置茶课司以平互市。盖其地为南诏咽喉，三十六番朝贡出入之路。

三十六番者，皆西南诸部落，洪武初，先后至京，授职赐印。立都指挥使二：曰乌斯藏，曰朵甘。为宣慰司者三：曰朵甘，曰董卜韩胡，曰长河西鱼通宁远。为招讨司者六，为万户府者四，为千户所者十七，是为三十六种。或三年，或五年一朝贡，其道皆由雅州入，详西番传。

（卷三百十一·列传第一百九十九·四川土司　第8653～8654页）

○西番诸卫 西宁河州洮州岷州等番族诸卫

西番，即西羌，族种最多，自陕西历四川、云南西徼外皆是。其散处河、湟、洮、岷间者，为中国患尤剧。汉赵充国、张奂、段颎，唐哥舒翰，宋王韶之所经营，皆此地也。元封驸马章古〔吉〕为宁濮郡王，镇西宁，于河州设吐蕃宣慰司，以洮、岷、黎、雅诸州隶之，统治番众。

洪武二年，太祖定陕西，即遣官赍诏招谕，其酋长皆观望。复遣员外郎许允德招之，乃多听命。明年五月，吐蕃宣慰使何〔司〕锁南普等以元所授金银牌印宣敕来上，会邓愈克河州，遂诣军前降。其镇西武靖王卜纳剌亦以吐蕃诸部来纳款。冬，何锁南普等入朝贡马及方物。帝喜，赐袭衣。四年正月设河州卫，命为指挥同知，予世袭。知院朵儿只、汪家奴并为指挥佥事。设千户所八，百户所七，皆命其酋长为之。卜纳剌等亦至京师，为靖南卫指挥同知，其侪桑加朵只为高昌卫指挥同知，皆带刀侍卫。自是，番酋日至，寻以降人马梅、汪瓦儿并为河州卫指挥佥事。又遣西宁州同知李喃哥等招抚其酋长，至者亦悉授官。乃改西宁州为卫，以喃哥为指挥。

帝以西番产马，与之互市，马至渐多。而其所用之货与中国异，自更钞法后，马至者少，患之。八年五月命中官赵成赍罗绮、绫绢并巴茶往河州市之，马稍集，率厚其值以偿。成又宣谕德意，番人感悦，相率诣阙谢恩。山后归德等州西番诸部落皆以马来市。

十二年，洮州十八族番酋三副使等叛，据纳麟七站之地。命征西将军沐英等讨之，又命李文忠往筹军事。英等至洮州旧城，寇遁去，追斩其魁数人，尽获畜产。遂于东笼山南川度地筑城置戍，遣使来奏。帝报曰："洮州，西番门户，筑城戍守，扼其咽喉。"遂置洮州卫，以指挥聂纬、陈晖等六人守之。已，文忠等言官军守洮州，饷艰民劳。帝降敕谕之曰："洮州西控番戎，东蔽湟、陇，汉、唐以来备边要地。今番寇既斥，弃之不守，数年后番人将复为患。虑小费而忘大虞，岂良策哉。所获牛羊，分给将士，亦足充两年军食。其如敕行之。"文忠等乃不敢违。

秋，何锁南普及镇抚刘温各携家属来朝。谕中书省臣曰："何锁南普自归附以来，信义甚坚。前遣使乌斯藏，远涉万里，及归，所言皆称朕意。今以家属来朝，宜加礼待。"乃赐米、麦各三十石，刘温三之一。

英等进击番寇，大破之，尽擒其魁，俘斩数万人，获马牛羊数十万。自是，群番震慑，不敢为寇。

十六年，青海酋长史剌巴等七人来归，赐文绮、宝钞。时岷州亦设卫，番人岁以马易茶，马日蕃息。二十五年又命中官而聂至河州，召必里诸番族，以敕谕之。争出马以献，得万三百余匹，给茶三十余万斤。命以马畀河南、山东、陕西骑士。帝以诸卫将士有擅索番人马者，遣官赍金、铜信符敕谕，往赐凉州、甘州、肃州、永昌、山丹、临洮、巩昌、西宁、洮州、河州、岷州诸番族。谕之曰："往者朝廷有所需，必酬以茶货，未许私征。近闻边将无状，多假朝命扰害，俾尔等不获宁居。今特制金、铜信符颁给，遇有征发，必比对相符始行，否则伪，械至京，罪之。"自是，需求遂绝。

初，西宁番僧三剌为书招降罕东诸部，又建佛刹于碾白南川，以居其众，至是来朝贡马，请敕护持，赐寺额。帝从所请，赐额曰瞿昙寺。立西宁僧纲司，以三剌为都纲司。又立河州番、汉二僧纲司，并以番僧为之，纪以符契。自是，其徒争建寺，帝辄锡以嘉名，且赐敕护持。番僧来者日众。

永乐时，诸卫僧戒行精勤者，多授剌麻、禅师、灌顶国师之号，有加至大国师、西天佛子者，悉给以印诰，许之世袭，且令岁一朝贡，由是诸僧及诸卫土官辐辏京师。其他族种，如西宁十三族、岷州十八族、洮州十八族之属，大者数千人，少者数百，亦许岁一奉贡，优以宴赉。西番之势益分，其力益弱，西陲之患亦益寡。

宣德元年，以协讨安定、曲先功，加国师吒思巴领占等五人为大国师，给诰命、银印，秩正四品，加剌麻著星等六人为禅师，给敕命、银印，秩正六品。

正统五年敕陕西镇守都督郑铭、都御史陈镒曰："得奏，言河州番民领占等先因避罪，逃居结河里，招集徒党，占耕土田，不注籍纳赋，又藏匿逃亡，剽劫行旅，欲发兵讨之。朕念番性顽梗，且所犯在赦前，若遽加师旅，恐累及无辜。宜使人抚谕，令散遣徒党，还所掠牛羊，兵即勿进，否则加兵未晚。尔等其审之。"番人果输服。七年再敕铭及都御史王翱等曰："得镇守河州都指挥刘永奏：往岁阿尔官等六族三千余人，列营归德城下，声言交易，后乃抄掠屯军，大肆焚戮。而著亦匝族番人屡于煖泉亭诸处潜为寇盗。指挥张瑀擒获二人，止责偿所盗马，纵之使去。论法，瑀及永皆当究治，今姑令戴罪。尔等即遣官偕三司堂上亲诣其寨，晓以利害，令还归所掠，许其自新，不悛，则进讨。盖驭戎之道，抚绥为先，抚之不从，然后用兵。尔等宜体此意。番人亦输服。

成化三年，陕西副使郑安言："进贡番僧，自乌斯藏来者不过三之一，余皆洮、岷寺僧诡名冒贡。进一羸马，辄获厚值，得所赐币帛，制为战袍，以拒官军。本以羁縻之，而益致寇掠，是虚国帑而赍盗粮也。"帝下吏〔礼〕部，会廷臣议，请行陕西文武诸臣，计定贡期、人数及存留、起送之额以闻，报可。已而奏上，诸自乌斯藏来者皆由四川入，不得径赴洮、岷，遂著为例。明年冬，洮州番寇拥众掠铁城、后川二寨，指挥张翰等率兵御之，败去，获所掠人口以归。

五年，巡按江〔汪〕孟纶言："岷州番寇纵横，村堡为虚。顷念指挥后泰与其弟通反复开示，生番忍藏、占藏等三十余族酋长百六十余人，熟番栗林等二十四族酋长九十一人，转相告语，悔过来归，且还被掠人畜，愿供徭赋。杀牛告天，誓不再犯。已令副使李玘从宜赏劳，宣示朝廷恩威，皆欢跃而去。惟熟番绿园一族怙恶不服。"兵部言："番性无常，朝抚夕叛，未可弛备。请谕边臣，向化者加意抚绥，犯顺者克期剿灭。"帝纳其言。

八年，礼官言："洮、岷诸卫送各族番人赴京，多至四千二百余人，应赏彩币人二表里，帛如之，钞二十九万八千有奇，马值尚在其外。考正统、天顺间，各番贡使不过三五百人。成化初，因洮、岷诸处滥以熟番作生番冒送，已定例，生番三年一贡，大族四五人，小族一二人赴京，余悉遣还。成化六年，副使邓本瑞妄自招徕，又复冒送，臣部已重申约束。今副使吴玘等不能严饬武备，专事通番，以纾近患。乞降敕切责，务遵前令。"帝亦如其言。

西宁即古湟中，其西四百里有青海，又曰西海，水草丰美。番人环居之，专务畜牧，日益繁滋，素号乐土。正德四年，蒙古部酋亦不剌、阿尔秃厮获罪其主，拥众西奔。瞰知青海饶富，袭而据之，大肆焚掠。番人失其地，多远徙。其留者不能自存，反为所役属。自是甘肃、西宁始有海寇之患。九年，总制彭泽集诸道军，将捣其巢。寇诇知之，由河州渡黄河，奔四川，出松潘、茂州境，直走乌斯藏。及大军引还，则仍返海上，惟阿尔秃厮遁去。

嘉靖二年，尚书金献民西征，议遣官招抚，许为藩臣，如先朝设安定、曲先诸卫故事。兵部行总制杨一清计度，一清意在征讨，言寇精骑不过二三千，余皆胁从番人，然怨之入骨，时欲报仇，可用为间谍，大举剿绝。议未定，王宪、王琼相继来代，皆以兵寡饷诎，议竟不行。

八年，洮、岷诸番数犯临洮、巩昌，内地骚动。枢臣李承勋言："番为海寇所侵，日益内徙。倘二寇交通，何以善后。昔赵充国不战而服羌，段颎杀羌百万而内地虚耗，两者相去远矣。乞广先帝之明，专充国之任，制置方略，悉听琼便宜从事。"琼乃集众议，且剿且抚。先遣总兵官刘文、游击彭楲分布士马。明年二月自固原进至洮、岷，遣人开示祸福。洮州东路木舍等三十一族，西路答禄失等十三族，岷州西宁沟等十五族，皆听抚，给白旗犒赐遣归。惟岷州东路若笼族、西路板尔等十五族及岷州剌即等五族，恃险不服。乃分兵先攻若笼、板尔二族，覆其巢，剌即诸族震慑乞降。凡斩首三百六十余级，抚定七十余族，乃班师。自是，洮、岷获宁，而西宁仍苦寇患。

十一年，甘肃巡抚赵载等言："亦不剌据海上已二十余年，其党卜儿孩独倾心向化，求帖木哥等属番来纳款。宜因而抚之，或俾之纳马，或令其遣质，或授官给印，建立卫所，为我藩篱，于计为便。"疏甫上，会河套酋吉囊引众西掠，大破亦不剌营，收其部落大半而去，惟卜儿孩一枝敛众自保。由是西宁亦获休息，而纳款之议竟寝。及唐龙为总制，寇南掠松潘。龙虑其回巢与诸番及他部勾结为患，奏行甘肃守臣，缮兵积粟，为殄灭计。及龙去，事亦不行。

二十年正月，卜儿孩献金牌、良马求款。兵部言："寇果输诚通贡，诚西陲大利。乃止献马及金牌，未有如往岁遣子入侍、酋长入朝之请，未可遽许，宜令督抚臣侦察情实，并条制驭之策以闻。"报可。会寇势渐衰，番人亦渐复业，其议复寝。

二十四年设岷州，隶巩昌府。岷西临极边，番汉杂处。洪武时，改土番十六族为十六里，设卫治之，俾稍供徭役。自设州之后，征发繁重，人日困敝。且番人恋世官，而流官又不乐居，遥寄治他所。越十余年，督抚合疏言不便，乃设卫如故。

时北部俺答猖獗，岁掠宣、大诸镇。又羡青海富饶，三十八年携子宾兔、丙兔等数万众，袭据其地。卜儿孩窜走，遂纵掠诸番。已，引去，留宾兔据松山，丙兔据青海，西宁亦被其患。隆庆中，俺答受封顺义王，修贡惟谨，二子亦敛戢。

时乌斯藏僧有称活佛者，诸部多奉其教。丙兔乃以梵修为名，请建寺青海及嘉峪关外，为久居计。廷臣多言不可许，礼官言："彼已采木兴工，而令改建于他所，势所不能，莫若因而许之，以鼓其善心，而杜其关外之请。况中国之御戎，惟在边关之有备。戎之顺逆，亦不在一寺之远近。"帝许之。丙兔既得请，又近胁番人，使通道松潘以迎活佛。四川守臣惧逼，乞令俺答约束其子，毋扰邻境。俺答言丙兔止因甘肃不许开市，宁夏又道远艰难，虽有禁令，不能尽制。宣大总督方逢时亦言开市为便。帝以责陕西督抚，督抚不敢违。

万历二年冬，许丙兔市于甘肃，宾兔市于庄浪，岁一次。既而寺成，赐额仰华。

先是，亦不剌之据青海，边臣犹以外寇视之。至是以俺答故，竟视若属番。诸酋亦以父受王封，不敢大为边患，而洮州之变乃起。初，洮州番人以河州奸民负其物货，入掠内地，他族亦乘机为乱。奸民以告河州参将陈堂，堂曰："此洮州番也，何与我事。"洮州参将刘世英曰："彼犯河州，非我失事。"由是二将有隙。总督石茂华闻之，令二人及兰州参将徐勋、岷州守备朱宪、旧洮州守备史经各引兵压其境，晓以利害。番人惧，即还所掠人畜。世英谓首恶未擒，不可遽已，遂剿破之，杀伤及焚死者无算。军律，吹铜角乃退兵。堂挟前憾，不待角声而去，诸部亦多引去。宪、经方深入搜捕，邻番见其势孤，围而杀之。事闻，帝震怒，褫堂、世英职，切责茂华等。茂华乃集诸军分道进讨，斩首百四十余级，焚死者九百余人，获孳畜数十群。诸番震恐远徙，来降者七十一族，斩送首恶四人，生缚以献者二人，输马牛羊二百六十。稽首谢罪，誓不再犯，师乃还。

自丙兔据青海，有切尽台吉者，河套酋吉能从子，俺答从孙也，从之而西。屡掠番人不得志，邀俺答往助。俺答雅欲侵瓦剌，乃假迎活佛名，拥众西行。疏请授丙兔都督，赐金印，且开茶市。部议不许，但稍给以茶。俺答既抵瓦剌，战败而还。乃移书甘肃守臣，乞假道赴乌斯藏。守臣不能拒，遂越甘肃而南，会诸酋于海上。番人益遭蹂躏，多窜徙。八年春，始以活佛言东还，而切尽弟火落赤及俺答庶兄子永邵卜遂留居青海不去。八月，丙兔率众掠番并内地人畜，诏绝其市赏。俺答闻之，弛书切责。乃尽还所掠，执献为恶者六人，自罚牛羊七百。帝嘉其父恭顺，赍之银币，即以牛羊赐其部人，为恶者付之自治，仍许贡市，俺答益感德。而火落赤侵掠番族不休，守臣檄切尽台吉约束之，亦引罪输服。及俺答卒，传至孙扯力克，势轻，不能制诸酋。

十六年九月，永邵卜部众有阑入西宁者，副总兵李奎方被酒，跃马而前。部众控鞍欲诉，奎拔刀斫之，众遂射奎死。部卒驰救之，亦多死。守臣不能讨，遣使诘责，但献首恶，还人畜而止。以故无所惮，愈肆侵盗。时丙兔及切尽台吉亦皆死，丙兔子真相移驻莽剌川，火落赤移驻捏工川，逼近西宁，日蚕食番族。番不能支，则折而为寇用。扯力克又西行助之，势益炽。十八年六月入旧洮州，副总兵李联芳率三千人御之，尽覆。七月复深入，大掠河州、临洮、渭源。总兵官刘承嗣与游击孟孝臣各将一军御之，皆败溃，游击李芳等死焉，西陲大震。

事闻，命尚书郑洛出经略。洛前督宣、大军，抚顺义王及忠顺夫人有恩。遣使趣扯力克东归，而大布招番之令，来者率善遇之，自是归附者不绝。火、真二酋自知罪重，又闻套酋卜失兔来助，大败于水泉口，扯力克复将还巢，始惧。徙帐去，留其党可卜兔等于莽剌川。明年，总兵官尤继先破走之。洛更进兵青海，焚仰华寺，逐其余众而还。番人复业者至八万余人，西陲暂获休息。已，复聚于青海。

二十三年增设临洮总兵官，以刘綎任之。未几，永邵卜诸部犯南川，参将达云大破之。已，连火、真二酋犯西川，云又击破之。明年，诸酋复掠番族，将窥内地。綎部将周国柱御之莽剌川，又大破之。二十七年纠叛苗犯洮、岷，总兵官萧如薰等败之，斩番人二百五十余级，寇八十二级，抚降番族五千余人。三十四年复入镇番〔羌〕黑古城，为总兵官柴国柱所败。自是屡入抄掠，不能大得志。

时为陕西患者，有三大寇：一河套，一松山，一青海。青海土最沃，且有番人屏蔽，故患犹不甚剧。崇祯十一年，李自成屡为官军击败，自洮州轶出番地。诸将穷追，复奔入塞内，番族亦遭蹂躏。十五年，西宁番族作乱，总兵官马爌督诸将五道进剿，斩首七百有奇，抚降三十八族而还。明年冬，李自成遣将陷甘州，独西宁不下。贼将辛恩忠攻破之，遂进掠青海。诸酋多降附，而明室亦亡。

番有生熟二种。生番犷悍难制。熟番纳马中茶，颇柔服，后浸通生番为内地患。自青海为寇所据，番不堪剽夺，私馈皮币曰手信，岁时加馈曰添巴，或反为向导，交通无忌。而中国市马亦鲜至，盖已失捍外卫内之初意矣。

原夫太祖甫定关中，即法汉武创河西四郡隔绝羌、胡之意，建重镇于甘肃，以北拒蒙古，南捍诸番，俾不得相合。又遣西宁等四卫土官与汉官参治，令之世守，且多置茶课司，番人得以马易茶，而部族之长，亦许其岁时朝贡，自通名号于天子。彼势既分，又动于利，不敢为恶。即小有蠢动，边将以偏师制之，靡不应时底定。自边臣失防，北寇得越境阑入，与番族交通，西陲遂多事。然究其时之所患，终在寇而不在番，故议者以太祖制驭为善。

（卷三百三十·列传第二百一十八·西域二　第8713～8715页）

○乌斯藏大宝法王

乌斯藏，在云南西徼外，去云南丽江府千余里，四川马湖府千五百余里，陕西西宁卫五千余里。其地多僧，无城郭。群居大土台上，不食肉娶妻，无刑罚，亦无兵革，鲜疾病。佛书甚多，楞伽经至万卷。其土台外，僧有食肉娶妻者。元世祖尊八思巴为大宝法王，赐玉印，既没，赐号皇天之下一人之上宣文辅治大圣至德普觉真智佐国如意大宝法王西天佛子大元帝师。自是，其徒嗣者咸称帝师。

洪武初，太祖惩唐世吐蕃之乱，思制御之。惟因其俗尚，因僧徒化导为善，乃遣使广行招谕。又遣陕西行省员外郎许允德使其地，令举元故官赴京授职。于是乌斯藏摄帝师喃加巴藏卜先遣使朝贡。五年十二月至京。帝喜，赐红绮禅衣及鞋帽钱物。明年二月躬自入朝，上所举故官六十人。帝悉授以职，改摄帝师为炽盛佛宝国师，仍赐玉印及彩币表里各二十。玉人制印成，帝视玉未美，令更制，其崇敬如此。暨辞还，命河州卫遣官赍敕偕行，招谕诸番之未附者。冬，元帝师之后锁南坚〔监藏〕巴藏卜、元国公司列思监藏巴藏卜并遣使乞玉印。廷臣言已尝给赐，不宜复予，乃以文绮赐之。

七年夏，佛宝国师遣其徒来贡。秋，元帝师八思巴之后公哥监藏巴藏卜及乌斯藏僧答力麻八剌遣使来朝，请封号。诏授帝师后人为圆智妙觉弘教大国师，乌斯藏僧为灌顶国师，并赐玉印。佛宝国师复遣其徒来贡，上所举土官五十八人，亦皆授职。九年，答力麻八剌遣使来贡。十一年复贡，奏举故官十六人为宣慰、招讨等官，亦皆报允。十四年复贡。

其时喃加巴藏卜已卒，有僧哈立麻者，国人以其有道术，称之为尚师。成祖为燕王时，知其名。永乐元年命司礼少监侯显、僧智光赍书币往征。其僧先遣人来贡，而躬随使者入朝。四年冬将至，命驸马都尉沐昕往迎之。既至，帝延见于奉天殿，明日宴华盖殿，赐黄金百、白金千，钞二万，彩币四十五表里，法器、袻褥、鞍马、香果、茶米诸物毕备。其从者亦有赐。明年春，赐仪仗、银瓜、牙仗、骨朵、魫灯、纱灯、香合、拂子各二，手炉六，伞盖一，银交椅、银足踏、银机、银盆、银罐、青圆扇、红圆扇、拜褥、帐幄各一，幡幢四十有八，鞍马二，散马四。

帝将荐福于高帝后，命建普度大斋于灵谷寺七日。帝躬自行香。于是卿云、甘露、青鸟、白象之属，连日毕见。帝大悦，侍臣多献赋颂。事竣，复赐黄金百、白金千，宝钞二千，彩币表里百二十，马九。其徒灌顶圆通善慧大国师答〔哈〕师巴啰葛罗思等，亦加优赐。遂封哈立麻为万行具足十方最胜圆觉妙智慧善普应佑国演教如来大宝法王西天大善自在佛，领天下释教，赐印诰及金、银、钞、彩币、织金珠袈裟、金银器、鞍马。命其徒孛隆逋瓦桑儿加领真为灌顶圆修净慧大国师，高日瓦禅伯为灌顶通悟弘济大国师，果栾罗葛罗监藏巴里藏卜为灌顶弘智净戒大国师，并赐印诰、银钞、彩币。已，命哈立麻赴五台山建大斋，再为高帝后荐福，赐予优厚。六年四月辞归，复赐金币、佛像，命中官护行。自是，迄正统末，入贡者八。已，法王卒，久不奉贡。弘治八年，王葛哩麻巴始遣使来贡。十二年两贡，礼官以一岁再贡非制，请裁其赐赉，从之。

正德元年来贡。十年复来贡。时帝惑近习言，谓乌斯藏僧有能知三生者，国人称之为活佛，欣然欲见之。考永、宣间邓诚、侯显入番故事，命中官刘允乘传往迎。阁臣梁储等言："西番之教，邪妄不经。我祖宗朝虽尝遣使，盖因天下初定，借以化导愚顽，镇抚荒服，非信其教而崇奉之也。承平之后，累朝列圣止因其来朝而赏赉之，未尝轻辱命使，远涉其地。今忽遣近侍往送幢幡，朝野闻之，莫不骇愕。而允奏乞盐引至数万，动拨马船至百艘，又许其便宜处置钱物，势必携带私盐，骚扰邮传，为官民患。今蜀中大盗初平，疮痍未起。在官已无余积，必至苛敛军民，铤而走险，盗将复发。况自天全六番出境，涉数万之程，历数岁之久，道途绝无邮置，人马安从供顿。脱中途遇寇，何以御之？亏中国之体，纳外番之侮，无一可者。所赍敕书，臣等不敢撰拟。"帝不听。礼部尚书毛纪、六科给事中叶相、十三道御史周伦等并切谏，亦不听。

允行，以珠琲为幢幡，黄金为供具，赐其僧金印，犒赏以巨万计，内库黄金为之罄尽。敕允往返以十年为期，所携茶盐以数十万计。允至临清，漕艘为之阻滞。入峡江，舟大难进，易以艋艘，相连二百余里。及抵成都，日支官廪百石，蔬菜银百两，锦官驿不足，取傍近数十驿供之。治入番器物，估值二十万。守臣力争，减至十三万。工人杂造，夜以继日。居岁余，始率将校十人、士千人以行，越两月入其地。所谓活佛者，恐中国诱害之，匿不出见。将士怒，欲胁以威。番人夜袭之，夺宝货、器械以去。将校死者二人，卒数百人，伤者半之。允乘善马疾走，仅免。返成都，戒部下弗言，而以空函驰奏，至则武宗已崩。世宗召允还，下吏治罪。

嘉靖中，法王犹数入贡，迄神宗朝不绝。

（卷三百三十一·列传第二百一十九·西域三　第8717页）

○三世达赖锁南坚错

时有僧锁南坚错者，能知已往未来事，称活佛，顺义王俺答亦崇信之。万历七年，以迎活佛为名，西侵瓦剌，为所败。此僧戒以好杀，劝之东还。俺答亦劝此僧通中国，乃自甘州遗书张居正，自称释迦摩尼比丘，求通贡，馈以仪物。居正不敢受，闻之于帝。帝命受之，而许其贡。由是，中国亦知有活佛。此僧有异术能服人，诸番莫不从其教，即大宝法王及阐化诸王，亦皆俯首称弟子。自是西方止知奉此僧，诸番王徒拥虚位，不复能施其号令矣。

（卷三百三十一·列传第二百一十九·西域三　第8717页）

○大乘法王

大乘法王者，乌斯藏僧昆泽思巴也，其徒亦称为尚师。永乐时，成祖既封哈立麻，又闻昆泽思巴有道术，命中官赍玺书、银币征之。其僧先遣人贡舍利、佛像，遂偕使者入朝。十一年二月至京，帝即延见，赐藏经、银钞、彩币、鞍马、茶果诸物，封为万行圆融妙法最胜真如慧智弘慈广济护国演教正觉大乘法王西天上善金刚普应大光明佛，领天下释教，赐印诰、袈裟、幡幢、鞍马、伞器诸物，礼之亚于大宝法主。明年辞归，赐加于前，命中官护行。后数入贡，帝亦先后命中官乔来喜、杨三保赍赐佛像、法器、袈裟、禅衣、绒锦、彩币诸物。洪熙、宣德间并来贡。

成化四年，其王完卜遣使来贡。礼官言无法王印文，且从洮州入，非制，宜减其赐物。使者言，所居去乌斯藏二十余程，涉五年方达京师，且所进马多，乞给全赐，乃命量增。十七年来贡。

弘治元年，其王桑加瓦遣使来贡。故事，法王卒，其徒自相继承，不由朝命。三年，辅教王遣使奉贡，奏举大乘法王袭职。帝但纳其贡，赐赉遣还，不命袭职。

正德五年遣其徒绰吉我些儿等，从河州卫入贡。礼官以其非贡道，请减其赏，并治指挥徐经罪，从之。已，绰吉我些儿有宠于帝，亦封大德法王。十年，僧完卜锁南坚参巴尔藏卜遣使来贡，乞袭大乘法王。礼官失于稽考，竟许之。嘉靖十五年偕辅教、阐教诸王来贡，使者至四千余人。帝以人数逾额，减其赏，并治四川三司官滥送之罪。

初，成祖封阐化等五王，各有分地，惟二法王以游僧不常厥居，故其贡期不在三年之列。然终明世，奉贡不绝云。

（卷三百三十一·列传第二百一十九·西域三　第8717～8718页）

○大慈法王

大慈法王者，名释迦也失，亦乌斯藏僧称为尚师者也。永乐中，既封二法王，其徒争欲见天子邀恩宠，于是来者趾相接，释迦也失亦以十二年入朝，礼亚大乘法王。明年命为妙觉圆通慈慧普应辅国显教灌顶弘善西天佛子大国师，赐之印诰。十四年辞归，赐佛经、佛像、法仗、僧衣、绮帛、金银器，且御制赞词赐之，其徒益以为荣。明年遣使来贡。十七年命中官杨三保赍佛像、衣币往赐。二十一年复来贡。宣德九年入朝，帝留之京师，命成国公朱勇、礼部尚书胡濙持节，册封为万行妙明真如上胜清净般若弘照普慧辅国显教至善大慈法王西天正觉如来自在大圆通佛。

宣宗崩，英宗嗣位，礼官先奏汰番僧六百九十人，正统元年复以为请。命大慈法王及西天佛子如故，余遣还，不愿者减酒馔廪饩，自是辇下稍清。西天佛子者，能仁寺僧智光也，本山东庆云人。洪武、永乐中，数奉使西国，成祖赐号国师，仁宗加号圆融妙慧净觉弘济辅国光范演教灌顶广善大国师，赐金印、冠服、金银器。至是复加西天佛子。

初，太祖招徕番僧，本借以化愚俗，弭边患，授国师、大国师者不过四五人。至成祖兼崇其教，自阐化等五王及二法王外，授西天佛子者二，灌顶大国师者九，灌顶国师者十有八，其他禅师、僧官不可悉数。其徒交错于道，外扰邮传，内耗大官，公私骚然，帝不恤也。然至者犹即遣还，及宣宗时则久留京师，耗费益甚。英宗初年，虽多遣斥，其后加封号者亦不少。景泰中，封番僧沙加为弘慈大善法王，班卓儿藏卜为灌顶大国师。英宗复辟，务反景帝之政，降法王为大国师，大国师为国师。

成化初，宪宗复好番僧，至者日众。札巴坚参、札实巴、领占竹等，以秘密教得幸，并封法王。其次为西天佛子，他授大国师、国师、禅师者不可胜纪。四方奸民投为弟子，辄得食大官，每岁耗费巨万。廷臣屡以为言，悉拒不听。孝宗践阼，清汰番僧，法王、佛子以下，皆递降，驱还本土，夺其印诰，由是辇下复清。

弘治六年，帝惑近习言，命取领占竹等诣京。言官交章力谏，事乃寝。十三年命为故西天佛子著乩领占建塔。工部尚书徐贯等言，此僧无益于国，营墓足矣，不当建塔，不从。寻命那卜坚参三人为灌顶大国师。帝崩，礼官请黜异教，三人并降禅师。

既而武宗蛊惑佞幸，复取领占竹至京，命为灌顶大国师，以先所降禅师三人为国师。帝好习番语，引入豹房，由是番僧复盛。封那卜坚参及札巴藏卜为法王，那卜领占及绰即罗竹为西天佛子。已，封领占班丹为大庆法王，给番僧度牒三千，听其自度。或言，大庆法王，即帝自号也。

　　绰吉我些儿者，乌斯藏使臣，留豹房有宠，封大德法王。乞令其徒二人为正副使，还居本土，如大乘法王例入贡，且为二人请国师诰命，入番设茶。礼官刘春等执不可，帝不听。春等复言："乌斯藏远在西方，性极顽犷。虽设四王抚化，而其来贡必为节制。若令赍茶以往，赐之诰命，彼或假上旨以诱诸番，妄有所干请。从之则非法，不从则生衅，害不可胜言。"帝乃罢设茶敕，而予之诰命。帝时益好异教，常服其服，诵习其经，演法内厂。绰吉我些儿辈出入豹房，与权幸杂处，气焰灼然。及二人乘传归，所过驿骚，公私咸被其患。

　　世宗立，复汰番僧，法王以下悉被斥。后世宗崇道教，益黜浮屠，自是番僧鲜至中国者。

　　　　　　（卷三百三十一·列传第二百一十九·西域三　第8718页）

○阐化王

　　阐化王者，乌斯藏僧也。初，洪武五年，河州卫言："乌斯藏怕木竹巴之地，有僧曰章阳沙加监藏，元时封灌顶国师，为番人推服。今朵甘酋赏竹监藏与管兀儿构兵，若遣此僧抚谕，朵甘必内附。"帝如其言，仍封灌顶国师，遣使赐玉印、彩币。明年，其僧使酋长锁南藏卜贡佛像、佛书、舍利。是时方命佛宝国师招谕番人，于是怕木竹巴僧等自称辇卜阇，遣使进表及方物，帝厚赐之。辇卜阇者，其地首僧之称也。八年正月设怕木竹巴万户府，以番酋为之。已而章阳沙加卒，授其徒锁南扎思巴噫监藏卜为灌顶国师。二十年上表称病，举弟吉刺思巴监藏巴藏卜自代，遂授灌顶国师。自是三年一贡。

　　成祖嗣位，遣僧智光往赐。永乐元年遣使入贡。四年封为灌顶国师阐化王，赐螭纽玉印、白金五百两、绮衣三袭、锦帛五十匹、巴茶二百斤。明年命与护教、赞善二王，必力工瓦国师及必里、朵甘、陇答诸卫，川藏诸族，复置驿站，通道往来。十一年，中官杨三保使乌斯藏还，其王遣从子札结等随之入贡。明年复命三保使其地，令与阐教、护教、赞善三王及川卜、川藏等共修驿站，诸未复者尽复之。自是道路毕通，使臣往还数万里，无虞寇盗矣。其后贡益频数。帝嘉其诚，复命三保赍佛像、法器、袈裟、禅衣及绒锦、彩币往劳之。已，又命中官戴兴往赐彩币。

宣德二年命中官侯显往赐绒锦、彩币。其贡使尝殴杀驿官子，帝以其无知，遣还，敕王戒饬而已。九年，贡使归，以赐物易茶。至临洮，有司没入之，羁其使，请命。诏释之，还其茶。

正统五年，王卒。遣禅师二人为正副使，封其从子吉剌思巴永耐监藏巴藏卜为阐化王。使臣私市茶彩数万，令有司运致。礼官请禁之，帝念其远人，但令自僦舟车。已，王卒，以桑儿结坚昝巴藏卜嗣。

成化元年，礼部言："宣、正间，诸贡不过三四十人，景泰时十倍，天顺间百倍。今贡使方至，乞敕谕阐化王，令如洪武旧制，三年一贡。"从之。五年，王卒，命其子公葛列思巴中柰领占坚参巴儿藏卜嗣。遣僧进贡，还至西宁，留寺中不去，又冒名入贡，隐匿所赐玺书、币物。王使其下三人来趣，其僧闭之室中，剜二人目。一人逸，诉于都指挥孙鉴。鉴捕置之狱，受其徒贿。而复以闻。下四川巡按鞫治，坐僧四人死，鉴将逮治，会赦悉免。

十七年以长河西诸番多假番王名朝贡，命给阐化、赞善、阐教、辅教四王敕书勘合，以防奸伪。二十二〔一〕年遣使四百六十人来贡，守臣遵新例，但纳一百五十人。礼官以使者已入境，难固拒，请顺其情概纳之，为后日两贡之数，从之。

弘治八年遣僧来贡，还至扬州广陵驿，遇大乘法王贡使，相与杀牲纵酒，三日不去。见他使舟至，则以石投之，不容近陆。知府唐恺诣驿呼其舟子戒之，诸僧持兵仗呼譟拥而入。恺走避，隶卒力格斗乃免，为所伤者甚众。事闻，命治通事及伴送者罪，遣人谕王令自治其使者。其时王卒，子班阿吉江东札巴请袭，命番僧二人为正副使往封。比至，新王亦死，其子阿往札失札巴坚参即欲受封，二人不得已授之，遂具谢恩仪物，并献其父所领勘合印章为左验。至四川，守臣劾其擅封，逮治论斩，减死戍边，副使以下悉宥。

正德三年，礼官以贡使逾额，令为后年应贡之数。嘉靖三年偕辅教王及大小三十六番请入贡。礼官以诸番不具地名、族氏，令守臣核实以闻。四十三〔二〕年阐化诸王遣使入贡请封。礼官循故事，遣番僧二十二人为正副使，序班朱廷对监之。至中途大骚扰，不受廷对约束，廷对还白其状。礼官请自后封番王，即以诰敕付使者赍还，或下守臣，择近边僧人赍赐。封诸藏之不遣京寺番僧，自此始也。番人素以入贡为利，虽屡申约束，而来者日增。隆庆三年再定令阐化、阐教、辅教三王，俱三岁一贡，贡使各千人，半全赏，半减赏。全赏者遣八人赴京，余留边上。遂为定例。

万历七年，贡使言阐化王长子札释藏卜乞嗣职，如其请。久之卒，其子请袭。神宗许之、而制书但称阐化王。用阁臣沈一贯言，加称乌斯藏怕木竹巴灌顶国师阐化王。其后奉贡不替。所贡物有画佛、铜佛、铜塔、珊瑚、犀角、氆氇、左髻毛缨、足力麻、铁力麻、刀剑、明甲胄之属，诸王所贡亦如之。

（卷三百三十一·列传第二百一十九·西域三　第8718页）

○ 赞善王

赞善王者，灵藏僧也。其地在四川徼外，视乌斯藏为近。成祖践阼，命僧智光往使。永乐四年，其僧著思巴儿监藏遣使入贡，命为灌顶国师。明年封赞善王，国师如故，赐金印、诰命。十七年，中官杨三保往使。洪熙元年，王卒，从子喃葛监藏袭。宣德二年，中官侯显往使。正统五年奏称年老，请以长子班丹监剉代。帝不从其请，而授其子为都指挥使。

初，入贡无定期，自永乐迄正统，或间岁一来，或一岁再至。而历朝遣使往赐者金币、宝钞、佛像、法器、袈裟、禅服不一而足。至成化元年始定三岁一贡之例。

三年，命塔儿把坚粲袭封。故事，封番王诰敕及币帛遣官赍赐，至是，西陲多事，礼官乞付使者赍回，从之。

五年，四川都司言，"赞善诸王不遵定制，遣使率各寺番僧百三十二种入贡，且无番王印文，今止留十余人守贡物，余已遣还。"礼官言："番地广远，番王亦多，若遵例并时入贡，则内郡疲供亿。莫若令诸王于应贡之岁，各具印文，取次而来。今贡使已至，难拂其情。乞许作明年应贡之数。"报可。

十八年，礼官言："番王三岁一贡，贡使百五十人，定制也。近赞善王连贡者再，已遣四百十三人。今请封请袭，又遣千五百五十人，违制宜却。乞许其请封袭者，以三百人为后来两贡之数，余悉遣还。"亦报可。遂封喃葛坚粲巴藏卜为赞善王。弘治十六年卒，命其弟端竹坚昝嗣。嘉靖后犹入贡如制。

（卷三百三十一·列传第二百一十九·西域三　第8718～8719页）

○护教王

护教王者，名宗巴斡即南哥巴藏卜，馆觉僧也。成祖初，僧智光使其地。永乐四年遣使入贡，诏授灌顶国师，赐之诰。明年遣使入谢，封为护教王，赐金印、诰命，国师如故。遂频岁入贡。十二年卒，命其从子斡[斡]些儿吉刺思巴藏卜嗣。洪熙、宣德中并入贡。已而卒，无嗣，其爵遂绝。

（卷三百三十一·列传第二百一十九·西域三　第8719页）

○阐教王

阐教王者，必力工瓦僧也。成祖初，僧智光赍敕入番，其国师端竹监藏遣使入贡。永乐元年至京，帝喜，宴赍遣还。四年又贡，帝优赐，并赐其国师大板的达、律师锁南藏卜衣币。十一年乃加号灌顶慈慧净戒大国师，又封其僧领真巴儿吉监藏为阐教王，赐印诰、彩币。后比年一贡。杨三保、戴兴、侯显之使，皆赍金币、佛像、法器赐焉。

宣德五年，王卒，命其子绰儿加监巴领占嗣。久之卒，命其子领占叭儿结坚参嗣。成化四年从礼官言，申三岁一贡之制。明年，王卒，命其子领占坚参叭儿藏卜袭。二十年，帝遣番僧班著儿赍玺书勘合往赐。其僧悖行，至半道，伪为王印信、番文复命，诏逮治。

正德十三年遣番僧领占札巴等封其新王。札巴等乞马快船三十艘载食盐，为入番买路之资，户科、户部并疏争，不听。札巴等在途科索无厌，至吕梁，殴管洪主事李瑜几毙，恣横如此。迄嘉靖世，阐教王修贡不辍。

（卷三百三十一·列传第二百一十九·西域三　第8719页）

○ 辅教王

辅教王者，思达藏僧也。其地视乌思藏尤远。成祖即位，命僧智光持诏招谕，赐以银币。永乐十一年封其僧南渴烈思巴为辅教王，赐诰印、彩币，数通贡使。杨三保、侯显皆往赐其国，与诸法王等。景泰七年，使来贡，自陈年老，乞令其子喃葛坚粲巴藏卜代。帝从之，封为辅教王，赐诰敕、金印、彩币，袈裟、法器。以灌顶国师葛藏、右觉义桑加巴充正、副使往封。至四川，多雇牛马，任载私物。礼官请治其罪，英宗方复辟，命收其敕书，减供应之半。

成化五年，王卒，命其子喃葛札失坚参叭藏卜嗣。六年申旧制，三年一贡，多不过百五十人，由四川雅州入。国师以下不许贡。弘治十二年，辅教等四王及长河西宣慰司并时入贡，使者至二千八百余人。礼官以供费不资，请敕四川守臣遵制遣送，违者却还，从之。历正德、嘉靖世，奉贡不绝。

（卷三百三十一·列传第二百一十九·西域三　第8719页）

○ 朵甘乌斯藏行都指挥使司

朵甘，在四川徼外，南与乌思藏邻，唐吐蕃地。元置宣慰司、招讨司、元帅府、万户府，分统其众。

洪武二年，太祖定陕西，即遣官赍诏招抚。又遣员外郎许允德谕其酋长，举元故官赴京。摄帝师喃加巴藏卜及故国公南哥思丹八亦监藏等于六年春入朝，上所举六十人名。帝喜，置指挥使司二，曰朵甘，曰乌斯藏，宣慰司二，元帅府一，招讨司四，万户府十三，千户所四，即以所举官任之。廷臣言来朝者授职，不来者宜弗予。帝曰："吾以诚心待人。彼不诚，曲在彼矣。万里来朝，俟其再请，岂不负远人归向之心。"遂皆授之。降诏曰："我国家受天明命，统御万方，恩抚善良，武威不服。凡在幅员之内，咸推一视之仁。乃者摄帝师喃加巴藏卜率所举故国公、司徒、宣慰、招讨、元帅、万户诸人，自远入朝。朕嘉其识天命，不劳师旅，共效职方之贡。已授国师及故国公等为指挥同知等官，皆给诰印。自今为官者务遵朝廷法，抚安一方。僧务敦化导之诚，率民为善，共享太平，永绥福祉，岂不休哉。"并宴赉遣还。初，元尊番僧为帝师，授其徒国公等秩，故降者袭旧号。

锁南兀即尔者归朝，授朵甘卫指挥佥事。以元司徒银印来上，命进指挥同知。已而朵甘宣慰赏竹监藏举首领可为指挥、宣慰、万户、千户者二十二人。诏从其请，铸分司印予之。乃改朵甘、乌斯藏二卫为行都指挥使司，以锁南兀即尔为朵甘都指挥同知，管招兀即尔为乌斯藏都指挥同知，并赐银印。又设西安行都指挥使司于河州，兼辖二都司。已，佛宝国师、锁南兀即尔等遣使来朝，奏举故官赏竹监藏等五十六人。命增置朵甘思宣慰使司及招讨等司。招讨司六：曰朵甘思，曰朵甘陇答，曰朵甘丹，曰朵甘仓溏，曰朵甘川，曰磨儿勘。万户府四：曰沙儿可，曰乃竹，曰罗思端，曰列思麻。千户所十七。以赏竹监藏为朵甘都指挥同知，余授职有差。自是，诸番修贡惟谨。

八年置俄力思军民元帅府。寻置陇答卫指挥使司。十八年以班竹儿藏卜为乌斯藏都指挥使。乃更定品秩，自都指挥以下皆令世袭。未几，又改乌斯藏俺不罗卫为行都指挥使司。二十六年，西番思曩日等族遣使贡马，命赐金铜信符、文绮、袭衣，许之朝贡。

永乐元年改必里千户所为卫，后置乌斯藏牛儿宗寨行都指挥使司，又置上邛部卫，皆以番人官之。十八年，帝以西番悉入职方，其最远白勒等百余寨犹未归附，遣使往招，亦多入贡。帝以番俗惟僧言是听，乃宠以国师诸美号，赐诰印，令岁朝。由是诸番僧来者日多，迄宣德朝，礼之益厚。九年命中官宋成等赍玺书、赐物使其地，敕都督赵安率兵送之毕力术江。

正统初，以供费不赀，稍为裁损。时有番长移书松潘守将赵得，言欲入朝，为生番阻遏，乞遣兵开道。诏令得遣使招生番，相率朝贡者八百二十九寨，悉赐赍遣归。天顺四年，四川三司言：比奉敕书，番僧朝贡入京者不得过十人，余留境上候赏。今蜀地灾伤，若悉留之，动经数月，有司困于供亿。宜如正统间制，宴待遣还。报可。

成化三年，阿昔洞诸族土官言："西番大小二姓为恶，杀之不惧。惟国师、剌麻劝化，则革心信服。"乃进禅师远丹藏卜为国师，都纲子瑞为禅师，以化导之。六年申诸番三岁一贡之例，国师以下不许贡，于是贡使渐希。

初，太祖以西番地广，人犷悍，欲分其势而杀其力，使不为边患，故来者辄授官。又以其地皆食肉，倚中国茶为命，故设茶课司于天全六番，令以马市，而入贡者又优以茶布。诸番恋贡市之利，且欲保世官，不敢为变。迨成祖，益封法王及大国师、西天佛子等，俾转相化导，以共尊中国，以故西陲宴然，终明世无番寇之患。

（卷三百三十一·列传第二百一十九·西域三　第8719页）

○长河西鱼通宁远宣慰司

长河西鱼通宁远宣慰司，在四川徼外，地通乌斯藏，唐为吐蕃。元时置碉门、鱼通、黎、雅、长河西、宁远六安抚司，隶吐蕃宣慰司。

洪武时，其地打煎炉、长河西土官元右丞剌瓦蒙遣其理问高惟善来朝，贡方物，宴赉遣还。十六年复遣惟善及从子万户若剌来贡。命置长河西等处军民安抚司，以剌瓦蒙为安抚使，赐文绮四十八匹，钞二百锭，授惟善礼部主事。二十年遣惟善招抚长河西、鱼通、宁远诸处，明年还朝，言：

安边之道，在治屯守，而兼恩威。屯守既坚，虽远而有功；恩威未备，虽近而无益。今鱼通、九枝疆土及岩州、杂道二长官司，东邻碉门、黎、雅，西接长河西。自唐时吐蕃强盛，宁远、安靖、岩州汉民，往往为彼驱入九枝、鱼通，防守汉边。元初设二万户府，仍与盘陀，仁阳置立寨栅，边民戍守。其后各枝率众攻仁阳等栅。及川蜀兵起，乘势侵陵雅、邛、嘉等州。洪武十年始随碉门土酋归附。岩州、杂道二长官司自国朝设，迄今十有余年，官民仍旧不相统摄。盖无统制之司，恣其猖獗，因袭旧弊故也。其近而已附者如此，远而未附者何由而臣服之。且岩州、宁远等处，乃古之州治。苟拨兵戍守，就筑城堡，开垦山田，使近者向化而先附，远者畏威而来归，西域无事则供我徭役，有事则使之先驱。抚之既久，则皆为我用。如臣之说，其便有六。

通乌斯藏、朵甘，镇抚长河西，可拓地四百余里，得番民二千余户。非惟黎、雅保障，蜀亦永无西顾忧。一也。

番民所处老思冈之地，土瘠人繁，专务贸贩碉门乌茶、蜀之细布，博易羌货，以赡其生。

若于岩州立市，则此辈衣食皆仰给于我，焉敢为非。二也。

以长河西、伯思东、巴猎等八千户为外番犄角，其势必固。然后招徕远者，如其不来，使八千户近为内应，远为向导，此所谓以蛮攻蛮，诚制边之善道。三也。

天全六番招讨司八乡之民，宜悉蠲其徭役，专令蒸造乌茶，运至岩州，置仓收贮，以易番马。比之雅州易马，其利倍之。且于打煎炉原易马处相去甚近，而价增于彼，则番民如蚁之慕膻，归市必众。四也。

岩州既立仓易马，则番民运茶出境，倍收其税，其余物货至者必多。又鱼通、九枝蛮民所种水陆之田，递年无征。若令岁输租米，并令军士开垦大渡河两岸荒田，亦可供给戍守官军。五也。

碉门至岩州道路，宜令缮修开拓，以便往来人马。仍量地里远近，均立邮传，与黎、雅烽火相应。庶可以防遏乱略，边境无虞。六也。

帝从之。

后建昌酋月鲁帖木儿叛，长河西诸酋阴附之，失朝贡，太祖怒。三十年春谓礼部臣曰："今天下一统，四方万国皆以时奉贡。如乌斯藏、尼八剌国其地极远，犹三岁一朝。惟打煎炉长河西土酋外附月鲁帖木儿、贾哈剌，不臣中国。兴师讨之，锋刃之下，死者必众。宜遣人谕其酋。若听命来觐，一以恩待，不悛则发兵三十万，声罪徂征。"礼官以帝意为文驰谕之。其酋惧，即遣使入贡谢罪。天子赦之，为置长河西鱼通宁远宣慰司，以其酋为宣慰使，自是修贡不绝。初，鱼通及宁远、长河西，本各为部，至是始合为一。

永乐十三年，贡使言："西番无他土产，惟以马易茶，近年禁约，生理实艰，乞仍许开中。"从之。二十一年，宣慰使喃哩等二十四人来朝贡马。正统二年，喃哩卒，子加八僧嗣。成化四年申诸番三岁一贡之令，惟长河西仍比岁一贡。六年颁定二年或三年一贡之例，贡使不得过百人。十七年，礼官言："乌斯藏在长河西之西，长河西在松潘、越巂之南，壤地相接，易于混淆。乌斯藏诸番王例三岁一贡，彼以道险来少，而长河西番僧往往诈为诸王文牒，入贡冒赏。请给诸番王及长河西、董卜韩胡敕书勘合，边臣审验，方许进入，庶免诈伪之弊。或道阻，不许补贡。"从之。十九年，其部内灌顶国师遣僧徒来贡至千八百人，守臣劾其违制。诏止纳五百人，余悉遣还。二十二年，礼官言："长河西以黎州大渡河寇发，连岁失贡，至是补进三贡。定制，道梗者不得再补。但今贡物已至，宜顺其情纳之，而量减赐赉。"报可。弘治十二年，礼官言："长河西及乌斯藏诸番，一时并贡，使者至二千百余人。乞谕守臣无滥送。"亦报可。然其后来者愈多，卒不能却。嘉靖三年定令不得过一千人。隆庆三年定五百人全赏、遣八人赴京之制，如阐教诸王。其贡物则珊瑚、氆氇之属，悉准阐化王传所载。诸番贡皆如之。

（卷三百三十一·列传第二百一十九·西域三　第8719～8720页）

○董卜韩胡宣慰司

董卜韩胡宣慰司，在四川威州之西，其南与天全六番相接。永乐九年，酋长南葛遣使奉表入朝，贡方物。因言答隆蒙、碉门二招讨侵掠邻境，阻遏道路，请讨之。帝不欲用兵，降敕慰谕，使比年一贡，赐金印、冠带。

正统三年奏年老，乞以子克罗俄坚粲代，从之。凶狡不循礼法。七年乞封王，赐金印，帝不许。命进秩镇国将军、都指挥同知，掌宣慰司事，给之诰命。益恃强，数与杂谷安抚及别思寨安抚饶蛤构怨。十年八月移牒四川守臣，谓："别思寨本父南葛故地，分畀饶蛤父者。后饶蛤受事，私奏于朝，获设安抚司。迩乃伪为宣慰司印，自称宣慰使，纠合杂谷诸番，将侵噬己地。已拘执饶蛤，追出伪印，用番俗法剜去两目。谨以状闻。"守臣上其事。帝遣使赍敕责其专擅，令与使臣推择饶蛤族人为安抚，仍辖其土地，且送还饶蛤，养之终身。

十三年十月，四川巡抚张洪等奏："近接董卜宣慰文牒言，杂谷故安抚阿隞小妻毒杀其夫及子，又贿威州千户唐泰诬己谋叛。今备物进贡，欲从铜门山西开山通道，乞官军于日驻迓之。臣等窃以杂谷内联威州、保县，外邻董卜韩胡。杂谷力弱，欲抗董卜，实倚重于威、保。董卜势强，欲通威、保，却受阻于杂谷。以此仇杀，素不相能。铜门及日驻诸寨，乃杂谷、威、保要害地。董卜欺杂谷妻寡子弱，瞰我军远征麓川，假进贡之名，欲别开道路，意在吞灭杂谷，构陷唐泰。所请不可许。"乃下都御史寇深等计度，其议迄不行。

时董卜比岁入贡，所遣僧徒强悍不法，多携私物，强索舟车，骚扰道途，詈辱长吏。天子闻而恶之，景泰元年赐敕切责。寻侵夺杂谷及达思蛮长官司地，掠其人畜，守臣不能制。三年二月朝议奖其入贡勤诚，进秩都指挥使，令还二司侵地及所掠人民。其酋即奉命，惟旧维州之地尚为所据。俄馈四川巡抚李匡银罂、金珀，求御制大诰、周易、尚书、毛诗、小学、方舆胜览、成都记诸书。匡闻之于朝，因言："唐时吐蕃求毛诗、春秋。于休烈谓，予之以书，使知权谋，愈生变诈，非中国之利。裴光廷谓，吐蕃久叛新服，因其有请，赐以诗、书，俾渐陶声教，化流无外，休烈徒知书有权略变诈，不知忠信礼义皆从书出。明皇从之。今兹所求，臣以为予之便。不然彼因贡使市之书肆，甚不为难。惟方舆胜览、成都记，形胜关塞所具，不可概予。"帝如其言。寻以其还侵地，赐敕奖励。

六年，兵部尚书于谦等奏其僭称蛮王，窥伺巴、蜀，所上奏章语多不逊，且招集群番，大治戎器，悖逆日彰，不可不虑，宣敕守臣预为戒备，从之。

克罗俄坚粲死，子札思坚粲藏卜遣使来贡，命为都指挥同知，掌宣慰司事。天顺元年遣使入贡，乞封王。命如其父官，进秩都指挥使，仍掌宣慰司使。

成化五年，四川三司奏："保县僻处极边，永乐五年特设杂谷安抚司，令抚辑旧维州诸处蛮塞［寨］。后与董卜构兵，维州诸地俱为侵夺，贡道阻绝。令杂谷恢复故疆，将遣使来贡，不知贡期，未敢擅遣。"帝从礼官言，许以三年为期。四年申诸番三年一贡之例，惟董卜许比年一贡。

六年，札巴［思］坚粲藏卜卒，子绰吾结言千嗣为都指挥使。弘治三年卒，子曰墨札思巴旺丹巴藏卜遣国师贡珊瑚树、氇氆、甲胄诸物，请嗣父职，许之，赐诰命、敕书、彩币。九年卒，子喃呆请袭，亦遣国师贡方物，诏授以父官。卒，子容中短竹袭。嘉靖二年再定令贡使不得过千人，其所隶别思寨及加渴瓦寺别贡。隆庆二年，董卜及别思寨贡使多至千七百余人，命予半赏，遣八人赴京，为定制。迄万历后，朝贡不替。

（卷三百三十一·列传第二百一十九·西域三　第8720页）

附录二 公元、干支、藏历对照明纪年表

年号	干支		藏历	公元
太祖洪武元年	戊申	（第六饶迥）	阳土猴	1368—1369
洪武二年	己酉		阴土鸡	1369—1370
洪武三年	庚戌		阳铁狗	1370—1371
洪武四年	辛亥		阴铁猪	1371—1372
洪武五年	壬子		阳水鼠	1372—1373
洪武六年	癸丑		阴水牛	1373—1374
洪武七年	甲寅		阳木虎	1374—1375
洪武八年	乙卯		阴木兔	1375—1376
洪武九年	丙辰		阳火龙	1376—1377
洪武十年	丁巳		阴火蛇	1377—1378
洪武十一年	戊午		阳土马	1378—1379
洪武十二年	己未		阴土羊	1379—1380
洪武十三年	庚申		阳铁猴	1380—1381
洪武十四年	辛酉		阴铁鸡	1381—1382
洪武十五年	壬戌		阳水狗	1382—1383
洪武十六年	癸亥		阴水猪	1383—1384
洪武十七年	甲子		阳木鼠	1384—1385
洪武十八年	乙丑		阴木牛	1385—1386
洪武十九年	丙寅		阳火虎	1386—1387
洪武二十年	丁卯	（第七饶迥）	阴火兔	1387—1388
洪武二十一年	戊辰		阳土龙	1388—1389
洪武二十二年	己巳		阴土蛇	1389—1390
洪武二十三年	庚午		阳铁马	1390—1391
洪武二十四年	辛未		阴铁羊	1391—1392

年号	干支	藏历	公元
洪武二十五年	壬申	阳水猴	1392—1393
洪武二十六年	癸酉	阴水鸡	1393—1394
洪武二十七年	甲戌	阳木狗	1394—1395
洪武二十八年	乙亥	阴木猪	1395—1396
洪武二十九年	丙子	阳火鼠	1396—1397
洪武三十年	丁丑	阴火牛	1397—1398
洪武三十一年	戊寅	阳土虎	1398—1399
惠帝建文元年	己卯	阴土兔	1399—1400
建文二年	庚辰	阳铁龙	1400—1401
建文三年	辛巳	阴铁蛇	1401—1402
建文四年（成祖复称洪武三十五年）	壬午	阳水马	1402—1403
成祖永乐元年	癸未	阴水羊	1403—1404
永乐二年	甲申	阳木猴	1404—1405
永乐三年	乙酉	阴木鸡	1405—1406
永乐四年	丙戌	阳火狗	1406—1407
永乐五年	丁亥	阴火猪	1407—1408
永乐六年	戊子	阳土鼠	1408—1409
永乐七年	己丑	阴土牛	1409—1410
永乐八年	庚寅	阳铁虎	1410—1411
永乐九年	辛卯	阴铁兔	1411—1412
永乐十年	壬辰	阳水龙	1412—1413
永乐十一年	癸巳	阴水蛇	1413—1414
永乐十二年	甲午	阳木马	1414—1415
永乐十三年	乙未	阴木羊	1415—1416
永乐十四年	丙申	阳火猴	1416—1417
永乐十五年	丁酉	阴火鸡	1417—1418
永乐十六年	戊戌	阳土狗	1418—1419
永乐十七年	己亥	阴土猪	1419—1420

年　号	干　支		藏历	公元
永乐十八年	庚子		阳铁鼠	1420—1421
永乐十九年	辛丑		阴铁牛	1421—1422
永乐二十年	壬寅		阳水虎	1422—1423
永乐二十一年	癸卯		阴水兔	1423—1424
永乐二十二年	甲辰		阳木龙	1424—1425
仁宗洪熙元年	乙巳		阴木蛇	1425—1426
宣宗宣德元年	丙午		阳火马	1426—1427
宣德二年	丁未		阴火羊	1427—1428
宣德三年	戊申		阳土猴	1428—1429
宣德四年	己酉		阴土鸡	1429—1430
宣德五年	庚戌		阳铁狗	1430—1431
宣德六年	辛亥		阴铁猪	1431—1432
宣德七年	壬子		阳水鼠	1432—1433
宣德八年	癸丑		阴水牛	1433—1434
宣德九年	甲寅		阳木虎	1434—1435
宣德十年	乙卯		阴木兔	1435—1436
英宗正统元年	丙辰		阳火龙	1436—1437
正统二年	丁巳		阴火蛇	1437—1438
正统三年	戊午		阳土马	1438—1439
正统四年	己未		阴土羊	1439—1440
正统五年	庚申		阳铁猴	1440—1441
正统六年	辛酉		阴铁鸡	1441—1442
正统七年	壬戌		阳水猴	1442—1443
正统八年	癸亥		阴水猪	1443—1444
正统九年	甲子		阳木鼠	1444—1445
正统十年	乙丑		阴木牛	1445—1446
正统十一年	丙寅		阳火虎	1446—1447
正统十二年	丁卯	（第八饶迥）	阴火兔	1447—1448
正统十三年	戊辰		阳土龙	1448—1449

年 号	干 支	藏 历	公 元
正统十四年	己巳	阴土蛇	1449—1450
代宗景泰元年	庚午	阳铁马	1450—1451
景泰二年	辛未	阴铁羊	1451—1452
景泰三年	壬申	阳水猴	1452—1453
景泰四年	癸酉	阴水鸡	1453—1454
景泰五年	甲戌	阳木狗	1454—1455
景泰六年	乙亥	阴木猪	1455—1456
景泰七年	丙子	阳火鼠	1456—1457
英宗天顺元年/景泰八年	丁丑	阴火牛	1457—1458
天顺二年	戊寅	阳土虎	1458—1459
天顺三年	己卯	阴土兔	1459—1460
天顺四年	庚辰	阳铁龙	1460—1461
天顺五年	辛巳	阴铁蛇	1461—1462
天顺六年	壬午	阳水马	1462—1463
天顺七年	癸未	阴水羊	1463—1464
天顺八年	甲申	阳木猴	1464—1465
宪宗成化元年	乙酉	阴木鸡	1465—1466
成化二年	丙戌	阳火狗	1466—1467
成化三年	丁亥	阴火猪	1467—1468
成化四年	戊子	阳土鼠	1468—1469
成化五年	己丑	阴土牛	1469—1470
成化六年	庚寅	阳铁虎	1470—1471
成化七年	辛卯	阴铁兔	1471—1472
成化八年	壬辰	阳水龙	1472—1473
成化九年	癸巳	阴水蛇	1473—1474
成化十年	甲午	阳木马	1474—1475
成化十一年	乙未	阴木羊	1475—1476
成化十二年	丙申	阳火猴	1476—1477
成化十三年	丁酉	阴火鸡	1477—1478

年　号	干支	藏历	公元
成化十四年	戊戌	阳土狗	1478—1479
成化十五年	己亥	阴土猪	1479—1480
成化十六年	庚子	阳铁鼠	1480—1481
成化十七年	辛丑	阴铁牛	1481—1482
成化十八年	壬寅	阳水虎	1482—1483
成化十九年	癸卯	阴水兔	1483—1484
成化二十年	甲辰	阳木龙	1484—1485
成化二十一年	乙巳	阴木蛇	1485—1486
成化二十二年	丙午	阳火马	1486—1487
成化二十三年	丁未	阴火羊	1487—1488
孝宗弘治元年	戊申	阳土猴	1488—1489
弘治二年	己酉	阴土鸡	1489—1490
弘治三年	庚戌	阳铁狗	1490—1491
弘治四年	辛亥	阴铁猪	1491—1492
弘治五年	壬子	阳水鼠	1492—1493
弘治六年	癸丑	阴水牛	1493—1494
弘治七年	甲寅	阳木虎	1494—1495
弘治八年	乙卯	阴木兔	1495—1496
弘治九年	丙辰	阳火龙	1496—1497
弘治十年	丁巳	阴火蛇	1497—1498
弘治十一年	戊午	阳土马	1498—1499
弘治十二年	己未	阴土羊	1499—1500
弘治十三年	庚申	阳铁猴	1500—1501
弘治十四年	辛酉	阴铁鸡	1501—1502
弘治十五年	壬戌	阳水狗	1502—1503
弘治十六年	癸亥	阴水猪	1503—1504
弘治十七年	甲子	阳木鼠	1504—1505
弘治十八年	乙丑	阴木牛	1505—1506
武宗正德元年	丙寅	阳火虎	1506—1507

年　号	干　支	藏　历	公　元
正德二年	丁卯	（第九饶迥）阴火兔	1507—1508
正德三年	戊辰	阳土龙	1508—1509
正德四年	己巳	阴土蛇	1509—1510
正德五年	庚午	阳铁马	1510—1511
正德六年	辛未	阴铁羊	1511—1512
正德七年	壬申	阳水猴	1512—1513
正德八年	癸酉	阴水鸡	1513—1514
正德九年	甲戌	阳木狗	1514—1515
正德十年	乙亥	阴木猪	1515—1516
正德十一年	丙子	阳火鼠	1516—1517
正德十二年	丁丑	阴火牛	1517—1518
正德十三年	戊寅	阳土虎	1518—1519
正德十四年	己卯	阴土兔	1519—1520
正德十五年	庚辰	阳铁龙	1520—1521
正德十六年	辛巳	阴铁蛇	1521—1522
世宗嘉靖元年	壬午	阳水马	1522—1523
嘉靖二年	癸未	阴水羊	1523—1524
嘉靖三年	甲申	阳木猴	1524—1525
嘉靖四年	乙酉	阴木鸡	1525—1526
嘉靖五年	丙戌	阳火狗	1526—1527
嘉靖六年	丁亥	阴火猪	1527—1528
嘉靖七年	戊子	阳土鼠	1528—1529
嘉靖八年	己丑	阴土牛	1529—1530
嘉靖九年	庚寅	阳铁虎	1530—1531
嘉靖十年	辛卯	阴铁兔	1531—1532
嘉靖十一年	壬辰	阳水龙	1532—1533
嘉靖十二年	癸巳	阴水蛇	1533—1534
嘉靖十三年	甲午	阳木马	1534—1535
嘉靖十四年	乙未	阴木羊	1535—1536

年 号	干 支	藏 历	公 元
嘉靖十五年	丙申	阳火猴	1536—1537
嘉靖十六年	丁酉	阴火鸡	1537—1538
嘉靖十七年	戊戌	阳土狗	1538—1539
嘉靖十八年	己亥	阴土猪	1539—1540
嘉靖十九年	庚子	阳铁鼠	1540—1541
嘉靖二十年	辛丑	阴铁牛	1541—1542
嘉靖二十一年	壬寅	阳水虎	1542—1543
嘉靖二十二年	癸卯	阴水兔	1543—1544
嘉靖二十三年	甲辰	阳木龙	1544—1545
嘉靖二十四年	乙巳	阴木蛇	1545—1546
嘉靖二十五年	丙午	阳火马	1546—1547
嘉靖二十六年	丁未	阴火羊	1547—1548
嘉靖二十七年	戊申	阳土猴	1548—1549
嘉靖二十八年	己酉	阴土鸡	1549—1550
嘉靖二十九年	庚戌	阳铁狗	1550—1551
嘉靖三十年	辛亥	阴铁猪	1551—1552
嘉靖三十一年	壬子	阳水鼠	1552—1553
嘉靖三十二年	癸丑	阴水牛	1553—1554
嘉靖三十三年	甲寅	阳木虎	1554—1555
嘉靖三十四年	乙卯	阴木兔	1555—1556
嘉靖三十五年	丙辰	阳火龙	1556—1557
嘉靖三十六年	丁巳	阴火蛇	1557—1558
嘉靖三十七年	戊午	阳土马	1558—1559
嘉靖三十八年	己未	阴土羊	1559—1560
嘉靖三十九年	庚申	阳铁猴	1560—1561
嘉靖四十年	辛酉	阴铁鸡	1561—1562
嘉靖四十一年	壬戌	阳水狗	1562—1563
嘉靖四十二年	癸亥	阴水猪	1563—1564
嘉靖四十三年	甲子	阳木鼠	1564—1565

年 号	干 支		藏 历	公 元
嘉靖四十四年	乙丑		阴木牛	1565—1566
嘉靖四十五年	丙寅		阳火虎	1566—1567
穆宗隆庆元年	丁卯	（第十饶迥）	阴火兔	1567—1568
隆庆二年	戊辰		阳土龙	1568—1569
隆庆三年	己巳		阴土蛇	1569—1570
隆庆四年	庚午		阳铁马	1570—1571
隆庆五年	辛未		阴铁羊	1571—1572
隆庆六年	壬申		阳水猴	1572—1573
神宗万历元年	癸酉		阴水鸡	1573—1574
万历二年	甲戌		阳木狗	1574—1575
万历三年	乙亥		阴木猪	1575—1576
万历四年	丙子		阳火鼠	1576—1577
万历五年	丁丑		阴火牛	1577—1578
万历六年	戊寅		阳土虎	1578—1579
万历七年	己卯		阴土兔	1579—1580
万历八年	庚辰		阳铁龙	1580—1581
万历九年	辛巳		阴铁蛇	1581—1582
万历十年	壬午		阳水马	1582—1583
万历十一年	癸未		阴水羊	1583—1584
万历十二年	甲申		阳木猴	1584—1585
万历十三年	乙酉		阴木鸡	1585—1586
万历十四年	丙戌		阳火狗	1586—1587
万历十五年	丁亥		阴火猪	1587—1588
万历十六年	戊子		阳土鼠	1588—1589
万历十七年	己丑		阴土牛	1589—1590
万历十八年	庚寅		阳铁虎	1590—1591
万历十九年	辛卯		阴铁兔	1591—1592
万历二十年	壬辰		阳水龙	1592—1593
万历二十一年	癸巳		阴水蛇	1593—1594

年　号	干　支	藏　历	公　元
万历二十二年	甲午	阳木马	1594—1595
万历二十三年	乙未	阴木羊	1595—1596
万历二十四年	丙申	阳火猴	1596—1597
万历二十五年	丁酉	阴火鸡	1597—1598
万历二十六年	戊戌	阳土狗	1598—1599
万历二十七年	己亥	阴土猪	1599—1600
万历二十八年	庚子	阳铁鼠	1600—1601
万历二十九年	辛丑	阴铁牛	1601—1602
万历三十年	壬寅	阳水虎	1602—1603
万历三十一年	癸卯	阴水兔	1603—1604
万历三十二年	甲辰	阳木龙	1604—1605
万历三十三年	乙巳	阴木蛇	1605—1606
万历三十四年	丙午	阳火马	1606—1607
万历三十五年	丁未	阴火羊	1607—1608
万历三十六年	戊申	阳土猴	1608—1609
万历三十七年	己酉	阴土鸡	1609—1610
万历三十八年	庚戌	阳铁狗	1610—1611
万历三十九年	辛亥	阴铁猪	1611—1612
万历四十年	壬子	阳水鼠	1612—1613
万历四十一年	癸丑	阴水牛	1613—1614
万历四十二年	甲寅	阳木虎	1614—1615
万历四十三年	乙卯	阴木兔	1615—1616
万历四十四年	丙辰	阳火龙	1616—1617
万历四十五年	丁巳	阴火蛇	1617—1618
万历四十六年	戊午	阳土马	1618—1619
万历四十七年	己未	阴土羊	1619—1620
光宗泰昌元年/万历四十八年	庚申	阳铁猴	1620—1621
熹宗天启元年	辛酉	阴铁鸡	1621—1622
天启二年	壬戌	阳水狗	1622—1623

年　号	干支	藏历	公元
天启三年	癸亥	阴水猪	1623—1624
天启四年	甲子	阳木鼠	1624—1625
天启五年	乙丑	阴木牛	1625—1626
天启六年	丙寅	阳火虎	1626—1627
天启七年	丁卯	（第十一饶迥）阴火兔	1627—1628
思宗崇祯元年	戊辰	阳土龙	1628—1629
崇祯二年	己巳	阴土蛇	1629—1630
崇祯三年	庚午	阳铁马	1630—1631
崇祯四年	辛未	阴铁羊	1631—1632
崇祯五年	壬申	阳水猴	1632—1633
崇祯六年	癸酉	阴水鸡	1633—1634
崇祯七年	甲戌	阳木狗	1634—1635
崇祯八年	乙亥	阴木猪	1635—1636
崇祯九年	丙子	阳火鼠	1636—1637
崇祯十年	丁丑	阴火牛	1637—1638
崇祯十一年	戊寅	阳土虎	1638—1639
崇祯十二年	己卯	阴土兔	1639—1640
崇祯十三年	庚辰	阳铁龙	1640—1641
崇祯十四年	辛巳	阴铁蛇	1641—1642
崇祯十五年	壬午	阳水马	1642—1643
崇祯十六年	癸未	阴水羊	1643—1644
崇祯十七年	甲申	阳木猴	1644—1645